Informatik aktuell

Herausgeber: W. Brauer
im Auftrag der Gesellschaft für Informatik (GI)

Springer
Berlin
Heidelberg
New York
Barcelona
Hongkong
London
Mailand
Paris
Singapur
Tokio

Autonome Mobile Systeme 1999

Günther Schmidt   Uwe Hanebeck
Franz Freyberger (Hrsg.)

15. Fachgespräch
München, 26.–27. November 1999

Herausgeber und wissenschaftliche Tagungsleitung

Günther Schmidt
Uwe Hanebeck
Franz Freyberger
Lehrstuhl für Steuerungs- und Regelungstechnik
Technische Universität München
80290 München
http://www.lsr.ei.tum.de

Die Deutsche Bibliothek - CIP-Einheitsaufnahme

Autonome mobile Systeme : ... Fachgespräch. - 10[?]-... - Berlin ;
Heidelberg ; New York ; Barcelona ; Hongkong ; London ; Mailand ;
Paris ; Singapur ; Tokio : Springer, 1994[?]
    (Informatik aktuell)
    Erscheint jährl. - Bibliographische Deskription nach 15 (1999)
    brosch. : DM 90.00 (Einzelbd.)
15. 1999. München, 26.-27. November 1999

CR Subject Classification (1999): I.2.9, I.4.9

ISBN-13: 978-3-540-66732-2   e-ISBN-13: 978-3-642-59708-4
DOI: 10.1007/ 978-3-642-59708-4

Satz: Reproduktionsfertige Vorlage vom Autor/Herausgeber

Gedruckt auf säurefreiem Papier   SPIN: 10697524   33/3142-543210

Vorwort

Das 15. Fachgespräch „Autonome Mobile Systeme" AMS'99 findet am 26. und 27. November 1999 an der Technischen Universität München statt und wird vom Lehrstuhl für Steuerungs- und Regelungstechnik gemeinsam mit dem Sonderforschungsbereich SFB 453 „Wirklichkeitsnahe Telepräsenz und Teleaktion" ausgerichtet.

Diese bestens etablierte Veranstaltung gibt einen Überblick über aktuelle Forschungsergebnisse auf dem Gebiet autonomer mobiler und/oder robotischer Systeme. Sie bietet Experten und wissenschaftlichem Nachwuchs aus Universitäten, Industrie und Forschungseinrichtungen ein Forum für Erfahrungsaustausch und Diskussionen. In einem umfangreichen Vortragsprogramm werden 37 technische Beiträge in zwei parallelen Sitzungsreihen präsentiert. Dabei werden Fragestellungen zu Sensorsystemen, Umgebungsmodellierung, Lokalisierung und Navigation von mobilen Robotern inkl. Laufrobotern sowie der Planung und Ausführung von Manipulationsaufgaben behandelt. Weitere Beiträge betreffen Anwendungen von Servicerobotern und neuartige industrielle Komponenten für autonome mobile Systeme. In einem Plenarvortrag berichtet Dr. Lawitzky, Siemens AG, über Anwendungserfahrungen mit autonomen mobilen Systemen.

Eine Sondersitzung ist einem von der Bayerischen Forschungsstiftung geförderten neuartigen Dienstleistungsroboter gewidmet, der zur Zeit unter der Federführung des DLR von einem Konsortium aus Universitäts-Instituten, Forschungseinrichtungen und Industrieunternehmen entwickelt wird. Konsortialpartner sind: DASA, MayTec, Sedlbauer AG, Lehrstuhl für Steuerungs- und Regelungstechnik der Technischen Universität München, Lehrstuhl für Mustererkennung der Universität Erlangen Nürnberg, Innostrat, Med-Inno-Tech, Technology Consultants und das Institut für Internationales Innovationsmanagement der Universität Bern.

Als eine Besonderheit des 15. Fachgesprächs besteht am Nachmittag des zweiten Tages Gelegenheit, an einem von Dr. Prassler, FAW Ulm, ausgerichteten Workshop „Sicherheitskonzepte, -systeme und -komponenten für Serviceroboter" teilzunehmen. Ziel dieses Treffens ist es, Sicherheitskonzepte, -systeme und -komponenten vorzustellen und eine Bestandsaufnahme bisheriger Lösungen vorzunehmen. Weiterhin soll darüber diskutiert werden, inwieweit sich existierende applikationsspezifische Lösungen verallgemeinern lassen. Beiträge zu dieser eigenständigen Veranstaltung konnten aus terminlichen Gründen leider nicht in den vorliegenden Berichtsband aufgenommen werden.

Bei der Auswahl der Beiträge für das Fachgespräch aus 50 eingegangenen Kurzfassungen erhielten die Veranstalter wie immer wertvolle Unterstützung durch den erweiterten Fachgesprächsbeirat; allen beteiligten Fachkollegen sei an dieser Stelle herzlich für ihre Mühe gedankt. Besonderer Dank der Herausgeber gilt Herrn Dr. Lawitzky für die Übernahme des Plenarvortrags, den Autoren für ihre qualitativ hochwertigen Fachbeiträge und ihre Termintreue und schließlich Herrn Prof. Dr. Brauer, dem Herausgeber von „Informatik aktuell" sowie dem Springer-Verlag für die Förderung dieses Berichtsbandes.

Die Herausgeber:
G. Schmidt, U. Hanebeck, F. Freyberger   München, im September 1999

Inhaltsverzeichnis

Übersichtsbeitrag

Mensch-Maschine-Interaktion bei Servicerobotik-Systemen 2
  G. Lawitzky,
  Siemens AG, München

Laufroboter

Weiterentwicklung des Harmonic Drive Getriebes
für Anwendungen in autonomen mobilen Systemen 10
  R. Slatter,
  Harmonic Drive Antriebstechnik GmbH, Limburg

Aspekte der bildverarbeitungsgestützten Lokomotion
humanoider Laufmaschinen 22
  O. Lorch, M. Buss, F. Freyberger, G. Schmidt,
  Technische Universität München

Dynamic Control for Stabilization of the Four-Legged
Walking Machine BISAM in Trot Motion 33
  O. Matsumoto, Mechanical Eng. Lab., Tsukuba, Japan,
  W. Ilg, K. Berns, R. Dillmann, FZI Karlsruhe

Autonome Eigenschaften

Realzeitfähige Multiagentenarchitektur für autonome Fahrzeuge 44
  S. Görzig, A. Gern, DaimlerChrysler AG,
  P. Levi, Universität Stuttgart

Konfliktanalyse auf Binnenwasserstraßen 56
  R. Barthel, J. Beschnidt, E. D. Gilles, Universität Stuttgart
  T. Gern, IN-Innovative Navigation GmbH, Stuttgart

ODEMA - Eine objektorientierte Methode zur Entwicklung
Technischer Multi-Agenten-Systeme am Beispiel von
Asimov-Holonischen Transportrobotern 66
  E. Westkämper, A. Braatz, A. Ritter, C. Schaeffer,
  Fraunhofer IPA, Stuttgart

Lokalisierung

3D Ultraschall-Entfernungsmessung mit Pseudo-Random Sequenzen 78
M. Berg, K.-W. Jörg, J.-P. Paulick,
Universität Kaiserslautern

Kamera-basiertes Sensorsystem eines
mobilen Mikroroboters 88
H. Wörn, A. Bürkle,
Universität Karlsruhe (TH)

Echtzeitfähige Positionskorrektur auf Basis
natürlicher Landmarken 98
M. Pauly, M. Finke, L. Peters, K. Beck,
GMD-Forschungszentrum Informationstechnik GmbH, Sankt Augustin

Sensordatenfusion zur robusten und präzisen
EKF Lokalisierung von mobilen Robotern 108
K. O. Arras, N. Tomatis,
EPFL, Lausanne

RoLoPro - Simulationssoftware für die Selbstlokali-
sation eines autonomen mobilen Roboters 118
D. Schäfer, M. Buck, B. Kluge, H. Noltemeier,
Universität Würzburg

Globale Lokalisation mobiler Roboter mit natürlichen
Landmarken in dynamischen Umgebungen 128
T. Rupp, P. Levi,
FZI Karlsruhe

Manipulation

Biologically Motivated Hand-Eye Coordination for the
Autonomous Grasping of Unknown Objects 140
A. Hauck, G. Passig, J. Rüttinger, M. Sorg, G. Färber,
Technische Universität München

Die Stewart-Plattform als dynamisches Lastaufnah-
mesystem eines mobilen Roboters 150
R. Graf, R. Dillmann,
Universität Karlsruhe

Ein evolutionärer Algorithmus zur lokalen Manipulatorwegeplanung 160
    R. Corsépius,
    Universität Ulm

Visuelles Reinforcement-Lernen zur Feinpositionierung
eines Roboterarms über kompakte Zustandskodierung 169
    J. Zhang, G. Brinkschröder, A. Knoll,
    Universität Bielefeld

Ein Konzept für die mobile Manipulation von unbekannten Objekten
mit Hilfe von 3D-Rekonstruktion und Visual Servoing 179
    A. Matsikis, M. Schmitt, M. Rous, K.-F. Kraiss,
    RWTH Aachen

Vergleich verschiedener bildbasierter Regler zur
Realisierung teilautonomer Greifvorgänge 188
    O. Lang, R. Vogel, N. T. Siebel, A. Gräser,
    Universität Bremen

Sonderbeiträge Dirokol

Simultane Lokalisierung und Kartenaufbau
für einen mobilen Serviceroboter 200
    K. Briechle, U. D. Hanebeck,
    Technische Universität München

Global konsistente visuelle Lokalisation ohne vorgegebene Karte 211
    U. Frese, M. Hörmann, B. Bäuml, G. Hirzinger,
    DLR Weßling/Oberpfaffenhofen

Probabilistisch modellierte Blicksteuerung zur
Selbstlokalisation anhand natürlicher Landmarken 221
    C. Drexler, C. Frank, J. Denzler, H. Niemann,
    Universität Erlangen-Nürnberg

Anwendung von autonomen mobilen Systemen
im klinischen und häuslichen Bereich 231
    R. Cerny-Provaznikova,
    mitsystem gmbh, München

Signaturbasierte Steuerung für einen Serviceroboterarm 241
    S. Estable, B. Mädiger, E. Schmidt,
    DaimlerChrysler Aerospace, Bremen

Sensorsysteme / Sensordatenverarbeitung

Ein Multiagentensystem für explorative Prüftechnik 244
T. Buchheim, G. Hetzel, G. Kindermann, P. Levi,
Universität Stuttgart

Schritthaltende Objektklassifikation für einen
autonomen mobilen Roboter 254
A. Baune, S. Simon, H. A. Kestler, F. Schwenker, G. Palm,
Universität Ulm

Planung von Meßpositionen zur automatischen und
autonomen Oberflächenvermessung 262
M. von Ehr, R. Dillmann, Universität Karlsruhe,
S. Vogt, DaimlerChrysler AG, Ulm

Ein 3D Weltmodell zur teilaktiven Positionsverfolgung
in komplexen dynamischen Umgebungen 272
A. Walthelm, R. Kluthe, A. M. Mamlouk,
Medizinische Universität zu Lübeck

Bahnplanung / Regelung / Ausführung

Robuste reaktive Bahnregelung und Kollisionsvermeidung
eines autonomen mobilen Roboters 284
A. Mojaev, A. Zell,
Universität Tübingen

SiVCAT-Sichtsystemfunktionen für die automatisierte Montage:
3D-Lagemessungen 293
E. Kruse, F. M. Wahl,
Technische Universität Braunschweig

Trajektoriengenerierung und Bahnregelung für
nichtholonome, autonome Fahrzeuge 303
M. Buttelmann, B. Lohmann, Universität Bremen,
M. Kieren, Robert Bosch GmbH, Schwieberdingen

Optimal Control for a Synchronous Driven
Unicycle-Like Autonomous Mobile Robot 313
C. Tarín, H. Brugger, B. Tibken, E. P. Hofer,
Universität Ulm

Serviceroboter

MARVIN
Der autonom fliegende Erkundungsroboter der TU Berlin
und sein Erfolg beim Wettbewerb IARC'99 324
> *M. Musial, U. W. Brandenburg, G. Hommel,*
> *Technische Universität Berlin*

Ein Fahrassistent für ältere und behinderte Menschen 334
> *T. Röfer, A. Lankenau,*
> *Universität Bremen*

Ein Interaktives Mobiles Service-System für den Baumarkt 344
> *H.-J. Boehme, H.-M. Gross,*
> *Technische Universität Ilmenau*

Umgebungsmodellierung / Exploration

Kamerabasierte 3D-Rekonstruktion der Einsatz-
umgebung eines mobilen Roboters 356
> *M. Schmitt, J. Brodersen, G. Lietz, F. Lomberg, K.-F. Kraiss,*
> *RWTH Aachen*

Dreidimensionale Umgebungsmodellierung durch
monokulare Exploration mit einem mobilen Roboter 366
> *S. Feyrer, O. Schimmel, A. Zell,*
> *Universität Tübingen*

Eine konfigurierbare Systemarchitektur zur
geometrisch-topologischen Exploration von Innenräumen 376
> *S. Blum, T. Einsele, A. Hauck, N. O. Stöffler,*
> *G. Färber, T. Schmitt, C. Zierl, B. Radig,*
> *Technische Universität München*

Autorenverzeichnis 389

Übersichtsbeitrag

Mensch-Maschine-Interaktion bei Servicerobotik-Systemen

Gisbert Lawitzky

Zentralabteilung Forschung und Entwicklung Siemens AG
D-81730 München
Email: Gisbert.Lawitzky@mchp.siemens.de

1 Einleitung

Beim Einsatz von Servicerobotern kommt es notwendigerweise zu vielfältigen Beziehungen und Wechselwirkungen zwischen Mensch und Maschine. Mit Systemen, die sich im nahen Umfeld von Menschen bewegen, über einen gewissen Grad von Autonomie und vielfältige Verhaltensweisen verfügen, kommt dabei eine neue Qualität ins Spiel. Die Forschung zur Servicerobotik hat sich bisher vor allem auf rein technische Fragestellungen der isolierten Maschine bezogen. Für den Erfolg von Service-Robotik-Produkten wird aber die Einbeziehung aller Aspekte der Mensch-Maschine-Interaktion von entscheidender Bedeutung sein. Der Begiff „Interaktion" sollte dabei sehr weit im Sinne jeder gegenseitigen Beeinflussung gefaßt sein. Ein multidisziplinärer Ansatz, der über die Ingenieur-Disziplinen hinaus auch beispielsweise Psychologie, Ergonomie, Design etc. einbezieht, erschiene angemessen.

Der vorliegende Beitrag kann beim aktuellen Forschungsstand diese Themen nur anreißen. Er diskutiert vielmehr vor allem anhand von Beispielen aus ausgedehnten Feldtests unseres Navigationssystems SINAS einige dabei wichtige Aspekte von Mensch-Serviceroboter-Interaktion.

Das Navigationssystem wurde auf mehreren mobilen Plattformen eingesetzt und erprobt. Es besteht hardwaremäßig im wesentlichen aus einem Pentium-basierten Controller und Sensorik (Laserscanner, Ultraschall, Gyroskop) sowie geeigneten Ein-/Ausgabeschnittstellen. Die Robotermaschine ist damit in der Lage, sich autonom und kollisionsfrei in unpräparierten, auch dynamischen Alltagsumgebungen zu bewegen und dabei hinreichend effizient ihre jeweilige Aufgabe zu erfüllen. Arbeitsraum, Route etc. können dabei vor Ort über ein Teach-In-Verfahren programmiert werden.

Feldtests wurden seit 1996 mit mehreren Transportrobotern in Krankenhäusern und Bürogebäuden sowie mit Reinigungsrobotern unter anderem in Supermärkten durchgeführt [1]. Die Reinigungsroboter sind das Ergebnis einer Kooperation zwischen Siemens, dem Reinigungsmaschinenhersteller Hefter, dem niederländischen Reinigungsspezialisten RTB und der ebenfalls niederländischen Supermarktkette Albert Heijn. Die Maschinen sind täglich während den Öffnungszeiten in Betrieb, so daß sich bis heute (Stand Sommer 99) über 1000 Stunden Betriebserfahrung akkumuliert haben. Von den holländischen Partnern im Konsortium wurden systematische Untersuchungen nicht nur bezüglich der Performance, sondern auch mittels Interviews bezüglich der Akzeptanz beim Marktpersonal und bei Kunden durchgeführt. Bei Vorführungen u.a. bei Messen ergaben sich weitere Gelegenheiten, die Interaktion zwischen Maschinen und Robotern zu studieren. Die Anregungen und Beobachtungen sind laufend in die Weiterentwicklung des Systems eingeflossen.

Einige Roboter mit Siemens-Navigationssystem:

Oben: Transportroboter
Unten: Reinigungsroboter

2 Rollen gegenüber Servicerobotern

Menschen treten Servicerobotern in einer Reihe von „Rollen" gegenüber. In seiner Ausstattung, seinen Funktionen und seinem Verhalten muß der Roboter all dem Rechnung tragen.

Bei dem Hersteller, dem Servicepersonal, das Installation, Updates oder Reparaturen vornimmt, oder dem Operator, der beispielsweise für die Vor-Ort-Wartung zuständig ist, kann man technischen Hintergrund voraussetzen.

Dies gilt in der Regel nicht ohne weiteres für den eigentlichen Nutzer und normalen Bediener der Maschine:

Die Krankenschwester, die Transportdienste anfordert, oder das Supermarktpersonal, das die Reinigungsmaschine startet und sie notfalls aus Ausnahmesituationen (z.B. Einklemmung) befreit - Einfachheit der Bedienung (und Zuverlässigkeit) ist dafür sicher ein Hauptaspekt.

Hier kann man noch von „eingewiesenem" Personal ausgehen. Darüber hinaus gibt es aber in unseren Anwendungen ganz wesentlich auch noch einen weiteren Personenkreis, nämlich Passanten, Besucher in Krankenhäusern oder Kunden in einem Markt. Sicher sind darunter auch Personen, die sich auf die Maschine in gewisser Weise einlassen – Kinder, die mit dem Roboter spielen wollen; Spontan Interessierte; Personen, die Roboter ablehnen, und vielleicht sogar aggressiv dagegen vorgehen. In aller Regel aber ist die Forderung, daß sich die Maschine möglichst reibungslos in die üblichen Abläufe einpaßt.

3 Ebenen und Kanäle der Mensch-Maschine-Interaktion

Mensch und Roboter interagieren auf vielfältige Art und Weise miteinander. Die Anzahl der „Kanäle", über die gegenseitige Beeinflussungen, Wechselwirkungen, laufen können, ist schon bei unseren Anwendungen erstaunlich hoch (Die nachfolgende Aufzählung ist vermutlich nicht einmal vollständig):

- In erster Linie sind hier natürlich übliche Elemente von Bedienschnittstellen im engeren Sinn zu nennen:
  Bei den Transportanwendungen verwenden wir einen Touch-Screen zur Eingabe von Befehlen und zur Anzeige von internen Zuständen. Die Reinigungsroboter haben ein Bedienfeld mit einem kleinen Display und wenigen Tasten zur Bedienung; Maschinenzustände werden textuell oder mittels Icons dargestellt. Zusätzlich gibt es Schlüsselschalter, Vorrichtungen für den manuellen Betrieb u.s.w.
- Sound ist ein weiterer wichtiger Kanal: Im einfachsten Fall steht hier eine Hupe. Darüber hinaus können abgespeicherte Sätze oder sonstige Tonfolgen ausgegeben werden.
- Weiterhin macht die Maschine über Warnleuchten auf sich aufmerksam und kündigt Änderungen der Fahrtrichtung über Blinker an.
- Service-PCs können über serielle Schnittstelle angebunden werden. Darüber werden Files ausgetauscht. Außerdem können auf dem Service-PC interne Zustände visualisiert werden. Alternativ wurde hier auch drahtlose Kommunikation eingesetzt. Zusätzlich wurde der Einsatz eines Pagers getestet.
- Zu den Kanälen, über die Menschen und Maschine interagieren (können), gehören auch die jeweiligen Sensoren: Auf der Maschinenseite stehen hier Laserscanner, Ultraschall-Sensoren und Taktilelemente (Bumper, Notaus).
- Die Wirkung der Maschine auf den Menschen hängt aber auch ganz wesentlich von dem Aussehen und der sich im Verhalten ausdrückenden „Körpersprache" des Roboters ab. In diesem Sinne gibt es hier durchaus weitere Kanäle für die Mensch-Maschine-Beziehung (Hier wird die Richtung Maschine -> Mensch betont, natürlich gibt es im Prinzip auch die Gegenrichtung!).

4 Sicherheit

Bei vielen Serviceroboter-Anwendungen operieren Maschinen in nächster Nähe, eventuell gar in direktem körperlichen Kontakt mir Menschen. Sicherheit im Sinne von Garantie, daß im autonomen Betrieb niemand verletzt wird, ist daher ein zentrales Thema.

Die Beherrschung aller sicherheitskritischen Situationen ist ein Muß. Solche Situationen können extern (Verletzung von Sicherheitszonen nahe dem Roboter; Kollision; Überschreitung von Geschwindigkeitsgrenzen; unautorisierter Zugang etc.) oder intern (kritische Software-Fehler; Hardware-Defekte) entstehen. All diese Situationen müssen zuverlässig detektiert werden, und die Maschine muß in einen sicheren Zustand (in der Regel zunächst: Anhalten) kommen.

Eine klare Sicherheitsphilosophie für die Robotermaschine ist daher absolut erforderlich. Die Hauptelemente auf den hier betrachteten Maschinen (allerdings nicht Bestandteil des SINAS-Pakets, sondern mit der Basismaschine verbunden) sind:

- Notstop;
- Schlüsselschalter, um unautorisierten Automatik-Betrieb zu verhindern;
- Laserscanner mit Sicherheitszulassung bei entsprechendem Einbau; Taktilelemente;
- Redundanz in der Hardware, Watchdogs;
- Als zentrales Element eine kleine, dedizierte Sicherheitseinheit mit direktem Durchgriff auf Leistungselektronik und Bremsen.

Natürlich sind in der darüberliegenden Navigationssoftware, soweit wie möglich, Vorkehrungen getroffen, die das Auftreten sicherheitskritischer Situationen vermeiden helfen. Eine plötzliche Annäherung an die Maschine oder Lücken in der 3D-Abdeckung können aber nie gänzlich ausgeschlossen werden. In diesen Fällen müssen dann die erwähnten Elemente im Sicherheitskreis sofort reagieren.

Bisher kam es über die Jahre hinweg noch zu keinerlei Unfällen.

5 Akzeptanz und Performance

Durchgängig war, dies ist das Ergebnis aus Interviews, Gesprächen wie aus zufällig registrierten Kommentaren, die Akzeptanz für die Robotermaschinen hoch, bei Kunden wie Angestellten in Supermärkten ebenso wie bei Krankenhauspersonal. Keinerlei aggressive Akte oder Fälle von Sabotage sind berichtet worden, obwohl vor allem die ersten Prototypmaschinen mit ihren gänzlich ungeschützten Ultraschall-Sensoren leicht hätten beschädigt werden können.

Menschen tendieren unweigerlich dazu, Robotermaschinen „Intelligenz" zuzuschreiben und wie ein belebtes Gegenüber aufzufassen. Eine entsprechende Erwartungshaltung wird aufgebaut, Intentionen werden unterstellt, und das Verhalten des Roboters wird immer wieder in diesem Sinn interpretiert und kommentiert. Umgekehrt werden nicht-intuitiv erscheinende, „unelegante" Manöver, ein vermeintlich nicht-motiviertes Zögern oder Stoppen der Maschine abgelehnt und mindern die Akzeptanz, selbst wenn die Gesamtperformance befriedigend ist.

Erster Eindruck und Reaktion bei Beobachtern werden sicher auch vom „Körperlichen", vom Aussehen der Maschine, von Größe, Form, Farbe, Design, auch von dem mit ihrem Betrieb verbundenem Geräusch etc., mitgeprägt. Ob dabei gerade das „Fremde", Maschinenartige betont werden soll, oder im Gegenteil möglichst „anthropomorphe" Gestaltungsprinzipien gewählt werden sollen, ist eine offene Frage. Soll die autonome Maschine möglichst auffällig sein oder gar bedrohlich aussehen, um sich beispielsweise Platz zum Manövrieren zu verschaffen oder auch auf ihre potentielle Gefährlichkeit aufmerksam zu machen? Unsere Transportroboter geben sich freundlich in weichen, runden Formen und dezenten Farben, ein leiser Betrieb war ein frühe Forderung. Die meisten Reinigungsroboter sind im Design direkte Fortentwicklungen ihrer manuell geführten Vorgänger. Eine Reinigungsmaschine hat durch aufgesetzte „Figuren" für PR und Aufmerksamkeit gesorgt und sich von konventionellen Maschinen abgesetzt.

Vor allem wirkt auf den Menschen, wie die Maschine sich bewegt und verhält. Fast jeder Beobachter, der die Maschine überhaupt wahrnimmt (was in der Supermarktanwendung überraschend selten der Fall ist!) prüft, ob die Maschine ihn als Hindernis registriert und sich adäquat verhält. Oft wird berichtet, daß die Art des Manövrierens, z.B. die „Plausibilität" beim Umfahren von Hindernissen oder in Problemsituationen, wichtig erscheint. Wie sich Menschen in Anwesenheit eines mobilen Roboters bewegen, was ja auch über geeignete Modelle in die Verhaltensweisen der Maschine einfließen sollte, ist noch nicht studiert. Sicher ist, daß die „Körpersprache" der Roboters eine Rolle spielt. Hier spielen auch Geschwindigkeit und Beschleunigung (z.B. in Kurven) herein. Dabei wird eine schwere Maschine immer eine „defensive" Fahrweise bevorzugen und relativ langsam (bei unseren Anwendungen maximal 35 cm/s) fahren müssen, was sicher gelegentlich das Vorankommen im Publikumsverkehr erschweren kann.

Eine erhebliche Bedeutung kommt der Mitteilung über interne Zustände und Intention durch Roboter zu, nicht nur für die Akzeptanz, sondern tatsächlich auch für die Performance der Maschine. Dies ließ sich am Beispiel der Reinigungsmaschinen nach der Hinzunahme von Sprachausgabe und von Richtungsanzeigern deutlich erkennen:

- Über Sprachausgabe werden nicht nur Fehlermeldungen oder Warnungen (und Werbung) ausgegeben; die Maschine informiert zumindest rudimentär über ihre Absichten und kann dadurch leichter für besseres Vorankommen sorgen. Ein Trigger für eine Sprachäußerung ist beispielsweise ein blockierendes Hindernis; fühlt sich eine Person angesprochen, gibt sie doch öfter den Weg frei (Das in der aktuellen Implementierung nicht vermeidbare Ansprechen auch eines unbelebten Gegenstands ruft Verwunderung hervor).
- Über Blinker kommuniziert der Roboter Änderungen der Fahrtrichtung (Wann genau Blinker zu betätigen sind, so daß das Ergebnis in möglichst allen Fällen spontan richtig aufgefaßt wird, ist ein nicht-triviales Problem! Ein Abbiegen vermeintlich im Widerspruch zur Anzeige ruft Irritation hervor). Im Feldtest war bei Einbau dieses Features ein Performancesprung deutlich erkennbar.

6 Ausblick

Die Feldtests haben die Bedeutung der Beziehung Mensch-Serviceroboter auf verschiedenen Ebenen und über verschiedene Kanäle für Akzeptanz und Performance gezeigt. Ihr Studium darf sich nicht auf die Bedienschnittstelle im engeren Sinne beschränken.

Es liegt nahe, die in einer Interaktion liegenden Möglichkeiten weiter auszubauen (sofern der Zuwachs an Performance in rechtem Verhältnis zu etwaigen Mehrkosten steht). Dies gilt beispielsweise sicher in Richtung auf Spracheingabe oder Mensch-Roboter-Dialoge. Da sich häufig in der Umgebung des Serviceroboters ohnehin Menschen aufhalten, ist es nur konsequent und eventuell sogar kostengünstiger, sich fallweise deren überlegene sensorische und kognitiven Fähigkeiten zu Nutze zu machen. Das gilt für eine optimierte Installation in neuen Umgebungen ebenso wie im normalen Betrieb oder im Servicefall.

Der vorliegende Beitrag hat sich vor allem auf den Kontext „Autonome Mobilität" konzentriert. Mensch-Roboter-Interaktion wird aber auch ohne Zweifel in anderen Servicerobotik-Anwendungen eine wichtige, vielleicht noch erheblich bedeutendere Rolle spielen, sicher bei Spielzeugrobotern, aber auch etwa bei Robotern mit Manipulationsfähigkeiten im Haushalts- oder Pflegebereich.

Literatur

[1]   H. Endres, W. Feiten, G. Lawitzky: „Field Test of a Navigation System: Autonomous Cleaning in Supermarkets". Proceedings International Conference on Robotics and Automation 1998, pp. 1779-1781.

Laufroboter

Weiterentwicklung des Harmonic Drive Getriebes für Anwendungen in autonomen mobilen Systemen

Dr. Rolf Slatter

Harmonic Drive Antriebstechnik GmbH
Hoenbergstraße 14
D-65555 Limburg

1   Einleitung

Die Bedeutung von „Servicerobotern" nimmt stetig zu. Berichte beschreiben Roboter, die Chirurgen bei Operationen unterstützen, Autos tanken, Flugzeuge reinigen, Gebäude bauen oder Meteoriten suchen. Laut dem Fraunhofer Institut für Produktionstechnik und Automatisierung ist „ein Serviceroboter eine frei programmierbare Bewegungseinrichtung, die teil- oder vollautomatisch Dienstleistungen verrichtet. Dienstleistungen sind dabei Tätigkeiten, die nicht der direkten industriellen Erzeugung von Sachgütern, sondern der Verrichtung von Leistungen für Menschen und Einrichtungen dienen".

Fest steht, dass technische Fortschritte auf den Gebieten der Sensor-, Steuerungs- und Antriebstechnik es jetzt möglich machen, dass intelligente Robotersysteme auch außerhalb der industriellen Fertigung ihre Anwendung finden (siehe [3]).

Im Bereich der Antriebstechnik stellen Serviceroboter neue Forderungen an die Hersteller von Getrieben und Antrieben. Die neuen Anwendungen fordern Roboter, die mobil, leicht und besonders beweglich sind. Daher wird hier auch oft der Begriff „autonome mobile Systeme" verwendet. Ohne Getriebe und Antriebe, die neue Maßstäbe in bezug auf Leistungsdichte und Genauigkeit setzen, sind viele Serviceanwendungen nicht zu realisieren. In diesem Bericht werden neue Entwicklungen des Harmonic Drive Getriebes, speziell für Anwendungen in diesem Bereich, vorgestellt.

2   Funktionsprinzip und Vorteile

Das Harmonic Drive Getriebe mit seiner bemerkenswert hohen Untersetzung wurde vor über 30 Jahren erfunden und zunächst in der Luft- und Raumfahrt erprobt. Seither hat es sich in zahlreichen Anwendungen in Industrierobotern, Werkzeugmaschinen, Druckmaschinen und in der Feinwerktechnik bewährt. Das Getriebeprinzip ist mechanisch äußerst interessant und nicht mit herkömmlichen Stirnrad- oder Planetengetrieben zu vergleichen.

Das Harmonic Drive Getriebe ist einmalig in der Übertragung von hohen Drehmomenten über ein flexibles Bauteil. Es besteht lediglich aus drei konzentrischen Komponenten:

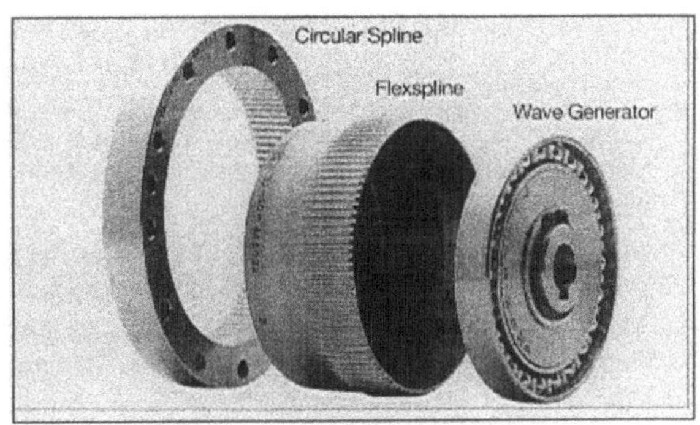

Bild 1: Getriebeeinbausatz   *Bild 2: Getriebebauteile*

- Dem *Circular Spline* (CS), einem starren zylindrischen Ring mit Innenverzahnung, dem
- *Flexspline* (FS), einer zylindrischen Stahlbüchse mit Außenverzahnung und dem
- *Wave Generator* (WG), einer elliptischen Stahlscheibe mit zentrischer Nabe und aufgezogenem, elliptisch verformbaren Dünnringkugellager.

Diese drei Bauteile arbeiten wie folgt:

1. Der elliptische Wave Generator (WG) als angetriebenes Teil verformt über das Kugellager den Flexspline (FS), der sich in den gegenüberliegenden Bereichen der großen Ellipsenachse mit dem innverzahnten, fixierten Circular Spline (CS) im Eingriff befindet.
2. Mit Drehen des WG verlagert sich die große Ellipsenachse und damit der Zahneingriffsbereich. Da der FS zwei Zähne weniger als der CS besitzt,...
3. ...vollzieht sich nach einer halben Umdrehung des WG eine Relativbewegung zwischen FS und CS um die Größe eines Zahnes und ...
4. ...nach einer vollen Umdrehung um die Größe zweier Zähne. Bei fixiertem CS dreht sich der FS als Abtriebselement entgegengesetzt zum Antrieb.

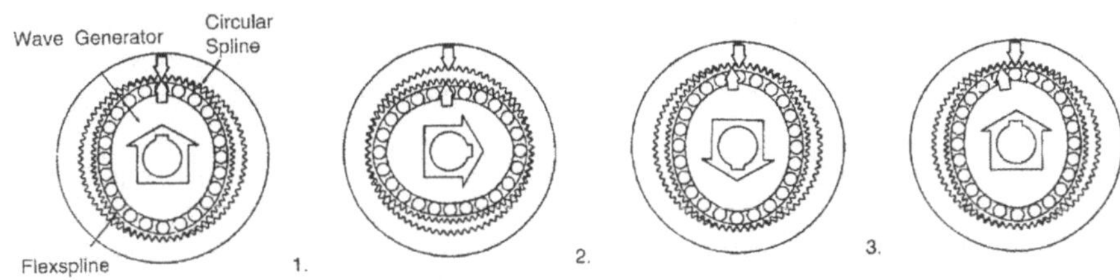

Bild 3: Funktionsprinzip

Im Vergleich zu herkömmlichen Getrieben bietet der beschriebene Getriebetyp dem Anwender zahlreiche Vorteile (siehe auch [1]):

- Aufgrund des großen Zahneingriffsbereichs haben sie eine Drehmomentkapazität, die mit konventionellen Antriebslösungen doppelten Bauraums und dreifachen Gewichts vergleichbar ist.
- Die Positioniergenauigkeit liegt unter einer Winkelminute, und die Wiederholgenauigkeit beträgt nur wenige Winkelsekunden.
- Aufgrund der natürlichen Vorspannung und der radialen Zahnbewegung dieses Getriebetyps weisen sie kein Spiel in der Verzahnung auf.
- Mit nur drei Bauteilen werden, je nach Baugröße, Untersetzungsverhältnisse von 30:1 bis 320:1 bei Getriebeaußendurchmessern von nur 20 bis 330 mm erzielt. Die Spitzendrehmomente betragen 0,5 bis über 9000 Nm.
- Auch bei sehr geringen Abtriebsdrehzahlen erreichen die Getriebe Wirkungsgrade von bis zu 85 %.
- Die Relativbewegungen der Zähne beschränken sich fast ausschließlich auf radiale Bewegungen, und die Gleitgeschwindigkeit zwischen den Zähnen ist auch bei hohen Drehzahlen sehr gering. Der Zahnverschleiß ist daher vernachlässigbar.

Die Kombination dieser Leistungsmerkmale begründet den Einsatz dieses Getriebetyps in nahezu allen Bereichen des modernen Maschinenbaus.

Die mehrjährige Erfahrung mit dieser Getriebeart in zahlreichen Anwendungen in den Bereichen Industrieroboter sowie Luft- und Raumfahrt waren ideale Voraussetzungen für die Entwicklung von neuen Getrieben für den wachsenden Servicerobotermarkt. Diese neuen Getriebe kombinieren die Präzision und Drehmomentkapazität von Getrieben für Industrieroboter mit dem leichten Gewicht und der kompakten Bauform von Getrieben für die Luft- und Raumfahrt.

3   Weiterentwicklung des Harmonic Drive Getriebes

Wie oben schon angedeutet, ist Beweglichkeit eines der Hauptmerkmale von vielen Servicerobotern. Entweder sind die Roboter auf mobilen Plattformen aufgebaut oder sie sind tragbar. Des weiteren verfügen viele Serviceroboter über eine Vielzahl von Achsen, um komplexe Handhabungsaufgaben ausführen zu können. Der gemeinsame Nenner ist Getriebe und Antriebe mit einer besonders hohen Leistungsdichte.

Grundsätzlich sind für mobile Systeme pneumatische, hydraulische und elektrische Antriebe denkbar. Pneumatische Antriebe können nur relativ kleine Kräfte erzeugen, erfordern einen hohen Aufwand zur Drucklufterzeugung und sind, besonders wenn die Drucklufterzeugung auf der Maschine selbst erfolgt, sehr schwer. Eine externe Versorgung benötigt eine Vielzahl von Leitungen für die Ansteuerung der Aktuatoren, wodurch diese Lösung oft unpraktikabel wird. Bei der Hydraulik sind die Verhältnisse günstiger, da die von den Kolben erzeugbaren Kräfte sehr viel höher sind. Dennoch können diese Vorteile erst bei sehr großen und schweren Maschinen ausgenutzt werden, da hier auch eine sehr schwere Versorgungseinheit benötigt wird. Diese Antriebsart kommt daher nur bei mobilen Systemen zum Einsatz, deren Eigengewicht sehr hoch ist und damit das Gewicht der Versorgungseinheit „kompensiert" (siehe [2]).

Elektro-mechanische Antriebe sind daher die erste Wahl bei der Mehrheit der bisher realisierten Lösungen. Neben dem hohen Verhältnis von Leistung zu Gewicht zeichnen sich elektrische Antriebe im allgemeinen durch eine gute Steuerbarkeit und Überlastbarkeit aus.

Aufgrund der geringen Anzahl von Bauteilen sowie kompakter Bauform ist das Harmonic Drive Getriebe für diese Art von Anwendung prädestiniert. Dies wurde von den Konstrukteuren von Servicerobotern früh erkannt und Harmonic Drive Getriebe haben ihren Anteil an vielen „Meilensteinen" in der Entwicklung von Servicerobotern, z. B.

- Der stereotaktische Manipulator von Carl Zeiss für die Unterstützung der Gehirnchirurgie
- Der Operationsroboter „Minerva" von EPFL in der Schweiz
- Der Multifunktions-Roboter von DaimlerChrysler in Deutschland (siehe unten)
- Der Humanoid-Roboter von Honda Engineering in Japan (siehe unten).

Bis jetzt lag der Schwerpunkt jedoch bei „statischen" Geräten, zunehmend ergeben sich jedoch Anwendungen in mobilen Robotersystemen wie z.B in:

- Gelenken für die Arme und Beine von Laufmaschinen
- Fingergelenken für künstliche Hände
- Radantrieben für mobile Plattformen
- Schwenkachsen für Kameras als Teil von Vision-Systemen

Die Weiterentwicklung des Harmonic Drive Getriebes reflektiert diese neuen Marktanforderungen. Als besonders wichtig für Anwendungen in autonomen mobilen Systemen bzw. Servicerobotern sind die folgenden Entwicklungsansätze zu sehen:

- Optimierung der Verzahnung
- Veränderung der Bauform des Flexsplines
- Entwicklung von Leichtbaugetrieben
- Entwicklung von Hohlwellengetrieben und –antrieben

3.1 Optimierung der Verzahnung

Ein Schwerpunkt bildet die Entwicklung der Verzahnung. Es wurde schon frühzeitig erkannt, dass viele Eigenschaften des Harmonic Drive Getriebes durch eine Optimierung des Zahnpofiles verbessert werden konnten. Umfangreiche Berechnungen,

Computersimulationen und Tests bildeten die Grundlage für ein verbessertes Zahnprofil, die IH-Verzahnung, die in 1989 patentiert und seitdem ständig verfeinert wurde.

Bei der in Bild 4 dargestellten IH-Verzahnung ist der Zahneingriffsbereich wesentlich größer als bei dem Getriebe mit der herkömmlichen Evolventenverzahnung. Während bei der herkömmlichen Verzahnungsgeometrie ca. 15 % der Zähne im Eingriff sind, wurde dieses Verhältnis bei der IH-Verzahnung auf ca. 30 % gesteigert.

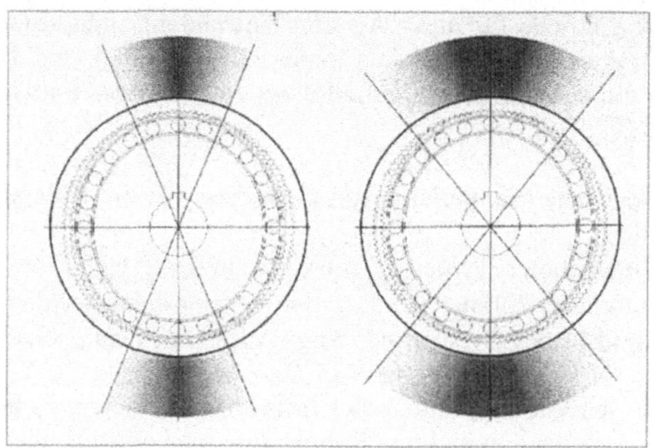

Diese Entwicklung bringt drei wesentliche Vorteile:
- Die Verdrehsteifigkeit des Harmonic Drive-Getriebes wird hauptsächlich durch die Anzahl der sich in Kontakt befindenden Zähne bestimmt. Bei der IH-Verzahnung führt die Vergrößerung des Zahneingriffbereiches zu einer Verdoppelung der Verdrehsteifigkeit
- Die Lebensdauer des Getriebes wird vom Wave Generator Kugellager bestimmt. Der vergrößerte Zahneingriffsbereich führt auch zu einer gleichmäßigeren Lastverteilung auf das Wave Generator Kugellager, was zu einer mehr als doppelten Lebensdauer führt.
- Der größere Radius am Zahnfuß der IH-Verzahnung bewirkt eine Verringerung der kritischen Spannungen im Flexspline und führt so zu einer höheren Drehmomentkapazität bei gleichen Außenabmessungen.

3.2 Änderung der Bauform des Flexsplines

Ein weiterer wichtiger Entwicklungsansatz wurde durch die Verkürzung der axialen Baulänge des Flexspline-Topfes herbeigeführt..Wie aus Bild 5a ersichtlich, konnte die axiale Länge des ursprünglichen HDUC-Getriebes bei der Einführung der HFUC

Einbausatz Baureihe um ca. 40 % reduziert werden Dabei wurde zudem eine Gewichtsersparnis von ca. 20 % ermöglicht. Trotz der verstärkten konischen Ausweitung des Topfes, was zu höheren Spannungen im FS Topf führt, war es möglich, verbesserte Leistungseigenschaften gegenüber dem herkömmlichen Getriebe mit langem FS Topf zu erreichen.

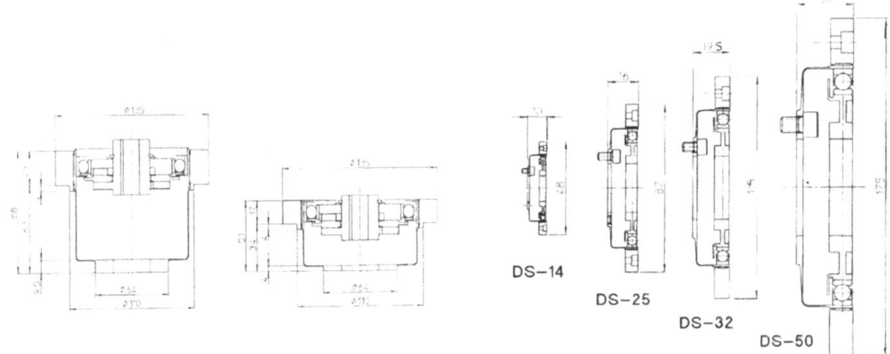

Bild 5a: Verkürzter Flexspline

Bild 5b: Super-Flat Getriebe

In vielen neuen Anwendungen sind hohe Verdrehsteifigkeit, kurze axiale Baulänge und eine große zentrale Hohlwelle die wichtigsten Auswahlkriterien für das Getriebe. Speziell für diese Anwendungen wurde der neue „Super-Flat" Harmonic Drive Einbausatz entwickelt (Bild 5b). Die axiale Baulänge der neuen DS Baureihe (vorläufige Produktbezeichnung) wurde weiter reduziert und beträgt nur 50 % der Länge des HFUC Einbausatzes. Aufgrund der verstärkten konischen Ausweitung des verkürzten Flexsplines ist die Drehmomentkapazität gleich der des HFUC Einbausatzes der nächstkleineren Baugröße

3.3 Leichtbaugetriebe

Des weiteren wurden neue Getriebe entwickelt, die eine noch höhere Leistungsdichte erreichen. Um dieses Ziel zu erreichen, sind 3 Wege möglich (siehe [4]):

a) Modifikation der einzelnen Getriebebauteile, um die Einbindung in den Roboterarm zu vereinfachen und damit Gewicht zu minimieren.

b) Integration von Planetengetrieben oder Stirnradvorstufen in das Harmonic Drive Getriebe, um eine sehr hohe Getriebeuntersetzung in kleinstmöglichem Bauraum zu realisieren. Hohe Untersetzungen erlauben die Benutzung von sehr kleinen, schnell drehenden Motoren, um eine hohe Leistungsdichte des gesamten Achsantriebs zu erreichen.

c) Die Anwendung von neuen Werkstoffen für die einzelnen Getriebebauteile, um das Eigengewicht des Getriebes zu minimieren.

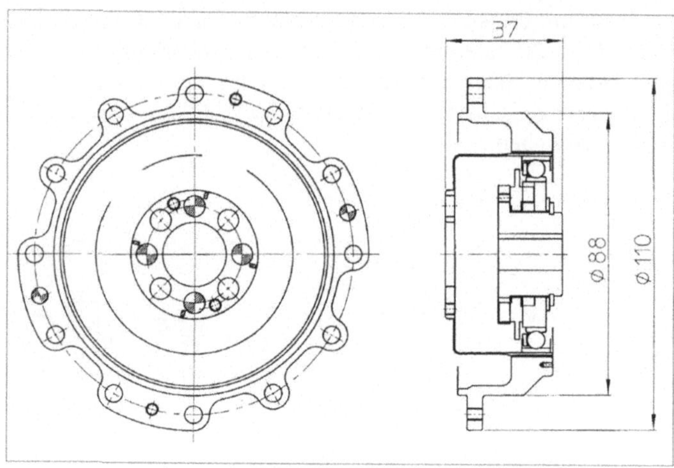

Bild 6: Getriebe mit modifiziertem Circular Spline

Bild 6 zeigt eine neue Getriebebauform, bei der das innenverzahnte Hohlrad, der Circular Spline, stark modifiziert wurde, um Gewicht zu sparen und die Einbindung in den Roboterarm zu optimieren.

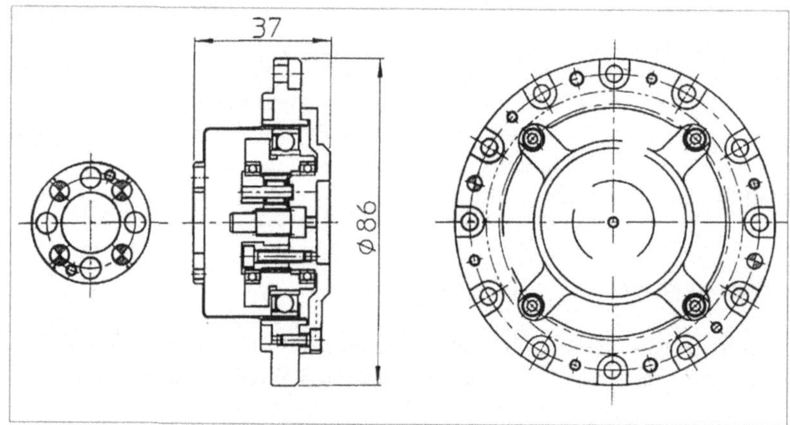

Bild 7: 2-stufiges Getriebe

Bild 7 zeigt eine weitere Ausführung, bei der eine Planetengetriebevorstufe in den Hohlraum des Flexsplines integriert wurde. Bei dieser Konstruktion sind Gesamtuntersetzungen von über 800:1 bei kleinstmöglichem Bauraum möglich. Auch bei diesem Getriebe wurde das Hohlrad stark modifiziert, um Gewicht zu reduzieren.

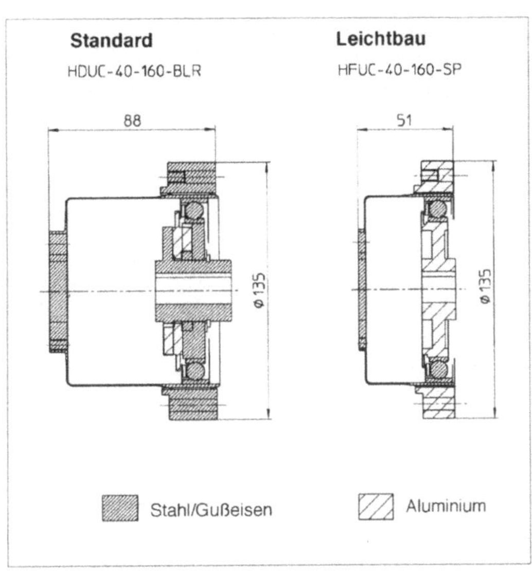

Bild 8: Vergleich: Standard- und Leichtbaugetriebe

Bild 8 zeigt die neueste Entwicklung in diesem Bereich. Sowohl der Circular Spline als auch die elliptische Scheibe des Wave Generators sind aus einer Aluminiumlegierung hergestellt. Die Zähne des Circular Spline sind mittels patentiertem Verfahren beschichtet, um die gleiche Tragfähigkeit der Standardverzahnung zu gewährleisten. Bei diesen Getrieben ist es bereits gelungen, die Leistungsdaten des HDUC-Getriebes zu erreichen. Bei einer Gewichtsreduktion von 60 % wird das spezifische Drehmoment um 266 % gesteigert. Ein Getriebe, das nur 0,79 kg wiegt, hat ein wiederholbares Spitzendrehmoment von 559 Nm, d.h. ein spezifisches Drehmoment von 708 Nm/kg, verglichen mit 260 Nm/kg beim Standardgetriebe.

3.4 Hohlwellengetriebe und –antriebe

In der Vergangenheit wurden die Entwickler und Hersteller von Robotern fast ausschließlich mit Getriebeeinbausätzen beliefert. Somit war es Aufgabe der Roboterkonstrukteure, die Antriebseinheit komplett mit allen Komponenten, Lagerung, Motor und Bremse konstruktiv auszulegen und in den Arm oder das Gehäuse einzubinden. Zunehmend wird nach Produkten gefragt, die den Konstruktionsaufwand und die Entwicklungszeiten minimieren, wie Getriebeeinbausätze mit integrierter Abtriebslagerung oder komplette Servoantriebe, bestehend aus Getriebe, Servomotor und Lagemess-System.

Als besonders hilfreich haben sich Getriebe mit zentraler Hohlwelle erwiesen. Zusätzlich zu den oben erwähnten Flexspline-Modifikationen wurde auch vor kurzem der sogenannte „Silk Hat" HFUS-Einbausatz entwickelt, wo der Boden des Flexpline-Topfes nach außen statt nach innen öffnet. Diese Ausführung ermöglicht eine größere zentrale Hohlwelle als beim HFUC-Einbausatz. Abhängig von der Baugröße beträgt der Hohlwellendurchmesser bis zu 30 % des Getriebeaußendurchmessers. Bei koaxialen Getrieben sind solche Verhältnisse nur mit dem Harmonic Drive Getriebe möglich. Bild 9 zeigt eine Hohlwellen-Unit mit integrierter Abtriebslagerung.

Bild 10 zeigt einen AC-Hohlwellenantrieb bestehend aus Getriebe, Servomotor und Geber. Hier wird auch der Wave Generator derart modifiziert, dass Platz für eine große zentrische Hohlwelle geschaffen wird. Der Abtrieb erfolgt über den Flexspline, der mit einem großzügig dimensionierten Abtriebslager gekoppelt ist. Dieses ist in der Lage, extrem hohe Kippmomente aufzunehmen, wodurch in vielen Konstruktionen eine zusätzliche Lagerung entfallen kann. Der Hohlwellenantrieb wird über einen bürstenlosen AC-Motor angetrieben. Die große zentrale Hohlwelle ermöglicht die Durchführung von Kabeln, Wellen oder Hilfsstoffen durch das Getriebe. Dadurch sind sehr elegante und preiswerte konstruktive Lösungen realisierbar. Im Bedarfsfall ist es möglich, die Hohlwelle nach hinten zu verlängern, um beispielsweise mittels Absolutencoder eine direkte Positionserfassung am Abtrieb durchzuführen oder um zusätzliche Endschalter anzubringen.

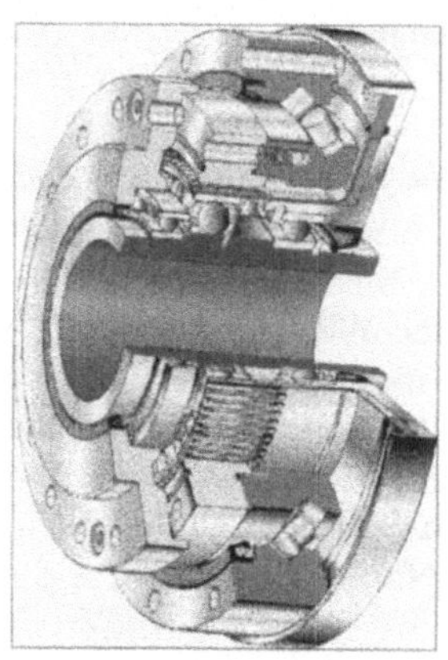

Bild 9: HFUS-2UH Hohlwellen-Unit

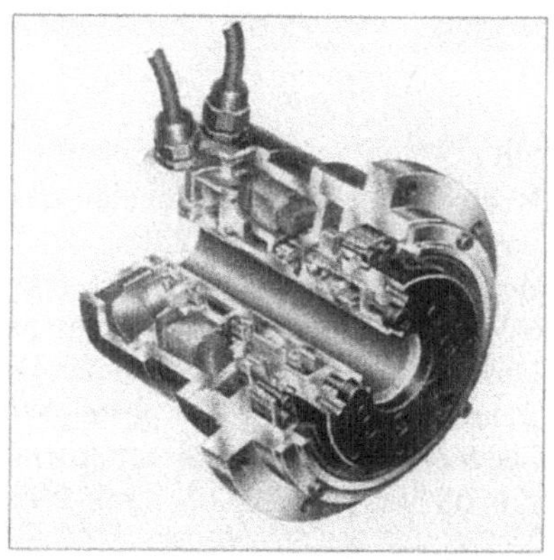

Bild 10: Hohlwellen-Servoantrieb

4   Anwendungsbeispiele

4.1 Multifunktions-Roboter

Speziell für Anwendungen in Servicerobotern wurde von der Firma Amtec, Berlin, ein zukunftsweisendes Roboter-Baukastensystem entwickelt. Kern dieser Idee ist ein intelligentes Gelenk, das „Power Cube". Mit ihm lassen sich aus wenigen Standardelementen beliebige Roboter-Konfigurationen realisieren. Die gekoppelten Würfel werden für individuelle Aufgaben mit Modulen wie Handgelenk, Greifer und Linearmodulen ausgestattet.

Die „Power Cube"-Einheiten bestehen aus zwei zueinander drehbaren Würfeln, welche Harmonic Drive Getriebe, Motor, Lagerung, Lagemess-System sowie die Leistungs- und Steuerungselektronik enthalten. Bild 11a und 11b zeigen typische Anwendungen für das „Power Cube". Bei DaimlerChrysler Aerospace sind verschiedene autonom operierende, mobile, zweiarmige Robotersysteme für Serviceaufgaben sowie industrielle Montageaufgaben entwickelt worden. Alle rotatorischen Gelenke in diesem Roboter beinhalten Harmonic Drive Getriebe.

Bild 11a: Mobiler Serviceroboter (MSR) (Werksfoto DaimlerChrysler Aerospace, Space Infrastructure)

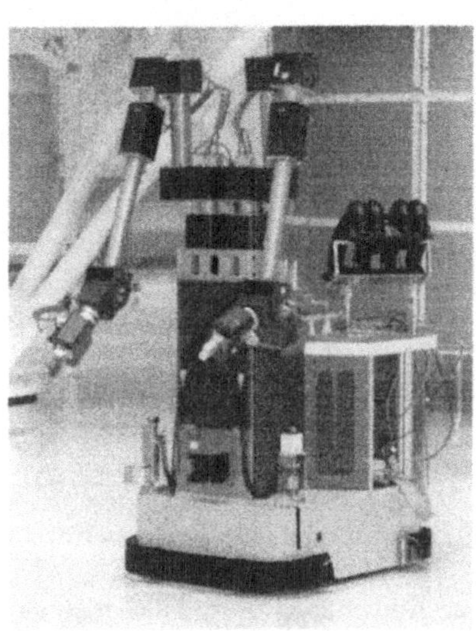

Bild 11b: Mobiler Fertigungsroboter (MFR) (Werksfoto DaimlerChrysler Aerospace, Space Infrastructure)

4.2 „Humanoid" Roboter

Zu den bekanntesten gehenden Robotern zählen die „Humanoid-Robots" von HONDA Engineering. Bild 12 zeigt die neueste P3-Ausführung. Wie beim vorherigen P2-Modell werden alle rotatorischen Achsen mit Harmonic Drive Getrieben und DC-Servomotoren bestückt. Der P2-Roboter verfügte über 30 Freiheitsgrade, 12 für beide Beine, 14 für beide Arme und 2 für die Hände. Bei einem Gesamtgewicht von 210 kg konnte dieser Roboter ca. 15 Minuten bei einer Geschwindigkeit von bis zu 2 km/h gehen.

Bild 12: „Humanoid" Roboter
(Werksfoto Honda Engineering)

Bild 13: Nomad Planetenrover
(Foto: NASA Ames Research Center)

4.3 Autonomer Planetenrover

Eine Anwendung in Radantrieben der „Lunar Roving Vehicles" brachte Anfang der 70iger Jahre das Harmonic Drive Prinzip zum ersten Mal einer breiten Öffentlichkeite nahe. Planetenrover sind auch heute ein wichtiger Anwendungsbereich. Ein bedeutendes aktuelles Projekt ist der „Nomad 4-wheel Robot", welcher konzipiert wurde, um planetenähnliche Terrains zu überqueren. Nach Tests in der Atacama-Wüste in Chile, wo der Rover mehrere Hundert Kilometer autonom zurücklegte, wird zur Zeit dieses Gerät für das Suchen von Meteoriten in der Antarktis eingesetzt. Das Fahrzeug hat einzelne Antriebseinheiten in allen vier Rädern. Diese Konfiguration hat die Vorteile von abgedichteten Einheiten, identische Antriebselemente, Einfachheit und hervorragende Steuerbarkeit. Jede Antriebseinheit beinhaltet einen bürstenlosen DC-Motor kombiniert mit Harmonic Drive Getriebe.

4.4 Laufmaschine für Rohre

Der 8-beinige „Rohrkrabbler" für die Inspektion und Sanierung von Rohren wurde an der TU München am Lehrstuhl B für Mechanik entwickelt. Zur Aufgabenstellung gehörte die Fortbewegung in Rohren beliebiger Neigung und Krümmung, um Arbeiten in für Menschen unzugänglicher Umgebung zu verrichten. Veschiedene vorgestellte Robotersysteme konnten die Anforderungen nicht hinreichend erfüllen. Einige der präsentierten Systeme benutzten Räder oder schwammen in dem im Rohr transportierten Medium. Alle Systeme litten unter spezifischen, zum Teil schwerwiegenden Nachteilen, z.B. Problemen mit der Radhaftung oder in bezug auf die Manövrierfähigkeit in verwinkelten Rohrverläufen.

Für die gewählte Größe des Rohrkrabblers ergab eine Untersuchung von elektrischen, hydraulischen und pneumatischen Antriebsvarianten eine eindeutige Präferenz für elektrische Antriebe in Kombination mit hochuntersetzenden Harmonic Drive Getrieben. Ausgehend von den verfügbaren Antrieben und der Größe des Roboters erwies sich die Tragfähigkeit der Beine als Schwachstelle. Die Lösung lag in einer deutlichen Gewichtsreduzierung der gesamten Konstruktion. Wie Bild 14a zeigt, sind die 8 Beine des Roboters sternförmig in zwei Ebenen angeordnet, wobei jedes Bein über zwei aktive Freiheitsgrade verfügt. Die beiden Gelenke jedes Beines werden mit Harmonic Drive Getriebeeinbausätzen der Baureihe HFUC und die Getriebe mittels DC-Glockenankermotoren angetrieben (siehe Bild 14b). Die Konstruktion der Einbausätze wurde optimiert, um das Eigengewicht der Getriebe zu minimieren. So ist jedes Bein ind er Lage, das eigene Gewicht in ausgestreckter Position im Dauerbetrieb 6,5 mal und kurzfristig bis zu 12 mal zu tragen.

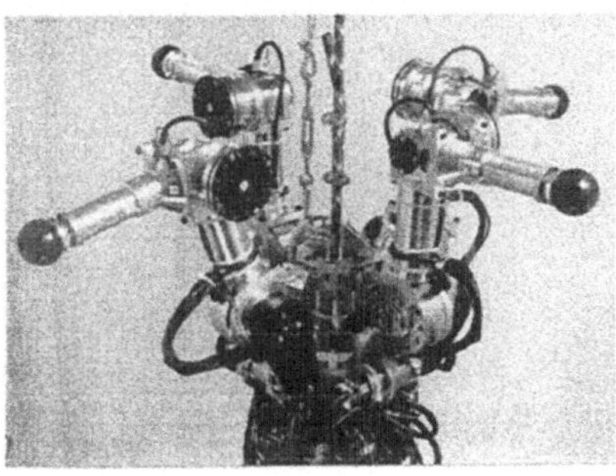

Bild 14b: Laufmaschine
(Foto: TU München)

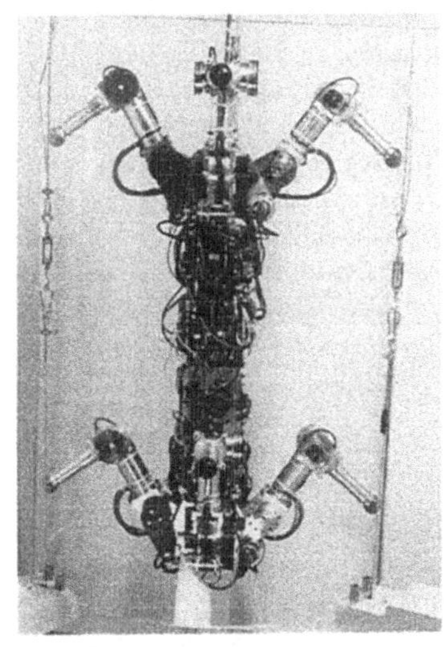

Bild 14a: Laufmaschine
(Foto: TU München)

Literatur

[1] ROSENBAUER, T.: *Getriebe für Industrieroboter – Beurteilungskriterien, Kenndaten, Einsatzhinweise*, Band 32/94, Shaker Verlag, 1994.

[2] ROSSMANN, T.: *Eine Laufmaschine für Rohre*, Fortschrittbericht, VDI Reihe 8 Nr. 732, Düsseldorf, VDI-Verlag, 1998.

[3] SCHRAFT R. & SCHMIERER, G.: *Serviceroboter – Produkte, Szenarien, Visionen*, Springer Verlag, 1998.

[4] SLATTER, R. & KIYOSAWA, Y.: *Weiterentwicklung des Harmonic Drive Getriebes*, Antriebstechnisches Kolloquium 1999, Aachen, Deutschland, Mai 1999, S. 75-104.

Aspekte der bildverarbeitungsgestützten Lokomotion humanoider Laufmaschinen

O. Lorch, M. Buss, F. Freyberger, G. Schmidt

Lehrstuhl für Steuerungs- und Regelungstechnik
Technische Universität München
80290 München
Oliver.Lorch@ei.tum.de

Zusammenfassung Eines der bisher wenig behandelten zentralen Forschungsziele beim technischen humanoiden Laufen ist die Realisierung zielorientierter, perzeptionsbasierter Laufbewegungen. In diesem Beitrag wird eine an das menschliche Vorbild angelehnte Regelungsarchitektur vorgestellt. Zur experimentellen Validierung von Sensorverarbeitungsalgorithmen und Verfahren zur zielorientierten Planung von Laufbewegungen wird eine Emulationsumgebung entwickelt, die die Bewegung einer virtuellen Laufmaschine simuliert. Der Beitrag stellt Bildverarbeitungsalgorithmen zur Perzeption eines Experimental-Szenarios, ein Schrittplanungsverfahren und experimentelle Ergebnisse zur Bestätigung dieser Verfahren vor.

1   Einleitung

Humanoide Laufroboter/-maschinen haben in vielen Situationen Vorteile gegenüber herkömmlichen rad- oder raupenbasierten mobilen, autonomen Systemen. Mit Beinen läßt sich im Gegensatz zu einer Fortbewegung auf Rädern eine höhere Beweglichkeit und Manövrierfähigkeit erreichen. Außerdem bestehen Möglichkeiten der Adaption an unebenes Terrain und Überwindung von Hindernissen wie Stufen, Gräben, Treppen etc. In der Vergangenheit haben sich viele Forschungsaktivitäten allein auf den mechatronischen Entwurf und der Stabilisierung von Laufmaschinen konzentriert. Laufroboter sind mittlerweile in der Lage, sich in einigermaßen strukturierter Umgebung zu bewegen und Hindernisse zu umlaufen oder zu überschreiten. Bekannte Beispiele hierfür sind der von HONDA entwickelte humanoide Laufroboter P2 [6] und das Nachfolgermodell P3. Betrachtet man die Funktionalitäten dieser humanoiden Laufmaschinen, so erkennt man in vielen Einzelheiten die Annäherung an menschliche Bewegungsabläufe. Unterschiede zwischen dem technischen und menschlichen Gehen ergeben sich vor allem bei der aufgabenabhängigen Anpassung verschiedener Bewegungsmuster (Autonomie). Die Änderung der Körperhaltung bei verschiedenen Hinderniskonfigurationen wurde bisher nur am Rande behandelt. Ein nächster logischer Schritt ist also, Aspekte der menschlichen Perzeptions- und Laufleistungen auf entsprechende technische Systeme zu übertragen und damit eine zielorientierte Bewegung zu realisieren.

Dieser Beitrag beschreibt eine neu entwickelte Emulationsumgebung, die experimentelle Untersuchungen für bildverarbeitungsgestütztes, zielorientiertes Laufen ermöglicht. Die Kopf- und damit Kamerabewegung der computersimulierten Laufmaschine wird in einem realen Szenario emuliert. Ergebnisse durch ein reales Stereokamerapaar und Bildverarbeitung gewonnene Umgebungsinformationen werden wieder auf die virtuelle Laufmaschine zurück gekoppelt. Die Ausführung der Schritte wird in augmentierter Form als 3D-Animation der virtuellen Laufmaschine im Bild einer externen Szenenkamera überlagert.

Abschnitt 2 dieses Beitrags beschreibt die Forschungsziele in Hinblick auf das bildverarbeitungsgestützte, zielorientierte Laufen. In Abschnitt 3 wird die vorgeschlagene Regelungsarchitektur vorgestellt. Die Emulation der kinematisch simulierten Laufmaschine in Hardware-in-the-Loop Experimenten und die Systemarchitektur der Emulationsumgebung behandelt Abschnitt 4. Abschnitt 5 beschreibt den auf Bildverarbeitung gestützten Schritt-Adaptionsalgorithmus. Experimente zur Validierung des gewählten Ansatzes werden in Abschnitt 6 diskutiert.

2 Forschungsziele

Die hier behandelte Aufgabe ist die bildgestützte, zielgerichtete, flüssige Fortbewegung einer zweibeinigen Laufmaschine in einem definierten, strukturierten Szenario. Dabei sind prototypische Schwierigkeiten, wie sie auch im Alltag zu finden sind, zu überwinden. Ein solches Beispielszenario ist in Abb. 1 dargestellt, wobei die Hinderniskonfiguration variabel ist. Zur Erkennung der Hindernissituation wird ein auf einem Schwenk-Neige-Kopf montiertes Stereokamerapaar eingesetzt.

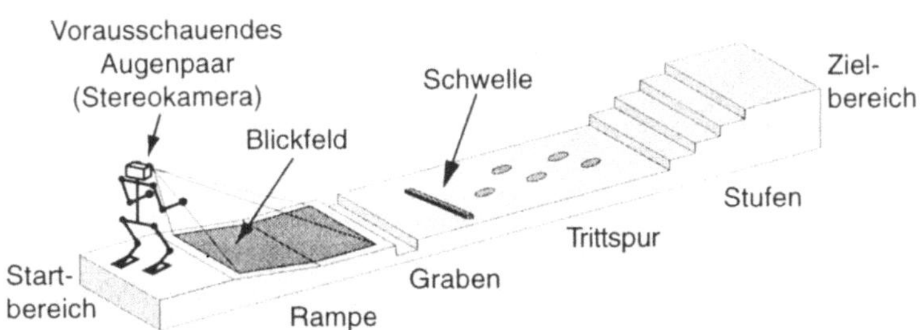

Abbildung 1. Prototypisches Laufszenario mit verschiedenen Hindernissen.

Die Schwierigkeit dieses Szenarios besteht nicht darin, einzelne Hindernisse überhaupt zu überwinden, sondern vielmehr alle Hindernisse am Stück in einem möglichst flüssigen Lauf zu bewältigen. Die Literatur gibt bereits Lösungen für das Laufen auf unebenen Terrain oder einer schiefen Ebene [5, 9], Aufstehen, Erreichen und Greifen eines Objektes [8], Übersteigen von Hindernissen sowie Auf- und Absteigen einer Treppe [6] an. Eine Aneinanderreihung dieser Funktionalitäten wurde aber bisher noch nicht diskutiert.

3 Regelungsarchitektur der virtuellen Laufmaschine

Für die bildverarbeitungsgestützte Lokomotion der Laufmaschine über das in Abschnitt 2 vorgestellte Szenario hinweg, wird eine kaskadierte Regelungsarchitektur nach Abb. 2 entwickelt [7]. Diese Struktur lehnt sich an das biologische Vorbild Mensch an. Die zwei kaskadierten Regelkreise zur Navigation (1) und Führung (2) der Laufmaschine überlagern drei untergeordnete Regelkreise zur Stabilisierung der Laufmaschine (3), Stabilisierung des Blickwinkels (4) und Überwachung der Schrittausführung (5).

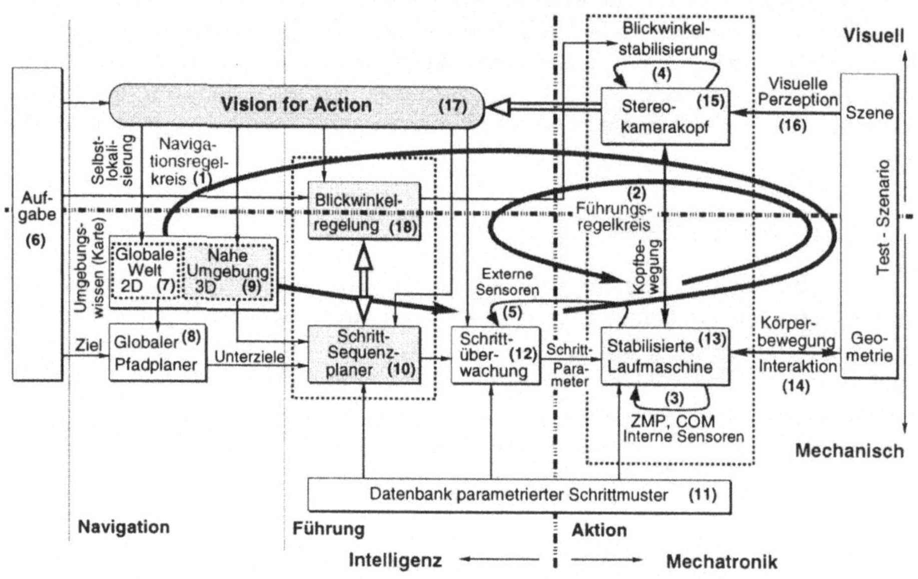

Abbildung 2. Bildverarbeitungsbasierte Regelungsarchitektur der Laufmaschine.

Nach der Aufgabenzerlegung (6) wird ausgehend von einer modellbasierten Karte (7), in der ortsfeste Umweltgegebenheiten festgehalten sind, eine Bahn des Laufmaschinen-Schwerpunkts in der Welt zur globalen Lokomotion (8) geplant. Diese Bahn wird unter Berücksichtung der durch Bildverarbeitung aktualisierten Karte in der näheren Umgebung (9) in eine Schrittsequenz (10) transformiert, so daß überwindbare Hindernisse in einem flüssigen Lauf passiert werden können. Als Basis für stabil durchführbare Schritte dient eine Datenbank (11), in der Trajektorienverläufe der Gelenkwinkel für unterschiedlich parametrierte Schrittmuster bereitgestellt werden. Eine Kontrolleinheit (12) überwacht die korrekte Ausführung der vorgegebenen Schritte (5) und unterlagerte Regelkreise (3) wirken auf den Nullmomentenpunkt und den Schwerpunkt zur Stabilisierung der Laufmaschine (13) ein.

Als Folge der Bewegung der Laufmaschine in der Umgebung (14) bewegt sich der Kopf, das Stereokamerapaar (15) und damit auch die auf den Kamerachip abgebildete Szene (16). Bildverarbeitungsalgorithmen (17) zur Rekonstruktion von Merkmalen der Szene, vgl. Abschnitt 4.5, müssen unter diesen bewegten Bedingungen funktionieren. Die Ergebnisse der Bildverarbeitung dienen der Kartenbildung (9), der Blickwinkelregelung (18) und der Schrittsequenzplanung (10) und -überwachung (12). Die Blickwinkelregelung (18) bewirkt eine von der aktuellen Intention, Hindernisdetektion oder Selbstlokalisierung abhängige Blickrichtung. Durch die Bewegung der Laufmaschine in und ihrer Interaktion mit der Umgebung bewegen sich der Kopf, und damit die Stereokameraanordnung, oszillierend in mehreren Freiheitsgraden. Diese Bewegung ist für die visuellen Perzeptions-Algorithmen schwierig zu beherrschen. Ein Regelkreis zur Blickwinkelstabilisierung (4) soll deshalb den Schwenk- und Neigewinkel des Kamerakopfes so steuern, daß sich die Szene möglichst unbewegt visuell erfassen läßt.

4 Emulation der kinematischen, virtuellen Laufmaschine

Für den Laufmaschinenemulator müßte im Idealfall eine online-fähige Simulation der *inneren* Regelkreise mit allen dynamischen Effekten einer Laufmaschine und der Interaktion mit ihrer Umgebung zur Verfügung stehen. Die Simulation wäre in der Lage realistische Kopf- bzw. Kamerabewegungen, hervorgerufen durch den geregelten Lauf, zu liefern. Diese Anforderung ist jedoch aufgrund der erforderlichen Rechenleistung und fehlender online-fähiger numerischer Integrationsalgorithmen noch nicht realisierbar.

Beim derzeit verfolgten Ansatz wird das Verhalten der als ideal arbeitenden angenommenen *inneren* Regelkreise durch ein kinematisches Modell der Laufmaschine approximiert. Die bei einer realen Laufmaschine auftretenden residualen Bewegungen des Kopfes und damit der Kamera, werden durch gemessene menschliche Trajektorienverläufe substituiert und können so mit dem kinematischen Modell der Laufmaschine online simuliert werden. Abb. 3 zeigt im linken Teilbild die Architektur des Emulators, der aus der Simulation der virtuellen Laufmaschine, der Kopfbewegungsemulation und der Visualisierung mit augmentierter Realität besteht.

4.1 Kinematik der virtuellen Laufmaschine und Laufszenario

Die virtuelle kinematische Laufmaschine besitzt 10 Freiheitsgrade [2], siehe rechter Teil der Abb. 3. Das Szenario nach Abb. 1 wurde physikalisch nachgebaut und besteht aus 5 unabhängigen Hindernismodulen, die unterschiedlich konfiguriert werden können. Alle Bauteile, wie Größe der virtuellen Laufmaschine, Stufenhöhe, -tiefe etc., wurden im Verhältnis 3:2 herunterskaliert um den Aufbau im Labor handhabbar zu halten. Damit wird die Höhe der Laufmaschine mit 1,20 m statt mit 1,80 m eines Normalmannes angenommen. Das Augenpaar liegt entsprechend auf einer Höhe von etwa 1,12 m.

4.2 Emulation menschenähnlicher Kopfbewegungen

Derzeit wird eine mobile Plattform als Träger des Schwenk-Neige-Kopfes (PTU-46-17.5, Directed Perception Inc.) mit dem NTSC-Stereo-Kamerapaar (XC-999,

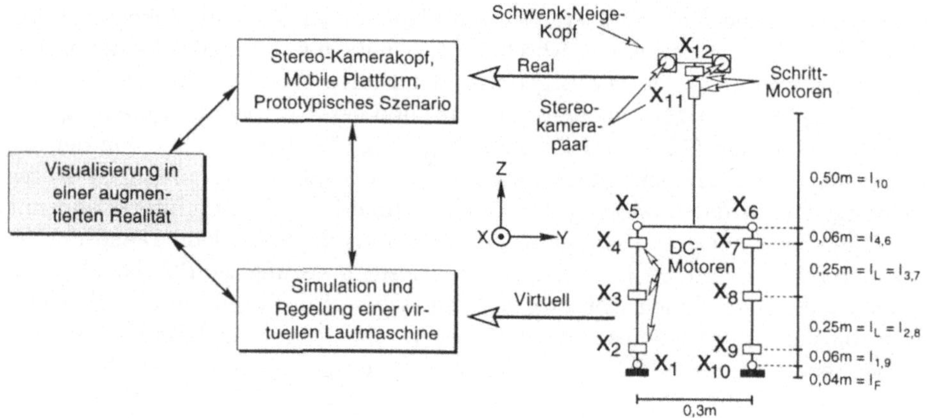

Abbildung 3. Emulatorarchitektur (links) und Kinematik (rechts) der virtuellen Laufmaschine.

Sony) eingesetzt. Damit lassen sich 3 der eigentlich benötigten 6 Freiheitsgrade emulieren. Mit der Plattform wird 1 translatorischer Freiheitsgrad und mit dem Schwenk-Neige-Kopf für die Blickwinkelregelung 2 rotatorische Freiheitsgrade einer menschlichen Kopfbewegung, siehe [4, 7], nachgebildet.

4.3 Augmentierte Welt

Zur Visualisierung der Laufmaschinenbewegung wird das Bild einer externen Szenenkamera mit einer 3D-Animation der virtuellen Laufmaschine überlagert. Abb. 4 zeigt das reale prototypische Szenario mit der eingeblendeten virtuellen Laufmaschine.

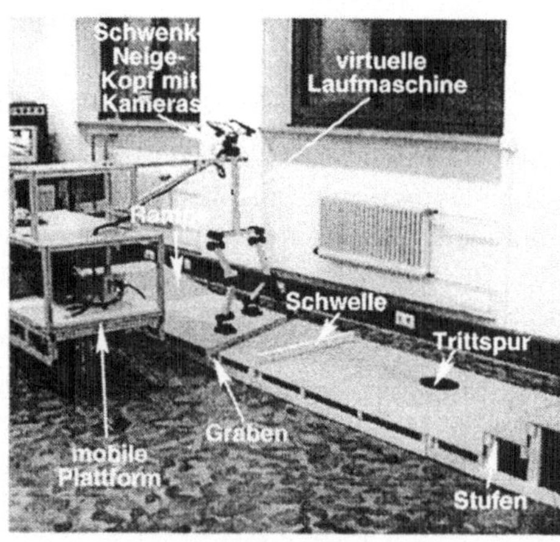

Abbildung 4. Augmentierte Szene des Experimentalaufbaus überlagert mit der virtuellen Laufmaschine.

4.4 Systemarchitektur

Alle Berechnungen im Laufmaschinenemulator werden in einem LINUX-PC-Pool ausgeführt. Die Kommunikation zwischen den Rechnern ist mit Sockets in einem 100 MBit/s LAN realisiert. Verwendet werden handelsübliche Framegrabber-Karten mit dem bt848-Chip und eine Voodoo-II Grafikkarte. Die 3D-Animationen sind mit einer OpenGL-kompatiblen Bibliothek implementiert. Alle Bibliotheken und Treiber sind Open Source. Sie sind frei im Internet erhältlich.

Für die Ansteuerung der Schrittmotoren des Schwenk-Neige-Kopfes werden die gewünschten Winkel über die RS-232-Schnittstelle an einen externen Regler übertragen. Die konstante Geschwindigkeit der mobilen Plattform wird ebenfalls über das RS-232-Interface übergeben. Die Systemarchitektur mit der angedeuteten virtuellen Laufmaschine zeigt Abb. 5.

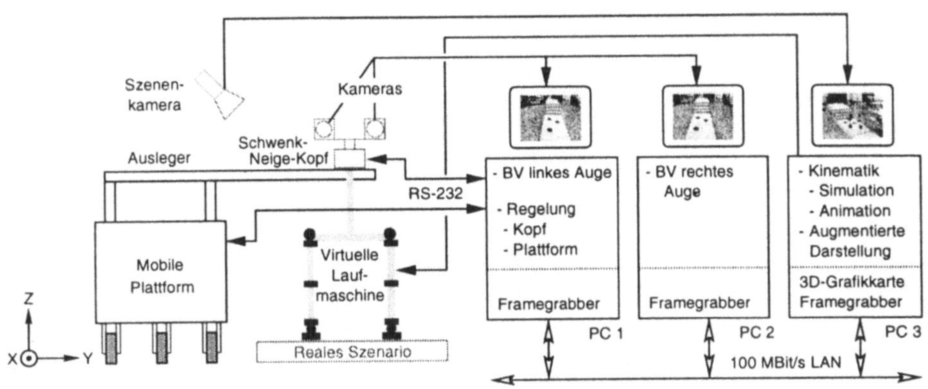

Abbildung 5. Systemarchitektur der Emulatorumgebung.

4.5 Bildverarbeitungsalgorithmen

Aufgrund der Kopf- und der damit verursachten Kamerabewegungen werden robuste Bildverarbeitungsalgorithmen benötigt. Benutzt werden fertige, bereits echtzeitfähig implementierte Bildverarbeitungsmodule wie XVISION, eine C++-Bibliothek von Bildverarbeitungsalgorithmen [3]. Damit lassen sich unterschiedliche Merkmale wie Blobs (Bereiche zusammenhängender Pixel annähernd gleicher Farbe), Kanten und Ecken in einer Bildsequenz simultan verfolgen. Die Anzahl der Merkmale, die online und simultan verfolgt werden können, ist abhängig von den Größen der Suchfenster [3]. Die hier beschriebenen Versuche konzentrieren sich auf die Trittspur in dem Testszenario, vgl. Abb. 1. Die Perzeption der Trittspur wird mit Blobs erreicht. Dazu wird in einem Suchfenster der Mittelpunkt aller Pixel, die in einem Grauwertbereich liegen, bestimmt. Dieser Mittelpunkt gibt die neue Position des Suchfensters im nächsten Bild an. Das Suchfenster wird während der Blob-Verfolgung vergrößert, wenn die prozentuale Abdeckung der Pixel in einem Grauwertbereich 50% übersteigt.

Alle in der Bildsequenz verfolgten relevanten Merkmale werden vom Benutzer am Anfang eines Experiments initialisiert. Durch die Spezifizierung der Merkmale in derselben Reihenfolge in jedem Auge, wird auch das Korrespondenzenproblem zur Stereoverarbeitung vereinfacht. Die Ergebnisse der Positionsbestimmungen der Merkmale im 2D-Bild werden an den Simulationsrechner übertragen. Damit lassen sich im Kameratakt für diese Applikation ausreichend gute 3D-Rekonstruktionen im cm-Bereich erreichen.

5 Bildverarbeitungsgestützte Schrittgenerierung

5.1 Schrittparametrierung

Zunächst werde ein einzelner Schritt der kinematischen Laufmaschine betrachtet. Die zugehörigen Gelenkwinkeltrajektorien werden mit inverser Kinematik unter der Voraussetzung gleichbleibender Vorwärtsgeschwindigkeit in der Hüfte der virtuellen Laufmaschine generiert. Ein Schritt i wird charakterisiert durch seine Schrittlänge l_s^i, die Auftrittshöhe relativ zum vergangenen Schritt h_s^i und seiner Amplitude zum Boden c_s^i.

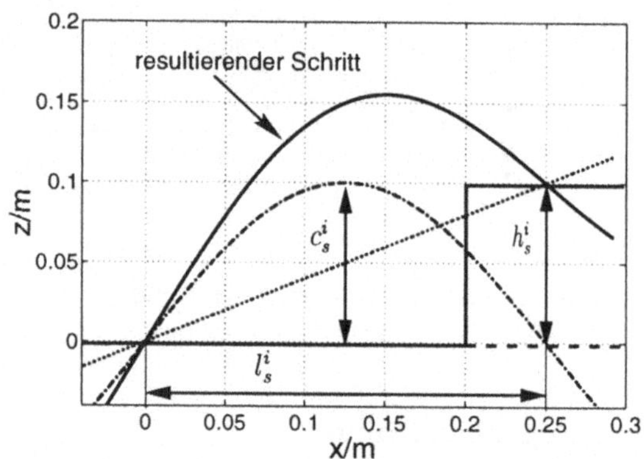

Abbildung 6. Grafische Darstellung der Schrittparameter des schwingenden Fußes in der sagittalen Ebene.

Für den schwingenden Fuß wird als Soll-Trajektorie eine halbe Sinuskurve gewählt, mit der Periode $2l_s^i$ und der Amplitude c_s^i überlagert von einer konstanten Steigung h_s^i/l_s^i. Der andere Fuß wird dabei als fest am Boden stehend angenommen. Abb. 6 verdeutlicht diesen Zusammenhang. Die Nullstellung der Gelenkwinkel ist die in Abb. 3 dargestellte, gestreckte Konfiguration der Laufmaschine. Die Drehrichtungen der angegebenen Achsen ergeben sich mathematisch positiv gemäß dem ebenfalls angegebenen Koordinatensystem.

Im folgenden wird nur der planare Fall betrachtet, d.h. die Laufmaschine bewegt sich in der x-z-Ebene (Sagittalebene) mit $\theta_{x_1} = \theta_{x_5} = \theta_{x_6} = \theta_{x_{10}} = 0°$. Um eine angewinkelte Position der Beine zu erreichen wird die Höhe der Hüfte z_{h0} um

0,1 m niedriger als die theoretisch maximale Höhe bei Grundstellung mit $z_{h0} = 0,56$ m festgelegt. Mit der Hüftposition $x(t)$ der Laufmaschine in x-Richtung wird der zeitabhängige Abstand der Hüfte relativ zum aktuell fest am Boden stehen Fuß $\Delta x(t)$ eingeführt. Für die Berechnung der restlichen Gelenkwinkel werden weitere Hilfsgrößen verwendet: $z_h^i(t)$ ist die Höhe die von den Gliedern l_2 bzw. l_8 und l_3 bzw. l_7 des fest stehenden Fußes erreicht werden soll, $\tilde{z}_h^i(t)$ des freien Fußes. Weiterhin wird $x_h^i(t)$ als Abstand in x-Richtung der Hüfte zum fest stehenden Fuß als Funktion des aktuellen und des zuletzt ausgeführten Schrittes eingeführt.

$$z_h^i(t) = z_{h0} - 0,5 \left(h_s^{i-1} - \left(h_s^{i-1} + h_s^i \right) \frac{\Delta x(t)}{l_s^i} \right) - l_{4(6)} - l_{1(9)} - l_F$$

$$\tilde{z}_h^i(t) = z_h^i(t) - c_s^i \sin \left(\pi \frac{\Delta x(t)}{l_s^i} \right) \tag{1}$$

$$x_h^i(t) = -0,5 \left(l_s^{i-1} - \left(l_s^{i-1} + l_s^i \right) \frac{\Delta x(t)}{l_s^i} \right)$$

Für einen Schritt, bei dem sich das rechte Bein fest am Boden befindet, ergeben sich die aktuellen Gelenkwinkel — mit fest stehendem linken Bein gelten die geklammerten Indizies — zu:

$$\theta_{x2(9)} = \arctan \left(\frac{x_h^i(t)}{z_h^i(t)} \right) + \arccos \left(\frac{\sqrt{x_h^i(t)^2 + z_h^i(t)^2}}{2l_L} \right)$$

$$\theta_{x3(8)} = -2 \arccos \left(\frac{\sqrt{x_h^i(t)^2 + z_h^i(t)^2}}{2l_L} \right) \tag{2}$$

$$\theta_{x4(7)} = -\left(\theta_{x2(9)} + \theta_{x3(8)} \right)$$

$$\theta_{x7(4)} = \arctan \left(\frac{-x_h^i(t)}{\tilde{z}_h^i(t)} \right) + \arccos \left(\frac{\sqrt{x_h^i(t)^2 + \tilde{z}_h^i(t)^2}}{2l_L} \right)$$

$$\theta_{x8(3)} = -2 \arccos \left(\frac{\sqrt{x_h^i(t)^2 + \tilde{z}_h^i(t)^2}}{2l_L} \right) \tag{3}$$

$$\theta_{x9(2)} = -\left(\theta_{x7(4)} + \theta_{x8(3)} \right)$$

5.2 Schrittsequenzplanung

Für die bildverarbeitungsgestützte Schrittplanung ist es nicht ausreichend nur einen Schritt zu betrachten. Flüssiges Laufen erfordert vielmehr, eine Sequenz von Schritten im voraus zu planen. Weiterhin wird auf Grund von physiologischen Erkenntnissen die optische Wahrnehmung eines Hindernisses in einem feedforward Modus verwendet [1]. Das Schrittsequenzplanungsmodul, vgl. Abb. 2 (10), hat in unseren Experimenten einen Planungshorizont von drei Schritten. Mit dem kinematischen Modell der Laufmaschine läßt sich die Transformationsmatrix $^{\text{Foot}(l,r)}T_{\text{Cam}}$ berechnen, die für die Umrechnung der 3D-rekonstruierten Hindernisse in Fußkoordinaten des aktuell fest am Boden stehenden Fußes benutzt wird. Ähnlich dem biologischen Laufen wird angenommen, daß ein initierter Schritt nicht mehr bildverarbeitungsgestützt adaptiert oder verändert werden kann. Deshalb werden die Abstände zu den Hindernissen relativ zu dem erwarteten Punkt, an dem der schwingende Fuß auftreten wird, berechnet. Beträgt der Abstand zu einem Hindernis weniger als das dreifache der normalen (skalierten) Schrittlänge von 25 cm, sind 2 oder 3 Schritte für ein flüssiges Vermeiden des Hindernisses ausreichend. Abb. 7 verdeutlicht die Strategie zur Generierung der Schrittsequenz.

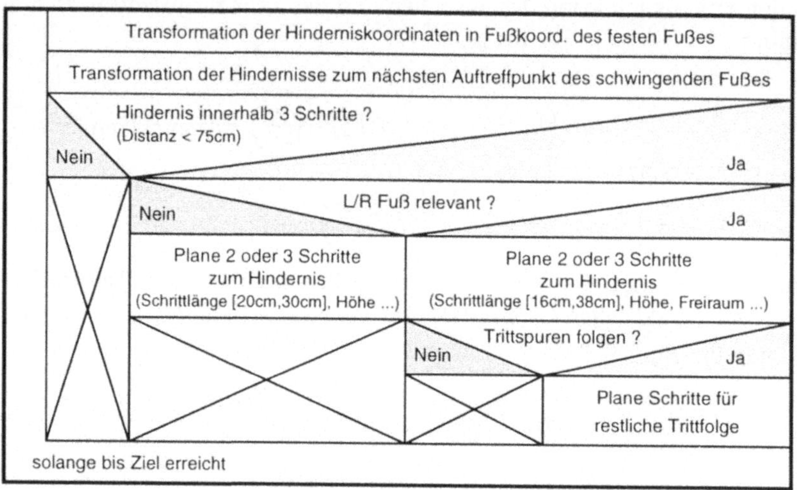

Abbildung 7. Algorithmus zur Schrittsequenzplanung.

6 Experimentelle Ergebnisse

Für eine Validierung des in Abb. 7 angegebenen Schrittsequenzplanungsverfahrens soll hier nur die Trittspur visuell verarbeitet werden. Alle anderen Hindernisse werden als bekannt vorausgesetzt, deshalb können die ersten acht Schritte vorgeplant werden. Weiterhin ist der Abstand der Treppe von der Initialposition der Laufmaschine als bekannt angenommen, damit können die Schritte zur ersten Stufe hin geplant werden. Die Schrittparameter zum Übersteigen der Stufen wurden ebenfalls vorab festgelegt. Die bildverarbeitungsgestützte Adaption der Schrittparameter mit der in Abschnitt 5 vorgestellten Strategie beginnt 2 m nach der Initialposition und endet nach der Planung der 2 oder 3 Schritte zur ersten Stufe der Treppe. Die experimentellen Ergebnisse für zwei unterschiedliche Hinderniskonfigurationen a) und b) sind in Abb. 8 dargestellt.

Abb. 9 zeigt die bildverarbeitungsgestützte Adaption der Schritte nach der bildverarbeitungsgestützten Schrittsequenzplanung für die beiden gezeigten Situationen. Die adaptierte Schrittsequenz stimmt dabei mit der vorgegebenen Fußspur überein und erlaubt der virtuellen Laufmaschine eine Grundform bildverarbeitungsgestützten, zielorientieren Laufens.

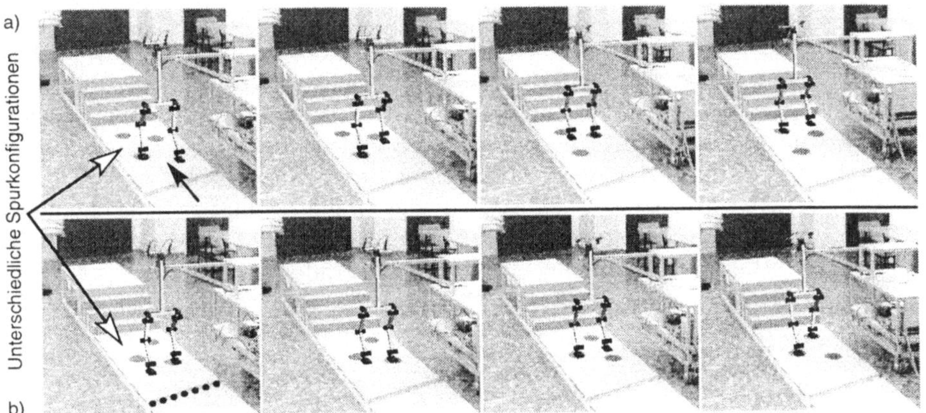

Abbildung 8. Schrittsequenz über das prototypische Szenario mit unterschiedlichen Hinderniskonfigurationen der Schrittspuren. Augmentierte Darstellung der virtuellen Laufmaschine in das Bild der externen Szenenkamera. Der Graben ist mit einer gepunkteten Linie hervorgehoben.

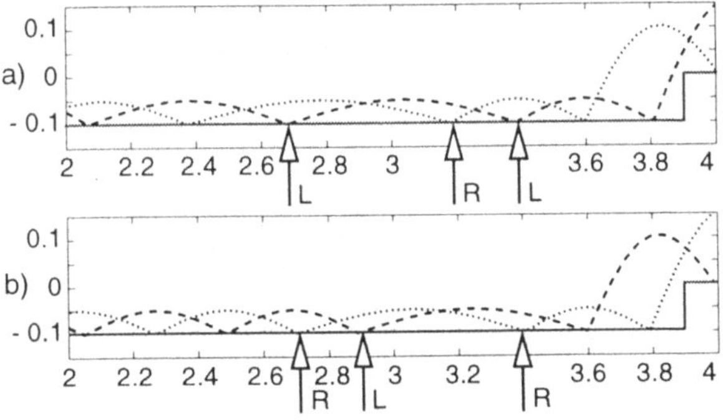

Abbildung 9. Schrittfolge des Laufprozesses mit den vorgegebenen Spuren für die unterschiedlichen Konfigurationen a) und b).

7   Schlußfolgerungen

Dieser Beitrag beschreibt eine Emulationsumgebung zur Entwicklung von Algorithmen für eine bildverarbeitungsgestützte, flüssige, zielorientierte Führung und Regelung von technischen Laufmaschinen. Eine kaskadierte Regelungsstruktur mit einer *inneren Schleife* zur Stabilisierung der Laufmaschine und einer *äußeren Schleife* für die bildverarbeitungsgestützte Führung wird präsentiert. Das Experimentalsystem kombiniert die Emulation der Kopfbewegungen einer virtuellen Laufmaschine mit einer mobilen Plattform und einem Schwenk-Neige-Kopf. Das Bewegungsverhalten der Laufmaschine wird mit einer 3D-Grafik in augementierter Realität über ein Realbild einer außenstehenden Szenenkamera visualisiert. Das Emulatorsystem wird zur Validierung von bildverarbeitungsgestützten Schrittsequenzplanungs-Strategien zur Zielführung einer virtuellen

Laufmaschine in einem modularen prototypischen Szenario verwendet. Experimentelle Ergebnisse demonstrieren das Verhalten der geführten virtuellen Laufmaschine. Der vorgestellte Ansatz mit der virtuellen Laufmaschine stellt eine mächtige Entwicklungsumgebung für das Verstehen, Analysieren und Synthetisieren von Regelungsstrategien zur bildverarbeitungsgestützten Führung und Regelung von Laufmaschinen für intelligentes zielorientiertes Laufen dar.

Die nächsten Schritte werden sich auf die online-Simulation einer dynamischen Laufmaschine und der Erweiterung der Emulatorumgebung zur Realisierung realistischer Kopfbewegungen in 6 Freiheitsgraden konzentrieren.

Danksagung

Das Projekt "Sensorbasiertes humanoides Laufen" wird zum Teil im Rahmen des Schwerpunktprogramms "Autonomes Laufen" von der Deutschen Forschungsgemeinschaft (DFG) gefördert.

Literatur

[1] Aftab E. Patla and Joan N. Vickers. Where and when do we look as we approach and step over an obstacle in the travel plath. *NeuroReport*, 8(17):3661–3665, December 1997.

[2] Fred R. Sias Jr. and Yuan F. Zheng. How Many Degrees-of-Freedom Does a Biped Need. In *Proceedings of the International Workshop on Intelligent Robots and Systems IROS*, pages 297–302, Tsuchiura, Ibaraki, Japan, 1990.

[3] Gregory D. Hager and Kentaro Toyama. The XVision System: A General-Purpose Substrate for Portable Real-Time Vision Applications. *Computer Vision and Image Understanding*, 69(1):23–37, January 1998.

[4] Jacquelin Perry. *Gait Analysis, Normal and Pathological Function*. SLACK Incorporated, Thorofare, NJ, 1992.

[5] Jin'ichi Yamaguchi, Noboru Kinoshita, Atsuo Takanishi, and Ichiro Kato. Development of a Dynamic Biped Walking System for Humanoid – Development of a Biped Walking Robot Adapting to the Humans' Living Floor –. In *Proceedings of the IEEE International Conference on Robotics and Automation*, pages 232–239, Minneapolis, Minnesota, 1996.

[6] Kazuo Hirai, Masato Hirose, Yuji Haikawa, and Toru Takenaka. The Development of Honda Humanoid Robot. In *Proceedings of the IEEE International Conference on Robotics and Automation*, pages 1321–1326, Leuven, Belgium, 1998.

[7] O. Lorch, M. Buss, and G. Schmidt. An Emulation Environment for the Development of a Vision-Based Walking Robot. In *Proceedings of the 8th International Workshop on Robotics in Alpe-Adria-Danube Region (RAAD'99)*, pages 63–68, München, Germany, June 1999.

[8] Masayuki Inaba, Takashi Igarashi, Satoshi Kagami, and Hirochika Inoue. A 35 DOF Humanoid that can Coordinate Arms and Legs in Standing up, Reaching and Grasping an Objekt. In *Proceedings of the IEEE/RSJ International Conference on Intelligent Robots and Systems IROS*, pages 29–36, Osaka, Japan, 1996.

[9] G. Z. Tan. Study on Mechanics Laws for Anthropomorphic Biped Robots to Walk Dynamically on Sloping Surfaces. In *Proceedings of the IEEE International Conference on Robotics and Automation*, pages 252–257, Minneapolis, Minnesota, 1996.

Dynamic Control for Stabilization of the Four-Legged Walking Machine BISAM in Trot Motion

O. Matsumoto
Mechanical Engineering Laboratory
1-2 Namiki, Tsukuba, Ibaraki 305-8564
Japan

W. Ilg, K. Berns, R. Dillmann
Forschungszentrum Informatik Karlsruhe
Haid-und-Neu-Str. 10-14, 76131 Karlsruhe
Germany

1   Introduction

There are many types of locomotion like wheels, legs, crawlers, etc. Among these types, the legged locomotion is the most suitable system to negotiate rough surface, because it has a merit to select the ground contacting points of the foot freely. Concerning the legged systems, many studies about the four-legged walking machine, whose number of legs is minimum to realize statically stable walking, have been performed in the world.

In our research project, the four-legged walking machine 'BISAM' [1] (shown in Fig.1), which is a biologically inspired walking machine, has been developed and many walking experiments using trot gait in which diagonal two legs move along same trajectory have been performed. However, in the state that only two legs contact with the ground, 'BISAM' became statically unstable because of its small feet and, as the result, the large body's inclination and the early landing of one swinging leg occurred. Therefore, to solve the problem, we investigate the control method to realize a dynamically stable walking of 'BISAM'. Concretely, we investigate the trajectory plan and control method to maintain the level of its body exactly for simultaneous landing of two swinging legs and accuracy of mounted vision sensor.

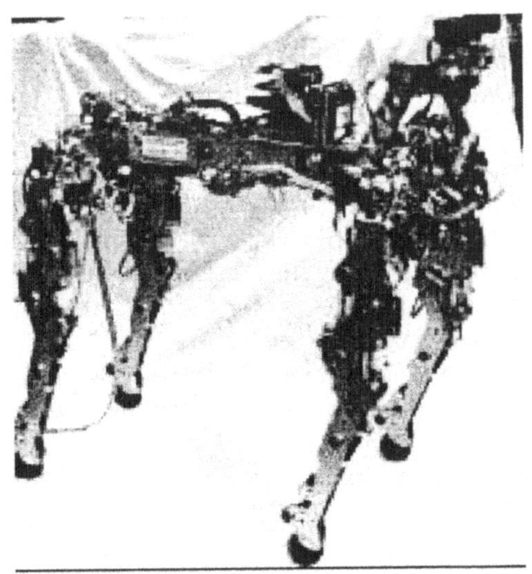

Fig.1 The four-legged walking machine 'BISAM'

In almost all former studies [2]-[6] which treat dynamic walking of four-legged machines, it was assumed that the mass of the legs were neglected and the mass of the whole machine was centralized to the body in considering the dynamic modeling. This assumption makes the dynamics of the machine much simpler. Because, without simplification of the dynamics of the four-legged walking machine with an ability of 3 dimensional walking, it usually gets more than a 12 degrees of freedom (D.O.F.) system and, as the result, the dynamic motion analysis of the machine becomes very difficult because of its complexity. However, this assumption has two problems for application of dynamic control of 'BISAM'. First, in case of 'BISAM' whose actuators driving the leg joints are installed on the legs, the mass of the legs becomes heavier and impossible to be neglected. Therefore, the conventional simplified system cannot cover such a system exactly. Second, as the feet of 'BISAM' are very small, the exact consideration of dynamic stability is essential to realize the stable walking, because this type of walking machine becomes a statically unstable system during the dynamic walking.

Recently, in a few studies [1][7], the control system using the neuro-oscillator is adopted to control four-legged walking machine from the view point of biologically inspired research. These methods have the possibility to realize the robust walking by changing small numbers of input signals. However, the precise stabilizing control (e.g. keeping the body's inclination level) has not been considered and is difficult to be realized.

Therefore, in this paper, we adopt the 'Intermittent trot gait' [6] proposed by Yoneda et. al. to realize smooth and dynamic walking and investigate the dynamically stable control method considering the dynamic effects of the whole system (i.e. the reactive force of the body and the supporting and swinging legs caused by acceleration) to maintain the level of the body. In reference [6], the dynamic effect of the swinging legs are neglected and the control of the body's inclination is not discussed.

2 Modelling of four-legged walking machine 'BISAM'

Here, 'Intermittent trot gait', which is investigated in this paper, is shown in Fig.2. In this gait, a two-diagonal-leg-supporting phase (A) and a four-leg-supporting phase (B) appear in orders. In the latter phase, the motion control of four-legged walking machine is not so difficult, because it becomes statically stable. On the other hand, in the former phase, it becomes statically unstable and the dynamically stabilizing control is essential to realize a smooth walking. Therefore, in this paper, the dynamic control in phase (A) is mainly discussed.

'BISAM' is totally 21 D.O.F. system whose body has 5 D.O.F. and each leg has 4 D.O.F. However, to realize the intermittent trot gait, the motions of the body's joints are not essential. Moreover, the lowest joint of each leg is much smaller and lighter than the other joints. Therefore, fixing the above joints at constant angles, the model of 'BISAM' can be simplified to 12 D.O.F. system. The model during phase (A) is shown in Fig.3. Each leg consists of 3 links and has 3 D.O.F., and diagonal two feet contact with the ground at points because of its small feet. 3 D.O.F. leg is sufficient to position each foot on desired points in 3-dimensional space.

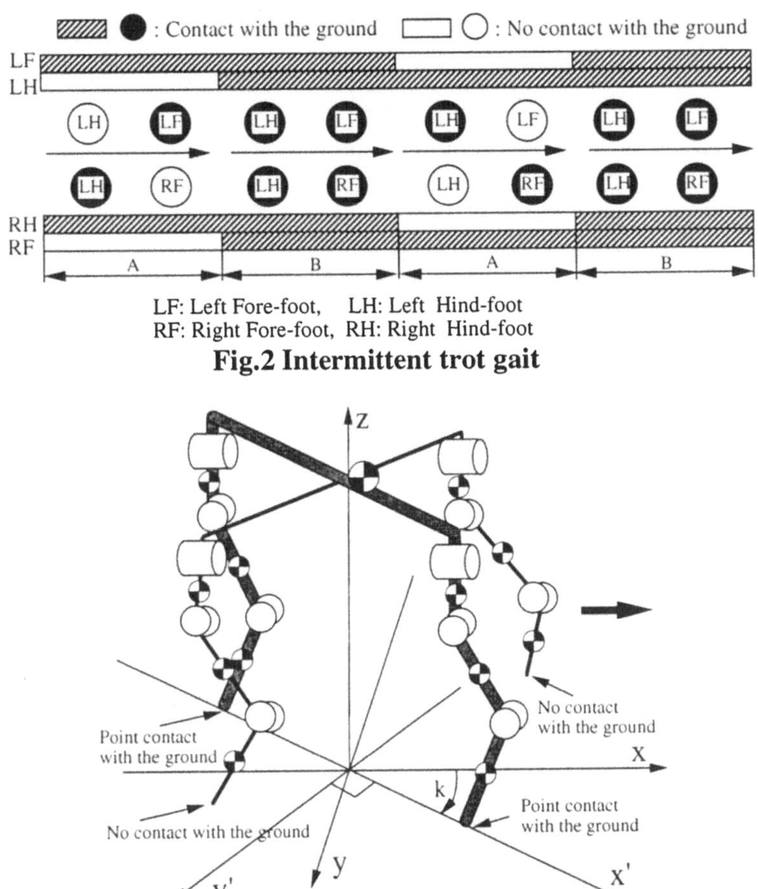

LF: Left Fore-foot,   LH: Left Hind-foot
RF: Right Fore-foot, RH: Right Hind-foot

Fig.2 Intermittent trot gait

Fig.3 Modeling of four-legged walking machine during trot motion

This system becomes very complicated (12 D.O.F. system) and difficult to be modeled dynamically. However, we can simplify this system to a biped system by using the concept of 'Virtual Leg' [2], because our investigation is limited to only intermittent trot gait. In our consideration, we assume the diagonal legs move along the same trajectories and this system can be simplified to a biped system with 6 joints shown in Fig.4. This simplified system necessitates a dynamic control for stabilization in phase (A) shown in Fig.2. Because it is possible to fall down in the direction of the x'-axis (shown in Fig.4) connecting two feet points of the supporting legs. In conventional studies, the dynamics of such a system is simplified to inverted pendulum system (one or two D.O.F. system) for easy analysis. However, it is not sufficient in considering the exact control of the body's inclination. Here, we investigate the dynamic stability of more complicated system for precise analysis.

3   Equations of motions of the simplified biped system

To investigate the dynamic motion planning and make dynamic simulation

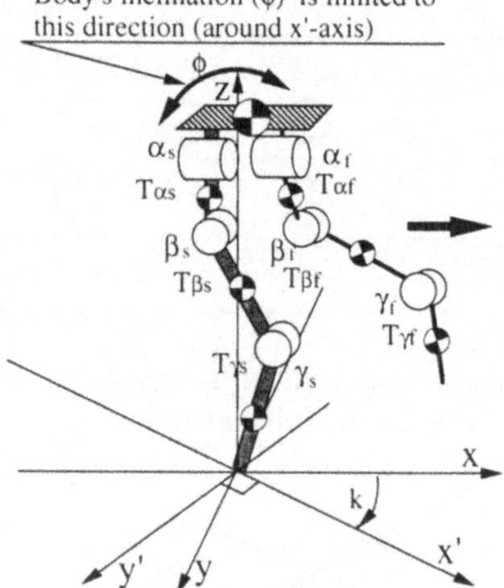

α_s - γ_f: Angle of each joint
Tα_s - Tγ_f: Torque of each motor

Fig.4 Simplified modeling of four-legged walking machine during trot motion

software, we firstly derive the equations of motions of the simplified biped system. This system is a 7 D.O.F. system including the inclination angle (φ) of the body around the x'-axis with 6 actuators and joints. Assuming that motor torques are not large enough to lift up the supporting leg, we obtain the following 7 equations of motions in y'-z plane. The equations are shown in eq.(1) simply. The detail of each term is too complicated to be shown in this paper.

$$
A(\phi, \alpha_s, \beta_s, \gamma_s, \alpha_f, \beta_f, \gamma_f) \cdot
\begin{bmatrix}
\ddot{\phi} \\
\ddot{\alpha_s} \\
\ddot{\beta_s} \\
\ddot{\gamma_s} \\
\ddot{\alpha_f} \\
\ddot{\beta_f} \\
\ddot{\gamma_f}
\end{bmatrix}
+ b(\phi, \alpha_s, \beta_s, \cdots \dot{\beta_f}, \dot{\gamma_f}) =
\begin{bmatrix}
0 \\
T_{\alpha s} \\
T_{\beta s} \\
T_{\gamma s} \\
T_{\alpha f} \\
T_{\beta f} \\
T_{\gamma f}
\end{bmatrix}
\quad (1)
$$

A: 7*7 matrix, b: 7*1 vector

Among 7 equations, the equation in the first line of eq.(1), which doesn't include torque of the motor, expresses the dynamic interference of this system. This means that the biped system becomes an under-actuated system and, if the trajectories of 6 D.O.F are designed independently, a trajectory of remaining 1 D.O.F is determined dependently.

4 Trajectory planning method

In this section, we propose the planning method of the whole dynamic trajectories to maintain the level of the body's inclination constantly as follows.

1) The four trajectories of the joints (βs, γs, βf, γf) in sagital plane are designed arbitrarily. The inclination angle of the body (ϕ) is set equal to zero constantly (ϕ, $\dot{\phi}$, $\ddot{\phi} = 0$).

2) In this trajectory planning, we assume that the joint motions (αs, αf) in frontal plane are driven along the same trajectories ($\alpha_s = \alpha_f$, $\dot{\alpha}_s = \dot{\alpha}_f$, $\ddot{\alpha}_s = \ddot{\alpha}_f$). The initial angle of (αs, αf) is set at same approximate value to make C.O.G. of the whole system on y'-coordinates within statically stable area near to the ground contact point of the supporting leg. The initial angle is adjusted till obtaining good trajectories during the repeating procedure described as follows. The initial angular velocity of (αs, αf) is set at the arbitrary fixed value.

3) Substituting the initial angles and angular velocities of all variables and the initial angular accelerations ($\ddot{\beta}_s$, $\ddot{\gamma}_s$, $\ddot{\beta}_f$, $\ddot{\gamma}_f$, $\ddot{\phi}$) for the equation in first line of eq.(1), the angular accelerations ($\ddot{\alpha}_s$, $\ddot{\alpha}_f$) are calculated.

4) Integrating the angular acceleration ($\ddot{\alpha}_s$, $\ddot{\alpha}_f$), the angular velocity ($\dot{\alpha}_s(dt)$, $\dot{\alpha}_f(dt)$) and angle ($\alpha_s(dt)$, $\alpha_f(dt)$) after sampling time (dt) are obtained.

5) Repeating the procedure of 3)-4), all variables of (αs, αf) after sampling time (dt) are calculated successively and the total trajectories from initial to final condition of (αs, αf) are obtained.

6) To get convenient trajectories, the procedure from 2) to 5) is repeated with adjusting the initial angle of the joints (αs, αf) every time until the final angular velocity of (αs, αf) has got the approximate desired value (ε). Because the obtained trajectories depend on the initial state by reason of static instability of the system.

One example of calculation results is shown in Fig.5. In this example, we plan the trajectories of the joint angles (βs, γs) of the supporting leg to maintain the height of the body constant and the trajectories of the joint angles (βf, γf) of the swinging leg to realize the soft landing of the foot. The lowest graph in Fig.5 shows the calculation result of the joint motions (αs, αf) in frontal plane by using the above proposed procedure. In this example, we set 0.0[deg/s] as the final angular velocity value of 'ε', and, as the result, obtain −6.8 [deg] as the initial values of (αs, αf) by repeating the above procedure (from 2) to 5)). This result shows that we can obtain the trajectories of the joint angles (αs, αf) in frontal plane to maintain the level of the body's inclination by using our method, even if we plan the trajectories of the joint angles (βs,γs,βf,γf) in the sagital plane arbitrarily. By controlling the six actuator torques (Tαs, Tβs,Tγs,Tαf,Tβf,Tγf) to make the joint angles (αs,βs,γs, αf,βf,γf) follow the trajectories obtained in our method, the inclination angle of the body is possible to be maintained level theoretically.

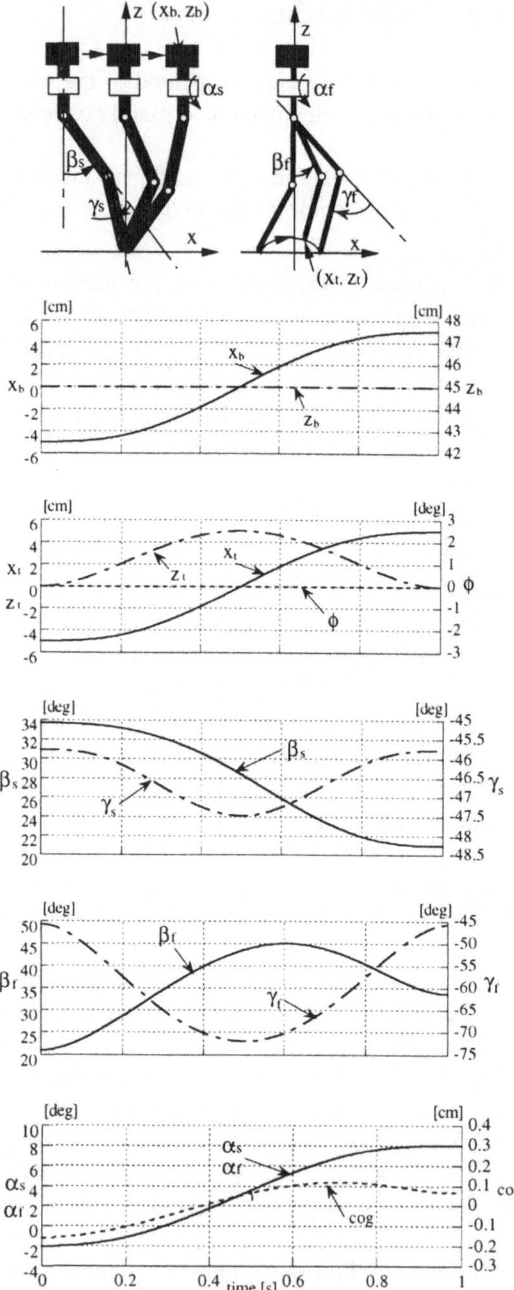

Fig.5 Example of planned trajectories

5 Trajectory control method

In the experiment, the walking machine has to be controlled to follow the planned desired trajectories. Since the real walking machine is more or less different from its model, the feedback control of angle and angular velocity becomes essential. Therefore, we have investigated some control methods. Here, the simplest method using the feedback control of angle and angular velocity is introduced in eq.(2). Suffix 'd' means the desired torques and trajectories.

$$T_{\alpha s}(t) = T_{\alpha sd}(t) + k_{p\alpha s}(\alpha_{sd}(t) - \alpha_s(t)) + k_{v\alpha s}(\dot{\alpha}_{sd}(t) - \dot{\alpha}_s(t))$$

$$T_{\alpha f}(t) = T_{\alpha fd}(t) + k_{p\alpha f}(\alpha_{fd}(t) - \alpha_f(t)) + k_{v\alpha f}(\dot{\alpha}_{fd}(t) - \dot{\alpha}_f(t))$$

$$T_{\beta s}(t) = T_{\beta sd}(t) + k_{p\beta s}(\beta_{sd}(t) - \beta_s(t)) + k_{v\beta s}(\dot{\beta}_{sd}(t) - \dot{\beta}_s(t)) \qquad (2)$$

$$T_{\beta f}(t) = T_{\beta fd}(t) + k_{p\beta f}(\beta_{fd}(t) - \beta_f(t)) + k_{v\beta f}(\dot{\beta}_{fd}(t) - \dot{\beta}_f(t))$$

$$T_{\gamma s}(t) = T_{\gamma sd}(t) + k_{p\gamma s}(\gamma_{sd}(t) - \gamma_s(t)) + k_{v\gamma s}(\dot{\gamma}_{sd}(t) - \dot{\gamma}_s(t))$$

$$T_{\gamma f}(t) = T_{\gamma fd}(t) + k_{p\gamma f}(\gamma_{fd}(t) - \gamma_f(t)) + k_{v\gamma f}(\dot{\gamma}_{fd}(t) - \dot{\gamma}_f(t))$$

kpαs- kpγf: Position feedback gains,   kvαs- kvγf: Velocity feedback gains

In this method, all joints are controlled along planned trajectories and the body's inclination angle 'ϕ' is not actively controlled. Therefore, the errors in modelling and controlling cause the error of the inclination (ϕ) of the body.

To confirm the robustness of this method, we made the simulation experiments in adding unknown weight (2[kg]) on the body. The simulation result is shown in Fig. 6. In Fig.6, 'cog' means C.O.G. of the whole system in y'-coordinates, and 'zt' means the height of the lower foot of swinging legs. The modelling error of the body's mass causes the body's large inclination and results in the early landing. According to many simulation experiments, we found that the initial position of C.O.G. has large effect on the control result. It means that the adjustment of the position of C.O.G. to the desired position is possible to cause good performance, even if the unknown weight is mounted on the body. The simulation result with compensation of the initial position of C.O.G. by adjusting initial angle of 'αs' and 'αf' is shown in Fig.7. In the result, the inclination angle of the body is maintained to zero approximately and the landing of the swinging legs is realized at desired time (1.0[s]).

In order to detect the position of C.O.G. in the real system, the usage of the force sensors mounted on the feet to sense the reactive force from the ground is effective. The relation between the initial C.O.G. and force sensor output on the foot to detect the vertical force, in the state that three legs of the walking machine contact with the ground, is shown in Fig.8. If all four legs of the walking machine contact with the ground, the reactive forces of the four feet from the ground are not fixed even if the structure of the walking machine is same. Therefore, by monitoring the four force sensors mounted on the four feet, we must generate the state like Fig.8. By using the feet force sensor signals, if once we succeed in making the above state, the trajectory control can be started when the C.O.G. is on the desired position.

6 Example of trajectories in one period

By connecting the phase (A) motions discussed in section 2-5 and the phase (B) motions, the whole trajectories in one period are obtained. In the phase (B) motions,

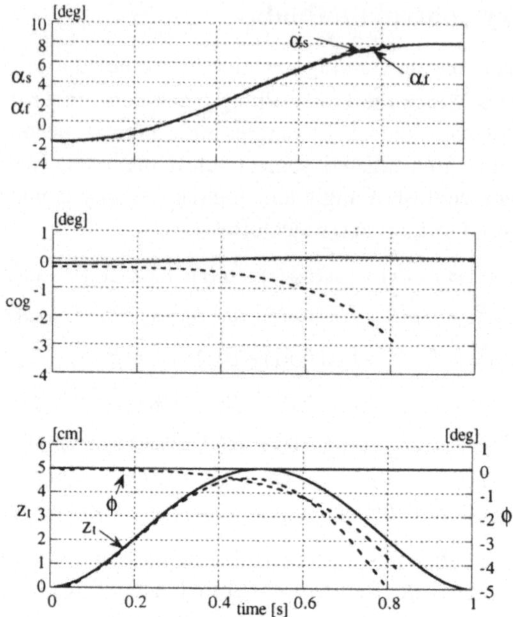

Fig.6 Simulation result in case of adding unknown weight (2[kg])

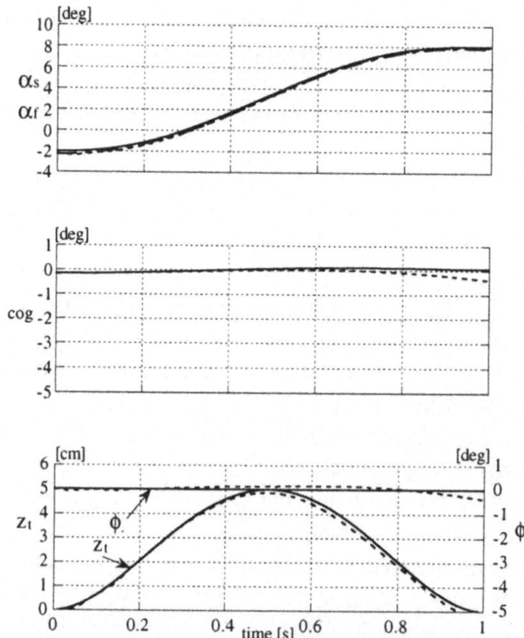

Fig.7 Simulation result with initial position compensation of C.O.G in case of adding unknown weight (2[kg])

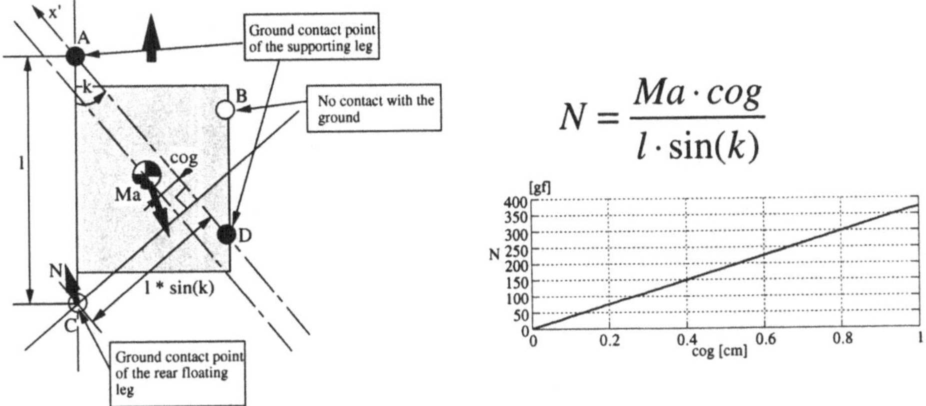

$$N = \frac{Ma \cdot cog}{l \cdot \sin(k)}$$

**Fig.8 Relation between the initial C.O.G. of the walking machine and
force sensor output on the foot**

only angles of 'αs' and 'αf' in sagital plane are driven to move the position of C.O.G. to the desired position. The obtained trajectories are shown in Fig. 9. The continuous walk is realized by repeating the trajectories. In the experiments using 'BISAM', all joints will be controlled along the above trajectories by using the control method proposed in section 5 and, to start the dynamic trajectory control in the phase (A), the feet force sensor signals will be used.

7 Conclusion

In this paper, we investigate a dynamic control of four-legged walking machine 'BISAM'. At first, we point out that the dynamic stabilizing control is necessary in trot motion to maintain the level of its body exactly for simultaneous landing of two swinging legs and accuracy of mounted vision sensor. Next, we adopt 'intermittent trot gait' in which a four-leg-supporting phase and a two-diagonal-leg-supporting phase appear in orders and propose a trajectory plan and control method considering dynamic effect of the whole system. Concretely, 'BISAM' during dynamic walking motion is modeled by fixing the joints of the body and the lowest joints of the legs at constant angles. Also, its simplified model expressed by a biped walking machine is introduced and the equations of motions of the simplified model are derived. Moreover, the trajectory plan and control methods using these equations are proposed and the importance of the initial position of C.O.G. for dynamic stable walking is pointed out. Finally, the simulation results about robustness and a periodic motion of 'intermittent trot gait' to keep the inclination of the body level are introduced.

In the near future, we will make experiments by using four-legged walking machine 'BISAM' and confirm the effectiveness of the proposed methods experimentally.

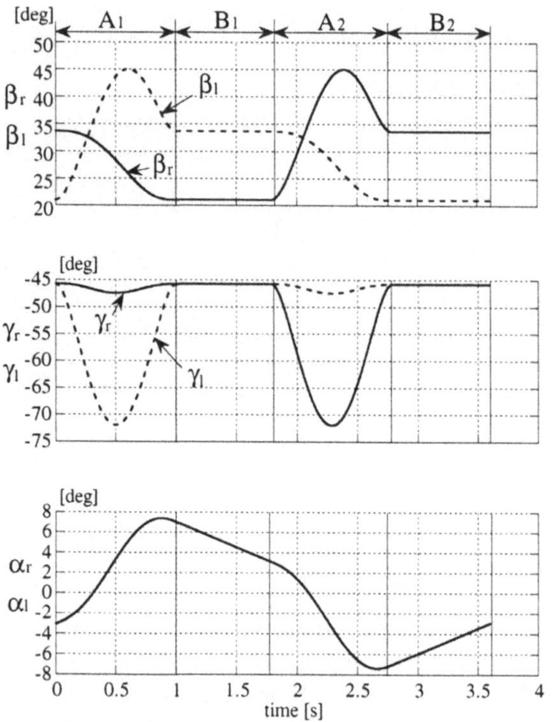

Fig.9 Example of trajectories in one period of 'intermittent trot gait'

References

[1] W.Ilg, K.Berns, M.Deck and R.Dillmann. Biologically inspired construction and control architecture for a quadruped walking machine. In European Mechanics Colloquium: Biology and Technology of Walking. Euromech 375, pp.212-219, 1998.

[2] M.H.Raibert. Legged Robots That Balance. The MIT Press, 1986.

[3] H.Kimura, I.Shimoyama and H.Miura. Dynamics in the Dynamic Walk of a Quadruped Robot. Advanced Robotics, Vol.4, No.3, pp.283-301, 1990.

[4] A.Sano and J.Furusho. Dynamically Stable Quadruped Locomotion (A Pace Gait in the COLT-3). Proc. of the Int. Symp. On Industrial Robots, pp.253-260, 1989.

[5] J.Furusho, A.Sano, M.Sakaguchi and E.Koizumi. Realization of Bounce Gait in a Quadruped Robot with Articular-Joint-Type Legs. Proc. of IEEE Int. Conf. on Robotics and Automation, pp.697-702, 1995.

[6] K.Yoneda, H.Iiyama and S.Hirose. Intelligent Trot Gait of a Quadruped Walking Machine Dynamic Stability Control of an Omnidirectional Walk. Proc. of IEEE Int. Conf. on Robotics and Automation, pp.3002-3007, 1996.

[7] H.Kimura, K.Sakurama and S.Akiyama. Dynamic Walking and Running of the Quadruped Using Neural Oscillator. Proc. of IEEE/RSJ Int. Conf. on Intelligent Robot and Systems (IROS98), pp.50-57, 1998.

Autonome Eigenschaften

Realzeitfähige Multiagentenarchitektur für autonome Fahrzeuge

Steffen Görzig[1], Axel Gern[2] und Paul Levi[3]

[1] DaimlerChrysler AG
Forschung und Technologie
Software Architekturen FT3/SA
`steffen.goerzig@daimlerchrysler.com`
[2] DaimlerChrysler AG
Forschung und Technologie
Bildverstehen FT3/AB
`axel.gern@daimlerchrysler.com`
[3] Universität Stuttgart
Institut für Parallele und
Verteilte Höchstleistungsrechner
Abteilung Bildverstehen
`paul.levi@informatik.uni-stuttgart.de`

Zusammenfassung Das Aufgabengebiet des Autonomen Fahrens bringt neben Herausforderungen bei der Bildverarbeitung und den Hardware-Komponenten auch zahlreiche Ansprüche an die Software-Architektur mit sich. Dies gilt umso mehr, je komplexer und umfangreicher diese Systeme aufgebaut sind.

In diesem Beitrag wird eine Multiagentenarchitektur beschrieben, welche in der Lage ist, Software-Module dynamisch zu konfigurieren und untereinander zu vernetzen. Es wird gezeigt, daß die Architektur in der Lage ist, den Ansprüchen komplexer autonomer Fahrsysteme gerecht zu werden. Dazu gehören Punkte wie Echtzeitfähigkeit, Skalierbarkeit, Parallelverarbeitung, Konfigurierbarkeit und Ressourcenverteilung. Als erste Anwendung wurde ein autonomer Stop&Go Betrieb in der Innenstadt verwirklicht.

1 Einleitung

In der Vergangenheit wurden große Anstrengungen unternommen, um Autonomes Fahren auf Autobahnen zu ermöglichen. So demonstrierte Dickmanns bereits 1986 optische Spurhaltung auf Autobahnen [1]. Anläßlich der Abschlußveranstaltung des Europäischen PROMETHEUS Projektes demonstrierte der DaimlerChrysler Versuchsträger VITA II Autonomes Fahren einschließlich der Planung und Durchführung von Überholmanövern [2].

Diese vielversprechenden Ergebnisse haben uns ermutigt, ein weitaus komplexeres Problem in Angriff zu nehmen: Autonomes Fahren in der Innenstadt. In der Innenstadt sind zwar die Geschwindigkeiten gegenüber der Autobahn geringer, die Umgebung ist hingegen vielschichtiger:

- chaotische Spurführung
- unzuverlässige, verschiedenartige Spurmarkierungen und fehlende Fahrspurmodelle
- bunte Umgebung (Werbetafel oder Verkehrsschild?)
- zahlreiche, verschiedenartige Verkehrsteilnehmer
- unterschiedliche Bewegungsrichtungen der Verkehrsteilnehmer
- umfangreiche Infrastruktur (Verkehrszeichen, Ampeln, Bodenpfeile usw.)

Autonomes Fahren in der Innenstadt ist aber nicht nur aus algorithmischer Sicht eine Herausforderung, sondern auch aus Sicht der Systemarchitektur. Die wachsende Komplexität der Autonomen Systeme bedingt Architekturen, welche verschiedenartige Anforderungen erfüllen müssen:

- Integration und Kooperation verschiedener Algorithmen.
- Unterschiedliche Abstraktionsstufen von Aktion, Wahrnehmung und Steuerung.
- Sensorfusion.
- Statische und dynamische Systemrekonfiguration.
- Effiziente Nutzung von Ressourcen.
- Echtzeitverarbeitung. In diesem Zusammenhang verstehen wir unter Echtzeit, "daß der Verarbeitungssyklus so wenig Zeit beansprucht, daß das Gesamtsystem eine Reaktionszeit aufweist, die unter der eines menschlichen Fahrers liegt." [3]. Als Grundlage dient dabei die in der Bildverarbeitung übliche Bildrate von 25 Bildern pro Sekunde.
- Verteiltes Rechnen.
- Skalierbarkeit in Bezug auf Rechner und Systemkomponenten.
- Testumgebungen für Systemkomponenten.

Um diesen Anforderungen gerecht zu werden wurden verschiedene Ansätze vorgeschlagen, z. B. in [3] und [4]. In diesem Beitrag beschreiben wir ein Multiagentensystem, welches für Autonomes Fahren bzw. Fahrerassistenzsysteme auf der Autobahn als auch in der Innenstadt eingesetzt werden kann. Als erste Applikation wurde ein autonomer Stop&Go Betrieb in der Innenstadt verwirklicht.

Das "Agent NeTwork System" (ANTS) steuert dabei diverse Bildverarbeitungs-, Regelungs- und Fahrerschnittstellenprozesse. Dies ist weltweit der erste Ansatz, ein autonomes Fahrzeug für die Innenstadt zu entwickeln und erfolgreich einzusetzen.

2 Multiagentenarchitekturen

Multiagentenarchitekturen haben sich mittlerweile zu einem eigenständigen und wandlungsfähigen Konzept entwickelt. Unter dem Terminus "Agent" werden jedoch zur Zeit verschiedenartige Konzepte zusammengefaßt. Aus diesem Grund gibt es keine eindeutige Begriffsdefinition. Als Arbeitsdefinition für Multiagentensysteme (MAS) dient in diesem Beitrag die Definition nach O´Hare/Jennings:

"a loosely-coupled network of problem solvers that work together to solve problems that are beyond their individual capabilities" [5].

Die kleinste Einheit eines Multiagentensystems ist der Agent. Ein Agent kann als eine Recheneinheit beschrieben werden, die bestimmte Dienste zur Verfügung stellt. Er besitzt darüber hinaus einen gewissen Grad an Weltwissen, Entscheidungsmöglichkeiten, Kooperation und Kommunikation.

Mit diesen Arbeitsdefinitionen ist es leicht zu verstehen, wie Multiagentensysteme für Autonomes Fahren und Fahrerassistenzsysteme eingesetzt werden können. Jedes Bildverarbeitungs- oder Fahrzeugsteuerungmodul stellt Funktionalitäten zur Verfügung, die für Anwendungen in diesem Bereich von Nutzen sind. Im folgenden werden die Dienste eines Agenten als Funktionseinheit bezeichnet. Die Entscheidungsmöglichkeiten und die Kooperation werden von sogenannten Administratoren geregelt. Auf diese Weise können Module untereinander verbunden werden, um Anwendungen wie den autonomen Stop&Go Betrieb in der Innenstadt zu ermöglichen. Die Kommunikation geschieht über eine verteilte Datenbank, in der das Weltwissen abgelegt ist.

3   ANTS Komponenten

ANTS besteht im wesentlichen aus den Komponenten (siehe Abbildung 1):

- Datenbank
- Module/Funktionseinheiten
- Administratoren

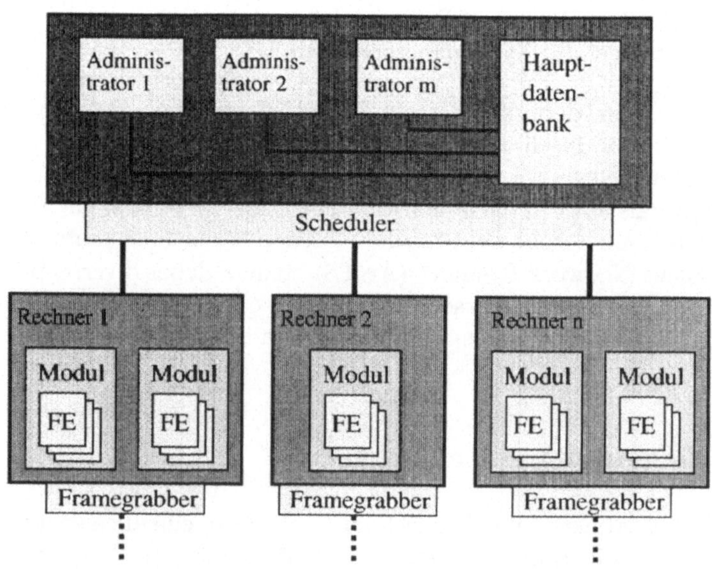

Abbildung1. ANTS Komponenten.

Funktionseinheiten (FE) sind die grundlegenden Berechnungseinheiten des Systems. Sie sind in Funktionsmodulen zusammengefaßt. Der Aufruf der Funktionseinheiten wird durch zugeordnete Administratoren übernommen. Sie entscheiden, welche Funktionseinheiten aufgerufen werden und können diese parametrisieren. Die explizite Unterscheidung zwischen ausführender Einheit und Entscheidungseinheit bietet verschiedene Vorteile:

- Die Komponenten können parallel ausgeführt werden; bereits während der Ausführung einer Entscheidung kann der nächste Schritt geplant werden.
- Bestehende Software kann als Funktionale Einheit wiederverwendet werden.
- Die Modifikation einer Komponente bedingt nicht notwendigerweise die Modifikation einer anderen.

Der Systemaufbau wird im folgenden detailiert beschrieben.

3.1 Datenbank

Das Weltwissen der Agenten in ANTS ist in einer verteilten Datenbank abgelegt (siehe Abbildung 2). Die Datentypen sind frei definierbar, es kann sich also sowohl um symbolische als auch um subsymbolische Daten handeln. Jeder Agent besitzt eine lokale Sicht auf die Datenbank und kann transparent auf die Daten zugreifen. Die Verteilung der Daten auf die jeweiligen Prozesse wird von der Datenbank selbst übernommen. Um Inkonsistenzen zu vermeiden, sind die Daten mit Zugriffssperren versehen. Zwei Agenten können nicht gleichzeitig schreibend auf dieselben Daten zugreifen. Die lokalen Datenbanken der Agenten besitzen nur den Umfang, den diese Agenten benötigen. Dies reduziert den Umfang der lokalen Instantiierungen. In der Regel sind dies Ein- und Ausgabewerte der Agenten. Der Austausch von Daten zwischen Agenten erfolgt ebenfalls über die Datenbank. Benötigt etwa ein Agent die Ergebnisse eines anderen, so kann er über seine lokale Datenbank transparent darauf zugreifen.

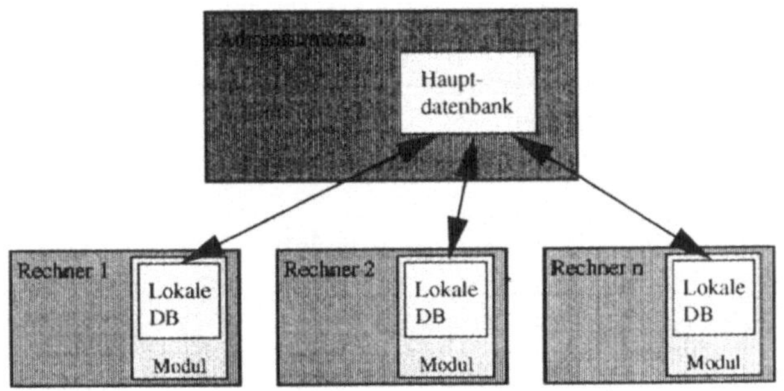

Abbildung 2. Die Datenbank.

In der Datenbank sind zudem die Konfigurationsparameter als auch Informationen über die Agenten selbst abgelegt. Die Administratoren können so zur Laufzeit die Agenten parametrisieren und die Zustände der Agenten (aktiv, wartend, ausgefallen, Zeitüberschreitungen) berücksichtigen. Der Aufbau der verteilten Datenbank erfolgt mit Hilfe der Skript-Sprache OCS (Object Creation System), welche für ANTS entwickelt wurde. In Skripten wird festgelegt, welche Daten in den jeweiligen Instanzen zu sehen sind, ebenso können die Daten initialisiert werden.

Die Verteilung der Daten wird von der Datenbank auf eine Nachrichtenbibliothek abgebildet. Die Bibliothek ist in der Lage, Objekte zu versenden und empfangen und basiert auf PVM (Parallel Virtual Machine)[1]. Mittels PVM können heterogene Rechnersysteme transparent miteinander verbunden werden. Dies ermöglicht die Skalierbarkeit und Portierbarkeit des Systems.

3.2 Module und Funktionseinheiten

Funktionseinheiten sind die grundlegenden Berechnungseinheiten des Systems (siehe Abbildung 3). Funktionseinheiten enthalten Algorithmen wie z. B. die Stereoobjekterkennung oder die Spurerkennung, welchen über eine Schnittstelle (IF) mit ANTS verbunden werden. Über die Schnittstelle hat ein Algorithmus Zugriff auf die Datenbank. Die Spurerkennung greift so z. B. auf die Ergebnisse der Stereoobjekterkennung zu, um ihre Spurschätzung zu verbessern.

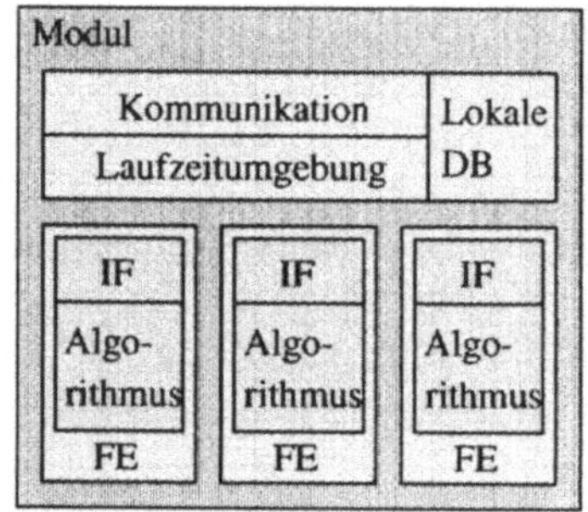

Abbildung3. Der Modulaufbau.

Die Übergabe aller Ein- und Ausgangsdaten, der Konfigurationsparameter sowie der Aufruf von Algorithmen sind in der Schnittstelle gekapselt. Dies ist in mehrerer Hinsicht von Nutzen:

– Existierende Algorithmen können wiederverwendet werden.

---

[1] Eine überarbeitete Fassung der C++ Nachrichtenbibliothek ist unter dem Namen CPPvm verfügbar [6].

- Der Entwickler eines Algorithmuses muß sich nicht um ANTS Konzepte wie Administratoren oder Nachrichtenbibliotheken kümmern.
- Der Benutzer eines Algorithmus kann sich ebenfalls auf die Schnittstelle beschränken; bei der Verwendung eines Algorithmus wird keine Detailkenntnis über diesen benötigt.
- Diese Trennung erlaubt die Verwendung von Testumgebungen, wie sie weiter später beschrieben werden.

Die Funktionseinheiten werden in Modulen zusammengefaßt. Ein Modul beinhaltet die Laufzeitumgebung der Funktionseinheiten und übernimmt ihre Aufrufe (einmal, n-mal, permanent). Die Anweisungen dazu erhält sie über die Kommunikationsschnittstelle von den Administratoren.

3.3 Administrator

Die Administratoren steuern eine Menge von Modulen. Sie treffen die Entscheidung, welche Funktionseinheiten als nächstes auszuführen sind und übergeben diese Entscheidung an den Scheduler. Der Scheduler leitet die Entscheidungen an die Module weiter und überprüft, ob die Aufträge ausgeführt wurden.

Der Weg bis zur Entscheidungsfindung ist in Abbildung 4 dargestellt. Die Beschreibung der zu einem Administrator gehörenden Module und Funktionseinheiten wird aus der Datenbank gelesen und dem ersten Filter übergeben. Filter sind dazu da, die Menge der auszuführenden Module und Funktionseinheiten einzuschränken, um die spätere Entscheidungsfindung zu beschleunigen. In der Fahrphase "Autobahn" können so z. B. die Funktionseinheiten "Ampelerkennung" und "Bodenpfeilerkennung" bereits von der Ausführung ausgenommen werden. Die Filter erhalten einheitlich eine Menge an Modulen/Funktionseinheiten als Eingabe und geben eine (Unter-) Menge davon weiter. Auf diese Weise kann eine beliebige Anzahl von Filtern hintereinandergeschaltet werden.

Der Entscheider erhält als Eingabe die übrig gebliebene Menge. Er bestimmt nun, welche Funktionseinheiten in welchen Modulen mit welchen Konfigurationsparametern und Daten ausgeführt werden. So existieren beispielsweise verschiedene Spurerkenner für Autobahn- und Innenstadtbetrieb, zwischen denen umgeschaltet wird. Ein weiteres Beispiel ist die Stereoobjekterkennung, welche im Innenstadtszenario auf halbe Bildauflösung parametrisiert wird. Dies erhöht die Verarbeitungsgeschwindigkeit und bietet für den dort interessierenden Nahbereich ausreichende Genauigkeit. Die Entscheidung wird an den Scheduler weitergegeben, welcher für eine konkrete Umsetzung zuständig ist.

Jeder Filter und Entscheider hat Zugriff auf die Datenbank. Sie enthält das Weltwissen und liefert damit grundlegende Auswahl- und Entscheidungskriterien. Die einheitlichen Schnittstellen der Komponenten erlauben die Implementierung verschiedener Verfahren. Der Ablauf für ANTS bleibt dabei der gleiche. Für die Stop&Go Anwendung wurden zwei Entscheidungsverfahren für die Bildverarbeitungsmodule eingesetzt:

- Auswahl nach Priorität

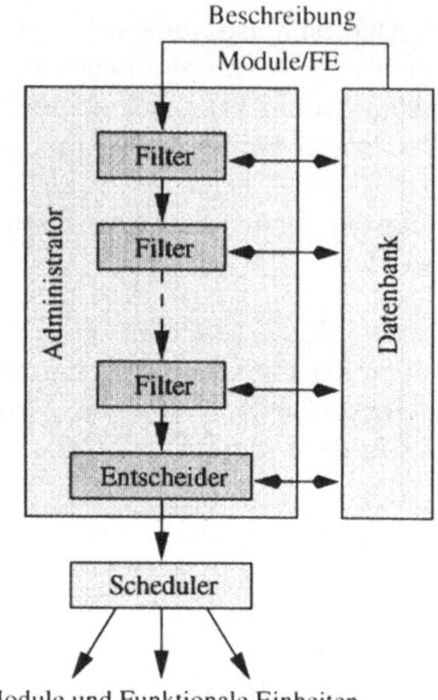

Abbildung4. Aufbau eines Administrators.

– Contract-Net basiertes Verhandlungsprotokoll [7]

ANTS kann beliebig viele Administratoren verwalten, welche jeweils eine Untermenge an Modulen kontrollieren. So gibt es bei der Stop&Go Anwendung beispielsweise Administratoren für die Bildverarbeitung und die Visualisierung. Diese Aufteilung erleichtert den Umgang mit dem Gesamtsystem sowie die Entscheidungsfindung der einzelnen Administratoren. Entscheidungen können so für thematisch geordnete Mengen von Modulen getroffen werden.

Die Administratoren sind für die dynamische Konfiguration der Module und Funktionseinheiten zur Laufzeit zuständig. Sie ermöglichen damit z. B. die dynamische Rekonfiguration einer Anwendung "Automatische Spurhaltung" auf Autobahnen hin zur Anwendung "Stop&Go" in der Innenstadt.

Die statische Konfiguration in der Initialisierungsphase von ANTS wird ebenso wie die Initialisierung der Datenbank durch die Skript-Sprache OCS übernommen. Mittels OCS können Module und Funktionseinheiten auf bestehende Rechner verteilt werden. Wird dem System etwa ein neuer Rechner zur Verfügung gestellt, so kann ANTS über OCS ohne Neuübersetzung daran angepaßt werden.

3.4 Testumgebung

Komplexe parallele Systeme tragen ein hohes Fehlerpotential in sich. Fehler können sowohl durch die einzelnen Komponenten als auch durch das Zusammenspiel der Komponenten untereinander verursacht werden. Deshalb sollte bereits bei dem Systementwurf auf Testmöglichkeiten geachtet werden.

Die Schnittstellen der Funktionseinheiten (siehe Abbildung 3) bieten die Möglichkeit, Administratoren und Algorithmen getrennt voneinander zu testen. So kann ein Modul per Skript-Sprache auf Standalone-Betrieb umgeschaltet werden. In diesem Modus werden in einer Endlos-Schleife alle Funktionseinheiten des Moduls durchlaufen. Dies ist nicht nur für die Fehlersuche bei Modulen von Nutzen, sondern hat sich auch bei der Integration neuer Funktionseinheiten bewährt. Nach dem Entwurf der Schnittstelle wird eine neue Einheit erst in einer Standalone-Version getestet. Erst wenn sich diese Version als stabil erwiesen hat, wird sie per Skript in das Gesamtsystem integriert.

Es hat sich in der Praxis gezeigt, daß nur wenige Modifikationen nötig sind, um vorhandene Software in ANTS aufzunehmen. Auf diese Weise können verschiedene Versionen vermieden werden, was die Wartung der Software deutlich erleichtert.

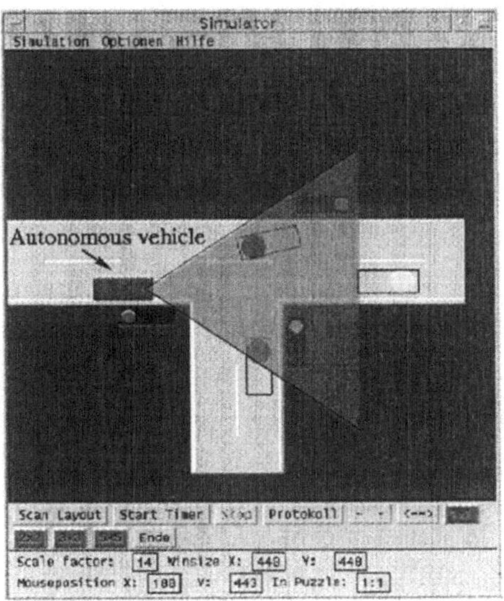

Abbildung5. Innenstadt-Simulator.

Die Schnittstellen der Funktionseinheiten erlauben andererseits den Einsatz "virtueller" Algorithmen. Dies kann verwendet werden, um das Verhalten von Administratoren zu testen. Zu diesem Zweck wurde ein Innenstadtsimulator entwickelt (siehe Abbildung 5). Der Simulator kann typische Innenstadt-Szenen generieren mit Autos, Fußgängern, Fahrradfahrern und Kreuzungssituationen. Ein ausgezeichnetes Fahrzeug mit der Dynamik eines S-Klasse Mercedes kann mit dieser Umgebung mittels virtueller Sensoren und Aktuatoren interagieren. Die

Sensoren können dazu verwendet werden, virtuelle Bildverarbeitung zu betreiben. Dabei werden echte Bildverarbeitungsalgorithmen durch virtuelle ersetzt, welche ihre beobachtbare Leistung simulieren.

Auf diese Weise können reproduzierbare Situationen geschaffen werden, um Entscheidungsstrategien der Administratoren zu evaluieren. Darüberhinaus können Fragen erörtert werden, wie z. B.: Wie verhält sich das System bei geringerer Sichtweite? Kann das System von einem neuen, noch nicht existenten Bildverarbeitungsmodul profitieren? Welche Anwendungen werden durch einen weiteren Sensor – z. B. ein Radar – ermöglicht?

4 Ergebnisse und Ausblick

Als Versuchträger dient derzeit das S-Klasse Fahrzeug UTA (Urban Traffic Assistant). UTA besitzt ein Stereokamerasystem und eine Farbkamera. Das Nachfolgefahrzeug UTA II verfügt darüber hinaus über einen Radarsensor.

In ANTS wurden bisher folgende Komponenten integriert:

- Bildverarbeitungsadministrator
- Visualisierungsadministrator
- Fahrzeugsteuerungsadministrator
- Stereo-Objekterkennung [8]
- Verschiedene Ansätze zur Fußgängererkennung:

  - Time delay neural network (TDNN) auf Bildsequenzen [9]
  - Neuronales Netz auf Einzelbildern [10]
  - Chamfer matching [11]
  - Support vector machine [12]

- Zwei Spurerkenner (Innenstadt [13] und Autobahn [14])
- Bodenpfeilerkennung [15]
- Fußgängerüberwegerkennung [13]
- Ampelerkennung [11]
- Zwei Verkehrszeichenerkenner (Farbe [16] und Schwarz/Weiß [11])
- 2D/3D Visualisierung
- Fahrzeugregelung

Die Abbildung 6 zeigt eine Kameraaufnahme von UTA in einer typischen innerstädtischen Kreuzungssituation. Die Visualisierung stellt die in dieser Situation von der Bildverarbeitung erkannten Objekte dar (Fahrzeug, Fußgänger, Spur, Ampel und Verkehrsschild).

Abbildung6. Kreuzungssituation und die dazugehörige Visualisierung der Bildverarbeitungsergebnisse.

Die erste Anwendung von ANTS im Bereich Autonomes Fahren und Fahrerassistenzsysteme ist der autonome Stop&Go Betrieb in der Innenstadt. Sobald ein vorausfahrendes Fahrzeug erkannt wurde, kann der Fahrer das System aktivieren. Das eigene Fahrzeug folgt von nun an autonom diesem Fahrzeug, d. h. die Regelung von Lenkung, Gas und Bremse wird durch das System übernommen. Im Stop&Go Betrieb wurden bereits mehrere hundert Kilometer autonomer Fahrt zurückgelegt. Die Stop&Go Anwendung zeigt, daß ANTS obige Definition für Echtzeitverarbeitung erfüllt. Die Ansteuerung der Fahrzeugaktuatorik erfolgt im 40ms Takt.

ANTS wird kontinuierlich um neue Funktionseinheiten erweitert. Neben dem autonomen Stop&Go Betrieb sind noch weitere Anwendungen vorgesehen:

Geschwindigkeitsassistent Dem Fahrer wird die jeweils aktuell gültige Höchstgeschwindigkeit angezeigt.

Einschlafwarner Wird auf der Autobahn die Spur verlassen, ohne daß ein Spurwechsel angezeigt wurde, so wird der Fahrer akustisch gewarnt.

Optische Spurhaltung Automatische Querregelung auf Autobahnen.

Abstandsregeltempomat Kann die per Tempomat vorgegebene Wunschgeschwindigkeit aufgrund eines langsameren, vorausfahrenden Fahrzeuges nicht gehalten werden, so wird das eigene Fahrzeug abgebremst. Ist die Spur frei, so wird wieder auf die Wunschgeschwindigkeit beschleunigt.

Autonomes Fahren auf der Autobahn Eine Kombination aus optischer Spurhaltung und Abstandsregeltempomat.

5 Zusammenfassung

Autonome Fahrsysteme und Fahrerassistenzsysteme werden zunehmend für immer komplexere Anwendungen eingesetzt. Die wachsende Komplexität dieser Systeme erfordert Software-Architekturen, die den bestehenden als auch zukünftigen Anforderungen gerecht werden.

Die beschriebene Multiagentenarchitektur bietet die benötigten Komponenten für derartige Anwendungen. ANTS erlaubt die kontinuierliche Erweiterung des Systems durch neue Module und Rechner. Die Struktur der Funktionseinheiten erlauben es, vorhandene Software wiederzuverwenden. Die Architektur vereinfacht ebenfalls die Kooperation und Fusion der Funktionseinheiten untereinander. Diese können dann in einer Art "Baukastensystem" für verschiedene Anwendungen herangezogen werden.

Der autonome Stop&Go Betrieb in der Innenstadt zeigt, daß Multiagentensysteme durchaus für realzeitfähige Anwendungen eingesetzt werden können (siehe Abbildung 7). Durch die Wandlungs- und Erweiterungsfähigkeit solcher Systeme sind sie auch für zukünftige Anforderungen gerüstet.

Literatur

1. E. D. Dickmanns and A. Zapp, "A curvature-based scheme for improving road vehicle guidance by computer vision," in *SPIE Conference on Mobile Robots*, 1986, vol. 727, pp. 161–167.

2. Berthold Ulmer, "VITA II – Active Collision Avoidance in Real Traffic," in *Proceedings of the Intelligent Vehicles '94 Symposium*, Oct. 1994, pp. 1–6.

3. Dirk Reichardt, *Kontinuierliche Verhaltenssteuerung eines autonomen Fahrzeugs in dynamischer Umgebung*, Ph.D. thesis, Universität Kaiserslautern, Jan. 1996, Forschung F1M/IA Daimler–Benz.

4. M. Maurer and E. D. Dickmanns, "A SYSTEM ARCHITECTURE FOR AUTONOMOUS VISUAL ROAD VEHICLE GUIDANCE," in *IEEE Conference on Intelligent Transportation Systems*, Nov. 1997, pp. 578–583.

5. G. O'Hare and N. Jennings, Eds., *Foundations of Distributed Artificial Intelligence*, John Wiley & Sons, 1996.

6. S. Görzig, *CPPvm: C++ Interface to PVM (Parallel Virtual Machine)*, 1999, http://www.informatik.uni-stuttgart.de/ipvr/bv/cppvm.

7. Reid G. Smith, "The Contract Net Protocol: High-Level Communication and Control in a Distributed Problem Solver," in *IEEE Transaction on Computers*, 1980.

8. U. Franke and I. Kutzbach, "Fast Stereo based Object Detection for Stop&Go Traffic," in *IEEE Conference on Intelligent Transportation Systems, Tokyo*, Oct. 1996, pp. 339–344.

9. C. Wöhler and J. K. Anlauf, "An Adaptable Time Delay Neural Network Algorithm for Image Sequence Analysis," Nov. 1999.

10. C. Wöhler, U. Kressel, J. Schürmann, and J. K. Anlauf, "Dimensionality Reduction by Local Processing," in *European Symposium on Artificial Neural Networks*, 1999, pp. 237–244.

11. U. Franke, D. Gavrila, S. Görzig, F. Lindner, F. Paetzold, and C. Wöhler, "Autonomous Driving Goes Downtown," *IEEE Intelligent Systems & their applications*, vol. 13, no. 6, pp. 40–48, 1998.

12. C. Papageorgiou, T. Evgeniou, and T. Poggio, "A Trainable Pedestrian Detection System," in *IEEE Conference on Intelligent Vehicles*, Oct. 1998, pp. 241–246.

13. F. Paetzold and U. Franke, "Road Recognition in Urban Environment," in *IEEE Conference on Intelligent Vehicles*, Oct. 1998.

14. Uwe Franke, "Real time 3D-Road Modeling for autonomous vehicle guidance," in *Selected Papers of the 7th Scandinavian Conference on Image Analysis*, P. Johnason and S. Olsen, Eds., pp. 277–284. World Scientific Publishing Company, 1992.

15. U. Franke, S. Görzig, F. Lindner, D. Mehren, and F. Paetzold, "STEPS TOWARDS AN INTELLIGENT VISION SYSTEM FOR DRIVER ASSISTANCE IN URBAN TRAFFIC," in *IEEE Conference on Intelligent Transportation Systems*, Nov. 1997, pp. 601–606.

16. W. Ritter, F. Stein, and R. Janssen, "Traffic Sign Recognition Using Colour Information," in *Math. Comput. Modelling, No. 4-7*, 1995, vol. 22, pp. 149–161.

Konfliktanalyse auf Binnenwasserstraßen

R. Barthel[1], J. Beschnidt[1], T. Gern[2], E.D. Gilles[1]

[1] Universität Stuttgart, Pfaffenwaldring 9, D - 70550 Stuttgart,
`barthel@isr.uni-stuttgart.de`,
WWW home page: `http://www.isr.uni-stuttgart.de`
[2] IN-Innovative Navigation GmbH, Pfaffenwaldring 9, D - 70550 Stuttgart

Zusammenfassung Der Artikel stellt ein Verfahren zur Interpretation des Verkehrsgeschehens in der Umgebung eines Binnenschiffes vor, welches dazu dient, sich anbahnende Konflikte mit anderen Verkehrsteilnehmern frühzeitig zu erkennen.

1 Einführung und Motivation

Am Institut für Systemdynamik und Regelungstechnik der Universität Stuttgart wird ein integriertes Navigationssystem für Binnenschiffe entwickelt [9]. Ziel dieses Forschungsvorhabens ist die autonome und automatische Führung eines Schiffes auf Binnenwasserstraßen. Das Navigationssystem kommt dabei ohne zusätzliche Einrichtungen außerhalb des Schiffes aus. Durch die automatische Schiffsführung soll die Sicherheit auf Wasserwegen erhöht werden. Der Schiffsführer wird von eintönigen Routineaufgaben befreit und vielseitige Informationen unterstützen ihn in schwierigen Situationen, zum Beispiel bei Nacht- oder Nebel-Fahrten.

Da das statische Wissen elektronischer Flußkarten nicht ausreicht, um Begegnungssituationen mit anderen Schiffen auf dem Fluß zu analysieren, verfügt das Navigationssystem über eine *Objektverfolgung* [5,6]. Die Objektverfolgung sammelt Informationen aus aufeinanderfolgenden Radarbildern, die im Takt von etwa zwei Sekunden vorliegen, erkennt dadurch andere Verkehrsteilnehmer und schätzt fortlaufend deren Position und Kurs ab. In der seit 1996 laufenden praktischen Erprobung des Navigationssystems auf mehreren kommerziellen Binnenschiffen erwies sich die Objektverfolgung als robustes und verläßliches Verfahren.

Das Navigationssystem soll in Zukunft auch im Rahmen einer Verkehrsleittechnik eingesetzt werden. Besondere Bedeutung kommt dabei der Erkennung von Begegnungssituationen an Engstellen zu. Drohende Konflikte zwischen verschiedenen Verkehrsteilnehmern sollen zuverlässig und rechtzeitig erkannt und bewertet werden. Diese Information soll dem Schiffsführer auf einfache Art und Weise zur Verfügung gestellt werden. Der Schiffsführer kann dann selbständig die Leitlinie des Schiffes anpassen, um Konflikte zu vermeiden. In Zukunft soll das Navigationssystem zusätzlich in der Lage sein, anderen Schiffen automatisch auszuweichen.

2 Szeneninterpretation auf dem Fluß

2.1 Plan- und Konflikterkennung im Straßenverkehr

Die Überlegungen zur Konflikterkennung im Schiffsverkehr basieren auf Verfahren aus der Robotik. Pläne werden als eine Sequenz von sogenannten *generischen Aktionen* dargestellt [4, 8, 10]. Eine Aktion steht für einen bestimmten Vorgang, wie zum Beispiel im Straßenverkehr für das Wechseln einer Fahrspur oder das Abbiegen an einer Kreuzung. Das in [7] beschriebene System zur Konflikterkennung versucht das zukünftige Fahrverhalten von anderen Verkehrsteilnehmern zu erkennen und dadurch in die Zukunft zu schauen.

2.1.1 Planerkennung

Bei der Planerkennung wird versucht, physikalische Größen wie Beschleunigung, Geschwindigkeit und Position der Fahrzeuge auf elementare Fahrmanöver wie *Bremsen* oder *Spurwechseln* abzubilden. Die Kombination mehrerer elementarer Fahrmanöver ergibt eine Aktionsfolge, die auf taktische Pläne der einzelnen Verkehrsteilnehmer hindeutet. Als taktische Pläne bezeichnet man kurzfristige Aktionen, wie zum Beispiel *Links abbiegen* oder *Überholen*. Im Gegensatz hierzu sind strategische Pläne übergeordnete langfristige Ziele, wie etwa *Von A nach B fahren*. Um von Aktionsfolgen auf taktische Pläne schließen zu können, werden sogenannte Planskelette verwendet. Ein Planskelett enthält eine Liste von Aktionen, die bei Ausführung eines Plans durchlaufen werden. Es wird überprüft, ob die Aktionen mit den Anfängen von Planskeletten übereinstimmen und ob verschiedene Rahmenbedingungen erfüllt sind. Es ist durchaus möglich, daß zu einer gegebenen Zeit mehrere Planhypothesen aufgestellt werden.

2.1.2 Konflikterkennung

Um nun die Zukunft vorauszuahnen, werden die Planhypothesen, also die vermuteten taktischen Pläne, vervollständigt. Ein Verkehrsteilnehmer befindet sich normalerweise, zeitlich gesehen, inmitten eines Planskelettes. Die im Planskelett aufeinanderfolgenden einzelnen Aktionen werden nun wieder in Fahrmanöver und darauf in physikalische Größen zerlegt. Es wird der umgekehrte Weg wie bei der Planerkennung beschritten. Anhand eines einfachen Beispiels läßt sich die Planerkennung und Vorhersage von Aktionen verdeutlichen. Den Plan *Links Überholen* könnte man aus den folgenden Operatoren zusammenbauen:

- Links blinken
- Auf die linke Spur wechseln
- Anderes Fahrzeug überholen
- Rechts blinken
- Auf die rechte Spur wechseln

Beobachtet man bei einem fremden Fahrzeug die ersten beiden Aktionen, so kann man aufgrund der Übereinstimmung der Aktionen (Links blinken, Auf die linke

Spur wechseln) den Plan erkennen und mit dessen Hilfe die zukünftigen Aktionen (Anderes Fahrzeug überholen, Rechts blinken, Auf die rechte Spur wechseln) des fremden Fahrzeugs vorhersagen. Man kann aufgrund von Planhypothesen die zukünftige Trajektorie, die das Fahrzeug durchlaufen wird, vorausahnen. Hierzu ist jedoch ein Bewegungsmodell notwendig, um von abstrakten Aktionen auf den physikalischen Ablauf schließen zu können. Bei der Konflikterkennung wird aus den vermuteten Plänen der einzelnen Verkehrsteilnehmer auf den wahrscheinlichen Bewegungsablauf geschlossen.

2.1.3 Plankonflikterkennung Im letzten Schritt wird nun eine Plankonflikterkennung durchgeführt. Das heißt, die einzelnen Planhypothesen der Verkehrsteilnehmer werden auf Konflikte untereinander untersucht. Die verschiedenen Kombinationen von Planhypothesen werden zuerst einer qualitativen Konfliktanalyse unterzogen. Es werden hier keine zeitlichen Zusammenhänge überprüft, sondern es werden lediglich die Zustandsbeschreibungen der Aktionen auf potentiell widersprüchliche bzw. inkonsistente Bedingungen hin untersucht. Ein potentieller Konflikt besteht zum Beispiel dann, wenn zwei entgegenkommende Fahrzeuge auf der gleichen Spur fahren. In der darauffolgenden quantitativen Konfliktanalyse werden nun zeitliche und räumliche Aspekte betrachtet. Überschneiden sich bei zwei entgegenkommenden Fahrzeugen die Zeitintervalle, in denen sie sich auf der gleichen Spur befinden, so wird die Konflikthypothese unterstützt und es wird zusätzlich der räumliche Aspekt betrachtet. Überschneiden sich auch die Positionsintervalle, so tritt ein Konflikt auf und es wurde eine Plankombination gefunden, die einen quantitativen Konflikt aufweist.

2.2 Probleme beim Schiffsverkehr

Will man den Ansatz aus dem Straßenverkehr auf den Schiffsverkehr übertragen, so stößt man auf einige Probleme. Zum einen ist es sehr schwierig, einzelne Fahrmanöver bei Schiffen zu erkennen, weil zum Beispiel eine Beschleunigung nur sehr gering ausfällt und mit den verfügbaren Sensoren aufgrund großer Meßfehler nicht zuverlässig erkennbar ist.

Selbst wenn man dies könnte, wäre es nicht einfach, einzelne Pläne zu erkennen, weil es im Schiffsverkehr nur sehr wenige feste Regeln gibt. So ist nur auf bestimmten Abschnitten der Rechtsverkehr vorgeschrieben, ansonsten kann der Steuermann seinen Kurs frei wählen. Dies ergibt Sinn, weil Schiffe die unterschiedlichen Strömungen in Kurven entsprechend ihrer Fahrtrichtung ausnutzen. Ein Bergfahrer - also ein Schiff, welches gegen die Strömung fährt - wird im Allgemeinen versuchen, auf der Innenseite einer Kurve zu fahren, weil dort die Strömung geringer ist als im äußeren Bereich der Kurve. Ein Talfahrer dagegen wird die schnellere Strömung im äußeren Bereich ausnutzen wollen.

Desweiteren benötigen Überholmanöver sehr lange Zeiträume. Dies erschwert die eindeutige Erkennung von Manövern. Zusätzlich treten beim Überholen durch Bugwellen Effekte auf, die man im Straßenverkehr in dieser Weise nicht kennt. Der Überholende kann zum Beispiel in der Bugwelle des anderen Schiffes beim

Überholen "hängen" bleiben. Das andere Schiff muß langsamer werden, damit der Überholende die Bugwelle überwinden kann. Ebenso wird der Überholende das andere Schiff in seiner Bugwelle mitziehen. Die Geschwindigkeitsdifferenz zwischen zwei an einem Überholmanöver beteiligten Schiffen ist im Allgemeinen sehr gering.

Ein weiteres Problem ist das Fehlen von Fahrspuren und Abbiegespuren, welche im Straßenverkehr eine Erkennung von Plänen erleichtern.

2.3 Szeneninterpretation auf dem Fluß

Aufgrund der genannten Probleme wurde für die Szeneninterpretation auf dem Fluß in [1] nur der Grundgedanke des Systems aus dem Straßenverkehr übernommen. Es werden keine konkreten Pläne erkannt, sondern nur die Situationen der Verkehrsteilnehmer modelliert. Um den Zustand zwischen zwei beliebigen Schiffen zu beschreiben, wurde ein Situationsmodell entwickelt. Es wird vom eigenen Schiff, dem Basis-Schiff, ausgegangen. Aufgrund von Position und Vorausrichtung zweier Schiffe wird die Situation des anderen Schiffes (Bezugs-Schiff) beschrieben. Dies bedeutet, daß man zum einen danach fragt, *wo* sich das Bezugs-Schiff aufhält und zum anderen *wohin* - unter Berücksichtigung der Fahrtrichtung des Basis-Schiffes - es fährt. Die Entscheidung wird in zwei Schritten gefällt. Im ersten Schritt wird nur anhand der aus der Objektverfolgung stammenden Richtungsvektoren beider Schiffe entschieden, ob sich das Bezugs-Schiff im Zustand *mitfahrend, querfahrend* oder *entgegenfahrend* befindet. Es wird eine Aussage darüber gemacht, *wohin* das Bezugs-Schiff fährt: Fährt es in dieselbe Richtung, kommt es entgegen oder fährt es quer zur Fahrtrichtung des Basis-Schiffes. Eine Fähre oder ein Schiff, das in einen Hafen einfährt oder wendet, könnte zum Beispiel quer zum Basis-Schiff fahren. Um diese Einteilung zu treffen werden zwei Entscheidungsgeraden mit Winkeln von $\pm45°$ zur Vorausrichtung des Basisschiffs verwendet.

Im zweiten Schritt werden die Positionen der Schiffe betrachtet. Man fragt danach, *wo* sich das Bezugs-Schiff befindet: Fährt es *voraus, nebenher* oder *hinterher*. Diese Einteilung wird aufgrund der Positionen von Bug und Heck beider Schiffe getroffen (Abbildung 1). Aufgrund dieser einfachen Klassifizierung können schon erste Entscheidungen über mögliche Konflikte getroffen werden. Zum Beispiel kann es zu keinem Konflikt kommen, wenn sich das Bezugs-Schiff im Zustand *Entgegenfahrend* und *Hinterher* befindet (Fall 3 links). Es hat das Basis-Schiff bereits passiert und entfernt sich.

Die zweite Entscheidungsmöglichkeit der ersten Stufe ist *Mitfahrend*. Hier spielt zusätzlich die Geschwindigkeit der Schiffe eine entscheidende Rolle. Betrachten wir den Fall, daß sich das Bezugs-Schiff im Zustand *Mitfahrend* und *Voraus* befindet (Fall 1 Mitte). Es kann nur dann zum Konflikt kommen, wenn das Bezugs-Schiff langsamer ist. In diesem Fall wird es irgendwann vom Basis-Schiff eingeholt werden.

Bei Schiffen im Zustand *Querfahrenden* wird wieder nur die Position des Bezugs-Schiffes zum Basis-Schiff betrachtet. Fährt das Bezugs-Schiff zum Beispiel *Voraus* (Fall 1 rechts), so ist ein Konflikt sehr wahrscheinlich, weil sich die

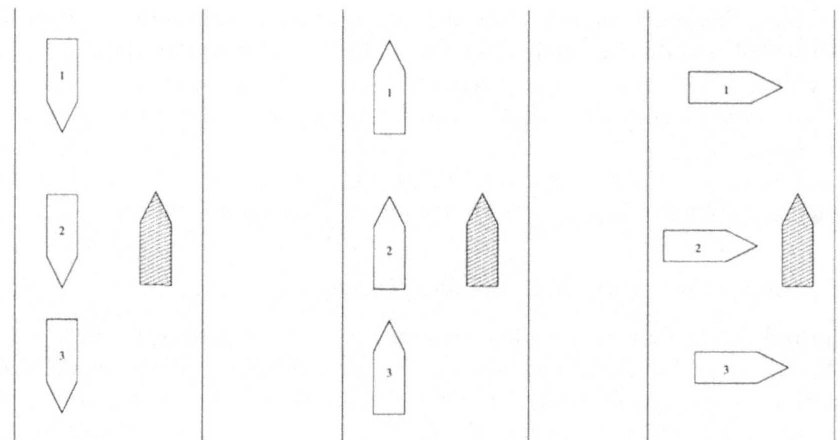

Entgegenfahrend:

1) Voraus: Konflikt möglich

2) Daneben: Konflikt unwahrscheinlich

3) Hinterher: kein Konflikt

Mitfahrend:

1) Voraus: kein Konflikt, falls schneller

2) Daneben: Überholt der Schnellere?

3) Hinterher: kein Konflikt, falls langsamer

Querfahrend:

1) Voraus: Konflikt möglich

2) Daneben: Konflikt möglich

3) Hinterher: kein Konflikt

Abb.1. Das Situationsmodell

Fahrwege beider Schiffe überschneiden können. Es muß genauer geprüft werden, ob ein Konflikt ansteht oder nicht.

3 Konfliktanalyse

Die Konflikterkennung auf dem Fluß lehnt sich an den in [7] beschriebenen Aufbau an. Das Situationsmodell trifft eine erste grobe Auswahl fremder Schiffe, die genauer betrachtet werden müssen. Für diese Schiffe werden verschiedene Planhypothesen aufgestellt. Das eigene Schiff verfügt über eine Leitlinie, und wir benutzen diese als Planhypothese für das eigene Schiff. Zusätzlich wird der Fluß in einzelne virtuelle Fahrspuren mit einer Breite von 25 Metern unterteilt (Abbildung 2). Dies erlaubt eine erste Abschätzung über Konflikte ähnlich zum Straßenverkehr. Für jede Planhypothese wird berechnet, welche Fahrspuren das Schiff im Moment und in Zukunft belegt. Benutzen zwei Schiffe dieselben Fahrspuren, so deutet dies auf einen Konflikt hin. In Abbildung 2 belegt Schiff 1 die Spur 1 und Schiff 3 belegt die Spuren 0 und 1. Es besteht somit ein Fahrspurkonflikt zwischen den beiden Schiffen, da sie beide Spur 1 benutzen.

3.1 Verschiedene Planhypothesen

Als erste Möglichkeit für eine Planhypothese kann der aktuelle Zustand des Bezugs-Schiffes mit Hilfe eines Kalmanfilters in die Zukunft prädiziert werden.

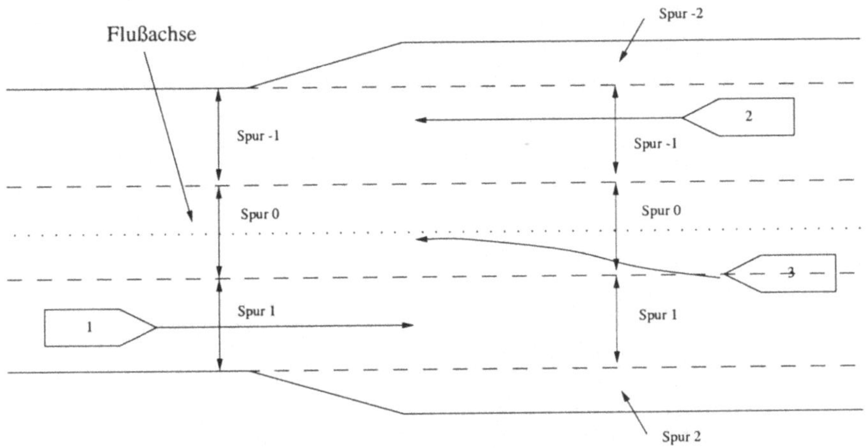

Abb.2. Einteilung des Flusses in Fahrspuren

Die *Prädiktion* liefert recht gute Ergebnisse, solange das Schiff nicht beschleunigt, bremst oder Änderungen der Drehbewegung vornimmt. Eine leichte Variation zur Prädiktion stellt die Planhypothese *Geradeausfahrt* dar. Hier wird die Drehgeschwindigkeit des Schiffes vernachlässigt. Es wird angenommen, daß das Schiff geradeaus weiterfährt. Diese Planhypothese berücksichtigt den Umstand, daß kleine Kurskorrekturen oder Meßfehler aus der Objektverfolgung zu einer sehr stark vom eigentlichen Kurs abweichenden Trajektorie führen, da die Drehbewegung über den gesamten Zeithorizont der Planhypothese verwendet wird und somit eine Kurve prädiziert wird. Eine weitere Möglichkeit zur Erstellung einer Planhypothese ist die *Leitlinie* des anderen Schiffes. Dies ist nur möglich, wenn Schiffe ihre Leitlinie per Transponder übermitteln. Ist dies der Fall, so liefert diese Hypothese eine sehr zuverlässige Trajektorie, weil diese den genauen zukünftigen Weg des Schiffes beschreibt. Weitere Planhypothesen können zum Beispiel annehmen, daß das fremde Schiff der Ideallinie der elektronischen Flußkarte oder seiner aktuellen Fahrspur folgt. Bei diesen Planhypothesen müßte ständig beobachtet werden, inwieweit sich das Schiff nach diesem Plan verhält. Weicht das Schiff zu stark von den Vorgaben der Planhypothese ab, so wird diese verworfen. Als letzte Idee für eine Planhypothese könnte ein plötzliches Abbiegen angenommen werden. Zur Unterstützung dieser Hypothese könnten Daten aus der elektronischen Flußkarte dienen, die aussagen, ob es eine Möglichkeit zum Abbiegen gibt - zum Beispiel Hafeneinfahrten oder einmündende Nebenflüsse.

3.2 Ermittlung von Konflikten

Das Situationsmodell und die Belegung von Fahrspuren durch die Schiffe treffen eine erste grobe Vorauswahl, welche Kombinationen von Planhypothesen genauer betrachtet werden müssen. Um festzustellen, ob tatsächlich ein Konflikt besteht, wird untersucht, ob sich die Schiffe auf den Trajektorien der Planhypothesen zu nahe kommen. Hierzu werden um die Schiffe Sicherheitsbereiche definiert. Diese sind notwendig, da zwei Schiffe sich nicht mit beliebig kleinem Abstand passieren können. Mit Hilfe der jeweiligen Planhypothese werden die Positionen der Sicherheitsbereiche zu diskreten Zeitpunkten in der Zukunft berechnet. Die Sicherheitsbereiche zweier Schiffe dürfen sich zu keinem Zeitpunkt überschneiden, ansonsten liegt ein Konflikt vor.

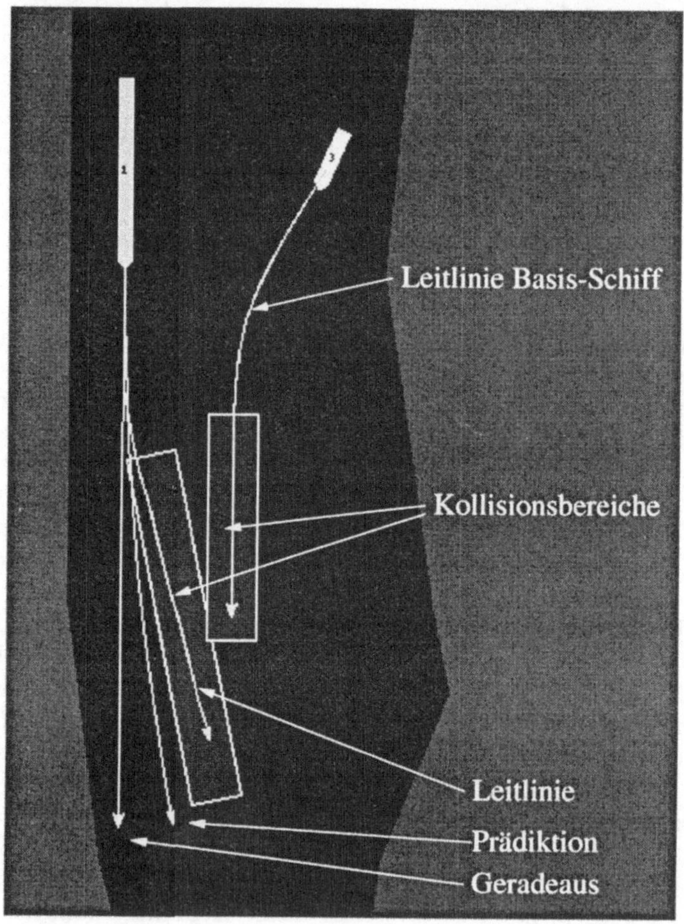

Abb.3. Die verschiedenen Planhypothesen

Abbildung 3 zeigt eine typische Szene des Simulationsprogramms zur Konflikterkennung, welches am Institut für Systemdynamik und Regelungstechnik der Universität Stuttgart im Rahmen einer Diplomarbeit [1] entwickelt wurde. Man erkennt die von der Konfliktanalyse berechneten Trajektorien der unterschiedlichen Planhypothesen *Geradeaus*, *Prädiktion* und *Leitlinie* des Bezugs-Schiffes (1). Die Planhypothese *Leitlinie* des Bezugs-Schiffes liefert einen Konflikt mit dem Basis-Schiff (3). Die Kollisionsbereiche stellen die Sicherheitsbereiche der beiden Schiffe zu dem Zeitpunk, zu dem die erste Überschneidung errechnet wurde, dar.

Die Konfliktanalyse belegt nun jede Planhypothese mit einem Wahrscheinlichkeitswert, welcher besagt, wie wahrscheinlich ein Konflikt ist. Der Wert hängt zum einen von der Zuverlässigkeit der Planhypothese ab, und zum anderen davon, wie weit der Konflikt in der Zukunft liegt. Da das System für fremde Schiffe verschiedene Planhypothesen aufstellt, müssen die Ergebnisse der einzelnen Pläne anschließend zu einer Gesamtkonfliktwahrscheinlichkeit zusammengefaßt werden. Dies geschieht mit Hilfe einer Funktion, die vom Bayes'schen Theorem abgeleitet wird, und aus dem Bereich der Multisensor-Fusion stammt [1–3]. Mit dieser Methode können sowohl zeitlich aufeinander folgende Messungen eines Sensors, als auch Messungen unterschiedlicher Sensoren miteinander kombiniert werden. Die Planhypothesen stellen die verschiedenen Sensoren dar und die Konfliktanalyse ist die Messung eines Sensors. Dadurch kann für eine fremdes Schiff fortlaufend eine Gesamtkonfliktwahrscheinlichkeit über alle Planhypothesen bestimmt werden.

4 Ergebnisse

Mit den drei Planhypothesen *Prädiktion*, *Geradeaus* und *Leitlinie* wurden mit Hilfe eines Simulationsprogramms verschiedene Situationen auf dem Fluß untersucht. Die Wahrscheinlichkeit für die Hypothese *Leitlinie* wurde höher bewertet als bei *Prädiktion* und *Geradeausfahrt*, da der Informationsgehalt wesentlich zuverlässiger ist. Außerdem wurde der Wahrscheinlichkeitswert mit dem Zeitpunkt des Konflikts gewichtet. Ist der Konflikt in sehr weiter Zukunft, so fällt der Wahrscheinlichkeitswert kleiner aus, da die Aussage über einen Konflikt unsicherer ist. Ein Konflikt mit einem fremden Schiff wird dem Schiffsführer erst dann mitgeteilt, wenn die Gesamtkonfliktwahrscheinlichkeit einen festen Schwellwert überschreitet. Dieser Schwellwert wurde so gewählt, daß eher eine konservative Konfliktanzeige vorherrscht: Das System wird Konflikte für Situationen anmelden, die für den Schiffsführer unbedenklich sind.

Abbildung 4 und 5 zeigen die Ergebnisse für eine typische Begegnung zweier Schiffe. Man sieht sehr deutlich den Unterschied. Findet kein Austausch der Leitlinie statt, so fällt die Gesamtkonfliktwahrscheinlichkeit zu Beginn stärker ab, weil die Planhypothesen *Prädiktion* und *Geradeaus* den Konflikt noch nicht erkennen. Sie steigt anschließend langsamer, weil die Wahrscheinlichkeiten für die beiden Planhypothesen geringer bewertet wurden. Wird die Leitlinie übertragen, so erhalten wir einen wesentlich steileren Anstieg der Gesamtkonfliktwahrscheinlichkeit, weil diese Hypothese den Konflikt früher erkennt und als verläßlicher eingestuft ist.

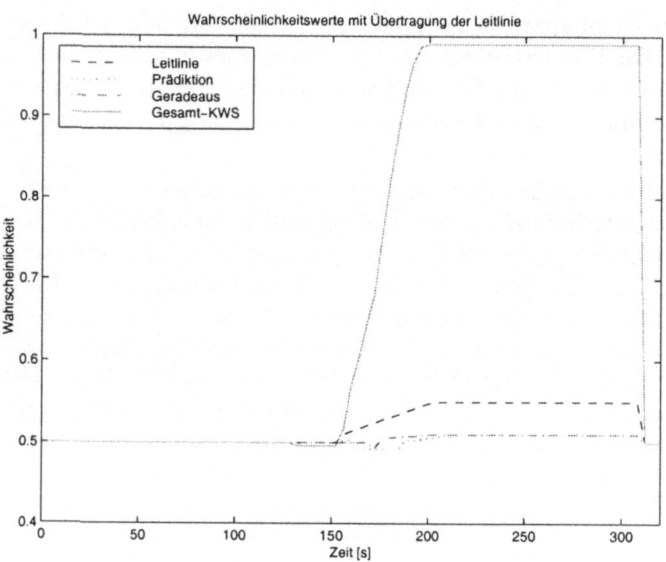

Abb.4. Wahrscheinlichkeiten mit Leitlinie

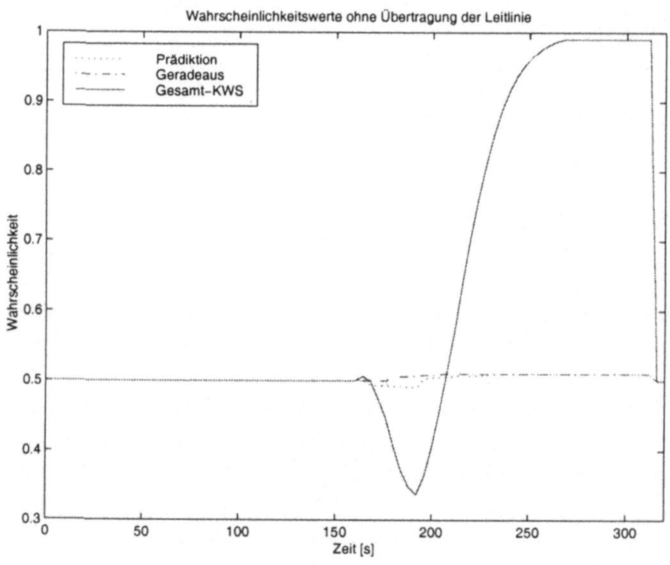

Abb.5. Wahrscheinlichkeiten ohne Leitlinie

Der Konflikt wird ohne Kommunikation zuerst später erkannt, dann jedoch genauso zuverlässig. Der Austausch von Daten zwischen Schiffen erlaubt somit ein frühzeitigeres Erkennen von Konflikten.

5 Ausblick

Es wurde ein sehr allgemeiner Ansatz zur Erkennung von Konflikten in der Binnenschiffahrt beschrieben und mittels eines Simulationsprogramms analysiert. Es kann gesagt werden, daß die vorgestellte Konflikterkennung in den unterschiedlichsten Situationen zuverlässige Ergebnisse liefert. In Zukunft soll dieser Ansatz in der Praxis erprobt werden. Hier wird sich zeigen, wie groß der Nutzen für einen Schiffsführer ausfällt und ob ein Austausch der Leitlinien zwischen Binnenschiffen notwendig sein wird. Desweiteren muß untersucht werden, inwieweit zusätzliche Planhypothesen zu einer Verbesserung der Ergebnisse beitragen können.

Liegt eine zuverlässige Konfliktanalyse vor, so kann diese dazu benutzt werden, die automatische Leitlinienplanung zu verbessern, indem diese Konflikte selbständig analysiert und zu lösen versucht.

Literatur

[1] R. Barthel: *Szeneninterpretation zur Erkennung von Konflikten an Engstellen* Diplomarbeit Universität Stuttgart, 1999.

[2] R.R. Brooks, S.S. Iyengar: *Multi-Sensor fusion : fundamentals and applications with software;* Prentice Hall, 1998.

[3] J. Van Dam: *Environment Modelling for Mobile Robots: Neural Learning for Sensor Fusion;* Dissertation, Universität Amsterdam, 1998.

[4] R. Fikes, N. Nilsson: *STRIPS: A New Approach to the Application of Theorem Proving to Problem Solving;* S. 2:189-208, in: *Artificial Intelligence*, 1971.

[5] T. Gern, U. Kabatek, E.D. Gilles: *Objektverfolgung und Leitlinienplanung für ein autonomes Binnenschiff;* S. 110-121, in: *Autonome Mobile Systeme 1998*, Springer-Verlag Berlin, 1998.

[6] U. Kabatek, T. Gern, E.D. Gilles: *Automatic Guidance of Ships in the Presence of Traffic;* S. 499-504, in: *Methods and Models for Automation and Robotics*, Miezdzdroje, Poland, 1997.

[7] R. Mock-Heckner: *Wissensbasierte Erkennung kritischer Verkehrssituationen - Erkennung von Plankonflikten;* Fortschritt-Bericht VDI Reihe 12 Nr. 209, 1994.

[8] E. Sacerdoti: *A Structure for Plans and Behaviour;* Elsevier North Holland, New York, 1977.

[9] M. Sandler, A. Wahl, R. Zimmermann, M. Faul, U. Kabatek, E.D. Gilles: *Autonomous guidance of ships on waterways;* 1996 Robotics and Autonomous Systems 18, Seiten 327-335.

[10] D.E. Wilkins: *Practical Planning: Extending the Classical AI Planning Paradigm;* Morgan Kaufmann Publishers, 1988.

ODEMA - Eine objektorientierte Methode zur Entwicklung Technischer Multi-Agenten-Systeme am Beispiel von Asimov-Holonischen Transportrobotern

Engelbert Westkämper, Arnulf Braatz, Arno Ritter, Christoph Schaeffer

Fraunhofer IPA
Nobelstraße 12
70569 Stuttgart

1. Einleitung

Der Begriff *Methode* beschreibt das systematische Vorgehen zur Erreichung eines Ziels [BAL99]. In diesem Artikel wird die objektorientierte Methode (OOM) ODEMA (*Objectoriented Method for Developing Technical Multi-Agent-Systems*) vorgestellt, mit deren Hilfe technische Multi-Agenten-Systeme (MAS) entwickelt werden können. Objektorientiert heißt in diesem Zusammenhang die Nutzung einer entsprechenden Notation zur Darstellung der Softwarespezifikationen, Dokumentation und - daraus hervorgehend - die Implementierung in einer entsprechenden Programmiersprache (C++, Java, etc.). Das Anwendungsgebiet umfaßt hierbei alle Arten technischer MAS, wie z.B. holonische Transportsysteme (HTS) im Materialfluß oder autonom interagierende Industrieroboter.
Erläutert wird die Methode anhand eines Fallbeispiels, das die sog. *Asimov-Holonischen* Transportfahrzeuge (Asimov-H-AGV) im Materialfluß beschreibt.

2. Was ist eine objektorientierte Methode ?

Um eine Methode anwendbar zu machen, muß sie in eine bestimmte Anzahl von einzelnen Schritten unterteilt werden, wobei die Inhalte eines jeden Schrittes genau festgelegt werden müssen und ein Folgeschritt unmittelbar auf den Ergebnissen seines Vorgängers aufbaut.
Die *Unified Modelling Language* (UML) hat sich in der objektorientierten Softwareentwicklung als grafische Notation durchgesetzt und ist seit 1997 ein Industriestandard. Die UML beschreibt aber keine Methode oder ein Vorgehensmodell, so daß sich im Umfeld dieser Notation eine Reihe von Vorgehensmodellen gebildet haben - in Verbindung mit CASE-Tools Prozesse genannt.
Beispielhaft seien hier der Rational Unified Process (RUP) [BOO99] und der Business-Oriented Software Engineering Process (BOE-Process) [OES99] erwähnt. Kennzeichnend für diese Prozesse ist aber, daß sie lediglich das Rahmenwerk für ein Vorgehensmodell darstellen und somit Raum lassen, daß aus Anforderungen und Erfah-

rungen aus bestimmten Anwendungsbereichen ein neues spezialisiertes Vorgehensmodell entsteht.

3. Die Phasen einer objektorientierten Methode

Die im Folgenden vorgestellte *Objectoriented Method for Developing Technical Multi-Agent-Systems* (ODEMA) ist eine UML basierte Methode mit Vorgehensmodell, das den Schritt der Spezialisierung der Rahmenwerke auf ein Anwendungsgebiet hin vollzieht.
Zu diesem Zweck wurden die grundlegende Phasen des Vorgehensmodells aus den oben genannten, bereits bekannten Prozessen übernommen und auf die Aufgabenstellung von ODEMA hin erweitert. Diese grundlegenden Phasen eines Vorgehensmodells sind die objektorientierte Analyse (OOA), das objektorientierte Design (OOD) und die Implementierung (OOP= Objectoriented Programing) [OES99, BAL99]. Sie werden im Folgenden kurz erläutert.

3.1.   OOA

In der OOA werden die Begriffe und Beziehungen aus dem Anwendungsbereich modelliert. Dies kann im ersten Schritt mittels textueller Beschreibungen oder, mit der Notation der UML gesprochen, durch Use Case- und Klassendiagrammen erfolgen. In den meisten Fällen, z.B. bei der Geschäftsprozeßmodellierung, spielt die entsprechende Rechnerarchitektur dabei keine Rolle. Beim Entwurf von technischen Agenten werden zwar Rechner und Maschinen modelliert, aber ihre Hardware wird als ideal gedacht, d.h. unendlicher Speicher, beliebige Rechengeschwindigkeit und Fehlerfreiheit in der Kommunikation werden vorausgesetzt. In der Realität auftretende Kommunikationsfehler werden in einem späteren Iterationsschritt berücksichtigt.

3.2.   OOD

Was die grafische Notation betrifft, so gibt es einen unscharfen Übergang zwischen OOA und OOD. Die Klassen aus der Begriffswelt der Anwendung und ihre Beziehungen untereinander werden mit den für die Codierung semantischen Operationen und Attributen versehen.
Von einer idealen Hardware kann in dieser Phase jedoch nicht mehr ausgegangen werden. Auch müssen die Schnittstellen eines Betriebssystems und einer gewünschten Softwarearchitektur, bestehend aus Schichtmodellen und Entwurfsmustern [GAM96], bei Bedarf berücksichtigt, d.h. modelliert werden. Einzubindende bestehende Software, wie Frameworks oder Kommunikationsplattformen (z.B. CORBA), fordern ebenfalls definierte Schnittstellen.
Technische Agenten müssen in dieser Phase des Entwurfs sogar ihre Zielhardware einbinden. Sie besteht aus Netzwerken, externer Peripherie und Hardwareschnittstellen, und sie ist nur in wenigen Fällen auf Standard-PC-Plattformen ausgerichtet.

3.3.   Implementierung (OOP)

In der Implementierungsphase werden im wesentlichen zwei Dinge betrachtet: Zum einen die Programmiersprache (Java, C++), in der implementiert werden soll, und zum anderen die Organisation des Sourcecodes in Bibliotheken und Komponenten und deren Verteilung auf den Rechnerknoten der Zielhardware.

Für die Entwicklung von industrieller Steuerungssoftware kommt erschwerend hinzu, daß ihre Zielhardware meist stark dezentral organisiert ist und daß die Verbindung der einzelnen Komponenten durch eine Vielzahl von Feld-Bussen und Schnittstellen realisiert wird. Das bedeutet, daß die Wahl eines bestimmten Sensors ein neues Kommunikationsprotokoll erfordern und somit das Design einer entsprechenden Klasse nach sich ziehen kann.

4. H-AGV als technischer Agent

Der Begriff „Holon" wurde ursprünglich von Arthur Koestler in seinem Buch „The GHOST in the MACHINE" [KOE89] bei der Betrachtung biologischer-soziologischer Systeme geprägt. *Holon* ist dabei ein Kunstwort aus dem Griechischen Wort „holos" und der Endung „-on", welches soviel wie *ganzer Teil* bedeutet. Ein holonisches System ist durch folgende Eigenschaften gekennzeichnet: Autonomie, Kooperationsfähigkeit, Intelligenz, Selbstähnlichkeit, Flexibilität und Selbstoptimierung.

Ende der achtziger Jahre wurde die Idee des holonischen Systems auf technische Systeme, speziell auf produktionstechnische Systeme, übertragen [HMS99]. Von *Holonic Manufacturing Systems* (HMS), Brite-EuRam Programme, HMS—BRPR-CT97-9000, wird eine ganze Reihe entscheidender Vorteile gegenüber klassischen Produktionssystemen erwartet: Hohe Betriebszuverlässigkeit, Flexibilität bezüglich Programmierbarkeit sowie Veränderungen in der Systemumgebung, kostengünstigere Automatisierungskomponenten, Modularität, einfache Integration in veränderbaren Umgebungen, Prozeßstabilität sowie Erweiterbarkeit.

Das Fraunhofer IPA entwickelt zur Zeit im Rahmen des HMS-Projektes Konzepte zur Realisierung autonomer, mobiler Transportroboter (H-AGV), die im Verbund als Holonisches Transportsystem (HTS) bezeichnet werden.

Ein Vergleich holonischer Systeme mit MAS zeigt sehr deutlich, daß beide Systeme in wesentlichen Punkten über gleiche Eigenschaften verfügen [BUS98]. Dabei ist das H-AGV als ein Spezialfall eines technischen Agenten zu verstehen.

5. Die Architektur des Asimov-H-AGV

Das Fraunhofer IPA geht bei der Entwicklung von Steuerung für ein HTS im Rahmen von HMS ebenfalls von einer Architektur aus, die auf einem technischen MAS basiert.

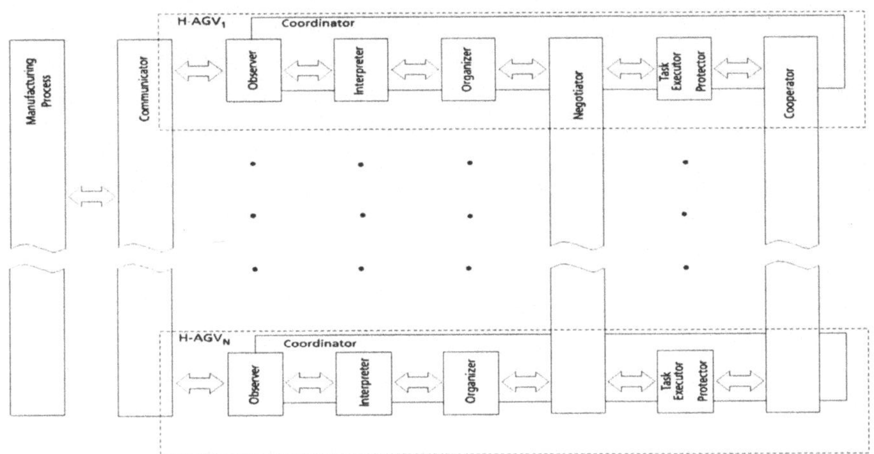

Bild 1 Asimov-Architektur für H-AGV

Als ein erstes Konzept für eine holonische Steuerungsarchitektur wurde die Asimov-Holonische Architektur für H-AGV [WES99a], siehe Bild 1, entwickelt. Der Name dieser Steuerungsarchitektur wurde zu Ehren des Sciencefiction-Autors Isaac Asimov gewählt, der die drei fundamentalen Gesetze der Robotik einführte.
Die Steuerung besteht dabei aus den Teilsystemen *Communicator, Observer, Interpreter, Organizer, Negotiator, Cooperator* und *Coordinator*. Alle Teilsysteme können als statische Agenten realisiert sein.
Der *Communicator* ermöglicht die Kommunikation zwischen den einzelnen H-AGV und dem übrigen Produktionssystem. Er kann Telegramme per Funk senden und empfangen. Telegramme sind in diesem Zusammenhang z.B. die Ankündigung oder Stornierung von Transportaufträgen. Daneben senden die H-AGV Angebote während der Verhandlungsphasen oder melden die erfolgreiche Aufgabenausführung zurück.
Die empfangenen Daten werden von dem *Observer* aufbereitet. Der Observer beobachtet und überwacht interne und externe Zustände, z.B. den Ladezustand der Batterie und kann u.a. aus den Sensordaten ein Modell der Umgebung generieren (Mapping). Je nach Ausprägungsgrad der Autonomie kann der Observer auch durch Umgebungsbeobachtung Transportaufträge selbst generieren [WES99b].
Der *Interpreter* entscheidet für das H-AGV aufgrund der vom Observer erfaßten internen Zustände, ob der Roboter sich an der Verhandlung neu angekündigter Transportaufträge beteiligen kann oder Sonderaktionen, z.B. Fahrt zur nächsten La-

destation, einleiten soll oder aber seinen aktuellen Auftrag ausführen und alle neuen Transportaufträge ignorieren kann.

Ist ein H-AGV frei verfügbar, so kann es sich an der Verhandlung der neuen Aufträge beteiligen. Im *Organizer* werden für alle zu verhandelnden Aufträge von jedem frei verfügbaren H-AGV Pläne ausgearbeitet. Pläne entsprechen dabei Offline-Bewegungsprogrammen. Jeder Plan wird von dem Organizer mittels Kostenfunktionen evaluiert. Gütekriterien sind z.B. die Minimierung der geschätzten Zeit zur Ausführung der Aufgabe oder der geschätzte Energieumsatz.

Da alle neu angekündigten Transportaufträge per Broadcast an alle H-AGV gesendet werden, können alle frei verfügbaren H-AGV die Pläne für alle aktuellen Aufträge generieren und schließlich untereinander die Aufgaben verhandeln. Der *Negotiator* synchronisiert die Verhandlung der H-AGV untereinander und führt zu einer eindeutigen Verteilung der Aufgaben am Ende der Verhandlung. Verhandelte und verteilte Aufgaben werden am Ende der Verhandlung ausgeführt. Der *Executor* überwacht und steuert die Auftragsausführung, indem er mit dem Sensor- und Aktorsystem kommuniziert. Während der Auftragsausführung löst der *Cooperator* Deadlock-Konflikte. Der *Coordinator* koordiniert die interne Kommunikation zwischen den einzelnen Teilsystemen.

Die einzelnen Teilsysteme laufen zeitlich parallel und können als stationäre Agenten modelliert werden. Das gesamte H-AGV bildet wiederum einen technischen Agenten.

6. Einführung in ODEMA

ODEMA fügt den Phasen der OOM drei wesentliche Schichten (*Layer*) hinzu. Dies dient im wesentlichen dazu, die Komplexität des beschriebenen Entwurfs zu bewältigen. Zugleich aber macht diese Struktur paralleles Entwickeln und die einfache Austauschbarkeit von Teilsystemen möglich.

Die Methode benötigt in der OOA für jeden *Layer* eine Beschreibung, wie die Struktur und Aufgabenverteilung in der Konzeption *(Conceptional Layer)*, der Architektur *(Architectural Layer)* und der Sensor-Aktor-Ebene *(Realtime Layer)* vorgesehen wird. Insgesamt werden sieben der neun möglichen UML-Diagramme in Notation der Version 1.3 verwand (siehe Tabelle 1) [BOO99]. Sie beschreiben Statik und Dynamik des Softwaresystems, wobei in diesem Rahmen nur auf die statische Modellierung eingegangen wird.

In dem *Interface Layer*, jeweils zwischen den drei bereits genannten Schichten, befinden sich die Deklarationen für Operationen und Datenformate, die in der obereren sowie unterern Schicht benutzt werden. In der UML wird hierfür die Notation der *Interface*-Klasse zur Verfügung gestellt.

Der zeitliche Verlauf der Softwareentwicklung ist von links nach rechts innerhalb einer Schicht zu denken.

	OOA	OOD	OOP
Conceptional Layer	Use Case Klassendiagramm	Klassendiagramm Sequenzdiagramm Zustandsdiagramm	Komponenten-diagramm
Interface		Agenten/Station-Rolle ⇓ Daten ⇑	
Architectural Layer	Use Case Klassendiagramm	Klassendiagramm Sequenzdiagramm Zustandsdiagramm	Komponenten-diagramm
Interface		Sensor/Aktor Rolle ⇓ Daten ⇓⇑	
Realtime Layer	Use Case Klassendiagramm	Klassendiagramm Sequenzdiagramm Zustandsdiagramm Aktivitätsdigramm	Einsatzdiagramm Komponenten-diagramm
Interface		Daten ⇓	

Tabelle 1   Schichten-Modell von ODEMA

(⇑ = zeigt auf die Schicht, die das Interface implementiert)

6.1.   Conceptional Layer

Der *Conceptional Layer* modelliert die technischen Agenten und ihre Kommunikation untereinander und mit ihrer Umgebung. Komponenten der nicht holonischen Umgebung werden als Stationen bezeichnet. Hierbei kann es sich im Fall von H-AGV im holonischen Materialfluß z.B. um Bearbeitungsmaschinen oder Einrichtungen der Datenverarbeitung handeln.

Das Vorgehensmodell beginnt mit der OOA des *Conceptional Layer*. Hier werden die Agenten und Stationen als *Akteure* gemäß der UML-Notation erfaßt. Da in dieser Schicht vor allem die Kommunikation und Kooperation im Vordergrund steht, werden die *Akteure* mit entsprechenden Anwendungsfällen in Verbindung gesetzt, wodurch sie sog. *Rollen* erhalten (siehe Bild 2). Das heißt, daß jede Station und jeder Agent für einen bestimmten Zeitraum eine Rolle einnimmt. Den Wechsel einer Rolle leitet jeder Akteur aufgrund von Ereignissen oder Beobachtungen für sich selbst ein.

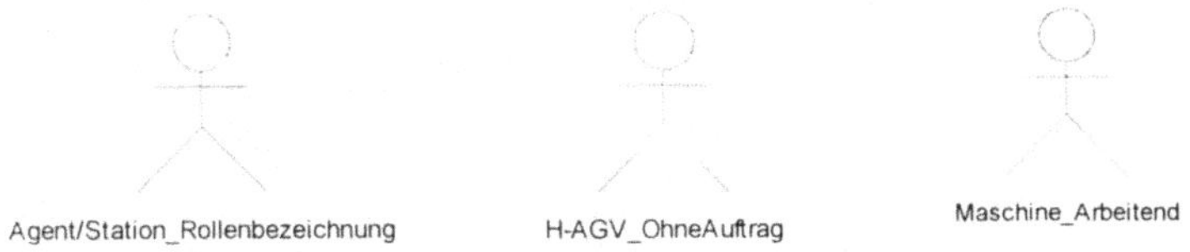

Bild 2 Akteure des *Conceptional Layer*

Im OOD werden nun aus den verschiedenen Akteurtypen *Klassen* und aus Rollen *Interfaces*, die von diesen Klassen implementiert werden (siehe Bild 3). In einem weiteren Schritt werden den *Klassen* und *Interfaces* entsprechende Operationen zugeordnet. Zusätzlich kann es Sinn machen, nicht nur die Strukturen, sondern auch Daten zu modellieren.

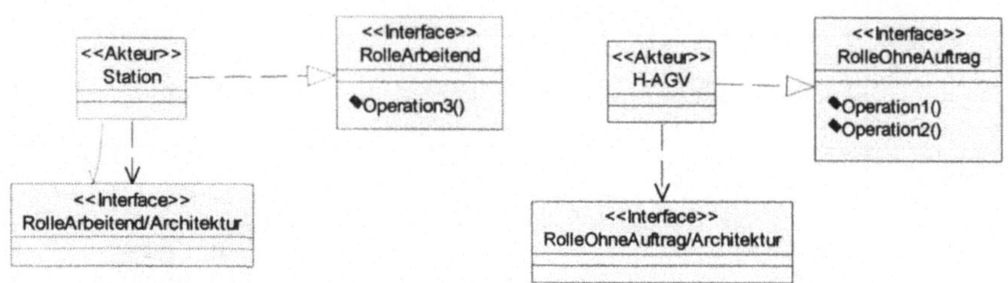

Bild 3 Aus Akteuren und Rollen abgeleitete Klassen des *Conceptional Layer*

In diese Kategorie gehören Formate von Funktelegrammen ober Beschreibungen von physischen Dingen wie z.B. Werkstücke.
Die Phase der Implementierung wird nur hinsichtlich der Organisation von Softwarekomponenten wahrgenommen. Die Zielhardware ist definitionsgemäß nicht zu berücksichtigen.

6.2.   Architectural Layer

Die Architektur eines technischen Agenten (z.B. die Asimov-Architektur) beinhaltet die Entscheidungsintelligenz. Sie besteht aus der Strategie, eine gestellte Aufgabe zu lösen, und der Verwaltung der entsprechenden Daten, d.h. Kenntnis der Umgebung und der Geschichte der zurückliegenden Abläufe. Zur Speicherung der Umgebungszustände wird nun die Modellierung der Klassen aus dem *Conceptual Layer* verwendet, der auf diese Weise zu einer objektorientierten Datenbank wird.

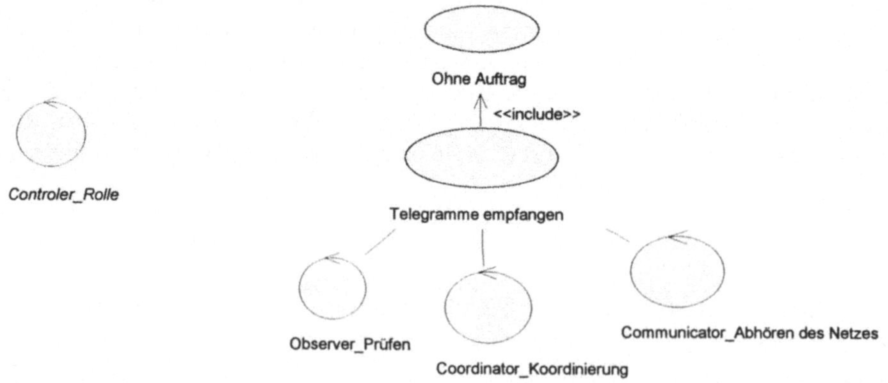

Bild 4 Anwendungsfall *Telegramme empfangen* in der Asimov-Architektur

Somit muß der *Architectural Layer* für jede Rolle aus der Konzeptionsschicht ein weiteres *Interface* implementieren, das die entsprechenden Operationen für die Architektur enthält (siehe Bild 3). Diese sind unabhängig von den Rollen, die die Teilkomponenten der Architekturschicht, in unserem Beispiel die Asimov-Komponenten, in der Kommunikation miteinander einnehmen.

Geht man davon aus, daß ein H-AGV die Rolle *Ohne Auftrag* einnimmt, so ist es die Aufgabe der Architektur, Funktelegramme zu empfangen und zu prüfen, ob sie einen geeigneten Auftrag enthalten. Bei Empfang eines solchen Auftrages würde die Rolle enden und die nächste, z.B. *Verhandeln des Auftrages*, beginnen. Die beteiligten Komponenten der Asimov-Architektur und ihre Rollen sind in Bild 4 dargestellt.

Die OOA und die OOD gestaltet sich nach dem gleichen Verfahren wie im *Conceptional Layer*. Über die Akteure, hier in Form von *Controlern*, und Anwendungfälle werden Rollen definiert. Mit Hilfe von Klassendiagrammen entsteht ein detailliertes Modell der Architektur (siehe Bild 5). Komponenten der Architektur implementieren ihre *Interfaces* und greifen auf *Interfaces* andere Komponenten der Asimov-Architektur zu, wobei gleichzeitig nicht nur die Begriffe einer textuell beschriebenen Architektur, sondern auch strukturelle Gliederungen Einfluß nehmen (s.o.).

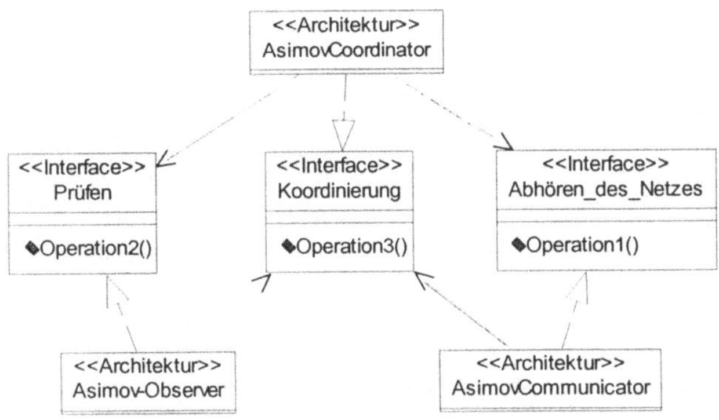

Bild 5 Klassen und Rollen im *Architectural Layer*

In der Regel ist es notwendig, daß gemeinsame Datenformate mit dem *Realtime Layer* modelliert werden müssen, z.B. aufgrund der Kartierung der Umgebung durch Sensoren. Auf diese Weise entstehen schon in der Architekturschicht *Interface*-Klassen zu diesen gemeinsamen Datentypen.

Die Architektur eines technischen Agenten oder einer Station ist unabhänig von der Zielhardware, so daß ihr Modellierung keinen Einfluß auf die Einsatzdiagramme nimmt, wohl aber muß eine Verteilung des Codes in Bibliotheken oder andere Softwarekomponenten festgelegt werden.

6.3. Realtime Layer

Der *Realtime Layer* beschäftigt sich mit der Beschreibung der verteilten und dezentralen Aktorik und Sensorik. Im Falle von technischen Agenten sind dies z.B. Abstands- und Positionssensoren, Antriebs- und Lenkungsaktorik und Einrichtungen zum Empfangen und Senden von Funktelegrammen.

In der OOA dieser Schicht werden die dezentralen Einrichtungen *Devices* genannt und wie in der Architekturschicht als *Controler* dargestellt. Die Anwendungsfälle behandeln Szenarien der Hardware, und somit erhalten die *Controler* ihre Rollenbezeichnungen. Anders als in den oberen Schichten des Softwaresytems findet hier kaum Kommunikation zwischen den *Controlern* statt und die Rollen der *Devices* bezeichnen nur ein bestimmtes Verhalten in einem bestimmten Zeitraum (siehe Bild 6).

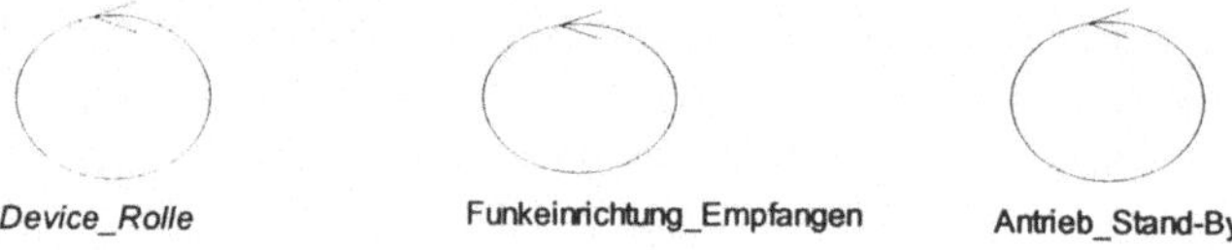

Bild 6 Funk- und Antriebs-*Devices* als *Controler*

In der OOD werden auch in der *Realtime*-Schicht *Klassen* und *Interfaces* gebildet. Kommunikation, d.h. der Aufruf von Methoden innerhalb der Rollen der *Devices*, findet nur mit den Einheiten des *Architectural Layer* statt und wird nicht innerhalb des *Realtime Layer* modelliert. Schnittstellen, Protokolle und hardwarenahe Initialisierungen von *Devices* werden in diesem *Layer* nicht dargestellt. Zu diesem Zweck könnte eine weitere Schicht in ODEMA eingeführt werden. Praxisnäher ist aber die Annahme, daß hier bereits bestehende Frameworks für in der Industrie gebräuchlichen Hardwareschnittstellen, Busse, Sensoren und Aktoren eingebunden werden, deren Vorgaben und Schnittstellen in den *Realtime Layer* importiert werden (siehe Bild 7).

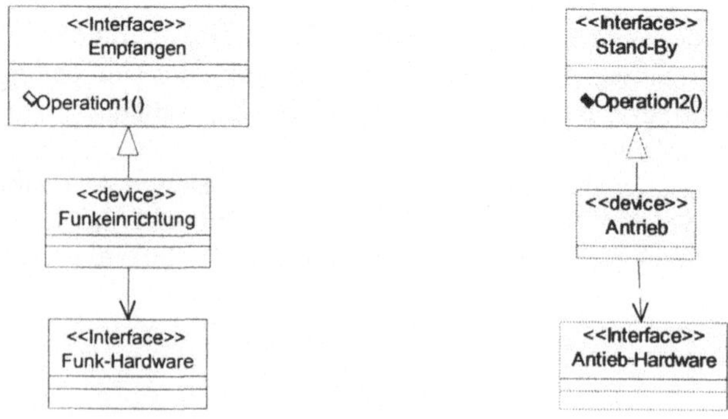

Bild 7 Rollen und Klassen des *Realtime Layer*

Abschließend können die Einsatzdiagramme modelliert werden, da die Organisation der Knoten auf der Zielhardware bekannt ist (siehe Bild 8). Auch die Protokolle der vernetzenden Verbindungen können dokumentiert werden. Erwähnt sei an dieser Stelle, daß der zeitliche Verlauf innerhalb des *Realtime Layer* auch in der OOP-Phase ansetzen kann, d.h. nach der Analyse einer bestehenden Hardware werden in Use Case Diagrammen ihre Rollen modelliert.

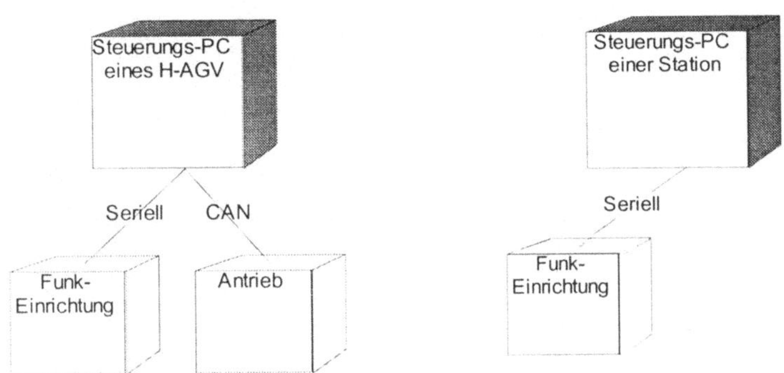

Bild 8 Einsatzdiagramm in der OOP des *Realtime Layer*

7. Zusammenfassung

ODEMA ist eine Methode zur Entwicklung von technischen MAS. Sie wurde in ihren grundsätzlichen Strukturen und einem Anwendungsbeispiel, dem Asimov-H-AGV, vorgestellt. Notwendig ist eine weitere Verfeinerung der Schritte im Vorgehensmodell und die Implementierung der Methode in ein konfigurierbares CASE-Tool.

8. Literatur

[BAL99]   Heide Balzert, *Lehrbuch der Objektmodellierung*, Spektrum, 1999

[BOO99]   C. Booch et al., *Das UML Benutzerhandbuch*, Addison-Wesley, 1999

[BUS98]   S. Bussmann, *An Agent-Oriented Architecture for Holonic Manufacturing Control*, First Open Workshop IMS, Lausanne, 1998

[GAM96]   E. Gamma et al., *Entwurfsmuster*, Addison-Wesley, 1996

[HMS99]   N.N., *HMS homepage*, http://hms.ifw.uni-hannover.de/, 1999

[KOE89]   A. Koestler, *The GHOST in the MACHINE*, Arkana Books, 1989

[OES99]   B. Oestereich, *Objektorientierte Softwareentwicklung*, Oldenburg, 1999

[WES99a]   E. Westkämper, A. Ritter and C. Schaeffer, *Asimov-Holonic Multi-Agent-Systems for AGVs*, IMS '99, Leuven, 1999

[WES99b]   E. Westkämper, R. D. Schraft, J. Neugebauer, A. Ritter, Holonic Task Generation for Mobile Robots, 30th ISR, Tokyo, 1999

Lokalisierung

3D Ultraschall-Entfernungsmessung mit Pseudo-Random Sequenzen

Markus Berg, Klaus-Werner Jörg & Jan-Peter Paulick

AG Robotik & Prozessrechentechnik, Fachbereich Informatik
Universität Kaiserslautern, Postfach 3049, 67653 Kaiserslautern
email: {berg, joerg}@informatik.uni-kl.de
http://ag-vp-www.informatik.uni-kl.de

Zusammenfassung: Der vorliegende Beitrag stellt zuerst ein Verfahren vor, welches das simultane Messen mit mehreren, gleichartigen Ultraschallsensoren erlaubt. Dazu werden auf realen Messungen basierende, experimentelle Ergebnisse präsentiert. Anschließend wird beschrieben, wie dieses Verfahren prinzipiell zur ultraschallbasierten 3D-Entfernungsmessung genutzt werden kann - dabei auftretende Problemstellungen werden diskutiert.

1   Einleitung

Ultraschallsensoren mit konventioneller Laufzeitmessung sind in der Robotik seit Jahren weit verbreitet, da sie vergleichsweise preiswert sind und sich auf einfachste Weise an einen Rechner anschließen lassen. Darüber hinaus ist der kegelförmige Detektionsbereich bei manchen Anwendungen von Vorteil, beispielsweise dann, wenn ein einzelner Sensor zur Überprüfung der Anwesenheit von Objekten eingesetzt wird. Wird jedoch eine hohe Richtungsauflösung gefordert, wie dies im Kontext mobiler Roboter häufig der Fall ist, dann sind konventionelle Ultraschallsensoren ungeeignet. Weitere Nachteile konventioneller Ultraschallsensoren sind ihre Anfälligkeit gegenüber Spiegelreflexionen und Fremdschall (crosstalk), sowie ihre begrenzte Entfernungsauflösung.

Vor diesem Hintergrund stellt der vorliegende Aufsatz zunächst ein Verfahren vor, welches die Entfernungsauflösung eines Ultraschallsensors signifikant verbessert. Gleichzeitig erlaubt das Verfahren das simultane Messen mit mehreren, gleichartigen Ultraschallsensoren, wobei das Auftreten von crosstalk explizit ausgenutzt wird. Anschließend wird beschrieben, wie auf der Basis dieses Verfahrens 3D-Entfernungsmessungen mit Ultraschall durchgeführt werden können.

Im Rahmen des DFG-Schwerpunktprogramms *Autonomes Laufen* bildet der beschriebene Ansatz die Grundlage eines neu genehmigten Teilprojektes, das die "Entwicklung eines ultraschallbasierten Entfernungsmesssystems zur Bodenprofilanalyse für eine Laufmaschine" zum Gegenstand hat. Das Ziel dieses Projektes besteht in der Extraktion

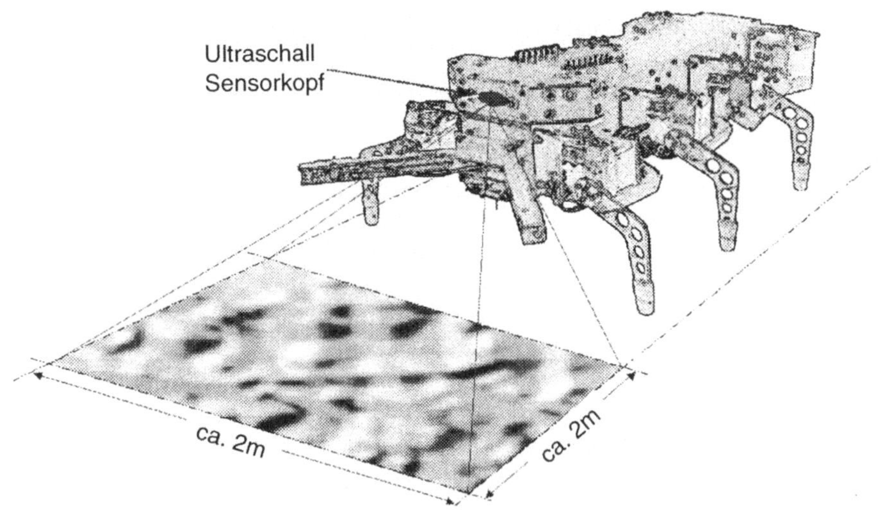

Abbildung 1: angedachtes Anwendungsszenario

des geometrischen Bodenprofils als essentieller Voraussetzung für die sichere Plazierung der Beine einer Laufmaschine (Abb. 1). Vor diesem Hintergrund wird im Rahmen des Projektes untersucht, inwieweit dieses Ziel auf der Grundlage von Ultraschalldaten erreichbar ist. Die Verwendung von Ultraschallsensoren ist durch deren spezifische Vorteile motiviert, die immer dann zum Tragen kommen, wenn optische Systeme versagen, beispielsweise bei starker Rauchentwicklung, Nebel oder Dunkelheit.

Dieser Aufsatz ist wie folgt gegliedert: Abschnitt 2 erläutert das der 3D-Entfernungsmessung zu Grunde liegende Messverfahren und präsentiert experimentelle Ergebnisse. Abschnitt 3 beschreibt unseren Ansatz zur 3D-Entfernungsmessung und damit verbundene Probleme. In Abschnitt 4 wird die sich momentan im Aufbau befindliche Hardware beschrieben, welche weitergehende Tests erlaubt. Eine Zusammenfassung in Abschnitt 5 beschließt den Aufsatz.

2 Entfernungsmessung mit Pseudo-Random Sequenzen

Zur Entfernungsmessung mit einem konventionellen Ultraschallsensor wird bei fester Frequenz ein möglichst kurzer Impuls ausgesendet, um eine möglichst hohe Entfernungsauflösung zu erreichen. Der in der Robotik häufig verwendete Polaroid-Sensor (49,7 kHz) erreicht zum Beispiel bei einer Impulsdauer von 330 µs eine Entfernungsauflösung von ca. 5,5 cm. Aus Sicht des Sensors näher beieinander liegende Objekte können nicht aufgelöst werden. Dies ist erst dann möglich, wenn anstatt eines festfrequenten Impulses beispielsweise ein linear frequenzmodulierter Impuls gesendet und das empfangene Echo mittels Autokorrelation ausgewertet wird. In diesem Fall ist die Entfernungsauflösung nämlich nicht von der Dauer des Schallimpulses abhängig, sondern nur von der Breite des Peaks der Autokorrelationsfunktion. Die Verwendung linear frequenzmodulierter Impulse erlaubt dann das simultane Messen mit zwei Ultraschallsensoren, wenn beide Signale gegenläufig verlaufen und daher nicht korrelieren. Das simultane Messen mit mehr als zwei Ultraschallsensoren ist auch unter Verwendung linear frequenzmodulierter Impulse nicht möglich. Um mit mehr als zwei Ultraschallsensoren gleichzeitig Messungen durchführen zu können, bedarf es entsprechend vieler, miteinander nicht korrelierender Sendesignale, von denen sich aber jedes einzelne mittels Autokorrelation in eindeutiger Weise identifizieren lässt. In [4] wird gezeigt, dass dies mit Pseudo-Random Sequenzen möglich ist, wobei jedem Ultraschallsensor eine eigene Pseudo-Random Sequenz zugeordnet wird. Werden die einzelnen Pseudo-Random Sequenzen so gewählt, dass ihre individuellen Autokorrelationsfunktionen scharfe Peaks aufweisen, während die Kreuzkorrelationsfunktion zweier beliebiger Pseudo-Random Sequenzen keinen Peak aufweist, dann ist jeder Ultraschallsensor prinzipiell in der Lage, in einem überlagerten Echo seinen eigenen Anteil zu identifizieren. Dazu wird die aus dem Radarbereich bekannte Matched-Filter Technik zur Pulskompression eingesetzt, welche die Eigenschaft besitzt, umso bessere Ergebnisse zu liefern, je höher das Produkt aus Bandbreite und Impulsdauer ist. Neben der signifikanten Verbesserung der Entfernungsauflösung eröffnet das Verfahren die Möglichkeit, durch Triangulation die mangelnde Richtungsauflösung eines konventionellen Ultraschallsensors ebenfalls entscheidend zu verbessern. Das zum simultanen Messen entwickelte Verfahren nutzt das Auftreten von crosstalk explizit aus und ist äußerst unempfindlich gegenüber Störschallquellen. Ein Nachteil des Verfahrens ist der im Vergleich zu konventionellen Ultraschallsensoren erheblich höhere Hardwareaufwand, der sich aus der Notwendigkeit ergibt, die benötigten Signalformen aussenden zu können und deren Echos vollständig abtasten zu müssen.

Nachfolgend werden auf realen Messungen beruhende, experimentelle Ergebnisse präsentiert. Die in den Experimenten verwendete Hardware besteht aus Ultraschallsensoren der Fa. Polaroid, die durch spezielle selbstentwickelte Endstufen angesteuert werden. Weiterhin kam ein kommerzielles DSP-Board zur Ansteuerung der Sensoren und zur Auswertung der Echos zum Einsatz [12], wobei zum Abtasten und Digitalisieren ebenfalls eine kommerzielle Elektronik verwendet wurde [13].

Im ersten Experiment wird gezeigt, dass es möglich ist, bei Verwendung von Pseudo-Random Sequenzen als Sendesignale diese eindeutig im empfangenen Echo zu identifizieren. Um dies zu zeigen, wurden mit einem Polaroid-Sensor verschiedene Pseudo-Random Sequenzen ausgesendet und die resultierenden Echos als Referenzsignale für die jeweilige Pseudo-Random Sequenz gespeichert. Der Versuchsaufbau wurde dabei so gewählt, dass keine Überlagerungen der ausgesendeten Impulse entstehen. Die so gewon-

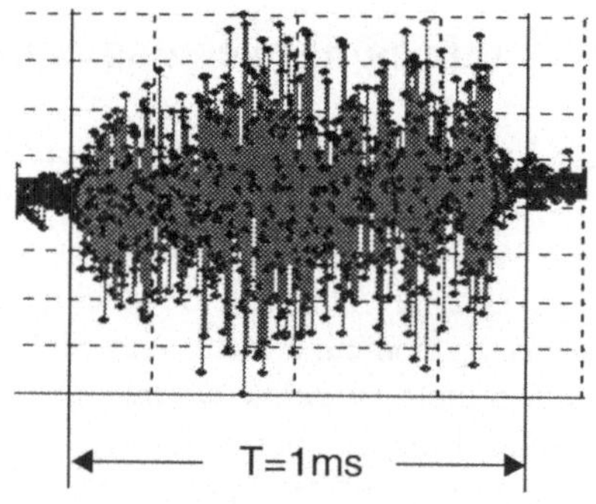

Abbildung 2: Beispiel einer Pseudo-Random Sequenz

nenen Referenzaufnahmen werden, statt der vom Computer erzeugten Pseudo-Random Sequenz, zur Korrelation verwendet, um dem Übertragungsverhalten der Messstrecke Rechnung zu tragen. In Abb. 2 ist zwischen den senkrechten Linien die Referenzaufnahme einer Pseudo-Random Sequenz der Dauer $T = 1ms$ abgebildet. Im nächsten Schritt wurden weitere Messungen durchgeführt und die resultierenden Echos mit den zugehörigen Referenzsignalen korreliert. Zusätzlich wurde als Gegenprobe auch mit Referenzsignalen von Pseudo-Random Sequenzen korreliert, welche nicht bei der Messung verwendet wurden. Abb. 3a zeigt das Korrelationsergebnis eines Echos mit dem

a) Korrelationsergebnis zwischen abgetastetem Echo und zugehörigem Referenzsignal

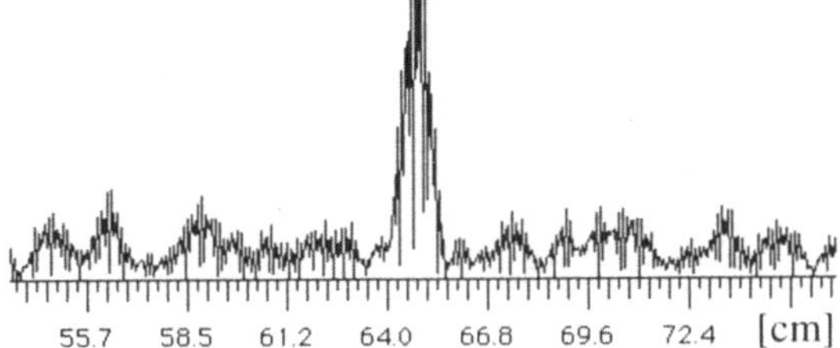

b) Korrelationsergebnis zwischen abgetastetem Echo und <u>nicht</u> zugehörigem Referenzsignal

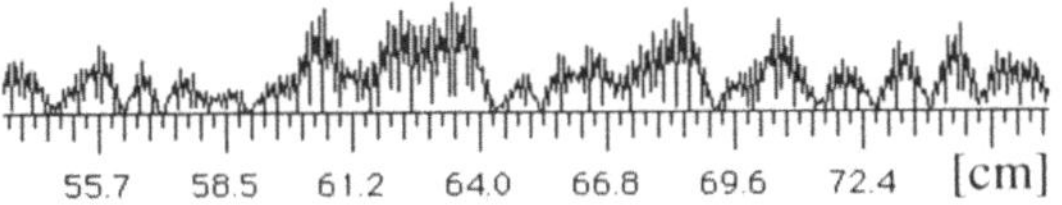

Abbildung 3: Korrelationsbeispiele

zugehörigen Referenzsignal. Der Peak markiert die Entfernung zur Echoquelle. Zu beachten ist hier, dass die Entfernung zur Echoquelle mit einer Genauigkeit von $1/2cm$ bestimmt werden kann. Abb. 3b zeigt die Korrelation mit dem Referenzsignal einer Pseudo-Random Sequenz, welche nicht bei der Messung verwendet wurde. Es ist leicht zu erkennen, dass kein signifikanter Peak entsteht. Dieses Experiment zeigt, dass es möglich ist die Signalanteile eines bestimmten Sensors selektiv aus einem Echo herauszufiltern.

Im zweiten Experiment wurden drei Polaroid Sensoren eingesetzt, wobei mit zwei Sensoren ausschließlich gesendet und mit dem dritten Sensor nur empfangen wurde. Abbildung 4 zeigt die Versuchsanordnung. Beide Sender emittierten simultan individuelle Pseudo-Random Sequenzen. Das vom Empfänger aufgenommene Echo wurde digitalisiert und von der DSP-Hardware ausgewertet. Die Trennung zwischen Sender und Empfänger wurde hier vor dem Hintergrund des in Abb. 1 dargestellten Anwendungsszenarios und dem damit verbundenen, potentiell niedrigen Messabstand, sowie der zur

Korrelation notwendigen, langen Impulsdauer bewusst gewählt. Nur so können Entfernungen zu Objekten gemessen werden, die nicht weiter als $d = cT/2$ vom Sensor entfernt sind. Mit einem abwechselnd als Sender und Empfänger verwendeten Ultraschallsensor ist dies nicht möglich, wobei die minimale Messentfernung durch $d = cT/2$ gegeben ist. Bei einer Impulsdauer von $T = 4ms$ und einer Schallgeschwindigkeit von $c = 33cm/ms$ muss ein Objekt beispielsweise einen Abstand $d \geq 66cm$ vom Sensor haben, um detektiert zu werden.

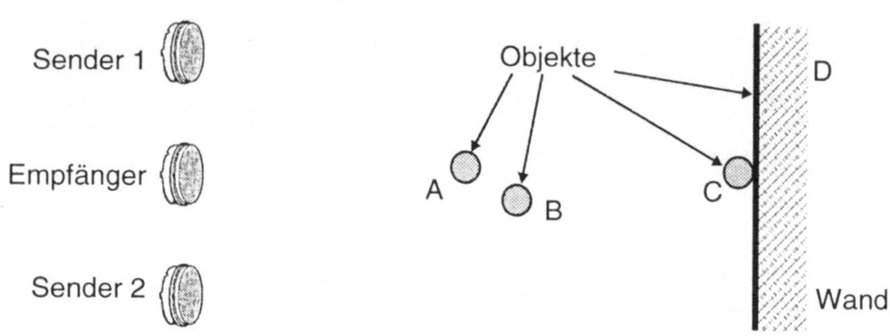

Abbildung 4: Versuchsanordnung

Abb. 5 und Abb. 6 zeigen experimentelle Ergebnisse. Dabei ist die von Sensor 1 emittierte Pseudo-Random Sequenz ($T = 4ms$) in Abb. 5 wiedergegeben. Abb. 6a zeigt den vom Empfänger abgetasteten Signalverlauf, eine Überlagerung von maximal 8 einzelnen Echos. Dieses Empfangssignal wurde anschließend mit einem Matched Filter ausgewertet, wobei zur Korrelation aus Sicht von Sensor 1 der in Abb. 5 zwischen den beiden senkrechten Linien eingeschlossene Signalanteil der von Sensor 1 emittierten Pseudo-Random Sequenz als Referenzsignal herangezogen wurde. Das Korrelationsergebnis aus Sicht von

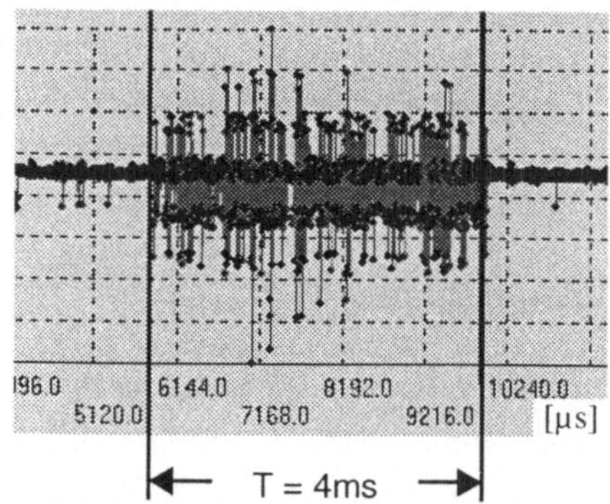

Abbildung 5: von Sensor 1 gesendete Pseudo-Random Sequenz (Referenzsignal)

Sensor 1 ist in Abb. 6b wiedergegeben. Die zu den vier Objekten gehörenden Peaks sind deutlich zu erkennen. In Abb. 6c ist das Korrelationsergebnis des gleichen Echos mit der von Sensor 2 emittierten Pseudo-Random Sequenz zu sehen.

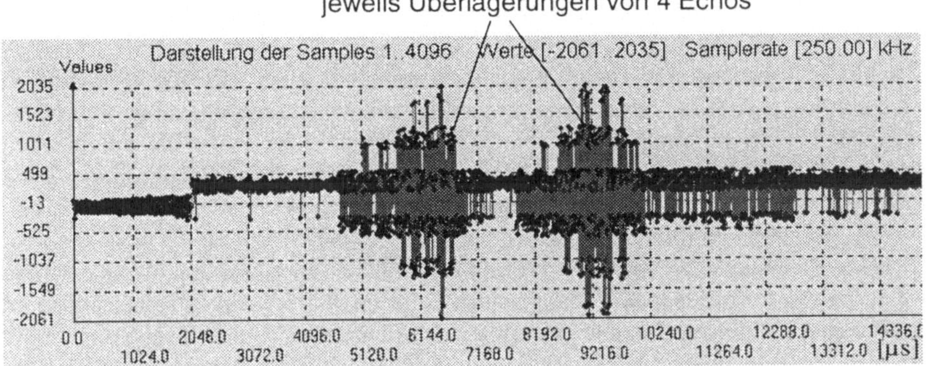

a) Vom Empfänger abgetasteter Signalverlauf

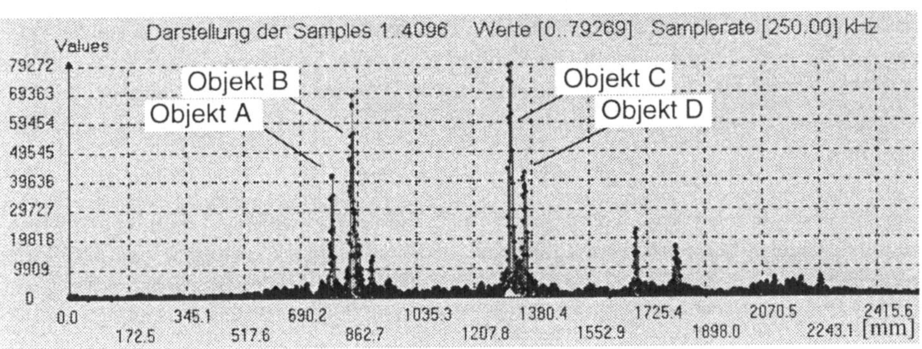

b) Korrelationsergebnis aus Sicht von Sensor 1

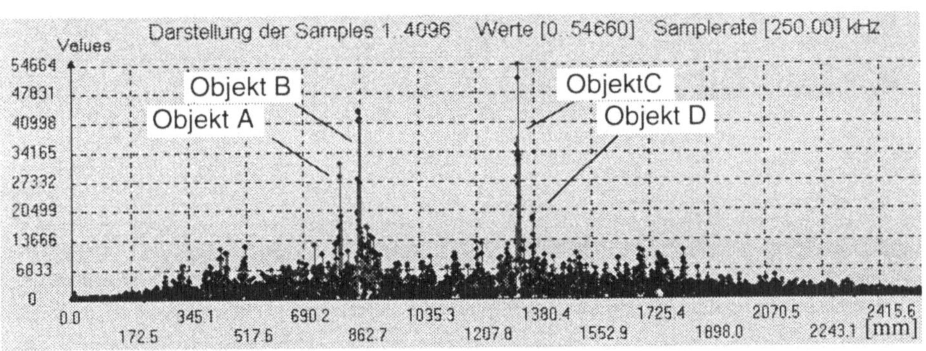

c) Korrelationsergebnis aus Sicht von Sensor 2

Abbildung 6: vom Empfänger aufgenommene, überlagerte Echos

Da es zur Gewinnung eines Bodenprofils prinzipiell notwendig ist, über möglichst hochauflösende 3D-Entfernungsinformation zu verfügen, werden im Rest des Aufsatzes Probleme vorgestellt, welche bei der ultraschallbasierten Extraktion von 3D-Information auftreten und Lösungsansätze diskutiert.

3   Ultraschallbasierte Extraktion von 3D-Informationen

Essentielle Voraussetzung zur ultraschallbasierten Extraktion von 3D-Informationen ist, dass über eine Szene mindestens von drei Positionen, die eine Ebene im Raum aufspannen müssen, Entfernungswerte vorliegen. Die Orte, an denen sich die individuellen Echoquellen befinden, lassen sich dann durch Triangulation bestimmen. *Triangulieren* heißt in diesem Kontext, anhand der gemessenen Entfernungen und der bekannten Sensorkonfiguration (Position und Ausrichtung der einzelnen Sensoren) die genaue Position einer Echoquelle im Raum zu bestimmen. Dies ist allerdings nur dann möglich, wenn die von einer Echoquelle stammenden Echos in den von den einzelnen Sensoren empfangenen Signalen einander eindeutig zuzuordnen sind. Anders ausgedrückt muss herausgefunden werden, welches Echo von welchem Objekt reflektiert wurde. Dieses sog. *Korrespondenzproblem* ergibt sich in Folge der unterschiedlichen Laufzeiten zwischen einer Echoquelle und den individuellen Sensoren. Sind die Korrespondenzen in eindeutiger Weise aufgelöst, dann kann aus den gemessenen Entfernungen auf die Winkel geschlossen werden, welche die Echoquelle zu den Schallachsen der individuellen Sensoren einnimmt. An dieser Stelle sei erwähnt, dass im Unterschied dazu bei der Stereobildverarbeitung von den errechneten Winkeln auf die Entfernung eines Objektes geschlossen wird.

Die Schwierigkeit bei der Lösung des Korrespondenzproblems ist in dem hier beschriebenem Fall das Finden korrespondierender Echos, d.h. in der korrekten Zuordnung der einzelnen Peaks in den Korrelationsfunktionen der individuellen Sensoren. Abb. 7 ver-

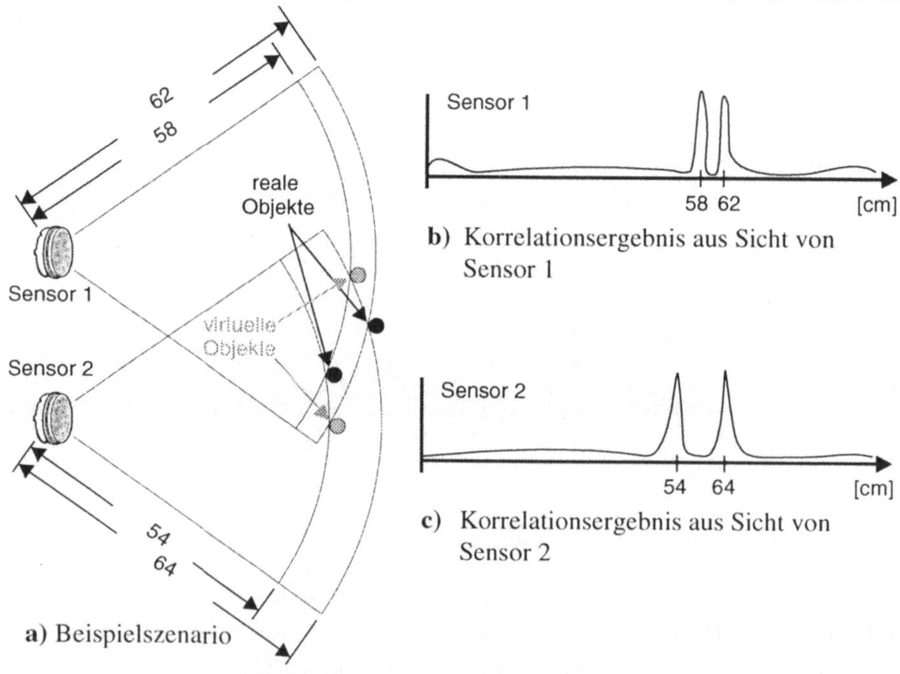

Abbildung 7: Korrespondenzproblem

deutlicht diesen Sachverhalt. In dem abgebildeten Beispiel liefern sowohl Sensor 1 als auch Sensor 2 jeweils zwei Entfernungswerte. Bei dem Versuch, durch Triangulation die genaue Position der beiden Objekte zu bestimmen, kann ohne weitere Annahmen prinzipiell nicht zwischen den in der Grafik angedeuteten Positionen unterschieden werden. Sowohl die realen Positionen, als auch die angedeuteten virtuellen Positionen der beiden Objekte sind möglich.

Eine Lösung des Problems wird durch die Tatsache begünstigt, dass die zeitlichen Abstände der Echos, also der prinzipiell möglichen Objektpositionen, umso kleiner sind, je kürzer die Basisabstände der einzelnen Ultraschallsensoren gewählt werden [3]. Bei kleinem Basisabstand lässt sich so eine Vielzahl potentieller Kandidaten von vornherein ausschließen. Abb. 8 veranschaulicht diesen Sachverhalt. Die vier Sensoren haben untereinander den gleichen Abstand und sind auf einen Bereich vor Sensor 1 ausgerichtet. Wird nun von Sensor 1 ein Objekt detektiert, so sind die Bereiche, innerhalb derer für Sensor 2 bzw. Sensor 4 ein korrespondierendes Echo gesucht werden muss, grau unterlegt. Abb. 8a zeigt ein Beispiel für einen kleinen Basisabstand, während Abb. 8b dieses für einen großen Basisabstand veranschaulicht. Durch Plausibilitätchecks alleine lässt sich das Korrespondenzproblem einschränken, jedoch nicht notwendigerweise vollständig lösen. Daher wird im Rahmen des Projektes untersucht, ob es durch Auswertung aufeinanderfolgender Messungen und unter Ausnutzung der in dem Sensorsystem inhärent vorhandenen Redundanz mit probabilistischen Ansätzen möglich ist, das Korrespondenzproblem in eindeutiger Weise zu lösen. Um verlässliche Aussagen machen zu können, müssen allerdings erst Ergebnisse mit der neuen Hardware vorliegen. Diese wird im nächsten Abschnitt vorgestellt.

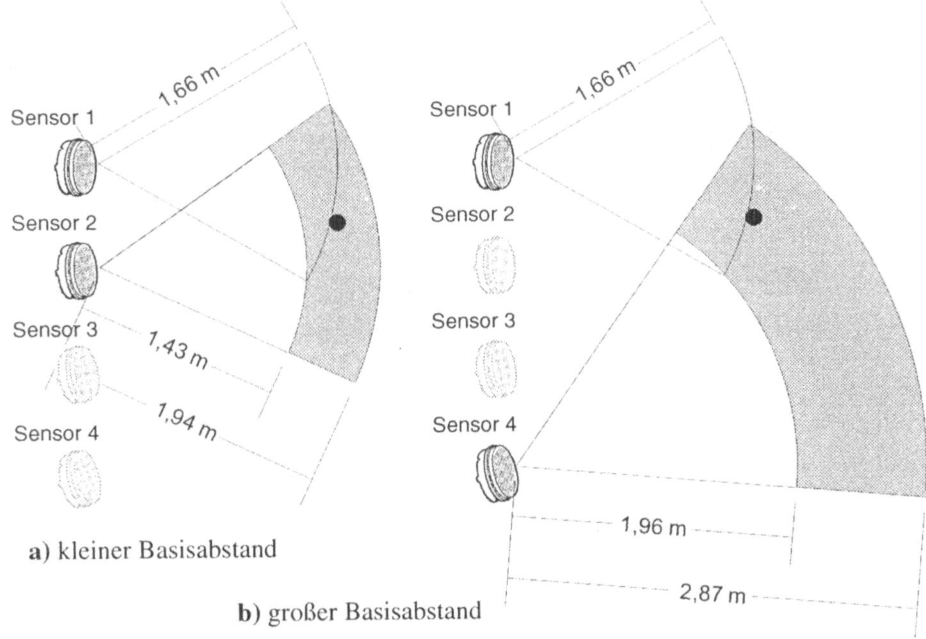

Abbildung 8: Beispiel mit verschiedenen Basisabständen

4 Hardwareaufbau

Die Tatsache, dass die im Rahmen des DFG-Projekts zu lösenden Problemstellungen die Leistungsfähigkeit der bislang verwendeten Testhardware erheblich überfordern, macht eine wesentlich leistungsfähigere Hardware unabdingbar. Abbildung 9 zeigt die Struktur dieser sich momentan im Aufbau befindlichen Testplattform. Kernelement der Konfiguration ist auch hier die DSP-Hardware [14], welche die Ansteuerung der A/D- und D/A-Wandler, sowie die Kommunikation mit dem Host-PC übernimmt. Darüber hinaus ist die verwendete DSP-Hardware in der Lage, mit vier Polaroid-Sensoren simultan beliebig lange Pseudo-Random Sequenzen zu emittieren. Die resultierenden Echos werden mit weiteren vier Sensoren abgetastet und von der DSP-Hardware in Echtzeit ausgewertet. Dies erlaubt das Durchführen redundanter Entfernungsmessungen, wodurch das Auflösen von Korrespondenzen erleichtert wird. Darüber hinaus wird es das neue System ermöglichen, kontinuierliche Sequenzen zu senden. Ob sich daraus im Sinne des Projekts positive Perspektiven ergeben, ist derzeit unklar und somit ebenfalls Gegenstand der weiteren Forschung.

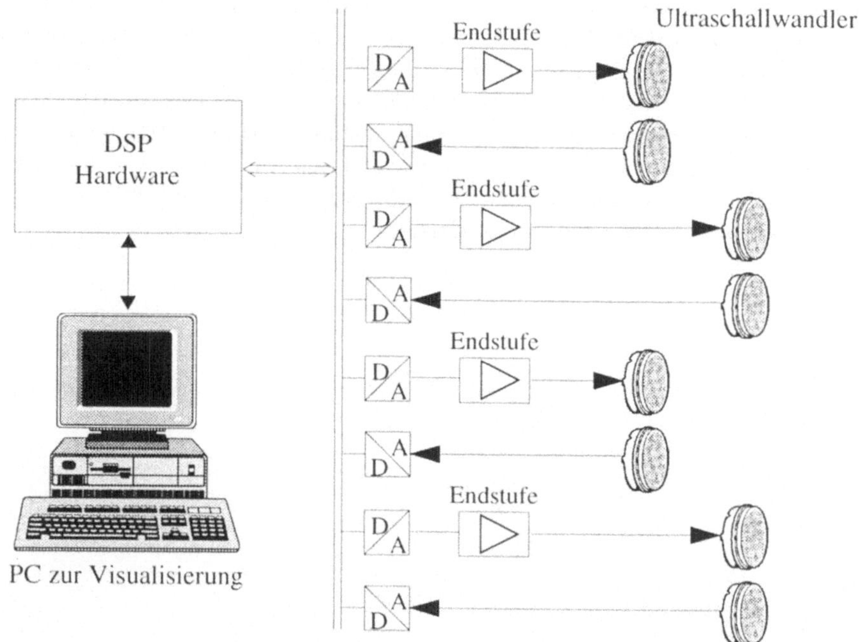

Abbildung 9: Struktureller Aufbau der Hardware

5 Zusammenfassung

In diesem Beitrag wurde zunächst ein Verfahren vorgestellt, welches das simultane Messen mit mehreren, gleichartigen Ultraschallsensoren erlaubt. Im Rahmen des DFG-

Schwerpunktprogramms *Autonomes Laufen* bildet dieses Verfahren die Basis eines Projekts, welches die "Entwicklung eines ultraschallbasierten Entfernungsmesssystems zur Bodenprofilanalyse für eine Laufmaschine" zum Gegenstand hat. Vor diesem Hintergrund wurden anschließend Fragestellungen diskutiert, die bei der ultraschallbasierten Extraktion von 3D-Entfernungsinformation auftreten. Von besonderem Interesse ist hier insbesondere die Frage, inwieweit sich durch Triangulation Oberflächenstrukturen rekonstruieren lassen und wie granular diese Oberflächenstrukturen aufgelöst werden können. Die Beantwortung dieser Frage hängt entscheidend davon ab, wie gut von kleinen Objekten hervorgerufene, schwache Echos detektiert und für die Triangulation nutzbar gemacht werden können. Zur Zeit sind dazu allerdings noch keine Aussagen möglich.

6 Literatur

[1] Audenaert, K.; Peremans, H.; Kawahara, Y.; Van Campenhout J.: *Accurate Ranging of Multiple Objects using Ultrasonic Sensors*, Proceedings of the IEEE International Conference on Robotics and Automation (ICRA '92), Nice, France, 1992

[2] Hanebeck, U.D.: *Pipelined Sampling Techniques for Sonar Tracking Systems,* Proceedings of the IEEE International Conference on Robotics and Automation (ICRA '98), Leuven, Belgium, 1998

[3] Kleeman, L.; Kuc, R.: *Mobile robot sonar for target localization and classification,* International Journal of Robotics Research, Volume 14, Number 4, 1995

[4] Jörg, K.W.; Berg, M.: *Sophisticated Mobile Robot Sonar Sensing with Pseudo-Random Codes,* Robotics and Autonomous Systems 25 (1998) 241-251, Elsevier Science, 1998

[5] Jörg, K.W.; Berg, M.: *Mobile Robot Sonar Sensing with Pseudo-Random Codes,* Proceedings of the IEEE International Conference on Robotics and Automation (ICRA '98), Leuven, Belgium, 1998

[6] Jörg, K.W.; Berg, M.; Müller, M.: *Towards Sophisticated Mobile Robot Sonar Sensing using Pseudo-Random Sequences,* 2nd Euromicro Workshop on Advanced Mobile Robots (EUROBOT '97), Brescia, Italy, 1997

[7] Lindstedt, G.: *Borrowing the Bat's Ear for Automation - Ultrasonic Measurements in an Industrial Enviroment,* Doctoral Dissertation, Department of Industrial Electrical Engineering and Automation, Lund Institute of Technology, 1996

[8] Purcell, D.W.; Huisson, J.P.: *A Curved array Transducer for Autonomous Vehicle Navigation,* Proceedings of Acoustic Sensing and Imaging, 1993

[9] Rencken, W.D.; Peremans, H.; Möller, M.: *Tri-aural versus Conventional Sonar Localisation and Map Building,* Intelligent Autonomous Systems, IOS Press, 1995

[10] Sabatini, A.M.; Spinelli, E.: *Correlation Techniques for Digital Time-of-Flight Measurement by Airborne Ultrasonic Rangefinders,* Proceedings of the IROS '94, Munich, Germany, 1994

[11] Stubenvoll, W.; Dimitrova, T.: *3D high accuracy sonar system for multiple mobile vehicles,* SPIE Conference on Intelligent Systems and Advanced Manufacturing 1.-6. Nov. 1998 Boston

[12] Handbook micro-line C44CPU, Orsys Orth System GmbH, Markdorf, Germany, 1996

[13] Handbook micro-line AD4-612, Orsys Orth System GmbH, Markdorf, Germany, 1996

[14] Handbook Innovative Integration M62, GBM mbH, Germany, Mönchengladbach, 1997

Kamera-basiertes Sensorsystem eines mobilen Mikro-roboters

Heinz Wörn, Axel Bürkle

Institut für Prozeßrechentechnik, Automation und Robotik
Fakultät für Informatik, Universität Karlsruhe (TH)
Kaiserstr. 12 (Geb. 40.28), D-76128 Karlsruhe
Telefon: 0721 608 7137 Fax: 0721 608 7141
E-Mail: {woern,abuerkle}@ira.uka.de

Zusammenfassung. Mikroroboter sind das Ergebnis der wachsenden Forschungsaktivitäten in der Verbindung zwischen Mikrosystemtechnologie und Robotik. Heute können Mikroroboter bereits mit Abmessungen von wenigen Kubikzentimetern entwickelt werden. Wie konventionelle Roboter stellen Mikroroboter ein komplexes System dar, das in der Regel mehrere verschiedene Aktor- und Sensortypen sowie Algorithmen der Signal- und Informationsverarbeitung beinhaltet. Besonderer Wert wird auf die Fähigkeit von Montage-Mikrorobotern gelegt, feinste Manipulationen mit verschiedenartigen, sehr kleinen Objekten durchzuführen und gleichzeitig größere Distanzen überwinden zu können. Der vorliegende Beitrag beschreibt den Aufbau, das Antriebsprinzip und die Positionsregelung der Mikroroboter sowie das Sensorsystem einer flexiblen Mikroroboter-basierten Mikromontagestation.

1 Einleitung

Durch die Vereinigung der beiden Eigenschaften Mobilität und Mikromanipulationsfähigkeit in einem System können sehr flexible, universell einsetzbare Mikroroboter aufgebaut werden. Bislang existierende Mikromontage-Stationen sind häufig recht groß, auf bestimmte Aufgaben zugeschnitten und stark abhängig von den Erfahrungen und dem Können des Benutzers (Tele-Operation). Der Einsatz mobiler Mikroroboter erlaubt eine weitgehende Automatisierung komplexer Mikromontage- und –manipulationsprozesse. Das flexible Konzept einer Montagestation auf Basis von Mikrorobotern eröffnet neben den klassischen Anwendungen der Mikrosystemtechnik auch für die Robotik neue Anwendungsfelder wie beispielsweise in der Biomedizin die Manipulation von Zellen.

Die wichtigsten Anforderungen an die Mikroroboter können wie folgt formuliert werden. Die Roboter sollen
1) höchste Präzision aufweisen
2) flexibel und an kundenspezifische Anforderungen schnell anpassbar sein
3) kostengünstig sein

4) Manipulationen unter sensorischer Überwachung durchführen können
5) möglichst kompakt sein („Tisch-Fabrik").

Die letzte Anforderung hat sowohl wirtschaftliche als auch Genauigkeitsgründe. Roboter, deren Abmessungen besser den Mikrobauteilen angepaßt sind, benötigen nur geringen Platz und ermöglichen den Aufbau von kompakten und flexiblen Mikromontageanlagen. Mindestens genauso wichtig ist, daß kompakte Roboter die Möglichkeiten der sensorischen Überwachung und Steuerung von Mikromontageoperationen erheblich erweitern. In der Regel ist die Übertragung visueller Information aus dem Montageraum unabdingbar. Berücksichtigt man, daß Roboter ihre Greifer im nur einige Millimeter großen Raum zwischen Lichtmikroskopobjektiv und Bauteil plazieren müssen oder der Roboter selbst gar auf das Vakuumkammervolumen eines Rasterelektronenmikroskops angepaßt werden soll und daß dabei visuelle Informationen aus verschiedenen Blickwinkeln zur Erschließung der Dreidimensionalität notwendig sind, so wird die Bedeutung der Roboterminiaturisierung offensichtlich. Auch die heute angestrebten - und für die meisten Unternehmen sinnvollen - lokalen Lösungen in der Reinraumtechnik lassen sich viel besser mit miniaturisierten, reinraumtauglichen Montagerobotern erreichen.

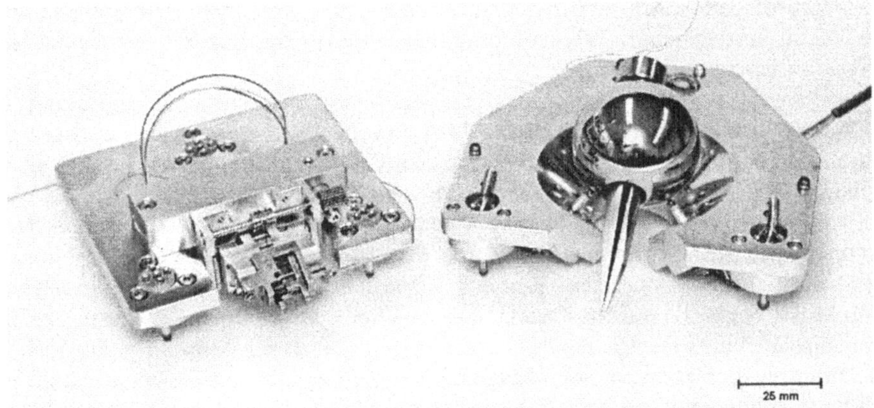

Abbildung 1. Die Prototypen ROBOTMAN (links) und MINIMAN III (rechts)

2 Aufbau der Mikroroboter

Die am Institut für Prozeßrechentechnik, Automation und Robotik (IPR) der Universität Karlsruhe (TH) entwickelten Mikroroboter – Abbildung 1 zeigt die beiden jüngsten Prototypen – werden mittels dreier piezokeramischer Beine angetrieben. Die Plattform bewegt sich nach dem sogenannten „slip-stick"-Prinzip [1]. Dabei werden zuerst die Beine langsam gekrümmt und dann sehr schnell in die entgegengesetzte Richtung gebogen. Aufgrund der Trägheit der Plattform rutschen die Beine auf der Unterlage durch. Wenn die neue Position erreicht ist, richten sich die Beine wieder auf und der Schritt ist vollendet. Die Auslenkung eines Beines beträgt bei voller Aussteuerung (± 150 V) etwa $\pm$ 3 µm, d.h. die größtmögliche Schrittlänge der Plattform liegt bei 6 µm. Abbildung 2 veranschaulicht das Bewegungsprinzip.

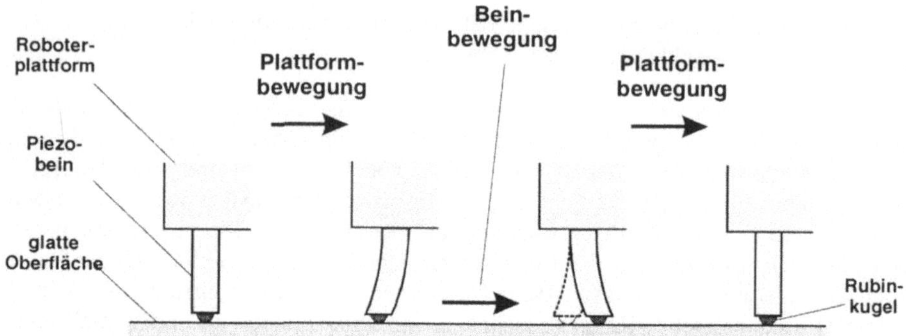

Abbildung 2. Bewegung der Roboterplattform nach dem „slip-stick"-Prinzip

Der Roboter ist mit dem vorgestellten Antrieb in der Lage, durch ein gezieltes Variieren der Ansteuerungsspannung omnidirektionale Bewegungen (vorwärts, rückwärts, seitwärts) und Drehungen durchzuführen. Gleichzeitig kann die Roboterplattform sehr präzise positioniert werden. Durch eine Unterteilung der Ansteuerspannung in 256 Stufen (bei der Verwendung von 8-Bit-Wandlern für die D/A-Transformation) kann eine hervorragende Auflösung der Plattformbewegung von etwa 10 nm erzielt werden. Durch hochfrequente Wiederholung dieser Bewegung werden Geschwindigkeit von mehreren cm/s erreicht.

Die Werkzeuge der Roboter der MINIMAN-Familie (MINiaturisierter MANipulator) sind an Kugeln befestigt, die durch einen Magneten an der Unterseite des Roboters (MINIMAN I und II) bzw. die Schwerkraft (MINIMAN III) gegen drei Piezobeine gedrückt werden. Diese Beine führen eine Laufbewegung auf der Kugeloberfläche durch, so daß sich die Kugel bewegt und das Werkzeug beliebig orientiert werden kann. MINIMAN III wurde im Hinblick auf seinen Einsatz in einem Rasterelektronenmikroskop (REM) so konstruiert, daß es weder empfindliche elektronische und mechanische Bauelemente enthält, die durch den Elektronenstrahl oder das Vakuum beschädigt werden könnten, noch Magnetfelder erzeugt, die den Elektronenstrahl und damit die Bildqualität des REMs beeinflussen würden. Der Prototyp ROBOTMAN besitzt einen elektromagnetisch angetriebenen Greifer auf Basis von Mikromotoren. Beide Roboter sind modular aufgebaut, so daß Herstellungs- und Instandhaltungskosten noch weiter verringert werden konnten.

3 Aufbau der FMMS

Die Mikroroboter sind zentraler Bestandteil der am IPR konzipierten und aufgebauten flexiblen Mikromontagestation (FMMS) [2], die in Abbildung 3 dargestellt ist. Ein motorisierter Positioniertisch mit zwei Freiheitsgraden in der x/y-Ebene und eine darauf angebrachte Platte bilden das Arbeitsfeld der Station. Durch gezielte Bewegungen des Tisches ist es möglich, jede beliebige Stelle des Arbeitsfeldes in den Sichtbereich des Mikroskops zu bringen. Das optische Mikroskop ist mit einer hochauflösenden CCD-Kamera ausgestattet, das eine automatische Kontrolle des Montagevorgangs durch die visuelle Rückmeldung der Mikromanipulation ermöglicht. Eine zweite CCD-Kamera liefert die notwendige Systemrückkopplung zur Bestimmung der globalen Position und Orientierung der Mikroroboter.

Abbildung 3. Gesamtansicht der Mikromontagestation

In die Station ist ein Zentralrechner (Pentium II PC) integriert, der die aufgabenspezifische Montageplanung und Bestimmung der Operationsschritte übernimmt, sowie eine graphische Benutzerschnittstelle zur Verfügung stellt. Darüber hinaus muß das Rechnersystem der FMMS zahlreiche weitere Aufgaben ausführen, wie die Verarbeitung der Kamerabilder und die Regelung der Roboterbewegungen. Diese Reihe von Aufgaben übersteigt die Möglichkeiten eines einzelnen Rechners, besonders im Hinblick auf realisierbare Antwortzeiten und Echtzeitbedingungen. Um die benötigte Rechenleistung zu erhalten, ist ein Parallelrechnerarray die günstigste Lösung; von Vorteil hierbei ist auch die inhärente Parallelität der Kontrollalgorithmen und des Multi-Robotersystems [3]. Das Layout des Parallelrechners kann leicht geändert werden, z.B. wenn ein zusätzlicher Mikroroboter oder eine spezielle Hardwarekomponente hinzugefügt wird. Ein hybrides Parallelrechnersystem bestehend aus Siemens C167-Mikrokontrollern und PC104-Modulen mit Intel Pentium-Prozessoren wurde entwickelt [4].

4 Das Sensorkonzept der FMMS

Aufgrund der sehr kleinen Schrittweite der Mikroroboter ist die bei mobilen Robotern häufig eingesetzte Methode der Odometrie zur Positionsbestimmung nicht geeignet.

Die systembedingten Abweichungen sind im Verhältnis zur Schrittweite so groß, daß sie sich schnell zu einem nicht-tolerierbaren Fehler akkumulieren würden. Dieser Sachverhalt macht auch deutlich, daß die Bewegung des Roboters geregelt werden muß. Von entscheidender Bedeutung ist dabei der Entwurf des Sensorsystems. Da sich interne Sensoren als ungeeignet erwiesen haben, werden Position und Orientierung des Roboters durch externe Sensoren erfaßt. Der Verzicht auf interne Sensoren bringt darüberhinaus die weiteren Vorteile der Kostenersparnis und der besseren Eignung für den Einsatz im REM (Vakuum, elektrisches Feld) mit sich.

Bei der Robotersteuerung kann unterschieden werden zwischen groben und feinen Roboterbewegungen. Grobbewegungen erlauben eine hohe Geschwindigkeit, sind aber mit einer geringeren Positioniergenauigkeit verbunden. Beispiele für grobe Bewegungen sind Transportaufgaben wie das Ablegen eines fertig montierten Mikrosystems in einen Sammelbehälter. Feine Bewegungen lassen eine wesentlich genauere Positionierung zu. Sie kommen dann zum Einsatz, wenn es um das exakte Greifen oder Positionieren von Mikroteilen geht.

Entsprechend dieser Unterscheidung ist auch das Sensorsystem der Montagestation zweigeteilt. Es besteht aus einem globalen Sensor, der den kompletten Arbeitsbereich des Mikroroboters überwacht, und einem lokalen Sensor, der die eigentlichen Mikromanipulationen beobachtet. Je nach Einsatzgebiet handelt es sich bei dem lokalen Sensor um ein Lichtmikroskop mit CCD-Kamera oder um ein Rasterelektronenmikroskop, das über eine Slowscan-Framegrabberkarte Bilder an den Steuerrechner überträgt. Der globale Sensor besteht aus einer handelsüblichen CCD-Kamera. Beim REM ist sie so angebracht, daß der Roboter durch ein Bleiglasfenster in der Vakuumkammer erfaßt werden kann. Das Innere der Vakuumkammer wird mit Hilfe von mehreren Infrarot-LEDs ausgeleuchtet. Die folgenden Ausführungen beschränken sich auf das Lichtmikroskop als Sensorsystem.

4.1 Das globale Sensorsystem

Um die Positionsbestimmung zu erleichtern, besitzen die Roboter 3 bzw. 4 Infrarot-LEDs auf ihrer Plattform. Abbildung 4 zeigt den Roboter MINIMAN III mit eingeschalteten LEDs. Zur eindeutigen Bestimmung der Position und Orientierung des Roboters würden bereits drei LEDs genügen. Bei dem abgebildeten Roboter kann es jedoch vorkommen, daß eine der LEDs von der Kugel verdeckt wird. Ein Matching-Algorithmus berücksichtigt diesen Fall und ordnet die sichtbaren LEDs anhand der Geometrie des gebildeten Polygons entsprechend zu [5]. Die Pixelkoordinaten der LEDs werden mit Hilfe eines gebietsbasierten Segmentierungsalgorithmus, der auf der Methode des Pyramid Linking [6] beruht, bestimmt. Das Ergebnis der Segmentierung ist in Abbildung 5 dargestellt. Dieses Verfahren hat sich als sehr robust gegenüber Reflexionen und wechselnden Lichtverhältnissen erwiesen [7]. Aus den 2D-Pixelkoordinaten können nun direkt die zugehörigen 3D-Weltkoordinaten der LEDs berechnet werden, da sich ihre z-Koordinate über die aktuelle Höhe des Positioniertischs ermitteln läßt. Das beschriebene Sensorsystem erlaubt die Positionsbestimmung des Roboters mit einer Genauigkeit von 0,5 mm. Diese Genauigkeit ist völlig ausreichend, um den Roboter in das Sichtfeld des Mikroskops zu bringen oder Teile in einen Behälter abzulegen. Nachdem das Greifwerkzeug unter dem Mikroskop sichtbar ist, wird der Roboter anhand des lokalen Sensorsystems gesteuert.

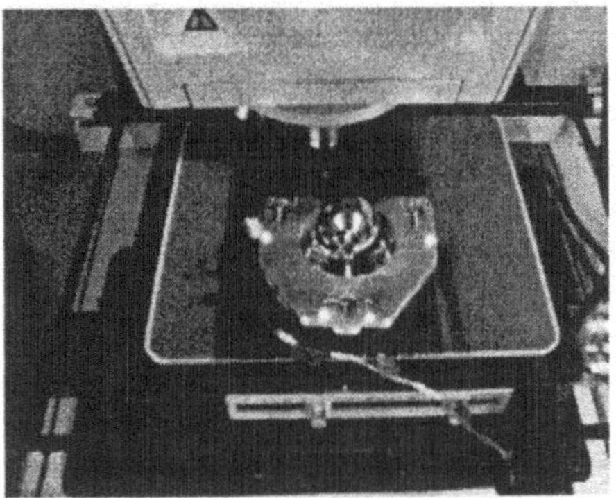

Abbildung 4. Positionsbestimmung des Mikroroboters anhand von LEDs

Abbildung 5. Ergebnis der Segmentierung

4.2 Das lokale Sensorsystem

Das lokale Sensorsystem dient dazu, die Feinbewegungen des Roboters zu überwachen. Es besteht aus Mikroskop und aufmontierter CCD-Kamera. Diese Kombination führt zu einem System, das sich in einigen Punkten vom zuvor beschriebenen globalen Sensorsystem unterscheidet. Es besitzt ein deutlich kleineres Sichtfeld. Je nach Objektiv und TV-Adaptervergrößerung beträgt der sichtbare Bildausschnitt nur wenige mm². Das bedeutet, daß in der Regel nicht alle für eine Montageaufgabe erforderlichen Mikroteile gleichzeitig erfaßt werden können. Unter Umständen passen einige größere Teile nicht komplett ins Bild.

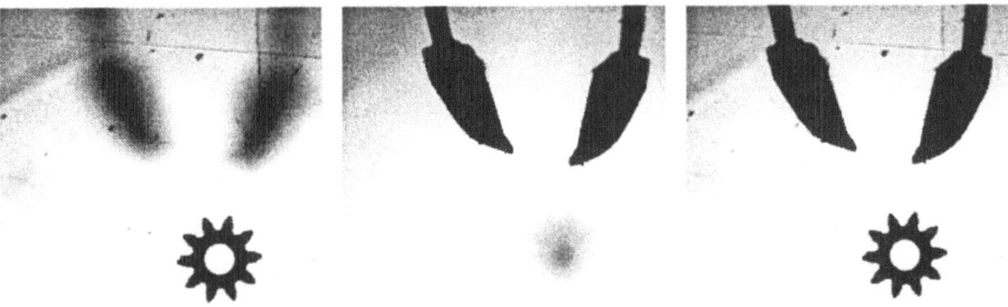

Abbildung 6. Multifokussierung: Kombination zweier Bilder mit unterschiedlichen Fokuseinstellungen (links und mitte) zu einem scharfen Bild (rechts)

Eine weitere Besonderheit ist die geringe Schärfentiefe. Durch die hohe numerische Apertur des optischen Systems kann immer nur ein dünner Querschnitt der Szene scharf abgebildet werden. Die Bereiche über- und unterhalb der fokussierten Ebene erscheinen unscharf. Eine Methode, die Schärfentiefe zu erhöhen, ist die Multifokussierung [8]. Dabei wird eine Fokusserie der Szene aufgenommen, d.h. man erzeugt einen Stapel von Mikroskopbildern, bei denen die scharfgestellte Ebene schrittweise durch Verfahren des Mikroskoptisches verschoben wird. Durch Kombination der scharfen Bereiche der einzelnen Schichtaufnahmen erhält man ein scharfes Bild. Je nach Anzahl der Schichten benötigt diese Methode jedoch soviel Zeit, daß sie für Echtzeitanwendungen nicht in Frage kommt. Es läßt sich jedoch bereits aus zwei Schichtaufnahmen ein scharfes Bild berechnen, wie Abbildung 6 zeigt. Im Bild links ist das Mikroteil scharf abgebildet, während der Greifer nur schwer auszumachen ist. Die Aufnahme in der Mitte zeigt den fokussierten Greifer und das unscharfe Zahnrad. Der Multifokussierungsalgorithmus kombiniert beide Bilder zu einem Bild, in dem beide Objekte scharf abgebildet sind (rechts). Dieses fokussierte Bild kann anschließend für die Objekterkennung verwendet werden.

4.3 Objekterkennung

Die Durchführung einer (teil-)automatisierten Mikromontage erfordert ein intelligentes Sensorsystem. Dazu gehören insbesondere Algorithmen, welche die zur Steuerung des Roboters nötigen Informationen liefern. Im Fall der Greiferregelung sind dies die Lage des Greifers und der zu handhabenden Objekte. Als einzige Informationsquelle dient das Mikroskopbild. Abbildung 7 zeigt drei Problemfälle, die bei der Mikromontage häufig auftreten. Typisch für das Lichtmikroskop sind unscharfe Konturen. Aufgrund der geringen Schärfentiefe ist es oftmals unmöglich ein komplettes Objekt scharf abzubilden (z.B. bei schräg verlaufenden Kanten). Eine weitere typische Situation ist das Auftreten von Überlappungen und Verdeckungen. Zwei oder mehrere Objekte überschneiden sich und sind anhand ihrer Kontur nicht mehr voneinander trennbar. Aufgrund des kleinen Mikroskopsichtfeldes (maximal 4 x 3 mm² bei kleinster Vergrößerung) können relativ große Objekte nicht komplett abgebildet werden.

Abbildung 7. Problemfälle bei der Objekterkennung: unscharfe Konturen (links), Verdeckung von Objektteilen (mitte), unvollständig sichtbare Objekte (rechts)

Die Algorithmen zur Bildverarbeitung in der Mikrowelt müssen in der Lage sein, mit diesen Problemen zurecht zu kommen. Daraus ergeben sich folgende Anforderungen an die Objekterkennung:

1) Die Erkennung darf nicht auf exakten Objektkonturen beruhen
2) Die Objekte sollen nicht anhand ihrer globalen Erscheinung erkannt werden, sondern anhand lokaler Merkmale
3) Die Methode muß schnell sein, da sie Teil eines geschlossenen Regelkreises ist.

Am besten geeignet, um den sehr hohen Anforderungen gerecht zu werden, scheint eine Kombination aus Neuronalen Netzen und Fuzzy Logik zu sein. Fuzzy-Methoden bieten sich bei komplexen, mathematisch nicht exakt beschreibbaren Systemen an. Je komplexer ein System ist, desto schwieriger ist es, präzise und zugleich signifikante Aussagen über sein Verhalten zu machen. Dieser Ansatz kann auch zur Beschreibung von Unsicherheiten in der Bildverarbeitung angewandt werden [9]. Im Sinne der Fuzzy-Logik ist jedes Grauwertbild, im Gegensatz zu einem Binärbild, zu einem gewissen Grad unscharf. Fuzzy-Ansätze stellen vielfältige Werkzeuge zur Überwindung dieser Unsicherheiten zur Verfügung. Die Fuzzy-Bildverarbeitung ist jedoch im Vergleich zur unscharfen Regelung (Fuzzy Control) noch nicht weit verbreitet, obwohl sie ein enormes Potential bietet. Die Forschung auf diesem Gebiet befindet sich noch im Anfangsstadium [9].

Für die Klassifikation von Objekten unter dem Lichtmikroskop ist der Fuzzy-Ansatz besonders geeignet, da hier Unsicherheiten in Form von unscharfen Kanten die Regel sind. Herkömmliche Bildverarbeitungsmethoden wie Schwellwertsegmentierung oder Kantenextraktion würden zu unsauber definierten Kanten und damit zu Fehlern in der Objektbeschreibung führen. Fuzzy-Methoden erlauben eine unscharfe Beschreibung der Zugehörigkeit einzelner Pixel oder Regionen zur Objektkontur oder zu einem Segment. Auch geometrische Merkmale und Beziehungen sind aufgrund des unscharfen Bildes oft nicht exakt bestimmbar. Fuzzy Logik modelliert diese Unsicherheiten. Es können damit in unscharfen Bildern Objektgrenzen gefunden, Konturen verfolgt und geometrische Eigenschaften berechnet werden. Dies ist insbesondere bei kritischen Anwendungsgebieten wie dem Erkennen von biologischen Zellen von größter Bedeutung.

Demnach gliedert sich die Objekterkennung in zwei Stufen:
1. Extraktion von Merkmalen unter Verwendung von Fuzzy-Methoden
2. Klassifikation anhand der Merkmale durch ein Neuronales Netz [10]

4.4 Gewinnung von Tiefeninformationen

Das zuvor beschriebene Sensorsystem liefert nur 2D-Informationen über die Position eines Objekts. Für die Durchführung einer Mikrooperation reicht es jedoch nicht aus, den Greifer horizontal auf ein Objekt auszurichten. Es werden ebenso Informationen über die Höhe des Objekts und die aktuelle vertikale Position des Greifers benötigt. Es besteht zwar die Möglichkeit, Tiefeninformationen aus dem Grad der Unschärfe von normalerweise scharfen Kanten zu ermitteln, jedoch sind solche Verfahren langsam (Fokussuche), zu ungenau oder an bestimmte Voraussetzungen gebunden (depth from focus). Besser geeignet für eine online-Höhenmessung ist der Einsatz eines zusätzlichen Sensors. Das Sensorsystem der FMMS wird derzeit um einen Linienlaser erweitert.

Der Laser wird mit Hilfe einer Mikropositioniereinheit so an das Mikroskop angebracht, daß er etwa im Winkel von 45° die Szene unter dem Mikroskop anstrahlt. Das Prinzip des Meßverfahrens (Lichtschnittverfahren) ist in Abbildung 8 dargestellt. Der Linienlaser sendet eine Lichtebene E aus, die durch den Normalenvektor **n** und die

Laserposition **L** definiert ist. Um die Höhe eines Objekts zu bestimmen, betrachtet man einen Punkt **p'** der Bildebene des lokalen Sensorsystems. Voraussetzung ist, daß **p'** zur Schnittlinie der Lichtebene mit dem Objekt gehört. Das Urbild **p** liegt auf der Gerade **g**, die durch **g'** und das Projektionszentrum des Mikroskopsensorsystems **C** definiert wird. Der Schnittpunkt von **g** mit **E** liefert den gesuchten Punkt **p**. Abbildung 9 zeigt schematisch den Schnitt des Laserstrahls mit der Szene.

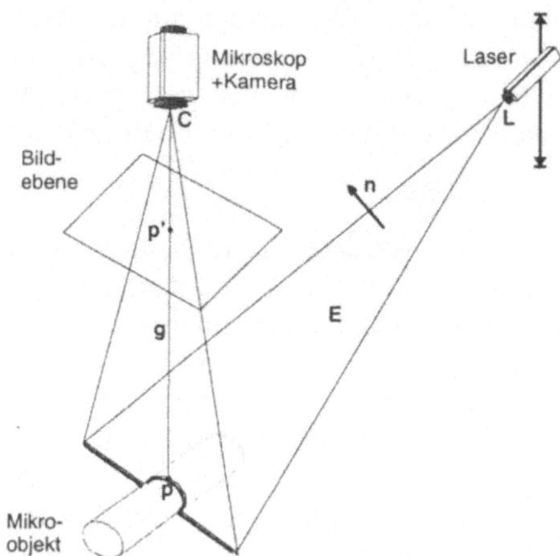

Abbildung 8. Prinzip des Lichtschnittverfahrens

Abbildung 9. Schematische Darstellung des Lichtschnittverfahrens

5 Positionsregelung des Mikroroboters

Der Mikroroboter stellt ein komplexes System mit vielen nicht direkt erfaßbaren Größen dar, so daß eine exakte mathematische Modellierung nicht möglich ist. Neben Fertigungsungenauigkeiten wird die Roboterbewegung auch durch Faktoren wie Materialermüdung, Trägheit der Verbindungsleitungen und Kratzer oder Unebenheiten auf der Laufoberfläche, beeinflußt [11]. Diese Probleme machen ein Regelsystem erforderlich, das nicht auf einem exakten Systemmodell beruht. Es wurden verschiedene intelligente Regelungsansätze für Mikroroboter untersucht, die auf den Sensorinformationen des globalen Kamerasystems beruhen [12]. Tabelle 1 faßt die Ergebnisse der untersuchten Regelungsstrukturen zusammen.

Regelungsstruktur	Bahnabweichung	Orientierungsabweichung
Ohne Regelung	[0 mm ... 20 mm]	[0°... 45°]
Konventionelle PID-Regelung	[-0,3 mm ... 3,2 mm]	[-0,6° ... 1,5°]
Fuzzy-Regelung	[-0,3 mm ... 0,3 mm]	[-0,6° ... 1,3°]
Regelung mit neuronalen Netzen	[-0,2 mm ... 0,3 mm]	[-0,5° ... 0,5°]

Tabelle 1: Vergleich der Ergebnisse verschiedener Regelungsstrukturen [12]

6 Zusammenfassung und Ausblick

In diesem Beitrag wurde das Sensorsystem einer Mikroroboter-basierten flexiblen Mikromontagestation vorgestellt. Es besteht aus einem globalen Sensor, der die für die Regelung erforderliche Information über die aktuelle Roboterposition liefert, und einem lokalen Sensor, der die Mikromanipulationen überwacht. Es wurden typische Eigenschaften dieses Sensors aufgezeigt und Methoden zur Gewinnung von Tiefeninformationen vorgestellt.

Zukünftige Aktivitäten konzentrieren sich auf die Verbesserung der Objekterkennungsalgorithmen und der Greifersteuerung. Während der Greifer zur Zeit noch durch „Look-and-Move" gesteuert wird, soll ein Visual-Servoing-System implementiert werden.

Literatur

[1] H. Wörn, R. Munassypov und S. Fatikow: *Actuation Principle and Motion Control of a Three-Leg Piezoelectric Microrobot*, Proc. of the 6th Int. Conf. on New Actuators (ACTUATOR'98), Bremen, 17.-19. Juni 1998

[2] S. Fatikow, U. Rembold und H. Wörn: *Design and Control of Flexible Microrobots for an Automated Microassembly Desktop-Station*, Proc. of the SPIE's International Symposium on Intelligent Systems & Advanced Manufacturing, 14.-17. Oktober 1997

[3] H. Wörn, J. Seyfried, S. Fatikow und K. Santa: *Information Processing in a Flexible Robot-Based Microassembly Station*, Proc. of the IFAC/INCOM Int. Symp. on Information Control Problems in Manufacturing, Nancy-Metz, Frankreich, 24.-26. Juni 1998

[4] S. Fatikow und J. Seyfried: *Control Architecture of a Flexible Microrobot-Based Microassembly Station*, 7th IEEE Mediterranean Conference on Control and Automation, Haifa, Israel, 28.-30. Juni 1999

[5] S. Fatikow, A. Bürkle und J. Seyfried: *Automatic Control System of a Microrobot-Based Microassembly Station Using Computer Vision*, SPIE's Int. Symposium on Intelligent Systems & Advanced Manufacturing, Conf. on Microrobotics and Microassembly, Boston, Massachusetts, USA, 19.-22. September 1999

[6] B. Jähne: *Digitale Bildverarbeitung*, Springer, 1997

[7] A. Bürkle und S. Fatikow: *Computer Vision Based Control System of a Piezoelectric Microrobot*, Proc. of Int. Conf. on Computational Intelligence for Modelling, Control and Automation, Wien, 17.-19. Februar 1999, S. 104-109

[8] P. Haberäcker: *Praxis der Digitalen Bildverarbeitung und Mustererkennung*, Hanser, 1995

[9] H. R. Tizhoosh: *Fuzzy-Bildverarbeitung*, Springer, 1998

[10] R. Saatchi, R. Yates, A. Bürkle und S. Fatikow: *Image Recognition of Miniature Objects for Microassembly Station*, MME'99 Micromechanics Europe, 27.-28. September 1999, Gif-sur-Yvette, Frankreich

[11] H. Wörn, K. Santa und S. Fatikow: *Intelligent control of a mobile microrobot in a flexible microassembly station*, 6th St.Petersburg Symposium on Adaptive Systems Theory, St. Petersburg, 7.-9. September 1999

[12] K. Santa: *Intelligente Regelung von Mikrorobotern in einer automatisierten Mikromontagestation*, Dissertation, GCA-Verlag, 1998

Echtzeitfähige Positionskorrektur auf Basis natürlicher Landmarken

M. Pauly, M. Finke, L. Peters, and K. Beck

Institut für Autonome intelligente Systeme (AiS)
GMD – Forschungszentrum Informationstechnik GmbH
Schloß Birlinghoven, D-53754 Sankt Augustin
E-Mail: Michael.Pauly@gmd.de

Zusammenfassung Mobile autonome sowie teilautonome Robotersysteme erlangen zunehmend an Bedeutung. Speziell im Dienstleistungssektor gibt es eine Vielzahl von Aufgaben, angefangen bei einfachen Transportaufgaben bis hin zu komplexen Überwachungs- und Handhabungsaufgaben, die zunehmend von mobilen Systemen erledigt werden können. Dabei müssen diese Systeme kontinuierlich Informationen über ihre eigene Position besitzen und diese ggf. korrigieren. In diesem Papier wird ein Verfahren zur Positionskorrektur auf Basis natürlicher Landmarken vorgestellt. Getestet wurde dieses Verfahren mit dem ServiceBots-Team in der *GMD-Robobench*.

1   Einleitung

Beim Einsatz von Servicerobotern ist trotz der heute verfügbaren leistungsfähigen Computer- und Sensortechnologie ein schneller und problemloser Wechsel von einer Einsatzumgebung in eine andere ohne zusätzliche Modifikationen oder Erweiterungen noch nicht möglich. Selbst bei für den Einsatz grundlegenden Aufgaben wie der Bestimmung und Korrektur der eigenen Position innerhalb der Umgebung müssen beim Wechsel der Umgebungen manuelle Eingriffe und Vorgaben beim mobilen Roboter oder bei der Umgebung durchgeführt werden.

Um die Position innerhalb der Umgebung bestimmen zu können, benötigt die mobile Plattform entweder natürliche Landmarken wie Objekte, deren Position sich nicht verändert, oder künstliche Landmarken wie Baken, deren genaue Positionen bekannt sind [7]. Ein Nachteil von künstlichen Landmarken gegenüber natürlichen ist, daß jene in der Umgebung erst „installiert" werden müssen. Natürliche Landmarken hingegen benötigen keine zusätzlichen Installation, jedoch müssen diese charakteristischen Punkte sorgfältig ausgewählt und durch die Sensorik wiedergefunden werden. Hierzu wird eine Beschreibung der Umgebung (Weltmodell) benötigt, auf deren Grundlage eine derartige Auswahl erfolgt, bzw. die die notwendigen Informationen hierzu enthält.

Auf Basis dieser Informationen kann die mobile Plattform eine Korrektur ihrer bis zu diesem Zeitpunkt geschätzten Position durchführen. Eine solche Korrektur ist in regelmäßigen Abständen notwendig, um sich akkumulierende

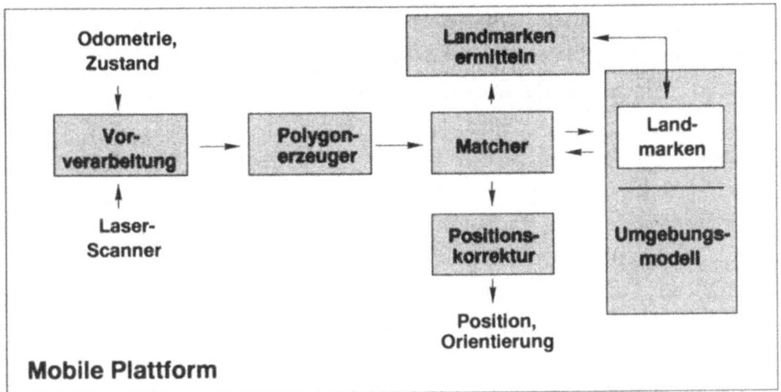

Abbildung1. Das verwendete Konzept, bestehend aus Modulen zur Vorverarbeitung, Polygonerzeugung, Landmarkenberechnung, Positionskorrektur sowie einem Matcher und einem Modell der Umgebung.

Positionsfehler zu minimieren [8], wobei die Berechnung in Echtzeit erfolgen sollte.

Am Institut für Autonome intelligente Systeme (AiS) der GMD wurde im Rahmen des ServiceBots-Projekts ein Verfahren zur Korrektur der Position mit Hilfe von natürlichen Landmarken entwickelt. Hierbei wurde besonderer Wert darauf gelegt, daß die Auswahl der Landmarken automatisch und die Berechnung in Echtzeit erfolgt. Die Grundlage bilden zum einen die von zwei Laser-Scannern aufgenommenen Informationen der Umgebung [13] sowie die Odometrie, zum anderen eine topologisch/geometrische Karte der Umgebung.

Heute eingesetzte Serviceroboter mit vergleichbarer Sensorik [1] [3] [5] [9] [10] [11] [15] [16] verwenden oftmals speziell auf die Aufgabe bzw. die mobile Plattform abgestimmte Routinen um die aufgenommenen Sensorinformationen mit den in einem Modell archivierten Informationen zu vergleichen. Eine Einsatz des Systems in anderen Umgebungen erfordert oftmals eine manuelle Anpassung.

Im nächsten Abschnitt wird das zugrunde liegende Konzept vorgestellt sowie die Verarbeitung der Sensordaten bis hin zur Positionskorrektur erläutert. Abschnitt 3 beschreibt die verwendeten mobilen Plattformen des ServiceBots-Teams. Nachdem die Ergebnisse in Abschnitt 4 vorgestellt worden sind, folgt eine Zusammenfassung in Abschnitt 5.

2 Das Konzept

Basierend auf den von der Sensorik (Laserscanner, Odometrie) gelieferten Informationen werden natürliche Landmarken (Orientierungspunkte) ermittelt, mit deren Hilfe eine Korrektur der Position durchgeführt wird. Zu diesen Landmarken zählen z.B. Ecken, Wandvorsprünge oder charakteristisch lange gerade Wände. Abbildung 1 zeigt die hierzu verwendete Architektur, bestehend aus:

einer Vorverarbeitungsstufe, einem Polygonerzeuger, einem Matcher, einem Modul zur Positionskorrektur und einem Modell der Umgebung. Des weiteren gibt es ein Modul zur Berechnung und Ermittlung der Landmarken.

Vorverarbeitung: In diesem Modul erfolgt eine Filterung und Aufbereitung der Rohdaten an Hand von a-priori Wissen über die Umgebung, in der die mobile Plattform agiert, sowie über die Plattform selbst. Hierdurch wird in einem frühen Verarbeitungsstadium verhindert, daß z.B. fehlerhafte Daten (Fehlmessungen) in den Verarbeitungsprozeß gelangen. Nach der Vorverarbeitung liegen die jeweils ermittelten Meßwerte in Polarkoordinaten vor.

Polygonerzeuger: Aus den vorverarbeiteten Rohdaten generiert dieses Modul Linien- und Polygonzüge, die im folgenden weiterverarbeitet werden. Dies kommt der Tatsache entgegen, daß sich die meisten Umgebungen innerhalb von Gebäuden mit Hilfe von Linien bzw. Polygonen beschreiben lassen.

Matcher: Im Matcher selbst erfolgt der Vergleich des berechneten Sensorpolygons mit den im Umgebungsmodell vorhandenen geometrischen Informationen. Des weiteren ermittelt der Matcher die sich im Sensorbereich befindenden natürlichen Landmarken, die zur Positionskorrektur herangezogen werden.

Positionskorrektur: In diesem Modul erfolgt eine Bewertung der ermittelten Landmarken und eine Korrektur der Position. Im Anschluß daran werden Objekte, die mit Hilfe der Sensoren erfaßt sind, sich aber noch nicht im Umgebungsmodell befinden, mit der berechneten, korrigierten Position gespeichert.

Ermittlung der Landmarken: Die einmal zur Positionskorrektur herangezogenen Landmarken (z.B. lange Geraden oder Kanten) werden im Modell der Umgebung archiviert und für eine spätere Korrektur der Position wieder herangezogen.

Umgebungsmodell: Grundlage für die Korrektur der Roboterposition bildet die vorhandene Repräsentation der Umgebung. Diese enthält die einzelnen Objekte sowie deren geometrischen Grenzen. Des weiteren enthält das Weltmodell Informationen über die Beziehungen der einzelnen Objekte untereinander.

Ausgangspunkt für die Bestimmung bzw. Korrektur der Position der mobilen Plattform sind die Informationen der Odometrie. Hierauf aufbauend werden ausgewählte Teile des Sensorscans mit der vorhandenen Karte verglichen und aus den resultierenden Abweichungen ein Korrekturfaktor für die Position ermittelt. Auftretende Ungenauigkeiten sowohl in den Odometriedaten als auch in den von den Sensoren gelieferten Entfernungsdaten werden mit Hilfe von Ellipsen modelliert [4]. Zuvor vorhandene systematische Fehler in der Odometrie wurden mit Hilfe eines Verfahrens nach Borenstein [2] weitgehend korrigiert.

Die Korrektur der Position erfolgt in drei Stufen. Zuerst berechnet der Polygonerzeuger aus den aufgenommenen Sensordaten, nachdem diese entsprechend vorverarbeitet wurden, ein Sensorpolygon, welches den freien Raum, der sich

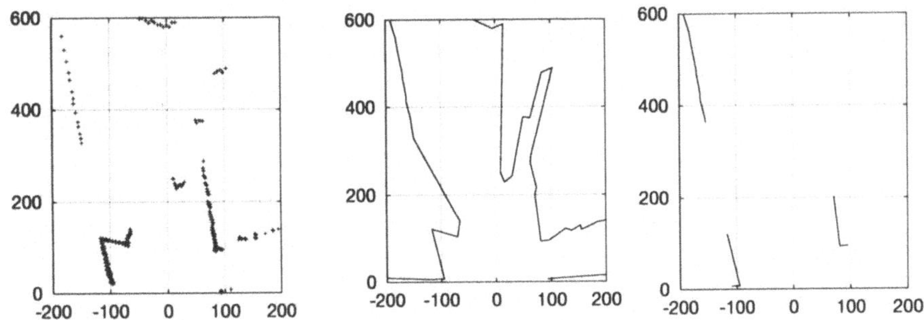

Abbildung2. Beispielhafte Verarbeitung eines Laserscans. Ausgehend von den Rohdaten (links) wird ein Sensorpolygon ermittelt (Mitte). Aus diesem werden die Landmarken mit Hilfe des Umgebungsmodells berechnet (rechts). Alle Maßangaben sind in cm.

vor dem Sensor befindet, umschließt. Dieses Sensorpolygon wird dann in der nächsten Stufe mit einer bereits bestehenden Karte (a-priori) verglichen. Zuletzt erfolgt, falls notwendig, eine Erweiterung der bestehenden Karte. Die zur Positionskorrektur notwendigen Landmarken berechnet das System selbständig.

Um eine Berechnung in Echtzeit zu gewährleisten, ist es notwendig, eine Vorauswahl der potentiellen Landmarken zu treffen. Hierzu wird in der Initialisierungsphase, wenn noch keine Liste möglicher Orientierungspunkte generiert wurde, eine solche anhand des Umweltmodells erzeugt. Dabei verwendet der Matcher zuerst diejenigen Marken zur Positionskorrektur, die sich in der Nähe des Roboters befinden.

2.1 Polygonerzeugung

Aus den gemessenen Rohdaten wird ein den freien Raum umschließendes Sensorpolygon erzeugt. Hierzu werden die Meßpunkte, nachdem mögliche Unstetigkeitsstellen (Knickpunkte zwischen potentiellen Geradenstücken) herausgesucht wurden, mit Hilfe eines Recursive-Line-Fitting-Algorithmus [6] zu Geraden zusammengefaßt. Überschreitet ein Meßwert eine vorgegebene Schwelle bezüglich Entfernung und Winkel zu den vorhergehenden drei Werten, so deutet dies auf eine Unstetigkeitsstelle hin.

Zwischen den einzelnen Unstetigkeitsstellen ermittelt ein Line-Fitting-Algorithmus die einzelnen Geraden. Hierzu wird ausgehend von zwei Unstetigkeitsstellen eine Gerade ermittelt und die Abweichung der einzelnen Meßwerte von dieser Geraden berechnet. Ist die Abweichung eines Punktes zu groß, so wird die Gerade an dieser Stelle geteilt und das Verfahren für die beiden Geradenstücke erneut durchgeführt.

Das auf diese Art ermittelte Sensorpolygon umfaßt den hindernisfreien Raum vor der mobilen Plattform. Die Genauigkeit, mit der sich das Polygon an die vorhandenen Hindernisse anpaßt, ist abhängig von den jeweiligen Schwellwerten, mit denen der Polygonerzeuger, zum einen die Unstetigkeitsstellen, zum anderen die einzelnen Linienstücke ermittelt.

Zur Beschreibung der Geraden findet eine Punkt-Vektor-Form Verwendung. Grund dafür ist die Möglichkeit eines späteren Vergleichs mit einer Positionskorrektur basierend auf einer Extended-Kalman-Filterung [12].

2.2 Matching und Positionskorrektur

Im darauf folgenden Schritt erfolgt ein Vergleich einzelner Segmente des Sensorpolygons mit Elementen der Karte (Landmarken). Erfüllen diese die vorgegebenen Kriterien bezüglich der Ähnlichkeit (räumliche Nähe, Ähnlichkeit der Winkel und Form, etc.), so wird diese Information gewichtet und mit einem diese Ähnlichkeit beschreibenden Faktor zur Positionskorrektur herangezogen.

Hierbei verwendet der Matcher die Kriterien für die Ähnlichkeit in folgender Reihenfolge. In einem ersten Schritt wird die räumliche Nähe der einzelnen Geradensegmente voneinander bestimmt. Im Anschluß daran werden die Schnittwinkel und die Ähnlichkeit der Winkel bestimmt und bewertet. Geraden, deren Abstand oder Schnittwinkel eine vorgegebene Schwelle überschreiten, finden bei nachfolgenden Betrachtungen keine Berücksichtigung. Für die anderen Geraden des Scans wird ein Faktor in Abhängigkeit des Abstands und Schnittwinkels ermittelt.

Aus allen diesen Informationen bestimmt das System einen resultierenden Korrekturfaktor für die Orientierung und Position der mobilen Plattform. Hierbei gehen die jeweils ermittelten Landmarken in Abhängigkeit von ihrer Entfernung zur Plattform sowie von der Güte des Matches mit den im Weltmodell vorhandenen Informationen in die Berechnung mit ein. Wenn in einem Scan mehrere Landmarken für die mobile Plattform sichtbar sind, so werden diejenigen für die Korrektur der Position herangezogen, die sich in einer kleineren Entfernung zum Roboter befinden.

2.3 Auswahl der Landmarken

Natürliche Landmarken sind Bereiche in der Umgebung, die von den Sensoren auf Grund ihrer Charakteristik leicht erfaßt und wiedererkannt werden können. Da die genaue Position dieser Landmarken bekannt ist, kann, wenn ein solcher Punkt ermittelt wird, ggf. eine Korrektur der Roboterposition durchgeführt werden. Unstetigkeitsstellen (Sprünge) innerhalb eines Sensor-Scans repräsentieren solche natürliche Landmarken die für die Positionsbestimmung herangezogen werden. Die Sprünge sind charakteristisch für z. B. Ecken in der Umgebung.

Die zur Positionsbestimmung und Positionskorrektur verwendeten Landmarken sind zum einen abhängig von der Einsatzumgebung, zum anderen von der auf dem Roboter verwendeten Sensorik. Von den hier verwendeten Laser-Scannern sind längere Geraden, Ecken und Vorsprünge am leichtesten wiederzuerkennen. Die Einsatzumgebung der Roboter, die Korridore mit geraden, längeren Wandstücken und Türeinschnitten enthält, legt diese Merkmale ebenfalls nahe.

Die Auswahl der zur Korrektur verwendeten Landmarken erfolgt nach zwei Kriterien: zum einen die Nähe der Landmarke zur Plattform, zum anderen die Sicherheit, mit der die Landmarke von den Sensoren erfaßt wurde.

Während des laufenden Betriebs erweitert bzw. modifiziert das System die im Weltmodell vorhandene Liste potentieller Landmarken. Neu ermittelte Landmarken werden hinzugefügt und Marken, die mehrfach nicht benutzt wurden, werden wieder aus der Liste gelöscht.

2.4 Aufbau des Umweltmodells

Die Basis für das Umgebungsmodell bildet eine topologisch-geometrische Darstellung der Umgebung. Diese beinhaltet neben den geometrischen Abmessungen der einzelnen Objekte (Hindernisse, Wände, Türen und Aufzüge) auch deren Beziehung untereinander. Dargestellt ist die Umgebung – aus Robotersicht – in einem Netz mit unterschiedlichen Typen von Wegpunkten (Vias und Stopstellen), deren Beziehung untereinander in einem Graphen repräsentiert ist. Vias sind besondere Wegpunkte, zum Beispiel eine Feuertür oder eine enge Passage, die vom Roboter von einem Gebäudeabschnitt zum anderen passiert werden müssen. Neben der Objektinformation (Tür, Flur oder Öffnungscodes für Türen) enthält ein Via auch geometrische Informationen (Position, Breite der Tür) die für eine Positionsbestimmung genutzt werden. Im Gegensatz zu Vias, die von den mobilen Plattformen nur passiert werden, beinhalten die Stopstellen einen Stop des Roboters, beispielsweise vor einem Aufzug.

Ausgehend von den einzelnen Vias können Informationen der hiermit verbundenen Räume abgerufen werden. Auf diese Weise stehen auch die geometrischen Informationen über Wände zur Verfügung, die für die Positionskorrektur herangezogen werden können.

Mit den einzelnen Vias, die sich im Bereich der Türen befinden, sind Fixbots verbunden [14]. Über diese hat die mobile Plattform die Möglichkeit, mit ihrer Umgebung zu interagieren, z. B. Türen zu öffnen oder Aufzüge zu rufen. Des weiteren besteht auch die Möglichkeit, spezielle Informationen über die Umgebung von den Fixbots zu erhalten.

Zusätzliche Objekte, die sich losgelöst von Wegpunkten im Umgebungsmodell befinden, sind Sperrflächen, die von den Robotern nicht befahren werden dürfen, wie z. B. Bereiche in der Nähe von Treppen, oder Parkzonen.

Zu Beginn ist meist nur ein eingeschränktes Modell der Umgebung vorhanden. Dieses beinhaltet den Grundriß der Umgebung sowie feststehende Objekte. Weitere Objekte die sich in der Umgebung befinden (dynamische Objekte) werden erst in das Umgebungsmodell integriert, nachdem diesen von den Sensoren erfaßt worden sind.

Dynamische Objekte nimmt das System, nachdem sie mehrfach von der Sensorik an derselben Position erfaßt worden sind, in das Weltmodell auf. Bei den hier verwendeten Sensoren, ihrer Auswertungsrate und der Fahrgeschwindigkeit,

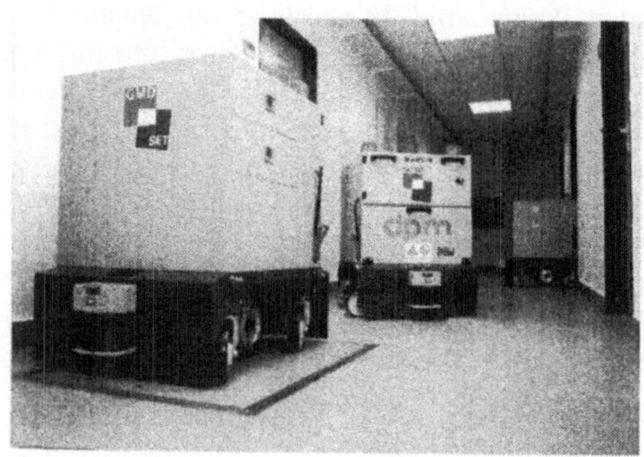

Abbildung3. Das ServiceBot-Team im Keller der GMD.

erwies es sich als sinnvoll, derartige Objekte, nachdem sie fünfmal in Folge erfaßt wurden, aufzunehmen. D. h. Objekte, die länger als eine Sekunde an der gleichen Position stillstehen, werden automatisch in den dynamischen Teil des Modells integriert.

Objekte, die sich im Umgebungsmodell befinden, jedoch nicht mehr von den Sensoren entdeckt werden konnten, werden aus dem Modell entfernt. Hierbei können nicht alle Arten von Objekten gelöscht werden. Wände, Türen und Aufzüge bilden hier eine Ausnahme. Diese müssen, auch wenn sie durch andere Objekte – beispielsweise Menschen – verdeckt und somit nicht mehr zu erkennen sind, im Umgebungsmodell erhalten bleiben.

3 ServiceBots

Zum ServiceBots-Team gehören drei autonome, intelligente, für den Einsatz in Gebäuden ausgerüstete, mobile Roboter (Abb. 3). Zu den Haupteinsatzgebieten zählen neben administrativen Gebäuden, wie Versicherungen, Banken und Krankenhäusern, auch industrielle Fertigungshallen. Die Aufgaben erstrecken sich von einfachen, sich wiederholenden Transportaufgaben bis hin zu komplexen Hol- und Bringdiensten auf Anforderung.

Die Basis bildet eine 80 cm x 60 cm breite und 90 cm hohe Plattform. Diese kann bis zu 200 kg Nutzlast transportieren bei Geschwindigkeiten bis zu 0.8 m/s. Als Sensoren zur Positionsbestimmung dienen Winkelencoder für die Antriebsräder und zwei Laser-Scanner, je einer vorn und hinten am Fahrzeug. Angetrieben wird die mobile Plattform mit einem Differentialantrieb, der in der Fahrzeugmitte angeordnet ist. Passive Laufräder an den Ecken sorgen für die notwendige Stabilität.

Als Hauptrechner auf der Plattform wird ein Pentium PC (PC/104, 200 MHz, Betriebssystem: Linux) verwendet. Des weiteren übernehmen zwei Mikrocontroller die Kommunikation mit einem zentralen Leitstand sowie die Ansteuerung der Motoren. Über ein Funk-Ethernet sind die Fahrzeuge an das Intranet der

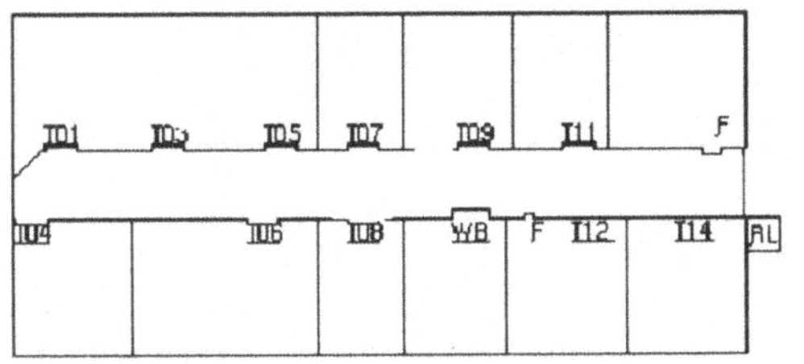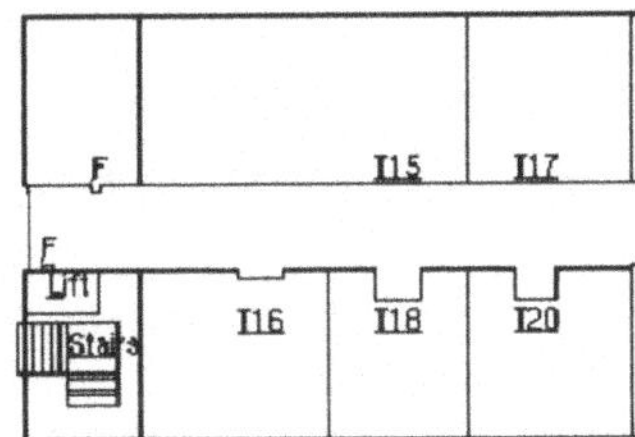

Abbildung4. Typischer Grundriß eines Flurs mit der Länge von 60 m aus der für die Tests verwendeten Roboterumgebung (*GMD-Robobench*).

GMD angebunden. Mit Hilfe dieser Verbindung hat der Roboter die Möglichkeit, mit seiner Umgebung zu interagieren. Hierüber öffnet das Fahrzeug die Feuerschutztüren, die sich zwischen den Fluren befinden, und ruft bzw. bedient die Aufzüge, um in eine andere Etage zu gelangen.

4 Ergebnisse

Getestet wurde das Verfahren zur Positionskorrektur mit Hilfe der drei mobilen Roboter des ServiceBot-Teams bei zahlreichen Fahrten in den Fluren der GMD (während der Bürozeit) sowie verschiedener Probebetriebe, z.B. dem Schloßtag 1998, an dem über 200 Fahrten durchgeführt wurden. Testumgebung war hierbei ein Teil der *GMD-Robobench*, eine Umgebung bestehend aus 2 Gebäudetrakten, die über einen Korridor verbunden sind (Abb. 4). Jeder Trakt besteht aus 3 Etagen, die über einen Aufzug erreicht werden können, mit je einem ca. 60 m langen Flur, dessen Abschnitte durch elektrisch zu öffnende, zweiflügelige Feuerschutztüren verbunden sind. Des weiteren können einzelne Passagen dieser Umgebung mit Kameras überwacht werden. Die mobilen Plattformen besitzen die Möglichkeit, sowohl die Türen als auch die Aufzüge über Funk zu bedienen.

Tabelle 1 zeigt die beispielhaft während einer Testfahrt benötigten Rechenzeiten für die einzelnen Schritte. Hierbei lag zum einen ein einfaches Modell der Umgebung mit weniger als 15 Geradenstücken, zum anderen ein komplexes Modell mit knapp 150 Geraden zugrunde. In beiden Fällen lieferte die Bestimmung der Position und somit die Korrektur ein hinreichend genaues Ergebnis, so daß selbst nach längerer Fahrt der Positionsfehler weniger als 8 cm betrug.

Die mit dem hier vorgestellten Verfahren ermittelten Ergebnisse der Korrekturen hängen in geringem Maße von der Anzahl der sichtbaren Landmarken ab. Bei mindestens drei gleichzeitig sichtbaren Landmarken ergab sich eine hinreichend genaue Korrektur der Position der mobilen Plattform, die nur geringfügig schlechter war als eine Korrektur mit Hilfe eines Extended-Kalman-Filters [12]. Sind keine Landmarken sichtbar oder ist deren Anzahl zu gering, so erfolgt keine Korrektur der Position.

Berechnungsschritt	Einfaches Modell (<15)	Komplexes Modell (<150)
Sensorpolygon erzeugen	7.03 ms	7.03 ms
Korrelation berechnen	6.93 ms	18.56 ms
Karte erweitern	8.79 ms	13.97 ms

Tabelle1. Benötigte Zeiten zur Bestimmung des Sensorpolygons, zur Ermittlung der Korrekturfaktoren und zur Erweiterung der Karte auf Basis eines einfachen bzw. Komplexeren Modells der Umgebung ($<$ 15 bzw. $<$ 150 Geraden; Pentium PC/104, 200 MHz, Betriebssystem: Linux B).

5 Zusammenfassung

Mobile Roboter kommen bereits heute zum Einsatz und übernehmen dabei die unterschiedlichsten Aufgaben. Allen gemeinsam ist die Notwendigkeit, auf Basis von Sensorinformationen ihren Weg zu vorgegebenen Zielpunkten zu finden. Hierzu benötigen die Roboter Kenntnis über die eigene Position.

Das in diesem Artikel beschriebene System erfaßt seine Umgebung mit zwei Laser-Scannern. Aus den von diesen Sensoren gelieferten Informationen extrahiert das System natürliche Landmarken zur Bestimmung bzw. Korrektur der eigenen Position.

Das beschriebene System wurde auf den mobilen Robotern des ServiceBot-Teams realisiert und getestet. Dabei interagierten die Roboter mit ihrer Umgebung (Türen und Aufzüge). Hierdurch war es möglich, Fahrten innerhalb der *GMD-Robobench* durchzuführen.

In zukünftigen Arbeiten soll der Aktionsbereich der ServiceBots von derzeit einem Gebäudetrakt der *GMD-Robobench* auf die komplette Umgebung ausgedehnt werden. In weiteren Schritten sollen auch kürzere Fahrten außerhalb der Gebäude ermöglicht werden. Hierzu ist es notwendig, die Positionskorrektur durch Integration zusätzlicher Sensorinformationen zu erweitern.

Literatur

1. Blum, S., Burschka, D., Eberst, C., Einsele, T., Hauck, A., Stöffler, O. and Färber G. Autonome Exploration von Innenräumen mit der Multisensorik-Plattform MARVIN, 15. Fachgespräche Autonome Mobile Systeme 1998, Springer Verlag, 1998, pp. 138–147.
2. Borenstein, J., Feng, L.: Measurement and Correction of Systematic Odometry Errors in Mobile Robots, IEEE Transactions on Robotics and Automation, 12 (6), 1996, pp. 869–880.
3. Burgard, W., Cremers, A., Fox, D., Hähnel, D., Lakemeyer, G., Schulz, D., Steiner, W., and Thrun, S.: The Museum Tour-Guide Robot RHINO, 14. Fachgespräche Autonome Mobile Systeme 1998, Springer Verlag, 1998, pp. 245–254.
4. Crowley, J.L.: Mathematical Foundations of Navigation and Perception for an Autonomous Mobile Robot, Workshop on Reasoning with Uncertainty in Robotics, Amsterdam, 1995, pp. 9–51.

5. Daxwanger, W., Ettelt, E., Fischer, C., Freyberger, F., Hanebeck, U., and Schmidt, G.: ROMAN: Ein mobiler Serviceroboter als persönlicher Assistent in belebten Innenräumen. In: G. Schmidt and F. Freyberger, editors, Autonome Mobile Systeme, Informatik aktuell, Springer-Verlag, 1996.
6. Drumheller, M.: Mobile Robot Localization Using Sonar, In: Transactions on Pattern Analysis and Machine Intelligence, 9 (2), 1987, pp.325–332.
7. Engelberger, J. 1993. Health Care Robotics goes Commercial – The Helpmate Experience. Ro'botica VII: 517–523.
8. Everett, H.R.: Sensors for Mobile Robots: Theory and Application. AK Peters, Wellesly, MA, 1995.
9. Graf, R. and Weckesser, P. Roomservice in a Hotel. IFAC Symposium on Intelligent Autonomous Vehicle. Madrid, 1998, pp. 641–647.
10. Kämpke, T. and Strobel, M. Navigation nicht-kreisförmiger mobiler Roboter in hindernisdichten Umgebungen, 14. Fachgespräche Autonome Mobile Systeme 1998, Springer Verlag, 1998, pp. 156–163.
11. Lu, F. and Milios, E. Globally Consistent Range Scan Alignment for Environment Mapping. Autonomous Robots 4, 1997, pp. 333–349.
12. Pauly, M.: Ferninspektion mit mobiler Sensorik – ein Konzept zur Unterstützung des Menschen bei der Durchführung von Überwachungsaufgaben, Logos-Verlag, Berlin, 1998.
13. Pauly, M., Surmann, H., Finke, M. und Liang, N.: Real-Time Object Detection for Autonomous Robots, 14. Fachgespräche Autonome Mobile Systeme 1998, Springer Verlag, 1998, pp. 57–64.
14. Pauly, M., Finke, M., Peters, L., and Beck, K.: Control and Service Structure of a Robot Team. IEEE/RSJ International Conference on Intelligent Robots and Systems, IROS'99, October 17–21, Kyongju, Korea, 1999.
15. Pritschow, G. and Demel, P.: Umweltmodellierung und Positionsbestimmung mit Geradengittern für mobile Roboter. 14. Fachgespräche Autonome Mobile Systeme 1998, Springer Verlag, 1998, pp. 100–109.
16. Vestli, S.J. 1996. MOPS – a System for Mail Distribution in Office-Type Buildings. Service Robot: An International Journal, 2(2): 29–35.

Sensordatenfusion zur Robusten und Präzisen EKF Lokalisierung von Mobilen Robotern

Kai O. Arras, Nicola Tomatis

Autonomous Systems Lab
Swiss Federal Institute of Technology Lausanne (EPFL)
CH – 1015 Lausanne
{kai-oliver.arras, nicola.tomatis}@epfl.ch

Zusammenfassung: *Diese Arbeit beschreibt einen Ansatz zur Lokalisierung von Mobilrobotern mittels der Kombination eines Laserscanners mit monokularem Video. Das Verfahren ist merkmalsbasiert und benutzt ein erweitertes Kalman filter (EKF) zur Datenfusion und Positionsschätzung. Die Umgebungsmerkmale sind Liniensegmente für den Laserscanner und vertikale Kanten für die Kamera. Physikalisch gut basierte Unsicherheitsmodelle beider Sensoren werden eingesetzt und bei Sensorkalibration und Merkmalsextraktion in Betracht gezogen. Dies liefert die geschätzten ersten zwei Momente der Merkmalsvektoren.*

Die Experimente, die auf einem vollständig autonomen Roboter durchgeführt wurden, zielten auf zwei Fragestellungen ab: In welchem Mass kann das Hinzufügen videobasierter Umgebungsinformation die Navigation hinsichtlich Robustheit und Präzision verbessern? Die dazu ausgeführten Experimente zeigen, dass gerade in schwierigen Lokalisierungsszenarien wie lange Korridore, die Bildinformation einen unerlässlichen Beitrag liefert und in der Lage ist, die Positionsschätzung im allgemeinen und besonders in der Orientierung zu verbessern.

1.   Einleitung

Merkmalsbasierte Ansätze zur Umgebungsmodellierung sind eine geeignete Wahl wenn präzise Navigation und kompakte Repräsentationen gefragt sind. Des weiteren besteht ihr Vorteil in der Möglichkeit, Merkmalsinformation verschiedenartiger Sensoren in analoger Weise direkt zu integrieren und für die Navigation nutzbar zu machen. Da dieser Ansatz aber nur bei fortlaufender Anwesenheit der gesuchten Merkmale funktioniert, ist es im Interesse robuster Navigation erstrebenswert, eine breitere Merkmalspalette einsetzen zu können.

Für die Fragestellung der Multisensorlokalisierung wird daher im Rahmen dieser Arbeit ein 360°–Laserscanner und ein monokulares Videosystem kombiniert. Die benutzten Merkmale sind horizontale Liniensegmente und vertikale Kanten. Sie werden auf Merkmalsebene durch das erweiterte Kalman Filter (EKF) fusioniert.

Das Lokalisierungsproblem von Mobilrobotern wurde schon früh mittels des EKF und Merkmalen aus Tiefendaten angegangen [8][9] und wird heute an vielen Orten eingesetzt, z.B. [6][1]. Vertikale Kanten in Kombination mit dem EKF wurden in [7] benutzt, in [10] wurde ein auf diesem Merkmal basierendes globales Relokalisierungs-schema für das Problem eines in bekannter Umgebung verlorenen Roboters entwickelt.

Ein ähnlicher Multisensoraufbau wurde in [11] benutzt. Dort kommt ein Lasersensor zum Einsatz, welcher sowohl Tiefen– als auch Grauwertdaten liefert, jedoch nur in ei-nem beschränkten Winkelbereich (60°) vor dem Roboter. Während ebenso vertikale Kanten als Videomerkmale zum Einsatz kommen, werden aus den Laserdaten keine Li-nien extrahiert, sondern rohe Tiefendaten einzeln zu modellierten Segmenten assoziiert. In einer kürzlich ausgeführten Arbeit [12] wurde die absolute Lokalisierungsgenauig-keit von Laser, monokularem und trinokularem Video mittels *ground truth* Messungen separat bestimmt und miteinander verglichen. Es wurde ähnliche Genauigkeit in allen drei Fällen festgestellt.

Diese Arbeit untersucht den Grad der Verbesserung hinsichtlich Robustheit und Prä-zision der Lokalisierung wenn zum Lasersensor videobasierte Information hinzugefügt wird. Wie in [11] werden die Unsicherheitsgrenzen der geschätzten Roboterposition un-tersucht, die unter der Annahme guter Modelle auch den Rückschluss auf die gesuchten ersten Momente zulassen. Aus diesem Grund wird versucht, physikalisch gut basierte Unsicherheitsmodelle für die eingesetzten Sensoren zu bekommen.

2. Sensormodellierung

Im Falle konsequent probabilistischer Sensordatenverarbeitung stellt sich die Frage nach korrekten Modellen der in den Messprozessen auftretenden Injektion von Unsi-cherheit. Streng genommen muss jede Quelle von Rauschen aufgespürt, modelliert und in genauer Kenntnis der Mess- und Verarbeitungsprozesse durchpropagiert werden. Dafür müssen diese Prozesse und der Sensor in allen konstruktiven Details bekannt sein. Es ist versucht worden so weit wie möglich gemäss dieser Überlegung vorzuge-hen.

Der hier eingesetzte Laserscanner ist ein Acuity AccuRange4000LIR mit einem Laufzeitprinzip. Der Sensor liefert analoge Signale für die Intensität des reflektierten Signals i und eines für den Abstand ρ. Ersteres ist ein wichtiger Faktor, da er die Si-cherheit der aktuellen Messung massgeblich mitbestimmt gemäss einer vom Messprin-zip abhängenden Beziehung $\sigma_\rho = f(i)$. Bei weit entfernten oder schwach reflektieren-den Oberflächen erhält man eine kleinere Signalstärke und damit eine unsicherere Di-stanzmessung. Bei Kenntnis der Intensität ist es somit möglich, ein physikalisch sehr gut basiertes Unsicherheitsmodell des Rauschens in radialer Richtung zu erlangen, das nicht nur der Distanz zum Objekt sondern auch seinen Oberflächeneigenschaften Rech-nung trägt. In [2] wurden die dafür geeigneten Identifikationsexperimente durchgeführt, die zu einer einfachen, durch zwei Parameter beschreibbaren Beziehung $f(.)$ geführt haben: i_{min} erlaubt das Verwerfen zu unsicherer Messungen mit $i < i_{min}$ und $\sigma_{\rho_{const}}$ = 0.4 mm wurde als konstante Standardabweichung für alle Messungen mit $i > i_{min}$ gefunden.

Beim verwendeten Videosystem handelt es sich um eine Pulnix TM-9701 *full-frame* grauwert-Kamera mit EIA Auflösung (640 x 480) und einem effektiven Öffnungs-winkel von 54°. Da präzise geometrische Information aus den Bilddaten extrahiert werden soll, ist die Kalibration des Videosystems unerlässlich. Es wurde in [2] ein adequates Modell für das Linsensystem unter Berücksichtigung einiger vereinfachenden Faktoren gefunden und identifiziert mit insgesamt fünf Parametern für Bildzentrum (c_x, c_y), Distortion (k_1, k_2) und Fokallänge C. Extrinsische Parameter wurden durch eine Kameramontierung eliminiert, die Sensor- und Roboterkoordinatensystem in Übereinstimmung bringt. Unsicherheiten im Kalibrationsprozess (geometrische Unsicherheit des verwendeten Testmusters, Rauschen der Kameraelektronik) wurden gaussisch modelliert und propagiert, was neben den fünf Parametern des Kameramodells eine 5×5 - Koviarianzmatrix ergibt.

3. Merkmalsextraktion

Liniensegmente aus Laserscannerdaten werden mit dem Verfahren in [1] extrahiert. Es liefert die Schätzung der ersten beiden Momente, d.h. Mittelwertsvektor $[\alpha, r]^T$ und Kovarianzmatrix $C_{\alpha r}$ der Merkmalparameter (α, r) des Linienmodells

$$\rho \cos(\varphi - \alpha) - r = 0 \qquad (1)$$

mit (φ, ρ) als die in Polarkoordinaten vorliegenden Tiefendaten. Alle Operationen wie Assoziation und Zustandsschätzung im EKF werden im 2-dimensionalen (α, r)-Raum ausgeführt. Somit liegen dem Filter die beiden ersten Merkmalsmomente $z_l = [\alpha, r]^T, R_l = C_{\alpha r}$ vor. Das Verfahren unterscheidet sich von der häufig eingesetzten, rekursiven split-and-merge-Technik, die auch in [8] und [6] benutzt wird: Für die Segmentierung kommt ein modelunabhängiges Kriterium auf der Basis von Punktgruppen zum Einsatz im Gegensatz zum linienspezifischen split-Kriterium auf der Basis eines Einzelpunktes. Die Assoziation von extrahierten Segmenten, die auf denselben physikalischen Objekten liegen, und deshalb im Interesse präziser Linienschätzung verschmolzen werden sollten, wird in [1] mit einem agglomerativen hierarchischen Clusteringverfahren mit einer Mahalanobis Distanzmatrix realisiert.

Vertikale Kanten werden mittels den folgenden vier Schritten gewonnen: spezialisierter Sobelfilter (nur x-Richtung), Verdünnung mit dynamischem Schwellwert (nur Kantenpixel von relativ maximalem Gradienten), horizontale Kantenbildkalibration und schliesslich Linienfit mit Kolonnen einer bestimmten Anzahl Pixel (der Fit vereinfacht sich zum 1D-Problem, Subpixelpräzision nach Kalibration). Rauschen der Kameraelektronik wird auf der Ebene des unkalibrierten Kantenbilds gaussisch modelliert und unter Berücksichtigung der unsicheren Kalibrationsparameter bei Kalibration und Kantenwinkelberechnung durchpropagiert. Dies resultiert im Wertepaar $z_v = \varphi$, $R_v = \sigma_\varphi^2$, das dem Kalman Filter zum Matching-Schritt übergeben wird.

4. EKF Lokalisierung

Als Folge der Sensordatenabstraktion bei merkmalsbasierten Ansätzen ist das Kalman Filter ohne Umweg mit Information mehrerer und andersartiger Sensoren erweiterbar. Es wird aus Platzgründen im folgenden darauf verzichtet, die Filtergleichungen in ihrer wohlbekannten Form wiederzugeben. Das Kalman Filter kann im Detail z.B. in [4] eingesehen werden oder im Kontext des Lokalisierungsproblems von Mobilrobotern in [9] oder [6]. Die vorliegende Anwendung des Filters bewegt sich ganz in diesem Rahmen.

Der Matching-Schritt bedarf jedoch aufgrund seiner Wichtigkeit und einiger Anpassungen an das vorliegende Problem weiterer Ausführung. Die korrekte Assozation von Prädiktionen und Beobachtungen, die während dieses Schrittes vollführt wird, ist von vitaler Bedeutung für die Konvergenz des Filters. Unter der (vernünftigen) Annahme, dass sowohl die Sensoren als auch die Merkmale untereinander durch statistisch unabhängige Fehlerquellen gestört sind, haben wir eine blockweise diagonale Beobachtungskovarianzmatrix R. Somit sind die Filtergleichungen merkmalsweise separierbar und es besteht die Freiheit, sie in einer für die Filterkonvergenz vorteilhaften Weise zu integrieren. Davon wird Gebrauch gemacht, indem die Merkmalsinformation der Sensoren in der Reihenfolge Laser–Video in das EKF integriert wird, da die Diskriminanz der Lasersegmente typischerweise höher ist als diejenige der vertikalen Kanten. Nach derselben Überlegung werden auch die einzelnen Prädiktions-Observations-paare gemäss dem Kriterium ihrer Qualität, iterativ, mit folgenden drei Schritten, integriert:

(i) Finden des momentan besten Zuordnungspaares

(ii) Schätzung

(iii) erneute Prädiktion aller noch nicht integrierten Beobachtungen.

Dasselbe Integrationsschema wurde auch in [11] und [12] benutzt, wo von gleichen Beobachtungen bezüglich Merkmalsdiskriminanz berichtet wird.

Die Qualität eines Paares aus Prädiktion $\hat{z}_{l,v}^{[j]}$ und Beobachtung $z_{l,v}^{[i]}$ bestimmt sich unterschiedlich für beide Sensoren:

- Für Liniensegmente ist das Qualitätskriterium eines Zuordnungspaares das der kleinsten Beobachtungsunsicherheit – nicht kleinste Mahalanobisdistanz wie in [11] oder [12]. Damit wird Robustheit gegenüber kleinen und unsicheren Segmenten erreicht. Das momentan beste Zuordnungspaar $(z_l^{[i]}, \hat{z}_l^{[j]})$ ist demnach jenes von $z_l^{[i]}$, wofür gilt $trace(R_l^{[i]}) = min_i$ und das den validation-test

$$(z_l^{[i]} - \hat{z}_l^{[j]})\, S_{ij}^{-1}\, (z_l^{[i]} - \hat{z}_l^{[j]})^T \leq \chi_{\alpha,n}^2 \tag{2}$$

besteht, wobei S_{ij} die Innovationskovarianzmatrix des Paares ist und $\chi_{\alpha,n}^2$ ein einer χ^2-Verteilung mit $n = 2$ Freiheitsgraden entnommenem Wert entspricht, mit dem die Hypothese der Paarkorrektheit auf einem α-Niveau verworfen wird.

- Das Kriterium für vertikale Kanten ist wie in [11] und [12] Eineindeutigkeit. Prädiktionen $\hat{z}_v^{[j]}$ in deren *validation gates* nur eine einzige Beobachtung $z_v^{[i]}$ liegt, werden bevorzugt und gemäss kleinster Mahalanobisdistanz integriert, sofern sie Gleichung 2 mit $n = 1$ erfüllen (Subskripts l werden zu v). Wenn keine eindeutigen Zuordnungen mehr existieren, werden auch Paare mit mehreren Beobachtungen im *validation gate* berücksichtigt, indem die der Prädiktion nächstliegende Beobachtung akzeptiert wird. Dies ist motiviert durch das häufige Auftreten von Gruppen eng beieinander liegender vertikaler Kanten, deren Zuordnung besonders im Falle relativ grosser *validation gates* schwierig ist.

5. Implementation und Experimente

5.1 Der Roboter

Die Experimentierplatform ist der Roboter *Pygmalion*, der kürzlich in unserem Labor entworfen und konstruiert wurde (Fig. 1). Seine Designprinzipien richteten sich nach den Anforderungen an einen Servicerobotter, wobei als Hauptkriterien hoher Autonomiegrad, freundliche Erscheinung und Sicherheit zur Geltung kamen. Mit Abmessungen von 45x45x70 cm und einem Gewicht von ca. 55 kg ist er von moderater Grösse und Gefahr verglichen mit Vehikeln der selben Lei-

Figur 1: Pygmalion, *der Roboter auf welchem die Experimente durchgeführt wurden. Es handelt sich um ein VME-basiertes System mit einer Robotersteuerung für 6 Achsen. Die Prozessorkarte trägt einen PowerPC bei 300 MHz. Neben Rad-Encodern und taktilen Sensoren, beherbergt das Vehikel einen Laserscanner und ein Videosystem (siehe Kapitel 2)*

stungsklasse. Auf dem Roboter läuft das harte Echtzeitbetriebssystem XOberon [5].

5.2 Experimente

Lange Korridore stellen unabhängig von der Lokalisierungsmethode eine Herausforderung für mobile Roboter dar, einerseits weil sie in Anwendungsszenarien von Servicerobotern regelmässig vorkommen und andererseits weil sie die Schwierigkeit enthalten, in Korridorrichtung lokalisiert zu bleiben. Um die Leistung des unter Betracht stehenden Multisensorsystems unter diesen Bedingungen zu untersuchen wurden auf der 78 m-Testtrajektorie von Figur 3 zwei Experimente durchgeführt, eines zum Aspekt der Robustheit und eines zum Aspekt der Präzision. Der Roboter legte dabei eine Gesamtstrecke von mehr als 1 km zurück. Beide Experimente wurden in einem Schritt-für-Schritt Modus durchgeführt, mit dem auf dem Roboter laufenden Positionsregler für nicht-holonome Vehikel [3]. Eine lokale Navigationsstrategie für unmodellierte Objekte war nicht aktiv. Da der Lasersensor seine Winkelkalibration bei jedem Systemstart mittels Messung der vier vertikalen Profile ausführt (siehe Figur 1), besteht eine Winkelunsicherheit in der Roboter-zu-Sensor Koordinatentransformation. Dieser wird in der Prädiktion der Merkmalsunsicherheit zusätzlich Rechnung getragen.

Im ersten Experiment wurde die zuvor von Hand gemessene a priori Karte dahingehend modifiziert, dass im Korridor keine Segmentinformation vorkommt, die eine Aktualisierung der Roboterposition in Fahrtrichtung durch den Lasersensor erlaubt. Davon sind die senkrecht zum Korridor stehenden kurzen Schrankseiten betroffen. Dann fuhr der Roboter die Trajektorie drei mal ab unter ausschliesslicher Benutzung des Lasersensors. Drei weitere Fahrten wurden daraufhin mit dem Multisensorsystem gemacht.

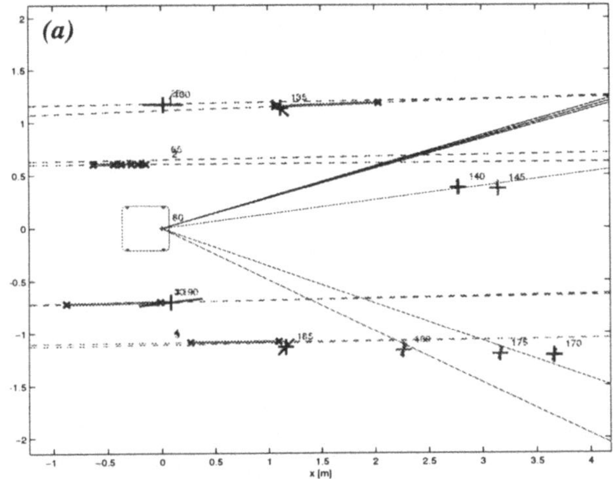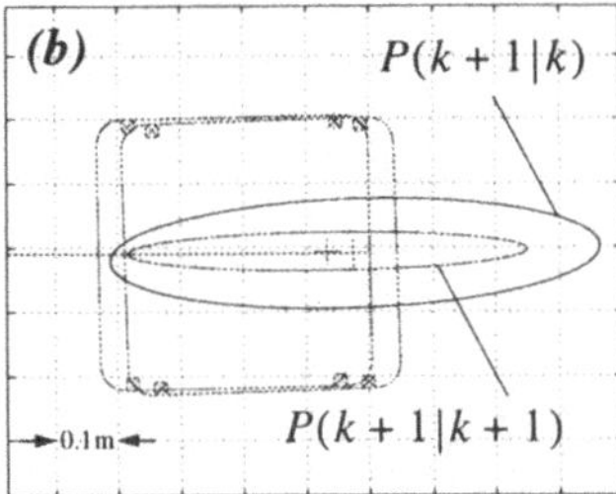

Figur 2(a): *Prädiktionen und Beobachtungen im Roboterkoordinatensystem bei Schritt 14 der Testtrajektorie vor der Schätzung. Alle Liniensegmente und drei vertikale Kanten wurden assoziiert (zu den Prädiktionen 145, 175, 180). **(b)** Positionsaktualisierung durch die Assoziationen von Figur (a). Das Kalman Filter korrigiert den Roboter ca. 5 cm nach rückwärts, was zu einer guten Übereinstimmung von Beobachtung und Prädiktion der drei assoziierten vertikalen Kanten führt. Dies demonstriert die Fähigkeit des Kalman Filters mit der Winkelinformation der vertikalen Kanten, auch in der in diesem Szenario kritischen Korridorrichtung zu korrigieren; die a posteriori Zustandskovarianzmatrix $P(k+1|k+1)$ bleibt begrenzt.*

Mit dem zweiten Experiment wurde der Einfluss des Videosystems auf die Unsicherheit der Positionsschätzung untersucht. Die Trajektorie wurde zehn mal abgefahren, fünf Versuche ohne Video, fünf Versuche mit. Die Karte war unmodifiziert, d.h. alle extrahierbaren Segmente wurden modelliert. Die Durchschnittswerte der frontalen, lateralen und azimutalen Unsicherheit wurden ermittelt und sind in Figur 4 dargestellt.

5.3 Resultate

Reproduzierbar waren im ersteren Fall des ersten Experiments (nur Laser) die Unsicherheiten und Schätzfehler in Fahrtrichtung am unteren Korridorende so gross, dass falsche Assoziationen zur Filterdivergenz geführt haben. Der Roboter war verloren (Figur 3a). Beim Hinzufügen der Information des Videosystems kann das Wachstum des Schätzfehlers in Fahrtrichtung begrenzt werden. In Figur 2 ist Schritt 14 der Trajektorie mit Prädiktionen und Beobachtungen beider Sensoren sowie der resultierenden Roboterschätzung abgebildet. Es verdeutlicht, wie das Filter in Abhängigkeit der vorliegenden Positionsunsicherheit – d.h. nach Integration der Lasersegmente – die Winkelinformation der vertikalen Kanten in kartesische Korrekturen der Roboterposition umwandelt. Die Korrekturen am unteren und oberen Korridorende waren unkritisch; der Roboter konnte seine Aufgabe jedesmal erfüllen und sicher zum Ausgangspunkt zurückkehren (Figur 3b).

Aus dem zweiten Experiment geht primär eine hohe absolute Lokalisierungsgenauigkeit hervor (Figur 4). Es kann beim Hinzufügen der Videoinformation eine allgemei-

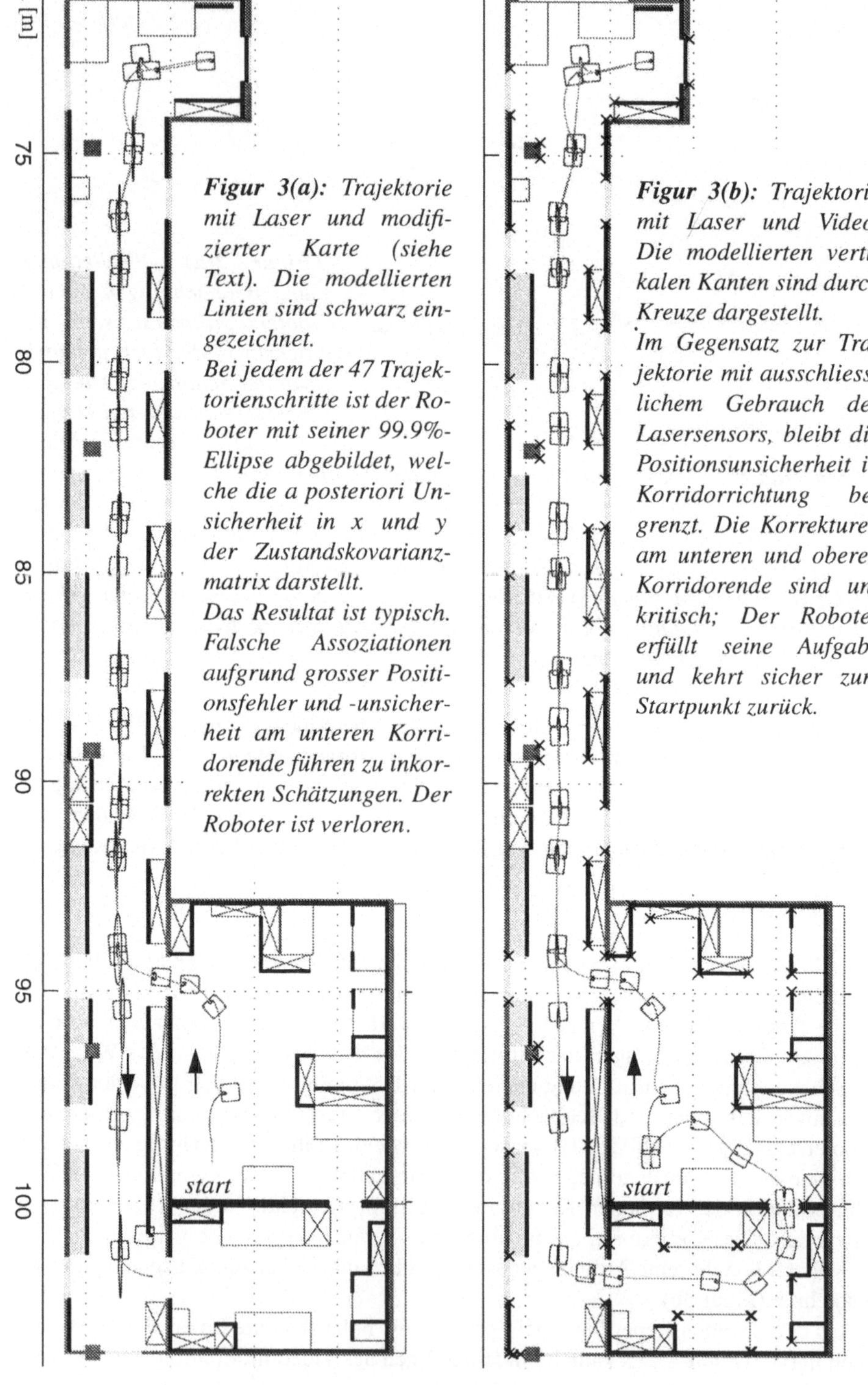

Figur 3(a): *Trajektorie mit Laser und modifizierter Karte (siehe Text). Die modellierten Linien sind schwarz eingezeichnet.*
Bei jedem der 47 Trajektorienschritte ist der Roboter mit seiner 99.9%-Ellipse abgebildet, welche die a posteriori Unsicherheit in x und y der Zustandskovarianzmatrix darstellt.
Das Resultat ist typisch. Falsche Assoziationen aufgrund grosser Positionsfehler und -unsicherheit am unteren Korridorende führen zu inkorrekten Schätzungen. Der Roboter ist verloren.

Figur 3(b): *Trajektorie mit Laser und Video. Die modellierten vertikalen Kanten sind durch Kreuze dargestellt.*
Im Gegensatz zur Trajektorie mit ausschliesslichem Gebrauch des Lasersensors, bleibt die Positionsunsicherheit in Korridorrichtung begrenzt. Die Korrekturen am unteren und oberen Korridorende sind unkritisch; Der Roboter erfüllt seine Aufgabe und kehrt sicher zum Startpunkt zurück.

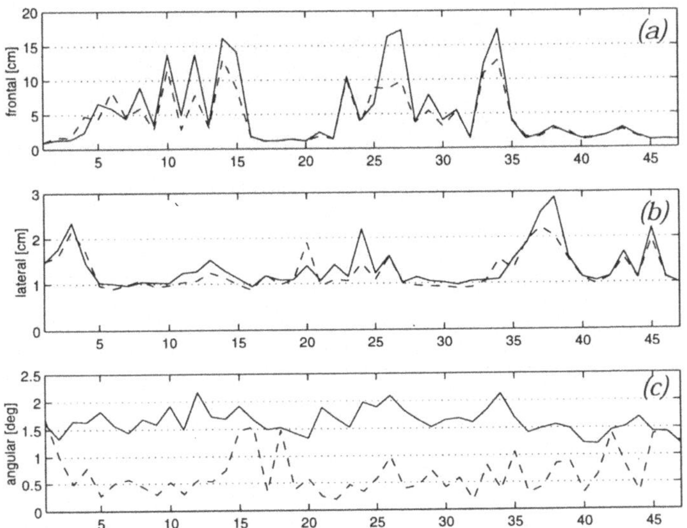

Figur 4: *Gemittelte* 2σ *–Fehlergrenzen der frontalen (a), lateralen (b) und azimutalen (c) a posteriori Unsicherheit bei den 47 Schritten der Testtrajektorie von Figur 3. Jeweils fünf Testläufe in beiden Modi wurden durchgeführt. Ausgezogene Linien: nur Lasersensor, gestrichelte Linien: Laser und Video.*

ne Unsicherheitsreduktion gegenüber dem Laser-Modus festgestellt werden, obwohl die gemittelte Anzahl assoziierter vertikaler Kanten $\bar{n}_v$ (siehe Tabelle 1) gering ist. Auffallend ist die deutliche Unsicherheitsverringerung in der Orientierung (Figur 4c).

In Tabelle 1 sind ausserdem die über alles gemittelten Werte gegeben. Die Zykluszeiten wiederspiegeln Bruttorechenzeiten der eingesetzten PowerPC VME-Karte bei 300MHz, auf der alle Berechnungen ausgeführt werden und enthalten ebenso die Zeiten von Datenakquisition, Low-Level Regler und Kommunikation.

5.4 Diskussion

In einigen Fällen von Figur 4 gibt es, wider der Erwartung, grössere Unsicherheiten des Multisensor-Modus gegenüber dem Laser-Modus. Dies ist möglich, da es sich um gemittelte Werte handelt, in denen Rauschen auf dem Niveau der assoziierten Merkmale desselben Ortes enthalten ist. So kann es z.B. sein, dass zwei senkrecht zueinander stehende Lasersegmente eine zuverlässigere Positionsschätzung erlauben als ein am gleichen Ort im Multisensor-Modus extrahiertes und assoziiertes Liniensegment in Kombination mit zwei vertikalen Kanten.

Erfahrung mit früheren *on-the-fly*-Implementationen (fortlaufende Lokalisierung während der Fahrt) zeigen [1], dass die hier ausgeführte Schritt-für-Schritt Navigation ungünstig ist. Obwohl es bei ersterem einige zusätzliche Probleme zu lösen gibt, bringt eine fortlaufende Lokalisierung die Aktualisierungsrate in ein wesentlich besseres Verhältnis zur Dynamik der Filtervariablen und erhöht damit die Robustheit gegenüber wichtigen Faktoren wie eine unzulänglich kalibrierte Odometrie.

	Laser	Laser und Video
$2\bar{\sigma}_{frontal}$	5.191 cm	4.258 cm
$2\bar{\sigma}_{lateral}$	1.341 cm	1.245 cm
$2\bar{\sigma}_{azimutal}$	1.625°	0.687°
$\bar{n}_l/\bar{n}_v$	3.53 / –	3.51 / 1.91
$\overline{t_{exe}}$	30 ms	330 ms

Tabelle 1: Gemittelte Werte der Fehlergrenzen, Anzahl assoziierter Liniensegmente n_l und assoziierter vertikaler Kanten n_v, sowie die gemittelte Lokalisierungszyklusdauer $\overline{t_{exe}}$ bei voller Prozessorlast.

Die Assoziation von vertikalen Kanten ist aufgrund ihres Auftretens in Gruppen besonders fehleranfällig. Bei Türrahmen z.B. werden oft mehrere, eng beieinanderliegende Kanten extrahiert, da Schatten an Fugen und Kanten des Rahmens Evidenz für die Merkmalsextraktion erzeugen. Mit grossen validation gates aufgrund unsicherer Positionsprädiktionen wurden gelegentlich falsche Assoziationen produziert. Die Wirkung dieser fehlerhaften Zuordnungen bleibt aber gering, da diese Gruppen typischerweise recht kompakt sind. Eine Verbesserungsmöglichkeit ist der Versuch, nicht einzelne Beobachtungen mit einzelnen Prädiktionen zu assoziieren, sondern durch Ausnutzen ihrer räumlichen Beziehung, die von der a priori Karte bekannt ist, Konstellationen von Bebachtungen als Ganzes zuzuordnen. Dieses Problem wurde in [6] und [10] angegangen.

6. Zusammenfassung und Ausblick

Im Rahmen dieser Arbeit wurde der Beitrag video-basierter Umgebungsinformation zur robusten und präzisen Navigation von mobilen Robotern untersucht. Ein Lasersensor, der horizontale Liniensegmente als Merkmale für die Lokalisierung liefert, wurde mit einem monokularen Videosystem, welches vertikale Kanten extrahiert, kombiniert. Das erweiterte Kalman Filter wurde zur Datenfusion und Positionsschätzung eingesetzt.

Aus den Resultaten der Experimente ist ersichtlich, dass schon eine moderate mittlere Anzahl assoziierter vertikaler Kanten die Navigation in kritischen Lokalisierungsszenarien wie lange Korridore entscheidend verbessern kann. Ausserdem kann die Anforderung, dass die Operationsumgebung fortlaufend Merkmale eines bestimmten Types aufweisen muss, im Interesse robuster Navigation gelockert werden. Eine Verbesserung der Positionsschätzung im allgemeinen und besonders in der Orientierung wurde festgestellt, wobei die absoluten Werte eine hohen Lokalisierungsgenauigkeit belegen.

Ausserdem konnte demonstriert werden, dass die Lokalisierung mit den Sensoren Laser und Video eine Implementation auf einem vollständig autonomen Roboter in Echtzeit zulässt und zu praktikablen Zykluszeiten führt.

Weiterführende Arbeiten werden sich auf die Implementation fortlaufender Lokalisierung während der Fahrt (*on-the-fly*) konzentrieren. Überdies scheint die Anwendung elaboriertere Assoziationsstrategien wie diejenigen von [6] und [10] vielversprechend, nicht nur im Falle der vertikalen Kanten, sondern auch für Liniensegmente.

Referenzen

[1]   Arras K.O., Siegwart R.Y., "Feature Extraction and Scene Interpretation for Map-Based Navigation and Map Building", Proc. of SPIE, Mobile Robotics XII, Vol. 3210, p. 42-53, 1997.

[2]   Arras K.O., Tomatis N., "Improving Robustness and Precision in Mobile Robot Localization by Using Laser Range Finding and Monocular Vision", Proc. of the Third European Workshop on Advanced Mobile Robots (Eurobot 99), p. 177-85, Zurich, Switzerland, Sept. 6-9, 1999.

[3]   Kaiser O., Pfiffner R., Vestli S., Astolfi A., *"Positionsregelung für nicht-holonome mobile Roboter"*, 11. Fachgespräche Autonome Mobile Systeme (AMS'95), Germany, 1995.

[4]   Bar-Shalom Y., Fortmann T.E., *Tracking and Data Association*, Mathematics in Science and Engineering, Vol. 179, Academic Press Inc., 1988.

[5]   Brega R., "A Real-Time Operating System Designed for Predictability and Run-Time Safety", Proc. of the Fourth Int. Conference on Motion and Vibration Control (MOVIC'98), p. 379-84, Zurich, Switzerland, 1998.

[6]   Castellanos J.A., *Mobile Robot Localization and Map Building: A Multisensor Fusion Approach*, Doctoral Thesis, Departamento de Informática e Ingeniería de Sistemas, Universidad de Zaragoza, Spain, May 1998.

[7]   Chenavier F., Crowley J.L., "Position Estimation for a Mobile Robot Using Vision and Odometry", Proc. of the 1992 IEEE Int. Conference on Robotics and Automation, p. 2588-93, Nice, France, 1992.

[8]   Crowley J.L., "World Modeling and Position Estimation for a Mobile Robot Using Ultrasonic Ranging," Proc. of the 1989 IEEE Int. Conference on Robotics and Automation, p. 674-80, Scottsdale, AZ, 1989.

[9]   Leonard J.J., Durrant-Whyte H.F., *Directed Sonar Sensing for Mobile Robot Navigation*, Kluwer Academic Publishers, 1992.

[10]   Muñoz A.J., Gonzales J., "Two-Dimensional Landmark-based Position Estimation from a Single Image", Proc. of the 1998 IEEE Int. Conference on Robotics and Automation, Leuven, Belgium, 1998, p. 3709-14.

[11]   Neira J., Tardos J.D., Horn J., Schmidt G., "Fusing Range and Intensity Images for Mobile Robot Localization," IEEE Transactions on Robotics and Automation, 15(1):76-84, 1999.

[12]   Pérez J.A., Castellanos J.A., Montiel J.M.M., Neira J. and Tardós J.D., "Continuous Mobile Robot Localization: Vision vs. Laser," Proc. of the 1999 IEEE Int. Conference on Robotics and Automation, Detroit, USA, 1999.

RoLoPro - Simulationssoftware für die Selbstlokalisation eines autonomen mobilen Roboters

Dirk Schäfer, Martin Buck, Boris Kluge und Hartmut Noltemeier

Universität Würzburg, Institut für Informatik, Lehrstuhl I
Am Hubland, 97074 Würzburg
E-mail:{disc,buck,kluge,noltemei}@informatik.uni-wuerzburg.de

Zusammenfassung Wir stellen unsere Selbstlokalisationssoftware Ro-
LoPro vor, welche verschiedene Lokalisations- und Navigationsalgorithmen vereinigt. So ist es möglich, sowohl eine theoretische als auch eine
praktische Lokalisation durchzuführen. Insbesondere gehen wir auf die
featurebasierten Lokalisationsansätze ein, die auch in der Praxis eingesetzt werden sollen, und liefern einen simulativen Vergleich. Des weiteren präsentieren wir Algorithmen zur Hypothesenelimination und unterschiedliche Eliminationsstrategien. Somit sind wir erstmals in der Lage,
eine komplette Selbstlokalisation eines mobilen Roboters ohne Vorwissen nur mit Hilfe einer Karte der Umgebung, einem Kompaß und einem
Laser-Entfernungsmesser durchzuführen.
Keywords: autonome Roboter, lokale Features, Selbstlokalisation

1   Einleitung

Die Abkürzung RoLoPro steht für Roboter-Lokalisations-Programm und ist Teil
des DFG-Projekts "Lokalisation und Navigation für autonome Roboter in Pro-
duktions- und Serviceumgebungen mittels Ladar" [1]. Unsere Arbeitsgruppe behandelt dabei das Selbstlokalisationsproblem eines autonomen, mobilen Roboters. Der Roboter besitzt dabei einen Laser-Entfernungsmesser (LADAR), einen
Kompaß zur Orientierung, eine polygonale Karte seiner Umgebung und ist in
der Lage, sich in seiner Umgebung fortzubewegen. Der Roboter besitzt kein Vorwissen darüber, wo er sich befindet und soll seine Position in der Karte durch
aufnehmen eines Laser-Scans und durch Bewegung innerhalb der Karte deter-
minieren. In der Realität existiert diese Problemstellung z.B. bei Robotern, die
sich zu einer bestimmten Uhrzeit selbständig einschalten, ihren Standort abte-
sten und dann mit dem Arbeitsprozeß beginnen, indem sie zur Arbeitsposition
fahren.
Karch et al. [10] haben das Projekt 1996 mit einer praktischen Problemlösung
(*Metrik-Lokalisation*) des Lokalisationsproblems begründet, dessen theoretische

---

[1] Dieses Projekt wird von der Deutschen Forschungsgemeinschaft unter der Projekt-
nummer No 88/14-1 und 14-2 gefördert.

Lösung von Guibas et al. [5] vorgestellt wurde (*Guibas-Lokalisation*). Dieser Ansatz ist sehr intuitiv, setzt jedoch Rechenkapazitäten voraus, die heutige Rechner nicht erreichen. Zudem können stabile Resultate nicht erreicht werden.

Im deutschsprachigen Raum existieren noch weitere Ansätze, die allerdings eine andere Problemstellung besitzen. Der Museumsroboter „Rhino" im Deutschen Museum Bonn [4] bewegt sich innerhalb einer vorgegebenen Umgebung mittels eines Markov-basierten Lokalisationsalgorithmus und ist in der Lage, sich in dieser dynamischen Umgebung sicher zu lokalisieren. Der Ansatz ist sehr speicher- und vorverarbeitungsintensiv und nur für begrenzte Umgebungen einsatzfähig. Außerdem behandelt er nicht die Problematik bei selbstähnlichen Umgebungen. Ein anderes Verfahren von Gutmann et al. [6] [7] verwendet einen ähnlichen featurebasierten Ansatz wie das Alignmentverfahren und versucht Roboter beim Roboterfußball zu lokalisieren. Beide Verfahren unterscheiden sich in der Speicherung der Kartenfeatures und der Behandlung der Extraktionsfehler. Selbstähnliche Umgebungen sind hier ebenfalls nicht von Bedeutung.
Wir haben unser Projekt dahingehend modifiziert, daß wir mit den Neuerungen wie zusätzlichen Scanvorverarbeitungsschritten, featurebasierten Lokalisationsalgorithmen [11] und Hypotheseneliminationsverfahren [3] nun in der Lage sind, den realistischen Bedingungen gerecht zu werden. Die entwickelte Software RoLoPro ist die praktische Komponente dieses Projekts und umfaßt alle bisher entwickelten Softwaremodule. Es arbeitet unter Linux, verwendet die geometrische Bibliothek LEDA (Library for Efficient Data Structures and Algorithms) und CGAL (Computational Geomertry Algorithm Library) und benutzt als GUI-Schnittstelle das Grafikpaket wxGTK [14]. Die Software läßt sich durch Implementierung weiterer Module durch die vorgegebenen Schnittstellen einfach erweitern, eine Anbindung an reale Roboter ist ebenfalls realisiert. Damit sind wir in der Lage, eine Selbstlokalisation in selbstähnlichen Karten durchzuführen.

Im nächsten Kapitel wird das Programmpaket RoLoPro und dessen Konzeption beschrieben. Kapitel 3 geht auf die Lokalisationsalgorithmen ein und Kapitel 4 beschreibt die Navigationsalgorithmen. Danach werden die Simulationsparameter erläutert und ein Vergleich zwischen den beiden featurebasierten Verfahren gezogen. Abschließend gehen wir auf die Probleme beider Verfahren und auch der Navigationsalgorithmen ein und geben mögliche Lösungsansätze.

2 Beschreibung der Software

Ein Roboter steht im Mittelpunkt unserer Software. Er besitzt mehrere Eigenschaften, die als Objekte modelliert und in verschiedene funktionale Gruppen aufgeteilt werden. Zur Gruppe der Wahrnehmungs- und Interaktionsobjekte gehören die geometrische Karte der Umgebung und die angedachten Fähigkeiten des Roboters: Scannen, Bewegung und Orientierung. Sie werden wahlweise als simulierte Objekte eingebunden oder steuern reale Module an. Zum anderen gibt es Steuerungsobjekte, die Algorithmen zur Lokalisation und zur Hypothe-

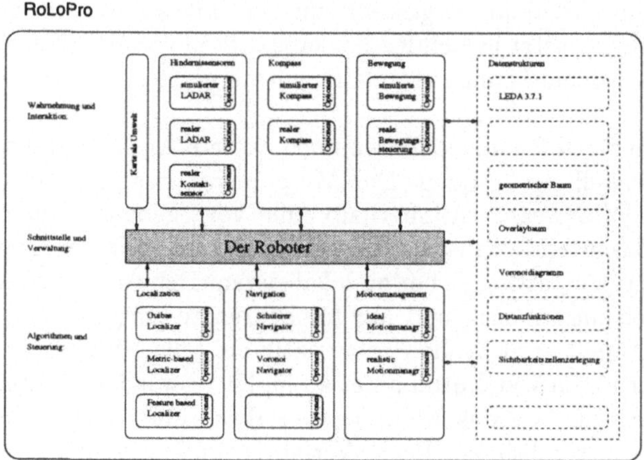

Abbildung 1. Konzept von RoLoPro

senelimination umfassen. Gemeinsam mit den Bewegungsmanagern liefern sie verschiedene Selbstlokalisationsalgorithmen.

Relativ unabhängig vom Roboter und den anderen Objektgruppen gibt es weitere Algorithmen und Datenstrukturen, die ihre Dienste den oben vorgestellten Objektgruppen zur Verfügung stellen, unter anderem die LEDA-Bibliothek. Alle Objekte können noch zusätzliche, einstellbare Optionen anbieten. Eine graphische Benutzeroberfläche erlaubt dem Benutzer die Interaktion mit den Objekten und visualisiert die implementierten Algorithmen.

3 Lokalisationsalgorithmen

Dem Anwender stehen mehrere Lokalisationsalgorithmen zur Verfügung, die im weiteren beschrieben werden sollen:

Guibas-Lokalisation

Lokalisation nach dem theoretischen Ansatz von Guibas [5]. Eine gegebene Karte wird dabei in endlich viele Sichtbarkeitszellen, d.h. Bereiche gleicher Sicht, zerlegt, so daß sich das sog. Sichtbarkeitsskelett, das gewissermaßen eine Vergröberung des Sichtbarkeitspolygons darstellt, innerhalb einer Sichtbarkeitszelle nicht ändert. Bei einer Lokalisationsanfrage wird dann das vom Sichtbarkeitspolygon des Roboters induzierte Skelett bestimmt und nur nach denjenigen Zellen gesucht, die dasselbe Skelett besitzen. Dieses Verfahren ist theoretischer Natur, da es keine Sensorungenauigkeiten berücksichtigt und auch nur auf kleinen Karten durchführbar ist.

Metrik-Lokalisation

Wie bei der Guibas-Lokalisation wird eine Zerlegung der Karte in Sichtbarkeitszellen vorausgesetzt. Hier wird jedoch eine praktische Modifikation durchgeführt, indem ein verrauschter Scan und ein gewähltes Skelett als Repräsentant bei einer Anfrage verwendet werden. Für dieses Paar wird ein numerischer Ähnlichkeitswert mittels einer Distanzfunktion (Polarkoordinatenmetrik) ermittelt und der nächste Nachbar innerhalb einer Suchstruktur für die berechneten Skelette der Karte gesucht. Dieser praktische Ansatz [9] [10] hat allerdings ebenfalls den Nachteil hoher Preprocessingkosten und kann deshalb wie der Guibas-Ansatz nur kleine Karten verarbeiten.

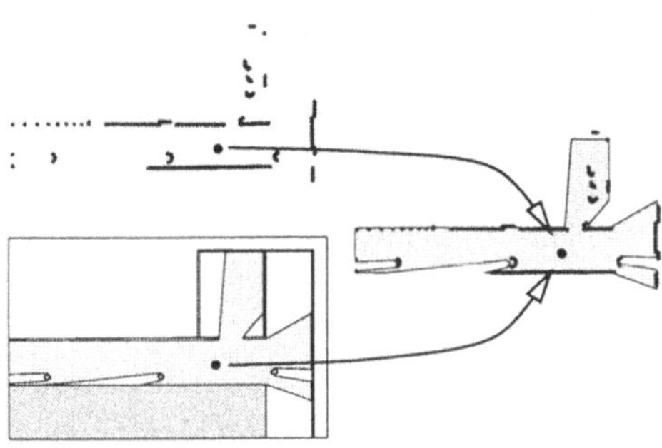

Abbildung 2. Sichtbarkeitspolygon der Karte und realer Scan werden mittels Polygonmetriken verglichen und die Zelle mit der geringsten Distanz ausgewählt

Featurebasierte Lokalisation (Alignment)

Das Alignment-Verfahren wurde von Huttenlocher [8] vorgestellt und ist hier in einer abgewandelten Form implementiert. Bei diesem Verfahren werden zunächst in einem Extraktionsschritt aus dem aufgenommenen Scan abhängig von der Fehlercharakteristik des Scanners Segmente extrahiert. Für jedes Scanfeature wird außerdem eine Fehlerhülle berechnet, die die Ungenauigkeit der Extraktion wiederspiegelt. Die Kartenfeatures werden ohne Fehler in einer intelligenten Suchstruktur abgelegt, um später effizient darauf zuzugreifen (Abbildung 4). Danach werden minimale Feature-Matchings generiert, die eine Transformation zwischen Scan- und Kartenfeatures liefern. Dazu genügen zwei Zuordnungen nicht paralleler Segmente, deren eingeschlossener Winkel um einem Schwellenwert vom Nullwinkel und vom gestreckten Winkel abweicht (Abbildung 3). Zunächst wird dem ersten Feature eines jeden Paares von Scanfeatures ein Kartenfeature zugeordnet. Dabei müssen Constraints über die Segmentlänge erfüllt sein. Durch den vorgegebenen Winkelbereich des zweiten Scanfeatures läßt sich aus den nach Richtung sortierten Kartenfeatures leicht ein passendes finden. Für jedes gewonnene Paar von Zuordnungen wird die Constraint der gegenseitigen Lage geprüft und bei Akzeptanz eine vorläufige Hypothese ausgegeben. In einem Verifikationsschritt mittels eines Feature-Projektionsverfahrens werden noch nicht zugeordnete Scanfeatures auf die Karte projiziert und durch Bereichsanfrage an den

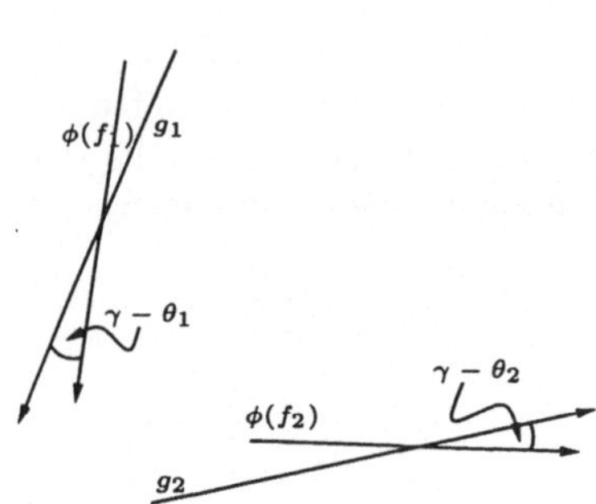

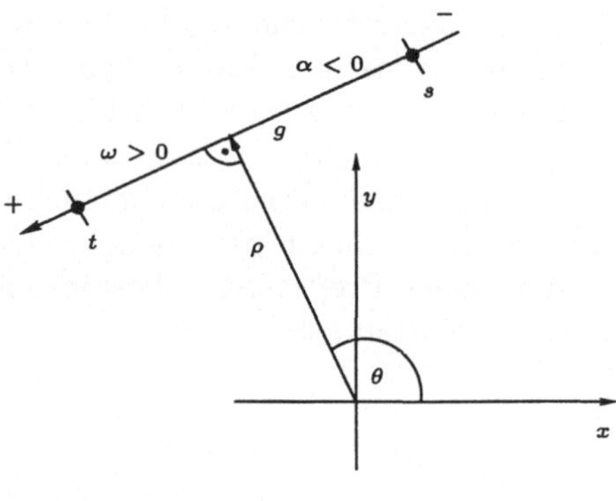

Abbildung 3. Gewinnung einer minimalen Transformation aus zwei Segmenten

Abbildung 4. Parametrisierung $(\theta, \rho, \alpha, \omega)$ von Kartensegmenten zur Speicherung in einem 4-D Baum

4-d Baum nach passenden Zielfeatures in der Karte gesucht. Dabei hängt die Größe der Umgebung, in der gesucht wird, vom Extraktionsfehler der Scanfeatures ab. Die Hypothese wird akzeptiert, falls 80 % der zugeordneten Features richtig waren.

Featurebasierte Lokalisation (Pose-Clustering)

Das Pose-Clustering ist eine Verallgemeinerung der Hough-Transformation [12]. Der Transformationsparameterraum wird dabei in Zellen diskretisiert, wobei jede Zelle eine Menge von Transformationen enthält und zunächst mit einem leeren Matching markiert wird. Zur Speicherung wird ein Wörterbuch verwendet, das jeweils einem Tripel ganzer Zahlen, das die Koordinaten der Zelle in Diskretisierungseinheiten angibt, ein Feature-Matching zuordnet.

Im folgenden sei τ die Feinheit der Diskretisierung des Parameterraumes in den beiden Translationsdimensionen und σ die Feinheit der Diskretisierung in der Rotationsdimension. Es wird über die Menge aller Zuordnungen (f, g) von Segmentfeatures $f \in F$ aus dem Scan und Kartensegmenten $g \in G$ iteriert. Zu jeder Zuordnung wird eine Reihe von Rotationswinkeln berechnet, so daß f nach einer Drehung in seiner Richtung höchstens um den bei der Extraktion gemachten Winkelfehler von der Richtung von g abweicht.

Zu jeder dieser Rotationen um den Ursprung wird eine Translation u berechnet, die die Mittelpunkte der Segmente aufeinander abbildet (Abbildung 5). In der Umgebung dieser Abbildung werden im Parameterraum der Transformationen orthogonale Gitterpunkte berechnet, deren Ausbreitung von der Längendifferenz zwischen den Segmenten f und g sowie von der Ungenauigkeit abhängt, mit der das Scanfeature f extrahiert wurde. Die Transformationen auf diesen

Gitterpunkten entsprechen der Abbildung Φ_0 verkettet mit einer zu g parallelen und einer zu g orthogonalen Verschiebung. Das berechnete Gitter ist im allgemeinen gegen die Diskretisierung des Transformationenraumes verdreht und daher um den Faktor $\sqrt{2}$ feiner als die Diskretisierung r zu wählen, um alle zu markierenden Zellen innerhalb des Fehlerbereichs zu treffen (Abbildung 6). Die Matchings der Zellen, in denen die berechneten Gitterpunkte liegen, werden um die Zuordnung (f, g) erweitert. Sind alle Zuordnungen abgearbeitet, werden

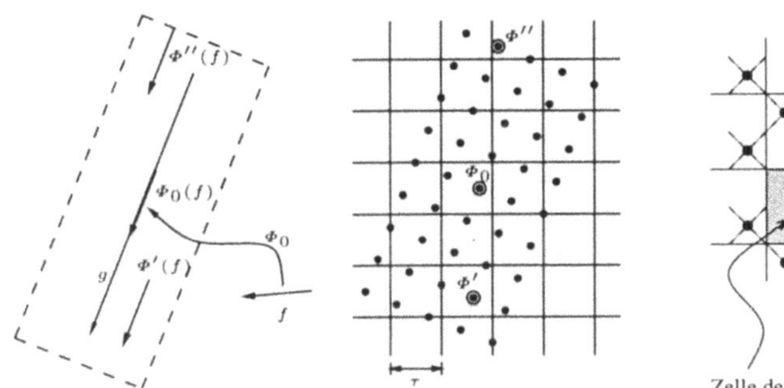

Abbildung 5. Gitterberechnung beim Pose Clustering

Abbildung 6. Diskretisierung des Transformationsparameterraumes

Zellen gesucht, bei denen die Größe des zugehörigen Matchings einen Schwellenwert übersteigt. Dieser wird relativ zum größten entdeckten Matching festgelegt. Es wird also eine vorläufige Hypothesenmenge berechnet, die abschließend mit demselben Verfahren der Featureprojektion wie beim Alignment zu verifizieren ist.

4 Navigationsalgorithmen

Das Navigationsproblem besteht darin, aus einer Menge von hypothetischen Positionen, die durch Selbstähnlichkeiten entstanden sind, sukzessive diese Positionen durch Bewegung des Roboters und anschließende Lokalisation zu eliminieren, um am Ende eine wahre Roboterposition zu bekommen. Bisher wurden zwei Navigationsverfahren implementiert:

Schuierernavigation

Sven Schuierer stellt in [13] einen Algorithmus vor, der durch iterative Hypothesenreduktion die wahre Position des Roboters findet. Die Idee hinter diesem Algorithms besteht im wesentlichen darin, daß kürzeste Wege zu sogenannten Fenstern berechnet werden, also Positionen, an denen sich Hypothesen unterscheiden können. Für jede Hypothese entsteht also so ein kürzester-Wege-Baum. Durch die Einführung des Overlaybaums als effiziente Datenstruktur, die alle

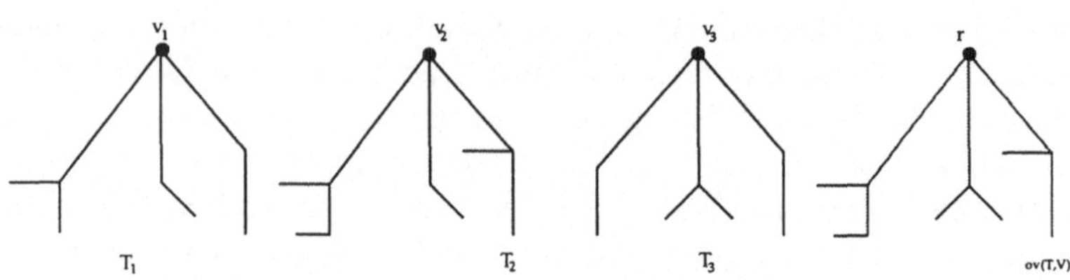

Abbildung 7. Gewinnung eines Overlaybaumes

entstandenen kürzeste-Wege-Bäume übereinanderlegt, kann anhand von unvollständigen Blättern entschieden werden, zu welchen Fenstern der Roboter fahren muß (Abbildung 7). Dabei ist ein unvollständiges Blatt eine Ecke, in der sich ein Unterschied in der Sichtbarkeit ergibt. Abhängig von der Eliminationsstrategie werden unvollständige Blätter angefahren, Hypothesen eliminiert, der Overlaybaum anpaßt und dies wiederholt, bis nur noch eine Hypothese übrigbleibt. Dieser Algorithmus ist die Fortsetung der theoretischen Lokalisation nach Guibas. Er hat den Nachteil, daß die kürzesten Wege durch einen realen Roboter nicht befahrbar sind, da ein solcher eine physikalische Ausdehnung besitzt. Ebenso wurden Ungenauigkeiten in der Bewegung des Roboter außer Acht gelassen.

Voronoinavigation

Der Voronoialgorithmus arbeitet prinzipiell wie die Schuierernavigation, allerdings werden hier Voronoiwege anstatt kürzester Wege verwendet. Dieser Vorteil im Bezug auf Sicherheit der realen Bewegung des Roboters wird durch Umwege bei der Bewegung erkauft, die beliebig lang werden können. Hier wird ein realer Roboter angedacht, der allerdings noch keine praktische Bewegungssteuerung besitzt. Bei jedem Algorithmus kann man zusätzlich wählen, welche Strategie zur Wahl der Eliminationspunktauswahl man verwenden möchte. Hier stehen zwei Strategien zur Auswahl:

Minimum Distance Localization (MDL)

Hier wird immer der Eliminationspunkt mit der geringsten Distanz zum virtuellen Ursprung gewählt, an dem der Roboter sich nach jedem Eliminationsschritt befindet.

Erwartete Restweglänge (ERW)

Eine andere Strategie bewertet die Weglänge mit der erwarteten Größe der Hypothesenmenge, also $l(\bar{W})_i = l(W_i) \cdot |H|_i$, wobei $l(W_i)$ die Weglänge zu Punkt i und $|H|_i$ die Anzahl der zu eliminierenden Hypothesen bezeichnet. Dann werden bei gleicher Weglänge die Positionen präferiert, an denen mehr Hypothesen auf einmal eliminiert werden können. Diese Strategie ist nicht optimal, kann aber in der Praxis bessere Ergebnisse liefern als Strategie MDL, die worst-case-optimal ist.

5 Simulationsparameter

Wir möchten hier aus Platzgründen nur eine Simulationsstudie der beiden featurebasierten Lokalisationsalgorithmen geben, die praxistauglich sind. Simulationsstudien der Navigationsalgorithmen findet man in [2]. Für die Simulation der Lokalisationsszenarien wurden einfache polygonale Karten mit einfachen einbeschriebenen polygonalen Hindernissen erzeugt. Die Kartenerzeugung beruht dabei im wesentlichen auf schon bekannten Algorithmen [1]. Zukünftig müssen aber vor allem selbstähnliche Karten erzeugt werden, um auch Navigationsansätze testen zu können. Für den Vergleich der featurebasierten Ansätze wurden folgende Simulationsparameter variiert:

Kartengröße bei Lokalisationstests

Die Testläufe wurden auf quadratischen Karten durchgeführt. Ausgehend von einer Grundkarte von 300 Längeneinheiten Kantenlänge, 20 Wänden und 10 Hindernissen wurde diese mit den Faktoren 1 bis 6 multipliziert. Dieser Faktor repräsentiert im weiteren die Kartengröße bei Lokalisationsalgorithmen.

Rauschen der Scandaten

Die simulierten Daten wurden mit einem Grundrauschen versehen, welches gleichverteilt war und zwischen 2 und 10 Prozent in 2 Prozent-Schritten erhöht wurde. Um den Rauschanteil im Verfahren zu vermindern, wurde an den Roboterpositionen abhängig von der Größe des Rauschens mehrere Scans aufgenommen und über diese Scanpunkte gemittelt ein verwendeter Scan erzeugt.

Kompaß

Die Kompaßungenauigkeit wurde mit ±5 Grad angegeben, da weiterführende Navigationsverfahren die Existenz eines Kompaß zur Lösung voraussetzen.

Lokalisationsanzahl

Es wurden zu jeder erzeugten Karte 50 Punkte im Inneren zufällig erzeugt und diese als Ausgangspunkt für den Standort des Roboters genommen. Eine Lokalisation wurde korrekt bewertet, wenn der tatsächliche Standort des Roboters unter den erzeugten Hypothesen zu finden war. Insgesamt wurden für jede Kartengröße 20 Karten erzeugt.

Zeitbeschränkung der Lokalisationen

Abhängig von der Kartengröße a hatte jede Lokalisation nur eine begrenzte Rechenzeit von a Minuten zur Verfügung. Wurde diese Überschritten, wurde das Lokalisationsergebnis als ungültig gewertet.

6 Simulationsergebnisse der Lokalisationsalgorithmen

Beide getesteten Verfahren konnten durch die Einführung von Fehlerschranken sowohl beim Matching als auch bei der Verifikation durch gute Lokalisationsresultate bestehen (Abbildung 10 und 11). Das Alignment erzielte die besseren

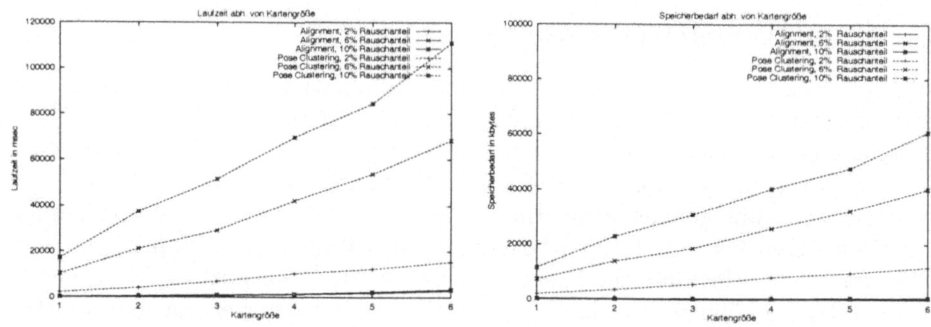

Abbildung 8. Laufzeitvergleich
beider Verfahren

Abbildung 9. Speicherverbrauch
beider Verfahren

Ergebnisse, jedoch nahm auch hier die Genauigkeit abhängig von der Kartengröße und vom Rauschen ab. Erste Tests mit realen Scans lieferten dagegen
ein umgekehrtes Bild: Pose Clustering scheint weniger anfällig für reales Rauschen zu sein. Mit zunehmender Kartengröße stieg die Zahl der abgebrochenen
Lokalisationen, die aufgrund des Speicherverbrauchs (Abbildung 9) oder aufgrund Zeitüberschreitung nicht zu Ende geführt wurden. Wie erwartet, war der
Speicher- und Zeitbedarf beim Pose-Clustering im Vergleich zum Alignment sehr
hoch (Abbildung 8).

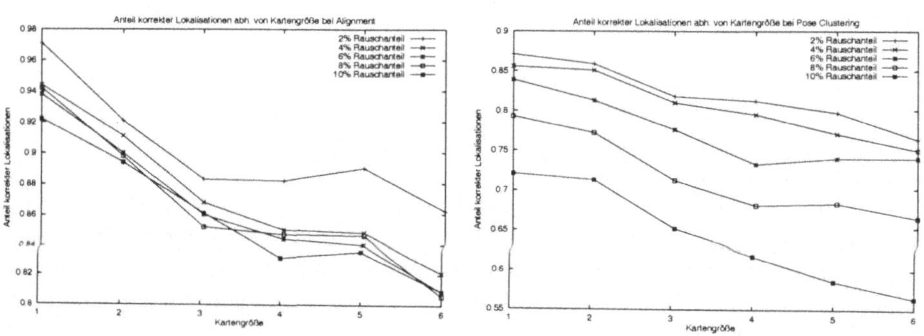

Abbildung 10. Fehlerverhalten
beim Alignment

Abbildung 11. Fehlerverhalten
beim Pose-Clustering

7 Zusammenfassung und Ausblick

Wir haben die verwendeten implementierten Algorithmen des RoLoPro-Projekts
vorgestellt und simulative Vergleiche zwischen Alignment und Pose-Clustering
gegeben. Dabei wurden nur simulative Ergebnisse aufgezeigt, praktische Tests

sind im Gange. Dabei konnte gezeigt werden, daß Alignment sowohl im Ressourcenverbrauch als auch in der Güte der Lokalisationen der bessere Algorithmus ist. In Zukunft sind kombinierte Lokalisationsverfahren angedacht, um die Robustheit und Genauigkeit weiter zu verbessern. Geplant ist außerdem eine Erweiterung des Navigationsansatzes um Explorationsverfahren, um sich auch in (teilweise) unbekannten Umgebungen lokalisieren zu können. Außerdem stehen simulative und praktische Tests für diese Algorithmen aus sowie die Integration einer Bewegungssteuerung.

Literatur

1. Thomas Auer and Martin Held. RPG–Heuristics for the Generation of Random Polygons. In *8th Canadian Conference Comp. Geometry, Ottawa, Canada*, pages 38–44, 1996.
2. Martin Buck. Effiziente Strategien zur Hypothesenreduktion bei der Lokalisation und Navigation autonomer Roboter. Master's thesis, University of Würzburg, July 1999.
3. Martin Buck, Hartmut Noltemeier, and Dirk Schäfer. Practical Strategies for Hypotheses Elimination on the Self-Localization Problem. Technical Report 236, University of Würzburg, August 1999.
4. W. Burgard, Armin B. Cremers, Dieter Fox, and Sebastian Thrun. Position estimation for mobile robots in dynamic environments. In *Proceedings of the 15th National Conference on Artificial Intelligence (AAAI-98), Madison, Wisconsin*, 1998.
5. Leonidas J. Guibas, Rajeev Motwani, and Prabhakar Raghavan. The robot localization problem in two dimensions. In *Proceedings of the 3rd Annual ACM–SIAM Symposium on Discrete Algorithms*, pages 259–268, 1992.
6. J.-S. Gutmann, B. Nebel, and T. Weigel. Fast, accurate, and robust self-localization in polygonal environments. In *IEEE/RSJ International Conference on Robots and Systems (IROS 99), Kyongju, Korea*, 1999.
7. Jens-Steffen Gutmann and Bernhard Nebel. Navigation mobiler Roboter mit Laserscans. In *Autonome Mobile Systeme 1997 (AMS'97)*, pages 36–47. Springer, 1997.
8. D. P. Huttenlocher and S. Ullman. Recognizing solid objects by alignment with an image. *International Journal of Computer Vision*, 5(2):195–212, 1990.
9. Oliver Karch, Hartmut Noltemeier, Mathias Schwark, and Thomas Wahl. Relokalisation – Ein theoretischer Ansatz in der Praxis. In *Autonome Mobile Systeme 1997 (AMS'97)*, pages 119–130. Springer, 1997.
10. Oliver Karch and Thomas Wahl. Relocalization – theory and practice. In Hartmut Noltemeier and Kokichi Sugihara, editors, *Special Issue of Discrete Applied Mathematics on Computational Geometry*, volume 93, no. 1. Elsevier, 1999.
11. Boris Kluge and Dirk Schäfer. Featurebasierte lokalisation eines autonomen mobilen roboters. Technical Report 234, University of Würzburg, July 1999.
12. Clark F. Olson. Efficient pose clustering using a randomized algorithm. *International Journal of Computer Vision*, 23(2):131–147, June 1997.
13. Sven Schuierer. Efficient robot self-localization in simple polygons. In *Intelligent Robots*, pages 129–146, 1996.
14. Julian Smart and Robert Roebling et al. wxgtk/wxwindows: A free c++ library for cross-platform gui development, 1999.

Globale Lokalisation mobiler Roboter mit natürlichen Landmarken in dynamischen Umgebungen

Torsten Rupp, Paul Levi

Forschungszentrum Informatik (FZI)
Forschungsbereich Mobilitätsmanagement und Robotik
Haid-und-Neu-Str. 10-14
76131 Karlsruhe

Zusammenfassung Mobile Robotersysteme, die in dynamischen Umgebungen eingesetzt werden, beispielsweise öffentlichen Gebäuden, Museen oder Messen, müssen eine hohe Betriebssicherheit auch unter schwierigsten Bedingungen aufweisen und flexibel auf ihre Umwelt reagieren. Für eine effiziente Planung ist eine grundlegende Voraussetzung die Lokalisation des Roboters in der Einsatzumgebung. Zwei Aspekte sind dabei von Bedeutung: 1) die kontinuierliche Lokalisation im laufenden Betrieb und 2) die initiale Lokalisation nach dem Systemstart oder dem Wiederanlaufen. In diesem Beitrag wird ein Lokalisationsverfahren vorgestellt, das für die globale Lokalisation nach dem Systemstart eingesetzt werden kann. Mit einem abstandsmessenden Laserscanner werden dazu Strukturen von natürlichen Landmarken detektiert und mit einer Landkarte als a priori Wissen verglichen. Eine Startposition oder spezielle Sensorik außer dem Laserscanner ist nicht erforderlich. Als Landmarken werden vorhandene Strukturelemente wie ebene Wände und Ecken, die durch die Einsatzumgebung gebildet werden, verwendet. Eine erste Version des Verfahrens wurde auf dem institutseigenen mobilen Roboter *James* implementiert und in einer Büroumgebung getestet. Im nächsten Schritt soll der Roboter mit diesem Verfahren in der hochdynamischen Umgebung einer Messe als mobiles Informations- und Besucherführungssystem getestet werden.

1   Einführung

Die Lokalisation eines mobilen Roboters kann mit unterschiedlichen Zielsetzungen durchgeführt werden. Es bieten sich mehrere Ansätze:

- Relative Lokalisation: Bei der relativen Lokalisation wird die Position und Orientierung (im folgenden Lage genannt) des Roboters relativ zu einem festen bekannten Punkt, beispielsweise der Lage zu einem früheren Zeitpunkt, bestimmt.
- Absolute Lokalisation in einer bekannten Umgebung mit Vorwissen zur Lage: Hierunter versteht man die Aufgabe, die Lage des mobilen Roboters bezüglich eines gegebenen Weltkoordinatensystems bei gegebener Startposition zu bestimmen.

- Absolute Lokalisation in einer bekannten Umgebung ohne Vorwissen zur Lage ("Startup-Problem"): Hierunter versteht man die Aufgabe, die Lage eines mobilen Roboters ohne Vorwissen, wie der ungefähren Lage, in einer bekannten Umwelt zu bestimmen. Dieses Problem tritt speziell als sogenanntes "Startup-Problem" oder "Bootstrap-Problem" auf (im folgenden nur noch Startup-Problem genannt), wenn der mobile Roboter in seiner Einsatzumgebung eingeschaltet wird oder wenn der Roboter während des Betriebs seine Positions- oder Orientierungsinformation verloren hat und diese neu bestimmen muß. Zu diesem Zeitpunkt besitzt der Roboter keinerlei Vorwissen über seine derzeitige Lage und muß diese daher mit Hilfe von Sensorik und Strukturen in der Einsatzumgebung selbst bestimmen.

Dieser Beitrag befaßt sich mit der zuletzt genannten Lokalisationsart: der globalen Lokalisation nach dem Systemstart. In dieser Arbeit werden ein Laserscanner und natürliche Landmarken zur Lokalisation verwendet. Häufige Verdeckungen von Landmarken, wie durch Menschen, die sich in der Einsatzumgebung aufhalten, oder Fehlerfunktionen können dazu führen, daß die Lageinformation des Roboters verloren geht. In diesem Fall muß es dem Roboter möglich sein, seine Lage in jedem Punkt der Einsatzumgebung neu zu bestimmen.

Der weitere Aufbau der Arbeit ist wie folgt gegliedert: Zunächst wird in Kapitel 2 der Stand der Technik zu Lokalisationsverfahren, die Ansätze für die Lösung des Startup-Problems bieten, zusammengefaßt. Anschließend wird in Kapitel 3 das in dieser Arbeit entwickelte Verfahren zur globalen Lokalisation mobiler Roboter auf Basis von natürlichen Landmarken vorgestellt. Danach wird in Kapitel 6 die Umsetzung des Verfahrens auf dem institutseigenen mobiler Roboter *James* vorgestellt und in Kapitel 7 erste Versuchsergebnisse präsentiert. Eine Zusammenfassung und ein Ausblick auf die zukünftig angestrebten Entwicklungen schließen den Beitrag ab.

2 Stand der Technik: Lokalisation

In der Vergangenheit sind sehr viele verschiedene Lokalisationsysteme für mobile Roboter entwickelt worden [1]. Es lassen sich zwei Lokalisationstechniken unterscheiden: Lokalisationsysteme, die Sensoren zur Erfassung interner Daten im Roboter verwenden und Lokalisationssysteme, die Sensoren für die Erfassung externer Daten einsetzen. Bei den Lokalisationssystemen, die nur interne Sensoren verwenden (Koppelnavigation), wächst der Meßfehler durch die Integration von verrauschten und fehlerhaften Sensordaten an. Deshalb müssen Sensorsysteme verwendet werden, die zusätzlich externe Merkmale in der Umgebung, wie Landmarken, erfassen können. Dafür lassen sich Ultraschallsensoren ([2], [3]) oder Laserscanner ([4], [5]) und künstliche oder natürliche Landmarken einsetzen. Andere Forschungsarbeiten setzen darüber hinaus Kamerasysteme und Bildverarbeitung ein ([6], [7]). Durch die Verwendung von natürlichen Landmarken wie Wänden, Türen, Ecken oder Lampen in einem Gebäude werden aufwendige Installationen von künstlichen Landmarken vermieden, jedoch erfordert die

Detektion und Interpretation natürlicher Landmarken einen höheren Aufwand vom Robotersystem.

3 Lokalisation mit natürlichen Landmarken

Bei der Lokalisation mobiler Roboter mit natürlichen Landmarken sind einige Fragen zu beantworten: Welche Landmarken sind vorhanden und können verwendet werden? Wie können die Landmarken detektiert werden? Wie können detektierte Landmarken zu Landmarken in einer Karte zugeordnet werden?

3.1 Landmarken

In einer Büroumgebung gibt es unterschiedlichste natürliche Landmarken, die sich für die Lokalisation eines mobilen Roboters eignen. Um das Lokalisationssystem einfach zu halten, sollten Landmarken verwendet werden, die sich leicht detektieren lassen und die ausreichende Daten für die Lokalisation liefern können, beispielweise Wände, Ecken oder Türen. In dieser Arbeit werden vertikale Kanten an Ecken und Türen als Landmarken verwendet, die sich mit hoher Genauigkeit erfassen lassen. Der Laserscanner liefert ein zweidimensionales Umrißbild in der Ebene. Die eingesetzten Landmarken können für die relative und - unter bestimmten Bedingungen - auch für die globale Lokalisation verwendet werden (siehe auch Abschnitt 3.3). Abbildung 3.1 zeigt eine Büroumgebung und die vorhandenen Landmarken an Ecken und Türen.

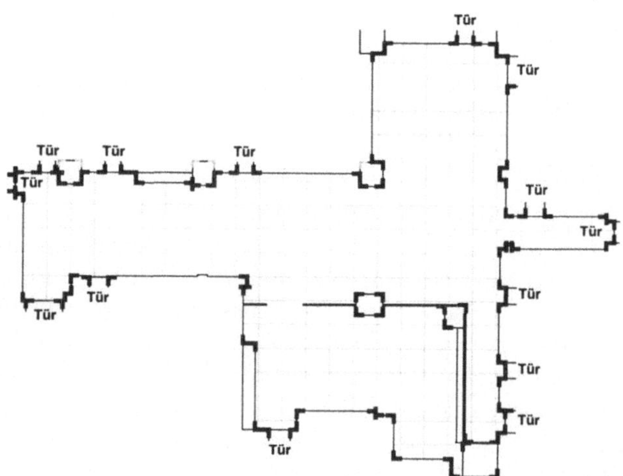

Abbildung1. Büroumgebung und verwendbare Landmarken an Ecken und Türen.

3.2 Detektion

Die natürlichen Landmarken werden in dieser Arbeit mit einem abstandsmessenden Laserscanner detektiert und durch einen Filter- und Segmentierungsalgorithmus aus den Sensordaten extrahiert. Vertikale Kanten in der Einsatzumgebung des Roboters erscheinen im Abstandsbild des Laserscanners als zwei aufeinanderfolgende Geradenstücke. Durch einen Mittelwertfilter werden zunächst mehrere Scans zusammengefaßt, um kleine Meßfehler zu reduzieren. Der Segmentierungsalgorithmus verwendet eine Hough-Transformation und Cluster-Techniken zur Extraktion von Geradenstücken aus den Abstandsdaten des Laserscanners ([8], [9]). Die Folge von Geradenstücken wird anschließend nach Paaren von Geradenstücken untersucht, die als Landmarken in Frage kommen. Es wird angenommen, daß die Landmarken sich an den Schnittpunkten von je zwei aufeinanderfolgenden Geradenstücken befinden, die folgenden Bedingungen genügen:

- vorgegebener Winkel (min./max. Winkel)
- maximaler Abstand
- minimale Größe

Abbildung 3.2 zeigt einige Beispiele von Geradenstücken, die sich nicht als Landmarke eignen (drei Bilder links) und ein Beispiel für Geradenstücke, die als Landmarken detektiert werden (Bild rechts).

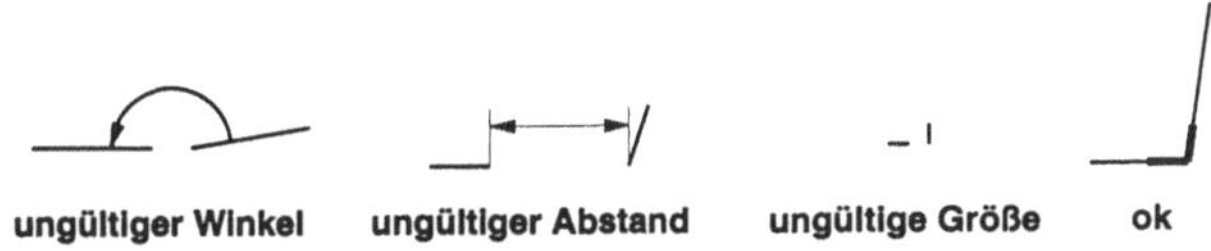

Abbildung2. Bedingungen für Landmarkendetektion.

Nachdem alle Geradenstücke untersucht sind, steht eine geordnete Folge von Landmarken $\mathcal{L}M^{real} = [LM_1^{real} \ldots LM_k^{real}]$ in FKS[1] zur Verfügung.

3.3 Korrespondenzproblem

Nachdem die Landmarken detektiert sind, müssen diese entsprechenden Landmarken, die in einer Karte gespeichert sind, zugeordnet werden, d. h. für die Folge von gemessenen Landmarken $\mathcal{L}M^{real}$ im FKS muß eine Folge $\mathcal{L}M^{map} = [LM_1^{map} \ldots LM_n^{map}]$ in WKS[2] bestimmt werden. Dieses Problem ist in der Literatur als "Korrespondenzproblem" bekannt. Die Zuordnung der Landmarken erfolgt mit folgenden Kriterien, die sich mit hoher Genauigkeit berechnen lassen:

- Ordnung der Landmarken

---

[1] *F*ahrzeug *K*oordinaten *S*ystem
[2] *W*elt *K*oordinaten *S*ystem

- Abstand zwischen je zwei Landmarken
- Winkel zwischen je drei Landmarken

Das Korrespondenzproblem wird mit einem iterativen Algorithmus, ähnlich dem A*-Algorithmus, gelöst und dabei Landmarkencluster gebildet. Die Cluster werden durch sukzessives Anfügen von der nächsten noch nicht zugeordneten Landmarke LM_i^{real} erstellt. Für jeden Cluster wird ein Fehlerwert berechnet, der sich wie folgt zusammensetzt:

$$d_i = \|LM_{i+1}^{real}, LM_i^{real}\|_d - \|LM_{x(i+1)}^{map}, LM_{x(i)}^{map}\|_d$$

$$\theta_i = \|LM_{i+1}^{real}, LM_i^{real}\|_\theta - \|LM_{x(i+1)}^{map}, LM_{x(i)}^{map}\|_\theta$$

$$e_i = w^d \cdot d_i^2 + w^\theta \cdot \theta_i^2$$

wobei $LM_i^{real} \in \mathcal{L}M^{real}$, $LM_{x(i)}^{map} \in \mathcal{L}M^{map}$, $x(i)$ eine Korrespondenzfunktion, $\|\dots\|_d$ und $\|\dots\|_\theta$ Distanz- beziehungsweise Winkeldifferenzen und w^d beziehungsweise w^θ Gewichungsfaktoren sind.[3] Kann zu einer gemessenen Landmarken keine geeignete Landmarke aus der Karte gefunden werden, so wird diese Landmarke übersprungen und ein Fehlerwert e_{false} zugewiesen.

Die Laufzeit dieses Grundalgorithmus läßt sich für praktische Einsätze reduzieren, indem die räumliche Struktur der Landmarken in der Einsatzumgebung bei der Lösung des Korrespondenzproblems berücksichtigt wird. Zur Reduzierung des Aufwands wurden daher folgende Bedingungen in den Algorithmus integriert:

- Nicht alle Landmarken können von jeder Position in der Einsatzumgebung gesehen werden. Daher müssen nicht alle Teilmengen von Landmarken aus der Gesamtmenge von Landmarken berücksichtigt werden.
- Die detektierten Landmarken sind geordnet. Daher sind nicht alle Permutationen von Landmarken möglich.

In einem Vorverarbeitungsschritt werden zunächst alle Landmarkenmengen $\mathcal{S}_j \subseteq \mathcal{L}M^{map}$ bestimmt, die von einer Position aus sichtbar sind. Zwei Landmarken sind dann von einer Position aus sichtbar, wenn die Sichtbarkeitsbereiche einen nicht leeren Schnitt besitzen (siehe Abbildung 3.3). Für jedes Landmarkenpaar wird anschließend der Abstand bestimmt und die Werte in einer sortierten Liste LS_j gespeichert. Die Suche nach geeigneten Landmarken aus der Karte kann dann auf die Suche nach geeigneten Landmarkenpaaren mit entsprechendem Abstand in den Sichtbarkeitsmengen $\mathcal{S}_j$ reduziert werden.

Der Algorithmus zur Lösung des Korrespondenzproblems gestaltet sich damit wie folgt:

1. Wähle die zwei Landmarken mit maximalem Abstand d_{max}.

---

[3] In der aktuellen Umsetzung wird die Euclid-Distanzfunktion verwendet

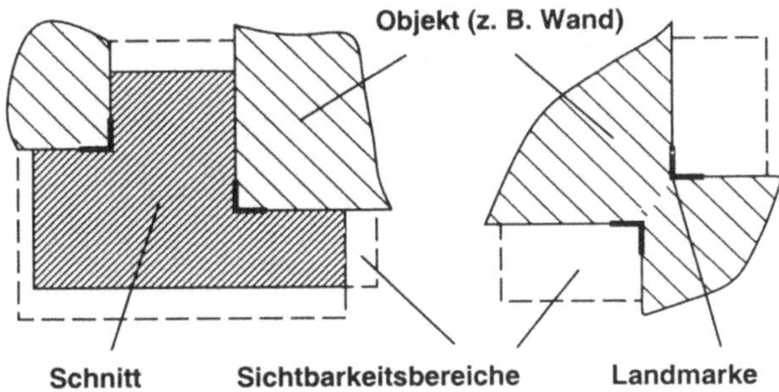

Abbildung3. Sichtbare (links) und nicht sichtbare Landmarkenpaare (rechts).

2. Erzeuge eine sortierte Liste von Clustern mit allen bezüglich des Abstands d_{max} passenden Zuordnungen der zwei Landmarken zu Landmarken in der Karte

3. Für jede noch nicht zugeordnete Landmarke LM_i^{real} und jeden Cluster:

   3.1 Entferne den ersten Cluster aus der Clusterliste

   3.2 Bestimme $LM_{x(i)}^{map}$ im gleichen Sichtbarkeitsbereich, die bezüglich Abstand $d_i = \|LM_{i-1}, LM_i\|$ und Winkel $\angle\,(LM_{i-2}, LM_{i-1}, LM_i)$ den kleinsten Fehler aufweist.

   3.3 Ordne $LM_{x(i)}^{map}$ der Landmarke LM_i^{real} zu

   3.4 Berechne den Fehlerwert als Summe des quadratischen Fehlers zwischen LM_i^{real} und $LM_{x(i)}^{map}$ bezüglich Abstand und Winkel

   3.5 Vergrößere den Cluster um LM_i und sortiere den Cluster nach seinem Fehlerwert in die Clusterliste

4 Lokalisation

Nachdem alle geeigneten Korrespondenzen ermittelt und die Fehlerwerte berechnet sind, wird die Korrespondenz mit kleinstem Fehler ausgewählt und für die Berechnung der Roboterlage herangezogen. Die Position des Roboter berechnet sich durch Lösen folgender Menge von Gleichungen:

$$LM_i = \begin{bmatrix} x \\ y \end{bmatrix} + \begin{bmatrix} \cos\alpha_i \\ \sin\alpha_i \end{bmatrix} d_i + \epsilon_i$$

mit $i = 1\ldots k$, k gleich Anzahl der zugeordneten Landmarken, α_i den Winkel angibt unter dem die Landmarken LM_i erfaßt wurde und d_i den Abstand der Landmarke. Dieses im allgemeinen überbestimmte Gleichungssystem wird mit dem SVD-Algorithmus [10] gelöst.

Mit bekannter Position $[x\,y]^T$ wird anschließend die Orientierung Θ als Mittelwert der Differenzwinkel zwischen $LM_i^{real} \in \mathcal{LM}^{real}$ und $LM_{x(i)}^{map} \in \mathcal{LM}^{map}$ mit $i = 1\ldots k$ berechnet:

$$\alpha_i^{map} = \tan \frac{LM_i^{map}.y - y}{LM_i^{map}.x - x}$$

$$\Theta = \arctan \frac{\sum_1^k \sin \alpha_i^{real} - \sin \alpha_i^{map}}{\sum_1^k \cos \alpha_i^{real} - \cos \alpha_i^{map}}$$

5   Behandlung von Fehlern

Bei der Erfassung von Landmarken muß mit Fehlern gerechnet werden. Neben Fehlern in den Meßwerten (Meßgenauigkeit) müssen insbesondere Fehler bezüglich nicht erfaßter Landmarken (engl. "false negative detected") und Landmarken, die erfaßt, jedoch nicht in der Karte verzeichnet sind (engl. "false positive detected"), berücksichtigt werden. Abbildung 5 zeigt die möglichen Detektionsfehler.

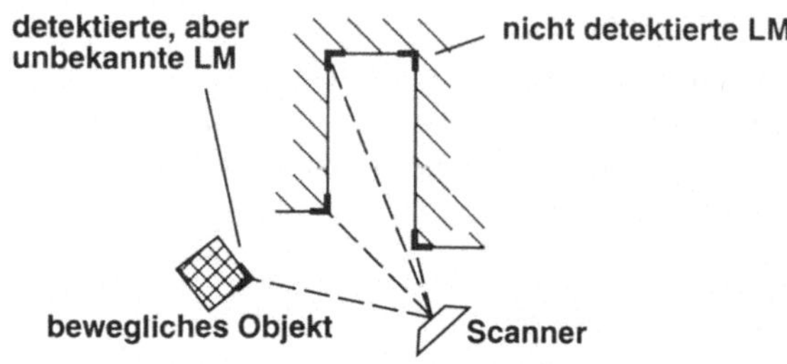

Abbildung 4. Detektionsfehler bei Landmarken (LM).

Nicht detektierte Landmarken werden von dem vorgestellten Algorithmus ignoriert, während detektierte, jedoch nicht in der Karte verzeichnete Landmarken besonders behandelt werden müssen. Diese Landmarken werden den am besten passenden Landmarken in der Karte unter folgenden Bedingungen zugeordnet:

- Die mit der Zuordnung berechnete Roboterlage ist gültig bezüglich der Kartendaten.
- Falls eine ungefähre Startposition bekannt ist: Die mit der Zuordnung berechnete Roboterlage weicht von der berechnen Lage nicht mehr als um einen vorgegebenen Wert ab.

Unter diesen Bedingungen wird diejenige Zuordnung von Landmarken ausgewählt, die den kleinsten Fehlerwert besitzt.

6   Systemaufbau

Das vorgestellte Verfahren wurde auf dem mobilen Service-Roboter *James* implementiert und getestet (siehe Abbildung 6). Die Umgebung wurde mit einem an der Vorderseite montierten SICK Laserscanner erfaßt. Die Verarbeitung der Sensordaten erfolgte auf einer Motorola MVME162-Rechnerkarte.

Abbildung5. Der mobile Roboter *James*.

7 Experimentelle Ergebnisse

Der Test des vorgestellten Verfahrens wurde in den Räumen des Instituts durchgeführt. Abbildlung 7 zeigt an einem Beispiel die in dieser Umgebung gelieferten Daten des Laserscanners und die aus dem Umrißbild extrahierten natürlichen Landmarken.

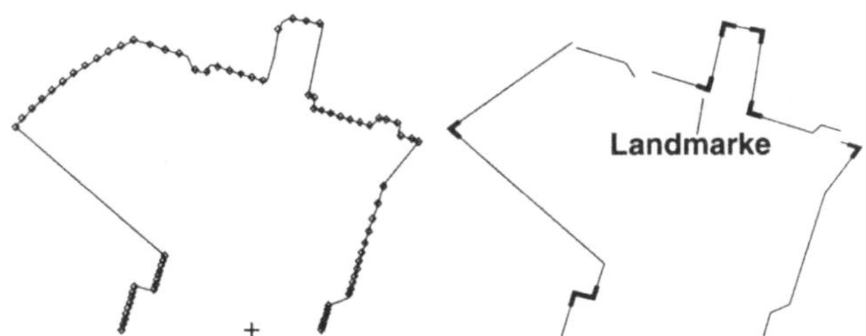

Abbildung6. Scan (links) und detektierte Landmarken (rechts).

Abbildung 3.1 zeigt einen Aufriß der Büroumgebung. Die dick eingezeichneten Linien geben die verwendeten Landmarken an. Der Roboter bewegt sich in der Einsatzumgebung auf vorgegebenen Bahnen. Die Lokalisation erfolgt im Moment im Stillstand. Zur Verifikation der berechneten Lage wurde ein zweiter Laserscanner, der künstliche Landmarken vermißt, verwendet. Abbildung 7 zeigt die gemessenen Landmarken in FKS und die berechnete Roboterlage in WKS. Im Vergleich zeigt sich, daß die Roboterlage mit einer Genauigkeit von $\pm$ *5cm* und $\pm$ *2°* möglich ist. Zur Lösung des Startup-Problems benötigte das Verfahren *345s* (mit einer ungefähren Startlage nur noch *64s*).

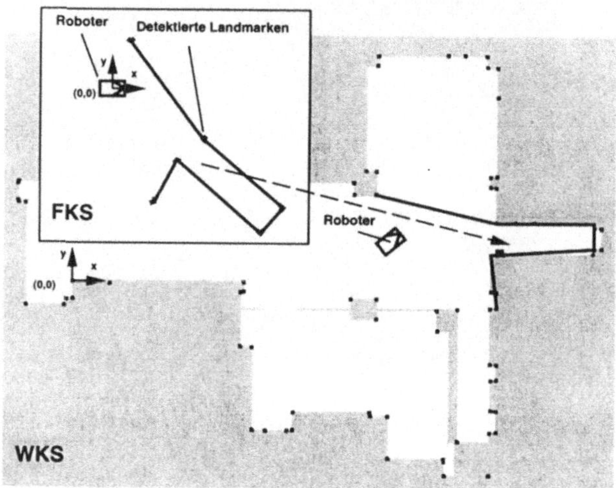

Abbildung 7. Detektierte Landmarken in FKS und berechnete Roboterlage in WKS.

8 Zusammenfassung und Ausblick

In dieser Arbeit wurde ein System zur Lokalisation mobiler Roboter auf der Basis von natürlichen Landmarken vorgestellt. Als Landmarken wurden vertikale Kanten verwendet, die durch Wände und Türen gebildet werden. Die Landmarken wurden mit einem abstandsgebenden Laserscanner erfaßt und mit Linienextraktionsverfahren aus dem Abstandsbild extrahiert. Durch ein Cluster-Suchverfahren wurden die Landmarken anschließend zu Landmarken, die in einer Karte gespeichert sind, zugeordnet. Die Berechnung der Roboterlage erfolgte durch Auflösen des sich ergebenden Gleichungssystems. Das vorgestellte Verfahren ermöglicht die relative und absolute Lokalisation und kann für die Lösung des Startup-Problems eingesetzt werden.

Im nächsten Schritt soll untersucht werden, welche Möglichkeiten es gibt, das Korrespondenzproblem effizienter zu lösen. Verfahren aus der Graphentheorie könnten hierfür ein vielversprechender Ansatz sein.

Abhängig von der Einsatzumgebung des Roboters kann bei der Verwendung natürlicher Landmarken nicht immer sichergestellt werden, daß die Lösung des Startup-Problems eindeutigt ist. Es soll untersucht werden, welche Verfahren angewendet werden können, um diesen Fall zu berücksichtigen und gegebenenfalls sinnvoll aufzulösen.

In einem weiteren Schritt soll das System während einer Messe unter realen Bedingungen erprobt und die Leistungsfähigkeit des Verfahrens analysiert werden.

Literatur

1. Borenstein J.; Everett, H. R.; Feng, L.: "Where am I? Sensors and Methods for Mobile Robot Positioning", University of Michigan, April 1996.
2. Leonard, J. John; Durrant-Whyte, Hugh F.: "Mobile Robot Localization by Tracking Geometric Beacons", IEEE Transactions on Robotics and Automation, Bd. 7, Nr. 3, S. 376-382, Los Alamitos, Kalifornien, USA, Juni 1991.
3. Holenstein, Alois A.; Müller, Markus; Badreddin, Essam: "Mobile Robot Localization in a Structured Environment Cluttered with Obstacles", IEEE International Conference on Robotics and Automation, S. 2576-2581, Nice, Frankreich, 1992.
4. Vandorpe, J.; Van Brussel, H.; Xu, H.: "Exact Dynamic Map Building for a Mobile Robot using Geometrical Primitives Produces by a 2D Range Finder", IEEE International Conference on Robotics and Automation, S. 901-908, Minneapolis, Minnesota, USA, April 1996.
5. Hanebeck, U. D.: "Lokalisierung eines mobilen Roboters mittels effizienter Auswertung von Sensordaten und mengenbasierter Zustandsschätzung", Dissertation, Lehrstuhl für Steuerungs- und Regelungstechnik der Technischen Universität München, Fortschrittsberichte VDI, Reihe 8, Nr. 643, VDI Verlag Düsseldorf, Deutschland, 1997.
6. Atiya, Sami; Hager, Gregory D.: "Real-Time Vision-Based Robot Localization", IEEE Transactions on Robotics and Automation, Bd. 9, Nr. 6, Dezember 1993.
7. Cord, Thomas: "Absolute Lokalisation mobiler Roboter durch Codierung der Einsatzumgebung", Dissertation, Universität Karlsruhe, Infix, Sankt Augustin, Juni 1997.
8. Arras, Kai O.; Vestli, Sjur J.; Tschichold-Gürman, Nadine N.: "Echtzeitfähige Merkmalsextraktion und Situationsinterpretation aus Laserscannerdaten", Autonome Mobile Systeme, S. 57-66, München, Deutschland, Oktober 1995.
9. Rupp, Torsten; Cord, Thomas; Levi, Paul: "Objekterkennung und Schutzfeldüberwachung mit einem Laserscanner für eine neue Generation von Müllfahrzeugen, Autonome Mobile Systeme, S. 255-262, Karlsruhe, Deutschland, 30. November-1. Dezember 1998
10. Press, William H.; Flannery, Brian P.; Teukolsky, Saul A.; Vetterling, William T.: "Numerical Recipes in C", Cambridge University Press, 1988.

Manipulation

Biologically Motivated Hand-Eye Coordination for the Autonomous Grasping of Unknown Objects *

Alexa Hauck, Georg Passig, Johanna Rüttinger, Michael Sorg, Georg Färber

Institute for Real-Time Computer Systems
Technische Universität München
{hauck,passig,sorg}@rcs.ei.tum.de

Abstract. In the field of visually guided grasping, humans still outshine their robotic counterparts with respect to accuracy, speed, robustness, and flexibility. We therefore examined current neuroscientific models for the control of human reach-to-grasp movements and, based on one of them, developed a novel visual motion control strategy. This control strategy was integrated into a complete hand-eye system, including modules for the determination of suitable 3D grasping positions on unknown objects from the images of a stereo camera system. The modules were implemented and tested on the experimental hand-eye system MIN-ERVA.

1 Introduction

The ability to grasp arbitrary objects will be an important component of future autonomous service robots. Humans acquire this ability very early; they achieve a performance that still outshines that of their robotic counterparts with respect to accuracy, speed, robustness, and flexibility. In the past, robotic approaches mostly used precisely calibrated hand-eye systems and known (CAD) models of the objects to grasp in an open-loop motion control ("look-then-move"), e.g. in [2]. Especially the first prerequisite, the exact calibration, is problematic: errors in the internal system model directly affect the endpoint accuracy of the grasping movement.

To overcome this problem, a new approach was proposed: so-called *visual servoing* systems (see [8] for a tutorial) use a continuous feedback of visual information about the position of the end-effector or about its distance to the target. Such systems are robust against errors in the internal models or do not even need a metric calibration (see e.g. [7, 11, 13] for examples of visual servoing systems that actually grasp objects). One of the main disadvantages of visual servoing approaches is, however, that visual information is needed during the whole movement and at a high rate.

* The work presented in this paper was supported by the *Deutsche Forschungsgemeinschaft* as part of the Special Research Program "Sensorimotor - Analysis of Biological Systems, Modeling, and Medical-Technical Application" (SFB 462).

In contrast, the results of neuroscience show that human reach-to-grasp movements cannot be explained by either of the two approaches described above; they rather seem to be the result of a combination of both. The main point is that robustness against model errors is reached *without* requiring continuous visual feedback. We therefore examined current neuroscientific models for the control of human reach-to-grasp movements with special regard to the visual control strategy used, and extended one in such a way that it fulfills the requirements of a robotic system. This novel control strategy combines the two robotic approaches described above in such a way that visual information about the position of object or gripper can be integrated asynchronously during the movement. Thus, errors in the internal models can be compensated without the need for continuous, high rate visual feedback. The resulting motion control module is described in Sec. 2.

The second limitation of most visual servoing systems actually setting out to grasp objects is that they need exact models of the objects (e.g. [13]) or make implicit assumptions about the shape of the objects (e.g. [7]). In [11], a method is proposed to find grasping points on the silhouette of unknown objects for the quasi-planar case, i.e. with the limitation that the objects are flat, lying and are viewed from above. In contrast, we have developed a method to find 3D grasping points with the help of a stereo camera system. This method will be described in Sec. 3.

Fig. 1 shows a block diagram of the complete sensorimotor system: information about the environment or the system itself is extracted using sensors (in our case two CCD cameras), further processed and interpreted. The resulting, more abstract information is used to plan motor actions; those actions are executed by translating the plans into commands for the actors. These commands affect the system and the environment; the changes can be observed again by sensors. We have implemented the necessary modules and integrated them on the robotic hand-eye system MINERVA; experimental results are given in Sec. 4.

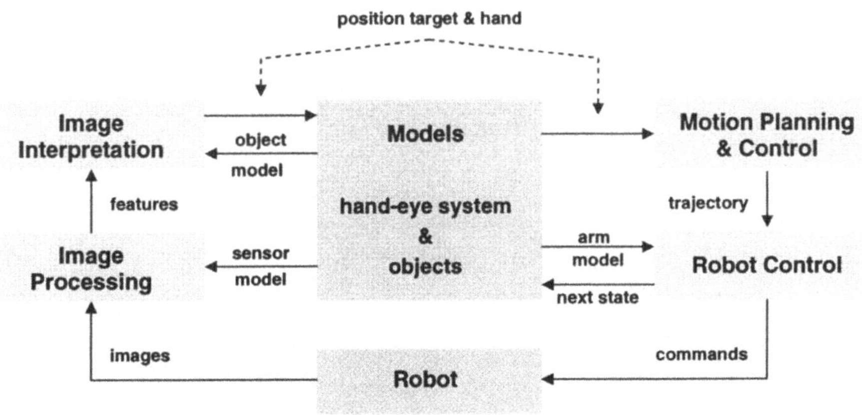

Fig. 1. Block diagram of the sensorimotor system.

2 Motion Planning and Control

Motion planning and control is an extensive field of research in robotics; the same applies to neuroscientific research on human motion control. In this section, we will limit ourselves to describing the biological background briefly in Sec. 2.1. Then, our new control strategy is presented (Sec. 2.2) and validated in simulation (Sec. 2.3). More information can be found in [6, 4].

2.1 Biological Background

It has been consistently reported that the invariant features of human multi-joint arm movements are (1) that the path of the hand is a roughly straight line in Cartesian coordinates and (2) that the profile of tangential (Cartesian) hand velocity is bell-shaped. Thus, one has to conclude that human reaching movements are planned in spatial coordinates[1], not in joint space. Another interesting phenomenon is that humans correct their movements very smoothly in the case that the target position changes during the movement ("double-step target") or if visual information is distorted, e.g. by prism glasses.

Concerning the control structure, a number of different models have been developed. As the problem of trajectory planning is heavily underconstrained, a popular approach steming from optimal control theory is to look for an objective function that human motion control might be optimizing. However, none of these models allows for the integration of information about the hand position, i.e. (visual) feedback[2].

Following a different line of reasoning, Goodman et al. [3] proposed a control strategy that, similarily to visual servo control, computes the current velocity from the remaining distance to the target $\mathbf{x}_{T1}$, as described by the differential equation

$$\dot{\mathbf{x}}(t) = \frac{1}{\tau_1} \cdot \dot{g}(t) \cdot (\mathbf{x}_{T1} - \mathbf{x}(t)), \qquad g(t) = t^3 \tag{1}$$

which can be solved to yield the path of the hand over time, resulting in a straight line in space. In the case of changes of target position at times t_i, corrective movements based on a similar differential equation are superimposed, resulting in the following path function:

$$\mathbf{x}(t \geq t_n) = \mathbf{x}_{Tn} - \sum_{i=1}^{n} \mathbf{D}_i \cdot e^{-\frac{1}{\tau_i} g(t-t_i)}, \qquad \mathbf{D}_i = \mathbf{x}_{Ti} - \mathbf{x}_{Ti-1} \tag{2}$$

In its original version, this model did not address the case of visual feedback, though. Because of its similarity to visual servoing structures, we set out to extend it suitably.

---

[1] The variable measured is the position of the hand; orientation is thought to be controlled by a process running in parallel.

[2] One of them does, but is difficult to realize on a robotic system.

2.2 New Control Strategy

The model of Goodman et al. has two drawbacks: First, superposition in the case of double-step targets was limited to the level of position control (Eq. 2), and secondly, the question of visual feedback was not addressed. In a first step, we therefore generalized the model in order to allow the control of velocity similarly to a visual servoing control law even in the case of double-step targets. After rearranging Eq. 2 and substituting part of it into its derived version (details in [4]), one arrives at the following velocity control law

$$\dot{\mathbf{x}}(t \geq t_n) = \frac{\dot{g}(t - t_n)}{\tau_n} \cdot (\mathbf{x}_{Tn} - \mathbf{x}(t)) +$$
$$\sum_{i=1}^{n-1} \mathbf{D}_i \cdot e^{-\frac{1}{\tau_i} g(t - t_i)} \cdot \left(\frac{\dot{g}(t - t_i)}{\tau_i} - \frac{\dot{g}(t - t_n)}{\tau_n} \right) \qquad (3)$$

which consists of a "feedback" term containing $\mathbf{x}(t)$, and a sum of corrective "feedforward" terms that decline exponentially with time.

As as next step, we wanted to generalize the superposition scheme in order to include the case of sparse, *asynchronous* visual feedback. This means that visual information is not used continuously to compute $\mathbf{x}(t)$, but only integrated from time to time, while $\mathbf{x}(t)$ is computed from the generated commands, i.e. in a feedforward fashion. Due to the inevitable errors in the internal models, a visually measured hand position, $\mathbf{x}_v(t)$ will differ from the estimated one, $\mathbf{x}_e(t)$, resulting in an apparent "jump" of hand position. The main idea of our approach now is to treat this jump analogously to a target jump, by superimposing a corrective movement with the amplitude $\mathbf{D} = \mathbf{x}_e(t) - \mathbf{x}_v(t)$. Thus, a smooth adaptation of the motion to the new information is assured.

2.3 Simulation Results

We first tested the control strategy by simulating movements of a 2 d.o.f. robot, and on a simulation model of our hand-eye system MINERVA (see Sec. 4.1)[3]. Fig. 2 shows how errors in the kinematic model of the two-link robot can be compensated: Without correction, an error of 20% in the first link length, i.e. $L_1^* = 0.8L_1$, results in a endpoint error of about $4cm$ for a movement amplitude of $20cm$; a single corrective movement based on visual feedback can reduce this error significantly (Fig. 2a). Note, that visual feedback seems to get "more effective" when integrated near the end of the movement. Generally, the effectiveness depends on how similar the error measured at the current hand position is to the error measured at the target position (details in [4]).

Fig. 2b,c depict the path and the tangential velocity profile of a movement with two feedback corrections and a target jump, again with $L_1^* = 0.8L_1$. The movement remains smooth, and the error is almost completely compensated.

---

[3] Simulations were realized using *MATLAB* and *Simulink*.

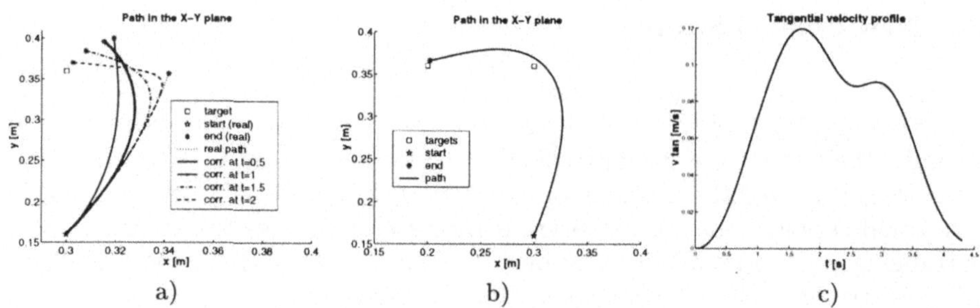

Fig. 2. Effect of corrective motion for a disturbed internal model ($L_1^* = 0.8L_1$): (a) Dependency on time of measurement. (b) Path and (c) tangential velocity profile with two measurements at $t = 1s$ and $t = 2s$ and a target jump at $t = 1.5s$.

To evaluate the performance of the new control strategy in more detail, we simulated the reaction to errors in all parameters of the geometric model of our hand-eye system MINERVA (transformations between arm, head, and cameras, intrinsic camera parameters, arm model). In the case of most parameters, errors can be corrected quite well with only one corrective movement[4]. As a sort of worst case, the intrinsic camera parameters were disturbed with a variance of 2.5%, all other parameters with a variance of 5%, resulting in a mean terminal error of $8.85cm$, with a maximum of $20cm$. Integrating visual feedback at a rate of only $1Hz$ reduces this error already to a mean of $4mm$ (maximum: $1cm$). For more details see [4].

3 Image Processing and Interpretation

The vision modules are to provide the motion control module with information about the position of target and hand. We therefore developed prototypical modules for determining the position of the gripper (Sec. 3.3) and of the target. The latter task was addressed in more detail, as the goal was to enable the robot to determine suitable grasping positions on unknown objects.

Without knowledge about the object to grasp and with only one view of it, there is only one place to look for grasping points: its silhouette, or *apparent contour*[5]. There already exist methods to determine grasping positions on the silhouette, heuristic (e.g. [11]) and analytical ones (e.g. [12]), but they all operate on images from a single camera, and therefore need additional context knowledge to be applicable to 3D tasks.

---

[4] Exceptions are e.g. focal length and the horizontal pixel size, as they affect the 3D reconstruction algorithm in a non-linear way.

[5] Another advantage of the silhouette is that it is a global feature useful for object recognition as well. In fact, parts of the algorithms presented in the following were originally developed for the task of object recognition [1].

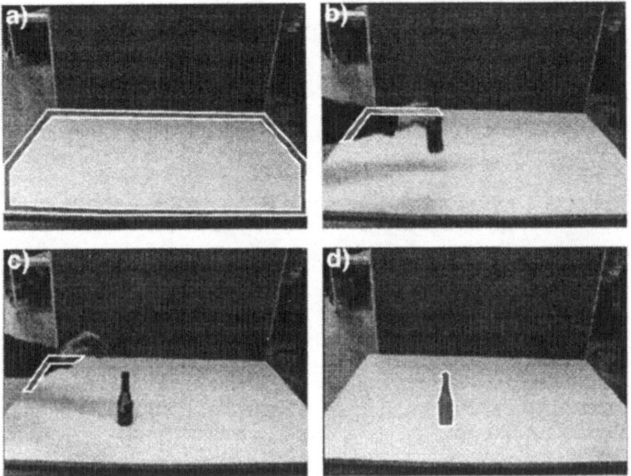

Fig. 3. Scene in front of the robot: (a) empty table with region of attention, (b) before placing the object, (c) after placing the object, (d) segmented object.

The task of determining a grasp position can be divided into the following sub-tasks: First, the object to grasp has to be detected and segmented in the image(s) (Sec. 3.1). To facilitate 3D reconstruction, the segmented image region has to be represented in a suitable way for determining point-to-point correspondences (details can be found in [1, 4]). With the help of a heuristic algorithm, potential grasping points for a two-finger gripper are determined on the 2D silhouette (Sec. 3.2). Using the corresponding grasping points in the two images, the 3D grasp position can be computed via triangulation (details in [5, 4]).

3.1 Object Detection and Segmentation

The main problem when working on the apparent contour of an object is that a very precise *segmentation* is required. Robust segmentation is a problem in itself, therefore researchers often resort to putting dark objects on white tables. We are no real exception to this rule. However, as one of our scenarios sees the robot in front of a table on which the objects to grasp are placed, we developed a method specialized on detecting any change in the scene and thereby segmenting the object to grasp. The principal idea is to acquire new images continuously and to "wait" for a change. To reduce run-time computation, a *region of attention* is defined (Fig. 3a). When placing an object into the scene, the hand will first enter the region of attention; only after it has left the region again, the inner region is checked for changes.

3.2 Determination of Grasping Points

After being detected in the stereo image pair, objects are first classified as *lying* or *standing* by estimating the rough position of special points on the boundary via

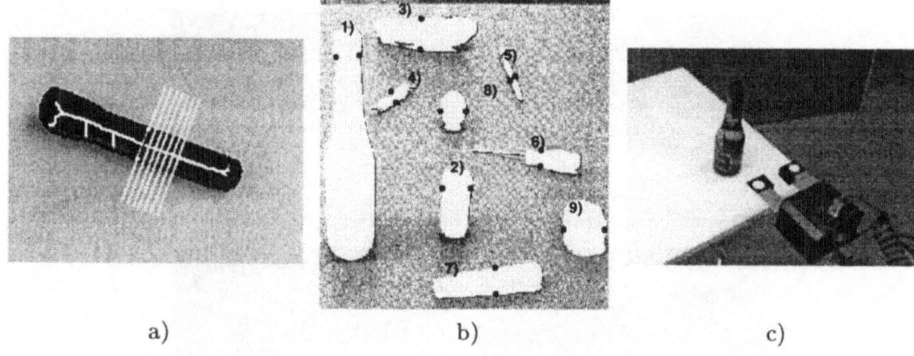

Fig. 4. (a) Determining 2D grasping points on a flashlight. (b) Resulting grasping points for: (1) bottle, (2) film box, (3) zucchini, (4) pepper, (5) pen, (6) screwdriver, (7) white board marker, (8) onion, (9) walnut. (c) Gripper with artificial markers.

triangulation. Quasi-spherical objects form a class of their own. The algorithm for the determination of 2D grasping points is based on the *symmetry* of the object silhouette, which is evaluated using the *skeleton* (see e.g. [9]). Long, straight parts of the skeleton indicate a potential grasping area. Starting at the longest straight part of the skeleton, the contour is iteratively intersected with a line perpendicular to the skeleton segment (see Fig. 4a) until a computed stability measure[6] meets a given threshold.

After determining the corresponding points in the second image, the 3D grasping position is then computed via triangulation. Fig. 4b shows the extracted grasping points for a set of different objects.

3.3 Hand Position

The goal of integrating visual feedback is to compensate errors in the chain of transformations from visual input to motor output. Ideally, the algorithm providing the visual feedback, i.e. the module estimating the position of the gripper, should be affected by exactly the same model errors in exactly the same way as the algorithm estimating the position of the target. Then, the errors would cancel out completely.

For this reason, the choice of methods for estimating the hand position was limited. As a prototypical solution, we put markers on the gripper fingers that can be easily extracted from the images (see Fig. 4b). The centroids of the circular marks form the input of the triangulation algorithm.

---

[6] This stability measure is computed using the following criteria in addition to symmetry: (1) the distance between the two points, (2) the angle between the line connecting the two points and the horizontal plane, and (3) the distance of this line to the area centroid. The importance of the criteria depends on the object class. For more details see [5].

4 Experimental Validation

As part of our project on "Human and Robotic Hand-Eye Coordination" (TP C_1, SFB 462), an experimental robotic platform was sought after that resembled its human counterpart regarding geometry and kinematics, in order to facilitate the transfer of knowledge. We therefore designed and integrated the hand-eye system MINERVA in an anthropomorphic fashion (Sec. 4.1). On this platform, we implemented and tested the modules described in the previous sections.

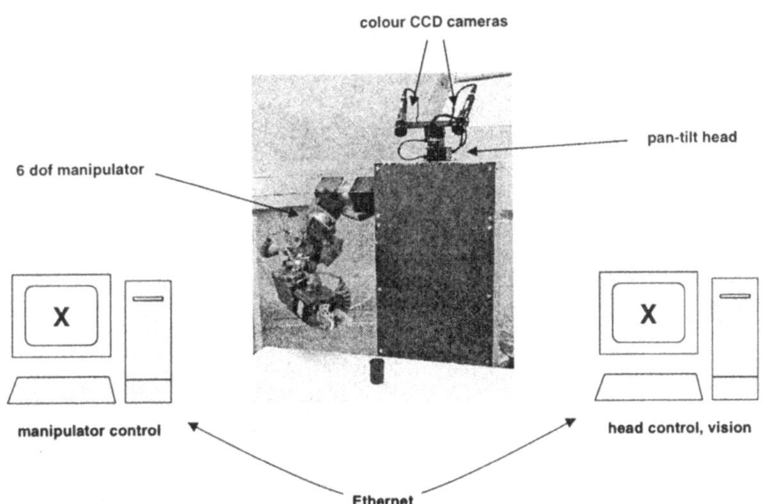

Fig. 5. The hand-eye system MINERVA

4.1 The Robotic Hand-Eye System MINERVA

MINERVA[7] consists of a 6 d.o.f. manipulator[8] and a pan-tilt head on which two color CCD cameras are mounted with a small vergence angle (Fig. 5). The system is controlled with the help of two PCs (Pentium 133 and Pentium 166) running *Linux*; processes communicate via Ethernet. Image processing including the interaction with the framegrabbers (one Matrox Meteor for each camera) was realized using the image analysis system *HALCON*, an extensive domain-independent software library providing low-level and medium-level image processing operators [9].

The camera parameters and the camera-head relation were determined using *HALCON*'s calibration method; the other parameters of the system model were extracted from the manufacturer's specifications or measured by hand.

---

[7] <u>M</u>anipulating <u>E</u>xperimental <u>R</u>obot with <u>V</u>isually guided <u>A</u>ctions

[8] The manipulator (*amtec*, Germany) consists of separate modules, which enables a later reconfiguration or extension. For more details on the real-time trajectory control see [10].

4.2 Results

Before the hand-eye coordination experiments, we verified that the robot actually executes the trajectories as commanded. Fig. 6a shows a setup at the *Klinikum Grohadern*: On the left side of the image one can see the receiver part of a motion registration system that tracks a small ultrasonic sender mounted on MINERVA's hand. Fig. 6b shows the measured velocity profile for a movement $20cm$ to the front. Another setup [10] consisted of a sort of writing tray on which MINERVA "wrote down" her movements (Fig. 6c).

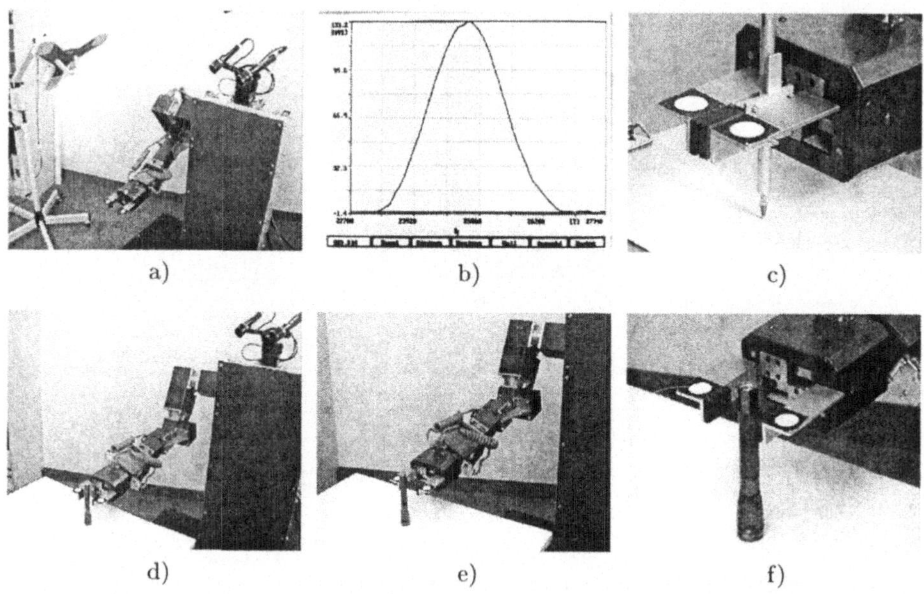

Fig. 6. (a) Setup for motion registration. (b) Measured velocity profile. (c) Writing tray. End of: (d) undisturbed, (e) disturbed, and (f) corrected movement.

The rest of Fig. 6 shows snapshots from real hand-eye experiments. In these experiments, a flashlight was placed on the table in front of MINERVA and automatically detected by the vision module. Then, grasping points were determined and sent to the motion control module. Fig. 6d shows the end of a reaching movement towards the flashlight with a normally calibrated model. In the movement of Fig. 6e, the internal model of the head was disturbed by increasing the right vergence angle by 5%, resulting in an endpoint error of about $3cm$ in each direction. Then, visual feedback is allowed once, at the beginning of the movement. The close up in Fig. 6f shows that the error can be compensated quite well.

5 Conclusion

To summarize, we have developed two components important for future autonomous service robots: First, a strategy that allows the flexible and economic use of visual information for the control of reach-to-grasp movements, and secondly, a method to determine 3D grasping points on unknown objects. We integrated and validated the components on our hand-eye system MINERVA.

Current and fu⁺ure work is directed at three extensions: First, the motion control part is to be extended by a module controlling hand orientation. In this context, we will extend MINERVA's arm to 7 d.o.f. Secondly, visually detected model errors should also be used to adapt the internal models. And thirdly, the system is to be extended to allow the grasping of moving objects. Together, these components will lead the way towards autonomous robotic hand-eye coordination.

References

1. T. Bandlow, A. Hauck, T. Einsele, and G. Färber. Recognising Objects by their Silhouette. In *IMACS Conf. on Comp. Eng. in Systems Appl. (CESA'98)*, pages 744–749, Apr. 1998.
2. S. Blessing, S. Lanser, and C. Zierl. Vision-based Handling with a Mobile Robot. In M. Jamshidi, F. Pin, and P. Dauchez, editors, *International Symposium on Robotics and Manufacturing (ISRAM)*, volume 6, pages 49–59. ASME Press, 1996.
3. S. R. Goodman and G. G. Gottlieb. Analysis of kinematic invariances of multijoint reaching movement. *Biological Cybernetics*, 73:311–322, 1995.
4. A. Hauck. *Vision-Based Reach-To-Grasp Movements: From the Human Example to an Autonomous Robotic System*. PhD thesis, TU München. submitted.
5. A. Hauck, J. Rttinger, M. Sorg, and G. Frber. Visual Determination of 3D Grasping Points on Unknown Objects with a Binocular Camera System. In *Proc. IEEE/RSJ Int. Conf. on Intelligent Robots and Systems (IROS'99)*, Oct. 1999.
6. A. Hauck, M. Sorg, T. Schenk, and G. Frber. What can be Learned from Human Reach-To-Grasp Movements for the Design of Robotic Hand-Eye Systems? In *Proc. IEEE Int. Conf. on Robotics and Automation (ICRA'99)*, pages 2521–2526, May 1999.
7. N. Hollinghurst and R. Cipolla. Uncalibrated Stereo Hand-Eye Coordination. *Image and Vision Computing*, 12(3):187–192, 1994.
8. S. Hutchinson, G. D. Hager, and P. I. Corke. A Tutorial on Visual Servo Control. *IEEE Trans. on Robotics and Automation*, 12(5):651–670, Oct. 1996.
9. MVTec Software GmbH. *HALCON – The Software Solution for Machine Vision Applications*. http://www.mvtec.com/halcon/.
10. G. Passig. Optimierung der Manipulatoransteuerung des Hand-Auge-Systems MINERVA. Master's thesis, TU München, Apr. 1999.
11. P. Sanz, A. del Pobil, J. Inesta, and G. Recatalá. Vision-Guided Grasping of Unknown Objects for Service Robots. In *Proc. IEEE Int. Conf. on Robotics and Automation (ICRA'98)*, pages 3018–3025, May 1998.
12. M. Taylor, A. Blake, and A. Cox. Visually guided grasping in 3d. In *Proc. IEEE Int. Conf. on Robotics and Automation (ICRA'94)*, pages 761–766, 1994.
13. M. Tonko, J. Schurmann, K. Schäfer, and H.-H. Nagel. Visually Servoed Gripping of a Used Car Battery. In *Proc. IEEE/RSJ Int. Conf. on Intelligent Robots and Systems (IROS'97)*, pages 49–54, Sept. 1997.

Die Stewart-Plattform als dynamisches Lastaufnahmesystem eines mobilen Roboters

René Graf, Rüdiger Dillmann
Institut für Prozeßrechentechnik, Automation und Robotik
Universität Karlsruhe
Kaiserstr.12, 76128 Karlsruhe
email : {graf|dillmann}@ira.uka.de

Zusammenfassung

Wenn ein mobiler Roboter ein Objekt transportiert, ist dieses unweigerlich der Dynamik des Roboters ausgesetzt. Bei bestimmten Objekten ist dies unerwünscht oder sogar gefährlich.

Eine Stewart-Plattform ist aufgrund ihres Aufbaus in der Lage, Personen oder Objekten, die sich auf ihr befinden, Beschleunigungen zu vermitteln. Setzt man nun die Plattform als Lastaufnahmesystem auf einem mobilen Roboter ein, so kann sie im Gegenzug auch die Beschleunigungen des Roboters kompensieren.

Darüberhinaus bietet eine solche Kombination weitere Vorteile. Die Plattform kann an Übergabestationen die Ungenauigkeiten in der Position des Roboters ausgleichen oder als Assistenzsystem dem Benutzer die Positionierung einer schweren Last erleichtern.

1 Einleitung

Mobile Roboter haben eine weitaus komplexere Navigation als ein konventionelles Fahrerloses Transportsystem. Ihre Bewegungen sind daher sehr dynamisch und nicht vorhersehbar, da sie aktiv auf Hindernisse reagieren.

Wird ein Objekt auf einem mobilen Roboter transportiert, so ist es dessen Beschleunigungen ausgesetzt. Beim Transport von empfindlichen Objekten oder Flüssigkeiten kann dies problematisch sein, so daß eine Kompensation der Beschleunigungen erforderlich ist.

Stewart-Plattformen werden hauptsächlich im Simulatorbereich eingesetzt, wobei sie in letzter Zeit auch mehr und mehr bei Werkzeugmaschinen Verwendung finden. Durch ihre parallele Konstruktion sind Stewart-Plattformen in der Lage, im Vergleich zu ihrem Eigengewicht hohe Lasten aufzunehmen und diese sehr präzise zu positionieren. Ihr relativ geringer Arbeitsraum stellt hierbei keinen Nachteil dar.

In Fahr- oder Flugsimulatoren vermittelt die Stewart-Plattformen den Personen, die sich auf ihr befinden, Beschleunigungen, um so den visuellen Eindruck einer Bewegung zu verstärken. Daher kann eine Plattform ebenso eine Gegenbeschleunigung erzeugen, falls sich die Basis unter der Plattform bewegt.

In dieser Veröffentlichung wird zuerst die Stewart-Plattform als Lastaufnahmesystem auf einem mobilen Roboter vorgestellt und anschließend auf die Regelung dieses komplexen Systems eingegangen.

2   Stand der Forschung

Die Kombination einer Stewart-Plattform und eines mobilen Roboters ist ohne Vorbild. Die Idee wurde erstmals in [GD97] vorgestellt.

Die Folgen des Transportes einer Flüssigkeit in offenen Behältern wurde zuerst von Fukuda untersucht [FSS90]. Sein Ansatz diente jedoch nur zur Reduzierung der Konsequenzen und nicht zur Behebung der Ursachen.

Terashima und Schmidt prägten den Begriff *sloshing control*, worunter sie die Regelung des Schwallverhaltens von Flüssigkeiten verstanden [TS94]. Sie stellten Modelle auf, die über die Arbeit von Fukuda hinaus auch höhere Schwingungsmoden berücksichtigen. Des weiteren untersuchten sie die Abhängigkeit von der Behälterform [THS94, THS95], wobei die Bewegung des Fahrzeuges eindimensional bleibt.

Dennoch gab es auch hier keine aktive Kompensation der Beschleunigungen, sondern nur eine Reduzierung der Auswrikungen, indem der Beschleunigungsvorgang unterbrochen und anschließend wieder fortgesetzt wurde, was zu einer Beruhigung der Flüssigkeitsoberfläche führte. Daraus resultierte ein sehr unharmonisches Fahrverhalten sowie die Unmöglichkeit, dynamisch auf die Bewegung des Roboters Einfluß zu nehmen.

Will man die Dynamikeinflüsse eines autonomen, mobilen Roboters auf die Ladung kompensieren, braucht man daher ein aktives System, das eine gezielte Gegenbeschleunigung aufbaut.

Stewart-Plattform sind parallele Manipulatoren mit bis zu 6 Freiheitsgraden [Ste65]. Aufgrund ihrer symmetrischen Konstruktion haben sie ein sehr gutes Verhältnis von Eigengewicht zu Nutzlast und können diese darüberhinaus sehr genau positionieren.

3   Dynamikanalyse

Die Bewegung eines mobilen Roboters läßt sich durch die drei Koordinaten x, y, α sowie deren erster und zweiter Ableitung beschreiben. Da weder eine absolute Position noch eine konstante Geschwindigkeit Kräfte auf die Ladung ausüben, genügt es, die Beschleunigungen zu betrachten. Um unabhängig von dem verwendeten Roboter zu sein, werden deren Werte aus der globalen Position des Roboters errechnet. Die ebenso mögliche Entnahme der direkten Odometriedaten ist abhängig von dem verwendeten Roboter und für ein universelles System daher nicht geeignet.

Sofern die Umwelt, in der sich der Roboter bewegt, eben ist, reicht die Beschreibung mit diesen drei Werten. Sind Rampen oder Aufzüge vorhanden, so können die drei weiteren Beschleunigungen mittels Neigungs- bzw. Beschleunigungssensoren bestimmt werden.

Die linke Seite von Abbildung 3 zeigt die Relationen zwischen $x, \dot{x}$, und $\ddot{x}$ bei einer linearen Bewegung in x-Richtung.

4 Bewegungserzeugung

Die Position einer Stewart-Plattform wird durch die Koordinaten x, y, und z sowie die drei Winkel j, p, und r charakterisiert[1]. Dabei entspricht j der Orientierung α des mobilen Roboters.

Die Bewegungserzeugung mittels einer Stewart-Plattform erfolgt mit einem sogenannten Washout-Filter [GVD98]. Der Hauptbestandteil des Filters ist eine doppelte Integration, die aus den Beschleunigungsvorgaben Positionen für die obere Plattform berechnet, auf der die Ladung liegt. Zusätzliche Hoch- und Tiefpässe erlauben die Einstellung der Charakteristik des Filters. Des weiteren muß der Filter verhindern, daß die Servos in ihre Anschläge fahren, was zu sehr starken Erschütterungen führen würde.

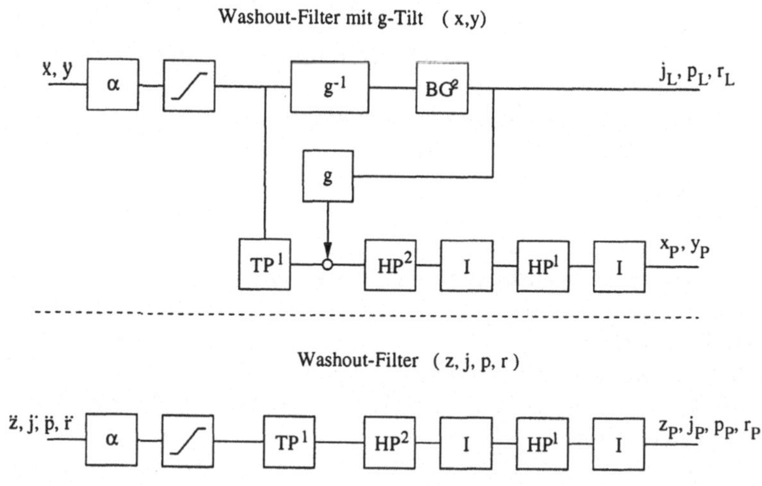

Abbildung 1: Aufbau des Washout-Filters mit und ohne g-Tilt

Aufgrund des beschränkten Arbeitsraumes der Plattform können nur kurze Beschleunigungs-Impulse in den sechs Koordinatenrichtungen aufgebaut werden, die langsam abklingen, so daß sich die Plattform wieder in ihre Mittellage zurück bewegt.

---

[1]Die Kürzel stammen von den Bezeichnungen *yaw*, *pitch* und *roll*

In der Fahrebene (xy-Ebene) des Roboters ist es unter Ausnutzung der Schwerkraft möglich, durch Neigen der Plattform länger anhaltende Beschleunigungen zu erzeugen. Dieser sogenannte g-Tilt ist in Abbildung 2 zu sehen.

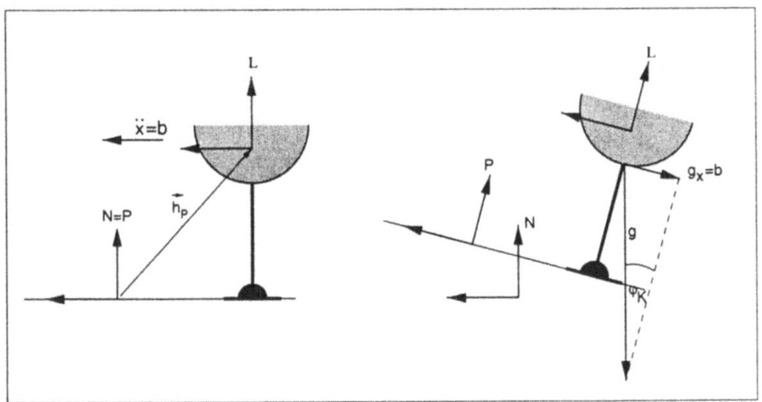

Abbildung 2: Ausnutzung der Schwerkraft zur Beschleunigungserzeugung

Das Neigen der Plattform muß dabei langsam vorgenommen werden, damit keine zu große Rotationsbeschleunigung erzeugt wird. Der bereits durch Neigen erzeugte Anteil der Beschleunigung wird von der Vorgabe abgezogen, so daß nur der verbleibende Rest den normalen Filter durchläuft (siehe Abbildung 1).

Die Bewegungsdaten für die Plattform liegen durch den Washout-Filter als Datenstrom der folgenden Werte vor[2]:

- Translatorische Position $\vec{x}_\mathcal{N}$

- g-Tilt Drehung $\vec{\varphi}_\mathcal{L}$ im Schwerpunkt der Ladung

- Drehung $\vec{\varphi}_\mathcal{P}$ infolge von Winkelbeschleunigung

Die von der Plattform auszuführende Bewegung ist durch folgende Transformation in homogenen Koordinaten gegeben:

$$\mathbf{P}_\mathcal{N} = \mathbf{T}(\vec{h}_\mathcal{N}) \cdot \mathbf{R}(\vec{\varphi}_\mathcal{L}) \cdot \mathbf{T}^{-1}(\vec{h}_\mathcal{N}) \cdot \mathbf{T}(\vec{x}_\mathcal{N}) \cdot \mathbf{R}(\vec{\varphi}_\mathcal{P}) \cdot \mathbf{P}_\mathcal{P} \tag{1}$$

Der Abstandsvektor $\vec{h}_\mathcal{P}$, der die Position des Schwerpunktes im $\mathcal{P}$-Koordinatensystem beschreibt, unterliegt dabei ebenfalls der Drehung $\vec{\varphi}_\mathcal{P}$ und ist deshalb vorher auf $\mathcal{N}$-Koordinaten $\vec{h}_\mathcal{N} = \mathbf{R}(\vec{\varphi}_\mathcal{P}) \cdot \vec{h}_\mathcal{P}$ zu transformieren.

Lineare Beispielfahrt

Die Reaktion der Plattform auf eine lineare Beschleunigung des Roboters in x-Richtung ist somit eine Überlagerung einer translatorischen Bewegung in x

---

[2]Alle Koordinatensysteme sowie deren Zusammenhänge werden in Abschnitt 5 vorgestellt.

und einer rotatorischen Bewegung um die y-Achse (Winkel P). Die translatorische Bewegung ist nur ein Impuls, wobei die Plattform anschließend wieder langsam in ihre Mittellage zurück bewegt wird, um immer den größtmöglichen Bewegungsspielraum zur Verfügung zu haben.

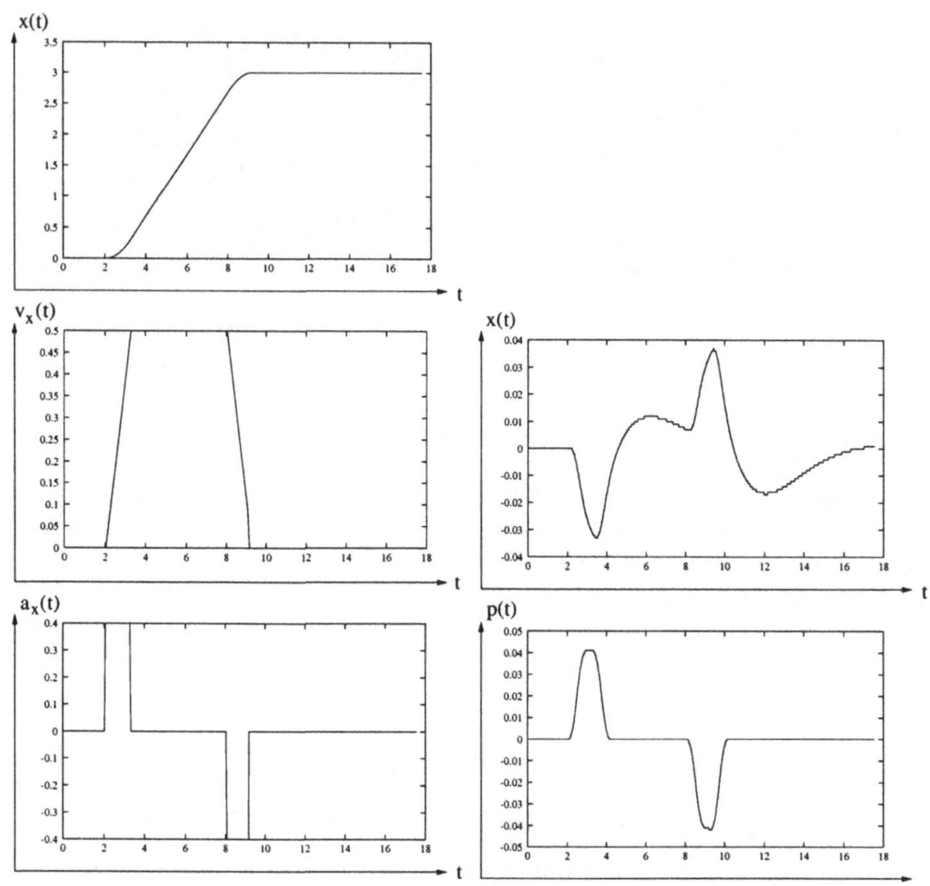

Abbildung 3: Lineare Beispielfahrt und Reaktion der Plattform

5 Kombination der Systeme

Das Gesamtsystem setzt sich aus dem holonomen, mobilen Roboter PRIAMOS und der Stewart-Plattform SPIKE zusammen, die noch näher erläutert werden.

Zur Erläuterung der Bewegungserzeugung werden die verwendeten Koordinatensysteme kurz vorgestellt, wie sie in Abbildung 4 zu sehen sind.

*W*elt ist die Umgebung, in der sich der mobile Roboter bewegt.

*F*ahrzeug ist das interne Koordinatensystem des Roboters.

*N*eutral ist fest mit dem unbeweglichen Teil der Plattform und damit auch mit dem Fahrzeug verbunden. Der Ursprung liegt im Mittelpunkt der oberen Plattform, sofern diese sich in ihrer Mittelstellung befindet, d.h. alle Servos in ihrer Mittellage stehen.

*P*lattform ist fest mit dem beweglichen Teil der Plattform verbunden. Ist die Plattform in der Mittellage, sind $\mathcal{N}$ und $\mathcal{P}$ identisch.

*L*adung hat seinen Ursprung im Schwerpunkt der Ladung, die auf der oberen Plattform steht. Die Relation zwischen $\mathcal{L}$ und $\mathcal{P}$ ist rein translatorisch und dient zur Anpassung der Plattformbewegungen an die jeweilige Ladung.

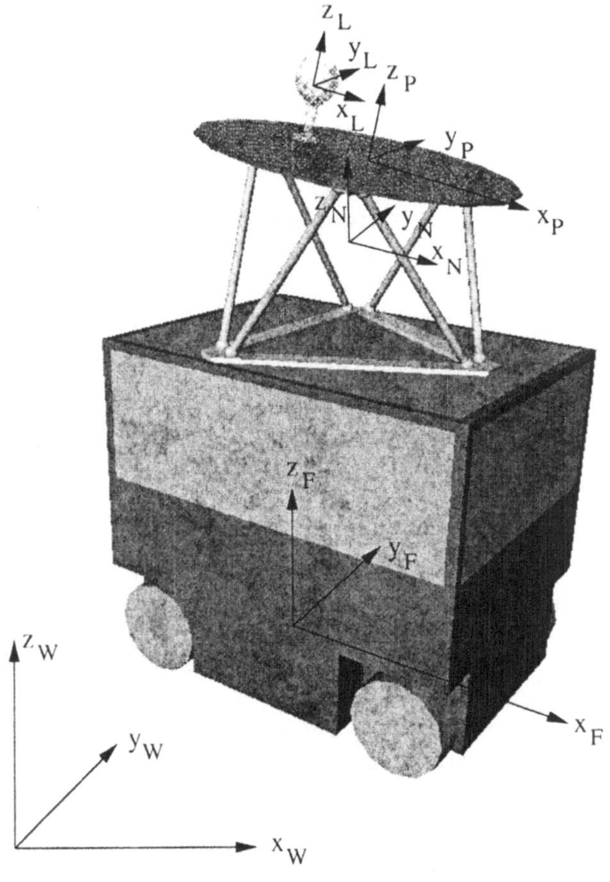

Abbildung 4: Koordinatensysteme der Kombination

Die Transformation von $\mathcal{W}$ nach $\mathcal{F}$ bestimmt die Position und Orientierung des Roboters in der Umwelt, die Transformation von $\mathcal{N}$ nach $\mathcal{P}$ beschreibt die geometrische Lage der oberen zur unteren Plattform.

Ziel der Kompensation ist, daß der Beschleunigungsvektor in $\mathcal{L}$ bezogen auf $\mathcal{N}$ bis auf das Vorzeichen der gleiche ist wie in $\mathcal{F}$ bezogen auf $\mathcal{W}$. Da $\mathcal{N}$ und $\mathcal{F}$ fest verbunden sind, ist somit der Beschleunigungsvektor in $\mathcal{L}$ bezogen auf $\mathcal{W}$ gleich Null.

Regelung des Gesamtsystems

Die Regelstruktur dieser Kombination setzt sich aus insgesamt 6 Modulen zusammen, wie sie in Abbildung 5 zu sehen sind.

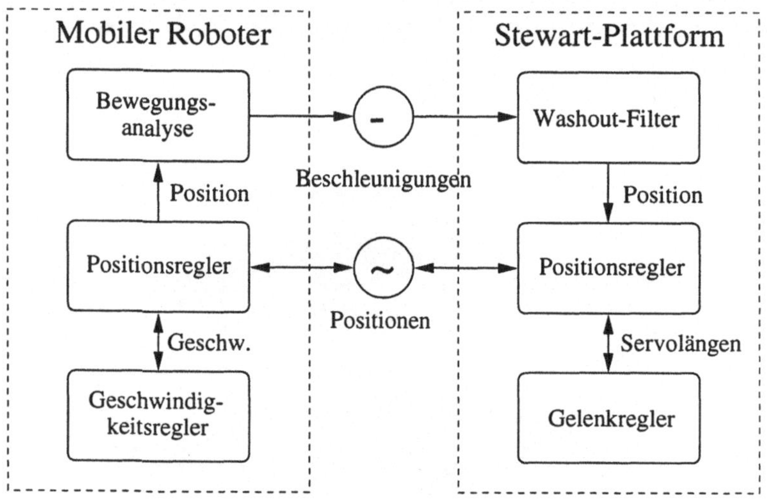

Abbildung 5: Regleraufbau des Gesamtsystems

Die Struktur gliedert sich in zwei Teile, den mobilen Roboter und die Stewart-Plattform. Der Roboter hat auf unterster Ebene einen Geschwindigkeitsregler und darüber einen Positionsregler. Dessen Angaben über die globale Position des Roboters benutzt das Bewegungsanalysemodul, um die Beschleunigungen zu berechnen. Durch die Abtrennung von der Kinematik des Roboters ist die Integration von Sensoren möglich.

Der Beschleunigungsvektor des Fahrzeuges wird invertiert und an den Washout-Filter der Plattform-Steuerung übergeben, der daraus Positionen errechnet. Der Positionsregler berechnet über die Kinematik die Längen der Servos, die der Gelenkregler einregelt.

Eine Regelung auf Beschleunigungsebene ist nicht realisierbar, da die Plattform ohne g-Tilt nur kurze Impulse erzeugen kann. Da der g-Tilt der anderen Bewegung überlagert wird, ist auch mit ihm keine geschlossene Regelschleife zu erzielen.

Neben der Kopplung auf Beschleunigungsebene ist auch die Kopplung auf Positionsebene möglich. Die Stewart-Plattform ist somit bei Docking-Manövern in der Lage, Positionsungenauigkeiten der mobilen Plattform auszugleichen. Umgekehrt ist es möglich, durch Bewegen des mobilen Roboters den Arbeitsraum der Plattform in x- und y-Richtung zu vergrößern.

6 Ergebnisse

Abbildung 6 zeigt die Trajektorie des Roboters in der $x - y$-Ebene. Die Diagramme in Abbildung 7 zeigen in der obersten Grafik jeweils für die x- und für die y-Koordinate die Beschleunigungen des Fahrzeugs. In den Kurven darunter sind die translatorische und rotatorische Bewegung der Plattform in x und p bzw. in y und r über die gleiche Zeitachse zu sehen.

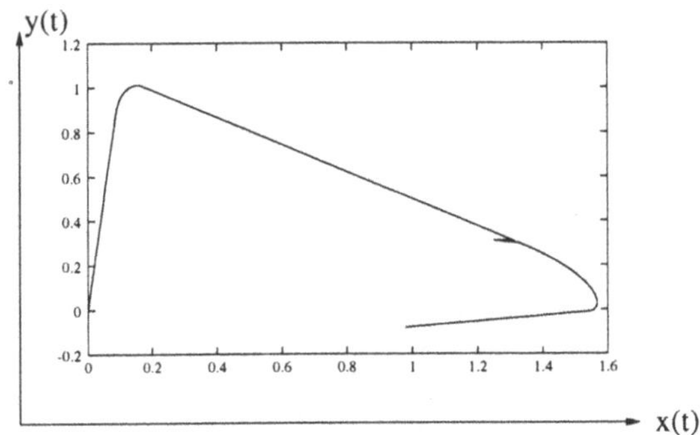

Abbildung 6: Trajektorie in der $x - y$-Ebene

In den Verlaufskurven für die x- und die y-Koordinate der Plattform sieht man die Tendenz des Filters, die Plattform wieder in die Mittellage zurück zu bewegen.

Berechnet man aus den rotatorischen Kurven über die Gravitation die dazugehörigen Beschleunigungen, so ergibt sich bis auf das Vorzeichen exakt der Wert der zu kompensierenden Beschleunigung.

7 Zusammenfassung und Ausblick

Es wurde gezeigt, daß die Verwendung einer Stewart-Plattform als aktives Lastaufnahmesystem eines mobilen Roboters dazu geeignet ist, ein Objekt frei von transversalen Beschleunigungen zu transportieren.

Der hier vorgestellte Washout-Filter bewegt die Plattform in der Art, daß die Bewegungen des mobilen Roboters ausgeglichen werden. Durch die Unabhängigkeit von dem mobilen Roboter ist auch eine Kombination mit einem beliebigen Fahrzeug möglich.

Die Anwendungsgebiete dieser Kombination gehen weit über Transportaufgaben hinaus. So ist es ebenso möglich, eine Satellitenantenne auf einem Schiff stabil auszurichte oder die Kamera in einem Kraftfahrzeug zum automatischen Fahren mechanisch zu stabilisieren statt die Fahrzeugbewegungen aus den Bildern heraus zu rechnen.

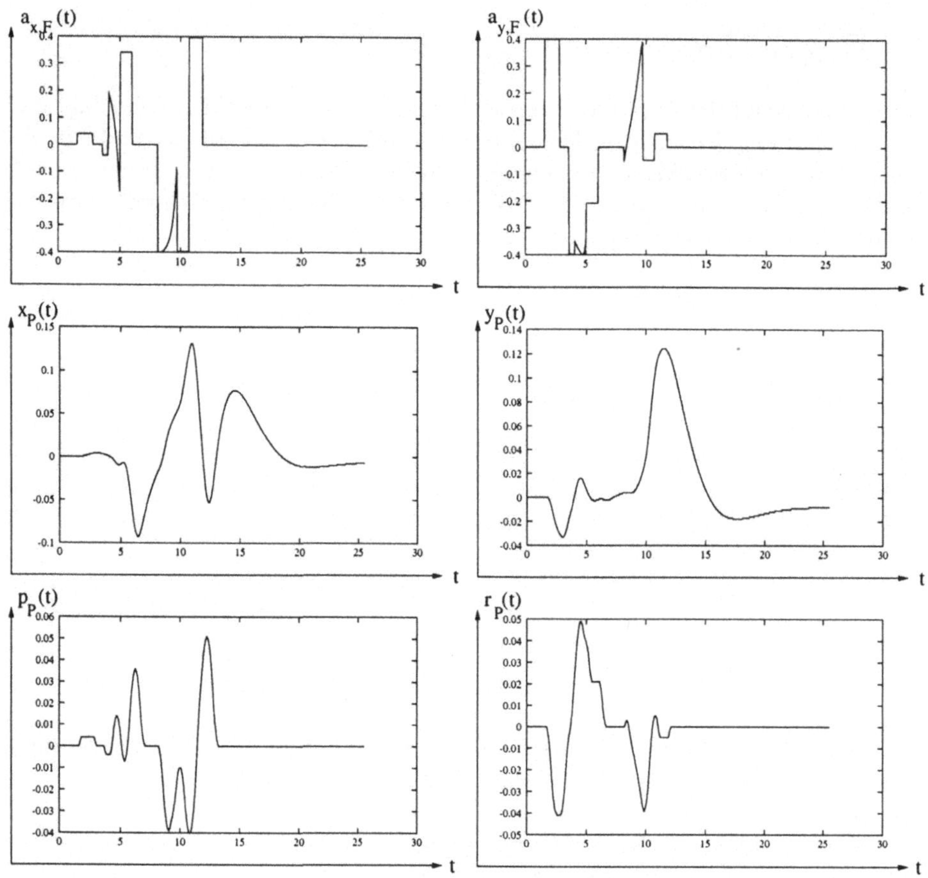

Abbildung 7: Beschleunigungen und Antwort der Plattform

Die Kopplung auf Positionsebene eröffnet weitere Möglichkeiten zu Assistenzsystemen, die dem Menschen helfen, mit wenig Kraft eine schwere Last sehr genau zu positionieren.

8 Danksagung

Diese Arbeit wurde am Institut für Prozeßrechtechnik und Robotik (IPR), Prof. Dr.-Ing. U. Rembold, Prof. Dr.-Ing. H. Wörn, Prof. Dr.-Ing. R. Dillmann, Fakultät für Informatik, Universität Karlsruhe durchgeführt.

Literatur

[FSS90] T. Fukuda, A. Suzuki, and H. Shibata. Active suppression control of fluid vibration in a container. In *Transactions of the JSME*, volume 56, pages 99–106, 1990.

[GD97] R. Graf and R. Dillmann. Aktive Beschleunigungskompensation mittels einer Stewart-Plattform auf einem mobilen Roboter. In *Autonome Mobile Systeme - AMS 97*, Oktober 1997.

[GVD98] R. Graf, R. Vierling, and R. Dillmann. A flexible controller for a stewart platform. In L.C. Jain and R.K. Jain, editors, *2nd international Conference on Knowledge-based intellegent electronic systems- KES 98*, volume 2, pages 52–59. Adelaide, AU, April 1998.

[Ste65] D. Stewart. A platform with six degrees of freedom. In *Institution of mechanical engeneering (London)*, 1965.

[THS94] K. Terashima, M. Hamaguchi, and G. Schmidt. Sloshing analysis and transportation control of rectangular liquid tank. In E. Shimemura, editor, *First Asian Control Conference, (1st ASCC)*, pages 773–776. Tokyo, July 27-30 1994.

[THS95] K. Terashima, M. Hamaguchi, and G. Schmidt. Motion control of an automotive carte based cylindrical container considering suppression of liquid oscillation on a curve track transfer. In *Int. Federation of Automatic control (IFAC) Motion Control*, pages 845–852. Munich, Oct. 9-11. 1995.

[TS94] K. Terashima and G. Schmidt. Motion control of a cart-based container considering suppression of liquid oscillations. In *International Symposium on Industrial Electronics. IEEE/ISIE' 94*, pages 275–280. Santiago - Chile, May 25-27 1994.

Ein evolutionärer Algorithmus zur lokalen Manipulatorwegeplanung

Ralf Corsépius

Forschungsinstitut für Anwendungsorientierte Wissensverarbeitung (FAW)
Postfach 2060, D-89010 Ulm
Tel.: +49/731/501-8690
corsepiu@faw.uni-ulm.de

Zusammenfassung Im vorliegenden Beitrag wird ein einfacher, evolutionärer Algorithmus zur konfigurationsraumbasierten, lokalen Wegeplanung von Manipulatoren beschrieben. Dabei realisiert der evolutionäre Algorithmus eine probabilistische Suche nach einen Pfad im Konfigurationsraum, der Kriterien im Arbeits- und im Konfigurationsraum zur Bewertung einzelner Stützstellen heranzieht. Da hierbei die Inverse Kinematik umgangen wird, kann der Algorithmus auch zur Wegeplanung für hochdimensionale und redundante Manipulator eingesetzt werden.

1 Motivation

Der Einsatz von Manipulatoren auf mobilen Robotern (mobile Manipulatoren) unterscheidet sich grundsätzlich vom herkömmlichen Einsatz von stationären Manipulatoren, wie er zum Beispiel in der Industrie vorzufinden ist. Während dort Bahnplanung von Manipulatoren auf typischerweise wenige, vorab programmierte, hochgenaue Bahnen in genau einer bekannten, oftmals statischen Umgebung beschränkt wird, bestehen bei mobilen Manipulatoren Anforderungen dahingehend, in unterschiedlichen, wechselnden, sensoriell wahrgenommenen Arbeitsräumen unter echtzeitnahen Bedingungen agieren zu können.

Heutzutage sind derartige Systeme nur mit Einschränkung realisierbar, da die hierzu notwendigen technischen Voraussetzungen nur partiell erfüllt werden können, bzw. weil hierzu benötigte Algorithmen (noch) nicht verfügbar sind. Für praktische Anwendungen mobiler Manipulation werden Handhabungsabläufe deshalb meist auf einfachste Vorgänge, beispielsweise parametrierte Bahnen, in mehr oder weniger stark strukturierten Umgebungen beschränkt, sowie einfache Manipulatoren mit stark eingeschränkten Manipulationsmöglichkeiten und geringer Zahl von Freiheitsgraden eingesetzt.

Eine Möglichkeit um komplexere Manipulationsvorgänge ausführen zu können, besteht darin, Manipulatoren mit größerer Anzahl von Freiheitsgraden einzusetzen. Daraus folgt unmittelbar die Notwendigkeit auch aktorische und planerische Vorgänge on-line, d.h. unter zeitlichen Rahmenbedingungen von wenigen Minuten bis zu wenigen Minuten durchführen zu können.

2 Vorüberlegungen

Bahnplanung ist ein seit vielen Jahren bearbeitetes zentrales Thema in der Robotik. Für einen Überblick über gängige Algorithmen sei an dieser Stelle auf Latombe [8] und die darauf zurückgreifenden Arbeiten [7],[9], [13] und [3] verwiesen.

2.1 Konfigurationsraum- / Arbeitsraumplaner

Zunächst können konfigurationsraum- und arbeitsraumbasierte Bahnplaner unterschieden werden. Während erstere ihre zugrundeliegenden Berechnungen im Raum der Gelenkwinkel (*Konfigurationsraum*, engl. *joint space* oder *configuration space*) durchführen, arbeiten letztere auf Berechnungen im Arbeitsraum (engl. *work space*, Abbildung des Konfigurationsraums in den kartesischen Raum) des Roboters. Die Transformation vom Konfigurationsraum in den Arbeitsraum erfolgt durch Lösen der sogen. *Vorwärtslösung* der Kinematik, die Umkehrung durch die sogenannte *Rückwärtslösung* oder auch *Inverse Kinematik*.

Während die Vorwärtslösung in der Regel einfach und analytisch zu ermitteln ist, ist die Rückwärtslösung im Allgemeinen nicht geschlossen bestimmbar. Für gängige Roboterkinematiken mit weniger als sechs Freiheitsgraden sind entsprechende Lösungen in der Literatur beschrieben [5,10]. Kinematiken mit mehr als sechs Freiheitsgraden (redundante Kinematiken) entziehen sich jedoch einer allgemeingültigen geschlossenen Lösung der Inversen Kinematik.

Da Konfigurationsraumplaner grundsätzlich ohne Inverse Kinematik auskommen, sind sie für größere Anzahlen von Freiheitsgraden ehe geeignet wie Arbeitsraumplaner. Andererseits sind Zielvorgaben im Konfigurationsraum in der Praxis nur schwer handhabbar, weshalb oftmals trotzdem die Inverse Kinematik erforderlich ist [13].

2.2 Globale / Lokale Planer

Grundsätzlich sind zwei Arten von Bahnplanungsalgorithmen zu unterscheiden: Globale Planer und lokale Planer.

Globale Planer sind typischerweise vollständig in dem Sinne, dass sie eine Lösung finden, sofern sie existiert. Nachteilig wirkt sich jedoch aus, dass der benötigte Planungsaufwand im Allgemeinen exponentiell mit der Anzahl der berücksichtigten Freiheitsgrade ansteigt. Für Systeme mit größerer Anzahl von Freiheitsgraden können sie deshalb meist nur off-line eingesetzt werden.

Lokale Planer hingegen beschränken den berücksichtigten Planungshorizont auf eine lokale Umgebung und sind deshalb in der Regel schneller als globale Planer, liefern jedoch nur lokal gültige Lösungen, die nicht notwendigerweise identisch mit der globalen Lösung sind.

Lokale Planer weisen typischerweise die Eigenschaft auf, anstatt der gesuchten (globalen) Lösung oftmals in lokalen Lösungen „steckenzubleiben", d.h. im

Sinne der Optimierungstheorie ein lokales Minimum anstelle des eigentlich gesuchten globalen Minimums zu finden. Eine Möglichkeit dieses Problem anzugehen, besteht darin, durch einen lokalen Planer gefundene Lösungen als Stützstellen in einen Graphen einzutragen und diesen Graphen durch Suchalgorithmen (z.B. Dijkstra-Algorithmus) auszuwerten. Vertreter derartiger Algorithmen in der Bahnplanung sind z.B. in den Arbeiten von Kavraki ([7], Roadmaps), Ahuacztin ([1], Expore-Task) oder Braun/Corsépius ([13]) verwendet.

2.3 Optimierungsproblem

Das Bahnplanungsproblem kann auch als Lösung eines hochdimensionalen nichtlinearen (Pareto-) Optimierungsproblems aufgefaßt werden. Grundsätzlich sind deswegen alle bekannten Lösungsverfahren für derartige Aufgaben als Lösungsansatz geeignet.

Jedoch scheiden die meisten klassischen Optimierungsansätze, wie z.B. die dynamische Programmierung aufgrund ihrer hohen Komplexität (meist $> O(m^n)$, mit m Anzahl der Diskretisierungsstufen pro Freiheitsgrad und n Anzahl der Freiheitsgrade) und der daraus resultierenden hohen Speicher- oder Rechenleistungsanforderungen für praktische Anwendungen, insbesondere für On-line-Bahnplanung von Robotersystemen, aus.

Interpretiert man die Bahnplanungsproblematik als hochdimensionales Suchproblem, so bieten sich evolutionäre Algorithmen [2] als Ansatz zur Lösungsfindung an, da sie aufgrund ihrer probabilistischen Eigenschaften in der Lage sind auch in hochdimensionalen Problemstellungen in einer Vielzahl von Fällen eine schnelle Lösung zu finden.

3 Evolutionäre Algorithmen

Der Begriff evolutionäre Algorithmen wird in neuerer Literatur [2,?]als Oberbegriff für eine Reihe von bekannten, seit ca. Anfang der 60er Jahre unabhängig entwickelten Algorithmen gebraucht, zu denen unter anderem auch die Genetischen Algorithmen, die Evolutionäre Programmierung sowie die Evolutionäre Strategien gehören.

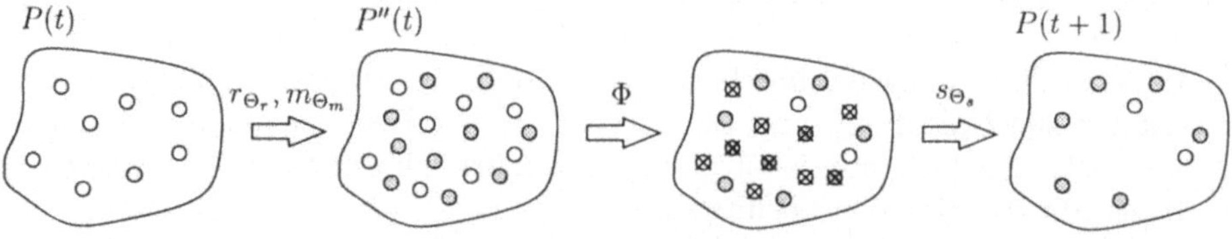

Abbildung1. Entwicklung der Population eines evolutionären Algorithmus

Sie weisen im wesentlichen das gleiche in Abb. 2 und Abb. 1 dargestellte Ablaufschema auf, unterscheiden sich jedoch in Details und insbesondere in der Historie ihrer Entstehung.

$t := 0$
initialize $P(0) := \{a_1(0), ..., a_\mu(0)\} \in I^\mu$;
evaluate $P(0) : \{\Phi(a_1(0)), ..., \Phi(a_\mu(0))\}$;
while $(\iota(P(t)) \neq$**true**) **do**
      recombine: $P'(t) := r_{\Theta_r}(P(t))$;
      mutate: $P''(t) := m_{\Theta_m}(P'(t))$;
      evaluate $P''(t) : \{\Phi(a_1''(t)), ..., \Phi(a_\lambda''(t))\}$;
      select: $P(t+1) := s_{\Theta_s}(P''(t) \cup Q)$;
      $t := t+1$;
od

Abbildung2. Allgemeiner evolutionärer Algorithmus (nach Bäck [2])

Allen gemeinsam ist, dass eine Population $P(t)$ von Individuen a_i einem Zyklus unterworfen wird, der der Evolution biologischer Populationen nachempfunden ist. Dabei wird durch Rekombination r_{Θ_r} und Mutation m_{Θ_m} wird aus einer bestehenden Population $P(t)$ eine neue Population $P''(t)$ erzeugt. Individuen dieser Population werden einer Bewertung Φ (Evaluation) unterzogen. Vereinigt mit einer Menge Q von zusätzlich hinzukommenden Individuen wird daraus anschließend durch einen Selektionsalgorithmus s_{Θ_s} eine neue Anfangspopulation $P(t+1)$ für einen neuen Evolutionszyklus ausgewählt wird. Der Algorithmus terminiert, wenn ein oder mehrere Individuen ein Abbruchskriterium ι erfüllen.

4 Ansatz

Die Grundidee dabei besteht darin, die Stellung eines Manipulators im Konfigurationraum als ein Individuum einer evolutionären Population zu betrachten, das anhand von Arbeitsraum- und Konfigurationsraum-Fitnesskriterien einem evolutionären Prozess (siehe Abs. 3) unterworfen wird.

4.1 Ausgangsfragestellung

Gegeben sei:

1. Die momentane Stellung eines Manipulators im Konfigurationraum:

$$\vec{\varphi} = (\varphi_1 ... \varphi_n)$$

2. Die Vorwärtskinematik des Manipulators beschrieben als kinematische Kette in der Notation als Kette von homogenen Transformationen (hier Denavit-Hartenberg-Transformationen)

$$^0T_n(\vec{\varphi}) = {}^0T_1(\varphi_1) *^1 T_2(\varphi_2) * ... *^{n-1} T_n(\varphi_n)$$

3. Die Stellung eines Zielobjektes in Arbeitsraumkoordinaten, beschrieben als homogene Transformation:

$$^{0}T_{goal} =^{0} T_{goal}(\vec{x}) =^{0} T_{goal}(x_{goal}, y_{goal}, z_{goal}, \alpha_{goal}, \beta_{goal}, \gamma_{goal})$$

Gesucht ist eine Stellung $\vec{\varphi}$ im Konfigurationsraum des Manipulators, die eine Fitnessfunktion $f(\vec{\varphi}, ^{0}T_{n}(\vec{\varphi}), ^{0}T_{goal})$ minimiert.

4.2 Evolutionsstrategie

Die entwickelte Evolutionsstrategie stellt eine Spezialisierung des in Abs. 3 dargestellten Algorithmus dar.

Als Anfangspopulation $P(0)$ wird dabei die momentane Stellung des Manipulators im Konfigurationsraum $\vec{\varphi}$ (d.h. Populationsgröße $\mu = 1$) herangezogen. Aus dieser wird in der Initialisierungsphase durch lokal beschränkte, zufällige Variation der Komponenten von $\vec{\varphi}$ eine neue Population $P''(1)$ erzeugt (typische Populationsgröße $\mu = 50$).

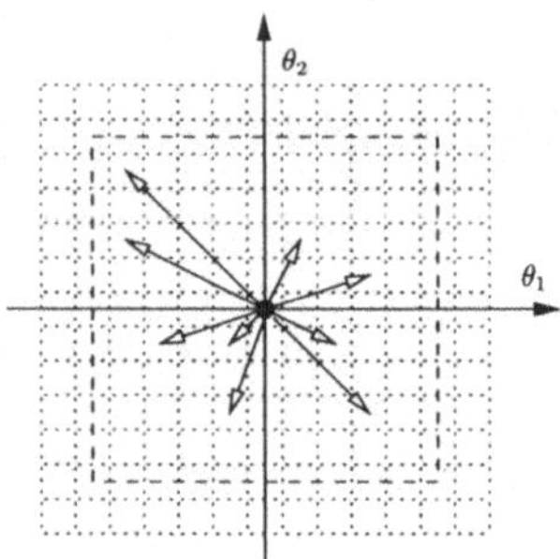

Abbildung3. Lokaler Suchbereich eines Individuums im Konfigurationsraum.

Jedes einzelne Individuum der Population $P''(t)$ wird einer anschließenden Evaluation mittels Fitnessfunktionen unterzogen, die aus verschiedenen Konfigurationsraum- und Arbeitsraumkriterien eine kombinierte Bewertung der durch ein Individuum eingenommenen Stellung des Manipulators vornehmen. Aus der entstandenen Population wird in einem nachfolgenden Selektionsschritt eine Untermenge von Individuen (typischerweise 5) in eine neue Ausgangspopulation für den nächsten evolutionären Zyklusschritt übernommen, die die besten Fitnesswerte einer Population aufweisen.

Der Algorithmus terminiert, wenn ein Individuum der evolutionären Population ein vorgegebenes Erfolgskriterium (z.B. Hinreichend kleiner Abstand zwischen $^{0}T_{n}$ und $^{0}T_{goal}$) erreicht oder innerhalb einer vorgegeben Anzahl von Zyklen keine Verbesserung des Fitnesswertes des besten Individuums der Populationen erzielt werden könnte (Planungsabbruch).

Der gesuchte Pfad ergibt sich aus der akkumulierten Historie

$$\vec{\varphi}(t=0), .., \vec{\varphi}(t=t_{end})$$

des gewinnenden Individuums.

4.3 Fitnessfunktionen

Zur Evaluation einer einzelnen Stellung können nahezu beliebige Konfigurations- und Arbeitsraum-Fitnessfunktionen sowie Kombinationen daraus herangezogen werden. Durch unterschiedlich zusammengesetzte Fitnessfunktionen in Verbindung mit unterschiedlichen Abbruchkriterien können unterschiedliche Verhaltensmuster eines Manipulators, wie zum Beispiel Annäherungs-, Abrück- und Befreiungsmanöver realisiert werden.

Fitnessfunktionen im Konfigurationsraum Fitnessfunktionen im Konfigurationsraum bewerten ausschließlich die momentanen Werte der Stellung $\vec{\varphi}$ des Manipulators im Konfigurationsraum. Sie können herangezogen werden, Gelenkwinkelbeschränkungen in den Planungsvorgang einfließen zu lassen. Als sinnvoll haben sich hier binäre Bewertungen („Winkel ist innerhalb der zulässigen Begrenzungen"), und Bewertungen des minimalen Abstandes zu Gelenkwinkelbeschränkungen erwiesen.

Fitnessfunktionen im Arbeitsraum

1. *Vergleich Endeffektorstellung* $^{0}T_n$ *mit Stellung des Zielobjektes* $^{0}T_{goal}$: Durch geeignete, *vom Zielobjekt abhängige Bewertungen* können unterschiedliche Annäherungsmanöver für unterschiedliche Zielobjekte realisiert werden, z.B. omnidirekte Annäherung an ein Zielobjekt durch Bewertung der kartesischen Abstände, axiale Annäherung an einen Zylinder durch Bewertung der auf einem Greifer senkrecht stehenden Koordinatenachse mit der Hauptachse des Zylinders.
2. *Bewertung der Endeffektorstellung* $^{0}T_n$: Sie können dazu verwendet werden, dass der Endeffektor im Verlauf eines Planungsvorganges bestimmte Arbeitsraumsnebenbedingungen bevorzugt, wie z.B. eine Bewertung der Rotationsanteile von $^{0}T_n$ dazu verwendet werden kann, den Endeffektor in bestimmten Vorzugsorientierungen (z.B. parallel zur Bodenfläche) zu halten.
3. *Abstände zwischen Objekten im Arbeitsraum*: Sie dienen einerseits der Kollisionsvermeidung, können aber anderseits dazu herangezogen werden, dass freie Bereiche des Arbeitsraums während der Planung bevorzugt werden („Freiraummitte"-Verhalten).

Kombinierte Fitnessfunktionen Grundsätzlich ist es möglich, beliebige Rechenvorschriften für kombinierte Fitnessfunktionen aufzustellen. Da sie vom angestrebten Manöver abhängig sind sowie schon jede einzelne Fitnessfunktion eine große Anzahl von Wahlmöglichkeiten zuläßt, stellt das Aufstellen von kombinierten Fitnessfunktionen keine einfach Aufgabe dar.

5 Ergebnisse

Der in diesem Artikel vorgestellte Ansatz ist Gegenstand laufender Forschungsarbeiten und wird in Simulationen verschiedener Manipulatorkinematiken (Abb. 4) in hindernisfreien und hindernisbehafteten Arbeitsräumen untersucht und weiterentwickelt.

Abbildung4. Beispiele für Simulationsmodelle: Links Industrieroboter, rechts „Schlangenartiger" Manipulator mit 16 DOM

In der Simulation wird auf ein selbstentwickeltes Simulationssystem zurückgegriffen, dass mit Hilfe von objekt-orientierten, drei-dimensionalen, geometrisch-topologischen, kinematischen Weltmodellen [11,12], die Simulation von Manipulatoren und deren Umwelt, inklusive 3D-Animation und Kollisions-/Abstandsrechnung unter echtzeitnahen Bedingungen auf Standard-Hardware ermöglicht.

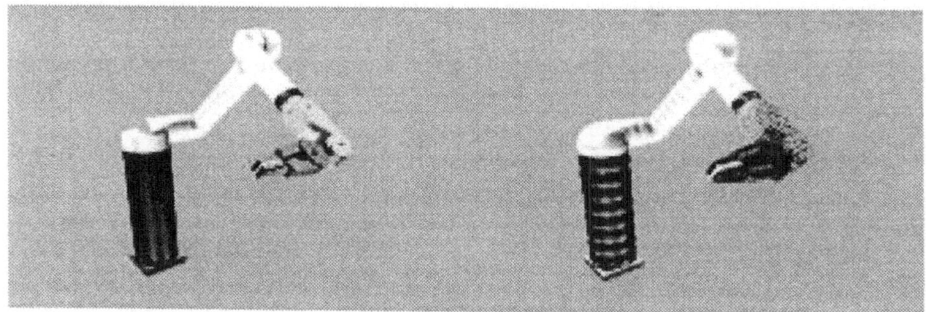

Abbildung5. Modell eines MANUS-Manipulators (links: Geometrie Modell, rechts: Modell zu Kollisions-/Abstandsrechnung).

Zusammenfassend kann festgehalten werden, dass ein einfacher, lokaler Wegeplanungsalgorithmus für Manipulatoren entwickelt wurde, der einerseits auf die Kombination und Erweiterung bekannter Algorithmen [9,2,8], sowie deren gezielte Adaption auf eine Anwendung zurückgreift, anderseits hierdurch Probleme konventioneller Wegeplanungsalgorithmen umgeht.

Hervorzuheben ist diesbezüglich die Vermeidung der Notwendigkeit der Verwendung der Inversen Kinematik, da die eigentliche Suche nach einer Lösung im Konfigurationsraum stattfindet, die Bewertung erreichter Zwischenlösungen aber sowohl im Arbeits- als auch im Konfigurationsraum stattfinden kann (Implizites iteratives Lösen der Inversen Kinematik).

Auch können hierdurch zahlreiche Nebenbedingungen bei der Lösungsfindung berücksichtigt werden (z.B. gegriffenes Objekt darf nicht gekippt werden), die sich in anderen, insbesondere bei reinen konfigurations- oder arbeitsraumbasierten, Planungsverfahren nur schwer einbinden lassen.

Dies ermöglicht einerseits die Verwendung dieses Ansatzes auch für hochredundante Manipulatorkinematiken anderseits auch die Realisierung komplexer Manipulationsmanöver.

Der Berechnungsaufwand und damit die zur Planung benötigte Zeit liegt höher als bei anderen neueren schnellen Wegeplanungsalgorithmen [3,13]. Allerdings können die sich hierdurch ergebenden Nachteile in speziellen Anwendungen durch die Skalierbarkeit des Algorithmus (Anzahl μ der Individuen in einer Population, Größe des lokales Variationsbereiches bei der Generation eines Individuums) jedoch zumindest teilweise kompensiert werden.

Wie andere lokale Planungsalgorithmen auch, so weist auch dieser die Eigenschaft auf in lokalen Minima "steckenzubleiben", d.h. die Konvergenz gegen eine globale Lösung kann nicht garantiert werden. Hier bietet sich die Möglichkeit der Kombination mit globalen Planungsverfahren [7,4,13] als Abhilfe an.

6 Ausblick

Der vorgestellte Algorithmus stellt eine erste Realisierung dieses Ansatzes dar und läßt deshalb noch eine Reihe von Entwicklungsmöglichkeiten offen. So wurde der evolutionäre Algorithmus bisher bewußt einfach gehalten und auf den Einsatz von sonst bei evolutionären Algorithmen gängigen Methoden verzichtet, wie z.B. die Verwendung von Cross-Over, Gauss-verteilte Auswahl von Individuen aus der Elternpopulation bei Generation einer neuen Population, Gauss-verteilte Streuung der Mutationsrate um ein Elternindividuum herum.

Auch stellt die Fragestellung nach der Realisierung von allgemeingültigen, kombinierten Fitnessfunktionen zum Erreichen von sinnvollen Verhaltensmustern eine noch weitgehend offene Frage dar und ist Gegenstand laufender Arbeiten.

Danksagungen

Teile der hier beschriebenen Arbeiten gehen auf Arbeiten im Projekt AMOS (gefördert durch das BMBF) zurück, die im SFB 527 „Integration symbolischer und

168

subsymbolischer Informationsverarbeitung in adaptiven sensomotorischen Systemen" (gefördert durch die Deutsche Forschungsgemeinschaft) weiterentwickelt wurden.

Literatur

1. Ahuactzin Larios, J.-M.:*Le fil d'Ariadne: Une méthode de planification générale. Application à la planification automatique de trajectoires.* Dissertation, LIFIA, Genoble, 1994.
2. Bäck, Th.: *Evolutionary Algorithms in Theory and Practice.* Oxford University Press, 1996.
3. Baginski, B.: *Motion Planning for Manipulators with Many Degrees of Freedom – The BB-Method.* Dissertation, Fakultät für Informatik., Technische Universität München, 1998
4. Bessière, P., Ahuactzin, J.-M., Talbi, E.-G. und Mazer, E.: *The „Ariadne's Clew" Algorithm: Global Planning with Local Methods.* In Proc. IEEE Conference On Intelligent Robots and Systems (IROS), Yokohama, Japan, 1993.
5. Canudas de Wit, C., Siciliano, B. und Bastin, G.: *Therory of Robot Control.* Springer, London, 1997.
6. Heitkötter, J. und Beasley, D. (Herausgeber): *The Hitch-Hiker's Guide to Evolutionary Computation: A list of Frequently Asked Questions (FAQ).* USENET:comp.ai.genetic, ftp://rtfm.mit.edu/pub/usenet/news.answers/ai-faq/genetic/, ca. 110 Seiten, 1999.
7. Kavraki, L.E.: *Random Networks in Configuration Space For Fast Path Planning.* Dissertation, Stanford University, 1994.
8. Latombe, J.-C.: *Robot Motion Planning.* Kluwer Academic Press, 1991.
9. Quinlan, S.: *Real-Time Modification of Collision-Free Paths.* Dissertation, Stanford University, 1994.
10. Sciavicco, L. und Siciliano, B.: *Modeling and Control of Robot Manipulators.* McGraw-Hill International, New York, 1996.
11. Corsépius, R.: *AMOS: World Modelling for Autonomous Mobile Manipulators.* 7th ANS Topical Meeting on Robotics and Remote Systems, Augusta/GA, 1997.
12. Corsépius, R.: *AMOS: Computation of Spatial Relations for Interaction of Symbolic and Subsymbolic Information Processing.* 8th ANS International Topical Meeting on Robotics and Remote Systems, Pittsburgh/PA, 1999.
13. Braun, B. und Corsépius, R.: *AMOS: Schnelle Manipulator-Bewegungsplanung durch Integration potentialfeldbasierter lokaler und probabilistischer Algorithmen.* Autonome Mobile Systeme, 12. Fachgespräch, München 1996.

Visuelles Reinforcement-Lernen zur Feinpositionierung eines Roboterarms über kompakte Zustandskodierung

J. Zhang, G. Brinkschröder und A. Knoll

Technische Fakultät, Universität Bielefeld, 33501 Bielefeld

Zusammenfassung Diese Arbeit beschreibt eine hybride Methode zur Zustandsrepräsentation bei visuell geführter Feinpositionierung eines Roboterarms. Mit dieser Repräsentation kann ein Regler zum Greifen eines bestimmten Objektes, das sich an einer beliebigen Position befindet, über Reinforcement-Lernen automatisch erzeugt werden. Eine Positionierungsaufgabe mit drei Freiheitsgraden wird in mehrere Teilaufgaben gegliedert, die jeweils von einem darauf spezialisierten Lerner gelöst wird. Jeder dieser Lerner erhält eine eigene, speziell auf seine Aufgabe zugeschnittene Zustandskodierung. Basierend auf einer Hauptkomponentenanalyse (PCA) kann die Orientierung eines beliebigen Objektes korrekt kodiert werden.

1 Einführung

Die klassischen Methoden zum visuell geführten Greifen basieren auf Hand-Auge-Kalibration. Dies ist in der Regel sehr aufwendig und fehleranfällig. Hinzu kommt, daß die Kalibrierung jedesmal neu durchgeführt werden muß, wenn sich an der Versuchsanordnung etwas ändert. Eine Alternative sind lernende Verfahren. Überwachtes Lernen basiert auf adaptiven *universellen Funktionsapproximatoren* [7]. Um sich zu konfigurieren, benutzen sie eine Reihe von *Trainingsbeispielen*, auf die eine *Lernregel* angewendet wird. Trainingsbeispiele sind in diesem konkreten Fall Kamerabilder und die zugehörigen, gewünschten Roboterbewegungen. Diese Verfahren sind nur während der Trainingsphase adaptiv. Das bedeutet, daß das System in der Anwendungsphase nicht mehr selbständig auf Veränderungen reagieren kann. Beispielsweise könnte irgendwann gewünscht werden, daß das Objekt auf eine andere Weise gegriffen wird. Es muß dann mit neuen Beispielen wieder trainiert werden. Beim *Reinforcement-Lernen* [2] wird nicht zwischen Training und Anwendung unterschieden. Es wird lediglich eine *Belohnung* für eine erfolgreiche Positionierung vergeben. Aus diesen Belohnungen lernt das System. Da die Belohnungen ständig vergeben werden, kann das System ständig dazulernen und sich so auch an Veränderungen anpassen.

Obwohl das Reinforcement-Lernen in einigen mobilen Robotersystemen eingesetzt wird [5], findet man nur wenige Anwendungen in sensorbasierten Manipulationsaufgaben. Die Arbeit [4] beschreibt ein experimentelles Verfahren zum Lernen von Greifen mit Zweifinger-Greifern. Ein modulares neuronales Netz wird trainiert, um den Sensor-Eingang auf eine Roboteraktion abzubilden. Ein

Reinforcement-Signal wird benutzt, um die Anzahl der Fehlversuche zu reduzieren. Die Arbeit wird nur in einer simulierten Umgebung durchgeführt. Die Aspekte der Merkmalsextraktion und Auswertung der Reinforcement-Signale werden so vereinfacht, daß das Verfahren nicht auf reale Gegebenheiten übertragen werden kann.

Die Arbeit [3] stellt ein generelles Schema für das Lernen sensomotorischer Aufgaben. Greifen von unbekannten Objekten wird über Reinforcement-Lernen on-line durchgeführt. Eine Untermenge von greifrelevanten Merkmalen wird von einem Menschen aus den Kamerabildern ausgesucht. Ein Roboterarm mit vier Freiheitsgraden realisiert das eigentliche Greifen. Weil dieses Verfahren initiales Wissen über die Aufgaben braucht, werden offline heuristische Strategien für die Explorationsrichtung selektiert.

Die Arbeit [6] zeigt die Positionierung einer Roboterhand über einem auf dem Tisch liegenden Objekt mittels Reinforcement-Lernens. Die Aktionsauswahl erfolgt ungerichtet, d.h. Aktionen werden zufällig, aber gemäß einer bestimmten Wahrscheinlichkeitsverteilung ausgewählt, die die schon gelernten Reinforcement-Werte mitberücksichtigt. Die Probleme mit unvollständigen Zustandsinformationen wurden untersucht. *Experience Replay* bietet sich an, um die Lernschritte abzuspeichern und intern zu wiederholen. Als Zielzustand wird ein Bildpunkt vorgegeben, weswegen die Stabilität und die Qualität des Greifens nicht über externe Sensoren automatisch überwacht wird.

Eine der Schwierigkeiten der praktischen Anwendungen von Reinforcement-Lernen in Manipulationsaufgaben liegt im Finden einer kompakten und eindeutigen Zustandskodierung, womit das Problem des „Fluchs der Dimensionalität" behandelt werden kann und der gelernte Controller robust funktioniert. Der wesentliche Teil dieser Arbeit liegt in einem automatischen Verfahren zur Lösung dieses Problems. Im nachfolgenden Abschnitt 2 werden die Hardware und Bildverabeitungssoftware unseres experimentellen Aufbaus beschrieben. Die detaillierten Vorgänge der Zustandskodierung werden in Abschnitt 3 erläutert. Das implementierte Reinforcement-Lernen für einen dreidimensionalen Bewegungsraum wird in Abschnitt 4 beschrieben. Der letzte Abschnitt faßt die Vorteile des Verfahrens zusammen und diskutiert einige Erweiterungsmöglichkeiten.

2 Umgebung für die Experimente

2.1 Kameragestützter Roboterarm

Zur Demonstration wird ein Aufbau aus Standard-Komponenten verwendet: ein auf dem Manipulator (Puma 260) montierter Zweifinger-Greifer und eine Handkamera, Abb. 1. Der Greifer soll stets senkrecht zur Tischebene positioniert werden und außerdem eine feste Höhe haben. Dann bleiben ihm noch noch drei Freiheitsgrade: Bewegungen parallel zur Tischebene (x/y) und Rotationen um eine Achse senkrecht zur Tischebene (θ).

2.2 Vorverarbeitung der Kamerabilder

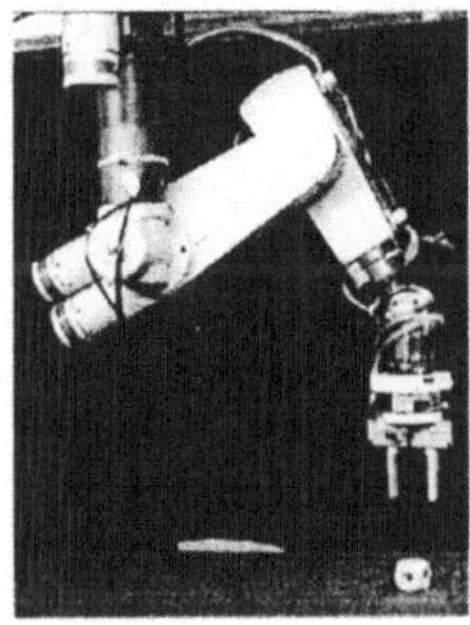 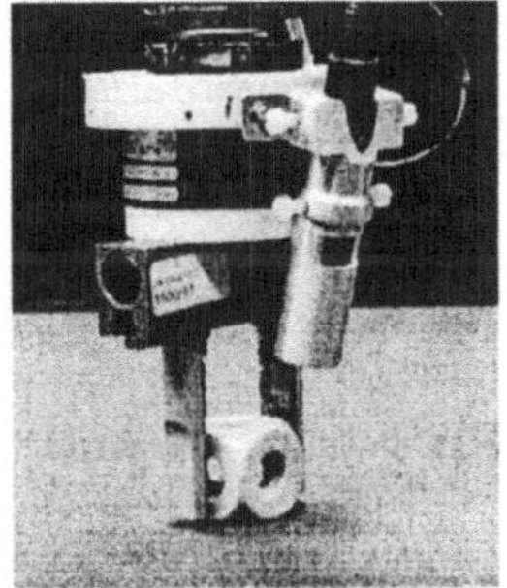

Abbildung1. Der PUMA-260-Roboter (links) und der Greifer mit anmontierter Kamera (rechts).

Die Kamera nimmt die RGB-Bilder auf. Diese Bilder sind als Zustandsvektoren ungeeignet weil sie erstens viele irrelevanten Informationen beinhalten, und zweitens aus sehr vielen Pixeln bestehen. Daher werden die Kamerabilder wie folgt weiterverarbeitet: Zunächst werden aus den Bildern alle irrelevanten Informationen herausgefiltert. Die übrigbleibende, relevante Information liegt in Form eines Binärbildes vor. Auf dieses Binärbild werden dann Methoden zur Dimensionsreduktion angewendet: die Berechnung von Geometrieparametern und Hauptkomponentenanalyse (Abb. 2).

Für die meisten Greifaufgaben ist es ausreichend, wenn das Binärbild nur noch die *Silhouette* des zu greifenden Objektes enthält. Die RGB-Bilder aus der Hand-Kamera werden über eine Reihe von Vorverarbeitungsschritten in bereinigte binäre Bilder umgewandelt, Abb. 3.

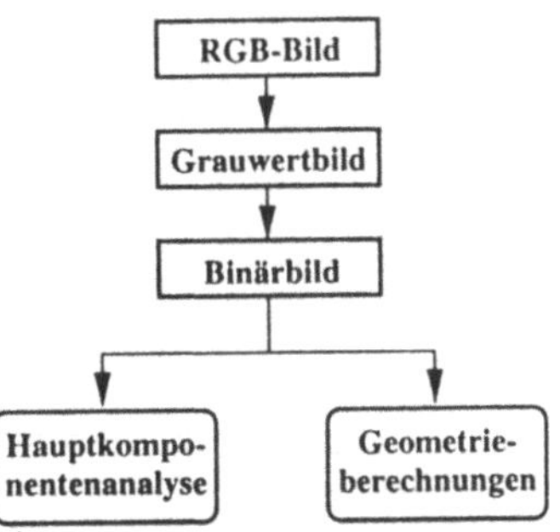

Abbildung2. Weiterverarbeitung der Kamerabilder.

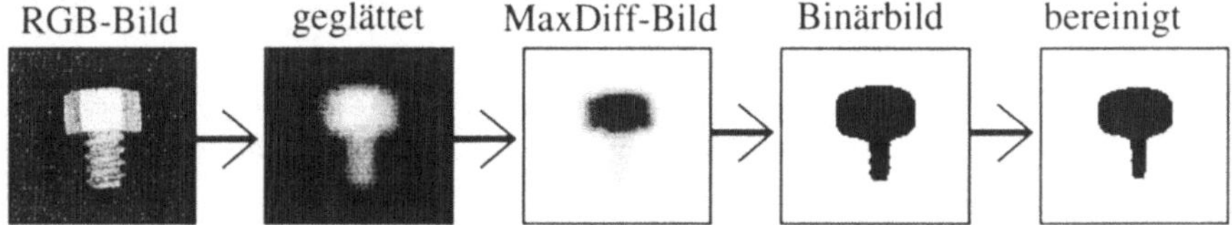

Abbildung3. Alle Schritte der Bildvorverarbeitung im Überblick.

2.3 Geometrieparameter

Hat man ein Binärbild erzeugt, das nur noch die Silhouette des Objekts enthält, so lassen sich durch einfache Integrationen grundlegende Geometrieparameter wie Flächeninhalt, Lage des Schwerpunktes und Orientierung berechnen [1].

Während also die Schwerpunktberechnung für beliebige Objekte funktioniert, ist die Berechnung der Orientierung auf längliche Objekte beschränkt, eignet sich also nur bedingt als Zustandskodierung. Um eine wesentlich größere Klasse von Objekten greifen zu können, wird ein automatisches Verfahren zum Auffinden von Zustandsvektoren entwickelt.

3 Automatische Orientierungskodierung

3.1 PCA-Ansatz

Um die Orientierung eines beliebigen Objektes in einem Kamerabild zu kodieren wird eine Serie von Bildern des Objektes aufgenommen. Das Objekt hat dabei in jedem Bild ungefähr dieselbe Position, aber verschiedene Orientierungen. Die Bildzeilen werden konkateniert und die Bilder als Vektoren betrachtet. Man berechnet nun die ersten k Hauptkomponenten $w_1, \ldots, w_k$ dieser Vektoren. Da der wesentliche Unterschied zwischen den Bildern in der Orientierung des Objektes liegt, beinhalten auch die ersten k Hauptkomponenten im wesentlichen Orientierungsinformation. In den *Eigenraum*, den diese k Vektoren aufspannen, werden nun zukünftig alle Bilder projiziert. Diese Projektionen dienen als Kodierung der Orientierung des Objektes.

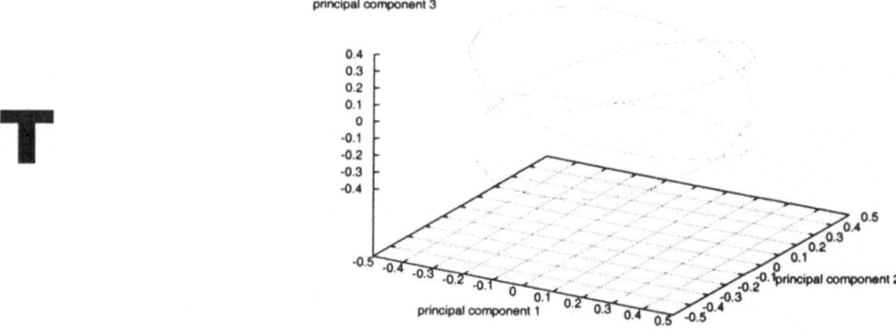

Abbildung4. Beispiel für eine Mannigfaltigkeit im von den ersten drei Hauptkomponenten aufgespannten Eigenraum. Links das Objekt, von dem eine Bilderserie verwendet wurde.

Nimmt man eine Bilderserie von einem Objekt auf, wobei das Objekt bei jedem Bild ein Stück weiter gedreht wird, so daß es sich am Schluß wieder in seiner Ausgangslage befindet, so sollten die Projektionen dieser Bilder im von den Hauptkomponenten aufgespannten Eigenraum eine relativ glatte, geschlossene Mannigfaltigkeit durchlaufen (Abb. 4). Nur dann kann man von einer sinnvollen Kodierung ausgehen. Die verschlungene, spiralenartige Struktur wirft aber gleichzeitig die Frage auf, ob drei Hauptkomponenten für eine eindeutige

Kodierung ausreichen. Da dieses Verfahren auf beliebige Objekte angewendet werden soll, stellt sich ganz allgemein die Frage: Wie viele und welche Hauptkomponenten sind für eine eindeutige Kodierung der Orientierung eines Objektes notwendig? Wichtig ist insbesondere, daß für die Kodierung möglichst wenige Hauptkomponenten verwendet werden, da mit steigender Dimension des Zustandsraumes auch der Lernaufwand zunimmt.

3.2 Kombination von Hauptkomponenten

Zunächst muß eine Methode gefunden werden, wie die beiden Komponenten eines Datenpunktes in einen einzigen Parameter umgerechnet werden sollen. Da sich die Punkte auf einem Kreis um den Ursprung des Koordinatensystems befinden, bietet es sich, wie schon oben erwähnt, an, den Winkel zwischen der gedachten Geraden durch den Punkt sowie den Ursprung und einer Referenzachse zu berechnen. Diese Abbildung hat folgende, wichtige Eigenschaften:

- Sie ist hinreichend stetig und glatt. Ähnliche Datenpunkte werden also auf ähnliche Werte abgebildet.
- Sie ist eindeutig. Es gibt keine zwei Datenpunkte, die auf denselben Wert abgebildet werden.

Somit bleiben die wesentlichen Eigenschaften der zweidimensionalen Datenpunkte erhalten. Eine einfache Möglichkeit, diese Winkelberechnung vorzunehmen, bietet die atan2-Funktion. Sie ist wie folgt definiert:

$$\text{atan2}(y, x) = \begin{cases} \arctan\left(\frac{y}{x}\right) & \text{falls } x > 0 \\ \frac{\pi}{2} & \text{falls } x = 0 \ \wedge \ y > 0 \\ -\frac{\pi}{2} & \text{falls } x = 0 \ \wedge \ y < 0 \\ \arctan\left(\frac{y}{x}\right) + \pi & \text{falls } x < 0 \ \wedge \ y \geq 0 \\ \arctan\left(\frac{y}{x}\right) - \pi & \text{falls } x < 0 \ \wedge \ y < 0 \end{cases} \tag{1}$$

Die atan2-Funktion erweitert den Wertebereich der atan-Funktion von $[-\frac{\pi}{2}; \frac{\pi}{2}]$ auf $[-\pi; \pi]$. Sie weist jedem Punkt (x, y) der Ebene den Winkel zwischen der Geraden durch den Punkt und den Ursprung und der positiven x-Achse zu.

3.3 Auffinden von Hauptkomponentenpaaren

Es wird ein Verfahren benötigt, das automatisch ermittelt, ob eine Menge von Datenpunkten eine Kreisstruktur aufweist und um wieviele Kreise es sich gegebenenfalls handelt, wieviele Perioden der atan2-Graph also durchläuft.

Zunächst besitzt der Graph eine bevorzugte *Monotonierichtung*: Weist die Mehrzahl der Schritte von einem berechneten Wert zum nächsten Schritt nach oben, so ist die Monotonierichtung steigend, sonst fallend. Man betrachtet nun drei Arten von *markanten Stellen* im Graphen (Abb. 5):

Nulldurchgänge sind Stellen, an denen die die berechneten Funktionswerte interpolierende Kurve die x-Achse in Monotonierichtung schneidet.

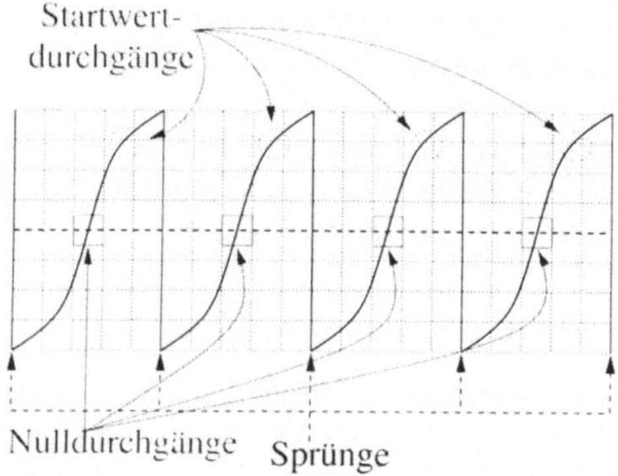

Abbildung5. Markante Stellen in einem atan2-Graphen.

Sprünge sind Schritte entgegen der Monotonierichtung. Bei einem Graphen sind dies die Sprünge vom Maximum zum Minimum (oder umgekehrt).
Startwertdurchgänge sind Stellen, an denen der Graph den atan2-Wert des ersten Datenpunktes in Monotonierichtung passiert.

Indem man nun den gesamten Graphen nach diesen markanten Stellen absucht, bildet man dementsprechend drei **Kennzahlen,**

- die Anzahl n der Nulldurchgänge,
- die Anzahl s der Sprünge, und
- die Anzahl st der Startwertdurchgänge.

Aus diesen drei Kennzahlen läßt sich nun ermitteln, ob eine Kreisstruktur vorliegt, und auch, um wieviele Kreise es sich handelt. Bei einem beliebigen Graphen sind die Kennzahlen unkorreliert. Bei einem Graphen wie in Abb. 5 hingegen kann ihre Differenz, wie man sich leicht überlegen kann, höchstens Eins betragen. Ist die maximale Differenz zwischen n, s und st also größer als Eins, so kann man davon ausgehen, daß keine Kreisstruktur vorliegt. Andernfalls ist die Wahrscheinlichkeit einer Kreisstruktur sehr groß. Wie läßt sich in diesem Fall die Anzahl der Perioden, die der Graph durchläuft, aus den Kennzahlen ermitteln? Dazu betrachte man zunächst Tabelle 1.

n	0	0	1	1	1	2	2	2	3	3	...
s	0	1	0	1	2	1	2	3	2	3	...
p	1	1	1	1 oder 2	2	2	2 oder 3	3	3	3 oder 4	...

Tabelle1. Kombinationen von n und s und die sich daraus ergebende Periodenanzahl p.

Sie zeigt die möglichen Wertekombinationen für die Kennzahlen n und s und die zugehörige Anzahl Perioden p. Wie sich diese Anzahlen ergeben, macht man sich am besten anhand von Abb. 5 klar. Man sieht, daß die Periodenanzahl schon aus n und s bestimmt werden kann, wenn diese nicht den gleichen Wert haben. Falls dies doch der Fall ist, stehen zwei Werte zur Auswahl, und für die Entscheidung muß st herangezogen werden. Aus Abb. 5 geht außerdem hervor, daß die Anzahl der Startwertdurchgänge immer um Eins kleiner ist als die Anzahl der Perioden, falls es gleich viele Nulldurchgänge und Sprünge gibt. Die Anzahl der Perioden ist in dem Fall also $st + 1$.

3.4 Auswahl von Werten für die Zustandskodierung

Es bleibt die Frage, wann man genügend Informationen hat, um die Orientierung eines Objektes eindeutig kodieren zu können. Sicherlich ist dies der Fall, wenn man ein Hauptkomponentenpaar gefunden hat, dessen atan2-Funktion nur eine einzige Periode umfaßt, wie etwa in Abb. 6.

Abbildung 6. Der von der ersten und zweiten Hauptkomponente aufgespannte Untervektorraum der Bilderserie eines quadratischen Objektes.

Dann genügt ein einziger Parameter, um diese an sich auch eindimensionale Information zu kodieren. Hat man jedoch Funktionen mit mehreren Perioden, so ist die Abbildung mehrdeutig. Mehrere Orientierungen des Objektes werden mit demselben Zustand kodiert. Man könnte allerdings versuchen, mehrere dieser atan2-Funktionen zu kombinieren. Es stellt sich heraus, daß stets zwei solcher Funktionen genügen (wenn sie für das betreffende Objekt existieren), um eine eindeutige Kodierung zu erreichen.

Um das einzusehen, betrachte man folgende Analogie: Die Funktion $\sin(x)$ hat die Periode 2π. Die Funktion $\sin(kx)$ hat dementsprechend die Periode $\frac{2\pi}{k}$. Nun nehme man zwei Funktionen $\sin(k_1 x)$ und $\sin(k_2 x)$ mit den Perioden $\frac{2\pi}{k_1}$ und $\frac{2\pi}{k_2}$. Wenn man die beiden Funktionen nun kombiniert (z.B. addiert), so hat das Ergebnis als Periode das kleinste gemeinsame Vielfache der Einzelperioden

$$\text{kgV}\left(\frac{2\pi}{k_1}, \frac{2\pi}{k_2}\right) = 2\pi \cdot \text{kgV}\left(\frac{1}{k_1}, \frac{1}{k_2}\right) = 2\pi \text{ , falls } k_1 \text{ und } k_2 \text{ teilerfremd sind}$$

$$(2)$$

Obwohl also die Periodenlänge bei den beiden einzelnen Funktionen durch den Faktor k_1 bzw. k_2 dividiert wurde, besitzt die Kombination der beiden Funktionen wieder die volle Periodenlänge, sofern k_1 und k_2 teilerfremd sind.

Kombiniert man drei Funktionen, so daß die Kombination die Periode 2π hat, so müssen mindestens zwei der drei k_i teilerfremd gewesen sein. Dann hat aber bereits die Kombination dieser beiden Funktionen die Periode 2π, und die dritte Funktion ist reduziert.

Analog gilt für die atan2-Funktionen: Hat man zwei Hauptkomponentenpaare mit den Periodenanzahlen p_1 und p_2, und p_1 und p_2 sind teilerfremd, so ist die Kodierung bereits eindeutig. Kodiert man die Orientierung des Objektes mit mehr als zwei Hauptkomponentenpaaren, so sind alle bis auf zwei überflüssig.

Zusammengefaßt sollte man also folgende Strategie bei der Suche nach einer geeigneten Kodierung für die Orientierung eines Objektes anwenden:

1. Suche nach einem Hauptkomponentenpaar, dessen atan2-Funktion eine einzige Periode umfaßt.
2. Falls das fehlschlägt: Suche nach zwei Hauptkomponentenpaaren, deren Periodenanzahlen teilerfremd sind.
3. Schlägt auch das fehl: Nimm eine weitere Hauptkomponente zur Zustandskodierung hinzu.

4 Implementierung von Reinforcement-Lernen

4.1 Dekomposition von Translation und Rotation

Um kleinere Zustandsräume und eine bessere Zustandskodierung zu erzielen, wird die Lernaufgabe auf zwei Lerner aufgeteilt, einen für die Translationsbewegungen und einen für die Rotationsbewegungen. Der *Translations-Lerner* hat dann vier Aktionen zur Auswahl (zwei in x- und zwei in y-Richtung). Als Zustandskodierung wird der aus dem Kamerabild berechnete Objektschwerpunkt verwendet. Der *Rotations-Lerner* hat zwei Aktionen zur Auswahl (Drehung im und entgegen dem Uhrzeigersinn). Diese Aufteilung bietet gegenüber einem einzigen Lerner folgende Vorteile:

– Die Zustandsräume sind wesentlich kleiner. Im obigen Beispiel ergeben sich $20^2 = 400$ Zustände für den Translations-Lerner und 30 für den Rotations-Lerner.

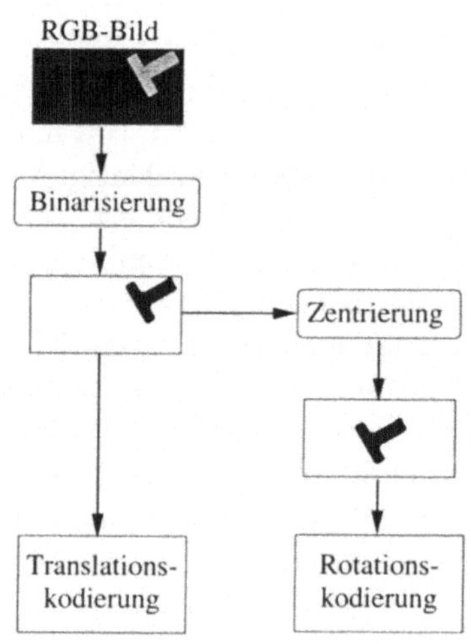

Abbildung 7. Für die Rotationskodierung werden die vorverarbeiteten Bilder zusätzlich zentriert.

– Die Zustandskodierung ist so gestaltet, daß die Zustandsvektoren die für den jeweiligen Lerner relevante Informationen enthalten.

Die beiden Lerner wechseln sich nun ab. Zuerst führt der Translations-Lerner so lange Lernschritte aus, bis er sich bezüglich seiner Zustandskodierung im Zielzustand befindet. Dann wird er abgelöst durch den Rotations-Lerner, der ebenfalls so lange Schritte ausführt, bis er sich bezüglich seiner Kodierung im Zielzustand befindet. Nun kann es sein, daß durch die Rotationen der Translations-Zielzustand wieder verlassen wurde. Daher wird der Translations-Lerner wieder aktiviert usw., bis beide Lerner melden, daß sie sich im Zielzustand befinden. Dies ist definiert als der Gesamt-Zielzustand.

4.2 Variable Schrittweite

Der Lerner befindet sich in einem permanenten Zyklus aus Zustandsbestimmung und Aktionsausführung. Der aktuelle Zustand wird bestimmt, indem ein Kamerabild aufgenommen, vorverarbeitet und in einen Zustandsvektor umgewandelt wird. Das erfordert einen relativ großen Zeitaufwand, so daß es wünschenswert ist, mit möglichst wenigen Kamerabildern das Ziel zu erreichen. Dazu bietet es sich an, den Roboter, wenn er weit vom Ziel entfernt ist, große Schritte machen zu lassen, und in der Nähe des Ziels die Schrittweite entsprechend klein zu halten.

Man bedenke, daß ein realer Roboter bei jedem Schritt eine bestimmte Entfernung zurücklegt, die normalerweise nichts mit den Distanzen zwischen den Zuständen im Zustandsraum zu tun hat. So kann man nicht voraussagen, ob die Welt nach dem Schritt in einen benachbarten oder einen „weiter entfernten" Zustand übergeht, oder ob sie sogar im selben Zustand bleibt. Daher wird das Konzept der **variablen Schrittweite** eingeführt. Man legt eine minimale und eine maximale Schrittweite fest und schätzt die maximale euklidische Distanz eines beliebigen Zustandes zum Zielzustand ab. Die Schrittweite wird dann entsprechend proportional zur Distanz des aktuellen Zustandes zum Zielzustand gewählt.

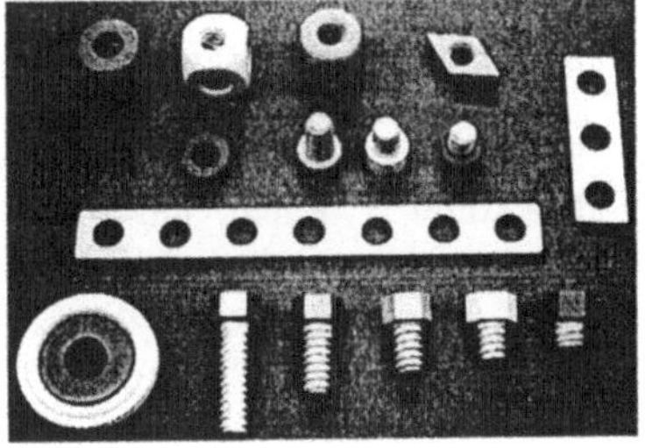

Abbildung8. Diese Baufix-Teile dienen als Testobjekte.

Das oben beschriebene Lernverfahren ist in Form einer Objekthierarchie implementiert. Greifexperimente mit realen Objekten (Abb. 8) wurden erfolgreich durchgeführt.

5 Diskussion

Die Innovation dieses Ansatzes liegt im automatischen Verfahren zur Kodierung von Roboter-Zuständen und seiner Anwendung im visuell geführten Greifvorgang. Während die auf geometrischen Merkmalen basierte Darstellung nur bei länglichen Objekten funktioniert, ist unserer Ansatz für Objekte beliebiger Form einsetzbar, auch wenn keine eindeutigen geometrischen Merkmale extrahiert werden können. Dadurch werden die Zustände bei der visuell geführten Bewegung auf die kompakteste Weise dargestellt. Das Reinforcement-Lernen kann für eine breite Reihe von Greif-Operationen in Praxis umgesetzt werden.

In Zukunft soll die gesamte Qualität eines Greifversuchs automatisch über *aktive Kameras* und *aktive Testbewegungen* evaluiert werden. Nach dem Greifen eines Objektes muß die andere Hand-Kamera einen oder mehrere gute Ansichtspunkte finden, um von dort Bilder aufzunehmen. Diese Bilder werden mit Hilfe von heuristischem Wissen ausgewertet, um die Greifqualität zu ermitteln. Wie beim Greifen mit einer menschlichen Hand garantiert eine optisch korrekte Positionierung nicht direkt ein stabiles Greifen. Einige Testbewegungen können für die greifende Hand programmiert werden, z.B. entlang der Normalen-, Schließ-, Annäherungsrichtung. Die Kameras überwachen durchgehend die Handbacken und das gegriffene Aggregat. Unter der visuellen Führung und Kraftregelung, soll die Greifhand das gegriffene Aggregat aktiv auf die Tischfläche absetzen. Die Rutschbewegungen können über die Auswertung des Kraftsensors festgestellt werden. Die möglicherweise große Positionsverschiebung des Aggregates kann wiederum über die Kameraüberwachung erfaßt werden.

Literatur

1. B. K. P. Horn. Binary images: Geometrical properties. In *Robot Vision*, chapter 3, pages 46–61. McGraw-Hill, 1986.
2. L. Pack Kaelbling, M. L. Littman, and A. W. Moore. Reinforcement Learning: A Survey. *Journal of Artificial Intelligence Research*, 4:237–285, Mai 1996.
3. I. Kamon, T. Flash, and S. Edelman. Learning visually guided grasping: A test case in sensorimotor learning. *IEEE Transactions on System, Man and Cybernetics*, 28(3):266–276, May 1998.
4. M. A. Moussa and M. S. Kamel. An experimental approach to robotic grasping using a connectionist architecture and generic grasping functions. *IEEE Transactions on System, Man and Cybernetics*, 28(2):239–253, May 1998.
5. S. Thrun and A. Schwartz. Finding Structure in Reinforcement Learning. In *Advances in Neural Information Processing Systems 7*, pages 385–392, 1995.
6. T. Wengerek. *Reinforcement-Lernen in der Robotik*. PhD thesis, Universität Bielefeld - Technische Fakultät, Dezember 1995.
7. J. Zhang, R. Schmidt, and A. Knoll. Appearence-based visual learning in a neuro-fuzzy model for fine-positioning of manipulators. In *Proceedings of the IEEE International Conference on Robotics and Automation*, Detroit, 1999.

Ein Konzept für die mobile Manipulation von unbekannten Objekten mit Hilfe von 3D-Rekonstruktion und Visual Servoing

Alexandros Matsikis, Michael Schmitt, Martin Rous,
Karl-Friedrich Kraiss

Lehrstuhl für Technische Informatik
Rheinisch-Westfälische Technische Hochschule Aachen (RWTH)
Ahornstr. 55, 52074 Aachen
Email: matsikis@techinfo.rwth-aachen.de
http://www.techinfo.rwth-aachen.de

Zusammenfassung Hiermit wird ein Konzept zur mobilen Manipulation von unbekannten Gegenständen vorgestellt. Wesentliches Merkmal dieses Konzeptes ist, daß aus einer Sequenz von Aufnahmen einer Kamera auf dem Greifer des Manipulators 3D-Modelle der Objekte erzeugt werden. Ein Operateur kann danach einem Objekt Attribute, wie Objekttyp, Bewegbarkeit und Funktionalität, zuordnen und an dem erstellten Modell Bewegungsmuster definieren. Ziel dieses Ansatzes ist es, anhand dieser Vorgaben Visual Servoing am Modell zu trainieren. Dieses soll während der Durchführung von Aufgaben für die Manipulation der Objekte eingesetzt werden.

1 Einleitung

1.1 Motivation

Die meisten Systeme zur mobilen Manipulation können nicht ohne die Aufsicht eines Operateurs eingesetzt werden, der dem Roboter Aufgaben vorgibt und die Ausführung von Robotermissionen überwacht. Wird das System mit unbekannten Objekten konfrontiert, so muß der Operateur manuell den Roboter steuern, damit die gestellte Aufgabe erfolgreich ausgeführt werden kann. Dabei ist es in der Regel so, daß das System von den Aktionen des Operateurs nicht lernt: wird der unbekannte Gegenstand nochmals konfrontiert, muß der Roboter erneut manuell gesteuert werden. Universell einsetzbare Systeme sollten nicht durch das a priori Wissen über zu manipulierende Objekte eingegrenzt werden, sondern während des Betriebs erweiterbar sein.

In diesem Beitrag wird ein Konzept für die mobile Manipulation von unbekannten Objekten in Zusammenhang mit dem Leitstand VERONA[1] [1] für

---

[1] Virtual Environment for RObot NAvigation

mobile Roboter vorgestellt. Ziel ist es, Wissen über die zu manipulierenden Gegenstände auch während des Betriebs zu akquirieren und in das System zu integrieren. Dazu sollen 3D-Modelle der Objekte erstellt und Visual Servoing für die Steuerung des Roboterarmes bei der Manipulation eingesetzt werden.

Zur Realisierung des Konzeptes wird der Manipulator MANUS benutzt. Eine Kamera auf dem Greifer ("eye-in-hand" Konfiguration) soll für die 3D-Modellrekonstruktion von Objekten aus verschiedenen Sichten und für das Visual Servoing verwendet werden. Der Manipulator ist auf dem mobilen Roboter TAURO³ [(2)] [8] montiert (Abbildung 1). Für das Management der Aufgaben des mobilen Roboters wird ein Leitstand eingesetzt. Die Interaktion mit dem Fahrzeug soll über das vom Roboter erstellte 3D-Modell der Einsatzumgebung erfolgen [3],[4],[5]. Der Operateur kann in diesem Modell Aufgaben bzw. Ziele vorgeben und anhand einer Datenbank die Verwaltung der aktuellen oder auch vorangegangenen Robotermissionen durchführen. Zugleich gibt es die Möglichkeit, Roboter und Manipulator manuell zu steuern.

Abbildung1. Der mobile Roboter TAURO³ mit dem Manipulator MANUS

2 Konzeptübersicht

Das Konzept ist in zwei Phasen aufgeteilt. Am Anfang findet die autonome Erkundung der vorher unbekannten Einsatzumgebung des mobilen Roboters statt.

---

[2] TeilAUtonomer mobiler ROboter

Unbekannte Objekte, die detektiert werden, sollen dann modelliert werden. Danach wird Visual Servoing mit Hilfe des Modells und einer Bewegungsvorgabe trainiert. Sobald die erste Phase abgeschlossen ist, folgt der normale Betriebsmodus. In dieser Phase kann der Service-Roboter für die Durchführung von Aufgaben in der Einsatzumgebung benutzt werden. Falls dabei die modellierten Objekte manipuliert werden müssen, wird das zuvor gelernte Visual Servoing eingesetzt.

3 Explorationsfahrt

Während der Explorationsfahrt wird eine 3D-Modellierung der Einsatzumgebung für den Leitstand durchgeführt [7]. Danach soll eine Suche im erstellten VR-Modell stattfinden, um die verschiedenen Gegenstände anhand einer existierenden Objektdatenbank zu erkennen und hierarchisch zu ordnen. Falls unbekannte Objekte detektiert werden, wird zunächst der Operateur gefragt, ob sie für die Operation des Roboters relevant sind. In diesem Falle wird der Service-Roboter in ihre Nähe geführt, damit eine Sequenz von Aufnahmen des Gegenstandes mit der Manipulatorkamera gemacht werden kann. Anhand der aufgenommenen Bilder kann ein 3D-Modell des Objektes rekonstruiert werden (Abbildung 2).

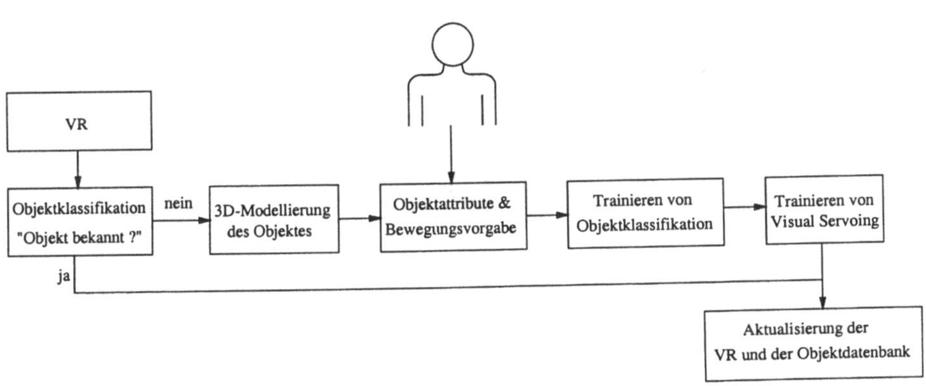

Abbildung2. Vorgang bei einem unbekannten Objekt

Die Attribute und die Semantik der Objekte wie Objekttyp, Bewegbarkeit und Funktionalität, werden vom Operateur am Leitstand ergänzt. Der Operateur kann an den Modellen der Gegenstände auch verschiedene Aktionen zuordnen bzw. Bewegunsmuster manuell eingeben. Diese sollen später als Vorgabe benutzt werden, um Visual Servoing, also die Steuerung des Roboters anhand optischer

182

Rückkopplung und Bildverarbeitung, im 3D-Modell zu trainieren. Das Modell kann auch dazu benutzt werden, um ein Modul zur Erkennung der bisher unbekannten Objekte zu trainieren. Sobald dieser Vorgang abgeschlossen ist, wird das Modell zusammen mit der entsprechenden Semantik und den Attributen in der Objektdatenbank abgelegt und in der VR-Umgebung des Leitstandes eingefügt.

3.1 Modellerstellung

Die 3D-Modellierung eines Objektes soll mit Hilfe einer Sequenz von Aufnahmen mit der Manipulatorkamera aus verschiedenen Winkeln ausgeführt werden (Abbildung 3). Dafür wird auf die in [11] und [2] vorgestellten Techniken zurückgegriffen. Insbesondere soll das in [7] beschriebene Verfahren eingesetzt werden, welches aus je zwei Aufnahmen des Objektes ein 3D-Polygonnetz produziert. Dabei soll es erweitert werden, so daß es auch für kleinere Objekte mit wenigen detektierbaren Eckpunkten angewendet werden kann.

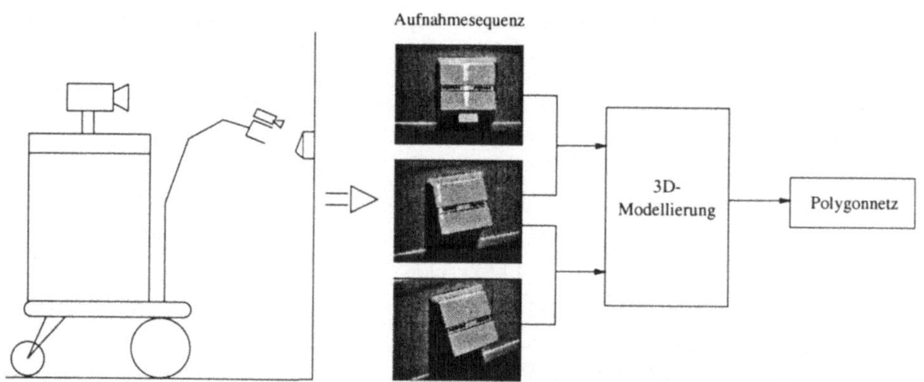

Abbildung3. 3D-Modellierung der Objekte

Mit dieser Methode werden aus den einzelnen Bildpaaren Teilmodelle des Objektes produziert, die sich zum Teil überlagern. Damit man ein komplettes Modell des Gegenstandes bekommt, müssen die Teilmodelle fusioniert werden. Dazu wird ein iteratives Verfahren zur Abstandsminimierung von Korrespondenzpunkten mittels Gradientenabstieg angewendet [4]. Für die erste Iteration werden die Anfangspositionen der Teilmodelle zueinander anhand der Aufnahmepositionen des Manipulators benutzt, um die Konvergenz des Verfahrens sicherzustellen. Sobald die bestmögliche Lage der Teilmodelle gefunden wird, werden die Polygonnetze miteinander verschmolzen und ein neues Modell wird produziert. Dieser Vorgang wird für alle Teilmodelle eines Objektes durchgeführt.

3.2 Attribut-Definition und Objekterkennung

Da nur rein geometrische Informationen in der Modellerstellung benutzt werden, werden nicht nur die einzelnen Objekte modelliert, sondern auch ihr Hintergrund. Das Ergebnis ist also das 3D-Polygongitter des Gegenstandes zusammen mit Teil seiner Umgebung. Da es sich um unbekannte Objekte handelt, ist es im allgemeinen für den Roboter nicht möglich, die Unterscheidung zwischen Gegenstand und Hintergrund selbstständig durchzuführen. Deshalb soll der Operateur aufgefordert werden, im Modell das eigentliche Objekt von seiner Umgebung zu separieren.

Andere wichtige Attribute, wie die Art des Gegenstandes und ob er bewegbar ist, seine Funktionalität in der Umgebung (z.B. ein Lichtschalter) und die Aktionen, die bei der Manipulation des Objektes ausgelöst werden, sollen ebenfalls vom Operateur angegeben werden. Weiterhin soll der Operateur Manipulationsbewegungen des Roboterarmes im erstellten 3D-Modell vormachen können und die Möglichkeit haben, gefährliche Regionen zu markieren, also Regionen, wohin sich der Roboterarm während der Manipulation nicht bewegen soll.

Aus dem 3D-Modell können künstliche Sichten des Objektes aufgenommen und benutzt werden, um ein Klassifikationsmodul zur Objekterkennung zu trainieren [10]. Damit ist es später möglich, Objekte im Sichtbereich der Bordkamera zu identifizieren und ihre 3D-Lage grob zu bestimmen.

3.3 Visual Servoing

Für die Kontrolle des Manipulators soll Visual Servoing eingesetzt werden. Wegen ihrer Lernfähigkeit werden dabei neuronale Netze verwendet. Vielversprechend sind die CMAC (cerbellar model articulation controller) [13]. Sie besitzen unter anderem die Fähigkeit zur adaptiven on-line Anpassung, benutzen die einfache δ-Regel als Lernmethode und konvergieren in der Regel schneller als Backpropagation. Zugleich zeigen sie eine gute Generalisierungsfähigkeit und dadurch robustes Verhalten und Toleranz gegenüber Fehlern.

Für das Training des Netzes wird aus dem erstellten 3D-Modell des zu manipulierenden Objektes und anhand der vorgemachten Bewegung eine Reihenfolge aus künstlichen Sichten des Objektes erzeugt, die dann als Zielbilder benutzt werden. Ein Modell des Manipulators wird eingesetzt, um die Bewegung des Roboterarmes im 3D-Modell zu simulieren. Ausgehend von verschiedenen Anfangspositionen wird das Netz so trainiert, daß es den virtuellen Manipulator zur Zielposition führt. Der Eingabevektor des Netzes wird aus den momentanen Gelenkpositionen, den Bildparametern und der gewünschten Änderung der Bildparameter während des nächsten Steuerungskreises gebildet. Am Ausgang werden die Winkelgeschwindigkeiten der Gelenke geliefert.

Als Bildparameter werden korrespondierende Punkte zwischen aktueller Sicht und Endbild verwendet. Für die Detektion der Korrespondenzen wird meistens die Korrelation eingesetzt. Die Korrelation kann aber gute Ergebnisse liefern, wenn kleine Änderungen beim Aufnahmestandpunkt stattfinden, was hier oft nicht der Fall ist. Deswegen sollen weitere Verfahren analysiert werden, die auf der Untersuchung invarianter Regionen und der Benutzung der epipolaren Geometrie basieren [6].

4 Durchführung von Aufgaben

Sobald der Operateur dem mobilen Roboter eine Aufgabe zuweist, wird diese im Leitstand in eine Liste von elementaren Teilaufgaben (Tasks) zerlegt [14], die dann sequentiell vom System ausgeführt werden. Die einzelnen Tasks sind entweder manipulator- oder roboter-spezifisch: roboter-spezifische Teilaufgaben sollen die mobile Plattform zwischen einzelnen Wegepunkten der Umgebung navigieren und das Fahrzeug in die Nähe der zu manipulierenden Gegenstände bringen, während manipulator-spezifische Tasks die Behandlung von Objekten übernehmen. Als Beispiel wird hier die Taskliste für die Durchfahrt einer Tür angegeben:

- Tür durchqueren
  - Tür öffnen
    1. Fahrt zum Wegepunkt A vor der Tür (TAURO-Task)
    2. Manipulator-Ansteuerung zum Klinkengreifen (MANUS-Task)
    3. Manipulator-Ansteuerung zur Klinkenbewegung (MANUS-Task)
    4. Fahrt (rückwärts) zum Wegepunkt B (TAURO-Task)
    5. Manipulator-Ansteuerung zum Loslassen der Klinke (MANUS-Task)
  - Tür durchfahren
    1. Fahrt zum Wegepunkt C durch die Tür (TAURO-Task)
  - Tür schliessen
  - ...

Falls ein Task nicht erfolgreich durchgeführt werden kann, wird dies am Leitstand gemeldet. Dort erfolgt eine erneute Planung oder der Operateur wird aufgefordert, manuell einzugreifen.

4.1 Ausführung einer Manipulationsbewegung

Damit eine manipulator-spezifische Teilaufgabe durchgeführt werden kann, muß zuerst die mobile Plattform mit einem roboter-spezifischen Task in die Nähe des zu manipulierenden Objektes geführt sein. In diesem Fall wird zuerst der entsprechende Gegenstand in der Umgebung mit der Bordkamera des mobilen Roboters gesucht und mit Hilfe der trainierten Objekterkennung erkannt und grob lokalisiert. Der Manipulator richtet sich dann so aus, daß sich das Zielobjekt im Sichtraum der Greiferkamera befindet. Das trainierte Visual Servoing wird anschließend ausgeführt. Als Eingabe für das neuronale Netz werden die Gelenkwinkeln, die aktuelle reale Sicht von der Greiferkamera und die Änderung der Bildparameter zwischen der realen aktuellen Sicht und dem gewünschten künstlichen (aus dem 3D-Modell erzeugten) Zielbild verwendet (Abbildung 4).

Damit Kollisionen des Manipulators mit anderen Gegenständen in der Nähe des Zielobjektes vermieden werden können, wird parallel zum Visual Servoing ein Modul zur Hindernißvermeidung ausgeführt. Dieses soll anhand der schon in der VR-Umgebung des Leitstandes aufgezeichneten Hindernisse den Manipulator von ihnen 'abstoßen'. Ähnliche Ansätze kann man bei [15] und [16] finden. Die Gesamtbewegung des Manipulators wird dann aus beiden Teilbewegungen zusammengesetzt.

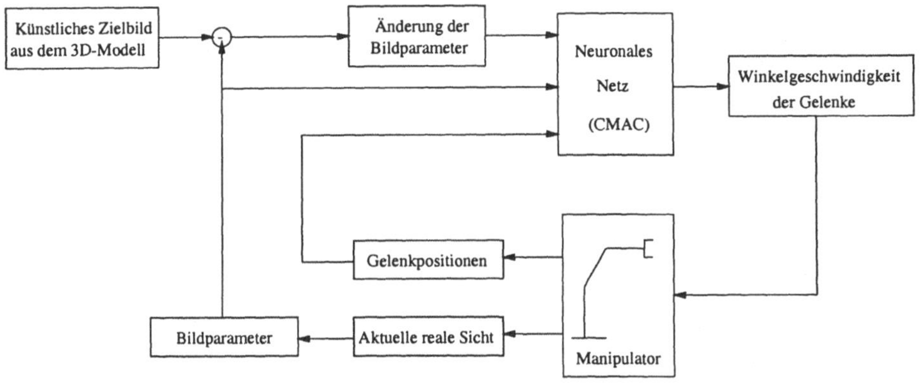

Abbildung4. Steuerung bei der Manipulation eines realen Objektes

Soll während der Durchführung einer Aufgabe ein dem System unbekanntes Objekt manipuliert werden, dann wird der vorher erwähnte Vorgang wiederholt: der Gegenstand wird modelliert und der Operateur wird aufgefordert, die Attribute und Eigenschaften zu definieren und Aktionen bzw. Manipulationsbewegungen am Modell einzugeben. Das Objekt wird in der Objektdatenbank eingetragen und das VR-Modell der Einsatzumgebung wird entsprechend aktualisiert.

4.2 Kooperation zwischen mobilen Roboter und Manipulator

Ein wichtiger Aspekt des Systems ist die Kooperation zwischen Fahrzeug und Roboterarm, da viele Aufgaben nicht ohne die kombinierte Bewegung beider Teile durchgeführt werden können. Es wird davon ausgegangen, daß der Manipulator für komplexere Aufgaben zuständig ist als die mobile Plattform. Deswegen hat der Manipulator die Möglichkeit, dem Fahrzeug Befehle zu erteilen. Der umgekehrte Weg ist nicht vorgesehen.

Es gibt zwei Arten von Befehlen, die der Manipulator abschicken kann. Falls das Zielobjekt außerhalb des Arbeitsbereiches des Manipulators liegt, wird ein entsprechender Task an die mobile Plattform zur Annäherung an das Objekt geschickt. Die manipulator-spezifische Teilaufgabe wird solange suspendiert. Im Falle, daß die Durchführung der Teilaufgabe eine Kombination von Manipulation und Fahrbewegung erfordert, werden dem Roboter direkte Fahrbefehle erteilt. Allerdings werden diese parallel mit der Kollisionsvermeidung der mobilen Plattform durchgeführt.

5   Zusamenfassung

Vorgestellt wurde ein Konzept zur mobilen Manipulation von unbekannten Objekten in Zusammenhang mit einem Leitstand für mobile Roboter. Dabei wird kein a priori Wissen über die zu manipulierende Objekte verlangt, sondern soll während des Betriebs des mobilen Roboters akquiriert und im System integriert werden. Kernpunkt des Konzeptes ist die 3D-Modellierung unbekannter Gegenstände. Das erstellte Modell kann dann für das Trainieren sowohl von Visual Servoing als auch von einem Objekterkennungsmodul eingesetzt werden. Fehlende Informationen über die Objekte werden vom Operateur aus dem Leitstand angegeben. Das vorgeschlagene System könnte bei teilautonomen mobilen Service-Roboter eingestzt werden und sie bei der Überwachung von Bürogebäuden oder in großen Lagerhäuser unterstützen.

Zur Zeit werden die Verfahren für das Modellieren der Objekte untersucht und implementiert. Danach wird die Untersuchung des Visual Servoings folgen.

Literatur

1. Schmitt, M., M. Rous und K.-F. Kraiss: Ein Leitstand zur Einsatzplanung und Überwachung mobiler Roboter. In: Informatik aktuell, 14. Fachgespräch Autonome Mobile Systeme (AMS), Karlsruhe, Springer Verlag, 1998, S. 148–155.
2. Pollefeys, M., R. Koch, M. Vergauwen und L. V. Gool: Flexible 3D Acquisition with a Monocular Camera. In: Proceedings of the IEEE International Conference on Robotics & Automation, 1998, S. 2771–2776.
3. Brodersen, J.: Generierung eines 3D-Umgebungsmodells aus den Sensordaten eines mobilen Roboters. Diplomarbeit am Lehrstuhl für Technische Informatik, 1999.
4. Lietz, G.: Rekonstruktion eines texturierten 3D-Modells aus den Kameraaufnahmen eines mobilen Roboters. Diplomarbeit am Lehrstuhl für Technische Informatik, 1999.
5. Schmitt, M., M. Rous, A. Matsikis and K.-F. Kraiss: Vision-based Self-Localization of a Mobile Robot Using a Virtual Environment. In: Proceedings of the IEEE International Conference on Robotics & Automation, 1999, S. 2911–2917.

6. Tuytelaars, T. L. V. Gool, L. D'haene and R. Koch: Matching of Affinely Invariant Regions for Visual Servoing. In: Proceedings of the IEEE International Conference on Robotics + Automation, 1999, S. 1601–1606.

7. Schmitt, M., J. Brodersen, G. Lietz, F. Lomberg und K. F. Kraiss: Kamerabasierte 3D-Rekonstruktion der Einsatzumgebung eines mobilen Roboters. In: Informatik aktuell, 15. Fachgespräch Autonome Mobile Systeme (AMS), München, Springer Verlag, 1999.

8. Pauly, M.: Ferninspektion mit mobiler Sensorik. Dissertation am Lehrstuhl für Technische Informatik der RWTH Aachen, Logos, Berlin, 1998.

9. Pollefeys, M., R. Koch and L. Van Gool: Self-Calibration and Metric Reconstruction in spite of Varying and Unknown Internal Camera Parameters. Department Elektrotechniek, Katholieke Universiteit Leuven, Technical Report,August 1997.

10. I. Elsen: A Pixel Based Approach to View Based Object Recognition with Self-Organizing Neural Networks. In: Proceedings of the 24th Annual Conference of the IEEE Industrial Electronics Society, S. 2040–2044

11. Faugeras, O.: Three-Dimensional Computer Vision: A Geometric Viewpoint, MIT Press, Cambridge, MA, 1993.

12. Carusone, J. and G.M.T. D'Eleutherio: The "Feature CMAC": A Neural-Network-Based Vision System for Robotic Control. In: Proceedings of the IEEE International Conference on Robotics & Automation, 1998, S.2959–2964.

13. Miller, W.T., and C.M. Aldrich: Rapid Leraning Using CMAC Neural Networks: Real Time Control of an Unstable System. In: Proceedings of the 5th International Symposium on Intelligent Control, 1990, S. 465–470.

14. Kleffmann, M.: Entwicklung eines Planungsmoduls für einen Überwachungsroboter. Diplomarbeit am Lehrstuhl für Technische Informatik, 1996.

15. Brock, O. and O. Khatib: Executing Motion Plans for Robots with Many Degrees of Freedom in Dynamic Environments. In: Proceedings of the IEEE International Conference on Robotics & Automation, 1998, S.1–6.

16. Furtwängler, R., U. D. Hanebeck und G. Schmidt: Dynamische Bänder zur Bewegungsplanung für mobile Manipulatoren. In: Informatik aktuell, 14. Fachgespräch Autonome Mobile Systeme (AMS), Karlsruhe, Springer Verlag, 1998, S. 164–171.

Vergleich verschiedener bildbasierter Regler zur Realisierung teilautonomer Greifvorgänge

Oliver Lang, Ralf Vogel, Nils T Siebel, Axel Gräser

Universität Bremen, Institut für Automatisierungstechnik, D-28359 Bremen
olang@iat.uni-bremen.de

Abstract. *Durch die Verwendung eines geschlossenen visuellen Regelkreises zur Steuerung eines Roboters läßt sich ein kalibrierungsrobustes System realisieren. Die bildbasierte Roboterregelung wird in diesem Beitrag zur Positionierung eines Greifers relativ zu einem zu greifenden Objekt genutzt. Hierzu ist eine Miniaturkamera auf dem Greifer befestigt. Das stationäre Übertragungsverhalten zwischen den Ein- und Ausgangsgrößen des Regelkreises wird durch die arbeitspunktabhängige Bild-Jacobi-Matrix beschrieben. Klassische bildbasierte Regler arbeiten mit einer konstanten Matrix (Werte aus der Sollage) oder adaptieren die Werte. Zur Adaption muß die Lage der merkmalsgebenden Objektpunkte im Raum geschätzt werden. Es wird untersucht, inwieweit sich das Regelverhalten durch Adaption des Systemmodells verbessert. Zur Schätzung wird ein einfaches, aber praxistaugliches Verfahren benutzt. Jedoch selbst bei genauer Adaption muß, um ein sicheres Erreichen der relativen Ziellage zu gewährleisten, eine kleine Reglerverstärkung verwendet werden. Dies hat den Nachteil, daß eine hohe Anzahl von Abtastschritten notwendig ist. In diesem Beitrag wird daher zusätzlich ein neues Verfahren zur bildbasierten Robotersteuerung vorgestellt, das nicht mit einer konstanten Verstärkung arbeitet, sondern die Größe der prognostizierten Bewegung im Bild beschränkt. Um das Verhalten der verschiedenen Regler systematisch miteinander vergleichen zu können, wird ein Multilagentest auf Simulationsebene verwendet. Hierbei wird eine Vielzahl von unterschiedlichen Startlagen in 6 Freiheitsgraden relativ zum zu greifenden Objekt eingenommen, und aus allen diesen Lagen die Regelung gestartet. Regelerfolg und Regeldauer werden zur Bewertung des jeweiligen Reglers verwendet. Die auf Simulationsebene gewonnenen Ergebnisse werden an einem realen System verifiziert.*

1 Einleitung

In diesem Beitrag werden verschiedene Verfahren zur visuellen Regelung eines Robotergreifers miteinander verglichen. Hintergrund für diese Untersuchungen bildet der Rehabilitationsroboter FRIEND des Institutes für Automatisierungstechnik (IAT) an der Universität Bremen. FRIEND ermöglicht dem Nutzer des Systems eine größere Unabhängigkeit im Alltag [1].

Motivation: Autonomes Greifen durch einen Rehabilitationsroboter

FRIEND besteht aus einem MANUS Roboterarm (Fa. Exact Dynamics, NL), der an einen Elektrorollstuhl (Fa. Meyra, D) montiert ist (Bild 1). Der Roboterarm und der Rollstuhl können per Sprache gesteuert werden [2]. Das Greifen von Gegenständen mit FRIEND ist eine für den Nutzer zeitaufwendige Aufgabe, sogar mit der Sprachsteuerung. Die Implementation einer allgemeinen Greifstrategie würde zu sehr komplexen Algorithmen führen. Da aber die Anzahl häufig zu greifender Gegenstände begrenzt ist, ist es schon sehr nützlich, wenn FRIEND diese Gegenstände autonom greifen kann. Das System verwendet hierfür eine Kombination aus nutzergesteuerten und autonomen Vorgängen.

Bild 1. Rehabilitationsroboter FRIEND des IAT, Universität Bremen

Wenn beispielsweise eine Flasche gegriffen werden soll, steuert der Nutzer den Greifer in die Nähe der Flasche. Er nutzt dabei Kommandos wie "Arm links" und "Arm hoch". Sobald die an den Roboterarm montierte Minikamera die Flasche erkennt, kann der Nutzer die autonome Greif-Aktion aktivieren. Der Greifer wird daraufhin automatisch in eine geeignete Lage relativ zur zu greifenden Flasche gebracht. Die hierbei notwendige visuelle Regelung ist Gegenstand dieses Beitrages. Zum Abschluß der Greif-Aktion wird der Greifer schließlich automatisch geschlossen. Durch die Aktion wird der Nutzer entlastet, da er nicht den kompletten Greifvorgang steuern, sondern nur das Objekt in den Sichtbereich der Kamera bringen muß.

Realisierung der autonomen Positionierung mittels bildbasierter Regelung

Zur robusteren Objekterkennung werden die zu greifenden Objekte in einer ersten Ausbaustufe des Systems mit Marken versehen. Diese Marken dienen zur Identifikation und liefern gleichzeitig gut extrahierbare Bildmerkmale für die visuelle Regelung.

In einem Trainingsvorgang (Teaching-by-Showing [3]) wird der Greifer in die geeignete relative Greiflage zum Objekt (und somit zur Marke) gebracht, die momentanen Bildmerkmale werden extrahiert und als Sollwerte gespeichert. Wenn das gleiche Objekt zu einem späteren Zeitpunkt automatisch gegriffen werden soll, muß der Nutzer nur das Objekt in den Sichtbereich der Kamera bringen und die Greif-Aktion aktivieren (Bild 2). Zu diesem Zweck wird ein Livebild der Kamera auf dem Bedienbildschirm dargestellt. Mittels Visual Servoing wird der Greifer in die gleiche relative Lage zum Objekt geführt wie beim Teachen, d.h. in die Lage, in der die momentanen Bildmerkmale den Soll-Bildmerkmalen entsprechen (Bild 3). Dazu werden aus dem Kamerabild mit Hilfe einer Bildverarbeitung für den Regelkreis verwertbare Merkmale (hier: Markierungspunktkoordinaten) gewonnen (Istgröße). Aus einem Vergleich zwischen den momentanen und den gewünschten Merkmalen (Sollgröße) berechnet der Regler eine Änderung der Roboterstellung (Stellgröße).

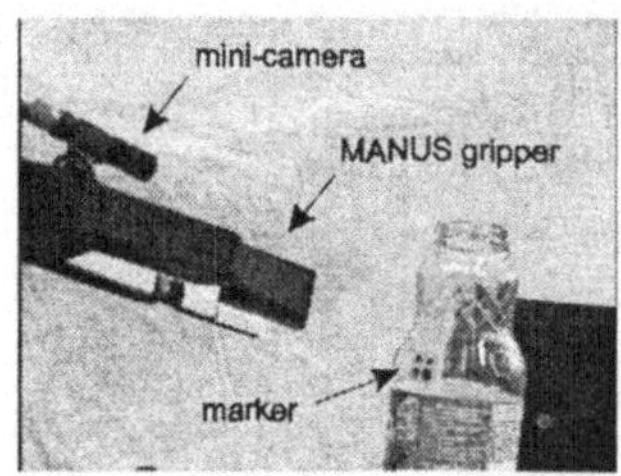

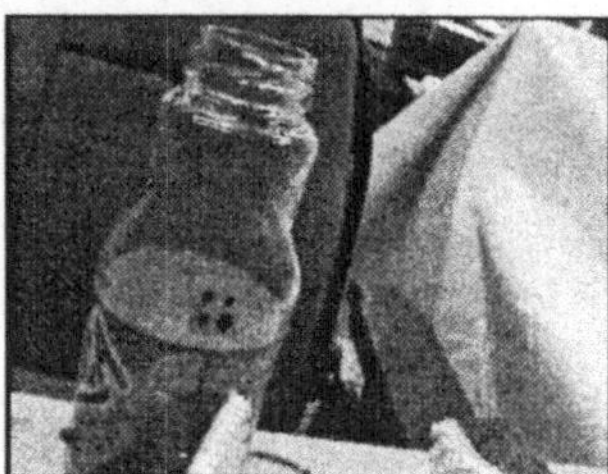

Bild 2. Lage des Greifers und Kamerabild bei Aktivierung der Greif-Aktion

Bild 3. Lage des Greifers und Kamerabild am Ende der Greif-Aktion

Ein für diese Aufgabe geeigneter Regler muß den Greifer aus möglichst allen Startlagen im Arbeitsraum - aus denen die Markierung sichtbar ist - robust in die Greifposition überführen. Es muß dabei sichergestellt werden, daß die Bildmerkmale während der Regelung im Sichtbereich der Kamera verbleiben. Aufgrund einer hohen Abtastzeit ist zudem eine geringe Anzahl von Abtastschritten wichtig, daher wird ein Wert kleiner als 100 angestrebt.

Traditionelle Regler – Regler mit konstanter Verstärkung λ

Der Berechnung einer Stellgröße zum Zeitpunkt k liegt die Bild-Jakobi-Matrix (BJM) $\mathbf{J}$ zugrunde. Die BJM stellt das linearisierte Systemmodell dar und ist arbeitspunktabhängig. Mit Hilfe ihrer (Pseudo-)Inversen läßt sich aus der Abweichung der Bildmerkmale $\Delta\mathbf{y}_k$, die notwendige Änderung der Kameralage $\Delta\mathbf{u}_k$ zur Minimierung des Bildfehlers berechnen (1). In dieser Arbeit setzt sich $\Delta\mathbf{y}_k$ paarweise aus den Abweichungen der Sensorkoordinaten der Markierungspunktschwerpunkte zusammen.

$$\Delta\mathbf{u}_k = -\,\mathbf{J}_k^{+}\cdot\Delta\mathbf{y}_k \qquad (1)$$

Um die Konvergenz des Reglers sicherzustellen, wird der Vektor $\Delta\mathbf{u}_k$ mit einem Faktor $\lambda < 1$ multipliziert. Der Faktor λ ist dabei über die Regelung konstant. Die gewünschte Lageänderung der Kamera $\mathbf{u}_k$ wird schließlich in Roboterbasiskoordinaten transformiert [4] und ausgeführt.

Schätzung der Objektpunktposition

Zur Adaption der BJM wird der momentane Abstand zwischen Objekt und Kamera geschätzt. In [5] werden mehrere Verfahren zur Schätzung der Objektpunktposition im Kamerakoordinatensystem bzw. der $^c z$-Komponente (Abstand) beschrieben und in einer Simulation und an einem realen Robot-Vision System miteinander verglichen. Ein Verfahren, das einen Größenvergleich der aktuellen Objektgröße im Bild mit der Objektgröße in der Teachlage zur Bestimmung von $^c z$ durchführt und das sich bewährt hat, berechnet $^c z$ über:

$$^c z = \sqrt{\frac{^s a_d}{^s a_k}} \cdot {}^c z_d \tag{2}$$

Damit ist eine Möglichkeit gefunden, den Abstand zwischen der Kamera und dem Objekt auf eine relativ einfache Art zu bestimmen. Es müssen lediglich die aktuelle Objektgröße im Bild $^s a_k$ und die Objektgröße beim Teachen $^s a_d$, sowie der Abstand zum Objekt im Teachpunkt $^c z_d$ näherungsweise bekannt sein.

2 Multilagentest

Der Multilagentest ist ein Test, der es ermöglicht, Aussagen über die Qualität eines Reglers zu treffen. Zur Durchführung des Tests wird die Simulationsumgebung dem realen System vorgezogen, da sich in der Simulation die Versuche erheblich schneller durchführen lassen. Das Ziel dieses Tests ist die Überprüfung der bildbasierten Regelung für möglichst viele verschiedene Startlagen. Gesucht wird ein möglichst allgemeingültiger Regler, der nicht nur für bestimmte Startlagen ein zufriedenstellendes Ergebnis liefert. Um die Anfälligkeit des Reglers auf verrauschte Meßgrößen zu prüfen, kann das Istsignal durch ein simuliertes Rauschsignal verfälscht werden. Das Abbruchkriterium für einen erfolgreichen Versuch ist eine Abweichung aller Markierungspunktkoordinaten von ihren Sollwerten um weniger als 1 Pixel.

Für den Multilagentest wird ein Arbeitsraum definiert, der die Menge aller Startlagen beschreibt, für die der Test durchgeführt werden soll. Die Definition dieses Arbeitsraums erfolgt in allen sechs Freiheitsgraden der Kamera. Von den möglichen Startlagen werden nur die verwendet, bei denen alle Bildmerkmale von der Kamera erfaßt werden. Bei den im folgenden dargestellten Untersuchungen waren dies 1265 Startlagen. Die Beschreibung der Startlagen erfolgt relativ zur Lage des Kamerakoordinatensystems in der Sollage [5]. Die Sollage ist hierbei identisch mit der Teachlage.

Das Ziel bei der Verwendung des Multilagentests ist es, einen Überblick über das allgemeine Verhalten des Reglers zu bekommen. Es interessiert vor allem die Frage, ob die Regelung erfolgreich durchgeführt wurde und wenn ja, wieviel Abtastschritte dafür notwendig waren. Die Hauptursache für eine erfolglose Regelung, ist die Bewegung der Bildmerkmale aus dem Sichtbereich der Kamera. Werden über die Kamera nicht mehr alle Bildmerkmale aufgenommen, wird die Regelung abgebrochen. Es werden drei Fälle unterschieden:

- Regelung erfolgreich,
- Regelung nicht erfolgreich, da nicht mehr alle Markierungspunkte im Bild,

- Regelung nicht erfolgreich, da Zeit überschritten (mehr als 200 Abtastschritte).

Die Qualität eines Reglers wird durch das Verhältnis von erfolgreichen Regelungen zu der Gesamtanzahl Regelungen bestimmt. Ein weiteres Qualitätsmerkmal ist der Mittelwert der Zahl der benötigten Abtastschritte über alle erfolgreichen Versuche. Unter Berücksichtigung dieser Größen ist es möglich, eine Aussage über einen Reglertyp zu treffen und einen geeigneten Regler für FRIEND auszuwählen.

In Kapitel 3 wird der Test eingesetzt, um das Regelverhalten mit konstanter und adaptierter BJM miteinander zu vergleichen. In Kapitel 4 wird mit dem Test ein neuer Regler bewertet.

3 Lohnt sich die Adaption der Bild-Jacobi-Matrix?

Die Versuche wurden mit verschiedenen konstanten Verstärkungen λ durchgeführt. In den folgenden Abbildungen sind die Ergebnisse jeweils für die Durchläufe ohne und mit normalverteiltem Verrauschen der Bildmerkmale dargestellt.

Multilagentest mit konstanter Bild-Jacobi-Matrix

Bild 4 zeigt die Erfolgsquote und die Anzahl der Regelschritte für verschiedene Verstärkungen bei eine Regelung mit konstanter BJM.

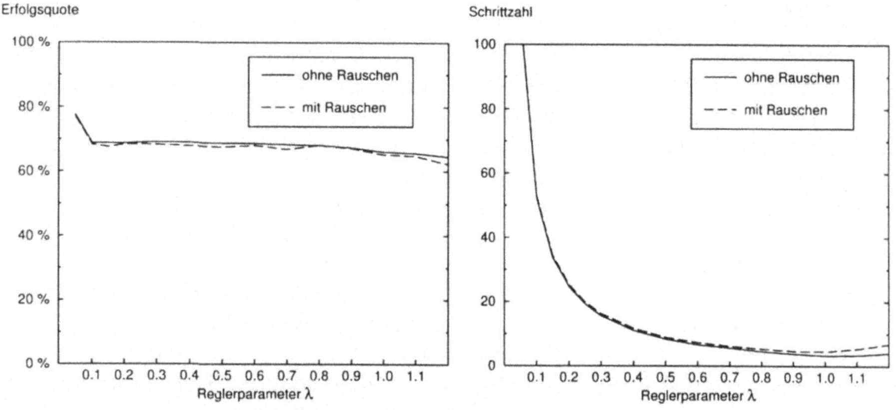

Bild 4. Erfolgsquote und Schrittanzahl für verschiedene Verstärkungen, BJM konstant

Wie aus dem linken Bild ersichtlich, ist eine Ausregelung aller Startlagen nur bei Verstärkungen möglich, die noch unter $\lambda = 0.05$ liegen. Dies würde allerdings zu sehr hohen Ausregelzeiten führen. Die Erfolgsquote bei einem verrauschten System ist etwas geringer als beim unverrauschten.

Das rechte Bild zeigt die durchschnittliche Anzahl der Abtastschritte. Es wird deutlich, daß die Regeldauer von der Verstärkung abhängig ist. Das angestrebte Maximum der durchschnittlichen Regeldauer von 100 Abtastschritten wird bei einer Verstärkung unter 0.1 überschritten. Daher werden in diesem Bereich keine weiteren Untersuchungen durchgeführt.

Der Regler mit konstanter BJM ist für den Einsatz in FRIEND nicht geeignet: Bei Verstärkungen $\lambda < 0.1$ ist die Ausregelzeit zu hoch, bei größeren Verstärkungen ist die Erfolgsquote zu gering.

Multilagentest mit adaptierter Bild-Jacobi-Matrix

Der Multilagentest mit adaptierter BJM wurde ebenfalls mit verschiedenen Verstärkungen durchgeführt.

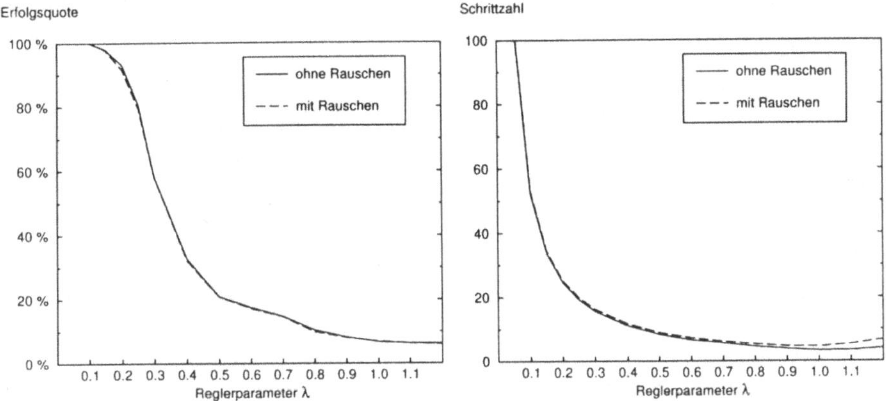

Bild 5. Erfolgsquote und Schrittanzahl für verschiedene Verstärkungen, BJM adaptiert

Wie Bild 5 zeigt, stellt sich bei dem Regler mit adaptierter BJM für kleine Verstärkungen eine Erfolgsquote von 100% ein. Der Regler mit adaptierter BJM und einer Merkmalsverstärkung $\lambda = 0.1$ ist für den Einsatz in FRIEND geeignet. Dieser Regler überführt alle Startlagen in die Ziellage und benötigt dafür durchschnittlich 52 Abtastschritte.

4 Beschränkung der prognostizierten Bewegung im Bild

Wie die Testläufe gezeigt haben, liefert der Regler mit konstanter Verstärkung λ auch bei Adaption der BJM keine wirklich zufriedenstellenden Ergebnisse. Der Regler berechnet zu Beginn der Regelung, wenn die Fehler im Bild groß ist, große Stellgrößen. Das linearisierte Systemmodell besitzt jedoch nur in der Nähe des jeweiligen Arbeitspunktes hinreichende Gültigkeit.

Ein neuer Regler soll dafür sorgen, daß die Stellgröße das System nicht aus einer Region heraus führt, in der das Modell eine hinreichende Übereinstimmung mit der Regelstrecke hat. So soll sichergestellt werden, daß das Objekt durch die Ausführung der Stellgröße im Sichtbereich der Kamera verbleibt und der Roboter gleichmäßigere Bewegungen ausführt. Es sollen zum einen möglichst große Stellgrößen zugelassen werden, um eine rasche Ausregelung des Bildfehlers zu erreichen, zum anderen soll dabei jedoch der Arbeitspunkt nicht so weit verlassen werden, daß die BJM ungültig wird und dadurch das Objekt den Sichtbereich der Kamera verläßt.

Prinzip des neuen Reglers

Die vorhergesagte Bewegung der Objektmarkierung im Bild wird durch eine obere Schranke α begrenzt. Die Funktionsweise des Reglers zur Bestimmung einer Stellgröße für *einen* Markierungspunkt ist wie folgt:

1. Aus der momentanen Position und der Soll-Position eines Markierungspunktes wird eine Kamerabewegung errechnet, für die das Modell eine maximale Reduzierung des Bildfehlers vorhersagt.
2. Falls die vorhergesagte Bewegung im Bild durch diese Kamerabewegung größer als die Schranke α ist, wird die Kamerabewegung nicht vollständig ausgeführt. Statt dessen wird sie so begrenzt, daß die vorhergesagte Bewegung im Bild die Länge α hat.

Für die Regelung mit mehr als einem Markierungspunkt gilt: α ist eine obere Schranke für die Bewegung jedes Merkmalspunkts auf dem Sensor. Das bedeutet, die errechnete Kamerabewegung wird so begrenzt, daß sich der am meisten bewegte Markierungspunkt höchstens um die Strecke α im Bild bewegt.

Das Stellgesetz des Reglers

Wie beim traditionellen Ansatz erfolgt zunächst mit Hilfe von (1) die Berechnung einer (unbeschränkten) Kamerabewegung, für die der Ausgleich des gesamten Bildfehlers vorhergesagt wird. Nun wird die Stellgröße derart beschränkt, daß die maximale Bewegung l_k der M abgebildeten Markierungspunkte auf dem CCD-Sensor nicht mehr als α beträgt. Da ein lineares Systemmodell verwendet wird, entspricht dieses der Multiplikation von $\Delta\mathbf{u}_k$ mit einem geeigneten Reduktionsfaktor λ_k. Die Variable λ_k entspricht beim traditionellen Regler dem Verstärkungsfaktor λ, der dort jedoch über die Regelung konstant ist.

Zur Bestimmung von λ_k wird zunächst die vorhergesagte Bewegung l_k des maximal bewegten Markierungspunktes im Bild berechnet, also das Maximum der Abstände der M Markierungspunkte von ihren Soll-Positionen. Der Differenzvektor von der momentanen Position zu Sollposition des i-ten Markierungspunktes ist ein Untervektor von $\Delta\mathbf{y}_k$ und lautet $[(\Delta y_k)_{2i-1}, (\Delta y_k)_{2i}]^T$. Für l_k gilt daher:

$$l_k = \max_{i=1,\dots,M} \left\| \begin{bmatrix} (\Delta y_k)_{2i-1} \\ (\Delta y_k)_{2i} \end{bmatrix} \right\|_2 \tag{3}$$

Falls $l_k \leq \alpha$, kann $\Delta\mathbf{u}_k$ unbeschränkt als neue Stellgröße zugelassen werden, das bedeutet $\lambda_k = 1$. Anderenfalls wird λ_k so bestimmt, daß die vorhergesagte maximale Bewegung gerade α beträgt. Da mit $\mathbf{J}_k$ ein lineares Modell verwendet wird, gilt:

$$\lambda_k = \min\left\{1, \frac{\alpha}{l_k}\right\} \tag{4}$$

Das Stellgesetz des Reglers lautet dann:

$$\mathbf{u}_k = -\min\left\{1, \frac{\alpha}{l_k}\right\} \cdot \mathbf{J}_k^{+} \cdot \Delta\mathbf{y}_k \tag{5}$$

In einer Weiterführung dieses Verfahrens kann die Beschränkung α anhand eines Maßes für die Übereinstimmung des Modells mit der Realität adaptiert werden [7]. In der Optimierungstheorie sind solche Methoden unter dem Stichwort "Restricted Step Method" oder "Trust Region Method" (TRM) bekannt. In [8] wurden solche Verfahren zum ersten Mal in einem geschlossenen visuellen Regelkreis verwendet. Hierbei wurde jedoch der Roboter direkt in Gelenkwinkeln angesteuert und ein binokulares bzw. stationäres Kamerasystem verwendet.

Verhalten des Reglers in der Simulation

Der vorgestellte Regler arbeitet bei der Stellgrößenberechnung mit einer über den Verlauf der Regelung nicht veränderten Schranke α für die vorhergesagte maximale Änderung der Markierungspunktposition auf dem Sensor. α wird dabei in Sensorkoordinaten angegeben. Der im realen System verwendete CCD-Sensor mißt 4.8 mm x 3.6 mm, was 752 x 587 Pixeln im Bildkoordinatensystem entspricht. Ein Sensorwert von $\alpha = 0.1$ mm ist somit äquivalent zu etwa 16 Pixeln im Kamerabild.

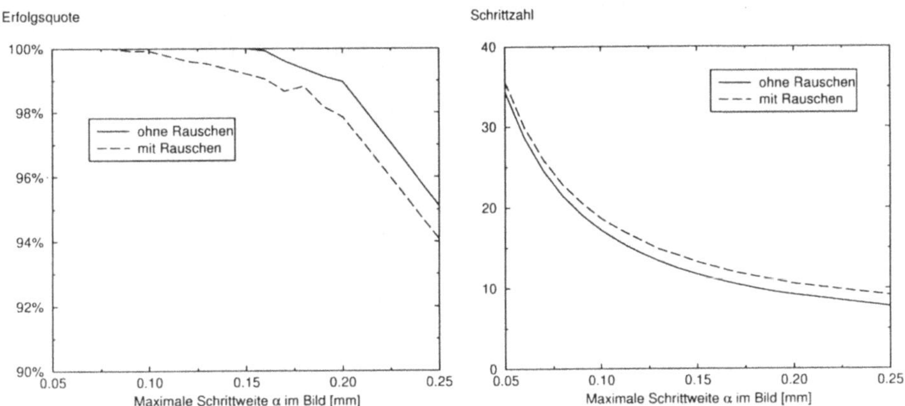

Bild 6. Erfolgsquote und Schrittanzahl für verschiedene Schranken α, BJM adaptiert

Zur Untersuchung des Reglers wurde wiederum der Multilagentest verwendet. Dabei wurde eine exakt im Arbeitspunkt berechnete BJM zur Berechnung der Stellgröße verwendet. Es zeigt sich, daß der Regler mit einer Beschränkung der Bewegung im Bild gute bis sehr gute Eigenschaften besitzt; die Erfolgsquote der Regelung liegt bei α-Werten von 0.05 mm bis 0.2 mm bei über 97.8% (Bild 6). Noch bei einem Wert von $\alpha = 0.11$ mm konvergiert der Regler mit Rauschen. Bis auf 3 Ausnahmen. Eine nähere Untersuchung zeigt, daß diese Startlagen besonders nahe am Bildrand gelegene Startmerkmale enthalten. Das im Testprogramm simulierte Bildrauschen zeigt sowohl bei der Erfolgsquote als auch bei der Anzahl notwendiger Abtastschritte nur geringe negative Auswirkungen auf das Regelverhalten.

Geringe zulässige Schranken α haben erwartungsgemäß eine relativ hohe Anzahl Regelschritte zur Folge, während größere Werte eine immer kleiner werdende Reduzierung der Schrittzahl mit sich bringen. Im verrauschten Fall erhält man bei $\alpha = 0.08$ mm einen Durchschnittswert von 22.8, bei $\alpha = 0.11$ mm von 17.2 Schritten. Die Anzahl der Abtastschritte ist ohne Rauschen um etwa 1.5 Schritte kleiner.

5 Reales System

Alle Regler wurden auch an einem realen Robot-Vision-System getestet. Da zum Testzeitpunkt FRIEND noch keine Kamera besaß, wurden die Untersuchungen mit einem Industrieroboter (Bild 7) durchgeführt.

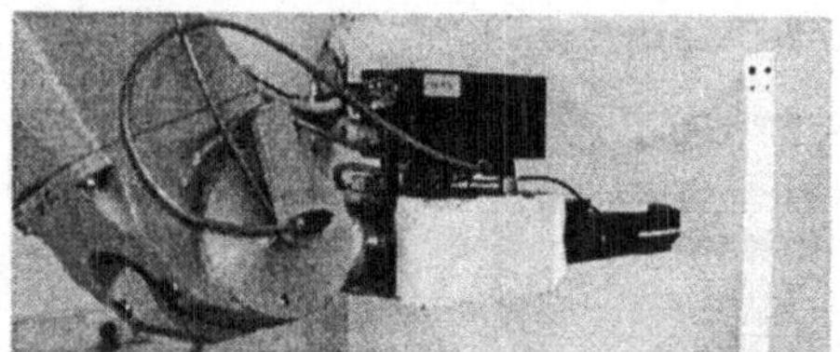

Bild 7. Kamera montiert am Industrieroboter

Exemplarisch ist im folgenden des Regelverhalten mit dem neuen Regler für eine Startlage (150mm, 90mm, -200mm, 10°, -15°, 30°) dargestellt. Bild 8 zeigt das Kamerabild in Start- und Soll-Lage.

Bild 8. Bild in einer Startlage (links), Bild in Sollage (rechts)

Unter Verwendung einer Schranke von $\alpha = 0.1$ mm steuert der Regler den Roboter in 27 Abtastschritten in die Ziellage. Wie die Betrachtung der Spuren der Markierungspunkte auf dem CCD-Sensor zeigt, bewegen sich dabei die Bildmerkmale mit nur einer kleinen Abweichung zu Beginn der Regelung relativ geradlinig auf ihre Zielpositionen zu [6]. Zwar bewegen sich die Bildmerkmale in den ersten Schritten auch ein wenig in Richtung des Bildrandes, sie kommen ihm dabei doch zu keinem Zeitpunkt so nahe wie mit einem traditionellen Regler. Zugleich wird die Anzahl der für die Regelung notwendigen Abtastschritte um zwei Drittel gesenkt.

Betrachtet man den Verlauf von λ_k, ist festzustellen, daß der Regler in den ersten Schritten eine größere Reduktion der errechneten Bewegung im Bild als der verglichene traditionelle Regler mit konstanter Verstärkung berechnet [6]. Im weiteren Verlauf der Regelung hat die Schranke immer weniger Einfluß auf die ausgeführte Bewegung. Die letzten beiden Schritte schließlich werden gar nicht beschränkt, der Reduktionsfaktor hat dann den Wert 1. Dies liegt daran, daß gegen Ende der Regelung der Bildfehler bereits so weit ausgeregelt ist, daß sich alle 4 Merkmalspunkte im Bild weniger als α von ihren Sollwerten entfernt befinden. Dies zeigt den konzeptionellen Unterschied zum traditionellen Regelungsansatz mit einem konstanten Verstärkungsfaktor. Eine Beschränkung der Bewegung im Bild bewirkt eine über die Regelung veränderliche effektive Verstärkung, da das Maß, in dem eine Schranke die Stellgröße beeinflußt, gemäß (3) und (4) vom momentanen Bildfehlers abhängt.

Betrachtet man die Ausregelung des Bild- und Lagefehlers ist folgendes festzustellen [6]: Anders als beim traditionellen Regler ergibt sich kein exponentielles, sondern ein über einen großen Teil der Regelung - durch annähernd konstante Bewegung der Objektmarkierungen - lineares Abklingen des Bildfehlers. Während eine lineare Reduzierung des Bildfehlers zu Anfang der Regelung einen im Vergleich zum traditionellen Regler langsameren Rückgang des Lagefehlers bedeutet, wird er gegen Ende sehr viel rascher gegen Null geführt. Dies gilt sowohl für die translatorischen als auch für die rotatorischen Anteile. Letztendlich ergibt sich dadurch eine gleichmäßigere Bewegung des Roboters.

Die Versuche mit dem realen System haben außerdem die Aussagekraft des Multilagentests und die Brauchbarkeit des Tiefenschätzungsverfahrens nachgewiesen.

6 Zusammenfassung

Die in diesem Beitrag beschriebenen Untersuchungen sind motiviert durch das Robotersystem FRIEND. Ein visueller Regler soll dort ein teilautonomes Greifen von markierten Gegenständen ermöglichen.

Unter Verwendung eines Multilagentests wurde nachgewiesen, daß eine Adaption der Bild-Jacobi-Matrix das Regelungsergebnis zwar verbessert, daß aber zum erfolgreichen Regeln aus allen Startlagen eine sehr geringe konstante Verstärkung notwendig ist. Dies hat eine hohe Anzahl von Abtastschritten zur Folge. Es wurde ein neuer Regler vorgestellt, der die prognostizierten Bewegung im Bild begrenzt. Dieser Regler wurde ebenfalls mit dem Multilagentest untersucht. Mit dem neuen Regler konnte die Anzahl der durchschnittlich notwendigen Abtastschritte gegenüber dem Regler mit konstanter Verstärkung halbiert werden. Die Ergebnisse des Multilagentests wurden zudem an einem realen Robot-Vision-System verifiziert.

Der Regler wird z. Z. auf den Rehabilitationsroboter FRIEND übertragen.

7 Literatur

[1] B. Borgerding, O. Ivlev, C. Martens, N. Ruchel, A. Gräser, "FRIEND – Functional Robot Arm with User Friendly Interface for Disabled People", The 5th European Conference for the Advancement of Assistive Technology, Düsseldorf, Dezember 1999.

[2] C. Martens, N. Ruchel, O. Lang, O. Ivlev, A. Gräser, „FRIEND: A semiautonomous robotic system for assisting handicapped people". Zur Veröffentlichung eingereicht.

[3] O. Lang, T. Lietmann, „Visual Servoing - Ein Ansatz zur kalibrierungsrobusten visuellen Regelung von Robotern", In B. Lohmann, A. Gräser (Hrsg.), Methoden und Anwendungen der Automatisierungstechnik, Shaker Verlag 1999.

[4] O. Lang, A. Gräser: Regelung eines teilautonomen Roboters mittels Zoomkamera, Autonome Mobile Systeme 1998, 14. Fachgespräch Karlsruhe, 30. November - 1. Dezember 1998, Springer-Verlag, Seiten 45-56.

[5] R. Vogel: Visuelle Regelung eines Roboters mit sechs Freiheitsgraden unter Berücksichtigung von Objektgröße und Objektposition im Bild, Diplomarbeit, Institut für Automatisierungstechnik, Universität Bremen, Juni 1999.

[6] N. T. Siebel: Bildbasierte Roboterregelung in sechs Freiheitsgraden unter Verwendung einer Trust-Region-Methode, Diplomarbeit, Institut für Automatisierungstechnik (IAT) und Zentrum für Technomathematik (ZeTeM), Universität Bremen, August 1999.

[7] N. T. Siebel, O. Lang, F. Wirth, A. Gräser: Robuste Positionierung eines Roboters mittels Visual Servoing unter Verwendung einer Trust-Region-Methode. In Forschungsbericht Nr. 99-1 der Deutschen Forschungsvereinigung für Meß-, Regelungs- und Systemtechnik (DFMRS), Bremen, November 1999

[8] M. Jägersand: Visual Servoing using Trust Region Methods and Estimation of the Full Coupled Visual-Motor Jacobian, In Proc. of IASTED Applications of Control and Robotics, 1996, Seiten 105-108.

Sonderbeiträge Dirokol

Simultane Lokalisierung und Kartenaufbau für einen mobilen Serviceroboter

Kai Briechle, Uwe D. Hanebeck

Lehrstuhl für Steuerungs- und Regelungstechnik,
Technische Universität München,
80290 München

Zusammenfassung Dieser Beitrag beschreibt ein Konzept zur Selbstlokalisierung mobiler Roboter mit simultanem Aufbau einer Karte der Umwelt. Es basiert auf Winkelmessungen zu Landmarken, das heißt zu charakteristischen Merkmalen in der Umwelt eines Roboters, deren Position nicht vorab bekannt sein muß. Die wesentlichen Bestandteile dieses Konzepts sind:

- Modul zur absoluten Lokalisierung des Roboters im globalen Bezugskoordinatensystem.
- Modul zur relativen Lokalisierung des Roboters.
- Schnelles Panoramasensormodul zur Bestimmung der Winkel zu den Landmarken.
- Ein neuartiger Schätzer zur Fusion der Daten unter Berücksichtigung der stochastischen und der deterministischen Unsicherheiten.
- Ein neues Verfahren zur simultanen Lokalisierung und Kartenaufbau.

Der Beitrag gibt einen Überblick über das Gesamtkonzept und stellt das neue Verfahren vor, mit dem im globalen Bezugskoordinatensystem simultan die Positon des Roboters bestimmt und neu hinzugekommene Landmarken eingemessen werden (=Kartenaufbau). Das Verfahren ermöglicht die Verwendung natürlicher, also bereits in der Einsatzumgebung vorhandener Landmarken zur Lokalisierung eines mobilen Roboters.
Die Funktionalität des vorgestellten Verfahrens wird durch Simulationsergebnisse bestätigt.

1 Einleitung

Autonome mobile Roboter müssen in der Lage sein, ihre Position und Orientierung im Arbeitsraum zuverlässig und präzise zu bestimmen. Diese Selbstlokalisierung ist die Grundlage für die Navigation des Roboters und darauf aufbauender, höherer Fähigkeiten und daher Gegenstand zahlreicher Untersuchungen [1, 4, 8].

Das hier vorgestellte Selbstlokalisierungssystem ist auf einen Einsatz des Roboters in Innenräumen zugeschnitten, in denen er sich mit vergleichsweise hoher Translations- und gegebenenfalls auch Rotationsgeschwindigkeit fortbewegt. Dabei wird ein 24–Stunden–Betrieb zugrunde gelegt und die daraus resultierenden starken Schwankungen der Umgebungshelligkeit mit in Betracht gezogen.

Ferner muß das Lokalisierungssystem bei unterschiedlichen Bodenbeschaffenheiten zuverlässig und exakt funktionieren. Das bedeutet, daß es robust gegenüber Fehlmessungen der Odometrie sein muß, die durch Unebenheiten im Boden oder verschiedene Oberflächen zustande kommen können.

Für die Genauigkeit des Selbstlokalisierungssystems ist für den praktischen Betrieb hinreichend, daß bei allen zu erwartenden Betriebsbedingungen ein Fehler von $\leq 1^o$ in der Orientierung und ≤ 5 cm in der Position erreicht wird. Das System soll flexibel genug sein, um mit verschiedenen typischen Innenraum–Einsatzumgebungen zurecht zu kommen. Schließlich muß mit der zur Verfügung stehenden Rechenleistung ein Betrieb in Echtzeit möglich sein, was konkret bedeutet, daß das aus allen Sensordaten berechnete Ergebnis der Selbstlokalisierung mit der Taktrate der Roboterpositionsregelung für Navigationszwecke zur Verfügung stehen muß. Im Gegensatz dazu wird bei anderen Systemen die aus der Odometrie errechnete Lage des Roboters für die Regelung verwendet und mit den weiteren für die Lokalisierung zur Verfügung stehenden Sensoren lediglich von Zeit zu Zeit eine Schätzung der Lage des Roboters berechnet.

In diesem Beitrag wird in Abschnitt 2 zunächst die Problemstellung konkretisiert. Abschnitt 3 bietet einen Überblick über die einzelnen Module des Selbstlokalisierungssytems und deren Zusammenspiel. Abschnitt 4 geht auf die absolute Lokalisierung mit einer vorgegebenen globalen Karte ein und kategorisiert die verwendeten Typen von Landmarken. In Abschnitt 5 wird der Ablauf eines Meßzyklus während einer Roboterfahrt dargestellt, bei dem simultan zur Lokalisierung des Roboters mit der Verwendung eines mengentheoretisch basierten Filters eine Landmarke eingemessen wird. Dieser Meßzyklus ist der Grundbaustein für den Kartenaufbau in einem globalen Bezugskoordinatensystem unter der Verwendung von Winkelmessungen. Im Gegensatz zu anderen Verfahren, die auf dem EKF basieren [6], wird hierbei jede Messung getrennt behandelt und keine Kreuzkorrelationsmatrix für die Schätzung verwendet. In Abschnitt 6 wird die Implementierung des vorgestellten Lokalisierungssytems auf dem mobilen Roboter ROMAN II beschrieben. Abschnitt 7 demonstriert anhand einer Simulation die Funktionalität des vorgeschlagenen Verfahrens. Die Zusammenfassung gibt schließlich einen Ausblick auf künftige Entwicklungsschwerpunkte.

2 Problemstellung

Für die Selbstlokalisierung des mobilen Roboters in seiner Einsatzumgebung stehen als Meßgrößen die aus der Inkrementalsensorik bestimmte Relativlage des Roboters in bezug auf die vorangegangene Lage, sowie Winkel zu charakteristischen Merkmalen in der Einsatzumgebung, den sogenannten Landmarken, zur Verfügung.

Abbildung 1 zeigt den mobilen Roboter in seiner Einsatzumgebung. Die Aufgabe des Selbstlokalisierungssystem ist es, die Lage des Roboters in Bezug auf ein gegebenes Koordinatensystem S_0 unter Berücksichtigung der Unsicherheiten in den Sensordaten und in der Umgebungsmodellierung zu berechnen. Dabei muß berücksichtigt werden, daß nicht zu jedem Zeitpunkt Messungen zu allen

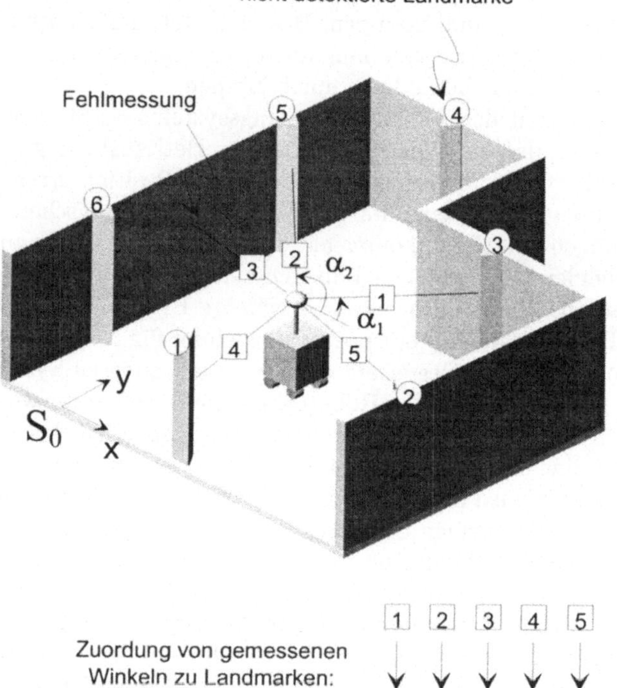

Abbildung 1. Aufgabe der Selbstlokalisierung mit Winkelmeßsystem

in der Umgebung vorhandenen Landmarken durchgeführt werden können, und daß auch Fehlmessungen auftreten können.

Außerdem muß das Selbstlokalisierungssystem das interne Modell des Roboters von seiner Umgebung aufbauen bzw. erweitern können. Im Modell vorhandene Unsicherheiten werden im Laufe des Betriebs durch wechselseitige Bestimmung der Roboterlage und Vermessung der Landmarken durch die externe Sensorik des Roboters immer weiter reduziert.

3 Module des Selbstlokalisierungssystems

Das hier vorgestellte Selbstlokalisierungssytem für einen mobilen Roboter ist modular aufgebaut. Es basiert auf einem geometrischen Modell der Umwelt des Roboters und unterschiedlichen externen und internen Sensoren. In der momentanen Ausbaustufe werden als interne Sensoren Inkrementalsensoren an den Rädern des Roboters sowie ein Gyroskop verwendet. Da die Fehler der Lageschätzung, die aus den internen Sensoren berechnet wird, jedoch mit der Zeit über alle Grenzen wachsen, muß zusätzlich externe Sensorik verwendet werden, mit der metrische Beziehungen zwischen der Lage des Roboters und Merkmalen

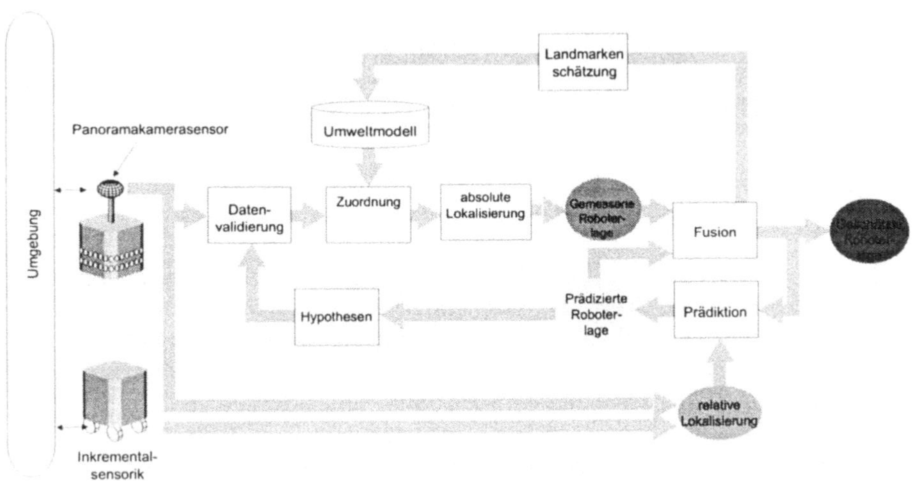

Abbildung 2. Module des Selbstlokalisierungssystem

in seiner Umgebung bestimmt werden. Als externer Sensor kommt ein Panoramakamerasensor zum Einsatz, aus dessen Videodaten ein Panoramasensormodul Winkel zu charakteristischen Merkmalen in der Einsatzumgebung bestimmt.

Das geometrische Umweltmodell enthält für die Lokalisierung des Roboters wesentliche Umweltmerkmale, die als Landmarken verwendet werden [1]. Mit der internen Inkrementalsensorik wird durch das Modul „relative Lokalisierung" zum Zeitpunkt k die Roboterlage prädiziert (Abbildung 2). Dazu kann der Algorithmus zur relativen Lokalisierung zusätzlich auf Winkelmessungen zu Landmarken in der Umgebung zurückgreifen, deren Position unbekannt, also nicht im Umweltmodell verzeichnet ist. Mit der prädizierten Roboterlage zum Zeitpunkt k werden zunächst Meßhypothesen für die verwendete externe Sensorik generiert. Mit Hilfe dieser Hypothesen, also der aus dem Umweltmodell berechneten, erwarteten Meßwerte, werden die Daten der realen externen Sensorik validiert, um Fehlmessungen zu identifizieren. Die verifizierten Messungen werden dann in einem Zuordnungsmodul den im Umweltmodell abgelegten Umweltmerkmalen zugeordnet, wobei unter anderem kombinatorische Verfahren zur Verwendung kommen.

Das Modul „absolute Lokalisierung" ermittelt aus den Messungen und den zugeordneten Umweltmerkmalen unter Berücksichtigung der auftretenden Unsicherheiten des Modells und der Messungen, die deterministischer wie auch stochastischer Natur sind, die möglichen Lagen des Roboters im globalen Koordinatensystem des Umweltmodells. In einem rekursiven Prozeß zur Zustandsschätzung der Lage des Roboters werden die ermittelten, möglichen Roboterlagen anschließend mit einem neuartigen Zustandsschätzer mit den prädizierten Roboterlagen fusioniert. Das Fusionsergebnis, das durch den Zustandsschätzer unter Berücksichtigung der stochastischen und der deterministischen Unsicherheiten ermittelt wird, wird für die Prädiktion der Roboterlage zum Zeitpunkt $k + 1$ verwendet. Gleichzeitig werden mit der geschätzen Roboterlage und den verifizierten Messungen der externen Sensoren zum Zeitpunkt k die verwendeten Umweltmerkmale geschätzt, was zu einer Verringerung der Unsicherheiten im Umweltmodell des Roboters führt.

4 Absolute Lokalisierung

Für die absolute Lokalisierung des Roboters im globalen Bezugskoordinatensysten mit Hilfe der uns zur Verfügung stehenden Sensorik erweist sich die Verwendung von Winkelmessungen zu Landmarken, d.h. zu charakteristischen Punkten in der Einsatzumgebung des Roboters als zweckmäßig. Diese Winkel können mit einem monokularen visuellen Sensor robust und präzise bestimmt werden. Zur Bestimmung der momentanen Beobachterlage aus $N \geq 3$ Winkelmessungen zu bekannten Landmarken wird ein Algorithmus eingesetzt, der die nichtlinearen Meßgleichungen exakt in ein lineares Gleichungssystem transformiert [1]. Mit Hilfe dieses Gleichungssystems wird die Beobachterlage unter Verwendung eines geeigneten Fehlermodells, das die Unsicherheiten in den Messungen und den Landmarkenpositionen berücksichtigt, mit jedem Winkelsatz rekursiv aufgefrischt.

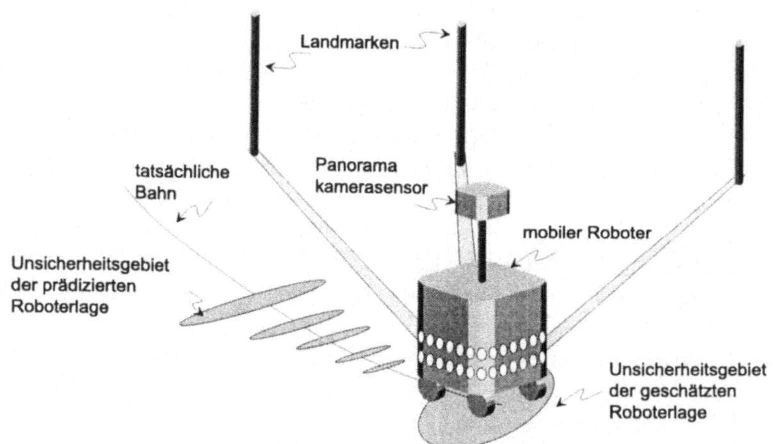

Abbildung 3. Ablauf der Selbstlokalisierung

Abbildung 3 zeigt anschaulich, wie sich der mobile Roboter mit Hilfe der Winkelmessungen lokalisiert. Durch die visuelle Vermessung von Landmarken wird die globale Position des Roboters mit gleichbleibend hoher Genauigkeit bestimmt. Zu beachten ist, daß eine einzelne Meßgleichung auf Grund der Drehung des Roboters um den Winkel Ψ^S bezüglich der Hochachse nichtlinear ist, weshalb ihre Verwendung für die Lokalisierung unzweckmäßig ist. In Gleichung (1) ist α_i der gemessene Winkel zur Landmarke i, (x_i^{LM}, y_i^{LM}) die Position der Landmarke in globalen Koordinaten und (x^S, y^S) die geschätzte Roboterlage.

$$\alpha_i = \text{atan2}(x_i^{LM} - x^S, y_i^{LM} - y^S) - \Psi^S \tag{1}$$

Liegen jedoch $N \geq 3$ Winkel zu N bekannten Landmarken vor, ergibt sich ein in der Roboterposition $\underline{x}^S$ lineares Gleichungssystem [1].

Prinzipiell unterscheiden wir künstliche Landmarken, die zum Zweck der Lokalisierung in der Einsatzumgebung angebracht werden und natürliche Landmarken, die bereits vorhanden sind. Als natürliche Landmarken eignen sich in der betrachteten Innenraumumgebung kontrastreiche Strukturen, wie zum Beispiel vertikale Kanten von Türrahmen oder Fenstern, die sich gut durch das visuelle Sensorsystem verfolgen lassen. Die Position und die Erscheinung dieser Landmarken kann vorab bekannt oder auch unbekannt sein. Desweiteren ist zwischen statischen, zuverlässigen und temporären, flüchtigen Landmarken zu unterscheiden, da letztere nicht in ein globales Umweltmodell übernommen werden dürfen, um spätere Fehler bei der Lokalisierung zu vermeiden.

Für unsere Experimente werden im jetzigen Stand einerseits künstliche Landmarken verwendet, die robust unabhängig von der Umgebungsbeleuchtung detektiert werden können, und deren Position a priori bekannt ist. Desweiteren werden zusätzlich natürliche Landmarken verwendet, deren Erscheinung a priori bekannt ist. Eine Erweiterung des Systems auf beliebige natürliche Landmarken, das heißt kontrastreiche Bereiche in der Einsatzumgebung, die das System selbständig auswählt, ist ein Problem der Bildverarbeitung, das mit dem vorhandenen Panoramasensormodul bereits weitgehend gelöst ist [7].

Für die globale Lokalisierung des Roboters mit dem vorgestellten Selbstlokalisierungssystem sind zwei Fälle zu unterscheiden:

1. Es ist eine unsicherheitsbehaftete Schätzung für die Position von $N \geq 3$ Landmarken bezüglich eines globalen Referenzkoordinatensystems vorhanden.
2. Es ist keine vorab gegebene Karte vorhanden.

Im ersten Fall wird in einem rekursiven Schätzprozeß abwechselnd die Position des Roboters und die Position weiterer, natürlicher Landmarken bestimmt, die bei einer hinreichend zuverlässigen Schätzung dann ebenfalls in das Umweltmodell des Roboters eingetragen werden, wie im Folgenden gezeigt wird. Im zweiten Fall ist es möglich, mit Winkelmessungen zu mindestens 5 von 3 verschiedenen Roboterpositionen aus bestimmten Landmarken ein quadratisches Gleichungsssytem herzuleiten und iterativ zu lösen. Damit kann eine initiale Schätzung für das hier vorgestellte Verfahren berechnet werden [5]. Diese Initialisierung ist jedoch nicht Gegenstand des Beitrags.

5 Simultane Lokalisierung und Kartenaufbau

Für die Navigation eines mobilen Roboters in seiner Einsatzumgebung wird eine ausreichend genaue Karte mit charakteristischen Merkmalen der Umgebung benötigt [6]. Diese kann a priori vorgegeben sein, sollte aber während des Betriebs an Veränderungen in der Umgebung angepasst werden können.

Die zur Lokalisierung des Roboters verwendeten Umweltmerkmale, d.h. die in der Karte verzeichneten Landmarken werden online während des Betriebs rekusiv geschätzt, so daß sich die Genauigkeit der Karte sukzessive erhöht. Desweiteren sollen neue Umweltmerkmale, die nicht in der Karte verzeichnet sind, in die rekursive Schätzung aufgenommen werden, um ihre Lage zu bestimmen. Erweisen sie sich als hinreichend stabil, werden sie in das Umweltmodell übernommen. Im Folgenden wird der Ablauf dieses Schätzprozesses für den Zeitschritt k während einer Roboterfahrt skizziert.

1. Die Winkel $\alpha_{i,k}$, $i = 1, ..., N$, zu $N \geq 3$ Landmarken in der Umgebung werden gemessen.
2. Mit der prädizierten Roboterlage $\hat{\underline{x}}_k^P$ werden die Winkel zu den Positionsschätzungen $\hat{\underline{x}}_{i,k}^{LM}$ aus der vorgegeben Karte zugeordnet. Die Zuordnung geschieht durch
   - Winkelbereichsabschätzungen
   - kombinatorische Verfahren
   - Vergleich der Erscheinung der Landmarken (z.B. durch Korrelation)
3. Bestimmung der Schätzung für die Roboterlage $\hat{\underline{x}}_k^M$ aus der Messung mit dem Modul „absolute Lokalisierung"
4. Fusionisierung der Schätzung $\hat{\underline{x}}_k^M$ mit der prädizierten Roboterlage $\hat{\underline{x}}_k^P$ zur geschätzten Roboterlage $\hat{\underline{x}}_k^S$ unter Berücksichtigung aller auftretenden Unsicherheiten.
5. Rekursive Schätzung der Landmarkenpositionen $\hat{\underline{x}}_{i,k+1}^{LM}$, $i = 1, ..., N$, durch Fusion der aktuellen Messung.
6. Erneuter Start des Meßzyklus für den Zeitschritt $k + 1$

Die rekusiven Schätzung der Landmarken erfolgt mit der folgenden Form der Meßgleichung

$$\sin(\alpha_k + \Psi_k^M)(x_k^{LM} - x_k^M) = \cos(\alpha_k + \Psi_k^M)(y_k^{LM} - y_k^M), \tag{2}$$

welche linear in den Landmarkenpositionen ist. Diese Gleichung wird zusammen mit einem an die Art der vorhandenen Unsicherheiten angepaßten Schätzer verwendet. Liegen sowohl stochastische Unsicherheiten durch den Meßvorgang wie auch deterministische Unsicherheiten durch die unbekannte Landmarkenposition vor, wird ein neuartiger Zustandschätzer verwendet, der beide Arten von Unsicherheiten in optimaler Weise berücksichtigt [2].

6 Implementierung

Das beschriebene Selbstlokalisierungssystem wurde auf dem mobilen Roboter ROMAN II implementiert (Abbildung 4), der im Rahmen des DIROKOL–Projektes entwickelt wurde. Er verfügt über eine omnidirektionale Lokomotionsplattform mit vier Radmodulen, einen MANUS–Manipulator, ein Navigationssystem und ein modular aufgebautes Rechnernetz. Zukünftig wird auf einem zweiten Roboter namens DIROKOL, der eine baugleiche Plattform und einen Leichtbauarm mit vierfingeriger Hand haben wird, zusätzlich Lasersensorik und ein Stereokamerapaar mit Schwenk– Neigekopf zum Einsatz kommen. Diese werden die signaturbasierte Steuerung des Roboters und die Erkennung von Objekten und Hindernissen ermöglichen [9, 10]. Die Sensoren für das Selbstlokalisie-

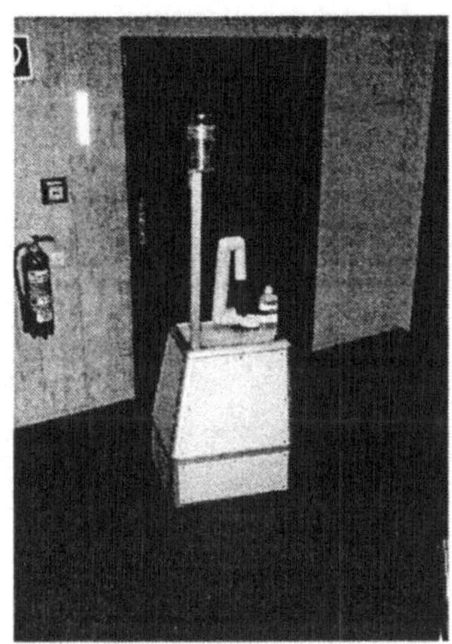

Abbildung 4. Der mobile Roboter ROMAN II

rungssytem sind in der aktuellen Ausbaustufe

- Odometriesensoren,
- Gyroskop und
- ein Panoramakamerasensor.

Mit dem Panoramakamerasensor werden die Winkel für das absolute und relative Selbstlokalisierungsmodul durch ein schnelles Panoramasensormodul gewonnen [7]. Der Sensor selbst ist in 1.80 m Höhe montiert, um Verdeckungen der verwendeten visuellen Landmarken durch Hindernisse oder Personen zu minimieren.

Jedes der vier Radmodule ist mit eigenständiger Odometriesensorik ausgestattet, die den Lenkwinkel des Moduls sowie die vom Rad zurückgelegte Strecke an den übergeordneten Steuerrechner senden.

7 Simulationsergebnisse

Mit den im Abschnitt 5 vorgestellten Algorithmus wurde eine simulierte Roboterfahrt durchgeführt. Für die Simulation wird der vereinfachte Fall betrachtet, daß die Zuordnung der Messungen zu den Landmarken eindeutig erfolgen kann. Daher ist auch keine Prädiktion der Roboterlage durch die Inkrementalsensorik zur Berechnung des Positions–Updates für den Roboter erforderlich, vielmehr geschieht dies direkt mit dem Modul zur absoluten Lokalisierung. Die damit berechnete Roboterlage wird im folgenden Schritt dann direkt für die Schätzung der unsicheren Landmarkenpositionen verwendet. Dabei wird vorausgesetzt, daß drei der acht verwendeten Landmarken, die das Koordinatensystem definieren mit einer Genauigkeit von 5 mm in der globalen Karte verzeichnet sind. Die restlichen fünf Landmarken sollen neu eingemessen werden. Für sie wird als Initialisierung ein großes Unsicherheitsgebiet vorgegeben, was bedeutet, daß nur eine sehr ungenaue Schätzung ihrer Lage verfügbar ist.

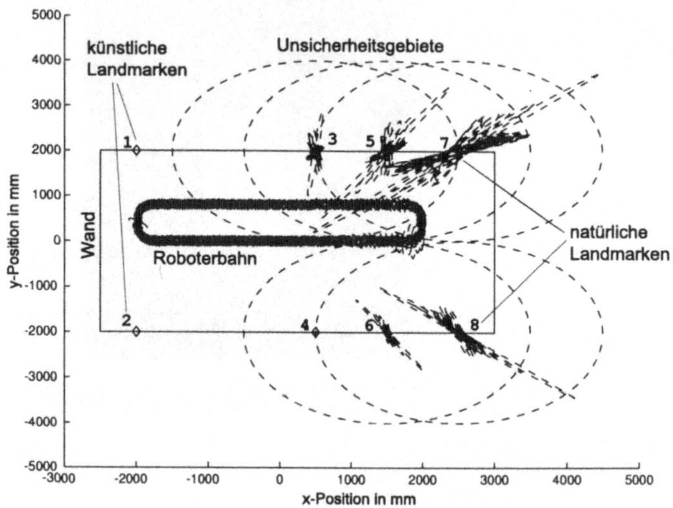

Abbildung 5. Roboterfahrt mit simultanem Kartenaufbau

Für die simulierte Fahrt wurde ein Raum von 5.5 m Länge und 4 m Breite angenommen, in dem der Roboter eine vorgegebene, rechteckige Bahn abfährt (Abbildung 5). Die Bahn des Roboters und die verwendeten Landmarken sind durch Rauten gekennzeichnet, die Kreise bzw. Ellipsen entsprechen den Unsicherheitsgebieten der Landmarken. Wie man erkennt, sind zu Beginn der Fahrt lediglich die drei Landmarken 1,2 und 4 sicher bekannt, die das Koordinatensystem definieren. Im Laufe der Fahrt verringern sich die Unsicherheiten in den Landmarkenpositionen der natürlichen Landmarken.

In Abbildung 6 ist der Verlauf der Unsicherheiten in den Landmarkenpositionen über der Zeit dargestellt. Als Unsicherheitsmaß wird dabei die Länge der größten Halbachse der Unsicherheitsellipse verwendet. Diese wird im ersten Meßschritt zunächst größer, da die Unsicherheiten mit kreisförmigen Gebieten initialisiert wurden. Danach nehmen die Unsicherheiten durch den Meßprozeß ab. Im Gegensatz zum Volumen der Ellipsen, das mit jedem Meßschritt verkleinert wird und daher monoton fällt, kann das verwendete Unsicherheitsmaß zwischenzeitlich auch wieder anwachsen, z.B. wenn hier ein Unsicherheitsgebiet

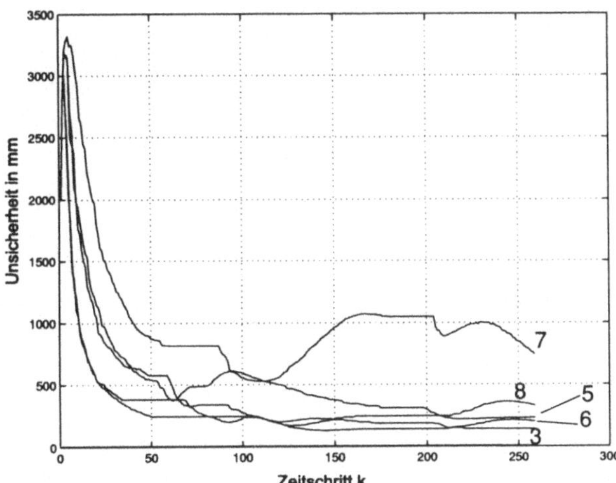

Abbildung 6. Verlauf der Unsicherheiten in den Landmarkenpositionen

eine längliche Form annimmt (Abbildung 5). Die Unsicherheiten der bekannten Landmarken 1,2 und 4 sind konstant 5 mm und in Abbildung 6 nicht eingezeichnet.

8 Zusammenfassung und Ausblick

Es wurde ein modulares Selbstlokalisierungsystem für einen mobilen Roboter vorgestellt, und dargelegt, wie die einzelnen Komponenten des Systems zusammenwirken.

Für das Problem der simultanen Lokalisierung und Lagebestimmung des mobilen Roboters wurde ein neuartiges Verfahren präsentiert. Mit Hilfe einer geschlossenen linearen Lösung zur absoluten Lagebestimmung des Roboters werden während des Betriebs simultan zur Lokalisierung die verwendeten Landmarken in der Umgebung des Roboters geschätzt. Dabei ist es nicht nötig, die Lagebeziehung der Landmarken untereinander in Form einer Kreuzkorrelationsmatrix mit einzubeziehen. Für diesen simultanen Schätzprozeß wird ein an die Art der auftretenden Unsicherheiten angepaßter Zustandsschätzer verwendet, der sowohl stochastische wie auch deterministische Fehler berücksichtigt.

Zukünftige Forschungsarbeiten werden sich darauf fokussieren, die relative Positionsbestimmung in das beschriebene Schätzverfahren zu einzubeziehen und Untersuchungen zum großflächigen Kartenaufbau auf Grundlage der beschriebenen Verfahren durchzuführen.

9 Danksagung

Die in diesem Beitrag beschriebene Arbeit wurde im Rahmen des Projekts „DIROKOL" („Dienstleistungsroboter in kostengünstiger Leichtbauweise") von der Bayrischen Forschungsstiftung (BFS) gefördet.

Literatur

[1] U. D. Hanebeck: *Lokalisierung eines mobilen Roboters mittels effizienter Auswertung von Sensordaten und mengenbasierter Zustandsschätzung*, Dissertation, TU München, Fortschrittsberichte VDI, Reihe 8: Meß-, Steuerungs- und Regelungstechnik, Nr. 643, VDI Verlag, Düsseldorf, 1997, ISBN 3-18-364308-1.

[2] U. D. Hanebeck, J. Horn: *A New State Estimator for a Mixed Stochastic and Set Theoretic Uncertainty Model*, Proceedings of SPIE Vol. 3720, AeroSense Symposium, Orlando, Florida, USA, April 1999.

[3] U. D. Hanebeck, J. Horn: *A New Estimator for Mixed Stochastic and Set Theoretic Uncertainty Models Applied to Mobile Robot Localization*, Proceedings of the 1999 IEEE International Conference on Robotics and Automation (ICRA'99), Detroit, Michigan, USA, May 1999.

[4] Y. Yagi, Y. Nishizawa and M. Yachida: *Map-Based Navigation for a Mobile Robot with Omnidirectional Image Sensor COPIS*, IEEE International Transactions on Robotics and Automation, Vol. 11, pp. 1062-1067, 1995.

[5] S. Li, M. Chiba and S. Tsuji: *Estimating Camera Motion Precisely from Omnidirecitional Images*, Proceedings of the 1994 IEEE/RSJ/GI International Conference on Intelligent Robots and Systems (IROS'94), pp. 1126-1132, Munich, Germany , September 1994.

[6] J. A. Castellanos, J. M. Martínez, J. Neira, J. D. Tardós: *Simultaneous Map Building for Mobile Robots: A Multisensor Fusion Approach*, IEEE International Conference on Robotics and Automation (ICRA'98), pp. 1244-1249, Leuven, Belgium, May 1998.

[7] K. Briechle, U. D. Hanebeck: *Self localization of a mobile robot using fast normalized cross correlation*, Proceedings of the 1999 IEEE Conference on Systems, Man and Cybernetics (SMC'99).

[8] U. Frese, M. Hörmann, B. Bäuml und G. Hirzinger: *Global konsistente visuelle Lokalisation ohne vorgegebene Karte*, Autonome Mobile Systeme 1999, Informatik aktuell, Springer Verlag, Berlin Heidelberg 1999.

[9] S. Estable, B. Mädiger, E. Schmidt: *Signaturbasierte Steuerung für einen Serviceroboterarm*, Autonome Mobile Systeme 1999, Informatik aktuell, Springer Verlag, Berlin Heidelberg 1999.

[10] C. Drexler, C. Frank, J. Denzler, H. Niemann: *Probabilistisch modellierte Blicksteuerung zur Selbstlokalisation anhand natürlicher Landmarken*, Autonome Mobile Systeme 1999, Informatik aktuell, Springer Verlag, Berlin Heidelberg 1999.

Global konsistente visuelle Lokalisation ohne vorgegebene Karte

U. Frese, M. Hörmann, B. Bäuml und G. Hirzinger

Deutsches Zentrum für Luft- und Raumfahrt (DLR)
Institut für Robotik und Systemdynamik
Postfach 1116, D-82230 Weßling
http://www.robotic.dlr.de/MOBILE

Zusammenfassung Wir präsentieren ein Verfahren, das als Teil des visuellen Lokalisationssystems eines mobilen Roboters dessen Position ohne eine vorab gegebene Karte bestimmen kann. Es erhält von einem Bildverarbeitungsmodul, das nicht Gegenstand dieses Artikels ist, die Bildpositionen punktförmiger Umgebungsmerkmale, sogenannter Landmarken. Aus den daraus resultierenden Winkelmessungen und der Odometrie bildet es ein Netz von unscharfen räumlichen Beziehungen, das als Graph repräsentiert wird. Die Beziehungen werden metrisch auf den Kanten angegeben. Die Unschärfe wird hierbei mengenbasiert mit Ellipsen und Hyperbeln modelliert. Für die Lokalisation löst dieser Ansatz die Konsistenzprobleme, die beim autonomen Aufbau weiträumiger Karten entstehen.

1 Problematik

Für die Navigation autonomer mobiler Roboter ist eine zuverlässige Lokalisation, d. h. die Bestimmung von Position und Orientierung, eine Grundvoraussetzung, die in der Vergangenheit Gegenstand zahlreicher Untersuchungen war. Basis der Lokalisation sind Sensoren, die metrische Beziehungen des Roboters zur Umgebung messen. Für die meistverwendeten Sensoren sind dies die odometrische Relativlage, der Abstand zu einer Wand (Laserscanner, Ultraschall) oder der Winkel zu einer visuellen Landmarke (Kamera). Die Gesamtheit dieser Messungen bildet ein Netz von metrischen Beziehungen. Viele Systeme fordern eine vorab gegebene Karte (Gebäudeplan), in der die Umgebung des Roboters bzgl. eines globalen Koordinatensystems eingetragen ist [Han97,Yag95]. Damit kann eine Positionsschätzung im Koordinatensystem gehalten und mit jeder Messung aktualisiert werden. Die Aktualisierung erfolgt meist stochastisch mit dem Extended Kalman Filter (EKF) [Yag95] oder mengenbasiert [Han97,Sch68].

Verzichtet man auf eine vorab gegebene Karte, so müssen neue Landmarken bzgl. der aktuellen Roboterposition eingemessen werden, und die Relokalisation der Roboterposition muß in Bezug auf bekannte Landmarken erfolgen. Dadurch akkumulieren sich Meßfehler so stark, daß es nicht mehr möglich ist, mit unsicheren globalen Koordinaten zu arbeiten. Es muß vielmehr repräsentiert werden können, daß z. B. die absolute Lage zweier Punkte nur sehr ungenau, ihre Relativlage aber genau bekannt ist. Im Prinzip leistet dies der EKF bei Mitnahme der kompletten Kovarianzmatrix. Konkret scheitert er aber an der Linearisierung der Drehung um den jeweiligen Orientierungsschätzwert, dessen Fehler durchaus größer als 90° sein kann.

In [Thr96,Wei94] werden zwei Verfahren beschrieben, die sich bzgl. einer autonom erstellten Karte relokalisieren. Beide Verfahren tragen Entfernungsinformationen (z. B. Laserscans) bzgl. eines globalen Koordinatensystems unter Vernachlässigung der Unsicherheit in eine Karte ein. Daraus ergeben sich bei großen Gebäuden Konsistenzprobleme, wenn sich z. B. zwei eigentlich parallele Gänge in der Karte überlappen. Die Problematik entschärft [Thr96] durch die Annahme, daß Wände (im wesentlichen) senkrecht aufeinander stehen. Dadurch wird die Orientierungsdrift beseitigt und die Odometrie dramatisch verbessert.

Gutmann [Gut99] präsentiert als Erweiterung von [Lu97] das erste System, das sich in einer selbsterstellten global konsistenten Karte relokalisiert. Es benötigt allerdings kubische Rechenzeit und linearen Speicher in der Zahl der Laserscans, die während der Kartierungsphase aufgenommen werden, unabhängig davon, ob diese in schon kartiertem Terrain liegen. (Der bei [Lu97] vorgeschlagene Weg, die Karte zu verkleinern, setzt an sich unsichere Beziehungen als sicher und liefert dadurch zu optimistische Fehlervarianzen.)

2 Graph räumlicher Beziehungen

2.1 Aufbau

Unser System verwendet Odometrie und Winkelmessungen zu visuellen Landmarken, die von einem Bildverarbeitungsmodul geliefert werden. Die Idee ist, nicht die Messungen unmittelbar in einem Zustandsschätzer zu integrieren, sondern das aus den Messungen entstehende Netz metrischer Beziehungen zu speichern. Dies erfolgt in einem Graphen dessen Knoten die Landmarken (als Position) sowie aktuelle und frühere Roboterpositionen (als Position mit Orientierung) repräsentieren. Die Knoten selbst enthalten allerdings keine Information (etwa globale Koordinaten). Sie dienen nur als Bezug für die aus den Messungen gewonnenen metrischen Beziehungen, die zu gerichteten Kanten werden. Eine unsicherheitsbehaftete Beziehung wird auf der Kante als Menge von möglichen Relativpositionen (und -orientierungen) des Zielknotens im Koordinatensystem des Startknotens gespeichert. Die Bedeutung hierbei ist, daß man es als zugesichert annimmt, daß die wirkliche Beziehung Element der Menge ist, unter den verschiedenen Elementen aber keine Unterscheidung macht. Kleine Mengen korrespondieren daher zu genauen, große zu ungenauen Beziehungen. Die Verwendung eines mengenorientierten „unknown-but-bounded" [Sch68] Modells anstelle einer stochastischen Modellierung ermöglicht im folgenden beliebige Verknüpfungen ohne Rücksicht auf stochastische Unabhängigkeit. Die algorithmische Darstellung der Mengen erfolgt über Quadriken und wird später erläutert. Die Kanten unterscheiden sich nach der Anzahl der Freiheitsgrade (DOF), die sie festlegen: Odometrische Messungen bestehen aus der relativen Position $(\Delta x, \Delta y, \Delta z)$ und

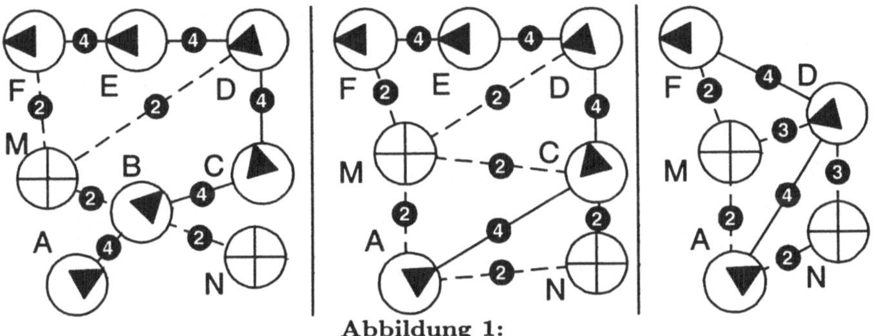

Abbildung 1:

links: Der Roboter fährt von A nach F und sieht an Position B,D,F die Marke M und an B N.
mitte: Knoten B wird eliminiert.
rechts: C und E werden eliminiert, dabei werden $\overline{DM}$ und $\overline{DN}$ durch Schnitt zu 3-DOF Kanten.
Eliminierung von D scheitert z.B. an zu hoher Ungenauigkeit von $\overline{AD}$ und $\overline{DF}$.

der Orientierung in der Ebene ($\Delta\phi$) und bilden somit 4-DOF Kanten. Landmarkensichtungen liefern horizontale und vertikale Winkel relativ zum Roboter und sind daher 2-DOF Kanten. Unser Verfahren kombiniert sie durch Triangulation zu 3-DOF Kanten, die zusätzlich die Entfernung und damit die komplette Relativposition festlegen. Abb. 1 zeigt ein Beispiel für einen so entstehenden Graphen.

2.2 Auswertung

Will man den Graphen auswerten, um z.B. die Relativlage zweier Knoten zu bestimmen, muß man die Beziehungen auf den Kanten miteinander verknüpfen. Zwei Kanten zwischen gleichen Knoten, d.h. die auf ihnen liegenden Mengen, lassen sich schneiden, was die Information aus beiden Kanten kombiniert. Außerdem läßt sich eine Kante $\overline{AB}$ mit einer Kante $\overline{BC}$ zu einer Kante $\overline{AC}$ verketten. Diese ergibt sich als die Menge aller möglichen Relativlagen von C im System von A, wenn Beziehung $\overline{AB}$ für B in A und Beziehung $\overline{BC}$ für C in B gilt:

$$\overline{AC} = \left\{ \begin{pmatrix} x \\ \phi \end{pmatrix} + \mathbf{D}(\phi) \cdot \begin{pmatrix} y \\ \psi \end{pmatrix} \middle| \begin{pmatrix} x \\ \phi \end{pmatrix} \in \overline{AB} \wedge \begin{pmatrix} y \\ \psi \end{pmatrix} \in \overline{BC} \right\}$$

($\mathbf{D}(\phi)$ ist hierbei die Drehmatrix um die Z-Achse und um den Winkel ϕ.)
Zudem kann man Kanten invertieren, d.h. aus einer Beziehung B in A eine Beziehung A in B bilden. Induktiv fortgesetzt, lassen sich die Kanten jedes Weges im Graphen zu einer Beziehung zwischen Start- und Zielknoten verketten und für mehrere Wege mit gleichem Start- und Zielknoten danach schneiden (z.B. $\overline{BCDEF} \cap \overline{BMF}$, was Odometrie und Relokalisation kombiniert.) Schneidet man die Verkettung aller Wege, die zwei Knoten verbinden, erhält man die schärfste Aussage über deren Relativlage, die sich aus dem Graphen ableiten läßt.

Zwei wichtige Auswertungen werden durch diese Operationen implizit ausgeführt: Verkettet man z.B. in Abb. 1 $\overline{BCDM}$ und schneidet das Ergebnis mit $\overline{BM}$, erhält man eine neue Kante $\overline{BM}$ und damit eine genauere Landmarkenposition. Außer in Ausnahmefällen ergibt sich als Schnitt auch dann eine 3-DOF Kante, wenn $\overline{BM}$ und $\overline{DM}$ 2-DOF Kanten sind und zwar implizit durch eine

Triangulation über die Strecke $\overline{BCD}$. Eine implizite Relokalisation erreicht man durch Verkettung von $\overline{BM}$ mit $\overline{MF}$ zu einer zusätzlichen Kante $\overline{BF}$, die mit der Verkettung der odometrischen Kanten $\overline{BCDEF}$ eine verbesserte Roboterpositon F in Bezug auf B liefert.

Wichtig an dieser Art der Auswertung ist, daß die Berechnung „so relativ wie möglich" erfolgt: Die Genauigkeit einer Relativlage wird nur durch die Ungenauigkeiten der betrachteten Kanten beeinflußt. Im Gegensatz dazu erhielte man durch Umrechnen in ein globales Koordinatensystem zusätzliche Ungenauigkeiten. Globale Genauigkeit ist in autonom erstellten Karten nicht erreichbar, weshalb dort mit einem „relativen Verfahren" gearbeitet werden muß.

2.3   Vereinfachung

Der Graph enthält bisher für jede Messung eine Kante und für jede frühere Roboterposition einen Knoten und würde auf Dauer viel zu groß. Er muß daher durch Zusammenfassen von Messungen sowie Löschen von nicht mehr benötigten Knoten, besonders ehemaligen Roboterpositionen, vereinfacht werden.

Mehrere Kanten zwischen denselben Knoten können durch ihren Schnitt ersetzt werden. Ein nicht mehr benötigter Knoten läßt sich entfernen, indem man alle Paare von inzidenten Kanten verkettet und die Ergebnisse in den Graphen einträgt. (Bsp.: Durch Entfernen von B werden aus den Verkettungen $\overline{ABC}$, $\overline{ABM}$, $\overline{CBM}$, $\overline{ABN}$, $\overline{CBN}$ die Kanten $\overline{AC}$, $\overline{AM}$, $\overline{CM}$, $\overline{AN}$, $\overline{CN}$). Zwei 2/3-DOF Kanten werden - obwohl prinzipiell möglich - nicht verkettet, weil sonst insgesamt zu viele Kanten entstünden. Der Verzicht auf direkte Kanten zwischen Landmarken erzeugt zusätzliche Ungenauigkeit in der ansonsten äquivalenten Umformung, deren Betrag aber höchstens das Doppelte der geringsten Ungenauigkeit einer inzidenten 4-DOF Kante ist. (Bsp. aus Abb. 1: Die Beziehung M in N ergibt sich links als $\overline{NBM}$ und in der Mitte als $\overline{NCM} \cap \overline{NAM}$, was $\overline{NBCBM} \cap \overline{NBABM}$ (links) entspricht.) Im Gegensatz zu Zustandsschätzern kann hier der Informationsverlust begrenzt werden, indem man nur Knoten an Kanten einer gewissen Mindestgenauigkeit löscht und unter diesen möglichst die genausten auswählt.

Die Strategie hat wichtige Konsequenzen: Von der dichten Folge ehemaliger Roboterpositionen bleiben nur noch wenige über, die implizit die Aufgabe von Referenzkoordinatensystemen für einen Teil des Graphen übernehmen. Die Kanten zwischen ihnen und den Landmarken drücken aus, bzgl. welchen Koordinatensystems die Marken eingemessen wurden. Solange der Roboter in bekanntem Gebiet fährt, bilden sich durch Verkettung über Marken stets genaue Kanten von neuen Positionsknoten zu alten Referenzsystemen, so daß die neuen gelöscht werden können. Dadurch wächst die Karte nur, wenn der Roboter Neuland betritt (im Unterschied zu [Gut99]).

3   Modellierung metrischer Beziehungen

Um die im vorigen Abschnitt erläuterten Verfahren zu realisieren, muß eine Repräsentation für „Mengen von Relativposition / -orientierungen" mit Algo-

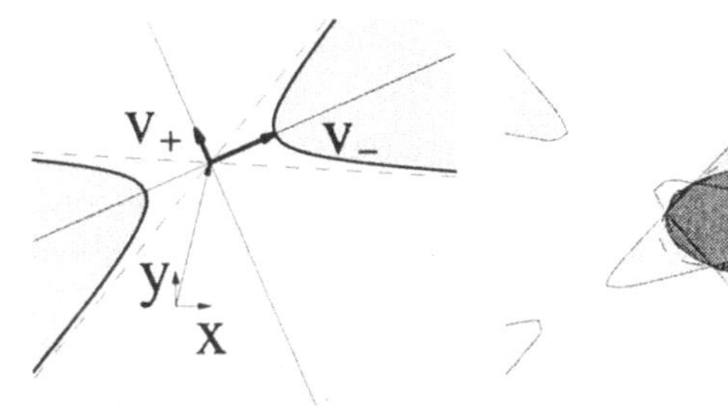
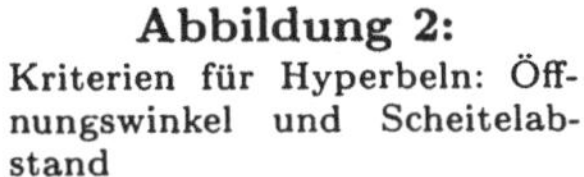

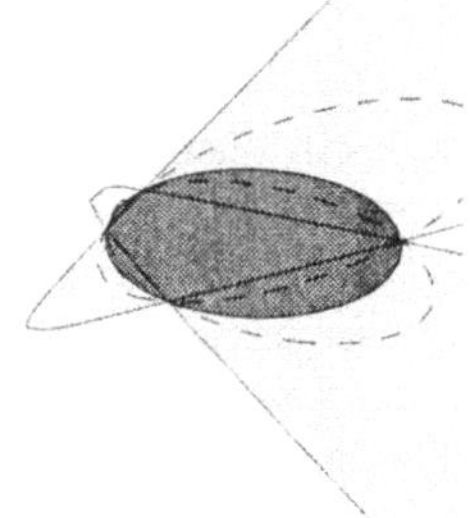

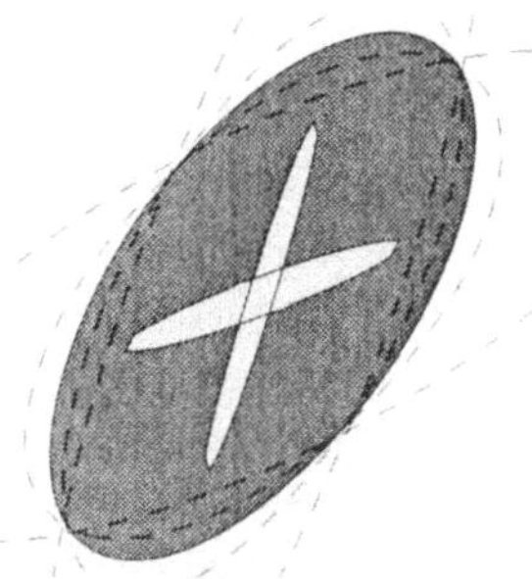

Abbildung 2:	**Abbildung 3:**	**Abbildung 4:**
Kriterien für Hyperbeln: Öffnungswinkel und Scheitelabstand	Schnitt zweier Hyperbeln durch Variation von λ (gestrichelt), optimales λ (dunkel)	Minkowski-Summe zweier Ellipsen mit verschiedenen λ (gestrichelt), optimales λ (dunkel)

rithmen für die benötigten Verknüpfungen gefunden werden. Unsere Intention ist, wo möglich die Repräsentation unabhängig vom Graphen im Sinne eines abstrakten Datentyps zu kapseln.

3.1 Darstellung

Wir verwenden Quadriken (Bsp. in Abb. 2-4), also quadratische Ungleichungen über Relativposition ($\Delta x, \Delta y, \Delta z$) und -orientierung $\Delta\phi$ zur Darstellung der 4-DOF Kanten, entsprechend dem „unknown-but-bounded"–Fehlermodell [Sch68]. Es entstehen 4D Ellipsoide, wie sie auch [Han97] verwendet. Die Ungleichungen werden in quadratischer Ergänzung betrachtet, wodurch die Lage des Ellipsoids durch die Ergänzung a sowie Form und Größe durch die symmetrische Matrix $\mathbf{A}$ der quadratischen Terme und den absoluten Term α bestimmt werden:

$$\left\{ x = (\Delta x, \Delta y, \Delta z, \Delta\phi)^T \,\middle|\, (x - a)^T \mathbf{A}\,(x - a) + \alpha \leq 0 \right\}$$

3-DOF Kanten werden analog aus Ungleichungen über ($\Delta x, \Delta y, \Delta z$) gebildet. Eine wesentliche Erweiterung gegenüber [Han97] ist nötig, um auch 2-DOF Kanten repräsentieren zu können. Diese sollen die Menge aller Relativpositionen einer Landmarke beschreiben, die mit ihrer Position im Kamerabild vereinbar sind. Die Menge muß daher in Richtung des Sichtstrahls unendlich ausgedehnt sein, und ihre Ausdehnung quer dazu muß proportional zur Entfernung zunehmen. Wir stellen daher 2-DOF Beziehungen durch Hyperbeln dar. Diese entstehen durch Wahl von $\mathbf{A}$ als eine Matrix mit einem einzelnen negativen Eigenwert in Richtung des Sichtstrahls (Abb. 2). Das Verhältnis des negativen zu den beiden positiven Eigenwerten bestimmt den Öffnungswinkel und damit die Winkelgenauigkeit, während sich durch $\alpha > 0$ zusätzlich einbringen läßt, daß die Landmarke mindestens eine gewisse Entfernung hat. Siehe [Bro97] für eine Analyse der Gestalt unterschiedlicher Quadriken. Hanebeck umgeht das Problem, indem er als Menge einen unendlich langen Zylinder mit Eigenwert 0 bildet, dessen Breite sich aus Winkelunsicherheit und der erwarteten Entfernung gemäß Vorschätzung und Karte ergibt [Han97].

Da sich Ungleichungen mit positiven Faktoren multiplizieren lassen, kann man α auf $+1$, 0 oder -1 normieren. Im folgenden ist es aber übersichtlicher, den generellen Fall zu behandeln.

3.2 Operationen

Es folgt eine mathematische Beschreibung der Durchführung der Operationen. Dabei geben wir nur für die zentralen Argumente Beweise an. Für den Rechenaufwand ist zu beachten, daß alle Matrizen Dimension 4×4 oder 3×3 haben und daß viele der Rechnungen nur in Sonderfällen nötig sind.

Es ist meist nicht möglich, die Verknüpfung (Schnitt, Verkettung, etc.) zweier Quadriken direkt als Quadrik auszudrücken. Es wird aber stets eine Quadrik berechnet, die die echte Ergebnismenge überdeckt. Das System ist also konservativ. Im folgenden seien P und Q zwei zu verknüpfende Quadriken:

$$P := \{x | p(x) := (x - a)^T \mathbf{A}(x - a) + \alpha \leq 0\}$$
$$Q := \{x | q(y) := (y - b)^T \mathbf{B}(y - b) + \beta \leq 0\}$$

Transformation: Affine Transformationen (Koordinatensystemwechsel) ohne Unsicherheit lassen sich durch Substitution von $x = \mathbf{T}x' + v$ in der Definitionsungleichung durchführen. Insbesondere kann man zwei Ellipsen oder Ellipse und Hyperbel gleichzeitig so transformieren, daß die Matrizen beider Diagonalgestalt haben. (Ellipse zum Kreis stauchen, dann drehen.)

Bewertung: Im weiteren wird es mehrfach notwendig sein, aus einer Menge von Quadriken, die alle die wirkliche Lösungsmenge überdecken, die genauste auszuwählen. Hierfür eignet sich bei Ellipsen das Volumen $\sim 1/\sqrt{|\mathbf{A}/\alpha|}$. Bei Hyperbeln muß man die Eigenwerte $\lambda_1 \geq \lambda_2 \geq 0 > \lambda_3$ betrachten: Charakteristische Maße sind der Öffnungsflächenwinkel $\sim \lambda_3/\sqrt{\lambda_1\lambda_2}$ und das Scheitelabstandsquadrat $-\alpha\lambda_3^{-1}$. Da beide unterschiedliche Einheiten (1 bzw. m^2) haben, wird als Gütemaß für die Optimierung der Quotient verwendet (Abb. 2).

Schnitt: Die gewichtete Summe $\{x | (\frac{1}{2} + \lambda) \cdot p(x) + (\frac{1}{2} - \lambda) \cdot q(x) \leq 0\}$ ist wieder eine Quadrik und überdeckt $P \cap Q$. Je nach λ nimmt das Ergebnis mehr die Form von P oder Q an. Daher wird über λ optimiert und das genauste Ergebnis ausgewählt. Bemerkenswert ist hierbei, daß sich eine Ellipse als Ergebnis ergibt, wenn zwei Hyperbeln einen endlichen Schnitt haben (Abb. 3).

Minkowski-Summe: Die Minkowski-Summe $P+Q = \{x+y | x \in P, y \in Q\}$ wird von folgender Quadrik überdeckt:

$$\{z | (z - (a + b))^T(\mathbf{A}^{-1} + \mathbf{B}^{-1})^{-1}(z - (a + b)) + (\alpha + \beta) \leq 0\}$$

Falls $\mathbf{A} + \mathbf{B} \geq 0$ ist, gilt nämlich für alle x, y:

$$(x + y)^T(\mathbf{A}^{-1} + \mathbf{B}^{-1})^{-1}(x + y) \leq x^T\mathbf{A}x + y^T\mathbf{B}y.$$

Dieses beweist man durch Doppeldiagonaltransformation und mittels

$$(x + y)^2(a^{-1} + b^{-1})^{-1} \leq ax^2 + by^2, \text{ wenn } a + b \geq 0.$$

Vorherige Skalierung der Quadriken mit $\frac{1}{2} + \lambda$ und $\frac{1}{2} - \lambda$ liefert eine Menge von Lösungen, aus der man die genauste als Endergebnis wählt (Abb. 4). Die Minkowski-Summe zweier 2-DOF Quadriken ist 1-DOF und wird daher nicht betrachtet. Bei 2/3-DOF Summen muß λ so gewählt werden, daß das Ergebnis 2-DOF ist (stets möglich).

Verkettung: Die Verkettung von P (nur 4-DOF) und Q (2/3/4-DOF) geschieht in zwei Schritten: Zuerst verkettet man P mit b. Dann dreht man $(Q-b)$ um den Winkelbereich von P. Von den Resultaten bildet man die Minkowski-Summe.

1. Schritt: Durch Substitution von $x := x' - \mathbf{D}(\phi) \cdot b$ ergäbe sich die exakte Verkettung von P mit b:

$$\left\{ \begin{pmatrix} x \\ \phi \end{pmatrix} + \mathbf{D}(\phi) \cdot b \,\middle|\, \begin{pmatrix} x \\ \phi \end{pmatrix} \in P \right\}$$

Dies ist keine Quadrik. Daher muß $\mathbf{D}(\phi) \cdot b$ linear genähert substituiert werden:

$$(b_1, b_2, b_3, b_4) := b, \quad v_1 = (0, 0, b_3, b_4)^T, \quad v_2 = \mathbf{D}(a.\phi)(b_1, b_2, 0, 0)^T,$$

$$v_3 = \mathbf{D}(a.\phi)(-b_2, b_1, 0, 0)^T, \quad x := x' - v_1 - \gamma_1 \cdot v_2 - \gamma_2 \cdot v_3 \cdot (\phi - a.\phi)$$

Um konservativ zu bleiben, wird der Fehler r durch die Ellipse

$$\left\{ r \,\middle|\, r^T (\gamma_3 v_2 v_2{}^T + \gamma_4 v_3 v_3{}^T) r - 1 \leq 0 \right\}$$

abgeschätzt und mit einer Minkowski - Addition hinzugefügt. Die γ_i kann man heuristisch als Formel im maximalen Drehwinkel ϕ_{max} angeben.

2. Schritt: Es wird eine Quadrik berechnet, die $(Q - b)$ gedreht um $-\phi$ bis $+\phi$ überdeckt (Abb. 5). Man bildet eine Hilfsmatrix $\mathbf{X}$:

$$\mathbf{X} := \frac{\cos(\gamma)}{\cos(\gamma + \delta)} \cdot \lambda_3 \cdot vv^T, \text{ falls } \lambda_3 < 0, \text{ sonst } \mathbf{X} := 0,$$

$$\mathbf{B}_- = \mathbf{D}(-\phi)^T \mathbf{B} \mathbf{D}(-\phi) \text{ und } \mathbf{B}_+ = \mathbf{D}(\phi)^T \mathbf{B} \mathbf{D}(\phi),$$

wobei λ_3 kleinster Eigenwert von $\mathbf{B}$, v der dazugehörige Eigenvektor, γ der Öffnungswinkel von Q und δ der Winkel zwischen gedrehtem und ungedrehtem v ($\leq \phi$) ist. $\mathbf{X}$ ist möglichst klein und zwar so gewählt, daß $\mathbf{B}_- - \mathbf{X}$, $\mathbf{B} - \mathbf{X}$ und $\mathbf{B}_+ - \mathbf{X}$ positiv definit sind. Man bringt nun $\mathbf{B}_- - \mathbf{X}$ und $\mathbf{B}_+ - \mathbf{X}$ auf gemeinsame Diagonalform und wählt von den Diagonalwerten jeweils das Minimum. Genauso verfährt man mit dem Ergebnis und $\mathbf{B} - \mathbf{X}$. Dann transformiert man zurück und addiert $\mathbf{X}$. Nach Konstruktion ist das Ergebnis $\mathbf{E} \leq \mathbf{B}_-, \mathbf{B}, \mathbf{B}_+$. Dadurch ist auch $\mathbf{E} \leq \mathbf{D}_\psi^T \mathbf{B} \mathbf{D}_\psi$ für alle $-\phi \leq \psi \leq \phi$, und $\{x^T \mathbf{E} x + \beta \leq 0\}$ überdeckt $(Q - b)$ in allen betrachteten Drehungen. Ein Beweis hierfür steht noch aus.

Inversion: Bei der Inversion von P (4-DOF) führt die Orientierungsunsicherheit wie bei der Verkettung zu einer unsicheren Drehung. Man dreht daher $(P - a)$ mathematisch negativ um den Winkelbereich von P (wie Schritt 2) und verkettet das Ergebnis mit $-a$ (wie Schritt 1).

Bei den Rechnungen werden vielfach konservative Näherungen vorgenommen. Die Fehler liegen immer in der Größenordnung der schon vorhandenen Fehler. Nicht die Verknüpfung der Größen wird also genähert, sondern nur die Verknüpfung der Fehler der Größen. Kritisch ist die Orientierungsunsicherheit; ab ca. $\pm 20°$ werden die Fehler erheblich. Dies ist allerdings deshalb unproblematisch, da wegen der lokalen Arbeitsweise des Graphen nicht die globale Orientierungsunsicherheit entscheidend ist, sondern nur die entlang des gerade betrachteten Weges im Graphen.

3.3 Verkettung von 2/3-DOF Kanten

Probleme macht die in Abb. 6 gezeigte Situation, die auftritt, wenn der Roboter sich durch Sichtung mehrerer Landmarken relokalisieren soll. Vom Knoten A (ehemalige Roboterposition als Referenzsystem) und B (neue Roboterposition) gehen 2/3-DOF Kanten zu verschiedenen Landmarken M_i. Möglicherweise – aber nicht unbedingt – gibt es eine direkte Verbindung $\overline{AB}$. Gesucht ist eine bessere Beziehung $\overline{AB}$.

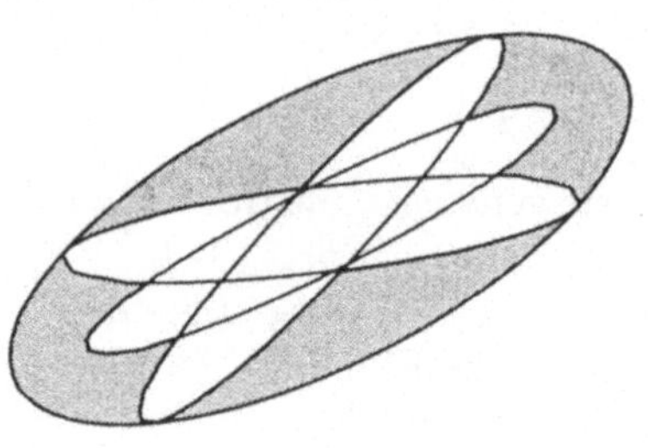

| **Abbildung 5:** | **Abbildung 6:** |
| Rotation einer Ellipse um den Winkelbereich $[-20°..20°]$ | Relokalisation aufgrund mehrerer Landmarkensichtungen |

Die ideale Vorgehensweise bestünde darin, durch Verkettung jeweils $\overline{AM_iB}$ zu bilden. Diese Menge besteht aus allen Relativlagen B in A, die mit den Beobachtungsdaten der betreffenden Landmarke M_i verträglich sind. Die neue verbesserte Beziehung $\overline{AB}$ ergäbe sich dann als Schnitt der $\overline{AM_iB}$.

$$\overline{AM_iB} = \left\{ \left. \begin{pmatrix} x - \mathbf{D}(\phi) \cdot y \\ \phi \end{pmatrix} \right| x \in \overline{AM_i} \wedge y \in \overline{BM_i} \wedge \phi \in [0, 2\pi] \right\}$$

Da – anders als bei der Verkettung von 4-DOF Quadriken – ϕ völlig frei ist, entsteht eine Spirale mit X/Y als Drehebene und ϕ als Achse. Eine solche Menge ist natürlich nicht mehr eng mit einer Quadrik zu umschreiben. Allerdings ist es normalerweise so, daß der Schnitt der verschiedenen Spiralen, also die Kombination der Information aus verschiedenen Landmarkensichtungen, wieder so klein ist, daß man ihn eng mit einer Quadrik umschreiben kann. Diese muß bestimmt und als Kante eingetragen werden, weil sonst keine Relokalisation möglich ist. Das Hauptproblem ist die Nichtlinearität der Drehung. Der Abschnitt erläutert die Vorgehensweise, wenn durch eine 4-DOF Kante $\overline{AB}$ eine hinreichend enge (ca. 10°) Einschränkung der Orientierung besteht.

Wie bei der Verkettung von 4-DOF Beziehungen läßt sich $\overline{AM_iB}$ für den aufgrund der direkten Kante $\overline{AB}$ relevanten Winkelbereich als 4-DOF Quadrik überdecken, wenn $\overline{AM_i}$ und $\overline{BM_i}$ 3-DOF Kanten sind. Sobald eine der Kanten 2-DOF ist, läßt sich nur eine Verkettung als 2-DOF Kante, d. h. die Projektion von $\overline{AM_iB}$ in den Positionsraum bilden. Zwei 2-DOF Kanten lassen sich nicht sinnvoll verketten. Alle gewonnenen $\overline{AB}$ Beziehungen werden geschnitten. Die 4-DOF Verkettungen sind viel wertvoller, weil ihre Schnitte Positionen/Orientierungen liefern, die gleichzeitig mit allen Landmarkensichtungen verträglich sind. Der Schnitt von 2/3-DOF Verkettungen liefert nur eine Menge von Positionen, an denen es für jede Landmarke verträgliche Orientierungen gibt.Durch die genauere Kante $\overline{AB}$ kann sich der Bereich der zulässigen Winkel einschränken, womit die Verkettungen erneut genauer gebildet werden können. Weiterhin wird mit der neu gewonnenen $\overline{AB}$ Kante $\overline{ABM_i}$ bzw. $\overline{BAM_i}$ gebildet und mit $\overline{AM_i}$ bzw. $\overline{BM_i}$ geschnitten, wodurch Kanten genauer oder 2-DOF Kanten zu 3-DOF Kanten werden. Entsteht eine leere Menge, ist der Graph widersprüchlich. Nur an dieser Stelle beeinflussen Landmarken mit zwei 2-DOF Kanten die Rechnung. Diese sind normalerweise weit entfernt, weil sie sonst schon zu 3-DOF trianguliert worden wären, so daß man aus ihnen nur Information über die Orientierung gewinnen kann. Der oben beschriebene Prozeß wird iteriert, bis keine hinreichende Verbesserung mehr eintritt.

3.4 2/3-DOF Verkettung ohne Winkeleinschränkung

Existiert keine 4-DOF Kante $\overline{AB}$, oder ist deren Orientierungsunsicherheit zu groß, liefert das Verfahren aus dem vorangehenden Abschnitt keine sinnvollen Ergebnisse mehr, weil die Näherung der einzelnen Verkettungen zu ungenau wird. Die Lösung in diesem Fall ist, das Verfahren mit einer zusätzlichen Einschränkung der Orientierung $[\phi_{min}..\phi_{max}]$ aufzurufen. Da die Einschränkung keine hergeleitete Folgerung aus den Beziehungen des Graphen, sondern eine willkürliche „was wäre, wenn" Annahme ist, dürfen im Zuge der Rechnung keine Kanten verändert werden. Die am Ende entstehende $\overline{AB}$ Beziehung muß vielmehr so interpretiert werden, daß wenn die Orientierung zwischen ϕ_{min} und ϕ_{max} liegt, dann Position und Orientierung die Beziehung erfüllen.

Wir definieren $Q(\phi_{min}..\phi_{max})$ als die Beziehung $\overline{AB}$, die das obige Verfahren liefert, wenn man $[\phi_{min}..\phi_{max}]$ als zusätzliche Einschränkung für die Orientierung von $\overline{AB}$ setzt. $\psi_{min}(\phi_{min}..\phi_{max})$ bzw. $\psi_{max}(\phi_{min}..\phi_{max})$ definieren wir als den minimalen bzw. maximalen Winkel aus $Q(\phi_{min}..\phi_{max})$.

Es kann sein, daß $\psi_{min}(\phi_{min}..\phi_{max}) > \phi_{min}$ oder $\psi_{max}(\phi_{min}..\phi_{max}) < \phi_{max}$ ist. Dann ist der Rest, nämlich $[\phi_{min}..\psi_{min}]$ bzw. $[\psi_{max}..\phi_{max}]$, nicht mit den Messungen verträglich und kann aus der folgenden Betrachtung ausgeschieden werden. Die Strategie ist daher, aus dem Vollkreis sukzessive möglichst große Intervalle auszuscheiden, bis der Rest den Winkelbereich der exakten Lösung eng genug umschließt. Das Endergebnis ist Q von diesem Winkelbereich.

Dazu muß als erstes der Winkelbereich der exakten Lösung in einem Intervall eingeschlossen werden. Existiert eine direkte Kante $\overline{AB}$, kann deren Winkelbereich verwendet werden. Ansonsten teilt man den Vollkreis sukzessive in immer kleiner werdende Teile und überprüft diese mittels Q. Sobald sich ein Intervall $[\alpha..\beta]$ von nicht verträglichen Winkeln ergibt, wird dessen Komplement als vorläufiges Einschlußintervall $[\phi_{min}..\phi_{max}] := [\beta..\alpha + 2\pi]$ gesetzt.

Nun verkleinert man durch Testen von Abschnitten der Länge d das Einschlußintervall von den Enden her weiter.

$$\phi_{min} := max(\phi_{min}, \psi_{min}(\phi_{min}..\phi_{min} + d))$$
$$\phi_{max} := min(\phi_{max}, \psi_{max}(\phi_{max} - d..\phi_{max})$$

Man startet mit $d := (\phi_{max} - \phi_{min})/2$. Ergibt sich keine Verbesserung, wird d bis zu einer Abbruchsgrenze halbiert; dann wird $Q(\phi_{min}..\phi_{max})$ auf der Kante $\overline{AB}$ als Endresultat eingefügt.

Der Näherungsfehler bei der Berechnung von $Q(\phi_{min}..\phi_{max})$ verschwindet bei gegen 0 strebendem Winkelbereich $\phi_{max} - \phi_{min}$. Ist daher kein Winkel eines bestimmten Bereiches verträglich, stellt man dies durch Berechnen von Q auf hinreichend kleinen Teilbereichen auch fest. Es konvergiert daher $[\phi_{min}..\phi_{max}]$ gegen den Winkelbereich der exakten Lösung. Ist dieser klein, umschließt das

Endergebnis die exakte Lösung eng. Ist er allerdings groß, kann der resultierende Fehler deutlich größer sein als aufgrund der Datenbasis nötig.

Die beschriebenen Rechnungen sind sicherlich aufwendig. Allerdings existiert oft eine Winkeleinschränkung durch eine Kante $\overline{AB}$ aus der Odometrie. Außerdem verkleinert sich das Einschlußinterval in den meisten Fällen schnell.

4 Zusammenfassung und Ausblick

Wir haben eine Datenstruktur und dazugehörende Auswertungsalgorithmen vorgestellt, die Relokalisation und automatische Kartierung auf der Basis von visuellen Landmarken unterstützt sowie großräumige Konsistenz und das Schließen von Kreisen zuläßt. Die Struktur basiert auf einem Graph von metrischen Relativbeziehungen, die mengenbasiert modelliert werden. Dabei wird neben der Meßungenauigkeit auch die Unkenntnis der Entfernung beim einmaligen Sichten einer Landmarke korrekt abgebildet. Hierzu wurde das ellipsenbasierte „unknown-but-bounded" Modell aus [Han97,Sch68] zumindest teilweise um Hyperbeln erweitert. Die mengenbasierte Vorgehensweise ermöglicht, Beziehungen ohne Rücksicht auf stochastische Unabhängigkeit zu verknüpfen, was die Basis sowohl von Auswertung als auch Vereinfachung der Datenstruktur ist. Die automatische Vereinfachung gewährleistet insbesondere, daß anders als bei [Gut99,Lu97] beliebig langes Kartieren der selben Umgebung nicht zu immer größeren Modellen führt.

Das vorgestellte Verfahren wird z. Zt. implementiert und experimentell überprüft. Ein großes Problem ist die Sensitivität gegen Meßausreißer und v. a. gegen Fehlklassifikationen der Landmarken. Hier sind noch Forschungen nötig; eine weitere Frage ist die Vereinfachung der recht komplizierten Verknüpfungen. Benötigt wird außerdem ein Bildverarbeitungsmodul, das Landmarken nicht nur erkennen, sondern auch automatisch auswählen kann.

Literatur

[Bro97] I. Bronstein, K. Semendjajew, G. Musiol, H. Mühlig. Taschenbuch der Mathematik, 1997.

[Gut99] J.-S. Gutmann and K. Konolige. Incremental mapping of large cyclic environments, International Symposium on Computational Intelligence in Robotics and Automation (CIRA'99), Monterey, November 1999. To appear.

[Han97] U. Hanebeck. Lokalisierung eines mobilen Roboters mittels effizienter Auswertung von Sensordaten und mengenbasierter Zustandsschtzung, Dissertation, Technische Universitt Mnchen, 1997, Fortschritt-Berichte VDI, Reihe 8, Nr.643.

[Lu97] Feng Lu and E. E. Milios. Globally consistent range scan alignment for environment mapping, Autonomous Robots, Volume 4, 1997, pp.333-349.

[Sch68] F. C. Schweppe. Recursive state estimation: Unknown but bounded errors and system inputs, IEEE Transactions on Automatic Control, Bd 13 (1968), S.22-28.

[Thr96] S. Thrun, A. Bücken. Integrating grid-based and topological maps for mobile robot navigation, In Proc. Of the Thirteenth National Conference on Artificial Intelligence, Menlo Park, Aug.1996, AAAI Press/MIT Press.

[Wei94] G. Wei, C. Wetzler, E. v. Puttkamer. Keeping track of position and orientation of moving indoor systems by correlation of ranger-finder scans, Intelligent Robots and Systems, Munich, Germany, Sep.1994.

[Yag95] Y. Yagi, Y. Nishizawa, M. Yachida. Map-based navigation for a mobile robot with omnidirectional image sensor COPIS, IEEE Trans. On Robotics and Automation, Bd.11, 1995, Heft 5, S.634-648.

Probabilistisch modellierte Blicksteuerung zur Selbstlokalisation anhand natürlicher Landmarken

Ch. Drexler, C. Frank, J. Denzler und H. Niemann

Universität Erlangen–Nürnberg
Lehrstuhl für Mustererkennung (Informatik 5)
Martensstr. 3, D–91058 Erlangen
WWW: `http://www5.informatik.uni-erlangen.de`

Zusammenfassung Die sichere Selbstlokalisation autonomer Roboter bildet die Grundlage für deren Einsatz in natürlichen Umgebungen. Um dies in sich ständig verändernden Einsatzgebieten zu gewährleisten, wird ein aktiver Ansatz vorgestellt, der aufgrund von Farbmerkmalen, die aus den Sensordaten einer CCD–Kamera extrahiert werden, Umgebungskarten trainiert und während der Lokalisationsphase eine probabilistisch modellierte Positions– und Blickrichtungssteuerung verwendet. Zum Einsatz kommen Markov Entscheidungsprozesse, mit deren Hilfe Bewegungsfolgen so gewählt werden, dass die Wahrscheinlichkeit für die richtige Lokalisation anhand der im nächsten Schritt extrahierten Daten maximiert wird. Dabei wird nach einer unsicheren Standortbestimmung diejenige Position angefahren, welche die meiste Information zur Entscheidung über den korrekten Standpunkt beiträgt. Das Verfahren ist daher auch tolerant gegenüber neuen, falsch detektierten und verschwundenen Merkmalen. Anhand von Experimenten in einer realen Flurumgebung wird die Leistungsfähigkeit dieses aktiven Ansatzes mit passiven Methoden zur Selbstlokalisation verglichen.

1 Motivation

Aufgrund des erwarteten hohen Bedarfs an Dienstleistungspersonal in der Zukunft, beschäftigen sich zahlreiche Wissenschaftler mit der Entwicklung von Dienstleistungs– und Servicerobotern [3, 11]. Die Entwicklung eines autonomen Roboters, der speziell für den Einsatz in Krankenhausumgebungen konzipiert ist, steht im Mittelpunkt des Projekts DIROKOL, in dessen Rahmen neben Verfahren zur robusten Objektlokalisation (zum Greifen eines Objekts), Objekterkennung (zum Finden des Objekts) und –verfolgung (zur Gestenerkennung) auch Probleme der klassischen Robotik, wie z.B. die relative und absolute Positionsbestimmung [2], untersucht werden.

Diese Arbeit wurde im Rahmen des Projekts DIROKOL erstellt, welches von der Bayerischen Forschungsstifung gefördert wird. Für den Inhalt dieses Artikels sind nur die Autoren verantwortlich.

Dabei stellt die landmarkenbasierte Navigation ein wichtiges Teilgebiet dar [2]. Gerade für die angestrebte Einsatzumgebung innerhalb von Krankenhäusern bietet sich die Verwendung von natürlichen Landmarken unter Verwendung visueller Information aus CCD–Kameras an. Zum Einen entfällt dabei die Notwendigkeit des Anbringens und Ausmessens künstlicher Landmarken und ermöglicht so den Einsatz in unterschiedlichen Umgebungen, ohne diese zu verändern. Zum Anderen ist der Einsatz von aktiven Sensoren, beispielsweise Laserscannern, wie sie bei Reflexionslandmarken benötigt werden, in sensiblen Bereichen der Krankenhäuser nicht gestattet.

In unserem Beitrag stellen wir ein System vor, das in einer Trainingsphase auf Basis von Farbinformation in der Umgebung automatisch Umgebungskarten erlernt. In der anschließenden Lokalisationsphase werden diese effizient extrahiert [6] und zur absoluten Positionsbestimmung benutzt.

Die bisher zur Selbstlokalisation eingesetzten Verfahren können anhand des Wertebereichs von möglichen Aufenthaltspositionen in kontinuierliche und diskrete Methoden eingeteilt werden. Zu den kontinuierlichen Verfahren gehören z.B. [16] und [14], die eine Selbstlokalisation durch Kenntnis über die geographische Lage von natürliche Landmarken diesen Landmarken durchführen. Die 3D-Information aus Lasersensoren vergleicht [7] mit einer, in der Trainingsphase erzeugten, globalen Karte zur Positionsverifikation während der Navigation. Eine ähnliche Karte, generiert aus den Tiefeninformation einer Stereokamera, wird in [19] verwendet. Das Verfahren, das in [4] vorgestellt wird, gehört zu den diskreten Selbstlokalisationsverfahren, da die Aufenthaltswahrscheinlichkeiten für eine festgelegte Menge an möglichen Positionen bestimmt werden. Als Sensoren dienen dabei Laser, die Entfernungen zu Hindernissen liefern und durch den Vergleich mit einer globalen Karte Hinweise auf die eigene Position ergeben.

Das hier vorgestellte diskrete Verfahren basiert auf der in [8] beschriebenen Methode, die partiell–beobachtbare Markov–Prozesse [13] zur Positionsschätzung verwendet. Diese haben gegenüber anderen Verfahren zur statistischen Zustandsschätzung, wie beispielsweise Hidden Markov Modellen [15] oder dem Kalman–Filter [20], den Vorteil, dass sie die Möglichkeit bieten, multimodale Wahrscheinlichkeiten zu handhaben, was für die Verwaltung mehrerer konkurrierender Aufenthaltsorte notwendig ist. Anders als in [8] verwenden wir visuelle Information zur Positionserkennung, da Krankenhausumgebungen wie im Projekt DIROKOL sehr gleichförmig aufgebaut sind und somit Tiefeninformation wenig hilfreich für die Identifizierung von Positionen sind. Treten dennoch Mehrdeutigkeiten auf, so erlaubt es die aktive Erweiterung des Verfahrens, diejenige Position gezielt anzufahren, von der aus diese Ambiguitäten am schnellsten aufgelöst werden kann.

Für die Lokalisation vergleichen wir zwei probabilistische Ansätze. Der erste entspricht einer *passiven* Schätzung, in der das System die gerade verfügbare Information für die Positionsschätzung verwendet. Der zweite Ansatz ist wahrscheinlichkeitstheoretisch motiviert und steuert den Informationserwerb durch Wahl der Blickrichtung für die Kamera *aktiv* um eine möglichst optimale Positionsschätzung im nächsten Schritt zu ermöglichen [8].

In den experimentellen Untersuchungen zeigen wir, dass die vorgeschlagene aktive Strategie, die in [8] für Lasersensoren vorgestellt wurde, auch auf die Positionsbestimmung mittels visueller Sensoren übertragen werden kann und zu einer Verbesserung im Vergleich zur passiven Strategie führt.

Die Arbeit gliedert sich wie folgt. Der nächste Abschnitt geht auf die Grundlagen der partiell beobachtbaren Markovprozesse ein und beschreibt, wie diese für passive und aktive Selbstlokalisation einsetzbar sind. Anschließend beschreibt Abschnitt 3 die Testumgebung und verwendeten Merkmale. Die durchgeführten Versuche und erzielten Ergebnisse sind in Abschnitt 4 dargestellt. Abschließend folgt eine Zusammenfassung mit Ausblick.

2 Verfahren

Für die Durchführung von Aufgaben ist es für ein autonomes System essentiell den aktuellen Standpunkt zu kennen. Erst durch dieses Wissen kann im Zusammenhang mit Umgebungskarten eine Routenplanung durchgeführt werden um Zielpositionen anzufahren. Einer der ersten Schritte ist daher die Bestimmung der aktuellen Position bezüglich einer gespeicherten Karte anhand von Merkmalen, sogenannten Landmarken, indem man die in der Umgebung beobachtbaren Merkmale mit den in der Karte abgespeicherten abgleicht.

Neben der Auswahl geeigneter Merkmale ist es vor allem notwendig, Veränderungen der Umgebung in Bezug auf die gespeicherten Daten sicher handhaben zu können. Dies gilt vor allem bei Verwendung von natürlichen Landmarken, da diese nicht in jedem Fall als statisch vorausgesetzt werden können. Desweiteren ist es normalerweise nicht möglich, anhand der Daten, die an einer einzigen Position gesammelt werden, eine eindeutige Positionsschätzung vorzunehmen. Ähnliche Umgebungen lassen sich beispielsweise erst durch Beobachtungen an mehreren Positionen unterscheiden.

Das hier vorgestellte Verfahren verwendet einen aktiven, probabilistischen Ansatz um die dargestellten Probleme handhaben zu können. Der Begriff *aktiv* kommt aus der Bildverarbeitung [5, 1, 18] und bezeichnet die rückgekoppelte Steuerung der Bildaufnahmeparameter, wie beispielsweise Zoom oder Blendeneinstellung, um ein Analyseziel effizient zu erreichen. Im Fall der aktiven Lokalisation ist die Blickrichtungssteuerung in Abhängigkeit von Zwischenergebnissen gemeint, um Ambiguitäten der aktuellen Position aufzulösen.

Da das Verfahren von der Art der Merkmale unabhängig ist, wird an dieser Stelle nicht näher darauf eingegangen. Benötigt wird eine Karte, die für jede mögliche diskrete Position x_i die Wahrscheinlichkeit für das Auftreten eines Merkmalsvektors $p(o|x_i)$ enthält. Abschnitt 3 erläutert die konkret verwendeten Merkmale und die Kartenerstellung für die Experimente.

Zur aktiven visuellen Selbstlokalisation wird eine Zufallsvariable X_t definiert, die diskrete Werte $x_i \in \mathcal{X}$ annimmt. Diese Werte, auch *Zustände* genannt, entsprechen den möglichen Positionen in der Versuchsumgebung. Die Wahrscheinlichkeit $p(X_t = x_i)$ repräsentiert somit die Aufenthaltswahrscheinlichkeit des mobilen autonomen Systems an der Position x_i zum Zeitpunkt t. Diese Wahrscheinlichkeit wird beeinflusst von der durchgeführten Bewegung a_t des mobilen Systems und dem Merkmalsvektor o_t, der aus der Beobachtungen an der resultierenden Position bestimmt wird. Die Bewegungen a_t, welche das mobile System von einer diskreten Position in eine andere überführen, erfolgen odometriegesteuert und werden im Folgenden als *Aktionen* bezeichnet.

Es wird angenommen, dass die Wahrscheinlichkeitsverteilung $p(X_t)$ zum Zeitpunkt t nur von der unmittelbar vorherigen Verteilung $p(X_{t-1})$, der Aktion a_{t-1}, die zum Zustandsübergang führt, sowie der Beobachtung o_t, an der neuen Position, abhängt (*Markov–Annahme*). Somit gilt $p(X_t = x_i | a_0, o_1, \ldots, a_{t-1}, o_t) = p(X_t = x_i | a_{t-1}, o_t)$ und wird abkürzend mit $p(X_t = x_i)$ bezeichnet.

Zur Bestimmung der aktuellen Position kommen partiell–beobachtbare Markov–Entscheidungsprozesse (**partially observable Markov–Decision–Processes, POMDP**) zum Einsatz, die in [8] im Detail erläutert sind und deshalb hier nicht näher beschrieben werden. Im Gegensatz zu den Markov–Entscheidungsprozessen [13] kann dabei der aktuelle Zustand selbst nicht beobachtet werden, stattdessen wird eine Beobachtung der Umwelt dazu verwendet, Rückschlüsse auf den Zustand x_i, in dem sie auftrat, zu ziehen.

Die POMDPs verwenden eine initiale Positionsschätzung, die durch Beobachtungen aus der Umwelt und Informationen über die durchgeführte Eigenbewegung, zu jedem Zeitpunkt t aktualisiert wird. Falls zu Beginn der Selbstlokalisation keinerlei Hinweise auf die aktuelle Position vorliegen, wird initial eine uniforme Verteilung $p(X_0)$ gewählt. Stehen Informationen über die aktuelle Position zur Verfügung, so kann dieses Verfahren auch zur Positionsverifikation oder Positionsverfolgung eingesetzt werden.

Die Aktualisierung der Positionsschätzung entspricht einem zweistufigem stochastischen Prozess, bei dem die erste Stufe den Zustandsübergang, also der Bewegung von einer Position an eine andere, repräsentiert, was durch die Ausführung der Aktion a_{t-1} verursacht wird. Das Resultat ist eine temporäre Zustandsschätzung $p'(X_t)$, die, bedingt durch eine ungenaue Odometrie, fehlerbehaftet ist. In der zweiten Stufe wird durch den Merkmalsvektor der Beobachtung o_t die Schätzung verbessert und man erhält $p(X_t)$ gemäß

$$p(X_{t-1}) \xrightarrow{a_{t-1}} p'(X_t) \xrightarrow{o_t} p(X_t) \quad . \tag{1}$$

Die einzelnen Übergänge ergeben sich aus

$$p'(X_t = x_i) = \sum_{x'} p(X_t = x_i | a_{t-1}, X_{t-1} = x') p(X_{t-1} = x') \tag{2}$$

und

$$p(X_t = x_i) = \frac{p(o_t | X_t = x_i, a_{t-1}) p(X_t = x_i | a_{t-1})}{p(o_t)} \tag{3}$$

$$= \frac{p(o_t | X_t = x_i) p'(X_t = x_i)}{p(o_t)} \quad . \tag{4}$$

Die Wahrscheinlichkeiten in (4) sind unabhängig von a_{t-1}, da es unerheblich ist, über welche Aktion man den neuen Zustand erreicht hat.

Die Wahl der Aktion a_{t+1} für den nächsten Schritt kann auf zwei Arten erfolgen. Führt man die Bewegung der Plattform nach einem festen Schema aus, ohne dass Zwischenergebnisse der Lokalisation in den Steuerprozess einfließen, so spricht man von einem *passiven* Verfahren. Falls man jedoch ein Gütemaß bezüglich der aktuellen Positionsschätzung und den möglichen Aktionen definiert und diejenige auswählt, die das Kriterium optimiert, so spricht man von einer *aktiven* Selbstlokalisation.

Ein solches Kriterium zur Bewertung ist die Entropie

$$H(p(X_{t+1})) = - \sum_{x' \in \mathcal{X}} p(X_{t+1} = x') \log p(X_{t+1} = x') \tag{5}$$

über der Zustandsverteilung [9]. Sie bietet eine Bewertungsmöglichkeit für die Eindeutigkeit einer Zustandsschätzung da sich bei signifikanter Wahrscheinlichkeit für einen bestimmten Zustand ein Minimum ergibt. Das Maximum würde sich bei Gleichverteilung über alle Zustände ergeben. Da aber sowohl das Resultat der auszuführenden Aktion, als auch die anschließend mögliche Beobachtung unbekannt sind, wird der Erwartungswert der Entropie $E_a(H) = E(H|a)$ nach Ausführung der Aktion a zur Aktionsauswahl herangezogen. Er berechnet sich aus der durchzuführenden Aktion, dem daraus resultierenden Zustandsübergang und allen möglichen Beobachtungen o_{t+1} für die neue Position. Die ideale Aktion a_t^* ergibt sich somit aus

$$a_t^* = \operatorname*{argmin}_{a \in \mathcal{A}}(E_a[H(p(X_{t+1}))]) \tag{6}$$

$$= \operatorname*{argmin}_{a \in \mathcal{A}}(E_a[- \sum_{x' \in \mathcal{X}} p(X_{t+1} = x') \log p(X_{t+1} = x')]) \tag{7}$$

3 Versuchsumgebung

Im folgenden wird die Versuchsumgebung beschrieben, in denen die Experimente durchgeführt wurden. Dazu gehört die zur Verfügung stehende Hardware für die Bildaufnahme und zur Lokomotion, die örtlichen Gegebenheiten, die verwendeten Merkmale und die Integration dieser Merkmale in die in Abschnitt 2 beschriebenen Verfahren (POMDP).

3.1 Hardware

Als Lokomotionsplattform wird ein mobiles System des Typs XR4000 der Firma Nomadic Technologies verwendet. Es bietet ein holonomisches Fahrwerk mit drei Freiheitestgraden (X, Y und Rotation) und liefert Odometriedaten an den Steuerprozess. Zur Bildaufnahme wurde eine Farb–CCD–Kamera vom Typ Canon VCC1 verwendet, die über eine Schwenk–Neige–Einheit verfügt. Diese Einheit findet bei den Experimenten jedoch keine Verwendung. Der Bildeinzug und die Datenverarbeitung erfolgt auf einem dedizierten Rechner innerhalb der Plattform der mit zwei PentiumII/300Mhz Prozessoren ausgestattet ist und über

256MB Speicher verfügt. Die Steuerung der Plattform übernimmt ein separater, ebenfalls auf der Plattform montierter, Rechner, der die Steuerbefehle und Odometriedaten über eine Netzwerkschnittstelle mit dem Verarbeitungsrechner austauscht.

3.2 Umgebung und Merkmale

Abbildung 1 zeigt exemplarische Aufnahmen die während der Experimente verwendet wurden. Um die prinzipielle Einsetzbarkeit des Ansatzes zu zeigen, beschränkt sich die Lokalisation auf einen Freiheitsgrad, d.h. die Plattform befand sich an einer Flurkreuzung in einer Büroumgebung und die Aufgabe bestand in der Bestimmung der Blickrichtung, also des Drehwinkels der Rotationsachse, bezüglich der gespeicherten Karte. Ein Verfahren in Richtung der X– und Y–Koordinaten findet nicht statt. Als Merkmale kommen sogenannte *Farbbins*

Abbildung 1. Beispiele des verwendeten Bildmaterials.

zum Einsatz, wie sie auch in [6] Verwendung finden. Sie stellen eine Erweiterung der Farbhistogramme dar, die schon erfolgreich für Objektlokalistion [17] und –verfolgung [12] eingesetzt wurden. [12] folgend werden als Landmarken Farbhistogrammbins ausgewählt, die neben einer hohen Trefferquote zusätzlich einen eng umgrenzten Bereich im Bild einnehmen, also eine kleine Varianz in der Position aufweisen.

3.3 Integration

Gemäß Abschnitt 2 erfolgt vor Durchführung der Experimente in einem Trainingschritt der Aufbau der internen Karte. Dazu werden die möglichen Blickrichtungen in 45° Schritten diskretisiert. Je Interavall werden Bilder im 2°–Abstand aufgenommen alle anderen als Traingsbilder verwendet werden. Aus diesen Trainingsbildern werden diejenigen Farbwerte als Merkmale o_i benutzt, deren Auftreten über einer Schwelle θ_{num} und deren Varianz unter einer weiteren Schwelle θ_{var} liegen. Aus den Häufigkeiten der auftretenden Merkmale werden mittels einer Maximum–Likelihood–Schätzung die benötigte Verteilung $p(o_i|X = x_i)$ und die a–priori Wahrscheinlichkeiten $p(o_i)$ bestimmt.

Unter einer Aktion ist das Verfahren um n diskrete Winkelschritte mittels Odometriedaten zu verstehen. Im passiven Fall erfolgt immer eine Bewegung um einen Schritt in eine vorgegebene Richtung, im aktiven Fall wird die Schrittzahl über die Entropieminimierung gemäß Formel 7 bestimmt.

4 Experimente

Im Folgenden wird die Anwendbarkeit des vorgestellten Verfahrens zur Selbstlokalisation durch Experimente untersucht. Zunächst soll gezeigt werden, dass farbbasierte Merkmale zur Selbstlokalisation erfolgreich eingesetzt werden können. Desweiteren wird die Verbesserung der Erkennungsraten bei Einsatz der aktiven Aktionsauswahl untersucht. Es ist zu erwarten, dass aktive und passive Selbstlokalisation bei genügend großer Menge an verfügbarer Information, ähnlich gute Resultate erreichen. Ebenso benötigt man eine Unabhängigkeit der Erkennungsleistung von kleinen Veränderungen in der Arbeitsumgebung.

Um die Einsetzbarkeit von visueller Information zur Selbstlokalisation zu testen, wurden 168 Versuche für je drei Bildfolgen durchgeführt. Dazu werden 21 unterschiedliche Sätze von Trainingsbildern verwendet und das mobile System beginnt die Selbstlokalisation in jedem der acht möglichen Zustände einmal. In Tabelle 1 ist die erreichte Erkennungsrate für diese drei Bildfolgen dargestellt, nach der Anzahl der durchgeführten Iteration aufgeschlüsselt. Hierbei wird mit Iteration die Verbesserung der Zustandsschätzung aus (1) bezeichnet, die durch eine Bewegung und anschließende Beobachtung erzielt wird. Wie erwartet, kann man bei steigender Iterationszahl einen Zuwachs der Erkennungsleistung beobachten, was auf die zusätzlich gesammelte Information zurückzuführen ist.

Iterationen	1	2	3	4	5	6	7	8	9	10
zimmer	0,182	0,278	0,386	0,489	0,551	0,614	0,688	0,750	0,750	0,750
flur1	0,256	0,364	0,494	0,602	0,716	0,835	0,949	1,000	0,994	0,989
flur2	0,307	0,375	0,568	0,688	0,761	0,812	0,881	0,955	0,955	0,949

Tabelle 1. Erkennungsrate der passiven Selbstlokalisation, aufgeschlüsselt nach Anzahl der Iterationen und Bildserie.

Iterationen	1	2	3	4	5	6	7	8	9	10
zimmer	0,182	0,278	0,398	0,494	0,534	0,580	0,631	0,659	0,659	0,659
flur1	0,256	0,375	0,489	0,580	0,642	0,682	0,727	0,727	0,722	0,710
flur2	0,307	0,409	0,625	0,722	0,795	0,847	0,841	0,835	0,830	0,830

Tabelle 2. Erkennungsrate der aktiven Selbstlokalisation, aufgeschlüsselt nach Anzahl der Iterationen und Bildserie.

Die passive Selbstlokalisation verwendet für die Positionsschätzung nur die Beobachtungen, die während des Abfahrens des vorgegebenen Pfads möglich sind. Dagegen werden bei der aktiven Selbstlokalisation gezielt die Positionen angefahren, welche die aktuelle Zustandsschätzung optimieren. In der ersten Iteration ergibt sich dabei kein Unterschied zur passiven Variante, da ohne Wissen über die aktuelle Position auch diejenige Aktion unbekannt ist, welche in die informationsreichste Position führt. Während der weiteren Iterationen versucht sich das mobile System in diejenigen Positionen zu bewegen, in denen während der Trainingsphase viel Information zur Verfügung stand. Durch den Aufenthalt in informationsreichen Positionen erreicht die aktive Selbstlokalisation bereits in der frühen Phase höhere Erkennungsleistung. Dies ist Tabelle 2 zu entnehmen, in der für die Bildfolge `flur2` 5, 7% Verbesserung nach der dritten Iteration erreicht werden. Steigt die Anzahl der durchgeführten Iterationen weiter, so steigt bei der passiven Lokalisation auch die Anzahl der eingenommenen Positionen und damit die Menge an unterschiedlichen Beobachtungen. Dagegen wechselt das mobile System während der aktiven Selbstlokalisation nur zwischen wenigen, meist zwei, informationsreichen Positionen und bekommt dadurch keine neuen Hinweise auf die eigene Position. Dies führt zu einem geringeren Anstieg der Erkennungsrate für höhere Iterationen. Ab welchem Iterationsschritt dieses Verhalten auftritt, ist abhängig von der Informationsmenge der einzelnen Positionen.

Den großen Vorteil der aktiven Selbstlokalisation in den frühen Iterationen kann man deutlich anhand der Entropie in Abbildung 2 sehen. Hier ist der Verlauf der Entropie für drei Versuchsdurchläufe, die in unterschiedlichen Positionen begonnen wurden, als direkter Vergleich von aktiver und passiver Lokalisation gegeben. Bei passiver Selbstlokalisation muß auf informationsreiche Positionen gewartet werden, ehe die Entropie sinkt. Dagegen begibt sich das System bei aktiver Lokalisation gezielt in diese optimalen Zustände und erreicht deshalb niedrigere Entropiewerte bereits zwei Iterationen früher. Im rechten Teil der

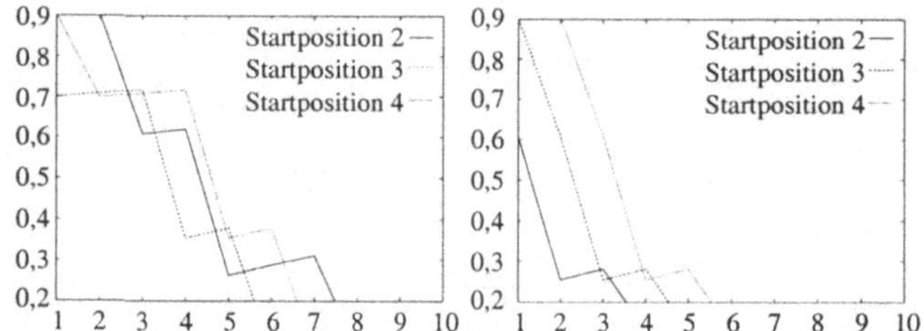

Abbildung 2. links: Sprunghafte Verbesserung der Entropie für drei verschiedene Startpositionen bei passiver Selbstlokalisation, rechts: sehr schneller Abfall der Entropie bei aktiver Selbstlokalisation.

Abbildung 2 ist aufgrund der aktiven Selbstlokalisation ein deutlich schnellerer Abfall der Entropie zu beobachten als im linken Teil, der entsprechende Versuche für passive Selbstlokalisation zeigt.

Um die Robustheit des Verfahrens gegenüber Veränderungen der Umgebung zu testen, wurden für die Ergebnisse der passiven Selbstlokalisation in Tabelle 3 Trainingsdaten verwendet, die vor über sechs Monaten entstanden sind (`flur1`). Während dieser Zeit haben sich z.B. die Aushänge an Wänden und die Bestuhlung verändert. Dennoch wird die aktuelle Position für eine der Bildfolgen noch mit über 90% Wahrscheinlichkeit erkannt. Zur Berechnung einer neuen Zustandsverteilung werden ohne Merkmalsberechnung 11 msec benötigt, wobei bei

Iterationen	1	2	3	4	5	6	7	8	9
Erkennungsrate	0,284	0,318	0,477	0,619	0,761	0,835	0,915	0,994	0,955

Tabelle 3. Wahrscheinlichkeiten für richtige Lokalisation bei Verwendung einer sechs Monate alten Karte. Als Trainingsmenge wurden die gleichen Bilder verwendet, mit welchen die Ergebnissen der ersten Zeile in Tabelle 1 erzielt wurden.

aktiver Selbstlokalisation zusätzlich $19,4$ msec zur Bewertung jeder möglichen Aktion nötigt sind.

Ausführlichere Versuche zur Selbstlokalisation sind in [10] zu finden.

5   Zusammenfassung

Diese Arbeit stellt ein Verfahren zur absoluten Selbstlokalisation anhand von natürlichen Landmarken vor, welches im Rahmen des Projekts DIROKOL entwickelt wurde. Dadurch ist es möglich, mobile Systeme in unterschiedlichen Umgebungen einzusetzen, ohne dass Navigationshilfen angebracht werden müssen.

Das Verfahren gliedert sich in eine Trainings– und eine Lokalisationsphase. Während der Trainingsphase erfolgt die Extrahierung von Merkmalen deren Verteilung mittels einer Maximum–Likelihood–Schätzung automatisch gelernt wird. Als Merkmale kommen Farbbins zum Einsatz, also lokal auftretende Farbcluster, die aus den Sensordaten einer Farb–CCD–Kamera extrahiert werden. Das Verfahren ist jedoch unabhängig vom Merkmalstyp, so dass jede Art von Merkmalen eingesetzt werden kann.

Die Lokalisationsphase verwendet partiell–beobachtbare Markov–Entscheidungsprozesse, die aus einer Folge von Merkmalsvektoren und der zuvor trainierten Merkmalskarte die Wahrscheinlichkeitsverteilung für den aktuellen Aufenthaltsort berechnen. Dabei wird zwischen einer aktiven und einer passiven Vorgehensweise unterschieden. Während bei der passiven Lokalisation auf die Merkmalsaquisition kein Einfluss genommen wird, die Steuerung der Bildaufnahme also unabhängig von den Zwischenergebnissen ist, wählt das aktive Verfahren diejenige Position für die nächste Bildaufnahme aus, deren Informationsgehalt am meisten zur korrekten Lokalisation beiträgt.

Die Ergebnisse zeigen, dass bei zunehmender Information das passive Verfahren besser ist, das aktive jedoch mit wenigen Iterationen im Durchschnitt bis zu $5,6\%$ bessere Erkennungsraten liefert. Vor allem bei wenig Information in der Umgebung der Startposition ergibt sich bei aktiver Lokalisation eine schnelle und sichere Positionsbestimmung, was sich in der rapiden Abnahme der Entropie wiederspiegelt.

Nachdem die prinzipielle Leistungsfähigkeit gezeigt ist, wird das Verfahren in zukünftigen Arbeiten auf mehr als einen Freiheitsgrad erweitert. Weiterhin ermöglicht eine Anpassung der gelernten Karte während der Lokalisation die Handhabung starker Änderungen über grössere Zeiträume hinweg.

Literatur

[1] J. Aloimonos, I. Weiss, A. Bandyopadhyay: *Active Vision, International Journal of Computer Vision*, Bd. 2, Nr. 3, 1988, S. 333–356.

[2] J. Borenstein, H. Everett, L. Feng: *Navigating Mobile Robots*, A K Peters, Wellesley, Massachusetts, 1996.

[3] W. Burgard, A. Cremers, D. Fox, D. Hähnel, G. Lakemeyer, D. Schulz, W. Steiner, S. Thrun: *The Interacitve Museum Tour–Guide Robot*, in *Proceedings of the Fifteenth National Conference on Artificial Intelligence (AAAI'98)*, Madison, Wisconsin, 1998.

[4] W. Burgard, D. Fox, D. Hennig: *Estimating the Absolute Position of a Mobile Robot Using Position Probability Grids*, *AAAI–96*, 1996.

[5] J. Denzler: *Aktives Sehen zur Echtzeitobjektverfolgung*, Dissertation, Lehrstuhl für Mustererkennung (Informatik 5), Universität Erlangen–Nürnberg, 1997.

[6] J. Denzler, M. Zobel: *Automatische farbbasierte Extraktion natürlicher Landmarken und 3D-Positionsbestimmung auf Basis visueller Information in indoor Umgebungen*, in V. Rehrmann (Hrsg.): *Vierter Workshop Farbbildverarbeitung*, Föhringer, Koblenz, 1998, S. 57–62.

[7] T. Edlinger, G. Weiß: *Exploration, Navigation and Self–Localization in an Autonomous Mobile Robot*, University of Kaiserslautern, 1995.

[8] D. Fox, W. Burgard, S. Thrun: *Active Markov Localization for Mobile Robots*, Carnegie Mellon University, 1998.

[9] D. Fox: *Markov Lokalization: A Probabilistic Framework for Mobile Robot Localization and Navigation*, University of Bonn, Institute of Computer Sience, 1998.

[10] C. Frank: *Vergleich probabilistischer Ansätze zur passiven und aktiven Selbstlokalisation*, Diplomarbeit, Lehrstuhl für Mustererkennung (Informatik 5), Universität Erlangen–Nürnberg, 1999, http://www5.informatik.uni-erlangen.de/.

[11] R. Graf, P. Weckesser: *Roomservice in a hotel*, in *3rd IFAC Symposium on Intelligent Autonomous Vehicles - IAV 98*, Madrid, ES, 1998, S. 641–647.

[12] B. Heisele, U. Kressel, W. Ritter: *Tracking Non-Rigid Moving Objects Based on Color Cluster Flow*, in *IEEE Computer Vision and Pattern Recognition*, 1997, S. 257–260.

[13] L. Kaelbling: *Planning and Acting in Partially Observable Stochastic Domains*, *Artificial Intelligence*, Bd. 101, 1998.

[14] C. F. Olson, L. H. Matthies: *Maximum Likelihood Rover Lokalization by Matching Range Maps*, in *Proc. of the IEEE International Conference on Robotics and Automation*, 1998, S. 272–277.

[15] L. R. Rabiner: *A Tutorial on Hidden Markov Models and Selected Applications in Speech Recognition*, *IEEE*, Bd. 77, Februar 1989, S. 257–285.

[16] K. Sutherland: *Landmark Selection for Accurate Navigation*, in *DARPA93*, 1993, S. 485–490.

[17] M. J. Swain, D. H. Ballard: *Color Indexing, International Journal of Computer Vision*, Bd. 7, Nr. 1, November 1991, S. 11–32.

[18] M. Swain, M. Stricker: *Promising Directions in Active Vision*, CS 91-27, University of Chicago, 1991.

[19] P. Weckesser, R. Dillmann, M. Elbs, S. Hampel: *Multiple Sensorprocessing for High–Precision Navigation and Environmental Modeling with a moble Robot*, Institute for Real–Time Computer Systems & Robotics, University of Karlsruhe, 1996.

[20] G. Welch, G. Bishop: *An Introduction to the Kalman Filter*, UNC Chapel Hill, Department of Computer Science, 1998.

Anwendung von autonomen mobilen Systemen im klinischen und häuslichen Bereich

Dr.med., Dr. R. Cerny-Provaznikova

mitsystem gmbh
medizin innovation technologie
systeme für prävention rehabilitation und pflege
Harthauserstr. 25 b
81545 München

Die künftige demographische Entwicklung in Deutschland läßt einen enormen Zuwachs an älteren, alleinstehenden und beeinträchtigten Mitbürgern erwarten. Die bisherigen Lösungen sowohl in der häuslichen als auch in der institutionellen Pflege sind offensichtlich heute schon nicht ausreichend. Es zeigt sich, daß in den Krankenhäusern und Pflegeheimen die Zahl der schwer und schwerst Pflegebedürftigen in immer höherem Alter wächst. Im häuslichen Bereich dürfte sich die Situation, vor allem in den Städten, noch dadurch verschärfen, daß die Zahl der Single-Haushalte zunimmt und für die Alleinstehenden im Falle ihrer Abhängigkeit eine ungenügende soziale Vernetzung besteht und die Infrastruktur nicht entsprechend vorbereitet ist.

Im Hinblick auf die wachsende finanzielle Überforderung des Sozialsystems ist es sinnvoll rechtzeitig unterschiedliche Lösungsvorschläge zu prüfen. Die sinnvolle Einbindung von neuen Technologien könnte zur Effizienzsteigerung und Kostensenkung im Gesundheits- und Sozialsystem führen und zusätzliche Wachstumsperspektiven eröffnen. In diesem Zusammenhang entstand 1995 in Bayern eine Initiative AZUR (Automatisierungstechnik zur Unterstützung von Rehabilitation und Pflege) und einige Projekte zur Entwicklung von hochmodernen Hilfsmitteln wurden mit öffentlicher Unterstützung initiiert.
Im Rahmen des Projektes DIROKOL (Dienstleistungsroboter in kostengünstiger Leichtbauweise), das durch die Bayerische Forschnungsstiftung gefördert wird, sollte ein autonomer mobiler Leichtbauroboter mit Manipulationsfähigkeit entwickelt werden, der in der Pflege und Rehabilitation von mobilitätseingeschränkten Personen sowohl in den Kliniken als auch zu Hause eingesetzt werden könnte. Im Verlauf dieses Projektes wurden die Fragen der Akzeptanz eines Robotersystems und seine wichtigsten Aufgaben zunächst im klinischen Bereich als Hilfe für das Pflegepersonal definiert. In allen Befragungen wurde jedoch deutlich, daß der künftige Haupteinsatz im häuslichen Bereich sowohl von den Betroffenen als auch von medizinisch-therapeutischen Personal gesehen wird [1].

Die Hauptaufgaben von DIROKOL liegen vor allem in Bereichen Transport von leichten Gegenständen verknüpft mit Hand-Arm-Manipulation, Reinigung und

Kommunikation. Bei den Kindern und erwachsenen chronisch motorisch schwerbeeinträchtigen Patienten liegt die Kommunikation und Unterhaltung auf der Prioritätsliste noch vor Reinigungsaufgaben. Operationellen Gesichtspunkten – wie Bedienungsfreundlichkeit, Einsatz-zuverlässigkeit, Funktionssicherheit, umfassende Serviceleistungen nach dem Kauf - wurde allgemein höher bewertet als technische Leistungsfähigkeit. Die Akzeptanz von Robotersystemen in der Praxis war in allen Diskussionen ein äußerst sensibler Punkt. Es entstand manchmal der Eindruck, daß bei den Patienten und Angehörigen z.T. höhere Motivation als bei dem Fachpersonal vorhanden war. Wichtiger Aspekt dabei war die Erwartung des Zuwachses an eigener Autonomie und damit mehr psychischer und physischer Entlastung für die Patienten und deren Angehörigen. Der Transport von schweren Lasten bis hin zum Patiententransport wird als ein großes Problem gesehen. Die technische Ausrichtung des Projektes DIROKOL legt jedoch Nachdruck auf die Entwicklung eines leichten, flexiblen Gerätes mit hochentwickelter Hand und Navigationssystem, das diese Aufgabe nicht erledigen kann.

Die Datengrundlage wurde aus verschiedenen Verfahren gebildet:
- interdisziplinäre Sitzungen in Reha- und Akutkliniken (z.T. mit Anwendung eines Befragungsinstruments KNA – Verfahren [2])
- halbstrukturierte Einzelinterviews

1. Befragungen

1.1.Gruppenbefragungen in den Kliniken

In den Jahren 1998 und 1999 wurden mehrere interdisziplinäre Sitzungen in unterschiedlichen Einrichtungen in Bayern und in der Schweiz durchgeführt. Das Team wurde aus Klinikärzten, Pflegepersonen, Therapeuten, Patienten und deren Angehörigen, Leitern der ambulanten Nachsorgeinstitutionen, Pflegeheimen, Selbsthilfegruppen und Hilfsmittelfirmen, sowie unter Beizug von Mitarbeitern in der klinischen Dienstleistung – Reinigung, Küche und Transport und nicht zuletzt von verantwortlichen medizinischen und verwaltungs-technischen Klinikchefs zusammengestellt. Weiterhin haben an den Sitzungen Mitglieder des Projektes DIROKOL teilgenommen, die die technischen Forschungsgebiete, das Projektmanagement und das Marketing-Bereich bearbeiten.

Die ausgewählten befragten Klinikpersonen kommen aus verschiedenen bayerischen Akutkrankenhäusern mit angeschlossenen Rehabilitations-abteilungen für Bereiche Neurologie, Orthopädie, Traumatologie, Innere Medizin und Rheumatologie (Krankenhaus München-Bogenhausen, Klinikum Ingolstadt, Neurologische Klinik Bad Aibling). Weitere Befragungen sind in einer schweizerischen Rehabilitationsklinik mit chronischen Patienten auf dem neurologischen, orthopädischen, traumatologischen und internistischen Fachgebiet (Fachklinik für neurologische Rehabilitation Leukerbad) durchgeführt worden.

Alle Befragten verfügen über mehrjährige Berufserfahrung in unterschiedlichen Institutionen des Gesundheitswesen. Bei den Krankenhäusern in Bayern handelt es sich um große Einrichtungen mit mehreren hundert Betten für Akutpatienten, die schweizerische Klinik repräsentiert eine kleine Einrichtung mit 75 Betten für überwiegend chronische Patienten.

An den Befragungen haben insgesamt ca. 100 Personen teilgenommen. Als Methode hat man ein **KNA-Verfahren** (Kunden-Nutzen-Analyse) gewählt, das von Schauenburg Consulting in Markdorf entwickelt wurde [2]. Die Befragung zielt bewußt auf Faktoren, die eine Kaufentscheidung unmittelbar beeinflussen. Es handelt sich um eine erste Befragung zur Akzeptanz der Dienstleistungsroboter im Gesundheitswesen. Bei der Befragung wird nach der o. g. Definitionsphase die Relevanz der einzelnen Parameter in einem vergleichenden Scoring-Verfahren unter Einbezug von Gewichtungsfaktoren festgelegt [2]:

1. Transportaufgaben
   - Labormaterialien
   - Therapiematerial
   - Verbrauchsmaterial
   - Medikamente
   - Patientenutensilien
   - Dokumente
   - Lebensmittel
   - Essen
   - Gepäck
   - Wäsche
   - Putzmittel
   - Exkremente
2. Lagerverwaltung
3. Verrichtungen
4. Kommunikation:
   - Notruf
   - Umweltüberwachung
   - Unterhaltung
5. Essenszubereitung
6. Reinigung:
   - Sanitärberich
   - Entsorgungsbehältnisse
   - Boden
   - Fenster
   - Sonstige
7. Operationelle Grundanforderungen:
   - Gefahrerkennung
   - Warnsignale
   - Befehlsvermittelung
   - Navigation
   - Umgebungsadaptation
   - Lärmpegel
   - Zulassung
   - Design
8. Funktionssicherheit
9. Sicherheit:
   - Fehlfunktion
   - Fehlbedienung
10. Bedienungsfreundlichkeit:
    - Handhabung
    - Handbuch
    - Ergonomie
11. Einsatzzuverlässigkeit:
    - Redundanz
12. Akzeptanz:
    - Personal
    - Patienten selbst
    - Soziales Umfeld
13. Einsatzbreite:
    - Priorisierung
    - Breite
14. Preis und Betriebskosten
15. After Sale Service (ASS):
    - Anwendungsberatung
    - Hotline
    - Reparaturservice
    - Organisation
    - Garantiehandhabung
    - Dokumentation
16. Produktbreite
17. Marktpräsenz:
    - Kundenbeziehungen
    - Vertrieb
    - Verkaufsförderung
18. Reputation
19. Referenzen

Zur Aufgabenstellung

Die Transportfunktion (Hol- und Bringdienste) und die Reinigung wurden übereinstimmend als die Hauptaufgaben des DIROKOL definiert, gefolgt von Lagerverwaltung und Kommunikation. Logischerweise verlagert sich der Schwerpunkt auf Kommunikation, Überwachung und Lagerverwaltung in einem großen Akutkrankenhaus mit vielen lebensbedrohlich erkrankten Patienten zu Lasten der Transportaufgaben im Vergleich zu einem kleinen Krankenhaus mit chronischem Patientengut. Die zu transportierenden Materialien und Gegenstände werden sich vom Krankenhaus zu Krankenhaus und innerhalb der unterschiedlichen Abteilungen je nach Abteilungsstruktur und Personalengpässe unterscheiden.

In allen Befragungen wurde klar, das der Einsatz des DIROKOL im häuslichen und außerhäuslichen Bereich der privaten Haushalte sogar noch höhere Bedeutung gewinnen kann als in den Krankenhäusern. Diese Vision wurde jedoch zum jetzigen Zeitpunkt als technisch nicht realisierbar eingestuft, womit die weitere Befragung auf den Einsatz im Krankenhaus insbesondere auf der Stationsebene auszurichten ist.

Operationelle Ebene und Marktebene

Die Gruppen kamen zu Ergebnissen, die vor allem Serviceleistungen vor- und nach dem Kauf, Bedienungsfreundlichkeit, Einsatzzuverlässigkeit, Sicherheitsaspekte und Kosten berücksichtigen.

Bei den lebhaften Diskussionen um die Markteinführung wurde beobachtet, daß die Akzeptanz des DIROKOL bei den Patienten und Angehörigen z.T. noch höher als bei dem Fachpersonal war. Wichtiger war die Erwartung des Zuwachses an eigener Autonomie und damit mehr Entlastung sowohl für die Patienten als auch für die Angehörigen.

Das Fachpersonal vertrat unterschiedliche Meinungen, abhängig von Einrichtung und Aufgabenstruktur. In großen Akutkrankenhäusern mit weiteren Entfernungen zwischen den Abteilungen, wo mit Zeitdruck und häufig auch Personalmangel gekämpft wird, stehen sicher andere Transportdienste in Vordergrund als in kleineren Häusern mit chronischen Patienten.

Es bestand jedoch Übereinstimmung in der Priorität der Transportaufgaben vor den anderen Diensten.

Bei der Definition der zu transportierenden Objekten wurde deutlich, daß hier unterschiedliche Problembereiche für alle Einrichtungen bestehen:
- schneller und zuverlässiger Transport von kleinen Objekten
- Transport von schwereren Lasten (z.B. Betten, größere Behälter usw.)
- Transport von Patienten

Der Transport von schweren Lasten bis hin zum Patiententransport wird in allen Einrichtungen als ein großes Problem gesehen. Der DIROKOL ist jedoch auf die Entwicklung eines leichten, flexiblen Gerätes mit hochentwickelter Hand und Navigationssystem ausgerichtet, so daß neben Transportdiensten auch einfache Aufgaben, die die Handmanipulation erfordern, erledigt werden können.

1.2. Einzelinterviews

In den Jahren 1998 und 1999 wurden insgesamt über 100 halbstrukturierte Einzelinterviews durchgeführt. Der Fragenkatalog stimmt im wesentlichen mit dem KNA-Fragenkatalog, der bei den Gruppenbefragungen angewandt wurde, überein (s. Kapitel 1). Darüber hinaus gab es im Zweiergespräch ausreichend Gelegenheit eine persönliche Meinung zum Thema abzugeben. In diesen Gesprächen wurde klar, daß Akzeptanzprobleme vielmehr bei älteren als bei jüngeren Patienten bestehen, obwohl dies eindeutig vom Grad der Beeinträchtugung abhing. Schwer motorisch beeinträchtigten Patienten würden jede Hilfe eher annehmen als leicht- bis mittelschwerbeeinträchtigten Patienten, die noch viele Aufgaben selbst erledigen können. Das Fachpersonal war in Einzelgesprächen eher bereit offen über das Thema zu diskutieren als bei den Gruppenbefragungen, wo häufig eine Abwehrhaltung anfangs zu beobachten war, vor allem beim Pflegepersonal.

Die Zusammensetzung des ausgewählten Personenkreises in Bayern und in der Schweiz war sehr ähnlich wie bei der Gruppenbefragungen mit dem Unterschied, daß auch Fachpersonal aus dem pädiatrischen Versorgungsbereich (10%) und vermehrt auch betroffene Patienten befragt wurden (35%). Erwartungsgemäß sind die Aussagen der Ergebnisse mit denjenigen der Gruppenbefragungen im wesentlichen übereinstimmend:

- Transportaufgaben (100%)
- Reinigung (88%)
- Kommunikation und Unterhaltung (72%)
- Essenszubereitung (57%)
- Verrichtungen (am Bett und in der Umgebung) (24%)
- Lagerverwaltung (12%)

Bei den Kindern war eindeutig als erste wichtigste Aufgabe des DIROKOL die Unterhaltung, wobei es praktisch keine Probleme gab, den DIROKOL als einen Spielpartner und Helfer zu akzeptieren. Ein interessanter Aspekt dabei war die Befragung der erwachsenen betroffenen Patienten. Praktisch alle (100%) haben die Transportaufgaben – Hol - und Bringdienste von kleinen Alltagsunternsilien und Essen und Trinken als wichtigste Aufgabenbereich des DIROKOL eingestuft. Zweitwichtigste Aufgabe war die Kommunikation und Unterhaltung (80%), wobei es wesentlich war um welche Erkrankung es sich handelte. Bei älteren und multimorbiden Patienten stand im Vordergrund der Wunsch nach Notruf im Notfall und Überwachung von wichtigen Vitalfunktionen und freihändiges Telefonieren (74,5%), bei jüngeren und schwer mobilitätseingeschränkten (Bettlägerigkeit) stand im Vordergrund der Wunsch nach Kommunikation und Unterhaltung.

2. Darstellung einiger Modellaufgaben

Für die Testphase des DIROKOL wurden drei unterschiedliche Abteilungen von großen Akut- und Rehakrankenhäusern in Bayern ausgewählt:
- Neurologische Klinik Bad Aibling
- Klinikum Ingolstadt, Institut für physikalische und rehabilitative Medizin
- Städtische Krankenhaus München-Bogenhausen, Abteilung für Physikalische Medizin und Rehabilitation

Die Rehabilitationsklinik Bad Aibling hat alle Abteilungen des akutneurologischen Hauses bis hin zu Tagesklinik, in der die Patienten nach der Entlassung über einen

Zeitraum weiterbehandelt werden. Das Rehabilitationsinstitut im Klinikum Ingolstadt versorgt ein breites Spektrum der Patienten, aber vorwiegend älteren. In München-Bogenhausen liegt der Schwerpunkt auf der Behandlung von Patienten mit erworbenen Hirnschäden, darunter viele junge schwere Hirntraumapatienten.

Neurologische Klinik Bad Aibling

Die Tagklinik befindet sich im Erdgeschoss des Klinikgebäudes ca. 200 m vom Haupteingang entfernt. Die Gänge sind halbrund und alle Türen zur Abteilung hin und zu den andern Abteilungen öffnen sich automatisch (Lichtschranke). Innerhalb der Abteilungen befinden sich Standardtüren mit Klinken, die im ganzen Haus identisch sind. Alle Funktionen innerhalb und außerhalb der Abteilung finden ebenerdig statt.

Beispiele für Aufgaben in der Testumgebung A innerhalb der Tagklinik

a)   Im Aufenthaltsraum Tisch aufräumen
Nach dem Essen befinden sich auf dem ovalen Tisch Kaffeeteller und Tassen, Löffel, Zucker, Milchdose, kleine Kuchenteller und Getränkegläser. Alle Gegenstände muß der DIROKOL auf dem Tisch greifen und in seinen Transportkorb aufstellen. Wenn der Korb voll ist, muß er das erkennen und in die Cafeteria zum Ausladen fahren.
b)   Essen aus dem Kühlschrank auf den Tisch stellen
Der DIROKOL kann diverse Essenswaren aus dem Kühlschrank im Aufenthaltsraum auf den Tisch im gleichen Raum stellen, z. B. Milchdose, Kuchen, Getränkeflasche u.ä.
c)   Therapieutensilien für den Patienten vom Lagerraum in den Therapieraum
      bringen
Auf Anordnung des Therapeuten holt der DIROKOL aus dem Lagerraum Therapie-utensilien: z. B. Massageöl, Therabänder, Verbandsmaterial, Handtücher, kleine Bälle, Elektroden, Wärmepackungen u.ä. und bringt sie in die Therapieräume. Die Gegenstände befinden sich im Lagerraum in den offenen Regalen, die Elektroden in einem Schrank mit rundem Drehgriff.
d)   Laborproben aus der Abteilung ins Labor bringen
Die Schwestern stellen das Probematerial auf den Tisch im zentralen Stützpunkt der Tagklinik. Dort greift der DIROKOL den Probebehälter und stellt ihn in sein Transportkorb ab. Anschließend transportiert er das Probematerial ins Labor auf der gleichen Ebene.

Beispiele für Aufgaben in der Testumgebung B außerhalb der Abteilung

a)   Geschirr in die Cafeteria bringen, Essen aus der Cafeteria bringen und in den
      Kühlschrank im Aufenthaltsraum stellen
Auf Anordnung der Schwester holt der DIROKOL in der Cafeteria das Essen (z. B. einen Kuchen) auf dem Tablett, Teller oder in der Schachtel, stellt ihn in seinen Korb ab und fährt zurück in die Tagesklinik. Dort öffnet er die Türe zum Aufenthaltsraum und zum Kühlschrank und stellt den Kuchen in den Kühlschrank ab. Die Bedienung in der Cafeteria stellt die Ware in den Korb hinein und die Schwester in der Tagklinik holt sie wieder raus. Dabei kann das Gewicht höher sein als nur die

Belastung für den Arm (reine Transportaufgabe). Es geht hier nicht um das Hauptmenü, sondern um „Kleinigkeiten zwischendurch". Die Patienten nehmen die Hauptmahlzeiten im Speisesaal ein.
b) Formulare zwischen Patientenservice beim Haupteingang und Tagesklinik transportieren
Auf Anordnung der Schwester bringt oder holt der DIROKOL Papierunterlagen von der Abteilung zum Haupteingang oder umgekehrt. Es handelt sich hier um DIN-A-4 Blätter oder LEITZ-Ordner oder DIN-A-4-Plastikhüllen, die ihm meistens ein Mitarbeiter in den Korb legt.

Klinikum Ingolstadt

Die Station ist sternförmig angeordnet. Im Zentrum befindet sich die sogenannte Leitstelle, die immer besetzt sein muss und die Informationen und Material verteilt. Die bisherige Funktionsfähigkeit dieser Dienste hängt vom Vorhandensein von Hilfskräften, die diese Hol- und Bringdiensten und Infovermittlung bewerkstelligen. Der DIROKOL wird sich in den Gängen und zwischen den Gängen bewegen. Die Türen sind entweder automatisch oder mit Klinke und haben überwiegend die gleichen Masse.

Beispiele für Aufgaben in der Testumgebung A innerhalb der Abteilung

a) Essensausteilung
Zu Hauptessenszeiten wird aus der zentralen Küche ein Thermowagen mit Tabletts in den Gang gestellt. Der DIROKOL wird nach Anordnung der Schwester oder selbständig das Tablett nehmen und ins Patientenzimmer bringen und dort auf den Tisch stellen. Nach dem Essen kann er die Tische aufräumen und das Geschirr zusammentragen.
b) Getränkeausteilung
In- und ausserhalb der Essenszeiten holt der DIROKOL aus dem Lager die Wasserflaschen, bringt sie in das Patientenzimmer und stellt sie dort auf dem Tisch ab.
c) Verwaltung der Bestände in den Versorgungsschränken
In jedem Zimmer ist ein Versorgungsschrank, der eine doppelte Türe hat: eine öffnet sich in den Gang und die andere in das Zimmer. In den oberen Etagen befinden sich Pflegegegenstände, in den unteren Müllsäcke zu Entsorgung. An der Türe hängt eine Bestandsliste von Gegenständen, die sich im Schrank befinden müssen (z. B. Verbandsmaterial, Pflegesalben u.ä.). Der DIROKOL kann die Bestände kontrollieren und fehlende Gegenstände im Schrank auffüllen.
d) Entsorgung der Müllsäcke von Zimmerschränken
Wie unter c) aufgeführt befindet sich in jedem Patientenzimmer ein Schrank mit der Türe nach innen und nach außen, wobei die Entsorgungssäcke sich im unteren Teil befinden. DIROKOL kann die Plastiksäcke aus der Hängevorrichtung entnehmen, mit einer Klammer verschließen und zum Entsorgungsraum bringen.
e) Fäkalienentsorgung
Der DIROKOL kann die Bettschüssel von der Schwester entnehmen, zu Spüle auf der Station fahren und dort die Türe zum Raum und zur Spüle aufmachen, die Bettschüssel hineinschieben, die Tür wieder zumachen und das Spülprogramm mit einem Druckknopf starten.

Beispiele für Aufgaben in der Testumgebung B außerhalb der Abteilung

a)   Transport von Labormaterial
Die Blutproben und Urinbehälter stellen die Schwester in ein Korb ab und der
DIROKOL kann dies vom Stützpunkt auf der Station bis zur Leitstelle im Zentrum
des Stockwerkes bringen. Von dort werden die Behälter abgeholt und ins Labor
gebracht. Falls der DIROKOL einen Lift bedienen kann, könnte er diese lästige
Aufgabe ebenfalls übernehmen und das Material in ein anderes Stockwerk bringen.
b)   Postverteilung von der Leitstelle auf die Stationen
Der DIROKOL holt die Post an der Leitstelle ab, erkennt das Stationsmerkmal und
bringt die Post auf die entsprechende Station

Städtisches Krankenhaus München-Bogenhausen

Die Abteilung 37 ist in T-Form eingerichtet, wobei sich in den kurzen Gängen
überwiegend die medizinische, pflegerische und therapeutische Räume befinden,
sowie ein Lager. Im längeren Gang sind an beiden Seiten die Patientenzimmer
angeordnet. Die Türen zu den Patientenzimmer verfügen über einen speziellen
Widerstandsmechanismus, den man beim Öffnen überwinden muss.
Die gewünschte Funktionen unterscheiden sich nicht wesentlich von den Funktionen,
die in Ingolstadt in Frage kämen.

Beispiele für Aufgaben in der Testumgebung A innerhalb der Abteilung

a)   Hilfe beim „Füttern"
Interessanterweise hat das Pflegepersonal aus dem Alltag mit schweren hirnverletzten
Patienten spontan auf die Hilfe beim „Füttern" positiv reagiert. Mit den dort
vorhandenen zeitlichen Problem kämpft das Pflegepersonal täglich und hätte daher
keine Berührungsängste mit einer technischen Aushilfe.
b)   Orientierunghilfe
c)   Gedächtnisunterstützung
Es ergeben sich ebenfalls schwere pflegerische Probleme bei dieser Patientengruppe
(aber auch bei älteren Menschen) und zwar im Hinblick auf die mangelhafte oder
fehlende Orientierung und in Bezug auf die Gedächtnisprobleme. Der DIROKOL
kann so einen Patienten auf der Station führen („an der Hand halten"), Informationen
ausreichend lange wiedergeben und wiederholen, den Weg ins Schwesternzimmer
oder in den Therapieraum zeigen und z. B. eine Erinnerungshilfe bieten
(Medikamente- und Terminkalender).
d)   Essensausteilung
Zu Hauptessenszeiten wird aus der zentralen Küche ein Thermowagen mit Tabletts in
den Gang gestellt. Der DIROKOL wird nach Anordnung der Schwester oder
selbständig das Tablett nehmen und ins Patientenzimmer bringen und dort auf den
Tisch stellen. Nach dem Essen kann er die Tische aufräumen und das Geschirr
zusammentragen.
e)   Getränkeausteilung
In- und ausserhalb der Essenszeiten holt der DIROKOL aus dem Lager die

Wasserflaschen, bringt sie in das Patientenzimmer und stellt sie dort auf dem Tisch.
f) Fäkalienentsorgung
Der DIROKOL kann die Bettschüssel von der Schwester nehmen, zur Spüle auf der
Station fahren und dort die Türe zum Raum und zur Spüle aufmachen, die Bett-
schüssel hineinschieben, die Tür wieder zumachen und das Spülprogramm mit einem
Druckknopf starten.

3. Zusammenfassung

Durch Anwendung unterschiedlicher methodischen Ansätze wurden aus den
Befragungen folgende Erkenntnisse gewonnen:

- Wesentliche Bestandteile der Ergebnisse bei den Gruppenbefragungen in den
  Kliniken und in den Einzelinterviews in zwei deutschsprachigen Ländern mit
  andersartiger Struktur des Gesundheitssystems werden nicht in Frage gestellt.
  Dies impliziert mindestens im deutschsprachigen Kulturraum eine repräsentative
  Plausibilität der Ergebnisse.

- Aus der heutigen Sicht wird der wichtiger Einsatz des DIROKOL neben dem
  Einsatz in den Krankenhäusern langfristig sogar im privaten häuslichen Bereich
  gesehen. Aufgrund von derzeit vorhandenen technischen Möglichkeiten wurde
  die Anwendung in Akut – und Rehabilitationskrankenhäusern und ferner auch in
  Pflegeheimen, vorwiegend auf der Stationsebene, untersucht.

- Die sinnvollen DIROKOL Anwendungen liegen vor allem in den Bereichen:
  1. Transport (Hol- und Bringdienste)
  2. Reinigung
  3. Kommunikation
  4. Lagerverwaltung

- Die einzelnen Aufgaben werden im Detail nach Bedarf und Struktur der
  unterschiedlichen Einrichtungen variieren. Bei schwer beeinträchtigten Patienten
  kommen vom Personal spezielle Wünsche nach Entlastung, z. B. mit einer Hilfe
  bei Gedächtnisunterstützung und Orientierung oder beim „Füttern“. Die chronisch
  kranken erwachsenen Patienten und die Kinder legen auf einen Beschäftigungs-
  und Unterhaltungsaspekt viel mehr Wert als Patienten und Personal im
  Akutkrankenhaus.

- Operationellen Gesichtspunkten – wie Bedienungsfreundlichkeit,
  Einsatzzuverlässigkeit und –sicherheit und After Sale Services – kommt aus
  Kundensicht eine höhere Bedeutung als technische Leistungsfähigkeit zu. In den
  Diskussionen wurde jedoch akzeptiert, daß die hohe technische
  Leistungsfähigkeit eine Voraussetzung für die o. g. anspruchsvollen
  operationellen Eigenschaften darstellt und somit bestand eine Übereinstimmung,
  daß nur ein technisch hoch entwickeltes Produkt, das die Kundeninteressen in
  ausreichendem Masse berücksichtigt, eine realistische Marktchance hat.

- Die technische und operationelle Kriterien waren den Anschaffungs- und
  Betriebskosten überlegen und für den möglichen Kauferfolg in beiden Ländern
  nicht maßgeblich. Es wurde jedoch eingangs vermerkt, daß sich die
  Anschaffungskosten im Bereich eines Pkw der Mittelklasse bewegen können und
  somit eine akzeptable preisliche Vorstellung besteht.

- Die Akzeptanz von Robotersystemen in der Praxis war in allen Diskussionen ein äußerst sensibler Punkt. Es entstand manchmal der Eindruck, daß bei den Patienten und Angehörigen z.T. höhere Motivation als bei dem Fachpersonal vorhanden war. Wichtiger Aspekt dabei war die Erwartung des Zuwachses an eigener Autonomie und damit mehr psychischer und physischer Entlastung für die Patienten und deren Angehörigen.

4. Literatur:

[1] DIROKOL Dienstleistungsroboter (mobiler Manipulator) in günstiger Leichtbauweise für die Pflege.
Bayerische Forschungsstiftung, Projektfortschrittsbericht, Oktober 1998, Aktenzeichen 235/ 97

[2]:Schauenburg, Jochen: Kunden-Nutzen-Analyse (KNA). Wachstumspotentiale in internationalen Märkten erfassen und die Argumente des Vertriebs verbessern.
Seite 233ff
In: Christian Belz und Michael Reinhold: Internationales Vertriebsmanagement für Industriegüter, Wirtschaftsverlag Carl Ueberreuter, Wien, 1999, ISBN 3-7064-0530-X

Signaturbasierte Steuerung
für einen Serviceroboterarm

S. Estable, B. Mädiger, E. Schmidt

DaimlerChrysler Aerospace
Raumfahrt-Infrastruktur
Automation & Robotik
Hünefeldstr. 1-5
D-28199 Bremen

Zusammenfassung

Wesentliche Anforderungen an Dienstleistungsroboter für die Pflege ergeben sich daraus, daß sie in nur teilstrukturierten Umgebungen wie Kliniken, Pflegeheimen und im häuslichen Bereich mobil, d.h. ohne festen Bezugspunkt, zu agieren haben. Eine Aufgaben- und Befehlsbeschreibung für derartige Roboter hat diese Rahmenbedingungen zu berücksichtigen. Herkömmliche Programmier- und Teachtechniken, wie sie für Industrieroboter bekannt sind und die eine unveränderliche, bekannte Umgebung voraussetzen, können daher nicht verwendet werden.

Ziel der signaturbasierten Steuerung ist es deshalb, eine Positionieraufgabe für einen Pflegeroboter-Arm relativ zu einem bekannten Objekt statt durch Werte der internen Sensorik/Gelenkwinkel durch Signaturen, die durch visuelle Sensorik aus der Analyse der externen Arbeitsumgebung und des Zielobjektes generiert werden, beschrieben wird.

Diese Signaturen werden während des Teachens des Roboters (z.B. durch das Pflegepersonal) erzeugt und in geeigneter Form abgespeichert. Bei der autonomen Ausführung der Aufgaben führt der Roboter den Greifer dann in einer Weise, dass die abgespeicherten Signaturen mit den aktuellen Signaturen in Übereinstimmung gebracht werden. Damit ist es möglich, den Roboter auch in leicht veränderlichen Umgebungen in eine gewünschte Relation zu seiner Umwelt oder zu einem Zielobjekt zu bringen. Dies ist eine Grundvoraussetzung für neuartige Steuerungssysteme für den zukünftigen Einsatz von Robotern im Reha- und Pflegebereich.

Durch den Einsatz eines derartigen Funktionsmoduls in einem Steuerungssystem für zukünftige Pflegeroboter eröffnet sich die Möglichkeit, dass ein Pflegeroboter Objekte, die insbesondere bei Pflegebedürftigen oft an relativ festen Plätzen liegen, wie Telefon, Tassen, Flaschen, manipulieren kann, ohne dass die Klassen der möglichen Objekte a-priori eingeschränkt werden. Die Programmierung, das Teachen oder Vormachen der Aufgaben kann durch ungeübtes Personal erfolgen; die Operationen des Roboters sind reproduzierbar und vom Nutzer vorhersehbar.

Gleichzeitig kann dadurch eine langsame Gewöhnung an Roboter in diesem Bereich und somit die Einführung auch höherer intelligenter Roboterfunktionen ermöglicht werden.

Die prinzipielle Vorgehensweise kann in zwei Phasen unterteilt werden. Während der Teachphase wird der Greifer des Roboterarmes mit manuellen Verfahrbefehlen in die gewünschte relative Position zum Objekt gebracht und über eine Greiferkamera ein Videobild aufgenommen. Das Videobild wird dann nach vorprogrammierten Merkmalen analysiert und jedes dieser Merkmale (z.B. Flächen, evtl. ergänzt durch Kanten) mit dem Grad seiner Ausprägung in einem Merkmalsweltmodell abgelegt.

Während der Arbeitsphase berechnet die signaturbasierte Regelung auf der Basis der bereitgestellten Soll- und Istsignaturen Bewegungsskkommandos für den Roboterarm, mit denen die ständig aktualisierten Istsignaturen mit der jeweiligen Sollsignatur in Übereinstimmung gebracht werden. Als Maß für eine Übereinstimmung, die bedingt durch Verdeckungen oder Abschattungen immer nur teilweise möglich ist, dient eine Gütefunktion, in die wesentliche Kennwerte der Signaturen (z.B. Segmentschwerpunkte, Konturen) eingehen. Die auf diesem Wege bestimmten Bewegungskommandos für den Roboter dienen damit als Korrekturwerte, mit denen Weltmodelldaten des Roboters in Übereinstimmung mit der realen Roboterumwelt gebracht werden.

Bisherige Ergebnisse zur signaturbasierten Steuerung, die von Dasa im Rahmen des laufenden Fördervorhabens DIROKOL der Bayerischen Forschungsstiftung erarbeitet wurden, werden vorgestellt.

Sensorsysteme / Sensordatenverarbeitung

Ein Multiagentensystem für explorative Prüftechnik

T.Buchheim, G. Hetzel, G. Kindermann, P. Levi

Institut für Parallele und Verteilte Höchstleistungsrechner (IPVR)
Angewandte Informatik - Bildverstehen
Universität Stuttgart, Breitwiesenstr. 20-22, 70565 Stuttgart, Deutschland

Zusammenfassung Heutige Ansätze der optischen Mess- und Prüftechnik sind dadurch gekennzeichnet, dass für den Einzelfall spezialisierte Prüfeinrichtungen mit festen Prüfprogrammen verwendet werden. Eine Anpassung an unterschiedliche Aufnahmebedingungen (z.B. Beleuchtung) oder neue Aufgabenstellungen ist nur mit hohem Aufwand durchführbar und wird meist mit wenig befriedigenden "trial and error"-Methoden realisiert.
Im Sonderforschungsbereich (SFB) 514 "Aktive Exploration" wird ein multisensorielles Messsystem entwickelt, das in der Lage ist, sich situationsorientiert intern zu wandeln, um sich an die gestellte Prüfaufgabe anzupassen. Diese strukturelle Änderungsfähigkeit bezeichnen wir als aktive Exploration. Wesentliches Hilfsmittel zur praktischen Umsetzung der explorativen Vorgehensweise ist das von uns entwickelte Multiagentensystem. Es trägt zur Beherrschung der Komplexität bei, die durch die Vielzahl der vorhandenen Parameter bedingt ist und ermöglicht eine einfache Skalierbarkeit des Systems.

1 Einleitung

Bei der optischen Vermessung von dreidimensionalen technischen Werkstücken ergeben sich u.a. folgende, bislang nur unzureichend gelöste Problemstellungen:

- Die Vermessung der Werkstücke gestaltet sich aufgrund der hohen Dynamik der Objekthelligkeit sowie starker Reflexionen und Glanzlichter oft sehr schwierig.
- Es erfolgt keine Fusionierung optischer Sensoren im Sinne eines Zusammenspiels mehrerer kooperierender Systeme.
- Für die Prüfung optisch/visueller Merkmale (Glanz, Farbe, Textur) existieren bisher keine geeigneten Messmethoden. Sie werden deshalb üblicherweise durch den Menschen und damit subjektiv vorgenommen.
- Die optischen Messeinrichtungen zeichnen sich vor allem durch einen hohen Spezialisierungsgrad für eine festgelegte Prüfaufgabe aus und sind damit für einen flexiblen Einsatz ungeeignet.

Mit dem Konzept der aktiven Exploration verfolgen wir einen neuartigen Ansatz, der sich grundlegend von der Funktionsweise heute gängiger optischer

Messsysteme unterscheidet. Das Mess- oder Prüfsystem passt sich bei Vorfinden von veränderten Bedingungen flexibel an die Situation an. Dies ist nur durch den Einsatz verschiedener Sensoren möglich, die zudem durch Aktoren frei im Messraum bewegt werden können. Zur Validierung der erarbeiteten Konzepte wird von anderen am SFB [1] beteiligten Instituten ein Demonstrator aufgebaut, der aus einer Multiaktormaschine nach dem Multiple-Enhanced-Gantry-Arms-Prinzip (MEGA) und den daran angekoppelten Sensoren besteht. Die optischen Sensoren, Stereokamera und vielparametrige Kamera, sind an fünfachsigen Modulen befestigt, während für die Positionierung eines Steifenprojektors ein dreiachsiges Modul Verwendung findet. Als Beleuchtung dient ein rund um den Arbeitsraum angebrachtes Lichtquellenfeld von individuell ansteuerbaren Einzelquellen. Im Projektverlauf kommen weitere Sensoren (Mikrotopometriesensor) und Beleuchtungseinrichtungen (DMD-Projektor) hinzu. Abbildung 1 zeigt das verwendete Mess- und Prüfzentrum ohne die Beleuchtungseinrichtung.

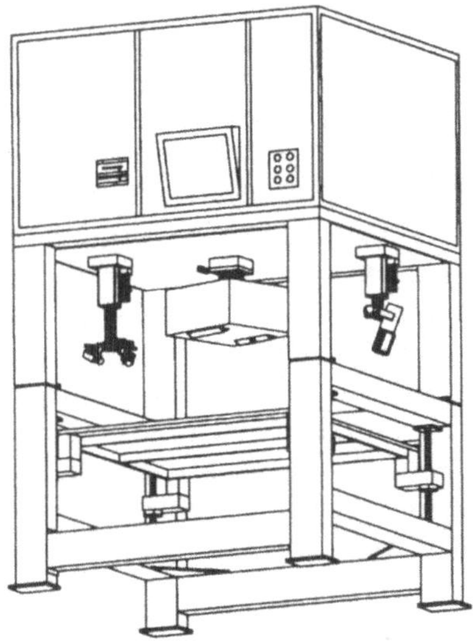

Abbildung 1. Mess- und Prüfzentrum MEGA.

Beim Prüfvorgang müssen veränderte Messsituationen erkannt werden, um darauf zielgerichtet reagieren zu können. Dabei wird Wissen über die Messszene, das im Verlauf der aktuellen oder auch früheren Messszenen erworben wurde, eingesetzt. Jeder der optischen Sensoren kann im Messraum frei verfahren und sich auf das Prüfobjekt optimal ausrichten. Ziel ist es durch den parallelen Einsatz mehrerer unterschiedlicher Sensoren und neuartiger Konzepte zur Fusionierung heterogener Daten zuverlässige Aussagen über die gewünschten Qualitätsmerkmale des Prüfteils machen zu können. Im Sinne von Regelschleifen wird ein Rückkopplungskreis von Messungen, Szeneninterpretation und Anpassung iterativ mit dem Ziel durchlaufen, schließlich ein Messergebnis zu erhalten, welches eine Bewertung der relevanten Qualitätsmerkmale zulässt. Bei der Messdurchführung müssen ähnliche Problemstellungen wie sie bei autonomen mobilen Systemen auftreten, wie z.B. Navigationsaufgaben, Hindernisvermeidung, Sensorverarbeitung und -fusionierung, gelöst werden.

Zur Realisierung dieser Konzepte schien ein Multiagentenansatz aus folgenden Erwägungen heraus sinnvoll:

- Messungenauigkeiten sowie Mehrdeutigkeiten bei der Interpretation optischer Messdaten sollen durch eine Agentenmodellierung der verschiedenen eingesetzten Sensoren und Bildauswertungsalgorithmen bewältigt werden. Ziel ist es in Anlehnung an das *Functionally Accurate, Cooperative*-Paradigma (FA/C) [2] durch die gezielte Zusammenführung partieller Resultate und Hypothesen einzelner Agenten ein konsistentes globales Messergebnis hinreichender Güte zu erhalten. Wie in [3] gezeigt wurde, können hierdurch bei sogenannten *fast monotonen Problemen (nearly monotonic problems)* auf effiziente Weise gute Ergebnisse erzielt werden. Bei dieser Problemklasse ist es möglich, basierend auf partiellen Informationen korrekte Hypothesen und Teillösungen zu generieren, was speziell bei der Interpretation von Sensordaten oft gegeben ist.
- Die am Sonderforschungsbereich beteiligten Institute entwickeln ihre Software auf unterschiedliche Plattformen und liegen örtlich verteilt. Aus diesem Grund wurde ein Ansatz angestrebt, welcher neben einer einfachen Integration der an den verschiedenen Instituten entwickelten Software auch die Möglichkeit bietet, das institutsübergreifende Zusammenspiel mit anderen Softwarekomponenten über das Internet zu validieren.
- Die Mess- und Prüfstation selbst wird kontinuierlich weiterentwickelt, sowohl was die eingesetzten Sensoren als auch deren Anzahl und Ansteuerung in der Station betrifft. Dies erfordert ein hochgradig flexibles Softwaredesign, welches eine leichte Integration neuer Sensoren und Prüfkonzepte ermöglicht.

Die wesentliche Aufgabe unseres Instituts im Rahmen dieses Forschungsvorhabens, ist die Entwicklung einer Multiagentenarchitektur, die die Realisierung der o.g. Ziele ermöglicht. Ähnliche Architekturen werden von uns auch zur Steuerung von mobilen Robotern eingesetzt [4].

2 Die Multiagenten-Architektur

Aufgrund der hohen Komplexität der Aufgabenstellung wurde ein hierarchischer Multiagentenansatz verfolgt, in welchem die Mess- und Prüfaufgabe auf unterschiedlichen Abstraktionsebenen geplant und schließlich ausgeführt wird. Auf jeder Abstraktionsebene existieren verschiedene Agenten mit unterschiedlichen und teilweise sich überschneidenden Fähigkeiten, welche kooperativ oder konkurrierend Aufträge bearbeiten. Der vollständige Architekturaufbau ist in Abbildung 2 dargestellt.

Neben den Agenten, welche für die Ausführung der Mess- und Prüfaufgabe zuständig sind (Ebene 3), existieren weitere Agenten für die Bereitstellung notwendiger Informationen, wie z.B. Modellwissen über das zu prüfende Werkstück (Ebene 2). Diese Agenten stellen auf jeder Abstraktionsebene des Prüfvorgangs den ausführenden Agenten Daten entsprechender Granularität zur Verfügung, welche diese zur Lösung Ihrer Aufgaben benötigen.

Die Funktionalität zur Kommunikation der Agenten untereinander, sowie das Überwachen einzelner Agenten oder bestehender Kooperationsbeziehungen zwischen Agenten wird von einer auf CORBA basierenden Agenten-Management Umgebung zur Verfügung gestellt (Ebene 1).

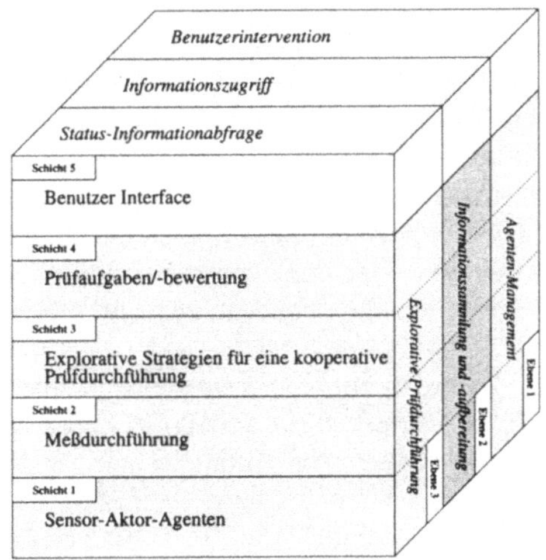

Abbildung2. Konzeptuelle Sicht der Multiagenten Architektur

Zur Bearbeitung eines Messauftrags, welcher über das Benutzer-Interface spezifiziert wird, werden in jeder Schicht die an die Agenten gestellten Aufgaben von diesen in kleinere Teilaufgaben zerlegt, welche gegebenenfalls an die Agenten der nächsttieferen Schicht weitervermittelt werden.

In diesem Vermittlungsprozess teilen die beauftragenden Agenten einer Schicht den Agenten der darunterliegenden Schicht die benötigten Anforderungen für die zu vermittelnde Teilaufgabe mit. Die Agenten mit den geforderten Fähigkeiten kontaktieren daraufhin, den Auftraggeber und übermitteln ihm, mit welcher Qualität sie die geforderte Aufgabe erledigen können und ggf. welche weiteren Fähigkeiten anderer noch unspezifizierter Agenten sie zu deren Erledigung benötigen.

Nach Bestimmen einer möglichst guten Auswahl der Agenten mit allen benötigten Fähigkeiten werden die ausgewählten Agenten mit der konkreten Ausführung der Aufgaben beauftragt. Am Ende des Prozesses der Problemdekomposition stehen in der untersten Schicht die Ansteuerungsbefehle an die Sensoren und

Aktoren. Die von den Sensoren gelieferten Werte werden schließlich wieder an die Auftraggeber übermittelt, wo die einzelnen Teilergebnisse sukzessive zu einem konsistenten Gesamtmessergebnis fusioniert werden.

Insgesamt lassen sich die im System befindlichen Agenten in unterschiedliche Kategorien aufteilen. Sensor- und Aktoragenten stellen, wie der Name bereits andeutet, eine hardwarenahe Funktionalität zur Verfügung (Schicht 1). Ihre Fähigkeiten beziehen sich i.d.R. auf die direkte Interaktion mit der Umgebung, wie zum Beispiel die Bildaufnahme im Falle eines Kamerasensors, oder die Bewegung eines Sensormoduls im Falle der Messmaschinenaktorik.

Bildverarbeitungsagenten und virtuelle Sensor-/Aktoragenten bilden die zweite Schicht in Abb. 2. Bildverarbeitungsagenten sind in der Lage, die von den Sensoren gelieferten Daten in Hinblick auf gewisse Kriterien zu analysieren. Hierzu verwenden sie mitunter auch Modellwissen über das Prüfteil. Ihre Fähigkeiten beziehen sich generell auf die Art der Bildanalyse, welche sie in der Lage sind durchzuführen, sowie u.U. die Zuverlässigkeit oder Güte derselben. Virtuelle Sensor-/Aktoragenten stellen Fähigkeiten einer höheren Abstraktionsebene bereit als die Agenten der 1. Schicht. Hierbei kann es sich um Agenten handeln, die transparent eine Fusionierung von Sensordaten durchführen, bestimmte Optimierungen selbst vornehmen oder den Kooperationsprozess der nötig ist, um bestimmte Aufgaben zu erfüllen vor dem Aufrufer verbergen (spezialisierte Problemlöser).

Planungsagenten sind auf den höheren Abstraktionsschichten angesiedelt. Sie planen einen koordinierten Ablauf der zu erledigenden Teilaufgaben und sorgen für eine möglichst gute Zuordnung von Teilaufgaben an die Agenten mit den entsprechenden Fähigkeiten (Schicht 3), bzw. definieren die durchzuführenden Prüfaufgaben und führen die abschließende Bewertung durch (Schicht 4).

Modell- bzw. Informationsvermittler auf Ebene 2 umfassen zwei Kategorien von Agenten. Zum einen umfassen sie die Agenten, welche Modellwissen von Prüfteilen (CAD- oder STEP-Daten) anderen Agenten zur Verfügung stellen, zum anderen die Agenten, die Informationen über das System, Agenten und Agentenkooperationen sammeln, um diese später zur Beschleunigung von Prüfvorgängen zu verwenden.

2.1 Messablauf

Generell wird ein Messablauf über die Benutzerschnittstelle initiiert, wobei das sich im Messraum befindliche Prüfteil, sowie die zu überprüfenden Qualitätskriterien spezifiziert werden.

Auf Schicht 4 der Multiagentenarchitektur werden daraufhin von einem Agenten basierend auf Qualitätsnormen Anforderungen an die durchzuführenden Messungen festgelegt, wie z.B. die Messgenauigkeit, als auch ein grobes Messvorgehen bestimmt.

Auf Schicht 3 werden hieraus von einem Planungsagenten Messaufgaben an Sensoragenten, Beleuchtungsagenten und Bildverarbeitungsagenten vermittelt. Hierzu fordert der Planungsagent von einem sogenannten Prüfobjektagenten

Sensorpositionierbereiche sowie Sensorverfahrwege an und ermittelt in Verhandlung mit den Agenten der nächsten Schicht einen Prüfablaufplan.

Schicht 2 führt nun teilweise autonom, teilweise in Absprache mit Schicht 3, die einzelnen Prüfschritte aus. Dabei können in Form von Regelschleifen die gemachten Messvorgaben in einem gewissen Rahmen adaptiert werden, um die Messbedingungen zu optimieren. So könnte sich z.B. der Kameraagent innerhalb eines vorgegebenen Positionierbereichs durch Absprache mit Bildauswertungsagenten und Beleuchtung noch so ausrichten, dass die Aufnahmebedingungen lokal optimiert werden. Bei Überschreitung der gemachten Vorgaben muss jedoch der Planungsagenten auf Schicht 3 benachrichtigt werden.

3 Aufbau eines Agenten

Jeder Agent besteht konzeptionell aus zwei lose gekoppelten Einheiten; einem Verwaltungsmodul und einem Aktionsmodul.

Das Verwaltungsmodul ermöglicht die verschiedenen Kooperationen mit anderen Agenten, indem sie Operation zum Austausch von Informationen, Zwischenresultaten und Parametervorschlägen zur Verfügung stellt und besitzt damit charakteristische Agentenfunktionalität.

Über die Aktionseinheit wird beim Agenten schließlich nach Herstellung der Kooperationsbeziehungen konkret die Ausführung einer vereinbarten Aufgabe gesteuert.

Verwaltungs- und Aktionseinheit stellen damit in etwa die in [5] beschriebenen Funktionalitäten für Verhandlung und Aktion innerhalb eines Kooperationsprozesses.

Der Vorteil dieser Aufteilung liegt vor allem darin, dass die Softwareentwicklung für die Aktionseinheiten größtenteils unabhängig von Agentenaspekten stattfinden kann, die z.B. für die Ansteuerung der Sensorik und Aktorik größtenteils irrelevant sind.

3.1 Externe Schnittstellen eines Agenten

Jeder Agent stellt nach außen verschiedene Schnittstellen zur Verfügung. Hierbei stehen einige Schnittstellen, welche die Grundfunktionen bereitstellen, anderen Agenten dauernd zur Verfügung (persistente Schnittstellen), wohingegen andere nur zeitweise bei Bedarf einigen bestimmten Agenten bereitgestellt werden (siehe Abb. 3).

Persistente Schnittstellen werden beim Start eines Agenten initialisiert und stehen von da ab anderen Agenten zur Verfügung. Es ist jedoch einem Agenten möglich, auch diese im Fehlerfall (z.B. zur Neuinitialisierung, Fehlerdiagnose) zeitweise abzuschalten, wobei jedoch das Agenten-Management hiervon zu unterrichten ist.

- **Managementschnittstelle**
  Über diese Schnittstelle kann auf direkte Art und Weise auf den internen Status des Agenten Einfluss genommen werden. Sie dient im Wesentlichem dem

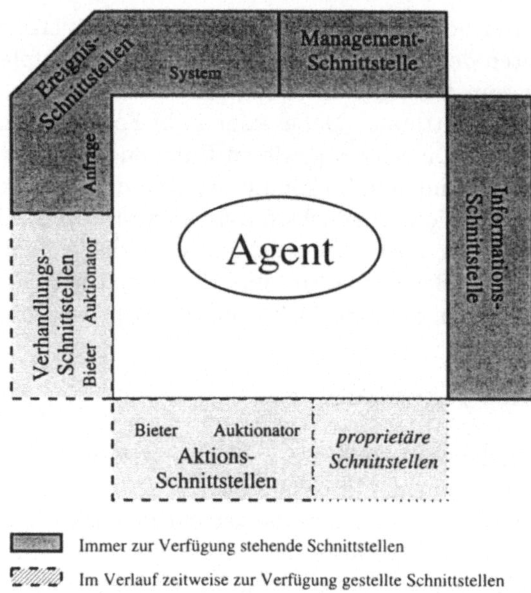

Abbildung 3. Schnittstellen eines Agenten

Agenten-Management, um einen Agenten zu unterbrechen, zu stoppen oder ihm Steuerungsinformationen zur Sicherstellung der Kommunikationsfähigkeit zu schicken.

- **Informationsschnittstelle**

  Über diese Schnittstelle stellt ein Agent nach außen Informationen über seine Fähigkeiten zur Verfügung. Dies beinhaltet neben der Fähigkeit an sich, auch die hierzu benötigten Zusatzinformationen und die einzuhaltenden Randbedingungen.

  Auch lassen sich hierüber Informationen über den Stand seiner Verhandlungen und Aktionen (Zustand, Erfüllungsgrad) abrufen.

  Einfache Funktionen, die den internen Zustand eines Agenten nicht beeinflussen (z.B. Umrechnungsfunktionen u.ä.) werden auch über diese Schnittstelle bereitgestellt.

- **Ereignis-/Broadcast Schnittstellen**

  Unter Verwendung des CORBA-Event-Services werden über diese Schnittstelle Mitteilungen an alle, oder an Gruppen von Agenten weitergereicht. Hierbei werden zwei Typen von Schnittstellen unterschieden:

  - **Anfrage-Schnittstelle:** Diese Schnittstelle dient zur Verteilung von Problembeschreibungen/Aufgaben an die Interessenten, die sich beim Start hierfür an dem entsprechenden Ereigniskanal angemeldet haben.
  - **System-Schnittstelle:** Über diese Schnittstelle werden Informationen über das Systemverhalten, das für alle Agenten relevant ist, mitgeteilt.

Dies beinhaltet auch den Aufruf von Management-Aktionen, um zum Beispiel das Gesamtsystem zu beenden.

Die im Folgenden beschriebenen Schnittstellen werden erst bei Bedarf durch den Agenten initialisiert und stehen im allgemeinen nur einer bestimmten Agentengruppe zur Verfügung.

- **Verhandlungs-Schnittstellen**
  Je nach Rolle des Agenten in der Verhandlung werden folgende Schnittstellen unterschieden:
  - **Auktionator-Schnittstelle**
    Diese Schnittstelle wird durch einen Agenten bereitgestellt, wenn er über obige Anfrage-Schnittstelle auf der Suche nach einen Agenten ist, der eine bestimmte Fähigkeit besitzt. An dieses Interface richten die Bieter Ihre Antworten.
    Auch dient sie dazu, einen asynchronen Kommunikationsablauf während der Verhandlung zu ermöglichen.
  - **Bieter-Schnittstelle**
    Erhält ein Agent über die Anfrage-Schnittstelle eine Anfrage, auf die er sich bewerben will, so antwortet er an die Auktionator-Schnittstelle des Anfragenden und schickt eine Referenz seiner eigenen Bieter-Schnittstelle mit. Über diese Schnittstelle wird anschließend die Verhandlung abgewickelt.
- **Aktions-Schnittstellen**
  Kommen Auktionator und Bieter während der Verhandlung zu einer Einigung, so werden, wiederum abhängig von der Rolle des/der Agenten folgende Schnittstellen zur Verfügung gestellt.
  - **Bieter-Aktions-Schnittstelle**
    Über diese Schnittstelle kann die eigentliche Aktion (Kooperationsprozess) beim Bieter abgewickelt werden (Start, Steuerung, Synchronisation, u.ä.).
  - **Auktionator-Aktions-Schnittstelle**
    Diese Schnittstelle steht dem Bieter im Falle einer asynchronen Kommunikation für Rückmeldungen zur Verfügung (Ergebnisse, Probleme, Synchronisation, u.ä.):

Auch ist die Einbindung proprietärer Aktionsschnittstellen vorgesehen. Dies soll das Einbinden vorhandener spezialisierter und das Testen neuer Kooperationsmechanismen erleichtern.

3.2 Agenteninteraktion

Die Agenten im System kennen sich a priori untereinander nicht und besitzen kein Wissen über die im System vorhandenen Fähigkeiten. Beim Start des Agenten meldet sich dieser selbstständig im System an. Dies umfasst neben der Anmeldung beim Agentenmanagement auch das Ankoppeln an den Ereigniskanal (s.o. Ereignis-/Broadcast Schnittstelle). Benötigt ein Agent zur Lösung einer

Aufgabe die Kooperation mit einem oder mehreren anderen Agenten, so versucht er mittels des Ereigniskanals passende Partner zu finden. Er übernimmt dabei die Rolle eines Auktionators.

Erhält ein Agent über diesen Kanal die Ausschreibung einer Aufgabe, die er (kooperativ) zu bearbeiten in der Lage ist, so bekundet er sein Interesse über die ihm mitgeteilte Auktionatorschnittstelle des Ausschreibers. Gleichzeitig aktiviert er eine Bieterschnittstelle bei sich, über die im Folgenden die Verhandlung stattfindet.

Anschließend werden die Rahmenbedingungen für die Kooperation ausgehandelt. Hierzu wird ein Kooperationsmodell bestimmt, welches den Ablauf, gegebenenfalls unter Einbeziehung weiterer noch zu findenden Agenten, spezifiziert[1]. Desweiteren müssen ein oder mehrere Aktionsmodelle, welche die zusätzlichen Parameter und Daten, die benötigt werden um die Aufgabe zu bearbeiten, festgelegt werden.

Da sich auf eine Ausschreibung gleichzeitig mehrere Bewerber melden können, obliegt es dem Auktionator, einen geeigneten Agenten oder eine Agentengruppe zu bestimmen. Ob er hierbei die Verhandlungen sequentiell abarbeitet oder gleichzeitig mit allen Bietern verhandelt, ist dem Agenten überlassen.

Hierbei ist sowohl beim Auktionator als auch bei den Bietern ein komplexer Planungsprozess notwendig, der aus verschiedenen, über Regelkreise gekoppelten Teilplanungen besteht.

Ist eine Verhandlung erfolgreich abgeschlossen worden, so wird auf Auktionator und Bieterseite je eine Aktionsschnittstelle aktiviert, über welche anschließend der Kooperationsprozess abgewickelt wird.

Eine Aktion auf Bieterseite kann entweder wiederum ein Kooperationsprozess mit anderen Agenten, in dem dieser als Auktionator auftritt, oder eine Folge von internen Aktionsschritten sein. Hierbei werden mögliche komplexere Kooperationsabläufe über Kooperationsmodelle [6] beschrieben, welche durch eine Planungskomponente im Verwaltungsmodul zu einem Plan zusammengefügt werden.

Da ein Agent in der Regel nicht nur an einer Verhandlung oder Kooperation teilnimmt, sondern gleichzeitig an mehreren, können Wechselwirkungen auftreten, die wiederum eine Neuplanung und Neuverhandlung notwendig machen. Auch können Probleme in der Ausführung einen adaptiven Anpassungsprozess notwendig machen.

4 Ergebnisse und Ausblick

Es wurde eine flexible Multiagentenarchitektur für ein Mess- und Prüfzentrum vorgestellt, in welchem durch Kooperation und Kommunikation zwischen verschiedenen autonomen Sensor- und Aktoragenten ein Prüfteil auf diverse Qualitätsmerkmale überprüft werden kann. Hierzu wurden sowohl Konzepte zur

---

[1] Zur Beschreibung werden hierfür angepasste Entscheidungsnetze nach [6] verwendet

Überwachung und Steuerung des Systems als auch grundlegende Kommunikations- und Verhandlungsmechanismen für die Agenten entwickelt, welche ein kooperatives Lösen der Aufgabenstellungen ermöglichen.

Die hier vorgestellte Multiagentenarchitektur wurde bereits erfolgreich in einem einfachen Szenario in der Messstation eingesetzt. Durch die vorgestellte Architektur wurde die Integration der von verschiedenen Instituten entwickelten Software stark vereinfacht. Die auf CORBA basierende Architektur bot zudem den Vorteil, die Kommunikation zwischen den verschiedenen Agenten bereits vor der Integration in die Meßstation, auch über Institutsgrenzen hinweg, zu testen. Eine Hinzunahme oder Entfernung von einzelnen Agenten während des Betriebs gestaltete sich problemlos.

Aufbauend auf diesen ersten Erfahrungen wird die Architektur um komplexere Verhandlungsstrategien erweitert. Ein wesentlicher Punkt in der Zukunft ist die Sammlung und Auswertung von Daten aus vergangenen Prüfabläufen sowie die Integration von Lernverfahren in das Multiagentenkonzept.

Auch soll eine graphische Beschreibungsmöglichkeit für Kooperationsmodelle geschaffen werden, die es den beteiligten Instituten ermöglicht, auf einfachere Art und Weise die kooperativen Fähigkeiten ihrer Agenten zu beschreiben und diese in die Planstruktur des Agenten zu integrieren. Auch lassen sich hiermit neue kooperative Verfahren leichter integrieren und testen.

Literatur

1. Günter Hetzel; Paul Levi. Sensor/Aktor-Kopplung zur explorativen Bildauswertung. In R.-J. Ahlers, editor, *Symposium Bildverarbeitung 97*, 1997.
2. V.R. Lesser and D.D. Corkill. Functionally-accurate cooperative distributed systems. In *IEEE Transactions on Systems, Man, and Cybernetics*, volume SMC-12,No.1, pages 81–96, 1981.
3. V.R. Lesser and N. Carver. Nearly monotonic problems: A key to effective fa/c distributed sensor interpretation? In *In Proceedings of Thirteenth National Conference on Artificial Intelligence*, volume 1, pages 88–95. AAAI Press/ MIT Press, 1996.
4. Paul Levi; Matthias Muscholl; Thomas Bräunl. Cooperative Mobile Robots Stuttgart: Architecture and tasks. In *Intelligent Autonomous Systems (IAS)*.
5. Frank von Martial. *Coordinating Plans of Autonomous Agents*. Springer-Verlag, 1992.
6. Michael Becht; Matthias Muscholl; Paul Levi. Transformable multi-agent systems: A specification language for cooperation processes. In *Proceedings of the World Automation Congress (WAC '98), Sixth International Symposim on Manufacturing with Applications (ISOMA '98)*.

Schritthaltende Objektklassifikation für einen autonomen mobilen Roboter

Axel Baune, Steffen Simon, Hans A. Kestler,
Friedhelm Schwenker, Günther Palm

Universität Ulm, Abteilung Neuroinformatik, Oberer Eselsberg, D-89069 Ulm
{abaune,simon,kestler,schwenker,palm}@neuro.informatik.uni-ulm.de

1 Einleitung

Der hier vorgestellte Ansatz zur schritthaltenden Objektklassifikation in einem
autonomen mobilen Robotersystem wurde im Rahmen des Sonderforschungsbe-
reichs *Integration symbolischer und subsymbolischer Informationsverarbeitung in
adaptiven sensormotorischen Systemen* (SFB 527) entwickelt. Ziel dieses SFBs
ist die Erforschung neuronaler und wissensbasierter Methoden zur symbolischen
und subsymbolischen Informationsverarbeitung, sowie die Kombination und Integration dieser Verfahren auf einem autonomen mobilen Robotersystem [1].
Dieser Roboter soll sich in einer Büroumgebung zurecht finden, auf interaktiv
gestellte Aufgaben reagieren können, beispielsweise Objekte suchen und einsam-
meln, Personen suchen und führen und mit Personen kommunizieren, sowie auf
unerwartete Ereignisse in der Umwelt reagieren. Für fast alle Aufgaben ist eine robuste und möglichst schnelle Objekterkennung unumgänglich. Im folgenden
wird der von uns implementierte Ansatz zur visuellen Objekterkennung beschrieben.

2 Integrationsumgebung

Als Integrationsplatform des Objektklassifikations-Systems wurde der im Rahmen des SFBs zur Verfügung stehende B21 Rototer (Real World Interfaces Inc.,
Jaffrey, New Hampshire, USA) verwendet. Der Roboter ist mit zwei Videokameras, zwei Linux-PCs und einer Framegrabberkarte in einem der PCs ausgestattet.
Weiterhin besitzt der Roboter einen Laserscanner, Sonar und Berührungssen-
soren. Diese zusätzliche Sensorik des Roboters wird jedoch nicht in dem hier
vorgestellten Objekterkennungssystem verwendet. Die beiden auf dem Roboter
eingebauten PCs dienen der Steuerung und Kontrolle des Systems, wobei der PC
mit der Framegrabberkarte überwiegend für visuelle Aufgaben eingesetzt wird,
insbesondere auch für die Objekterkennung.

3 Softwareintegration

Die Betriebssoftware des autonomen mobilen Roboters ist in Form einer Client-
Server-Architektur mit parallel arbeitenden Modulen für die verschiedenen Auf-

gaben strukturiert. Um ein einheitliches Softwaremanagement für diese unterschiedlichen Module zu gewährleisten, wurde der Softwarerahmen SMARTSOFT vereinbart [2]; der auch zur Implementierung des hier vorgestellten Objekterkennungs-Systems verwendet wird. Alle Module des Objekterkennungs-Systems sind in der Programmiersprache C++ realisiert; für die Kommunikation zwischen verschiedenen Modulen im SMARTSOFT-Rahmen wird auch auf C-Programmierparadigmen zurückgegriffen.

Das für die Objekterkennung entwickelte System besteht aus drei miteinander kommunizierenden Komponenten: **Imageserver**, **Saliencyserver** und **Klassifikationsserver** (siehe Abbildung 1). Der Imageserver bildet die eigentliche Schnittstelle des Roboters zur realen Umwelt, indem die Bilder der Roboterkameras durch eine Framegrabberkarte zu den Steuerungs-PCs übertragen und gespeichert werden. Dieses Modul wird standardmäßig vom SMARTSOFT-Rahmen zur Verfügung gestellt. Der Saliencyserver dient der Lokalisation von Regionen erhöhten Interesses (ROIs, regions of interest) innerhalb eines Bildes und der Klassifikationsserver ist für die eigentliche Klassifikation der Objekte in den detektierten Regionen zuständig. Die wichtigsten Implementierungskriterien dieser Module sind Robustheit und Verarbeitungsgeschwindigkeit. Um den Kommunikationsaufwand zwischen den Modulen gering zu halten, werden größere Datenmengen, wie z.B. Kamerabilder, in einem gemeinsamen Speicherbereich abgelegt, auf den alle Module zugreifen können. Ein weiterer kritischer Punkt ist die Verarbeitungsgeschwindigkeit der Daten innerhalb der einzelnen Module (siehe hierzu Abschnitt 6).

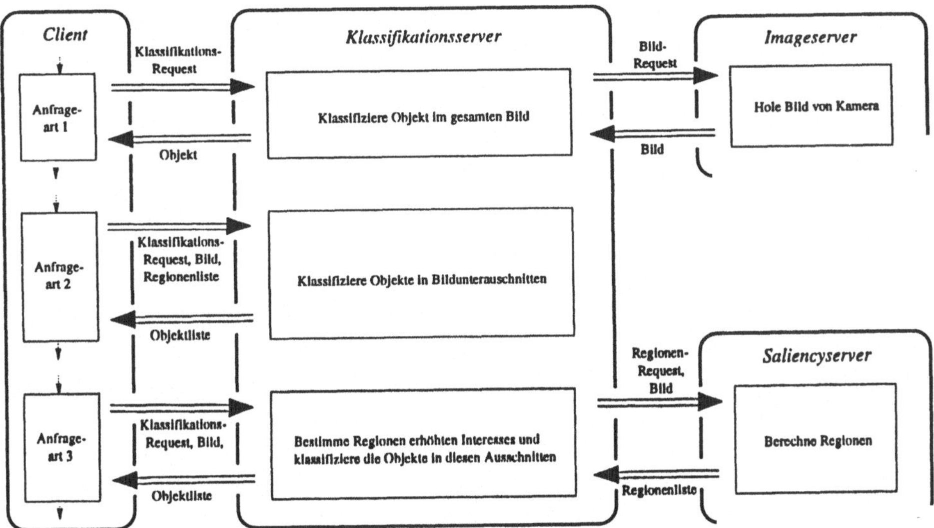

Abbildung 1. Das Objekterkennungssystem. Kommunikation zwischen verschiedenen Modulen ist durch zweifach linierte Pfeile verdeutlicht.

4 Saliencyserver

Um die Klassifikation mehrerer Objekte in einem Kamerabild zu ermöglichen,
ist eine Steuerung des Klassifikationsausschnitts notwendig. Der Saliencyserver
verwendet gegenwärtig eine einfache farbbasierte Methode, um solche Bildausschnitte zu bestimmen. Zur Beschreibung von Farbbereichen erhöhten Interesses wird das von A.R. Smith [3] entwickelte HSV-Farbmodell (Hue, Saturation,
Value) verwendet. Dieses Farbmodell wurde gewählt, da es im Gegensatz zum
RGB-Modell (Rot, Grün, Blau) eine sättigungs- und helligkeitsunabhängige Beschreibung des Farbtons mittels eines Parameters (Hue) ermöglicht.

Bei einem Aufruf des Saliencyservers durch einen Klienten wird vom Server
die Übergabe eines Kamerabildes erwartet, welches zur Berechnung der Regionen erhöhten Interesses herangezogen wird. Um die entsprechenden Regionen zu
bestimmen, wird die Auflösung des RGB-Kamerabilds zunächst in jeder Dimension halbiert. Das resultierende Bild wird anschließend in den HSV-Farbraum
transformiert. Durch die Auflösungshalbierung wird zum einen eine Tiefpassfil-
terung und zum anderen eine Reduzierung des Berechnungsaufwands erreicht. In
dem transformierten Bild werden nun zusammenhängende Regionen von Pixeln
gesucht, welche alle dem gleichen Farbbereich angehören. Anschließend wird von
jeder Region das kleinste einhüllende Rechteck (Bounding Box) bestimmt. Un-
terschreitet die Anzahl Farb-Pixel einer Bounding Box eine bestimmte Schwelle,
wird diese ignoriert. Andernfalls wird mit Hilfe einfacher Heuristiken versucht,
zusammengehörige Farb-Regionen zusammenzufassen. Die resultierende Bounding Box wird auf die ursprünglichen Bilddimensionen zurücktransformiert, um
einige Pixel vergrößert sowie in eine Regionenliste (ROI-Liste) aufgenommen
(siehe auch [4]). Diese Liste potentieller Objektbereiche ist das Ergebnis eines
Aufrufs des Saliencyservers. Die Parameter für die verschiedenen Bildverarbei-
tungsschritte sind für eine Bildgröße von 384 × 288 Pixel und eine Farbtiefe von
24 Bit optimiert.

5 Klassifikationsserver

Der Klassifikationsserver bietet grob gesehen zwei verschiedene Modi der Objekterkennung. Der erste Modus führt eine Objekt-Klassifikation auf dem gesamten
Videobild einer der beiden Kameras durch. Dieser Modus dient vornehmlich der
Klassifikation von Objekten in der unmittelbaren Umgebung des Roboters, die
dieser aufgrund der Anweisungen anderer Module anvisiert hat. Der zweite Modus klassifiziert Objekte in einer Liste von Unterregionen eines Kamerabildes.

Die Klassifikation von Objekten wird in beiden Modi durch einen neuronalen
hierarchischen Klassifikator erreicht: In einem ersten Schritt wird durch einen
Grobklassifikator eine Diskriminierung in Klassen von Objekten mit großer Ver-
wechslungswahrscheinlichkeit untereinander durchgeführt. Diese Klassifikation
wird anschließend durch speziell an bestimmte Verwechslungsklassen angepasste
Klassifikatoren verfeinert, so daß sich eine Hierarchie von Objektklassifikationen
als Ergebnis der Klassifikation ergibt [5]. Das Ergebnis eines Aufrufs des Klassifikationsservers ist momentan jedoch noch auf die beste bzw. die besten drei

(je nach Klassifikationsmodus) Klassfikationen auf der tiefsten Hierarchieebene beschränkt; an einer Rückgabe der gesamten Klassifikations-Hierachie wird gearbeitet.

Zur Objekt-Klassifikation durch die neuronalen Klassifikatoren werden Merkmalsvektoren verwendet, welche aus Orientierungshistogrammen der einzelnen zu klassifizierenden Bildausschnitte berechnet werden [6,5]. Um die Orientierungshistogramme zu bestimmen, wird die zu klassifiziernde Region in $n \times n$ nicht überlappende Teilbilder zerlegt. Typischerweise ist $n = 3$ oder 5. Für jedes dieser Teilbilder werden die Orientierungshistogramme berechnet, indem für jeden Punkt der Winkel des Gradienten (hell/dunkel Kante) an dieser Stelle bestimmt wird. Die Winkel im Intervall $[0, 2\pi)$ werden in acht gleichgroße Bereiche der Größe $2\pi/8$ eingeteilt und die Häufigkeiten der Gradientenwinkel in diesen Bereichen bestimmt (siehe Abbildung 2). Der zu klassifizierende Merkmalsvektor ergibt sich abschließend durch eine Konkatenation der Orientierungshistogramme aus den verschiedenen Regionen-Teilbildern.

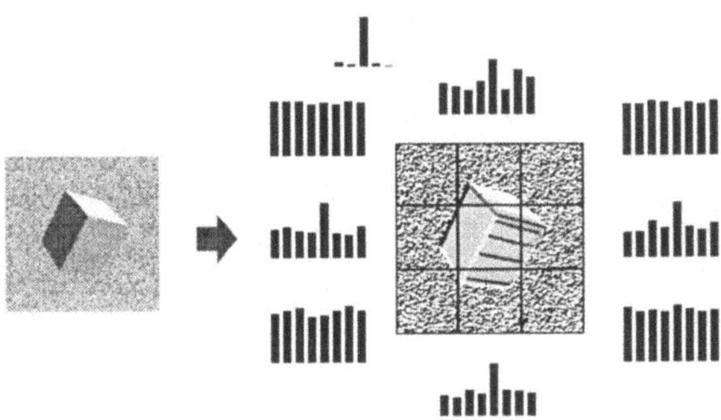

Abbildung2. Beispiel Orientierungshistogramm mit 3×3 Teilbildern

6 Ergebnisse

Für das hier vorgestellte Objekt-Klassifikationssystem wurde eine statistische Evaluierung mit einem Datensatz von fünf verschiedenen 3D-Objekten (Colaflasche, Orangensaftflasche, Zylinder, Ball, Mülleimer) durchgeführt. Diese Objekte waren in 12 Klassen unterteilt (Flasche voll/leer, Flasche liegend/stehend, Zylinder liegend/stehend). Aufgenommen wurden die Objekte mit der Roboterkamera und Framegrabber bei verschiedenen natürlichen und künstlichen Beleuchtungsverhältnissen. Daran anschließend wurden von den Kamerabildern die ROIs automatisch berechnet, manuell kontrolliert und mit der Sollklassifikation gelabelt. Fehlerhaft berechnete ROIs wurden bei der manuellen Kontrolle nicht in das Trainingsset übernommen. Mit dem so entstandene Datenset, bestehend aus 399 Merkmalsvektoren von ursprünglich 653, wurde der Klassifikator off-line trainiert. Abbildung 3 zeigt eine Szene der verwendeten Objekte. Auf diesem Bild

Abbildung 3. Die aufgenommenen 3D-Objekte auf einen Blick. Der aufgehellte Bereich zeigt exemplarisch eine vom Saliencyserver berechnete ROI

ist zusätzlich examplarisch eine Region erhöhten Interesses (aufgehellter Bereich) eingezeichnet. Eine fünffach Crossvalidierung des neuronalen Klassifikators auf den aufgenommenen Daten ergab im Mittel ($\pm$ Std.abw.) eine Klassifikationsleistung von 72.43% $\pm$ 8.08%, mit einer Reklassifizierungsrate des Trainingssets von 94.8% $\pm$ 1.78%. Detailliertere Informationen zu den Klassifikationsergebnissen findet der Leser in [5, 7].

In den Tabellen 1, 2 und 3 sind Benchmarkzeiten der verschiedenen Requests und der wichtigsten Unterfunktionen des Objektklassifikationssystems angegeben. In Tabelle 1 sind die durchschnittlichen Requestzeiten von der Anfrage bis zum Erhalt der Antwort aus Sicht eines Klienten aufgeführt. Die Tabellen 2 und 3 geben Auskunft über die durchschnittlichen Bearbeitungszeiten der verschiedenen Requests innerhalb des Saliencyservers beziehungsweise des Klassifikationsservers.

7 Diskussion

Die in den Ergebnissen dargestellten Benchmarks zeigen, daß die hier vorgestellte Objekterkennung durch einen neuronalen Klassifikator durchaus für ein autonomes mobiles Robotersystem geeignet ist. Die Berechnung der ROI-Liste erfordert den Hauptanteil der Berechnungszeit zur Objekterkennung (vgl. Tabelle). Für eine routinemäßige Anwendung des dargestellten Objektklassifikationssystems ist diese Berechnungszeit der ROI-Liste noch zu lang. Daher werden von uns momentan alternative Berechnungsverfahren evaluiert. Ein geeignetes Verfahren mit kürzeren ROI-Berechnungszeiten befindet sich im Entwicklungsstadium.

Beachtenswert an den dargestellten Ergebnissen (siehe Abschnitt 6) sind auch die mit recht einfachen angewandten Methoden erreichten Klassifikationsresultate für reale Objekte. Die Geschwindigkeit der Objekterkennung ist dabei un-

Klassifikations-Client				
Request/Prozeß	Berechnungszeit in Sekunden			
	μ	σ	Min.	Max.
Klassifiziere gesamtes Bild (Simulation)	0.9157	0.0147	0.8821	1.0712
Klassifiziere gesamtes Bild	1.1018	0.0220	1.0632	1.1667
Klassifiziere Bildregionen (Simulation)	1.4994	0.0369	1.4429	1.6937
Klassifiziere Bildregionen	1.5982	0.0518	1.5223	1.8336
davon:				
Bild-Aquirierung (Simulation)	0.0590	0.0077	0.0404	0.0702
Bild-Aquirierung	0.1579	0.0226	0.1199	0.2100
Bildformat-Konvertierung	0.0522	0.0018	0.0493	0.0571
Bildregionen-Berechnung	1.3081	0.0164	1.2834	1.5444
Bildregionen-Klassifikation	0.0781	0.0298	0.0482	0.2151
Berechne und klassifiziere Bildregionen (Simulation)	1.4823	0.0393	1.4237	1.6767
Berechne und klassifiziere Bildregionen	1.5811	0.0542	1.5032	1.8166
davon:				
Bild-Aquirierung (Simulation)	0.0590	0.0077	0.0404	0.0702
Bild-Aquirierung	0.1579	0.0226	0.1199	0.2100
Bildformat-Konvertierung	0.0522	0.0018	0.0493	0.0571
Bildregionen-Berechnung und Klassifikation	1.3720	0.0370	1.3304	1.5837

Tabelle1. Geschwindigkeits-Benchmarks der Klientenseite des neuronalen Objektklassifikationssystems auf dem B21 Roboter. Dargestellt sind die mittlere Berechnungszeit μ der verschiedenen Teilprozesse zur Klassifikation, deren Standardabweichung σ und das aufgetretene Maximum bzw. Minimum über 1000 Bilder (384 × 288). Für die mit 'Simulation'-Berechnungszeiten wurden zur Laufzeit keine Bilder durch die Kameras aquiriert, sondern vorher aufgenommene Bilder von Festplatte geladen.

Saliency-Server				
Request/Prozeß	Berechnungszeit in Sekunden			
	μ	σ	Min.	Max.
Bildregionen-Berechnung	1.2920	0.0127	1.2811	1.5172
davon:				
Farbblob-Detektion	1.2918	0.0127	1.2810	1.5169
davon:				
Regionen detektieren	0.2658	0.0058	0.2575	0.2833
pro Region	0.2555	—	—	—
Regionen zusammenfassen	0.00009	0.00004	0.00003	0.00044
pro Region	0.00009	—	—	—

Tabelle2. Geschwindigkeits-Benchmarks des Saliency-Servers auf dem B21 Roboter. Dargestellt sind die mittlere Berechnungszeit μ der verschiedenen Teilprozesse zur Regionen-Detektion, deren Standardabweichung σ und das aufgetretene Maximum bzw. Minimum über 1000 Bilder (384 × 288) mit 880 Regionen. Die durchschnittliche Regionengröße betrug 4186.59 Pixel (Std.abw: 3498.84 Pixel, Minimum: 841 Pixel, Maximum: 15840 Pixel).

Klassifikations-Server				
Request/Prozeß	Berechnungszeit in Sekunden			
	μ	σ	Min.	Max.
Klassifiziere gesamtes Bild (Simulation)	0.9050	0.0118	0.8637	1.0700
Klassifiziere gesamtes Bild	1.0853	0.0142	1.0583	1.1380
davon:				
Bild-Aquirierung (Simulation)	0.0459	0.0049	0.0399	0.0601
Bild-Aquirierung	0.1471	0.0135	0.1207	0.1861
Bildformat-Konvertierung	0.0517	0.0032	0.0415	0.0561
Merkmal-Berechnung	0.8023	0.0099	0.7752	0.9360
davon:				
Merkmalsextraktion	0.7558	0.0098	0.7289	0.8897
Merkmal-Klassifikation	0.0038	—	—	—
Klassifiziere Bildregionen	0.0747	0.0281	0.0465	0.1717
Merkmal-Berechnung	0.0720	—	—	—
davon:				
Merkmalsextraktion	0.0254	—	—	—
pro Region	0.0289	—	—	—
Merkmal-Klassifikation	0.0031	—	—	—
pro Region	0.0033	—	—	—
Berechne und klassifiziere Bildregionen	1.3674	0.0354	1.3284	1.5822
davon:				
Bildregionen-Berechnung	1.2928	0.0124	1.2819	1.5100
Merkmal-Berechnung	0.0720	—	—	—
davon:				
Merkmalsextraktion	0.0254	—	—	—
pro Region	0.0289	—	—	—
Merkmal-Klassifikation	0.0031	—	—	—
pro Region	0.0033	—	—	—

Tabelle3. Geschwindigkeits-Benchmarks des Klassifikations-Servers auf dem B21 Roboter. Dargestellt sind die mittlere Berechnungszeit μ der verschiedenen Teilprozesse zur Klassifikation, deren Standardabweichung σ und das aufgetretene Maximum bzw. Minimum über 1000 Bilder (384 × 288) mit 880 Regionen. Für die mit 'Simulation'-Berechnungszeiten wurden zur Laufzeit keine Bilder durch die Kameras aquiriert, sondern vorher aufgenommene Bilder von Festplatte geladen.

abhängig von der Größe des trainierten Datensatzes (Datenbeispiele pro Objekt). Durch Hinzunahme von Trainingsmaterial neuer Objekte ist in Zukunft eine schrittweise Vergrößerung der Anzahl der erkennbaren Objekte vorgesehen. Diese Vergößerung kann in dem bestehenden System leicht durchgeführt werden, indem der Klassifikator mit dem erweiterten Datensatz off-line trainiert wird.

In weiteren zukünftigen Schritten ist geplant, eine erweiterte Aufmerksamkeitssteuerung in das Objekterkennungssystem zu integrieren. Hierzu sollen vom Saliencyserver weitere Merkmale, wie beispielsweise Ecken von Objekten, zur Selektion von ROIs im Kamerbild herangezogen werden. Die Integration einer alternativen ROI-Berechnung in das Objekterkennungssystem ist durch den modularen Aufbau des autonomen Roboter-Systems relativ einfach. Auch ein Hinzufügen von neuen oder konkurrierenden Modulen sind in dieser Architekturform mit einfachen Mitteln realisierbar, da die Modularität der Steuerungssoftware ein autonomes Aktivieren und Inaktivieren von Modulen durch andere Module des Roboters ermöglicht. Dieses bietet den Vorteil, daß zur Lösung ähnlicher oder sich überlappender Aufgabenstellungen das jeweils in der entsprechenden Situation am besten angepaßte Modul verwendet werden kann.

Literatur

1. G. Palm and G. Kraetzschmar. SFB 527: Integration symbolischer und subsymbolischer Informationsverarbeitung in adaptiven sensorimotorischen Systemen. In M. Jarke, K. Pasedach, and K. Pohl, editors, *Informatik '97 – Informatik als Innovationsmotor*, pages 111–120. Springer Verlag, 1997.
2. C. Schlegel and R. Wörz. Der Softwarerahmen SmartSoft zur Implementierung sensorimotorischer Systeme. In *Autonome Mobile Systeme (AMS 98)*, Informatik aktuell, pages 208–217. Springer Verlag, 1998.
3. A. R. Smith. Color gamut transform pairs. In R. L. Phillips, editor, *5th annual conf. on Computer graphics and Interactive Techniques*, pages 12–19, New York, 1978. ACM.
4. Steffen Simon, Hans A. Kestler, Axel Baune, Friedhelm Schwenker, and Günther Palm. Werkzeuge zur visuellen Objektklassifikation. Ulmer SFB 527 Berichte 99-03, Universität Ulm, ISSN 1438-2237, 1999.
5. H.A. Kestler, S. Simon, A. Baune, M. Hagenbuchner, F. Schwenker, and G. Palm. A Hierarchical Neural Object Classifier for Subsymbolic-Symbolic Coupling. In *Mustererkennung 99, im Druck*. Springer Verlag, 1999.
6. M. Roth and W.T. Freeman. Orientation histograms for hand gesture recognition. Technical Report 94-03, Mitsubishi Electric Research Laboratorys, Cambridge Research Center, 1995.
7. S. Simon, H.A. Kestler, A. Baune, F. Schwenker, and G. Palm. Object classification with simple visual attention and a hierarchical neural network for subsymbolic-symbolic coupling. In *Proceedings of 1999 IEEE International Symposium on Computational Intelligence in Robotics and Automation*, 1999. in press.

Planung von Messpositionen zur automatischen und autonomen Oberflächenvermessung

Markus von Ehr, Rüdiger Dillmann
Institut für Prozeßrechentechnik und Robotik
Universität Karlsruhe
Kaiserstr.12, 76128 Karlsruhe
email : {vonehr|dillmann}@ira.uka.de

Stefan Vogt
DaimlerChrysler AG
Forschung und Technologie FT4/TM
Postfach 23 60, 89013 Ulm
email : Stefan.Vogt@DaimlerChrysler.com

Zusammenfassung

Zum Vermessen von Fahrzeugkarosserien wurde der mobile Roboter KALIMERO entwickelt. Mit seinem optischen Sensor, der aus einer Kamera und einem Streifenprojektor besteht, kann eine Oberfläche dreidimensional vermessen werden. Um eine komplette Karosserie zu erfassen, müssen über hundert Einzelmessungen durchgeführt werden. Die Schwierigkeit besteht darin, automatisch die Messpositionen des Sensors zu wählen und diese zu korrigieren, falls die Qualität der Messung unzureichend ist.

Für eine robuste und genaue Navigation des Sensors wird das Messobjekt mit Referenzmarken signalisiert. Mit Hilfe einer photogrammmetrischen Vermessung wird im Rechner ein 3D-Netz der Referenzmarken bestimmt. Dieses Netz beschreibt die Oberfläche des Messobjektes hinreichend genau, um eine Messplanung vorzunehmen.

Das Referenzmarkennetz wird benutzt, um optimale Messpositionen für den Streifenprojektionssensor zu bestimmen. Mit einer Cluster-Analyse kann die Anzahl der zur vollständigen Erfassung nötigen Messpositionen erheblich reduziert werden. Die verbleibenden Messpositionen werden so sortiert, dass der Roboter diese möglichst schnell anfahren kann. Einige Messpositionen sind von dem Roboter nicht kollisionsfrei erreichbar. Mit einer Verschiebung auf nicht optimale, aber durch den Roboter anfahrbare Messpositionen wird eine vollständige Vermessung erreicht.

1 Einleitung

Die Oberflächenvermessung mit aktiven Sichtsystemen gewinnt in der Industrie mehr und mehr an Bedeutung. Für die Qualitätssicherung und im Reverse Engineering werden schon lange taktile 3D-Koordinatenmessmaschinen eingesetzt. Taktile Messsysteme bieten aktive Messstrategien für Standardmessaufgaben (z.B. Messen von Bohrungen, Freiformflächen).

Aktives Messen sorgt für ein automatische, schnelle und kollisionsfreie Vermessung. Durch Berücksichtigung der technischen Randbedingungen eines Sensors beim aktiven Messen (z.B. Messvolumen, Messwinkel) wird zudem die Qualität einer Messung auch dann sichergestellt, wenn eingelernte Werker und nicht ein erfahrener Messingenieur die Messung durchführt.

Weil optische Sensoren wesentlich schneller messen und produktionsnäher eingesetzt werden können, finden sie immer weitere Verbreitung. Für das Reverse Engineering im Automobil-Design haben optische Sensoren die taktile Messtechnik abgelöst. Dort werden physikalische 1:5 oder 1:1 Modelle von Fahrzeugkarosserien digitalisiert, um die nötigen Daten für die Konstruktion in CAD-Systemen, für Virtual Reality oder für das Rapid Prototyping verfügbar zu machen. Aktives Messen mit optischen Sensoren ist allerdings noch im Forschungs- oder Entwicklungsstadium.

Das Bestimmen optimaler Messpositionen für automatisches Objektvermessen ist aktuelles Forschungsgebiet verschiedener Arbeitsgruppen [RR97].

Kutulakos [KD93] entwickelte einen Algorithmus, wie eine absolut unbekannte Oberfläche vollständig vermessen werden kann. Er teilt dies in einen lokalen und einen globalen Rekonstruktionsalgorithmus auf. Leider fehlt die praktische Umsetzung und das Vermessen mit einem Robotersystem.

Maver und Bajcsy [MB93] geben einen interessanten Ansatz zur Bestimmung einer neuen Scan-Richtung für einen Lichtstreifensensor, der auf den Verdeckungen der aktuellen Messung basiert. Allerdings hat dieses System nur einen Freiheitsgrad.

Die Firma Hymarc bietet noch dieses Jahr ein aktives Messsystem auf Basis eines Laser-Triangulationssensors an, der mit einer Koordinatenmess- oder CNC-Maschine positioniert wird [Gla99]. Nach der Vorgabe des Gesamtmessvolumens des Messobjektes durch den Bediener nimmt das System eine Grobvermessung vor, mit deren Hilfe die Messbahnen für die eigentliche Messung geplant werden. Da dieses Messsystem eine hochgenaue und teure Positioniereinheit benötigt, wird es nur in klimatisierten Messräumen aufgestellt. Ein autonomer Roboter bietet demgegenüber wesentlich mehr Flexibilität:

- keine Beschränkung des Messvolumens;

- der Roboter fährt den Sensor zum Messobjekt, ein spezieller Messraum wird daher nicht benötigt;

- durch die Verwendung von photogrammmetrischen Referenzmarken entfällt die Anschaffung eines hochgenauen und teuren Positioniersystems;

Messprinzip	kodierte Streifenprojektion
Navigationsverfahren	photogrammmetrisch
Projektor	Drehgitter mit 1024 Linien
Kamera	CCD Pullnix 1010
	1008×1008 Pixel
Messabstand	1 m
maximaler Messwinkel	$\pm\,30°$
Messvolumen	$500 \times 500 \times 500\,\mathrm{mm}^3$
Messunsicherheit (U95)	0,1 mm
laterale Auflösung	0,1 mm
Messpunktanzahl pro Messung	bis zu 1 Mio. Punkte
Messzeit pro Messung	30 s

Tabelle 1: Spezifikation des verwendeten optischen Sensors. Der Messabstand, der Messwinkel und das Messvolumen müssen von der Messplanung für die Bestimmung optimaler Messpositionen berücksichtigt werden.

Daher wird hier das aktive Messen mit einem optischen Messsystem und einem autonomen mobilen Roboter untersucht.

2 Systemaufbau

Von der DaimlerChrysler Forschung wurde ein Streifenprojektionssensor entwickelt (Abbildung 1), der vom autonomen mobilen Roboter KALIMERO des IPR positioniert wird. Die technischen Daten des Sensors und die Randbedingungen für eine Messung sind in Tabelle 1 zusammengefaßt. Das Messprinzip wird kurz in Abbildung 3 und detaillierter in [Mal95] beschrieben.

Der autonome mobile Roboter KALIMERO besteht aus einer mobilen Plattform mit drei und einem Armaufbau mit vier Freiheitsgraden (siehe Abbildung 2). Der redundante Freiheitsgrad mit einem Ausleger wird benötigt, um die Motorhaube und das Dach eines Fahrzeuges vermessen zu können. Ein Sick-Laser-Scanner wird zur Kollisionsüberwachung eingesetzt. Der Aufbau des Roboters und die Anfahrstrategie einer vorgegeben Position wird in [GvED+98] beschrieben.

Um die Oberfläche eines Fahrzeuges vermessen zu können, werden ca. 150–200 Einzelmessung des Streifenprojektionssensors benötigt. Da für die Navigation des Sensors photogrammmetrische Marken auf dem Messobjekt benötigt werden, können diese auch für die Navigation des Roboters und für die automatische Messplanung verwendet werden.

Ziel der automatischen Vermessung ist die vollständige Erfassung des Messobjekts, die schnelle und die in bezug auf die Arbeitsbedingungen des Sensors (siehe Tabelle 1) optimale Positionierung des Sensors.

Abbildung 1: Streifenprojektionssensor der DaimlerChrysler
Forschung aus Ulm

Abbildung 2: Messroboter
KALIMERO mit 4 Frei-
heitsgraden auf der mobi-
len Plattform

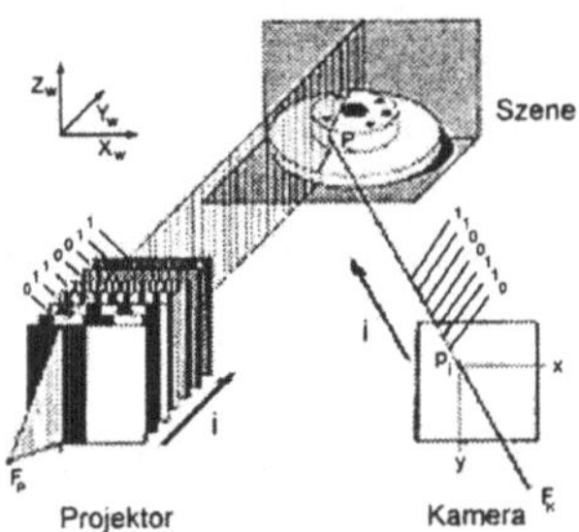

Abbildung 3: Prinzip des Streifenprojektionssensors. Mit einem zeitlich grayko-
dierten Muster beleuchtet ein Projektor das Messobjekt. Eine digitale Kamera
kann für jeden Pixel des CCD-Chips das Muster beobachten und innerhalb des
Messvolumens eindeutig einem Höhenwert zuweisen. Über eine Kalibrierung werden Projektor- und Kameralage bestimmt, die benötigt werden, um mit einer
Triangulation metrische Messwerte zu erhalten.

Abbildung 4: Initiale Menge der Referenzmarken auf einem 1:1 Mercedes-Benz SLK Modell

3 Planung der Sensorpositionen

Die Messplanung soll aus einer Liste von bekannten 3D-Referenzpunkten, die sich auf dem Messobjekt befinden, eine Folge von Sensorpositionen bestimmen, die mit dem Roboter kollisionsfrei erreichbar sind und für eine vollständige und zügige Vermessung des Messobjektes sorgt.

3.1 Initiale Referenzpunktmenge

Zur initialen Planung der Sensorpositionen muß eine Menge von Punkten auf der Oberfläche bekannt sein, die nach Möglichkeit die gesamte Oberfläche gleichmäßig bedecken sollten. Diese können z.B. durch eine Menge von Referenzpunkten bekannt sein, die vorher photogrammmetrisch vermessen wurden, um die nachfolgenden Messungen in dieses „Gerüst" einzupassen. Eine andere Möglichkeit ist, durch eine anfangs grobe Vermessung des Objekts bestimmte „feature-points" auszuwählen. Die Abbildung 4 zeigt die initialen Punkte, die hier durch eine photogrammmetrische Vermessung gewonnen wurden, am Beispiel eines Fahrzeugs.

3.2 Dreiecksvernetzung, Clusterberechnung und Verifikation

Die Referenzpunkte werden durch einen Algorithmus zur 3D Dreiecksvernetzung zu einer Dreiecksoberfläche vernetzt (siehe [Bak89]). Initial wird jedem Oberflächendreieck eine Messposition zugeordnet, die vom Schwerpunkt des Dreiecks den Arbeitsabstand des Sensors von 1 m hat. Der Abstand wird hierbei normal zur Dreiecksfläche gemessen. Liegen Dreiecke dicht zusammen und sind ihre Normalenvektoren nahezu parallel, ist es möglich, ihre Oberflächen von einem gemeinsamen Standpunkt aus zu vermessen. Deshalb schließt sich an die initiale Berechnung der Messpositionen ein Verfahren an, das Cluster bildet (siehe Bild 5). Optimale Verfahren dazu sind NP-vollständig und benötigen zu viel Rechen-

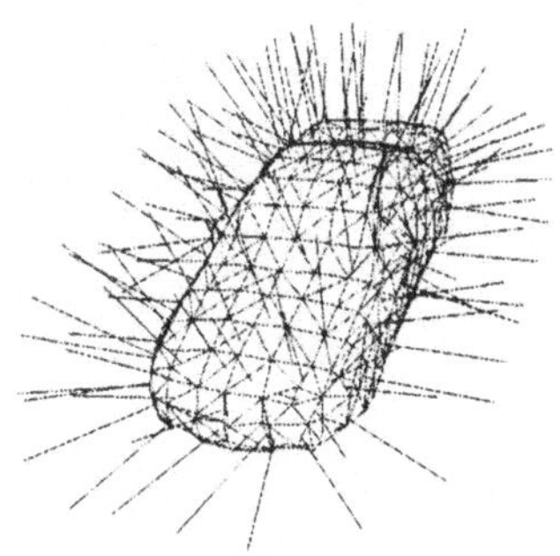

Abbildung 5: Zur Dreiecksoberfläche vernetzte Punktmenge

zeit, weshalb hier ein suboptimales Verfahren verwendet wird, das sehr schnell eine Lösung findet und trotzdem viele Messpositionen zu Clustern zusammenfaßt. Das Verfahren ist hier in einem Pseudo-Code abgedruckt.

```
clustering
{
int fusioned[N]=0;
int ClusterNr=0;
for (i=0;i<(N-1);i++)
  if (fusioned[i]==0)
    ClusterNr++;
    fusioned[i]=ClusterNr;
    for(j=i+1;j<N;j++)
      if (fusioned[j]==0)
            if (clustering_constraints_between_pos[i]_and_pos[j]_O K)
                fusioned[j]=ClusterNr;
for (i=0;i<ClusterNr;i++)
  {
    newpos[i]=average_from_all_positions_with_same_ClusterNr;
    newdirection[i]=average_vector_from_all_positions_with_same_Clust erNr;
  }
M=ClusterNr;
}

clustering_constraints_between_pos[i]_and_pos[j]_OK
{
if (angle_between_direction_pos[i]_and_pos[j]_<angle_threshold &&
  distance_between_pos[i]_and_pos[j]_<distance_threshold &&
    sensor_constraints_OK)
      return TRUE;
else
  return FALSE;
}
```

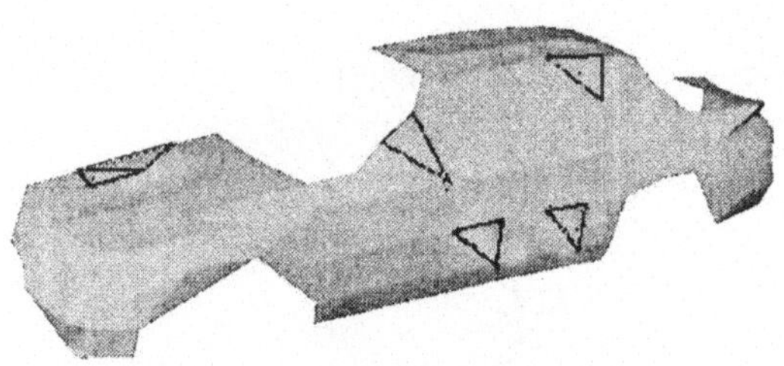

Abbildung 6: Nach der Überprüfung noch nicht gemessene Oberflächendreiecke

Jede Messposition besteht aus einem Punkt und einem Richtungsvektor im Raum, daher besteht ein Cluster wiederum aus einem Punkt und einer Richtung, deren Parameter aus den Messpositionen berechnet werden, die als Basis für den jeweiligen Cluster dienen. Außerdem müssen die Randbedingungen des Sensors für eine gute Messung beachtet werden. Weicht die Blickrichtung von der Oberflächennormale mehr als 30° ab, ist das Messergebnis ungenügend. Daher wird überprüft, ob bei einer zusammengefassten Messposition diese Bedingung für die Dreiecke erhalten bleibt. Zusätzlich müssen noch weitere Voraussetzungen überprüft werden, z.B. ob die Dreiecke noch im Blickfeld der neuen Messposition liegen, da der Öffnungswinkel des Sensors begrenzt ist ($\pm$ 15° von der Blickrichtung). Abbildung 6 zeigt die nach der Überprüfung fehlerhaft gemessenen Dreiecke, für die neue Messpositionen eingefügt werden müssen.

3.3 Sortierung der Messpositionen

Für die zusammengefaßten Messpositionen muß eine Reihenfolge ermittelt werden, in der diese vom mobilen Roboter angefahren werden sollen.

Dazu werden die Messpositionen gemäss dem Winkel zu einem Hilfspunkt in der xy-Ebene sortiert. Die xy-Ebene stimmt mit dem Fussboden überein. Der Hilfspunkt berechnet sich zu:

$$\text{Hilfspunkt} := \frac{1}{N} \sum_{i=1}^{N} (\overline{c}_i - r \cdot \overline{n}_i), \qquad \begin{array}{l} \overline{c}_i \quad \text{ist der Dreiecksschwerpunkt,} \\ \overline{n}_i \quad \text{ist der Dreiecksnormalenvektor} \end{array} \tag{1}$$

Der Ausdruck $\overline{c}_i - r \cdot \overline{n}_i$ berechnet zu jedem Dreieck einen Punkt, der einen Abstand r senkrecht vom Dreiecksschwerpunkt $\overline{c}_i$ entfernt ist. Der Punkt liegt sozusagen hinter dem Dreieck. Werden alle diese Punkte gemittelt, bekommt man einen Punkt, der in der Mitte eines Objekts liegt, nach dem sich daher gut sortieren lässt. Liegen alle Dreiecke fast in einer Ebene, liegt der Hilfspunkt trotzdem hinter den Dreiecken (läge der Punkt in der Ebene der Dreiecke, wäre er ungeeignet zum Sortieren).

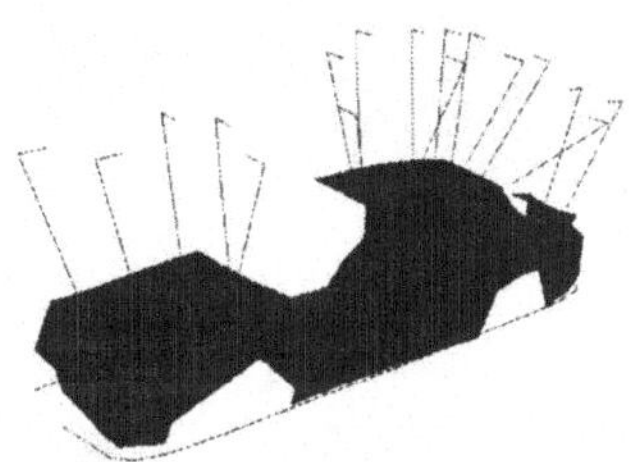

Abbildung 7: Verschiebung der Messpositionen über dem Fahrzeugdach. Der Ausleger des Roboters ist nicht lang genug, um alle optimalen Messpositionen zu erreichen.

3.4 Verschiebung von Messpositionen

Da der Messroboter eine vom Standpunkt begrenzte Reichweite hat, sind Messpositionen, die über dem Fahrzeugdach sind, nicht erreichbar. Deswegen müssen diese Messpositionen nach aussen verschoben werden. Dieses Prinzip zeigt Abbildung 7.

Auf dem Boden ist das Polygon eingezeichnet, das eine Parallelprojektion des Fahrzeugs in die xy-Ebene darstellt. Die Erreichbarkeit mit dem mobilen Roboter ist gewährleistet, wenn er sich außerhalb des Polygons befindet. Lediglich der Horizontalarm mit dem Sensor darf sich oberhalb des Fahrzeugs befinden. Ist es nicht möglich, mit dieser Technik die berechnete Messposition zu erreichen, dann wird die Messposition in Richtung des kürzesten Abstands zum Polygon horizontal verschoben, und zwar soweit, dass die oben beschriebenen Bedingungen für eine qualitativ gute Messung erfüllt sind.

4 Repositionierung durch Photogrammmetrie

Bevor der Roboter KALIMERO die in der Planung ermittelte Messfolge automatisch abfährt, wird mit einer photogrammmetrischen Messung die relative Lage des Roboters zum Messobjekt ermittelt. Damit ist sichergestellt, dass Messobjekt, optischer Sensor und der Roboter im gleichem Koordinatensystem referenziert werden.

Mit Hilfe der Odometrie bewegt sich der Roboter weiterhin im gemeinsamen Koordinatensystem. Da der Radschlupf des Roboters zu Schleppfehlern von mehreren Zentimetern führen kann, wird zusätzlich bei jeder Sensormessung die Lage des Roboters über die photogrammmetrischen Marken berechnet. Danach kann die Position des Roboters aktualisiert werden, so dass Schleppfehler bei den Messungen für Position und Orientierung ausgeschlossen sind (siehe hierzu auch [GvED+98]).

Abbildung 8: Der Roboter KALIMERO während der Vermessung eines Smart PKW im Forschungszentrum Ulm.

5 Ergebnisse

Die hier vorgestellte Messplanung auf Basis eines Dreiecksnetzes konnte in einfachen Beispielen für eine vollständige Vermessung von Oberflächen eingesetzt werden. Die Oberfläche wird durch die Planung bei den bisherigen Messungen so gut wie vollständig abgedeckt. Die Fahrzeit des Roboters KALIMERO ist so kurz, dass jeweils zum Beginn des nächsten Sensormesszyklus die zugehörige Messposition erreicht wird. Der Roboter kann auf jeder neuen Messposition neu repositioniert werden, daher entstehen keine Schleppfehler in der Roboterposition. Abbildung 8 zeigt den Messroboter KALIMERO mit dem Streifenprojektionssensor im Forschungszentrum Ulm bei der Vermessung eines Smart. Desweiteren sind alle Achsen des Roboters inklusive seiner Basis mit einer Spacemouse verfahrbar. Dadurch kann ein zu vermessendes Teil mit der Spacemouse vermessen werden, wobei die angefahrenen Messpositionen in einer Liste gespeichert werden können. Weitere Teile können vom Roboter automatisch vermessen werden.

6 Ausblick

Schwachpunkt der vorgestellten einmaligen Messplanung ist die fehlende Adaption der Messpositionen während der Messung. Dies wird momentan dahingehend verändert, dass die aktuelle Messung das bisherige Dreiecksnetz verfeinert, und die Messpositionen auf der bis dahin noch nicht vermessenen Oberfläche neu geplant wird. Die Approximation der Dreiecksdarstellung der wahren Oberfläche wird dadurch immer genauer und der Informationsgewinn einer Messung beeinflußt den weiteren Messablauf. Der verbleibende Freiheitsgrad bei jeder Messung ist eine Drehung um die Achse der Blickrichtung. Dieser wird in Zukunft ebenfalls ausgenutzt, um die Anzahl der Messungen zu verringern, ohne die Oberflächenabdeckung zu verschlechtern. Dies ist dadurch möglich, dass die

Redundanz (Mehrfachmessung) abnimmt, die durch Überlappung der einzelnen Messungen entsteht.

Literatur

[Bak89]   T. J. Baker. Automatic mesh generation for complex three-dimensional regions using a constrained delaunay triangulation. *Engineering with Computers*, 5, 1989.

[Gla99]   Torsten Glaschke. Schnelle 3d-digitalisierung. *Spectrum*, 74:10, Februar 1999.

[GvED⁺98] René Graf, Markus von Ehr, Rüdiger Dillmann, Andreas Zilker, and Stefan Vogt. Automatische vermessung großer objekte mittels eines mobilen roboters. In Heinz Wörn and Rüdiger Dillmann, editors, *14. Fachgespräche Autonome Mobile Systeme (AMS), 1. Nov.– 1. Dez. 1998*, pages 261–270, Berlin Heidelberg New York, 1998. Gesellschaft für Informatik, Springer.

[KD93]   K.N. Kutulakos and C.R. Dyer. Toward global surface reconstruction by purposive viewpoint adjustment. In *CVPR93*, pages 726–727, 1993.

[Mal95]   Reinhard W. Malz. High dynamic codes, self calibration and autonomous 3d-sensor orientation. In Armin Grün and Heribert Kahmen, editors, *Optical 3-D measurement techniques III*. Dept. of Engin. Geodesy, University of Technology, Vienna, Wichmann, Heidelberg, 1995.

[MB93]   J. Maver and R.K. Bajcsy. Occlusions as a guide for planning the next view. *PAMI*, 15(5):417–433, May 1993.

[RR97]   Gerhard Roth and Marc Rioux, editors. *International Conference on Recent Advances in 3-D Digital Imaging and Modeling, May 12– 15, 1997, Ottawa (Canada)*, Los Alamitos, CA, 1997. National Research Council of Canada, IEEE Computer Society Press.

Ein 3D Weltmodell zur teilaktiven Positionsverfolgung in komplexen dynamischen Umgebungen

Axel Walthelm, Ralf Kluthe, Amir Madany Mamlouk

Institut für Technische Informatik, Medizinische Universität zu Lübeck
Ratzeburger Allee 160, D-23538 Lübeck
{walthelm,kluthe,madany}@iti.mu-luebeck.de

Zusammenfassung. Es wird ein Verfahren vorgestellt, daß aus verschiedenartigen Sensordaten ein dünn besetztes dreidimensionalen Weltmodell für einen mobilen Serviceroboter bildet. Dies geschieht soweit möglich während des laufenden Betriebs, d.h. solange das Modell sich hinreichend gut gegen die aktuellen Sensordaten und Odometrieschätzungen abgleichen und verifizieren läßt. Anderenfalls wird aktiv in das Verhalten des Roboters eingegriffen: Blickrichtung und Fahrgeschwindigkeit werden geeignet eingeschränkt. Das Weltmodell beinhaltet Informationen über belegte Raumbereiche (Oberflächen) und deren Geschwindigkeit sowie einen Korrekturwert für die Odometrie der fahrbaren Plattform. Als erzeugender Sensor wird ein schwenkbarer SICK Laserscanner verwendet. Ultraschall-Sensoren und Kontaktleisten dienen zusätzlich der Verifikation des Modells.

1 Einleitung

Mobile Service-Roboter müssen sich in den vielfältigen Umgebungen bewegen, in denen sich auch Menschen aufhalten. Das sind z.B. Büros, Labore und Werkhallen. Bei der Bewegung durch diese Umgebungen akkumulieren sich Fehler in der Odometrie, d.h. in der mechanischen Positionsverfolgung. Eine genaue, reproduzierbare Positionsinformation ist für sehr viele Aufgaben unabdingbar und vereinfacht viele andere. Z.B. wird die Wegplanung innerhalb eines Gebäudes so gut wie unmöglich, wenn der Service-Roboter seine Orientierung nur um ein Dutzend Grad falsch einschätzt. Auf glattem Boden kann dies beispielsweise schon nach wenigen Drehbewegungen auftreten.

Zum Ausgleich wird daher üblicherweise eine kontinuierliche sensorbasierte Korrektur dieser Fehler durchgeführt. In komplexen und insbesondere in dynamischen Umgebungen ist die Interpretation und Auswertung dieser Sensorinformation allerdings schwierig. Passive Verfahren, die nur auf wenig sensorischer Information basieren, versagen in komplexen dynamischen Umgebungen leicht.

Daher soll hier ein Verfahren vorgestellt werden, dessen Modellbildung speziell auf die Positionsverfolgung in solchen Umgebungen eingeht, das zur Erhöhung der Robustheit verschiedene Sensortypen unter Berücksichtigung von

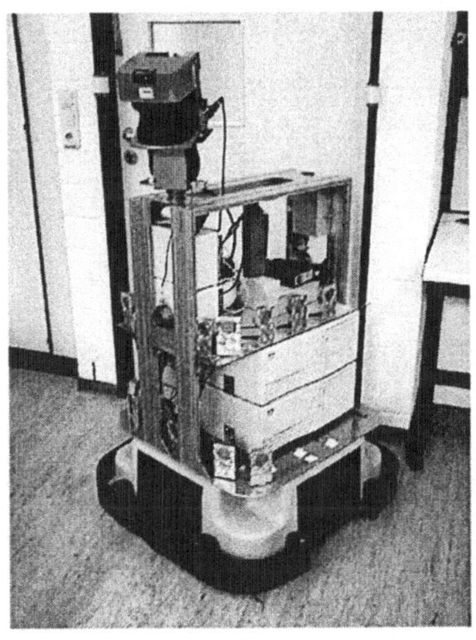

Fig. 1. Der mobile Roboter MAVERIC (*M*obile *A*utonomous *V*ehicle to *E*xperiment upon *R*obotic *I*ndoor *C*hores) mit einem schwenkbaren Aufbau bestehend aus einem SICK Laserscanner und einer Mono-Farbkamera sowie 16 in zwei Ebenen angeordneten Ultraschallsensoren und zwei Kontaktleisten (Bumper) in Bodenhöhe.

3 Raumdimensionen integriert und das bei Bedarf aktiv Anforderungen an die aktive Sensorik und die Aktorik allgemein stellt.

2 Stand der Technik

In den letzten Jahren sind eine Reihe von Verfahren untersucht und entwickelt worden. Besonders erfolgreich waren die auf Ultraschall und später auch auf Laserscans basierende Positionsbestimmung mit zweidimensionalen Probability Grids und das Matching von Linienelementen aus Laserscans [2]. Beide Verfahren sind prinzipiell passiv (vergleiche aber erste Ansätze zur Aktivität in [3]) und modellieren die Umwelt zweidimensional. Ultraschall hat eine weite Streuung und geringe räumliche Auflösung. Eine Reduktion auf zwei Dimensionen entspricht damit einer Projektion der Höhendimension in die Ebene. Laserscanner haben eine sehr geringe Streuung und hohe räumliche Auflösung. Diese Verbesserung der Meßgenauigkeit führt jedoch dazu, daß der dargestellte Weltbereich sich auf einen wenige Millimeter hohen Schnitt durch die Welt reduziert.

In [2] wird gezeigt, daß beide Verfahren ähnlich gute Ergebnisse in statischen Gebäudeumgebungen liefern. Es wird aber auch gezeigt, daß im Fall von dynamischen Umgebungen, in denen sich Menschen in größerer Zahl aufhalten, beide Verfahren in ihrer Leistungsfähigkeit stark nachlassen. Bei einem Odometriefehler von 10 mm/m, 20 Grad/360 Grad und 20 Grad/m weicht die geschätzte Position für alle diese Verfahren über die Hälfte der Fahrzeit um mehr als einen Meter von der realen Position ab. Die für MAVERIC (Abb. 1) gemessenen Odometriefehler sind durchaus in dieser Größenordnung, und für

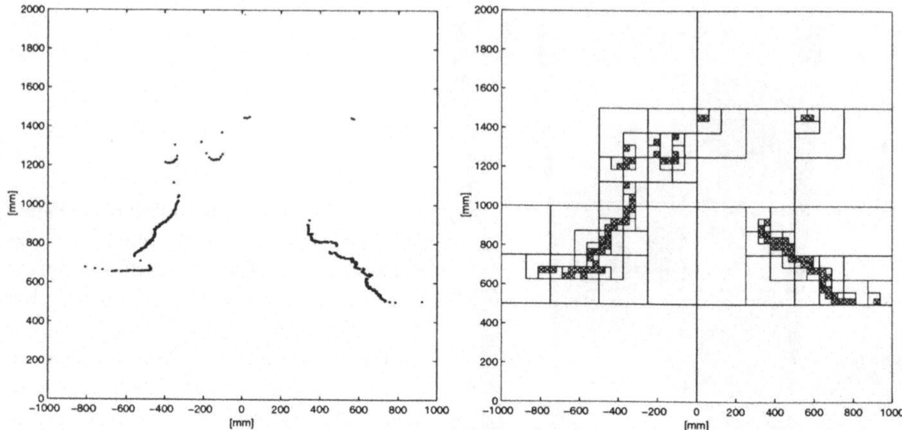

Fig. 2. Illustration des Octrees (rechts) an einem realen Laserscan (links). Dargestellt ist das zweidimensionale Äquivalent des Octrees. Die atomaren Bereiche der Basisauflösung sind mit 'x' markiert. Nur diese Bereiche verursachen Speicheraufwand, der in der Größenordnung $o(\log(n))$ liegt; n ist die Tiefe des Octrees (hier: 6).

einen preiswerten, wartungsarmen Service-Roboter im laufenden Betrieb auf wechselnden Böden muß mit solchen Fehlern gerechnet werden.

In [5, 6] wurde ein laserscanbasiertes Verfahren entwickelt, um bei Fahrten in dynamischen Umgebungen die Kollision mit Hindernissen zu vermeiden. Die Verfolgung der eigenen Position wurde dabei aber nicht betrachtet.

3 Das Weltmodell

Für das Weltmodell verwendbare Sensoren sind prinzipiell alle Sensoren, die Aussagen über die Belegung von Raumbereichen machen. Die Art der Information verschiedener Sensoren ist jedoch nicht immer äquivalent. Bei der Verwendung mehrerer Sensoren ist zu berücksichtigen, inwieweit eine Hypothese, die auf einem Sensortyp basiert, durch einen anderen bestätigt oder widerlegt werden kann. Ein Laserscanner sieht durch Glas hindurch und Ultraschall entdeckt oft weiche Stoffe nicht und MAVERICs visuelle Landmarken [9] sind nur begrenzt durch diese beiden Sensoren zu verifizieren.

In der Implementierung auf MAVERIC werden ein in zwei Achsen schwenkbarer Laserscanner und ein Landmarkenerkennungssystem sowohl zur Generierung als auch zur Verifikation von Hypothesen eingesetzt, Ultraschall-Sensoren dagegen wegen ihrer geringen Richtgenauigkeit nur zur Verifikation.

3.1 Darstellung belegter Raumbereiche

Im Gegensatz zur Hindernisvermeidung sind für die Positionsverfolgung belegte Raumbereiche wesentlich wichtiger als freie Raumbereiche. Diese belegten Raumbereiche stammen von Oberflächen und bilden daher im Idealfall eine in den

Raum eingebettete zweidimensionale Struktur. An diesen Oberflächen orientiert sich die Positionsverfolgung. Sie müssen daher so präzise wie möglich im Modell gespeichert werden. Gemessene freie Raumbereiche sind dagegen von untergeordneter Bedeutung. Sie sind zudem nur schwer speicher- und zeiteffizient zu codieren. Sie werden daher im Modell nicht gespeichert, jedoch zur Eliminierung nicht mehr aktueller Raumbelegungshypothesen verwendet, wie sie z.B. von bewegten Objekten oder Sensortäuschungen verursacht werden.

3.2 Der Octree

Das eigentliche Weltmodell besteht aus einer losen Ansammlung von Raumbelegungshypothesen. Jede dieser Hypothesen hat eine zentrale Position und eine Strukturgröße. Die Strukturgröße ist das Maß für die ungefähre räumliche Ausdehnung bzw. Unschärfe dieser Hypothese.

Zur effizienten Verwaltung der Hypothesen wird ein Octree verwendet. Ein Octree ist eine spezielle Baustruktur zur Verwaltung einer Menge von dreidimensionalen Punkten (siehe [7] und Abb. 2). Seine besondere Stärke liegt in der schnellen Durchsuchbarkeit von Teilvolumen nach enthaltenen Punkten. Das Einfügen, Auslesen und Löschen einzelner Punkte ist gleichfalls effizient. Hier wird ein Octree mit fester Basisauflösung verwendet. Das entspricht der Verwendung eines dünn besetzten Voxelrasters.

Der Octree bietet auch zwei Lösungsansätze für das Problem ungleichmäßig verteilter Meßwerte (Vergl. [8]). Meßpunkte, die zu dicht beisammen liegen, werden durch die begrenzte Basisauflösung des Octrees vermieden. In jedem Voxel kann sich nur eine Hypothese aufhalten. Ist es nötig, auch über größere Raumbereiche einen Ausgleich zu schaffen, so kann man dies über ein hierarchisches Zusammenfassen entlang der Octree Baumstruktur erreichen. Der Octree bildet hier eine Auflösungspyramide.

3.3 Visualisierung

Zur Beurteilung des Verfahrens und zu Diagnosezwecken ist es notwendig, den internen Zustand des Modells zu visualisieren. Mindestens genauso wichtig ist dabei die Darstellung der fehlerbehafteten und verrauschten Sensorinformation. Bei dreidimensionalen Daten gestaltet sich dies jedoch wesentlich schwieriger als bei zweidimensionalen, da Wiedergabemedien typischerweise zweidimensional sind und die Tiefeninformation einer Punktewolke sich nicht durch perspektivische Effekte darstellen läßt. Abb. 3 zeigt das von uns entwickelte Visualisierungstool. Durch ein interaktives Betrachten der Szene, insbesondere durch rotieren des interessierenden Raumbereiches, kann ein guter Tiefeneindruck erreicht werden, solange die Bildwiederholrate mehr als ca. 4 Hz beträgt. Auf einem Rechner mit guter Grafikkarte ist dies mit Hilfe der OpenGL Grafik-Library auch möglich.[1]

---

[1] Eine Demonstration finden sie auf den WWW Seiten unseres Institutes unter
  http://www.iti.mu-luebeck.de

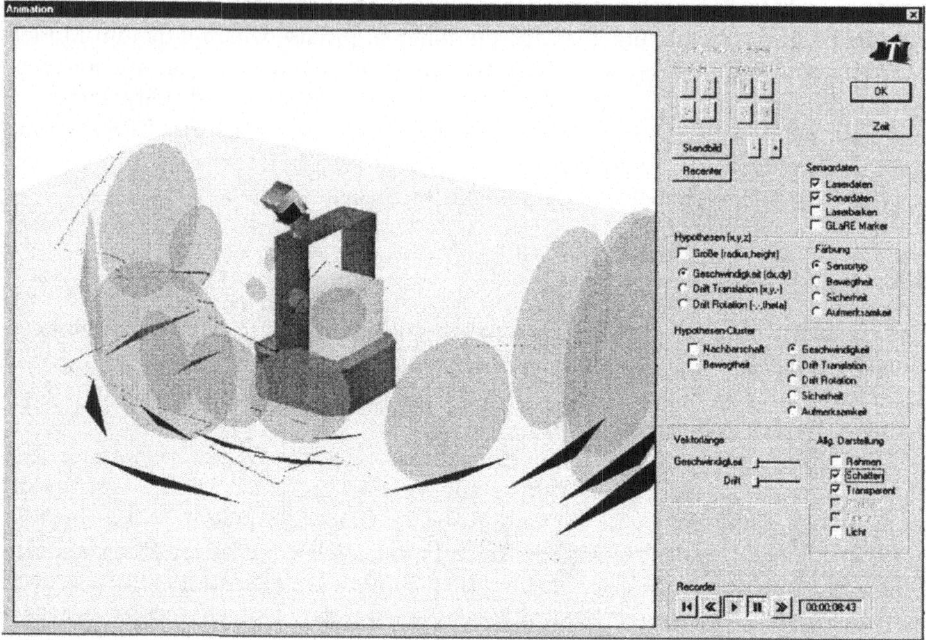

Fig. 3. Visualisierung von dreidimensionalen Raumbelegungshypothesen. Die dunklen Punkte über dem Boden sind Meßwerte des Laserscanners. Transparente Kreisflächen markieren den Bereich einer Sensorhypothese eines Ultraschall-Sensors. Schwarze Punkte und Dreiecke auf dem Boden sind senkrecht nach unten projizierte Schatten. Erst durch interaktive Bewegung durch den virtuellen Raum entsteht ein Tiefeneindruck, der auch die Visualisierung komplexerer Anordnungen ermöglicht. Farbinformation erleichtert zudem die Orientierung.

4 Das Verfahren

Die Idee des Verfahrens ist, viele genaue Messungen (hier des Laserscanners) zu verwenden, um sich zu orientieren. Dabei werden Informationsverluste aus einer Vorverarbeitung (z.B. in Liniensegmente) vermieden. Das Weltmodell bildet sich mittel- und langfristig durch wiederholte Messungen. Dynamische Bereiche werden als kurzfristige Störungen ignoriert.

4.1 Modellbildung und Positionsverfolgung

Modellbildung und Positionsverfolgung sind eng miteinander verwoben, denn das eine kann ohne das andere nicht stattfinden. Der Algorithmus ist folgender:

Beginne mit einem leeren Modell von statischen und dynamischen Raumbelegungshypothesen H^M. Iteriere folgende Schritte:

1. Input aktueller Sensorwerte S und Odometrie (x, y, θ) sowie einer oberen Abschätzung für den Odometriefehler $(\epsilon_x, \epsilon_y, \epsilon_\theta)$. Der Fehler setzt sich zusammen aus dem Driftfehler der fahrbaren Plattform und dem Rauschen, das

u.a. durch zeitliche Ungenauigkeiten bei der Aufnahme von Plattformposition und Sensordaten entsteht.

2. Bilde Sensor-Belegungshypothesen H^S_{bel} und Sensor-Freiraumhypothesen H^S_{frei} in Weltkoordinaten.

Jagdphase

3. Ordne H^S_{bel} zu potentiell korrespondierenden H^M. Potentielle Korrespondenz berechnet sich über den Odometriefehler.

4. Betroffene H^M schätzen lokal eine Funktion $f_\epsilon(\Delta\theta)$ des Fehlerbetrages zwischen H^M und H^S_{bel}. Für f_ϵ wird ein Akkumulator ähnlich dem Akkumulator einer Hough-Transformation [4] verwendet, der den Wertebereich aller möglichen Odometriefehler $[-\epsilon_\theta, \epsilon_\theta]$ in verhältnismäßig wenigen Stufen quantisiert (siehe Abb. 4).

5. Die H^M stimmen ab (Voting), indem die lokalen Verteilungsschätzungen mit der Sicherheit und Kompetenz der Hypothese gewichtet, entlang der Struktur des Octrees nach oben propagiert und dabei aufsummiert werden.

6. Von der an der Wurzel des Octrees resultierenden Gesamtverteilung des Fehlers wird die Position des Minimums als globaler Schätzwert für $\hat{\Delta\theta}$ gewählt. Die Qualität $q(\hat{\Delta\theta})$ der globalen Schätzung ist $1 - (f_\epsilon(\hat{\Delta\theta})/\epsilon_\theta^{max})$.

7. $\hat{\Delta\theta}$ und $q(\hat{\Delta\theta})$ werden im Octree zurückpropagiert. Für *jeden* Knoten, der an der Abstimmung beteiligt war, wird dabei dessen aktuelle Kompetenz geschätzt. Diese aktuelle Kompetenz $\hat{k}$ ist das Maximum der lokalen Qualitäten entlang des Weges von diesem Knoten bis zur Wurzel des Octrees. Die Kompetenz k des Knoten wird proportional zur Qualität der globalen Schätzung an die aktuelle Kompetenz angenähert: $k := k \cdot q(\hat{\Delta\theta}) + \hat{k} \cdot (1 - q(\hat{\Delta\theta}))$

8. Global wird der Wert für θ um den Schätzwert korrigiert: $\theta := \theta + \hat{\Delta\theta}$. Dabei werden auch die Positionen der H^S korrigiert.

9. bis 14. Analog zu Schritten 3. bis 8. wird anstelle des Skalars $\Delta\theta$ der Vektor $(\Delta x, \Delta y)$ geschätzt und die (x, y)-Position der Odometrie und der H^S wird korrigiert. Eine ähnliche Aufteilung der Positionsschätzung in zwei Schritte wird auch in [1] erwähnt.

Geburts- und Sterbephase

15. Alle H^S_{bel}, die zu mindestens einem H^M korrespondieren, werden gelöscht. Die Sicherheit dieser H^M wird erhöht.

16. Alle Hypothesen H^M, die in H^S_{frei} liegen, werden in ihrer Sicherheit geschwächt. Die Stärke der Schwächung bestimmt sich aus der empirisch bestimmten Sensorkompatibilität zwischen Sensortypen. H^M mit zu geringer Sicherheit werden gelöscht.

17. Ist die Maximalzahl von H^M überschritten, so werden zufällig Hypothesen mit geringer Sicherheit und Kompetenz gelöscht.

18. Alle noch verbleibenden H^S_{bel} werden zu den H^M hinzugefügt. Diese neuen Modellhypothesen haben geringe Sicherheit und Kompetenz.

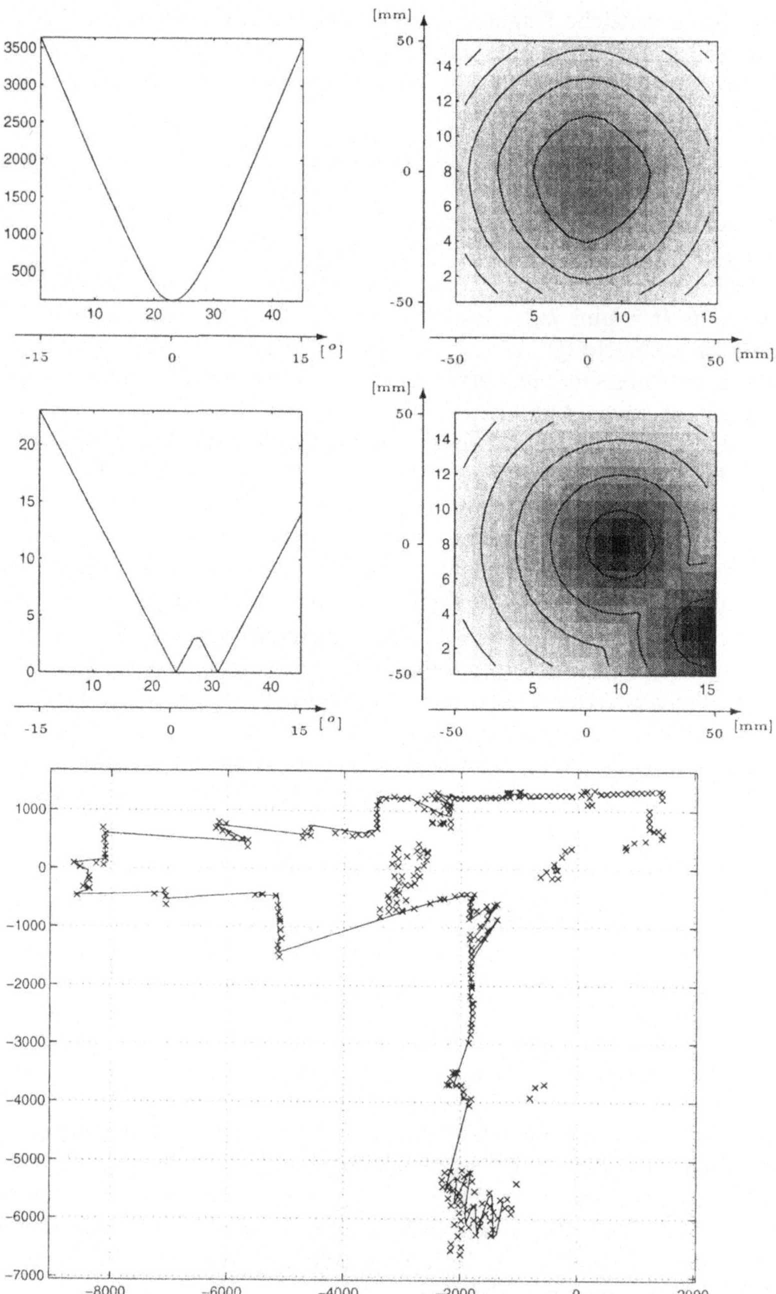

Fig. 4. Lokales Voting (Abstimmen) der Modellhypothesen. Oben: Gesamtergebnis des Votevektors über $\Delta\theta$ (links) und der Votematrix für $(\Delta x, \Delta y)$ (rechts). Mitte: zwei exemplarische lokale Votings. Unten: die Situation, aus der obige Votings entstanden sind. Kreuze geben die Position von Modellhypothesen wieder; die Sensorhypothesen sind als Linienzug dargestellt.

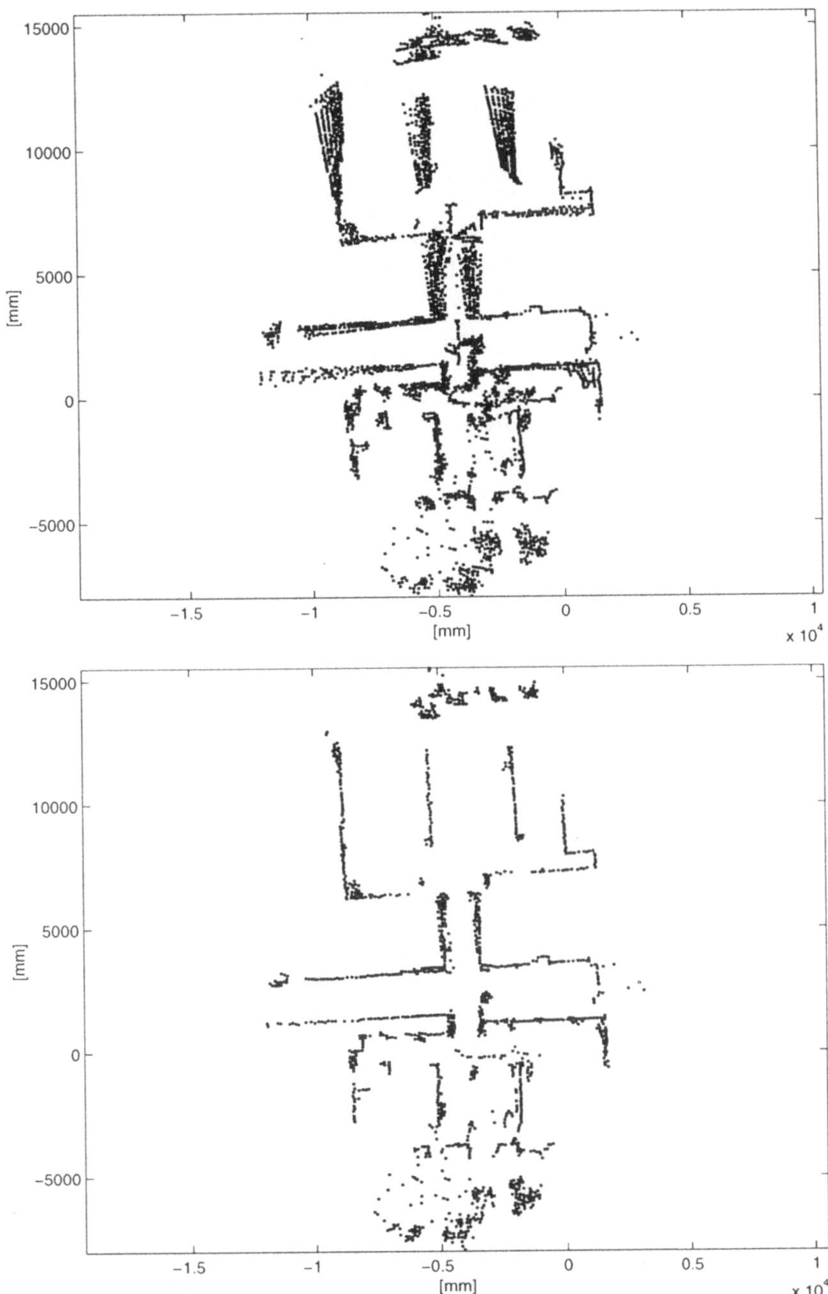

Fig. 5. Bedeutung der Positionsverfolgung in einem 2D-Beispiel einer Fahrt von MAVERIC von seinem Ruheplatz durch das Labor über den Flur in ein anderes Labor. Gezeigt ist jeweils das entstandene Weltmodell. Oben: Positionsbestimmung nur auf Basis der Odometriedaten der mobilen Plattform. Unten: mit Positionsverfolgung.

4.2 Dynamische Umgebung

Inwieweit berücksichtigt obiges Verfahren nun die besonderen Eigenschaften dynamischer komplexer Umgebungen? Zunächst einmal wird durch den Verzicht auf abstraktere Orientierungsmerkmale jede statische Formation in der Umgebung als Orientierungspunkt genutzt. Es werden also nicht nur Liniensegmente (Wände) oder Kanten (Ecken, Türpfosten) zur Orientierung verwendet, sondern jede vom Sensorsystem hinreichend präzise auflösbare Form dient der Positionsverfolgung. Damit ist der Laserscanner als primärer Orientierungssensor für dieses Verfahren prädestiniert.

Zum anderen wird durch das Attribut Sicherheit verhindert, daß nicht reproduzierbare Meßpunkte in die Schätzung zur Positionsverfolgung eingehen. Durch die Berücksichtigung von sensorischen Freiraumhypothesen wird dafür gesorgt, daß solche Punkte auch wieder aus dem Modell entfernt werden. Hier findet sich für den dreidimensionalen Aspekt des Modells die Haupstärke der Ultraschall-Sensoren, da diese große freie Volumenbereiche anzeigen. Jedoch muß dabei die Kompatibilität der Sensortypen berücksichtig werden. Dies geschieht durch eine langsamere Schwächung der Sicherheit.

In wie weit Objektverfolgungsverfahren wie [5,6] zu einer weiteren Verbesserung der Positionsverfolgung beitragen können, bleibt noch zu klären.

4.3 Aktionen

In dynamischen Umgebungen ist nie auszuschließen, daß eine Situation auftritt, in der keine Positionsverfolgung möglich ist. Dies tritt z.B. auf, wenn der Roboter sich in einer dichten Menschenmenge befindet. Würde die Positionsverfolgung aber einmal die wirkliche Position verlieren, so bedürfte es aufwendiger anderweitiger Maßnahmen zur globalen Selbstlokalisation. Um dies zu vermeiden, liegt es nahe, im Sinne des Paradigmas Aktiver Wahrnehmung aktiv einzugreifen. Die einfachste Regel dafür lautet:

- Wenn die globale Qualität der Odometrieschätzung gering ist und der geschätzte Odometriefehler relativ groß ist, dann vermindere die Geschwindigkeit der fahrbaren Plattform bzw. halte sie an.

Diese Regel verhindert ein zu starkes Akkumulieren des Odometriefehlers, solange bis entweder die dynamische Situation sich verbessert hat oder bis das Verfahren Zeit hatte, ein besseres statisches Umgebungsmodell aufzubauen.

Zum Aufbau und zur Aktualisierung des Weltmodells aber auch zur Verbesserung der Positionsverfolgung ist es auch mehr oder weniger notwendig, auf die Entscheidung zur Ausrichtung der Sensorik einzuwirken. Es gibt also eine Reihe von Gründen, auch die Blickrichtung der Sensoren aktiv zu bestimmen. Gleichfalls als unscharfe Regeln formuliert sind dies:

- Wenn eine Region von Blickrichtungen im Weltmodell noch nicht mit Modellhypothesen abgedeckt ist, dann scanne diesen Bereich.
- Wenn eine Region von Blickrichtungen besondere Kompetenz für die Positionsbestimmung hat, dann sieh irgendwo in diesen Bereich.

– Wenn eine Region von Blickrichtungen Modellhypothesen geringer Sicherheit enthält, dann sieh in diesen Bereich; diese Regel erzeugt ein "Interesse" an bewegten Regionen und dient gleichzeitig zur Stabilisierung des Weltmodells in gerade neu aufgebauten Gebieten.

Alle diese Regeln werden lokal in den Modellhypothesen ausgewertet. Durch eine Abstimmung, d.h. durch eine Propagierung durch den Octree zur Wurzel, entsteht in geeigneter räumlicher Quantisierung für jede mögliche Blickrichtung eine Abschätzung ihrer Nützlichkeit, d.h. der Aufmerksamkeit, die der Roboter aus Sicht der Positionsverfolgung dieser Blickrichtung widmen sollte.

5 Zusammenfassung und Ausblick

Es wurde ein Weltmodell für die Positionsverfolgung vorgestellt, mit dem es möglich ist, in komplexen dynamischen Umgebungen zu navigieren. Das Verfahren dazu wurde detailliert dargestellt und erste Ergebnisse wurden präsentiert.

Das Verfahren ist zunächst in der Scriptsprache Matlab entwickelt worden und ist in dieser Form noch nicht echtzeitfähig. Zu Demonstrationszwecken und für eine detailliertere Untersuchung insbesondere des aktiven Verhaltens in dynamischen Umgebungen wird dies aber nötig sein. Eine schnelle, netzwerktransparente Kommunikationsumgebung basierend auf CORBA wurde dafür bereits implementiert.

Literatur

1. J. Borenstein, H.R. Everett, L. Feng: "Navigating Mobile Robots: Systems and Techniques", 1996 A K Peters Ltd.
2. W. Burgard. D. Fox, S. Thrun: "An Experimental Comparison of Localization Methods", International Conference on Intelligent Robots and Systems (IROS 98), Victoria, Canada, October 1998
3. W. Burgard, D. Fox, S. Thrun: "Active Mobile Robot Localization", Fifteenth International Joint Conference on Artificial Intelligence (IJCAI'97), Nagoya, Japan 1997
4. H. Niemann: "Pattern Analysis and Understanding", Springer-Verlag 1990, S. 97 ff.
5. E. Prassler, J. Scholz: "Tracking People in a Railway Station during Rush-Hour", International Conference on Vision Systems (ICVS'99), Las Palmas de Gran Canaria, Spain, January 1999
6. E. Prassler, J. Scholz, P. Fiorini: "Navigating a Robotic Wheelchair in a Railway Station during Rush-Hour", http://telerobotics.jpl.nasa.gov/people/fiorini/papers/icra99.ps.gz
7. H. Stippel: "Simulation der Ionen-Implantation", Dissertation TU-Wien, Oktober 1993, http://www.iue.tuwien.ac.at/diss/stippel/diss/node51.html
8. S. Vestli: "Fast, Accurate and Robust Estimation of Mobile Robot Position and Orientation", ETH-Diss 11360, Prof. G. Schweitzer, Prof. E. von Puttkamer
9. A. Walthelm, R. Kluthe: "An Architectural Concept for the Distributed Integration of Perception and Action", IEEE International Conference on Intelligent Engineering Systems 1999 (INES'99), Stará Lesná, Slovak Republic, November 1999

Bahnplanung / Regelung / Ausführung

Robuste reaktive Bahnregelung und Kollisionsvermeidung eines autonomen mobilen Roboters

Alexander Mojaev, Andreas Zell

Universität Tübingen, Wilhelm-Schickard-Institut für Informatik,
Abt. Rechnerarchitektur,
Köstlinstraße 6, D-72074 Tübingen
{mojaev, zell}@informatik.uni-tuebingen.de

Zusammenfassung. Es wird ein reaktives Regelungsverfahren für autonome mobile Systeme vorgestellt. Das Verfahren ermöglicht die Bahnregelung und Hindernisvermeidung in dynamisch veränderlicher Umgebung. Zur Dämpfung des Sensorrauschens werden sowohl lineare als auch nichtlineare Filterungstechniken implementiert, so daß eine kontinuierliche kollisionsfreie Bahnregelung auch bei der Verwendung von stark verrauschten und unzuverlässigen Sensordaten (wie z.B. von Ultraschall- und Infrarotsensoren) ohne explizite Datenintegration gewährleistet wird.

1 Einleitung

Eine zuverlässige Bewegungssteuerung ist eine unumgängliche Voraussetzung zur Entwicklung eines autonomen mobilen Systems. Das Ziel der vorgestellten Arbeit ist der Entwurf eines reaktiven störungssicheren Bewegungsreglers, der eine Bewältigung von dynamischen Hindernissen ermöglicht und dabei robust gegenüber verrauschten Sensordaten bleibt.

Die Regelung eines nichtholonomischen mobilen Roboters wurde bereits oft untersucht. Bekannt ist z.B. der „dynamic window approach" [1]. Abhängig von der Umgebung wird eine Menge von zugelassenen Roboter-Geschwindigkeiten definiert (dynamic window), die eine kollisionsfreie Fahrt zum Ziel ermöglichen. Oft wird das Problem der Positionsregelung in globalen Koordinaten gelöst [2]. Der Nachteil einer globalen Planung ist offensichtlich: es ist sehr schwer, dynamische Hindernisse zu berücksichtigen, außerdem wird ein vorgegebener Umgebungsplan benötigt.

Wie bekannt ist, können sich biologische Systeme nur anhand relativer Sensorinformation schnell und kollisionsfrei bewegen. Diese Motivation sowie die Tatsache, daß die Ermittlung von absoluten Koordinaten und der Orientierung eines mobilen Systems spezielle Sensoren oder zeitaufwendige Algorithmen zur Selbstlokalisierung benötigt, führt zu der Anforderung, eine schnelle reaktive Bewegungssteuerung ausschließlich anhand aktueller Sensorinformation durchzuführen.

Das Prinzip des entworfenen Reglers ist die Bewegungssteuerung entlang einer Trajektorie [3]. Einer der Vorteile des Reglers ist ein Minimum an Eingangsinformation: nur die aktuelle relative Abweichung von der Trajektorie wird als Eingangswert benötigt. Deshalb ist es nicht nötig, den gesamten Bewegungsablauf im voraus zu planen.

Der Pfad kann sich an die dynamische Umgebung reaktiv anpassen. Am Beispiel der Anwendung des Reglers zum Korridorfolgen wird die Generierung einer kollisionsfreien Fahrt experimentell demonstriert.

Um einen Einsatz von Sensordaten mit starkem Rauschanteil zu ermöglichen, wurde eine Filterung der Eingangsdaten implementiert, die den Einfluß der Störungen auf die Regelung vermindert. Experimentell wurde die Verwendung von Laserscanner, Ultraschallsensoren und Infrarotsensoren für die reaktive Bewegungssteuerung erfolgreich getestet. Selbst bei stark verrauschten Sensordaten wie z.B. von Ultraschall- oder Infrarotsensoren wird eine kollisionsfreie Trajektorie abgefahren.

Zum Schluß wird kurz die Möglichkeit erwähnt, das Verfahren zu einer globalen Zielnavigation einzusetzten.

2 Die Synchronantriebs-Kinematik des Roboters RWI B-21

Der Roboter wird mittels Eingabe von Translations- und Rotationsgeschwindigkeiten v, ω und den entsprechenden Beschleunigungen a, α gesteuert. Die nichtholonome Kinematik des mobilen Systems kann durch die Differentialgleichungen (1) beschrieben werden.

$$\begin{cases} \dot{v} = a \\ \dot{\omega} = \alpha \\ \dot{\theta} = \omega \\ \dot{x} = v \cdot \cos\theta \\ \dot{y} = v \cdot \sin\theta \end{cases} \qquad (1)$$

Der komplette Zustandsvektor wird als $\vec{S} = (v, \omega, \theta, x, y)^T$ definiert. Allerdings muß der Anfangszustand $\vec{S_0}$ bekannt sein, um das dynamische Verhalten des Systems zu berechnen.

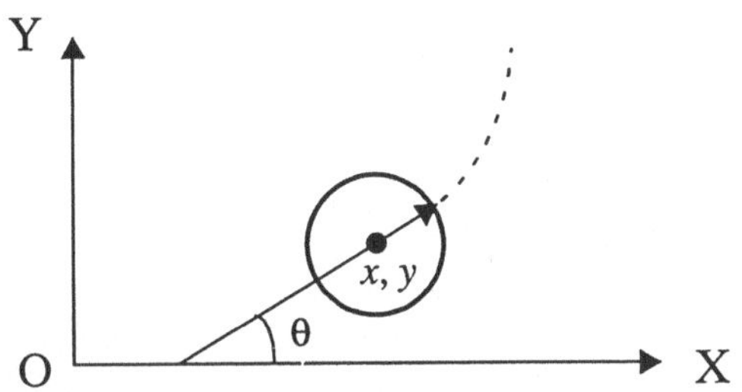

Abbildung 1. Der Roboter im absoluten kartesischen Koordinatnsystem

3 Regelung des Roboters entlang einer vorgegebenen Trajektorie

3.1 Positionsregelung im absoluten kartesischen Koordinatensystem

Sei die vorgegebene Trajektorie durch eine Funktion in kartesischen Koordinaten auf dem Zeitabschnitt $t \in [t_0, t_{\mathrm{end}}]$ gegeben:

$$\begin{cases} x_{\mathrm{path}} = f_x(t) \\ y_{\mathrm{path}} = f_y(t) \end{cases} \qquad (2)$$

Die absolute kontinuierliche Positionsregelung kann durch

$$\begin{cases} x = x_{\text{path}} \\ y = y_{\text{path}} \end{cases} \quad \forall \ t \in [t_0, t_{\text{end}}] \tag{3}$$

definiert werden. Die Gleichungssysteme (1) und (3) können durch die Geschwindigkeiten gelöst werden:

$$\begin{cases} \tan\theta = \dfrac{\dot{y}}{\dot{x}} = \dfrac{\dot{y}_{\text{path}}}{\dot{x}_{\text{path}}} \\ v^2 = \dot{x}^2 + \dot{y}^2 = \dot{x}_{\text{path}}^2 + \dot{y}_{\text{path}}^2 \end{cases} \Rightarrow \begin{cases} \omega = \dot{\theta} = \dfrac{d}{dt}\text{atan}\left(\dfrac{\dot{y}_{\text{path}}}{\dot{x}_{\text{path}}}\right) \\ v = \sqrt{\dot{x}_{\text{path}}^2 + \dot{y}_{\text{path}}^2} \end{cases} \tag{4}$$

Die Gleichungen (4) beschreiben den idealen Regler in absoluten kartesischen Koordinaten. Dem Regler entspricht der Anfangszustandsvektor:

$$\vec{S_0} = (v_0, \omega_0, \theta_{\text{path }0}, x_{\text{path }0}, y_{\text{path }0})^T \tag{5}$$

Der Tangentenneigungswinkel der Trajektorie bestimmt sich durch (6):

$$\theta_{\text{path}} = \text{atan}\left(\dfrac{\dot{y}_{\text{path}}}{\dot{x}_{\text{path}}}\right) \tag{6}$$

Für die absolute Positionsregelung ist es also notwendig, daß der Roboter sich bereits auf der vorgegebene Kurve befindet ($x_0 = x_{\text{path }0}$, $y_0 = y_{\text{path }0}$) und seine Orientierung mit dem Tangentenneigungswinkel der Trajektorie übereinstimmt ($\theta_0 = \theta_{\text{path }0}$). Eine weitere obligatorische Voraussetzung ist, daß θ_{path} kontinuierlich differenzierbar sein muß.

3.2 Tracking mit relativen Koordinaten

Es wird ein mit der Auftragstrajektorie P (Abb. 2) verbundenes Koordinatensystem $X'O'Y'$ definiert. Das System bewegt sich entlang der Trajektorie, so daß die Abszisse $O'X'$ stets eine Tangente ergibt. In diesem Koordinatensystem wird eine Trackingkurve $y' = f_{\text{trk}}(x')$ definiert, die eine Konvergenz mit der Auftragstrajektorie ermöglicht. Eine kontinuierliche asymptotische Annäherung an die Trajektorie kann mit Hilfe folgender exponentiellen Trackingfunktion

$$y' = y_0' e^{-K_{\text{trk}} \cdot x'} \tag{7}$$

erreicht werden, wobei die Krümmung und folglich die Konvergenzgeschwindigkeit mit dem Koeffizient K_{trk} geändert werden können. Durch Differenzierung von (7) werden die Ableitung

$$\frac{dy'}{dx'} = -K_{trk} \cdot y' \qquad (8)$$

und der Tangentenneigungswinkel θ_{trk}' berechnet:

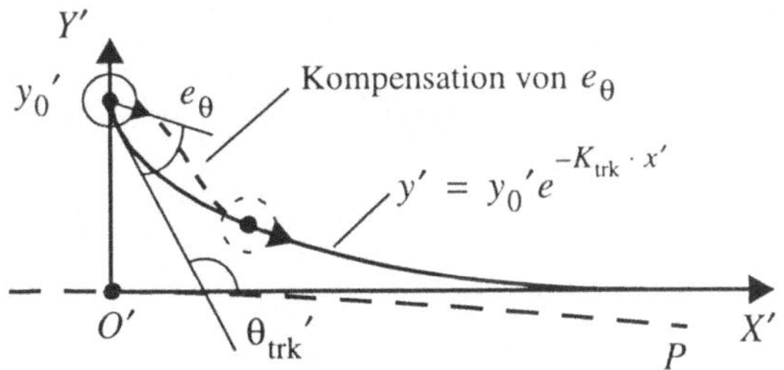

Abbildung 2. Die Trackingsfunktion und Annäherung des Roboters an die Trajektorie

$$\theta_{trk}' = \operatorname{atan}\left(\frac{dy'}{dx'}\right) = \operatorname{atan}(-K_{trk} \cdot y') \qquad (9)$$

Man bemerkt, daß die Ableitung (8) und der Tangentenneigungswinkel (9) nicht direkt von Zeit, sondern nur vom relativen Abstand von der Auftragstrajektorie y' abhängen. Aus (9) ergibt sich nun die erste relative Regelungsgleichung:

$$\omega = \frac{d}{dt}(\operatorname{atan}(-K_{trk} \cdot r)), \qquad (10)$$

Hier wird durch r die Eingangsgröße des Reglers bezeichnet. Sie ist die Abweichung des Roboters von der Trajektorie ($r = y'$) und wird in Echtzeit von Sensoren ermittelt. Eine Voraussetzung der Regelung (10) ist auch, daß die Orientierung des Roboters θ' dem Tangentenneigungswinkel θ_{trk}' gleich sein muß. Da diese Bedingung in der Regel nicht erfüllt wird, wird eine Kompensation der Orientierungsfehler $e_\theta = \theta_{trk}' - \theta'$ (Abb. 2) eingeführt. Der Fehler kann durch die Rotation des Roboters mit der Geschwindigkeit ω_{comp} sukzessive kompensiert werden:

$$\omega_{comp} = K_{comp} \cdot e_\theta \qquad (11)$$

wobei $K_{comp} < 1$ ein Kompensationskoeffizient ist. Je kleiner K_{comp} ist, desto mehr Zeit dauert die Kompensation. Der komplette Reglersatz kann jetzt aus (10) mit Berücksichtigung von (11) wie folgend definiert werden:

$$\hat{\omega} = \frac{d}{dt}(\operatorname{atan}(-K_{trk} \cdot r)) + K_{comp}(\operatorname{atan}(-K_{trk} \cdot r) - \hat{\theta}') \qquad (12)$$

Die Abschätzung der eigenen Orientierung $\hat{\theta}'$ im Koordinatensystem $X'O'Y'$ kann entweder indirekt durch die Änderung von r ermittelt (13)

$$\hat{\theta}' = \operatorname{asin}\left(\frac{\dot{r}}{v}\right) \qquad (13)$$

oder direkt aus den Sensordaten bestimmt werden. Die Regelung über (12) ist auch ohne θ'-Abschätzung möglich. Wenn $\theta' = 0$ ist, entspricht der Steuerungssatz einem

PI-Regler, wobei die Kompensation der Orientierungsfehler durch die Integrierung von θ_{trk}' durchgeführt wird.

Das entworfene Regelgesetz hat folgende Vorteile:

- eine relative Steuerung: es wird kein Wissen über absolute Koordinaten des Roboters benötigt. Als Eingangswert des Reglers wird die aktuelle Abweichung von der gewünschten Trajektorie kontinuierlich übermittelt. Damit erlaubt der Regler eine reaktive Anpassung der Trajektorie an die dynamisch veränderliche Umgebung und Hindernisvermeidung.
- eine kontinuierliche exponentielle Annäherung an die Trajektorie. Die Annäherungsgeschwindigkeit kann angepasst werden.

4 Korridorfolgen und Hindernisvermeidung.

Als eine mögliche Anwendung des entwickelten Reglers wird das Korridorfolgen-Problem mit integrierter Hindernisvermeidung betrachtet. Der optimale Pfad wird als der Weg in der Mitte des Korridors definiert. Dabei werden dynamische Hindernisse automatisch bei der Trajektorienbestimmung berücksichtigt. (Abb. 3).

Die entsprechende Eingangsgröße des Reglers ist die Abweichung von der Mitte des Korridors:

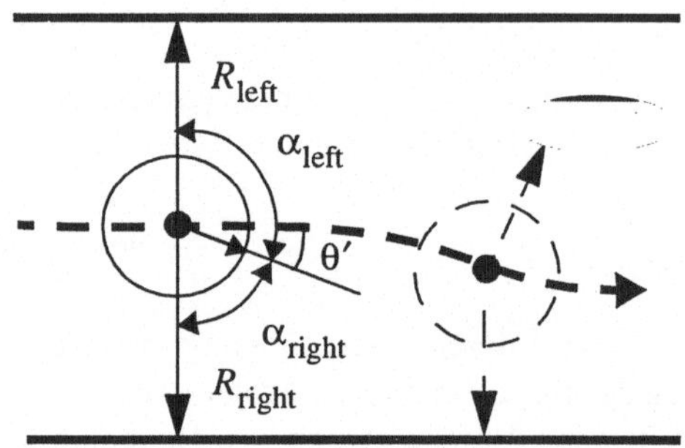

Abbildung 3. Zur Definition der gewünschten Trajektorie

$$r = \frac{R_{\text{right}} - R_{\text{left}}}{2} \tag{14}$$

wobei R_{left}, R_{right} die Abstände links und rechts von der Bewegungsrichtung des Roboters sind. Die Steuerung wird über (12) durchgeführt. Die Orientierungsabschätzung $\hat{\theta}'$ kann entweder über (13) oder aus Winkelpositionen der Hindernisse (15) berechnet werden.

$$\hat{\theta}' = \frac{\alpha_{\text{right}} + \alpha_{\text{left}}}{2} \tag{15}$$

Die Translationsgeschwindigkeit wird aus Sicherheitsgründen durch den freien frontalen Abstand D und Seitenabstand $R = \min(R_{\text{left}}, R_{\text{right}})$ des Roboters bestimmt:

$$v = v_{\min} + (v_{\max} - v_{\min}) \cdot \frac{R - R_{\min}}{R} \cdot \frac{D - D_{\min}}{D} \tag{16}$$

wobei $R_{\min}$ der Sicherheitsradius und $D_{\min}$ der frontale Sicherheitsabstand sind.

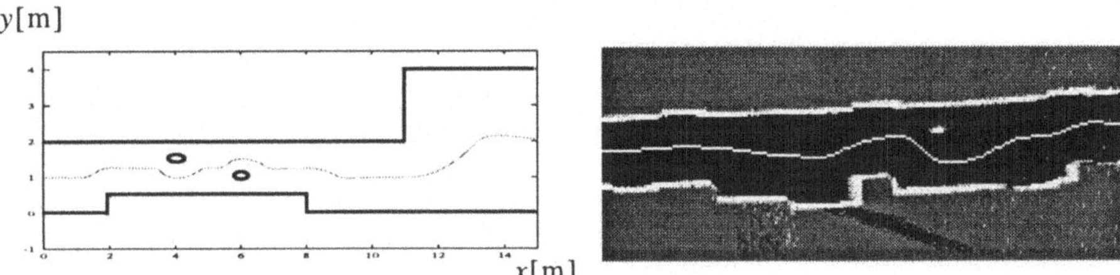

Abbildung 4. Bahnregelung entlang eines Korridors mit Hindernissen, links: in einer Simulation, rechts: experimentell.

In der (Abb. 4) werden eine Simulation des Roboterverhaltens und eine experimentelle Fahrt in einem Korridor mit Hindernissen vorgestellt. Die verwendeten Parameter sind $K_{trk} = 4$ und $K_{comp} = 0{,}2$.

5 Filterung

Da die Eingangsgröße des Reglers r anhand von Sensordaten bestimmt wird, enthält sie zusammen mit dem nützlichen Signal auch Rauschen. Durch den differentiellen Teil im Regelsatz (12) wird Rauschen sogar verstärkt (weil sein Spektrum hauptsächlich aus Hochfrequenz-Komponenten besteht) und ein mobiles System kann sich unter Umständen unkontrollierbar verhalten.

Für die Dämpfung des Rauschens werden zwei Filterungstechniken verwendet. Die nichtlineare Filterung beruht auf der Tatsache, daß die zeitlichen Ableitungen der Größen R_{left}, R_{right} keine größeren Werte als die Translationsgeschwindigkeit des Roboters annehmen dürfen (d.h. Hindernisse dürfen sich nicht schneller als der Roboter bewegen):

$$\dot{R}_{left}, \dot{R}_{right} \leq v \tag{17}$$

Die Werte wurden in diskreter Form bearbeitet:

$$R_{left,right}(t) = R_{left,right}(t - \Delta t) + \min(R_{left,right}(t) - R_{left,right}(t - \Delta t), v \cdot \Delta t) \tag{18}$$

Bei der Analyse des Fourier-Spektrums des Eingangsprozesses wurde festgestellt, daß er hauptsächlich einen tiefen Bereich besitzt (Abb. 5), während Rauschen aus höheren Spektralkomponenten besteht.

Für die lineare Filterung wird ein digitaler Tiefpaßfilter mit endlicher Länge und minimaler Verzögerung eingesetzt. Die Frequenz-Charakteristik des Filters ist:

$$h(n) = h_0(n) \cdot w_{\text{ham}}(n) \qquad n \in [0, N] \tag{19}$$

Hier sind

$$h_0(n) = \frac{\sin(\omega_c(n-1))}{\pi(n-1)}, \quad w_{\text{ham}}(n) = \beta + (1-\beta) \cdot \cos\left(\frac{\pi n}{N}\right)$$

die Frequenz-Charakteristik des idealen Tiefpaßfilters und die Hammingsfenster-Funktion, wobei N die Zahl von Filter-Koeffizienten, β=0.54 der Parameter des Hammingsfensters und ω_c die Abbruch-Frequenz des Filters sind.

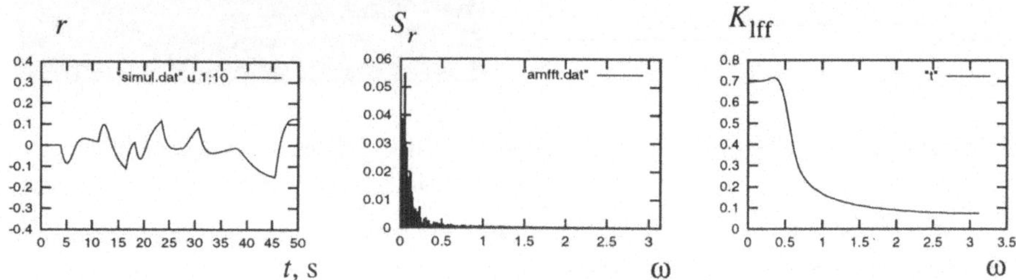

Abbildung 5. Die Eingangsgröße r im Simulationsbeispiel (Abb.1), ihr Fourier-Spektrum S_r und die Frequenz-Charakteristik der Tiefpaßfilter bei $N = 32$, $\omega_c = 0.5$.

Da jede Verzögerung des Eingangsprozesses unerwünscht ist, werden Filterkoeffizienten mit „negativer Zeit" bis auf eins nicht berücksichtigt. Obwohl es eine Beeinträchtigung der Filter-Charakteristik zur Folge hat, ist die Dämpfung im Bereich $\omega > \omega_c$ ausreichend, um eine erhebliche Verbesserung der Steuerung bei stark verrauschten Sensordaten zu erreichen. Die Frequenzcharakteristik der Tiefpaßfilter wird in der Abb. 5 rechts dargestellt.

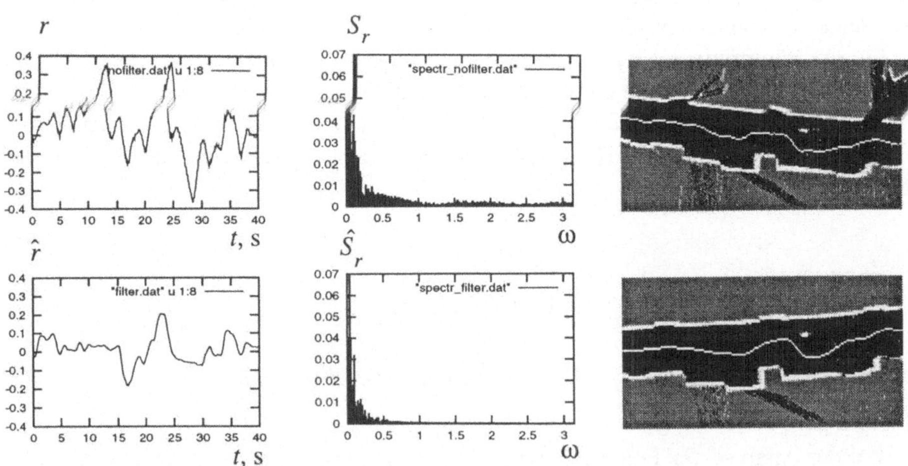

Abbildung 6. Verbesserung der Bewegungssteuerung durch die Filterung der Eingangsgröße des Reglers. Oben von links nach rechts: die Eingangsgröße r, ihr Fourier-Spektrum S_r und eine experimentelle Fahrt ohne Filterung. Unten: der Eingangsprozeß wird mit den Filtern bearbeitet.

Die Filterung wird durch die diskrete Faltung von N Signalwerten mit der Impuls-Charakteristik $h(n)$ durchgeführt:

$$\hat{r}(i) = \sum_{n=0}^{N} h(n) \cdot r(i-n) \tag{20}$$

In der Abb. 6 werden Ergebnisse der Filterung demonstriert: Überflüssige Rotationsschwankungen und „Zittern" werden gedämpft und eine Verbesserung der Roboterfahrt lässt sich beobachten.

6 Globale Navigation

Der entwickelte Bewegungsregler kann zu einer Zielnavigation mit integrierter Hindernisvermeidung verwendet werden, indem ein virtueller Korridor generiert wird, der die aktuelle Position des Roboters mit dem Ziel verbindet. Die Breite des virtuellen Korridors entspricht dem erlaubten Abweichungsbereich vom optimalen Pfad. Die Verwendung der im Kapitel 4 beschriebenen Korridorfolgestrategie ermöglicht dann eine automatische kollisionsfreie Fahrt zum Ziel, wobei reale Hindernisse in den virtuellen Korridor dynamisch integriert werden.

7 Experimentelle Ergebnisse

Der Regler wurde auf den mobilen Robotern RWI-B21 „Colin" und „Robin" implementiert und getestet. Bei der Verwendung des eingebauten Laserscanners SICK LMS 200 wird eine kollisionsfreie Trajektorie bis zur maximalen Translationsgeschwindigkeit (0.95 m/s) in komplizierten Umgebungen abgefahren. Auch bei der Verwendung von Ultraschall- und Infrarotsensoren, allerdings bei langsameren Geschwindigkeiten (bis zu 0.5 m/s wegen der niedrigeren Sensor-Abtast-

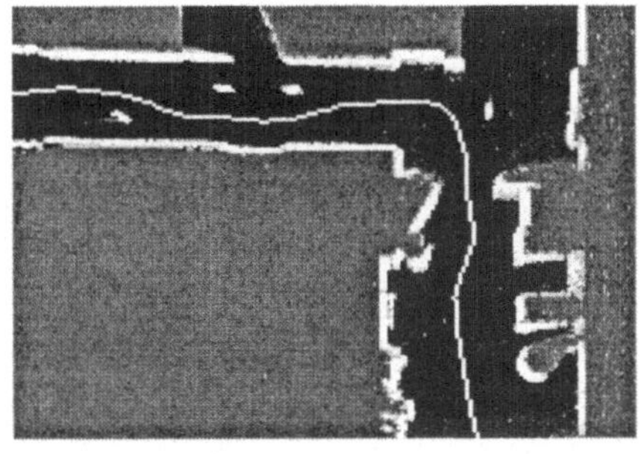

Abbildung 7. Kollisionsfreie Fahrt während einer Umgebungsexploration

frequenz), bewegt sich der Roboter kollisionsfrei. In der Abb. 7 wird ein zurückgelegter Pfad des mit dem entworfenen Regler gesteuerten Roboters während einer Umgebungsexploration dargestellt.

Auch auf mobilen Systemen mit anderer Kinematik läßt sich den Regler erfolgreich implementieren. Sehr gute Ergebnisse zeigt das Verfahren auf den Kleinroboter Active Media Pioneer 2 DX, die mit dieser Steuerung beim Robocup-99 in Stockholm ausgestattet waren. Die Translations- und Rotationsgeschwindigkeiten werden dabei in die der linken und rechten Räder konvertiert.

8   Zusammenfassung

Es wurde ein Steuerungsverfahren für Bahnregelung und Hindernisvermeidung vorgestellt. Das Verfahren erlaubt eine Verwendung von rohen Sensordaten und ermöglicht
sowohl eine geplante Trajektorienfahrt als auch eine schnelle reaktive Bewegungssteuerung mit automatischer Berücksichtigung der dynamisch veränderlichen Einsatzumgebung. Der Regler kann als Low-level-Bewegungssteuerung mobiler Roboter
eingesetzt werden und läßt sich leicht mit globaler Navigation und Fahrplanung verknüpfen.

Literatur

[1] D. Fox, W. Burgard, and S. Thrun. The Dynamic Window Approach to Collision
    Avoidance, IEEE Robotics and Automation Magazine, pp. 23-33, 1997.
[2] C. Tarín, H. Brugger, B. Tibken und E. Hofer. Global asymptotisch stabile Positi-
    onsregelung für einen autonomen mobilen Roboter, in Tagungsband zum 14. Fach-
    gespräch AMS 30. Nov.-1. Dez. (H. Wörn, R. Dillmann und D. Henrich (Hrsg.)),
    Karlsruhe, Germany: Springer-Verlag, pp. 130-137, 1998.
[3] A. Balluchi, A. Bicchi, A. Balestrino, and G. Casalino. Path Tracking Control for
    Dubin's Cars, Proc. IEEE Int. Conf. on Robotics and Automation, 1996.
[4] A. Tsoularis, C. Kambhampati. Avoiding Moving Obstacles by Deviation from a
    Mobile Robot's Nominal Path, The International Journal of Robotics Research,
    Vol. 18, No 5, May 1999, pp.454-465, 1999
[5] L.R. Rabiner, B. Gold. Theory and application of digital signal processing, Prentice-
    Hall, Inc Englewood Cliffs, New Jersey, 1975

SiVCAT-Sichtsystemfunktionen für die automatisierte Montage: 3D-Lagemessungen

E. Kruse und F. M. Wahl

Institut für Robotik und Prozeßinformatik
Technische Universität Braunschweig
Hamburger Str. 267, D-38114 Braunschweig
e-mail: {E.Kruse, F.Wahl}@tu-bs.de

Zusammenfassung. Obwohl sich die Forschung seit langem intensiv mit optischen Meßverfahren zur Gewinnung komplexer, dreidimensionaler Daten (z.B. Position, Form) befaßt, haben die meisten Verfahren nach wie vor den Nachteil, daß sie rechenaufwendig und wenig robust sind oder teure Sensorhardware benötigen. Im Rahmen des **SiVCAT**-Projektes (*'Simple Vision Systems for Complex Assembly Tasks'*) suchen wir nach neuen Ansätzen: Durch Kombination von Vorwissen und Techniken zur Sensorplanung sollen mit einfachen und robusten Messungen komplexe Informationen gewonnen werden. Die "Intelligenz" des Sensorsystems verlagert sich dabei von einer aufwendigen Datenauswertung hin zu einer sorgfältigen, aufgabenorientierten Planung der Messung. Dieser Artikel veranschaulicht einen solches Vorgehen am Beispiel von 3D-Lagemessungen. Wenn die Form und der ungefähre Aufenthaltsbereich des Werkstückes bekannt sind, können alle sechs Freiheitsgrade mit einer einzelnen Lichtschnittmessung bestimmt werden.

1 Einleitung

Sichtsysteme haben eine wachsende Bedeutung für flexible Robotersysteme und die automatisierte Fertigung. Sie ermöglichen die berührungslose Gewinnung komplexer Informationen in kurzen Zeitintervallen. Insbesondere die Gewinnung dreidimensionaler Daten (Lage, Form, usw.) stellt seit vielen Jahren ein zentrales Interesse der Forschung dar. Dennoch sind die meisten Ansätze nach wie vor rechenintensiv und wenig robust, oder sie erfordern sehr aufwendige und teure Sensorhardware. Industriell eingesetzte Sichtsysteme beschränken sich daher noch immer meist auf einfache 2D-Techniken, wie z.B. 2D-Lokalisation für Greifoperationen (unter Verwendung rückwärtiger Beleuchtung und Binärbildauswertung). Um von 3D-Messungen in größerem Umfang profitieren zu können, müssen die Verfahren schneller und robuster werden.

An unserem Institut beschäftigen wir uns mit der Entwicklung neuer Konzepte für effiziente und robuste 3D-Sichtsystemfunktionen, welche in der automatisierten Fertigung eingesetzt werden sollen. Das **SiVCAT**-Projekt (*'Simple Vision Systems for Complex Assembly Tasks'*) verfolgt die folgenden Prinzipien (Abb. 1):

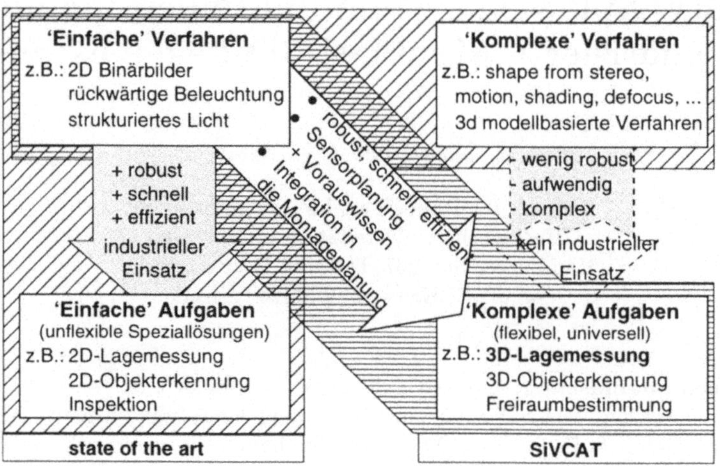

Abb. 1. SiVCAT vs. *state of the art* in Industrie und Forschung

1. Benutze einfache (d.h. schnelle, robuste) optische Meßverfahren, wie z.B. die Aufnahme von Grau- und Binärbildern, ggf. bei Beleuchtung der Szene mit (statischen) Lichtmustern.
2. Gewinne komplexe (3D), für die jeweilige Aufgabe relevante Daten, indem die Messungen gezielt und unter Berücksichtigung von Vorwissen über die Szene geplant und kombiniert werden.
3. Integriere die Sichtfunktionen in die automatisierte Montageplanung, um den Anwenderprogrammieraufwand gering zu halten; Sichtsystemfunktionen und Parameter sollen automatisch selektiert werden.

Dieser Artikel konzentriert sich auf die Punkte 1 und 2 und zeigt, wie die SiVCAT-Grundsätze im Rahmen von 3D-Lagemessungen (Position und Orientierung) zum Einsatz kommen. Die meisten der hierzu in der Literatur vorgeschlagenen Verfahren führen typischerweise zwei unabhängige Schritte durch: Zuerst werden mit Hilfe optischer Meßverfahren (große) Mengen von 3D-Daten (z.B. Punkte) gewonnen. Anschließend werden modellbasierte Erkennungsverfahren eingesetzt, um CAD-Modelle mit den gemessenen Daten in Übereinstimmung zu bringen und so die dreidimensionale Objektlage zu ermitteln [2, 4, 5, 11, 12].

Bei dem SiVCAT-Ansatz werden hingegen nur wenige, elementare Daten gewonnen. Die sorgfältige Planung der Messung stellt sicher, daß sich die 3D-Lage dennoch vollständig bestimmen läßt. Die "Intelligenz" des Sichtsystems verlagert sich somit von einer komplexen Auswertung umfangreicher Datenmengen hin zu einer gezielten Sensorplanung. Der Ansatz nutzt Vorwissen, welches in der Regel in Form von Informationen über die Art bzw. Form und den ungefähren Aufenthaltsbereich des Objektes verfügbar ist. Indem weniger, aber aussagekräftigere Daten gewonnen werden, läßt sich dann der Rechenaufwand reduzieren und die Ergebnisse werden robuster.

Parallelen zu dem SiVCAT-Ansatz finden sich bei dem Konzept der RISC-

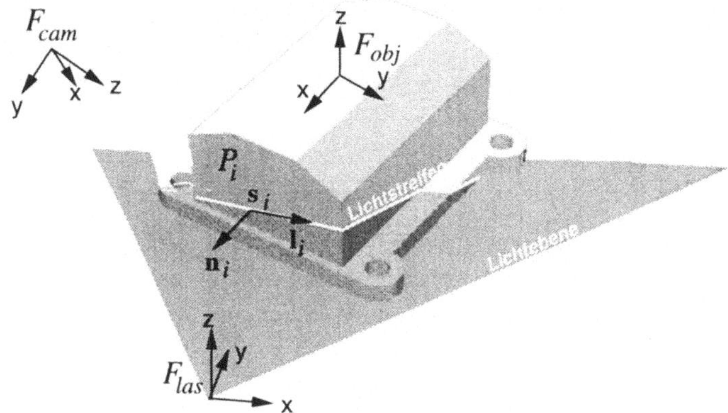

Abb. 2. Modellierung der Messung

Robotik (= *Reduced Intricacy in Sensing and Control*) [1, 9], welches mit einfachen Systemkomponenten vorgegebene Fertigungsaufgaben möglichst effizient zu lösen versucht. In [9] wird zum Beispiel ein einfacher *cross beam*-Sensor benutzt, um genaue Positionsmessungen für ein Stift-in-Loch-Problem durchzuführen. Der RISC-Ansatz konzentriert sich jedoch in erster Linie auf zweidimensionale Problemstellungen. Ein Hauptaugenmerk liegt darauf, für die jeweilige Aufgabe geeignete Hardwarekomponenten auszuwählen und zusammenzustellen.

2 Aufgabenstellung

Für viele Montageaufgaben ist es erforderlich, daß die Lagen der zu handhabenden Werkstücke genau bekannt sind. Ein Ziel der Forschung besteht darin, diese Lagen zu messen, anstatt sie mit Hilfe aufwendiger Zuführ- und Fixiereinrichtungen festzulegen.

Unserem Ansatz liegt das bekannte, einfache Verfahren der Triangulation mit einer Lichtebene zugrunde (Abb. 2). Anstatt ein vollständiges Tiefenbild aufzunehmen, beschränkt sich die Messung auf die Aufnahme eines Graubildes, während ein einzelner Lichtstreifen projiziert wird. Das Meßsystem umfaßt eine Kamera und einen Laser für die Lichtstreifenprojektion. Ihre Koordinatensysteme seien mit F_{cam} und F_{las} bezeichnet. Die Lage des Objektkoordinatensystems F_{obj} soll mit Hilfe der Messung bestimmt werden.

Verschiedene Konfigurationen des Sensorsystems sind zu unterscheiden: Der Laser, die Kamera oder beide können an der Roboterhand montiert sein, um frei positioniert zu werden. Die folgende mathematische Beschreibung der Messung ist davon jedoch unabhängig. Es wird lediglich vorausgesetzt, daß das System kalibriert ist, die Lagen der Koordinatensysteme F_{cam} und F_{las} somit bekannt sind.

Bei der Bestimmung von F_{obj} ergänzen sich die Messung und das Vorwissen:

Vorwissen: Die Form des Objektes sei durch sein CAD-Modell vorgegeben. Den Objektflächen werden (unendlich ausgedehnte) Ebenen P_i zugeordnet, die bezüglich F_{obj} definiert werden. Ihre Normalen (der Länge 1) werden mit $\mathbf{n}_i^{cad}$, ihre Abstände zum Ursprung von F_{obj} mit d_i^{cad} bezeichnet. Für die Punkte $\mathbf{x}$ auf P_i gilt somit:

$$P_i: \quad (\mathbf{n}_i^{cad} \cdot \mathbf{x}) - d_i^{cad} = 0 \tag{1}$$

Die Objektlage F_{obj} (relativ zum Weltkoordinatensystem) sei ungefähr bekannt, d.h. Position und Orientierung müssen innerhalb bestimmter Grenzen liegen. Dies ist für die Positionierung des Lasers und der Kamera erforderlich (Abschnitt 4).

Messung: Durch die Projektion des Lichtstreifens auf das Objekt ergibt sich eine Kontur, welche mehrere oder alle Freiheitsgrade der Objektlage festlegt. Für jede beleuchtete Ebene P_i liegt der zugehörige Lichtstreifen auf einer Geraden $\mathbf{x}(t) = \mathbf{s}_i + t\,\mathbf{l}_i$. Da $\mathbf{s}_i$ und $\mathbf{l}_i$ in der Lichtebene liegen, sind ihre z-Koordinaten bezogen auf F_{las} gleich null. Jedes Liniensegment hat somit zwei Freiheitsgrade, welche wiederum zwei Freiheitsgrade der Objektlage definieren können.

Indem bei einer Messung gleichzeitig drei Ebenen P_1, P_2, P_3 (mit linear unabhängigen Normalen) betrachtet werden, können vollständige Informationen über 3D-Position und Orientierung des Objektes gewonnen werden. Zusätzliches Vorwissen kann einen Teil der zu messenden Daten ersetzen. Falls z.B. das Objekt auf einer bekannten Oberfläche lediglich translieren und rotieren kann, genügt die Messung des Lichtstreifens auf zwei Ebenen. Hier wird jedoch der allgemeine Fall betrachtet, bei dem alle sechs Freiheitsgrade zu bestimmen sind.

3. Lagebestimmung

Im folgenden soll die relative Transformation von F_{obj} zu F_{las} bestimmt werden:

$$^{las}T_{obj} = F_{las}^{-1}\,F_{obj} = \begin{bmatrix} \mathbf{R} & \mathbf{p} \\ \mathbf{0} & 1 \end{bmatrix} \tag{2}$$

Dabei ist $\mathbf{p} \in \mathrm{I\!R}^3$ der translatorische Anteil und $\mathbf{R}$ eine 3×3-Rotationsmatrix.

Ein üblicher Ansatz zur Lagebestimmung besteht darin, gemessene 3D-Punkte dem Objektmodell zuzuordnen (z.B. [3, 7]). In dem hier betrachteten Fall ist eine solche Zuordnung nicht möglich. Die Objektlage wird lediglich durch die Schnitte zwischen der Lichtebene und den Ebenen P_i festgelegt (Abb. 2). Um F_{obj} zu erhalten, wird von $^{las}T_{obj}$ zunächst der Rotationsanteil $\mathbf{R}$ und dann der Translationsanteil $\mathbf{p}$ aus der Messung ermittelt.

$\mathbf{R}$ ergibt sich aus der Lage der Normalen $\mathbf{n}_i$ bezogen auf das System F_{las}. Die Richtungen $\mathbf{l}_i$ der Lichtstreifensegmente sind senkrecht zu den Normalen $\mathbf{n}_i$ der jeweiligen Ebenen P_i:

$$\mathbf{n}_i \cdot \mathbf{l}_i = 0 \tag{3}$$

Da die z-Koordinaten der $\mathbf{l}_i$ null sind, liegen die $\mathbf{n}_i$ in Ebenen, die durch die Vektoren $(l_{i,y}, -l_{i,x}, 0)^\top$ und $(0, 0, 1)^\top$ aufgespannt werden. Die $\mathbf{n}_i$ können daher abhängig von Winkeln θ_i wie folgt beschrieben werden:

$$\mathbf{n}_i = (\cos\theta_i\, l_{i,y}, \; -\cos\theta_i\, l_{i,x}, \; \sin\theta_i)^\top \tag{4}$$

Nun wird das Vorwissen einbezogen: Das CAD-Modell liefert die Winkel zwischen den Normalen $\mathbf{n}_i^{cad}$. Sie sind von einer Translation/Rotation des Objektes unabhängig, gelten also auch für die zu bestimmenden Normalen $\mathbf{n}_i$:

$$\begin{aligned}
\mathbf{n}_1 \cdot \mathbf{n}_2 &= \mathbf{n}_1^{cad} \cdot \mathbf{n}_2^{cad} \\
\mathbf{n}_1 \cdot \mathbf{n}_3 &= \mathbf{n}_1^{cad} \cdot \mathbf{n}_3^{cad} \\
\mathbf{n}_2 \cdot \mathbf{n}_3 &= \mathbf{n}_2^{cad} \cdot \mathbf{n}_3^{cad}
\end{aligned} \tag{5}$$

Einsetzen von (4) in (5) ergibt:

$$\begin{aligned}
\cos\theta_1 \cos\theta_2 (\mathbf{l}_1 \cdot \mathbf{l}_2) + \sin\theta_1 \sin\theta_2 &= \mathbf{n}_1^{cad} \cdot \mathbf{n}_2^{cad} \\
\cos\theta_1 \cos\theta_3 (\mathbf{l}_1 \cdot \mathbf{l}_3) + \sin\theta_1 \sin\theta_3 &= \mathbf{n}_1^{cad} \cdot \mathbf{n}_3^{cad} \\
\cos\theta_2 \cos\theta_3 (\mathbf{l}_2 \cdot \mathbf{l}_3) + \sin\theta_2 \sin\theta_3 &= \mathbf{n}_2^{cad} \cdot \mathbf{n}_3^{cad}
\end{aligned} \tag{6}$$

Dieses Gleichungssystem enthält die drei Unbekannten θ_i ($i = 1, 2, 3$). Die Skalarprodukte $\mathbf{l}_i \cdot \mathbf{l}_j$ ergeben sich aus der Messung, die $\mathbf{n}_i^{cad} \cdot \mathbf{n}_j^{cad}$ sind aufgrund des Modelles bekannt.

Im allgemeinen existiert keine geschlossene Lösung für dieses Gleichungssystem. Numerisch kann jedoch eine Lösung z.B. durch ein Gradientenabstiegsverfahren berechnet werden. Mit beliebigen Startwerten für θ_i wird das Minimum bzw. die Nullstelle der folgenden Summe gesucht:

$$\sum_{(i,j) \in \{(1,2),(1,3),(2,3)\}} \left(\cos\theta_i \cos\theta_j (\mathbf{l}_i \cdot \mathbf{l}_j) + \sin\theta_i \sin\theta_j - \mathbf{n}_i^{cad} \cdot \mathbf{n}_j^{cad}\right)^2 \tag{7}$$

In nicht degenerierten Fällen gibt es zwei (äquivalente) Nullstellen. Sie unterscheiden sich in den Winkeln θ_i um den Betrag π.

Wenn die Ebenen P_i paarweise senkrecht aufeinander stehen, werden die rechten Seiten in (6) zu null. Eine analytische Lösung läßt sich dann einfach berechnen, indem z.B. die trigonometrischen Funktionen reparametrisiert werden:

$$\sin\theta_i = \frac{2t_i}{1 + t_i^2}, \qquad \cos\theta_i = \frac{1 - t_i^2}{1 + t_i^2} \tag{8}$$

Die sich ergebenden algebraischen Gleichungen lassen sich dann mit einer Gröbner-Basis-Transformation geschlossen lösen.

Nachdem die $\mathbf{n}_i$ aufgrund der θ_i gemäß (4) ermittelt wurden, muß $\mathbf{R}$ so berechnet werden, daß es die $\mathbf{n}_i^{cad}$ des Objektkoordinatensystems in die bezüglich des Lasersystems gemessenen $\mathbf{n}_i$ transformiert:

$$\begin{pmatrix} \mathbf{n}_1 & \mathbf{n}_2 & \mathbf{n}_3 \end{pmatrix} = \mathbf{R}\begin{pmatrix} \mathbf{n}_1^{cad} & \mathbf{n}_2^{cad} & \mathbf{n}_3^{cad} \end{pmatrix} \tag{9}$$

$$\Leftrightarrow \qquad \mathbf{R} = \begin{pmatrix} \mathbf{n}_1 & \mathbf{n}_2 & \mathbf{n}_3 \end{pmatrix}\begin{pmatrix} \mathbf{n}_1^{cad} & \mathbf{n}_2^{cad} & \mathbf{n}_3^{cad} \end{pmatrix}^{-1}$$

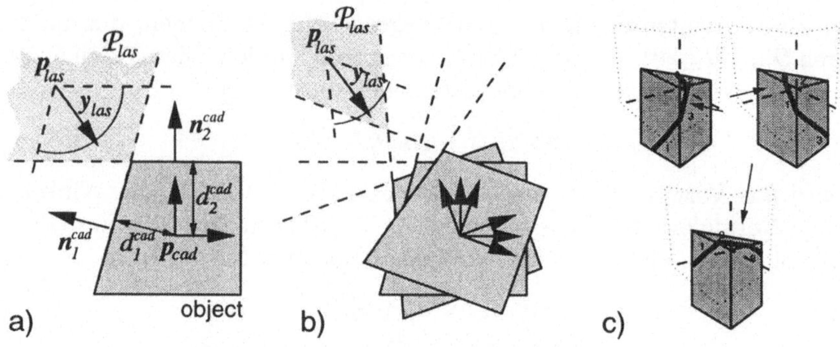

Abb. 3. Positionierung von F_{las}

Der Positionsanteil $\mathbf{p}$ wird ebenfalls mit Hilfe der $\mathbf{n}_i$ berechnet. Für jede Ebene P_i wird ein beliebiger Punkt $\mathbf{s}_i$ auf dem Lichtstreifen gewählt. Die Abstände d_i^{cad} zwischen den P_i und dem Ursprung von F_{obj} sind gegeben. $\mathbf{p}$ ergibt sich somit durch Lösung des sich für $i = 1, 2, 3$ ergebenden Gleichungssystems:

$$(\mathbf{s}_i - \mathbf{p}) \cdot \mathbf{n}_i = d_i^{cad}$$
$$\Leftrightarrow \qquad \mathbf{p} \cdot \mathbf{n}_i = \mathbf{s}_i \cdot \mathbf{n}_i - d_i^{cad} \tag{10}$$

Die Objektlage F_{obj} kann schließlich gemäß (2) berechnet werden.

4 Sensorplanung

Das obige Verfahren setzt voraus, daß die vom Laser beleuchteten Flächen bekannt sind und daß der sich ergebende Lichtstreifen von der Kamera gesehen werden kann. Die Lagen der Kamera und des Lasers müssen somit bestimmte Bedingungen erfüllen. Darüberhinaus hat die relative Lage zwischen Kamera und Laser Einfluß auf die Sensitivität der Messung.

Um diese Beziehungen zu untersuchen, werde zunächst angenommen, daß die Objektlage F_{obj} bereits bekannt sei. F_{obj}, F_{las} und F_{cam} seien bezüglich eines gemeinsamen Weltkoordinatensystems definiert. Seien $\mathbf{p}_{obj}$, $\mathbf{p}_{las}$ und $\mathbf{p}_{cam}$ die Positionsanteile der entsprechenden Koordinatensysteme, $\mathbf{R}_{obj}$ der Rotationsanteil von F_{obj}, $\mathbf{z}_{cam}$ die Kameraachse, $\mathbf{z}_{las}$ die Normale der Lichtebene und $\mathbf{y}_{las}$ die Laserachse (Abb. 2).

Damit die Ebene P_i vom Laser beleuchtet wird, müssen $\mathbf{p}_{las}$ und $\mathbf{y}_{las}$ die folgenden Bedingungen erfüllen:

$$(\mathbf{p}_{las} - \mathbf{p}_{obj})^\top \mathbf{R}_{obj} \, \mathbf{n}_i^{cad} > d_i^{cad} \tag{11}$$
$$\mathbf{y}_{las}^\top \mathbf{R}_{obj} \, \mathbf{n}_i^{cad} < 0 \tag{12}$$

Es sei $\mathcal{P}_{las}$ die sich ergebende Menge möglicher Laserlagen (bzgl. $\mathbf{p}_{las}$ und $\mathbf{y}_{las}$). Soll mehr als eine Ebene beleuchtet werden, so muß die Schnittmenge der Lösungen für die einzelnen Flächen betrachtet werden. Abbildung 3a veranschaulicht

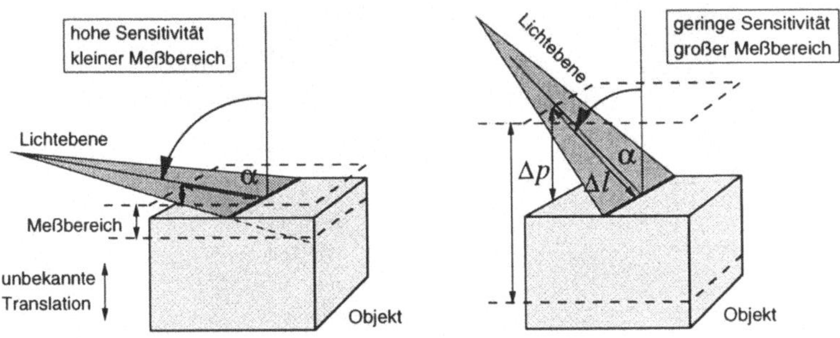

Abb. 4. Sensitivität und Meßbereich

an einem zweidimensionalen Beispiel mögliche Positionen und Orientierungen des Lasers, für den Fall, daß zwei Ebenen beleuchtet werden sollen.

Als Bedingungen für die Sichtbarkeit der Lichtstreifen ergeben sich entsprechende Gleichungen auch für die Kameralage:

$$(\mathbf{p}_{cam} - \mathbf{p}_{obj})^\top \mathbf{R}_{obj}\, \mathbf{n}_i^{cad} > d_i^{cad} \tag{13}$$

$$\mathbf{z}_{cam}^\top \mathbf{R}_{obj}\, \mathbf{n}_i^{cad} < 0 \tag{14}$$

Bei einer realen Messung ist vor der Messung nicht die genaue Objektlage sondern lediglich ein Bereich $\mathcal{P}_{obj}$ bekannt, in dem sich das Objekt befindet. F_{las} und F_{cam} müssen dann so bestimmt werden, daß für sämtliche Objektlagen $F_{obj} \in \mathcal{P}_{obj}$ die obigen Bedingungen erfüllt sind. Die Menge $\mathcal{P}_{las}$ ergibt sich somit als Schnittmenge aller Lösungen für die einzelnen Elemente aus $\mathcal{P}_{obj}$. In Abbildung 3b kann zum Beispiel das Objekt innerhalb eines begrenzten Bereiches rotieren, so daß die Menge erlaubter Laserlagen (und Kameralagen) entsprechend kleiner wird. Je größer die Unsicherheit über die Objektlage, d.h. je größer $\mathcal{P}_{obj}$ ist, desto kleiner werden die Mengen $\mathcal{P}_{las}$ und $\mathcal{P}_{cam}$. Ist $\mathcal{P}_{las}$ oder $\mathcal{P}_{cam}$ die leere Menge, so bedeutet dies, daß das Vorwissen nicht ausreicht, um mit einer einzelnen Messung die Objektlage vollständig und eindeutig zu bestimmen.

F_{las} und F_{cam} müssen aus $\mathcal{P}_{las}$ und $\mathcal{P}_{cam}$ gewählt werden. Für eine zuverlässige Messung sollten die Längen der Lichtstreifen auf den Flächen P_i maximiert werden. Werden drei Ebenen für die Messungen betrachtet, so lassen sich entsprechend der Nachbarschaft der Flächen entlang des Lichtstreifens drei verschiedene Konfigurationen unterscheiden (Abb. 3c).

Die Planung der Laser- und Kameraposition beeinflußt außerdem die Sensitivität der Messung und den Meßbereich. Abbildung 4 veranschaulicht den Einfluß des Winkels zwischen der Lichtebene und einer Objektfläche. Um die Lage der Lichtstreifen genau zu messen, sollte außerdem der Winkel zwischen der Kameraachse und der Lichtebene möglichst nahe an 90 Grad liegen. Dies steht jedoch im Widerspruch zu den obigen Anforderungen, daß die Laser- und Kameraachse nur innerhalb eines bestimmten Bereiches liegen dürfen, um die Objektflächen korrekt zu beleuchten/vermessen. Je nach Meßaufgabe muß ein geeigneter Kompromiß gefunden werden.

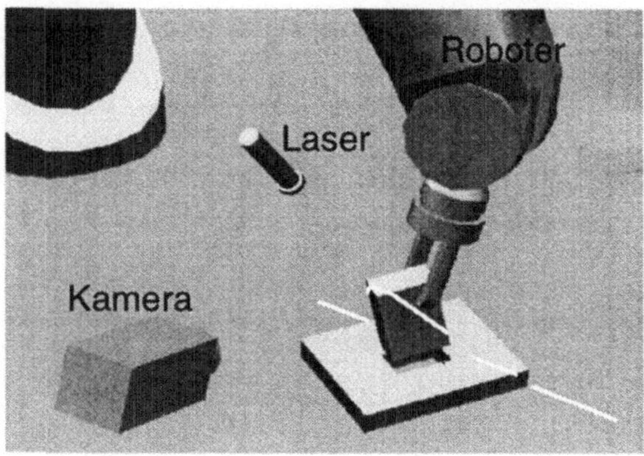

Abb. 5. Sensorkonfiguration für eine Stift-in-Loch Operation

Bei der Planung einer Messung spielen somit eine ganze Reihe von Faktoren eine Rolle. Gegenwärtig beschäftigt sich unser Institut mit der Entwicklung von Verfahren zur Beschreibung und Berechnung von $\mathcal{P}_{las}$, $\mathcal{P}_{cam}$ und $\mathcal{P}_{obj}$. Darüberhinaus sollen nicht nur die Lagen der Objektflächen, sondern ihre Größen bei der Sensorplanung berücksichtigt werden. Mit numerischen Verfahren lassen sich dann für gegebene Meßaufgaben optimale Sensorkonfiguration bestimmen. Hierbei soll zunächst ein einfaches Suchverfahren, ähnlich dem in [6] vorgestellten, verwendet werden.

In Abbildung 5 ist eine typische Sensoranordnung für eine Stift-in-Loch-Operation dargestellt. Während die Translation in x- und y-Richtung in einem kleinen Bereich mit hoher Genauigkeit gemessen werden kann, ist die Messung der z-Richtung bei diesem Aufbau in einem größeren Bereich, jedoch weniger genau möglich. Dieser Freiheitsgrad könnte bei einer solchen Aufgabe typischerweise durch einen zusätzlichen Kraft-Momenten-Sensor überwacht werden, welcher Kontaktzustände beim Einfügen des Stiftes feststellt.

5 Experimentelle Ergebnisse

Die Verfahren zur 3D-Lagemessung wurden mit einem Versuchsaufbau bestehend aus einer Laserdiode mit Zylinderlinse, einer CCD Kamera und einem Stäubli RX 90 Roboter getestet.

Bei der Kalibrierung des Systems werden die internen und externen Kameraparameter mit konventionellen Techniken bestimmt. Anschließend wird in mehreren Schritten die Laserlage F_{las} ermittelt: Indem der Lichtstreifen zugleich auf den Arbeitstisch und auf einen Kalibrierkörper mit bekannter Höhe projiziert wird, werden die Parameter der Laserlichtebene (= Normale + Abstand vom Ursprung) gemessen. Aufgrund des Schattens des Kalibrierkörpers kann anschließend auch die Position $\mathbf{p}_{las}$ auf der Laserlichtebene bestimmt werden. Diese Kalibrierung kann durchgeführt werden, ohne den Laser oder die Kame-

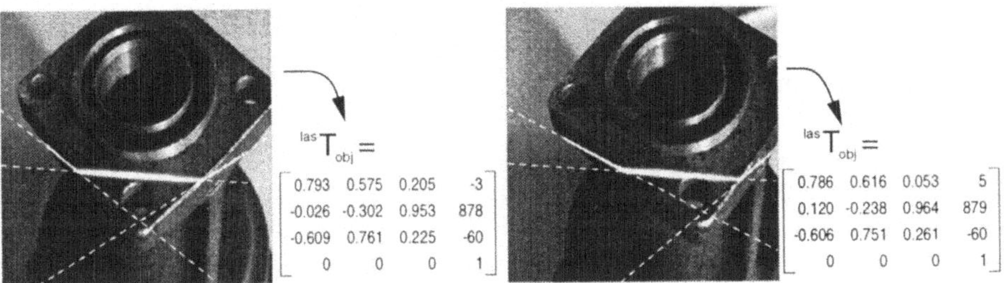

Abb. 6. 3d-Lagemessung, Beispiel

ra bewegen zu müssen, so daß sie für statische Konfigurationen wie auch für Auge-in-Hand-Systeme eingesetzt werden kann.

Mit dem kalibrierten Sensorsystem lassen sich 3D-Lagemessungen schnell und robust durchführen. Es werden dazu die Vektoren l_i und s_i gemessen, indem zwei Bilder der Szene mit ein- bzw. ausgeschaltetem Laser aufgenommen werden. Das Differenzbild wird mit einem Schwellwertoperator in ein Binärbild umgewandelt. Nach dem Verdünnen der Kanten werden die gesetzten Bildpunkte in 3D-Punkte auf der Laserlichtebene umgerechnet. Mit Hilfe einer Hough-Transformation werden die Geradensegmente des Lichtstreifen extrahiert. Die 3D-Lage wird dann mit dem vorgestellten Verfahren berechnet. Die Meßauswertung beruht somit im wesentlich auf konventionellen, einfachen und robusten Algorithmen. Bei geringem ambienten Licht läßt sich der Lichtstreifen auch mit einer einzigen Aufnahme (ohne Differenzbildberechnung) gewinnen, so daß in diesem Fall Messungen an bewegten Objekten möglich sind.

Abbildung 6 zeigt ein Beispiel für eine Lagemessung mit dem beschriebenen Verfahren. Zwischen den beiden Aufnahmen wurde das Werkstück um 9 mm verschoben und um 10 Grad gedreht. Die relativen Lagen des Werkstücks bezüglich des Laserkoordinatensystems sind angegeben. Die Messung ergab somit eine Drehung um 9.2 Grad und eine Verschiebung um 8.3 mm entlang der entsprechenden Achsen.

6 Zusammenfassung und Ausblick

Der SiVCAT-Ansatz zielt darauf ab, schnelle und robuste optische 3D Meßverfahren für die automatisierte Montage zu schaffen. Durch die Berücksichtigung von Vorwissen und die Verwendung von Sensorplanungstechniken lassen sich die gewünschten Informationen mit vergleichsweise einfachen Meßverfahren und geringem Auswerteaufwand gewinnen. Als *ein* Beispiel für dieses Konzept wurden in diesem Artikel 3D-Lagemessungen bekannter Objekte betrachtet. Die SiVCAT zugrundeliegende Idee läßt sich jedoch auch auf andere Meßverfahren anwenden, indem z.B. in Graubildern einfache Merkmale wie Ecken, Kanten oder Objektsilhouetten gewonnen werden, um daraus relevante Informationen abzuleiten. Neben absoluten Lagemessungen sind dabei auch die Messung relativer Lagen, die

Überprüfung symbolisch-räumlicher Relationen oder die Freiraumbestimmung für die automatisierte Montage von Bedeutung. Entsprechende Ansätze werden zukünftig im Rahmen dieses Projektes untersucht.

Langfristig sollen derartige Sichtsystemfunktionen in die automatisierte Montageplanung integriert werden. Für komplexe Montageaufgaben müssen in der Regel mehrere elementare Messungen kombiniert werden. Die Auswahl der Sichtsystemfunktionen und die Festlegung der Parameter sollen automatisch erfolgen, um den Anwenderprogrammieraufwand gering zu halten. Hierzu soll das an unserem Institut entwickelte Montageplanungssystem $High_{LAP}$ (z.B. [10]) entsprechend erweitert werden, um kombinierte Folgen aus Aktionsprimitiven und Sensorprimitiven zu erzeugen.

Literatur

1. J. F. Canny and K. Y. Goldberg. "RISC" for industrial robotics: Recent results and open problems. In *International Conference on Robotics and Automation*, volume 3, pages 1951–1958, May 1994.
2. J. L. Edwards. An active appearance-based approach to the pose estimation of complex objects. In *IEEE/RSJ International Conference on Intelligent Robots and Systems*, volume 3, pages 1458–1465, Osaka, Japan, Nov. 1996.
3. K. Kanatani. Analysis of 3-d rotation fitting. *IEEE Transactions on Pattern Analysis and Machine Intelligence*, 16(5):543–549, May 1994.
4. K. Kemmotsu and T. Kanade. Uncertainty in object pose determination with three light-stripe range measurements. In *International Conference on Robotics and Automation*, pages 128–134, Atlanta, GE, May 1993.
5. B. Krebs and F. M. Wahl. *Advances in Computer Vision*, chapter CAD Based 3d Object Recognition on Range Images, pages 221–230. Advances in Computer Science. Springer, 1997.
6. E. Kruse, R. Gutsche, and F. M. Wahl. Efficient, iterative, sensor-based 3-d map building using rating functions in configuration space. In *IEEE International Conference on Robotics and Automation*, pages 1067–1072, Apr. 1996.
7. Z. Li, J. Gou, and Y. Chu. Geometric algorithms for workpiece localization. *IEEE Transactions on Robotics and Automation*, 14(6):864–878, Dec. 1998.
8. J. Miura and K. Ikeuchi. Task oriented generation of visual sensing strategies in assembly tasks. *IEEE Transactions on Pattern Analysis and Machine Intelligence*, 2(20):126–138, Feb. 1998.
9. E. Paulos and J. Canny. Accurate insertion strategies using simple optical sensors. In *International Conference on Robotics and Automation*, volume 2, pages 1656–1662, May 1994.
10. F. Röhrdanz, H. Mosemann, and F. M. Wahl. HighLAP: A High Level System for Generating, Representing, and Evaluating Assembly Sequences. *International Journal on Artificial Intelligence Tools*, 6(2):149–163, 1997.
11. D. A. Simon, M. Hebert, and T. Kanade. Real-time 3-d pose estimation using a high-speed range sensor. In *International Conference on Robotics and Automation*, pages 2235–2240, San Diego, California, USA, 1994.
12. A. Wallack and D. Manocha. Robust algorithms for object localization. *International Journal of Computer Vision*, 27(3):243–262, 1998.

Trajektoriengenerierung und Bahnregelung für nichtholonome, autonome Fahrzeuge

Maik Buttelmann[1]   Martin Kieren[2]   Boris Lohmann[1]

[1]Institut für Automatisierungstechnik
Universität Bremen
Kufsteiner Straße, D – 28359 Bremen
{bl, mbutt}@iat.uni-bremen.de

[2]Robert Bosch GmbH
K1-Si / ESV4
D – 71701 Schwieberdingen
Martin.Kieren@de.bosch.com

Abstract. Für die Navigation mobiler Plattformen liefern Sensoren Informationen der Umwelt anhand derer eine neue Ziellage für die Plattform errechnet wird. Um diese Ziellage zu erreichen, wird eine Trajektorie geplant und so in Teilstücke zerlegt, daß die dadurch entstandenen Zwischenpunkte an eine Bahnregelung übergeben werden können, die die Bewegung des Rollstuhls regelt. Diese Bahnregelung wird mit Hilfe der flachheitsbasierten Analyse berechnet.

1   Trajektoriengenerierung

Die an diesem Institut entwickelte Trajektoriengenerierung ermöglicht Bahnplanungen aus Geraden, Kreisabschnitten und kubischen Funktionen [2]. Damit können nahezu alle Bahnen geplant werden, um Start- und Zielpunkt miteinander zu verbinden, wobei Einschränkungen wie Breite des Raumes etc. berücksichtigt werden. Ferner wird bei der Planung berücksichtigt, daß es sich bei der hier verwendeten Plattform – einem vierrädrigen elektrischen Rollstuhl mit getrennt angetriebenen Hinterrädern und drehbar gelagerten Vorderrädern – um ein nichtholonomes Fahrzeug handelt, bei dem Bewegungen quer zur Hinterachse nicht möglich sind. Wichtig ist ebenfalls ein „glatter" Verlauf der Trajektorie, um sie für die unterlagerte Bahnregelung fahrbar zu machen.

1.1   Analyse der Start- und Zielposition

Zu Beginn der Bahnplanung steht die Analyse der zurückzulegenden Strecke anhand der bekannten Start- und Zielposition [2], siehe Bild 1. Es wird ein Basiskoordinatensystem mit zwei Achsen so gewählt, daß der Startpunkt im Koordinatenursprung liegt, was die folgenden Berechnungen vereinfacht. Unter Verwendung einer Geraden, die die beiden Positionen verbindet, werden die charakteristischen Eigenschaften der benötigten Bahn bestimmt. Ermittelt werden der Abstand s der beiden Positionen, der Winkel α_{Basis} zwischen der verbindenden Gerade und der x-Achse des globalen Koordinatensystems und den Winkeln α_{Start} der Start-, bzw. α_{Ziel} der Zielposition zur verbindenden Geraden.

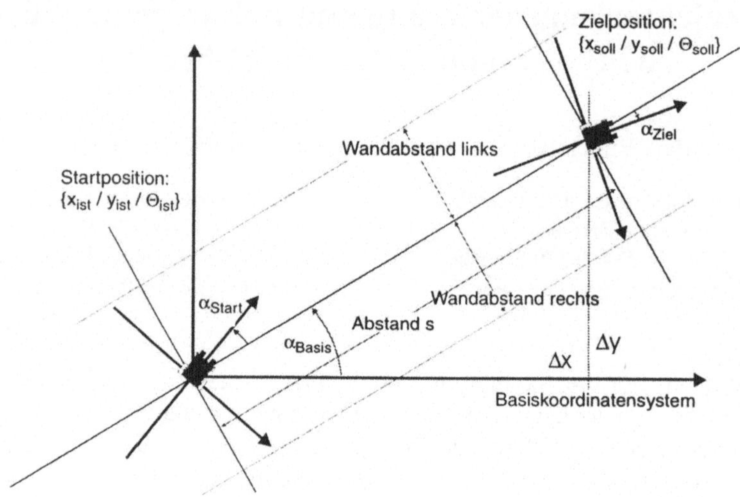

Bild 1. Weganalyse

Zur Vermeidung von Kollisionen mit Wänden oder anderen Hindernissen wird ein Fahrkorridor angegeben, in dem sich das Fahrzeug bewegen kann. Dieser Korridor wird durch zwei Begrenzungslinien markiert, die mit den Abständen $l_{Wand,\,links}$ und $l_{Wand,\,rechts}$ parallel zur Verbindungsgerade laufen.

1.2 Gerade und Kreisausschnitt

Die einfachste Form der Trajektorienplanung ergibt sich als eine Gerade vom Start- zum Zielpunkt. Dieser selten auftretende Sonderfall ist gegeben, wenn die Abweichung des Start- und des Zielwinkels vom Basiswinkel der verbindenden Gerade genau Null ist, d. h. die Bedingung

$$\alpha_{Basis} = \alpha_{Start} = \alpha_{Ziel}$$

erfüllt ist.

Eine weitere einfache Form der Trajektorienplanung ist die Verwendung eines Kreisausschnitts als Trajektorie. Dieser ebenfalls selten auftretende Sonderfall ist nur dann gegeben, wenn der Startwinkel α_{Start} gleich dem negativen Zielwinkel α_{Ziel} ist:

$$\alpha_{Start} = -\alpha_{Ziel}.$$

1.3 Kubische Funktion

Sobald die Differenzwinkel der Start- und Zielposition unterschiedlich sind, ist die Trajektorie nicht mehr durch Geraden oder einzelne Kreisausschnitte planbar. Die Trajektorie muß statt dessen durch eine geeignete Funktion ausgedrückt werden. Dazu bieten sich kubische Funktionen an, da es sich um die Funktionen mit der niedrigsten Ordnung handelt, mit denen sich die benötigten Bahnen zwischen den beiden bekannten Punkten planen lassen.

Für das Basiskoordinatensystem ergibt sich folgender Ansatz für die gesuchte kubische Funktion:

$$f(x) = a \cdot x^3 + b \cdot x^2 + c \cdot x + d$$

mit den Randbedingungen:

$$y_{Start} = f(x_{Start}) = a \cdot x_{Start}^3 + b \cdot x_{Start}^2 + c \cdot x_{Start} + d$$

$$y_{Ziel} = f(x_{Ziel}) = a \cdot x_{Ziel}^3 + b \cdot x_{Ziel}^2 + c \cdot x_{Ziel} + d$$

Bezieht man noch die Forderung nach Einhaltung der Winkel α_{Start}, α_{Ziel} ein, folgen dann lineare Gleichungen für die vier Parameter der kubischen Funktion, die die beiden Positionen miteinander verbindet. Für eine Vereinfachung der Lösung werden die beiden Positionen so verschoben, daß die Startposition im Koordinatenursprung liegt und der Parameter d somit zu Null wird. Durch Berechnung folgt für die anderen Parameter:

$$a = \frac{S_{Ziel} - S_{Start}}{x_{Ziel}^2} - \frac{2 \cdot (y_{Ziel} - S_{Start} \cdot x_{Ziel})}{x_{Ziel}^3}, \qquad c = S_{Start}$$

$$b = \frac{3 \cdot (y_{Ziel} - S_{Start} \cdot x_{Ziel})}{x_{Ziel}^2} - \frac{S_{Ziel} - S_{Start}}{x_{Ziel}}, \qquad d = 0$$

mit den Steigungen $S_{Start} = \tan\Theta_{ist}$ und $S_{Ziel} = \tan\Theta_{soll}$.

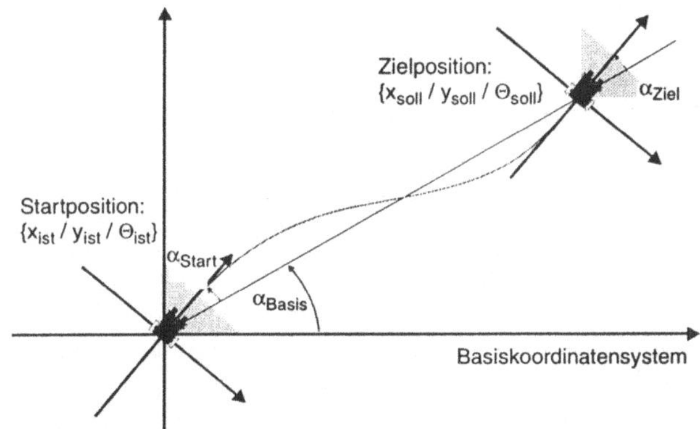

Bild 2. Beispiel einer Trajektorie, geplant mit einer kubischen Funktion

1.4 Maximaler Startwinkel α_{max} für die direkte Wegplanung

Mit den genannten Funktionen dritter Ordnung können die allermeisten Bahnen geplant werden. Es können allerdings, abhängig vom Start- und Zielwinkel, große Auslenkungen der Bahn auftreten, die die vorgegebenen Grenzen des Bewegungsbereiches der mobilen Plattform überschreiten. Der Winkelbereich muß daher so eingeschränkt werden, daß ein Einhalten der Grenzen gewährleistet ist

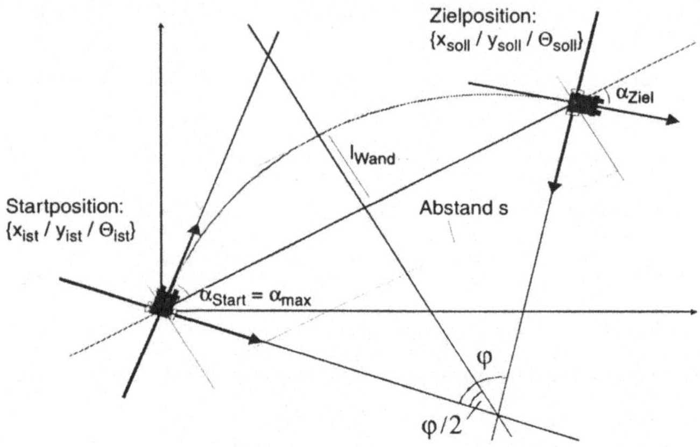

Bild 3. Bereichsbegrenzung

Für die Einschränkung des Winkelbereichs wird die Bahnplanung mit einem einzelnen Kreisausschnitt zugrunde gelegt. Anhand der Bahnlänge und des maximal zulässigen Wandabstandes l_{Wand} wird der maximale Startwinkel α_{max} für eine Trajektorie auf einem Kreisausschnitt berechnet. Bahnen aus Funktionen dritter Ordnung, die kleinere oder gleiche Start- und Zielwinkel aufweisen, liegen dann ebenfalls innerhalb dieses zulässigen Bereiches.

Aus geometrischen Betrachtungen folgt für den maximalen Startwinkel

$$\alpha_{max} = \arcsin\left(\frac{s \cdot l_{Wand}}{(0,5 \cdot s)^2 + l_{Wand}^2}\right)$$

mit s: Abstand der Start- zur Zielposition

l_{Wand}: Abstand der Verbindungsgeraden zwischen Start- und Ziel zur Wand

1.5   Bahnzerlegung

Liegt der Start- und der Zielwinkel innerhalb des Bereiches α_{max}, so läßt sich die Bahn durch eine Gerade, einen Kreisausschnitt oder eine kubische Funktion planen, ohne daß der vorgegebene Bewegungsbereich verlassen wird. Sind der Start- oder Zielwinkel größer als α_{max}, muß die Bahn in mehrere Abschnitte zerlegt werden, um im vorgegebenen Bewegungsbereich zu bleiben. Bei der Bahnzerlegung werden Zwischenpunkte so definiert, daß Bahnen zwischen diesen Positionen und den Start- und Zielpositionen berechnet werden können, ohne die Bereichsgrenzen zu überschreiten.

Mit einer Trajektorie aus
- zwei kubische Funktionen mit mittlerem Stützpunkt oder
- zwei kubische Funktionen mit seitlichem Stützpunkt

lassen sich Start- und Zielpunkt verbinden, wenn für den Startwinkel gilt:

$$\alpha_{max} < \alpha_{Start} < 2 \cdot \alpha_{max}.$$

Ist der Startwinkel $\alpha_{Start} > 2 \cdot \alpha_{max}$, so müssen die Trajektorien aus
- einer kubischen Funktion und einem Kreisausschnitt oder
- zwei Kreisausschnitten mit kubischer Verbindungsfunktion

geplant werden.

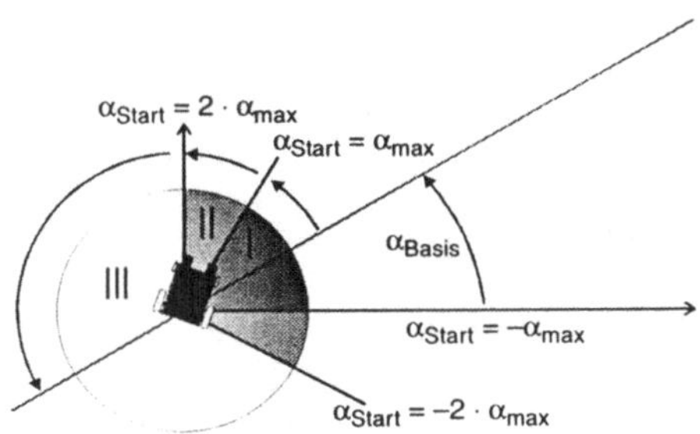

Bild 4. Winkelbereiche der Bahnzerlegung

2 Bahnregelung

Die analytisch ermittelte Trajektorie muß in Echtzeit, entsprechend dem Abtastintervall des Regelungssystems, in einzelne Bahnabschnitte zerlegt werden, um geeignete Sollwerte für die Bahnregelung zu erhalten. Die Bestimmung des nächsten Zielpunktes auf der Trajektorie erfolgt dabei innerhalb des vorhergehenden Abtastintervalls.

Für den Entwurf der Bahnregelung werden die Systemgleichungen der mobilen Plattform aufgestellt:

$$\dot{x}_1 = \dot{x} = u_1 \cdot \cos x_3, \quad \dot{x}_2 = \dot{y} = u_1 \cdot \sin x_3, \quad \dot{x}_3 = \dot{\Theta} = u_2. \tag{1}$$

mit den Stellgrößen Vorwärtsgeschwindigkeit u_1 und Winkelgeschwindigkeit u_2 des Rollstuhls. Die Zusammenhänge zwischen den von uns gewählten Stellgrößen u_1 und u_2 und den tatsächlichen Stellgrößen, nämlich der Geschwindigkeit des linken und des rechten Rades, beschreiben die beiden algebraischen Gleichungen:

$$u_1 = \frac{v_{links} + v_{rechts}}{2}, \quad u_2 = \frac{v_{rechts} - v_{links}}{s}. \tag{2}$$

Man erkennt, daß es sich hierbei um ein nichtlineares System handelt. Zur Analyse und Synthese nichtlinearer Systeme hat in den letzten Jahren ein neuer Zugang von sich reden gemacht: die sogenannte flachheitsbasierte Methode von Michel Fliess und seinen Mitarbeitern [3]. Im Mittelpunkt steht dabei ein Vektor y realer oder fiktiver Ausgangsgrößen mit der besonderen Eigenschaft, daß aus seinem zeitlichen Verlauf (und dessen zeitlichen Ableitungen) unmittelbar auf die Verläufe der Zustands- und der Stellgrößen rückgeschlossen werden kann. Existiert ein derartiger Ausgangsvektor, so nennt man ihn einen *flachen Ausgang* und das betrachtete System ein *flaches System*. Die genannten Eigenschaften des flachen Ausgangs erlauben in einfacher Weise die Berechnung von Stellgrößenverläufen zur Steuerung des Systems.

Es gelingt außerdem ein Übergang zu einer Zustandsregelung, die eine exakte Linearisierung der Zustandsgrößen des Systems bewirkt, wie sie von den differential-geometrischen Entwürfen [5], [6] her bekannt ist.

Zur Regelung der Fahrbewegungen mobiler Plattformen wurde ein flachheitsbasierter Entwurf am Institut für Automatisierungstechnik implementiert und erprobt, zum einen an einem mobilen Montageroboter (im Rahmen einer Kooperation mit der DASA, Bremen) zum anderen an einem motorisierten Rollstuhl des Instituts.

2.1 Definition der Flachheit

Betrachtet werden nichtlineare zeitinvariante dynamische Systeme in der gängigen Zustandsdarstellung

$$\dot{x} = f(x, u), x(0) = x_0$$

mit dem $(n, 1)$-Vektor x der Zustandsgrößen und dem $(m, 1)$-Vektor u der Stellgrößen [7]. Die Komponenten der Vektoren f und u seien hinreichend oft differenzierbar. Ein solches System heißt *flach* (oder auch differentiell flach), wenn sich m fiktive Ausgangsgrößen

$$y_1 = c_1(x, u, \dot{u}, ..., \overset{(\alpha)}{u}), ..., y_m = c_m(x, u, \dot{u}, ..., \overset{(\alpha)}{u}), \tag{3}$$

zusammengefaßt im $(m, 1)$-Vektor $y = c(x, u, \dot{u}, ..., \overset{(\alpha)}{u})$, angeben lassen, derart, daß die Zustandsgrößen und die Stellgrößen als Funktionen von y und einer endlichen Anzahl von Ableitungen $\overset{(\beta)}{y}$ eindeutig angebbar sind,

$$x = a(y, \dot{y}, ..., \overset{(\beta)}{y}), \tag{4}$$

$$u = b(y, \dot{y}, ..., \overset{(\beta+1)}{y}). \tag{5}$$

Ist diese Bedingung (zumindest lokal) erfüllt, so heißt y *flacher Ausgang* des Systems. Hervorzuheben ist, daß der flache Ausgang y gemäß dieser Definition ebensoviele Komponenten aufweist wie u und gemäß (3) nicht nur von den Zustandsgrößen, sondern auch von den Stellgrößen und einer endlichen Anzahl von Ableitungen derselben abhängen kann.

Sind neben den fiktiven Ausgangsgrößen auch reale Ausgangsgrößen definiert, zum Beispiel Regelgrößen, so können diese durch eine gesonderte Ausgangsgleichung beschrieben werden, typischerweise in der Form

$$y_{real} = c_{real}(x).$$

2.2 Flachheitsbasierte Regelung

Mit Hilfe der Theorie der flachheitsbasierten Systeme wurde am Institut eine Steuerung entworfen, die die mobile Plattform auf der generierten Trajektorie hält, sofern keine Störungen auftreten. Um ein besseres Störverhalten zu erzielen, wurde die Steuerung auf eine Regelung erweitert. Hierfür werden mittels Drehgebern an den Antriebsrädern des Rollstuhls die Radpositionen zu äquidistanten Zeitpunkten ermittelt und die entsprechenden Radgeschwindigkeiten berechnet. Aus den Gleichungen (2) können dann die Vorwärts- und die Rotationsgeschwindigkeit und daraus die aktuelle Position des Rollstuhl in bezug auf seine Startposition bestimmt werden.

Um für $t > 0$ auftretende Störungen entgegenwirken zu können, ist der Übergang zu einer Zustandsrückführung erforderlich [7]. Dazu werden (ähnlich wie bei der Ein-Ausgangs-Linearisierung [5], [6]) *lineare Differentialgleichungen* zwischen den Komponenten von y und den zugehörigen Führungsgrößen $y_{i,\,soll}$, $i = 1, ..., m$ vorgegeben, zum Beispiel in der Form von

$$\overset{(\kappa_i)}{y_i} + a_{i,\,\kappa_i-1} \cdot \overset{(\kappa_i-1)}{y_i} + ... + a_{i,\,1} \cdot \dot{y}_i + a_{i,\,0} \cdot y_i = a_{i,\,0} \cdot y_{i,\,soll}, \quad i = 1, ..., m. \quad (6)$$

Das Regelgesetz entsteht nun dadurch, daß diese m Forderungen nach den höchsten Ableitungen $\overset{(\kappa_i)}{y_i}$ aufgelöst und diese $\overset{(\kappa_i)}{y_i}$ in das Steuergesetz $u = b(y, \dot{y}, ..., \overset{(\beta+1)}{y})$ sukzessive eingesetzt werden. Alle dann in dem Steuergesetz verbleibenden Größen und Zeitableitungen lassen sich dann durch die Zustandsgrößen und die Führungsgrößen und deren Zeitableitungen angeben, so daß eine Zustandsrückführung existiert:

$$u = b(x, y_{soll}, \dot{y}_{soll}, ...) . \quad (7)$$

Für die Berechnung dieser Zustandsrückführung werden zunächst die flachen Ausgänge des Systems bestimmt:

$$y = \begin{bmatrix} y_1 \\ y_2 \end{bmatrix} = \begin{bmatrix} x_1 \\ x_2 \end{bmatrix} = \begin{bmatrix} x \\ y \end{bmatrix} . \quad (8)$$

Die Ausgänge des Systems sind y_1 gleich der x-Koordinate und y_2 gleich der y-Koordinate des Fahrzeugs in Basiskoordinaten. Diese Ausgänge sind zum einen die realen Ausgänge des Systems und zudem bilden sie einen differentiell flachen Ausgang y, was im folgenden nachgewiesen werden soll.

Unter Berücksichtigung der Gleichungen (1) für die Zustandsgrößen und der Gleichung (8) für den flachen Ausgang wird mit $\kappa_1 = 1$ und $\kappa_2 = 2$ nach Gleichung (6) zur Stabilisierung des Trajektorienfolgefehlers folgende Forderungen gestellt:

$$\dot{y}_1 = \dot{y}_{1soll} + a_{10} \cdot (y_{1soll} - y_1), \quad (9)$$

$$\ddot{y}_2 = \ddot{y}_{2soll} + a_{21} \cdot (\dot{y}_{2soll} - \dot{y}_2) + a_{20} \cdot (y_{2soll} - y_2) . \quad (10)$$

Aus Symmetriegründen erscheint es wünschenswert, für beide Ausgangsgrößen die gleiche Dynamik vorgeben zu können. Dieses wird möglich, indem man die Systemordnung durch Vorschalten eines I-Gliedes vorab auf vier erhöht, derart, daß keine Stellgröße auf die *ersten* Ableitungen $\dot{y}$ und $\dot{x}$ direkt einwirken, sondern erst auf die *zweiten* Ableitungen. Hierzu muß gemäß den Gleichungen (1) u_1 Zustandsgröße werden, am einfachsten durch $\dot{u}_1 = \tilde{u}_1$. Der neue Eingang $\tilde{u}_1$ hat physikalisch die Bedeutung einer Vorwärtsbeschleunigung, so daß die neuen Zustandsgleichungen lauten:

$$\dot{x}_1 = \dot{x} = x_4 \cdot \cos\Theta, \quad \dot{x}_2 = \dot{y} = x_4 \cdot \sin\Theta, \quad \dot{x}_3 = \dot{\Theta} = \tilde{u}_2, \quad \dot{x}_4 = \tilde{u}_1 \ . \tag{11}$$

Gefordert werden nun zwei Fehlerdifferentialgleichungen 2. Ordnung

$$\ddot{\varepsilon}_1 + a_{11}\dot{\varepsilon}_1 + a_{10}\varepsilon_1 = 0 \qquad \text{mit} \qquad \varepsilon_1 = y_1 - y_{1soll} \ , \tag{12}$$

$$\ddot{\varepsilon}_2 + a_{21}\dot{\varepsilon}_2 + a_{20}\varepsilon_2 = 0 \qquad \text{mit} \qquad \varepsilon_2 = y_2 - y_{2soll} \ , \tag{13}$$

mit den frei wählbaren Koeffizienten a_{10}, a_{11}, a_{20} und a_{21}.

Um das Regelgesetz (7) angeben zu können, sind die Ableitungen der Ausgänge hilfreich:

$$\dot{y}_1 = x_4 \cdot \cos x_3 \ , \tag{14}$$

$$\dot{y}_2 = x_4 \cdot \sin x_3 \ , \tag{15}$$

$$\ddot{y}_1 = \ddot{y}_{1soll} + a_{11} \cdot (\dot{y}_{1soll} - \dot{y}_1) + a_{10} \cdot (y_{1soll} - y_1) \ , \tag{16}$$

$$\ddot{y}_2 = \ddot{y}_{2soll} + a_{21} \cdot (\dot{y}_{2soll} - \dot{y}_2) + a_{20} \cdot (y_{2soll} - y_2) \ . \tag{17}$$

Um die beiden Bedingungen für Flachheit (4), (5) zu erfüllen, werden die Gleichungen so umgeformt, daß die Zustände und Stellgrößen in Abhängigkeit der flachen Ausgänge und deren Zeitableitungen erscheinen.

Aus Gleichung (8) folgt direkt:

$$x_1 = y_1, \qquad x_2 = y_2 \ . \tag{18}$$

Aus der Addition von Gleichung (14) und (15) erhält man nach einigen Umformungen:

$$x_4 = \sqrt{\dot{y}_1^2 + \dot{y}_2^2} \ . \tag{19}$$

Die Ableitung nach der Zeit liefert:

$$\tilde{u}_1 = \dot{x}_4 = \frac{\dot{y}_1 \cdot \ddot{y}_1 + \dot{y}_2 \cdot \ddot{y}_2}{\sqrt{\dot{y}_1^2 + \dot{y}_2^2}} \ . \tag{20}$$

Setzt man nun die Gleichungen (16) und (17) in diese Gleichung ein, so erhält man den ersten Teil des Regelgesetzes:

$$\boxed{\begin{aligned} \tilde{u}_1 = {} &\cos x_3 \cdot [a_{10} \cdot (y_{1soll} - x_1) + a_{11} \cdot (\dot{y}_{1soll} - x_4 \cdot \cos x_3) + \ddot{y}_{1soll}] + \dots \\ &\dots + \sin x_3 \cdot [a_{20} \cdot (y_{2soll} - x_2) + a_{21} \cdot (\dot{y}_{2soll} - x_4 \cdot \sin x_3) + \ddot{y}_{2soll}] \ . \end{aligned}} \tag{21}$$

Das Vorgehen für den zweiten Teil des Regelungsgesetzes ist analog. Aus den Gleichungen (11) erhält man:

$$x_3 = \arctan\frac{\dot{y}_2}{\dot{y}_1} \ . \tag{22}$$

Daraus wiederum:

$$\tilde{u}_2 = \dot{x}_3 = \frac{\dot{y}_1 \cdot \ddot{y}_2 - \ddot{y}_1 \cdot \dot{y}_2}{\dot{y}_1^{\,2} + \dot{y}_2^{\,2}} . \tag{23}$$

Durch Einsetzen von Gleichung (16) und (17) folgt:

$$\begin{aligned}
\tilde{u}_2 &= \frac{\cos x_3}{x_4} \cdot [a_{20} \cdot (y_{2soll} - x_2) + a_{21} \cdot (\dot{y}_{2soll} - x_4 \cdot \sin x_3) - \ddot{y}_{2soll}] - \ldots \\
&\quad \ldots - \frac{\sin x_3}{x_4} \cdot [a_{10} \cdot (y_{1soll} - x_1) + a_{11} \cdot (\dot{y}_{1soll} - x_4 \cdot \cos x_3) + \ddot{y}_{1soll}] .
\end{aligned} \tag{24}$$

Das Regelgesetz ist also von der Form $u = b(x, y_{soll}, \dot{y}_{soll}, \ddot{y}_{soll})$.

Die erste Bedingung für Flachheit, $x = a(y, \dot{y}, \ldots, \overset{(\beta)}{y})$, ist durch (18), (19) und (22)

erfüllt, die zweite Bedingung für Flachheit, $u = b(y, \dot{y}, \ldots, \overset{(\beta+1)}{y})$, durch (20) und (23).

Eine ausführliche Herleitung sowohl der flachheitsbasierten Steuerung als auch der Regelung findet sich in [7].

Das Blockschaltbild enthält zusätzlich zur flachheitsbasierten Regelung die unterlagerten Regelkreise für die beiden Stellgrößen. Die am Rollstuhl angebrachten Drehgeber liefern die beiden Radgeschwindigkeiten, aus denen dann die benötigten Zustandsgrößen $\tilde{x}$, $\tilde{y}$ und $\tilde{\Theta}$ für den flachheitsbasierten Regler und die zusätzlichen Größen $\dot{\tilde{\Theta}}$ und $\tilde{v}_{vorw}$ für die unterlagerten Regelkreise berechnet werden.

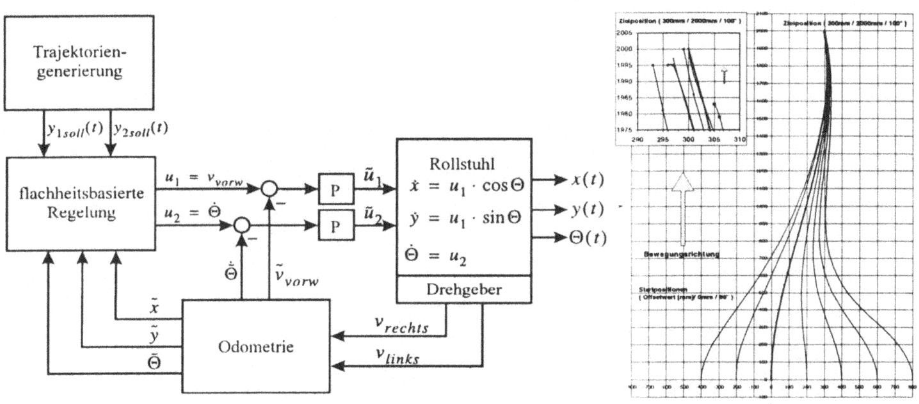

Bild 5. *links:* Blockschaltbild der flachheitsbasierten Regelung[3]
rechts: Fahrtwege der mobilen Plattform bei einer vorgegebenen
Trajektorie 3. Ordnung, mit und ohne Anfangsfehler

---

[3] Odometrie: Berechnet durch numerische Integration Position und Orientierung der Plattform (relativ zum Startpunkt) aus den Radbewegungen.

2.3 Fahrexperimente

Im Bild 5, rechts ist die reale Fahrt der mobilen Plattform dargestellt. Die gegebene Trajektorie wird von der Plattform exakt befahren, wenn kein Anfangsfehler vorliegt. Sind aber der Startpunkt für die Trajektorienberechnung und die tatsächlichen Startkoordinaten der Plattform unterschiedlich, führt die Regelung, der die wahren Koordinaten der Plattform zur Verfügung stehen, diese zurück auf die vorgegebene Bahn, so daß auch in diesen Fällen die gewünschte Zielposition mit geringen Abweichungen von weniger als 10 mm erreicht wird.

3 Zusammenfassung

Die Trajektoriengenerierung liefert Bahnen aus Geraden, Kreisausschnitten und kubischen Funktionen und Kombinationen hieraus, ohne den vorgegebenen Bewegungsbereich zu verlassen. Diese Trajektorien sind zweifach differenzierbar und bilden somit die Voraussetzung für die Verwendung des flachheitsbasierten Ansatzes nach M. Fliess. Mit Hilfe dieses Ansatzes läßt sich ein Regelgesetz für das nichtlineare System der mobilen Plattform angeben, ohne den Weg über die differentialgeometrischen Berechnungen gehen zu müssen.

4 Literaturverzeichnis

[1]   Lang, O., Lietmann, T.: *Visual Servoing – Ein Ansatz zur kalibrierungsrobusten visuellen Regelung von Robotern.* In B. Lohmann, A. Gräser (Hrsg.): Methoden und Anwendungen der Automatisierungstechnik, S. 89 – 103, Shaker Verlag 1999.

[2]   Kieren, M.: *Modellbildung, Regelung und Trajektoriengenerierung für mobile, autonome Plattformen.* Diplomarbeit, Institut für Automatisierungstechnik, 1999.

[3]   Fliess, M., Lévine, J., Martin, P. und Rouchon, P.: *On Differentially Flat Nonlinear Systems.* In M. Fliess (editor): Nonlinear Control Systems Design, S. 408 – 412, Pergamon Press 1992.

[4]   Fliess, M., Lévine, J., Martin, P. und Rouchon, P.: *Flatness and Defect of Nonlinear Systems: Introductory Theory and Examples.* Int. J. Control, 61 (1995), S. 1327 – 1361.

[5]   Nijmeier, H., van der Schaft, A. J.: *Nonlinear Dynamical Control Systems.* Springer-Verlag 1990.

[6]   Isidori, A.: *Nonlinear Control Systems.* Springer-Verlag 1995.

[7]   Lohmann, B., Buttelmann, M.: *Flache Systeme: Einführung, Anwendung und Realisierung einer Regelung für mobile Plattformen.* In B. Lohmann, A. Gräser (Hrsg.): Methoden und Anwendungen der Automatisierungstechnik, S. 13 – 27, Shaker Verlag 1999.

Optimal Control for a Synchronous Driven Unicycle-Like Autonomous Mobile Robot

Cristina Tarín, Hermann Brugger, Bernd Tibken, and Eberhard P. Hofer

Department of Measurement, Control, and Microtechnology
University of Ulm, 89069 Ulm
Tel.:+49 731 50 26300 Fax: +49 731 50 26301
Email: {cristina.tarin,hermann.brugger,bernd.tibken,ep.hofer}@e-technik.uni-ulm.de

Abstract. In this contribution the autonomous mobile robot B21 manufactured by Real World Interface is modelled as a synchronous driven system leading to a nonholonomic mechanical system described by three coupled nonlinear differential equations. The obtained system is completely controllable. A preliminary change of coordinates together with a change of inputs transforms the original system into one in chained form. Now it is possible to approach the design of an optimal controller. The input vector is to be chosen to drive the system from any initial to any final state configuration while minimizing the input energy. A quadratic performance index is defined integrating over the square norm of the transformed inputs. The Hamiltonian associated with this optimal control problem is calculated with the co-state vector. From the *Maximum Principle* the optimal control law is found by minimizing the Hamiltonian with respect to the transformed inputs together with the equations for the co-states. The obtained system is solved analytically and the optimal input vector is also calculated analytically to obtain the optimal control law for the defined performance index. For obtaining experimental results the designed control law is implemented on the robot B21. A real time software package has been developed to comfortably implement the designed controller on the robot. Several experiments are carried out the results for one specific task, i.e. driving backwards and sidewards simultaneously, are shown. The experimental results are highly satisfactory because the driven paths are smooth and for the steering inputs smooth functions are used.

1 Introduction

In recent years autonomous mobile robots have been in the focus of interest because they are used in industry as means of transport, operation, and inspection. To perform their tasks successfully they have to move in time varying environments and thus, high precision motion control is of crucial importance. As one particular function of the general motion control, which also includes path control [8], the position control [7] adresses the problem of controlling both the position and orientation of the robot in order to reach a specified goal posture in the robot's movement plane. Translational and rotational velocity serve as inputs for position control. An autonomous mobile robot with conventional wheels underlies nonholonomic constraints since, in the absence of skid, its velocity component in the direction of the wheel axis is identically zero. Therefore, this type of autonomous mobile robot constitutes a special class of nonholonomic systems with more states than inputs. For this class of systems the feedback stabilization occupies a central role. One of the most challenging topics in this field is the design of global stabilizing control laws for this type of systems. Such systems cannot be stabilized by continuously differentiable time invariant control laws. Hence, for nonholonomic mobile robots the problem of stabilization about a given configuration cannot be solved as a special case of path tracking. Nevertheless, alternative control techniques as time varying feedback laws, discontinuous or piecewise smooth controllers can be used to solve the position control problem [1].

In this contribution a time varying control law for solving the position control problem is designed. It steers the autonomous mobile robot from any initial state configuration to any final state configuration while minimizing the steering inputs [2]. The advantage of this approach in contrast to other time varying control laws is that the driven path is smooth and that the designed controller can be expanded into a time varying smooth feedback control law. Another interesting feature of the control law is that it can be enterely expressed analytically. For this reason no additional on-line computation is required.

2 System Definition

The autonomous mobile robot B21 manufactured by Real World Interface is a synchronous driven system with four off-centered orientable wheels and therefore it is a unicycle-like vehicle. The kinematical modelling of this system leads to a mechanical system which is described by the following coupled nonlinear differential equations

$$
\begin{aligned}
\dot{\tilde{x}} &= v\cos(\tilde{\theta}),\\
\dot{\tilde{y}} &= v\sin(\tilde{\theta}),\\
\dot{\tilde{\theta}} &= \omega
\end{aligned}
\tag{1}
$$

where the triplet $z = (\tilde{x}, \tilde{y}, \tilde{\theta})^T$ describes the position, $\tilde{x}$ and $\tilde{y}$, and orientation $\tilde{\theta}$ of the robot with respect to a fixed frame in the movement plane. The input vector is composed by the translational velocity v and the angular velocity ω. This simple representation of the kinematics captures the nonholonomy of the system. Using the Lie Brackets we can easily deduce that system (1) is completely controllabe, i.e. it can be driven from any initial state configuration to any final state configuration in finite time by using finite inputs. Our purpose is now to design a control law that transfers the autonomous mobile robot from any initial state $z^{\{0\}} = (\tilde{x}^{\{0\}}, \tilde{y}^{\{0\}}, \tilde{\theta}^{\{0\}})^T$ at time $t = 0$ to any final state $z^{\{T\}} = (\tilde{x}^{\{T\}}, \tilde{y}^{\{T\}}, \tilde{\theta}^{\{T\}})^T$ at time $t = T$ minimizing a certain performance index J.

We apply the following transformation of coordinates [3] using a rotation matrix $R(\tilde{\theta})$

$$\hat{x} = R(\tilde{\theta})z, \qquad \begin{pmatrix} \hat{x}_1 \\ \hat{x}_2 \\ \hat{x}_3 \end{pmatrix} = \begin{pmatrix} 0 & 0 & 1 \\ \cos(\tilde{\theta}) & \sin(\tilde{\theta}) & 0 \\ \sin(\tilde{\theta}) & -\cos(\tilde{\theta}) & 0 \end{pmatrix} \begin{pmatrix} \tilde{x} \\ \tilde{y} \\ \tilde{\theta} \end{pmatrix} \qquad (2)$$

to system (1). With this transformation of coordinates and the transformation of inputs defined by

$$\begin{aligned} u_1 &= \omega, \\ u_2 &= v - \omega\hat{x}_3 \end{aligned} \qquad (3)$$

the following bilinear system is obtained

$$\begin{aligned} \dot{\hat{x}}_1 &= u_1, \\ \dot{\hat{x}}_2 &= u_2, \\ \dot{\hat{x}}_3 &= \hat{x}_2 u_1, \end{aligned} \qquad x(0) = \hat{x}^{\{0\}}, \qquad \hat{x}(T) = \hat{x}^{\{T\}}. \qquad (4)$$

This type of systemes is of extreme importance due to the fact that a vast amount of models can be represented in such a 'chained form', e.g. trucks with trailers, as referred to in [3]. The transformed initial and end conditions at time $t = 0$ and $t = T$ respectively yield

$$\begin{aligned} \hat{x}^{\{0\}} &= R(\theta(0))z^{\{0\}}, \\ \hat{x}^{\{T\}} &= R(\theta(T))z^{\{T\}}. \end{aligned} \qquad (5)$$

In order to draw a more general solution to the problem defined by (4) and (5) a tranformation of the final condition into the origin is carried out and the initial and final conditions result as

$$\begin{aligned} x(0) &= x^{\{0\}} = \hat{x}^{\{0\}} - \hat{x}^{\{T\}}, \\ x(T) &= x^{\{T\}} = 0 \end{aligned} \qquad (6)$$

while sytem (4) suffers no changes and therefore the obtained optimization problem is defined by

$$\begin{aligned} \dot{x}_1 &= u_1, \\ \dot{x}_2 &= u_2, \\ \dot{x}_3 &= x_2 u_1, \end{aligned} \qquad x(0) = x^{\{0\}}, \qquad x(T) = 0. \qquad (7)$$

The quadratic performance index

$$J = \int_0^T \frac{1}{2}\|u(t)^2\|dt = \frac{1}{2}\int_0^T (u_1^2(t) + u_2^2(t))dt \qquad (8)$$

is to be minimized during the control process. In this case a performance index has been chosen that minimizes the inputs in the transformed coordinates which also correspond to a combination of the inputs in the original coordinates. Therefore the physical interpretation of the chosen performance index is the minimization of the input energy.

3 Optimal Control

The optimal control problem is stated in the following terms:

From all the vectors $x(t) = (x_1(t), x_2(t), x_3(t))^T, u(t) = (u_1(t), u_2(t))^T$ with $0 \leq t \leq T$ that fulfill the differential equations

$$\begin{aligned} \dot{x}_1 &= u_1, \\ \dot{x}_2 &= u_2, \\ \dot{x}_3 &= x_2 u_1 \end{aligned} \tag{9}$$

and the boundary conditions

$$\begin{aligned} x(0) &= x^{\{0\}}, \\ x(T) &= 0 \end{aligned} \tag{10}$$

those that minimize the performance index

$$J = \int_0^T \frac{1}{2} \|u(t)^2\| dt = \frac{1}{2} \int_0^T (u_1^2(t) + u_2^2(t)) dt \tag{11}$$

are sought. The solution of the optimal control problem is denoted by

$$\begin{aligned} x^*(t) &= (x_1^*(t), x_2^*(t), x_3^*(t))^T, \\ u^*(t) &= (u_1^*(t), u_2^*(t))^T. \end{aligned} \tag{12}$$

To this statement it has to be added that the sought minimum $x^*(t)$ has to be global and therefore the minimum has to be searched for in the complete state space. At this point we introduce the Lagrange multiplicator as a time dependent co-sate vector [2]

$$\psi(t) = (\psi_1(t), \psi_2(t), \psi_3(t))^T \tag{13}$$

where the functions $\psi_i(t), i = 1, 2, 3$ are to be determined. This vector is multiplied with

$$\dot{x}(t) - f(x(t), u(t), t) = 0, \qquad f(x(t), u(t), t) = (u_1(t), u_2(t), x_2(t)u_1(t))^T \tag{14}$$

which is equivalent to the system (1). The obtained term, still equal to zero, is added to the integrand of the performance index resulting

$$J = \frac{1}{2} \int_0^T (u_1^2(t) + u_2^2(t)) dt = \int_0^T \left[\frac{1}{2} (u_1^2(t) + u_2^2(t)) + \psi^T(t)\dot{x}(t) - \psi^T(t) f(x(t), u(t), t) \right] dt. \tag{15}$$

For further analyses we define the Hamiltonian $H(x(t), \psi(t), u(t), t)$ as suggested in [4]

$$H = -\frac{1}{2}(u_1^2 + u_2^2) + \psi_1 u_1 + \psi_2 u_2 + \psi_3 x_2 u_1 \tag{16}$$

that links the Langrange multiplicators, the integrand of the original performance index, and the boundary condition. Using this definition the performance index is transformed into

$$J = \int_0^T \left[\psi^T(t)\dot{x}(t) - H(x(t), \psi(t), u(t), t) \right] dt. \tag{17}$$

Applying the solution method described in [4] we compute for the co-state vector

$$\dot{\psi} = -\frac{\partial H}{\partial x} \tag{18}$$

obtaining the following differential equations for the co-state vector

$$\begin{aligned}
\dot{\psi}_1 &= 0, \\
\dot{\psi}_2 &= -\psi_3 u_1, \\
\dot{\psi}_3 &= 0.
\end{aligned} \tag{19}$$

The steering equations calculated from the condition of the *Maximum Principle* [6]

$$\frac{\partial H}{\partial u} = 0 \tag{20}$$

and can be expressed in our case as

$$\begin{aligned}
-u_1 + \psi_1 + \psi_3 x_2 &= 0, \\
-u_2 + \psi_2 &= 0.
\end{aligned} \tag{21}$$

Finally, the system of differential equations that has to be solved to obtain the optimal control inputs $u^*(t)$ is composed by the differential equations for the co-state vector (19), the steering equation (21), and the system equations (1)

$$\begin{aligned}
u_1 &= \lambda_1 + \lambda x_2, \\
u_2 &= \psi_2, \\
\psi_1 &= \lambda_1, \\
\dot{\psi}_2 &= -\lambda u_1, \\
\psi_3 &= \lambda, \\
\dot{x}_1 &= u_1, \\
\dot{x}_2 &= u_2, \\
\dot{x}_3 &= x_2 u_1,
\end{aligned} \tag{22}$$

and the boundary conditions (10). From system (22) the coupled differential equations for the inputs are easily computed

$$\begin{aligned}
\dot{u}_1 &= \lambda u_2, \\
\dot{u}_2 &= -\lambda u_1
\end{aligned} \tag{23}$$

and the steering inputs can be analytically calculated

$$\begin{aligned}
u_1(t) &= \sin(\lambda t)C_1 + \cos(\lambda t)C_2, \\
u_2(t) &= \cos(\lambda t)C_1 - \sin(\lambda t)C_2
\end{aligned} \tag{24}$$

where C_1, C_2, λ are constants to be determined by the boundary conditions. Also the analytical solution for the states is computed

$$x_1(t) = \frac{-\cos(\lambda t)C_1 + \sin(\lambda t)C_2}{\lambda} + C_4,$$

$$x_2(t) = \frac{\sin(\lambda t)C_1 + \cos(\lambda t)C_2}{\lambda} + C_3,$$

$$x_3(t) = \frac{-C_1 C_3}{\lambda}\cos(\lambda t) + \frac{C_2 C_3}{\lambda}\sin(\lambda t) + \frac{1}{2\lambda}\left(C_1^2 + C_2^2\right)t +$$

$$+ \frac{1}{4\lambda^2}\left(-C_1^2 + C_2^2\right)\sin(2\lambda t) + \frac{C_1 C_2}{\lambda^2}\sin^2(\lambda t) + C_5 \tag{25}$$

where analogous C_3, C_4, C_5 are constants to be determined by the boundary conditions. For simplification in the following we will consider

$$\lambda T = K\pi \tag{26}$$

with K an entire constant. With these considerations we obtain from the boundary conditions for $x_1(t)$

$$C_1 = -\tfrac{\lambda}{2}x_1^{\{0\}},$$

$$C_4 = \tfrac{1}{2}x_1^{\{0\}} \tag{27}$$

and from the boundary conditions for $x_2(t)$

$$C_2 = -\tfrac{\lambda}{2}x_2^{\{0\}},$$

$$C_3 = \tfrac{1}{2}x_2^{\{0\}}. \tag{28}$$

Substituting the obtained values for the free constants C_1, C_2, C_3, C_4 in the equations for the steering inputs (24) we finally obtain the optimal steering inputs

$$u_1^*(t, x^{\{0\}}) = -\tfrac{\lambda}{2}\sin(\lambda t)x_1^{\{0\}} + \tfrac{\lambda}{2}\cos(\lambda t)x_2^{\{0\}},$$

$$u_2^*(t, x^{\{0\}}) = -\tfrac{\lambda}{2}\cos(\lambda t)x_1^{\{0\}} - \tfrac{\lambda}{2}\sin(\lambda t)x_2^{\{0\}}. \tag{29}$$

4 Experimental Results

The designed optimal controller is implemented on the autonomous mobile robot B21 from Real World Interface (RWI) depicted in Fig. 1. This robot is divided into two parts that rotate one against the other. The upper part, called **Enclosure**, is equipped with two Dual Pentium Pro PCs running under the operating system LINUX. These two PCs are connected to a terminal by an Ethernet radio link. The lower part, the **Base** contains a micro-controller which provides elementary functions for robot motion. This micro-controller communicates with one PC of the **Enclosure** through an RS232 serial link. For self-location the robot B21 possesses external sensors, e.g. laser scanner, ultrasonic sensors, and cameras that provide absolute information about the current position. The data provided by the internal sensors, i.e. optical shaft encoders at the motors for

Fig. 1. Robot B21 from RWI.

translation and rotation, are processed by dead-reckoning algorithms evaluating the position of the robot. These algorithms are running on the micro-controller of the **Base**. For the implementation of our controller we directly use as outputs the translation and rotation velocity v and ω of the robot. The velocities are converted to voltages and applied to the motors via the micro-controller. After extensive simulations with the graphical package Simulink of MATLAB [5] we compiled the control law to C code. For this we use the Real-Time Workshop, a toolbox for Simulink. The constant sampling rate of 16 samples per second is provided by the real time clock of the PC. The sampling rate is limited by the transmission rate of the serial link. For off-line analysis the interesting variables are stored to hard disk.

Figure 2 shows the measured trajectory of the robot for an initial state in the movement plane given by

$$\begin{aligned}
\tilde{x}(0) &= 0, \\
\tilde{y}(0) &= 1, \\
\tilde{\theta}(0) &= 0
\end{aligned} \tag{30}$$

and a final state defined by

$$\begin{aligned}
\tilde{x}(T = 10) &= -1, \\
\tilde{y}(T = 10) &= 1 - \tfrac{\pi}{8}, \\
\tilde{\theta}(T = 10) &= 0.
\end{aligned} \tag{31}$$

For this experiment the chosen final time is $T = 10$ and we have selected $K = 1$ and therefore $\lambda = \pi/T$ in order to simplify the steering equations (29). It is easy

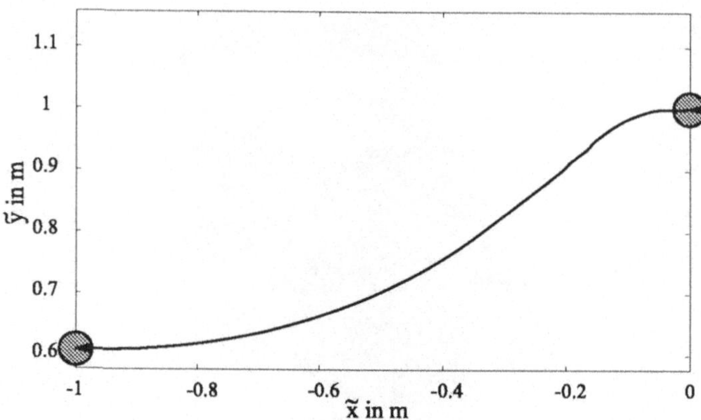

Fig. 2. Driven path on the $\tilde{x}$-$\tilde{y}$-plane with an initial position of $z^{\{0\}} = (0,1,0)^T$ and a final position of $z^{\{T\}} = (-1, 1 - \frac{\pi}{8}, 0)^T$.

to deduce that these boundary conditions in the original coordinates correspond to the following boundary conditions in the transformed coordinates

$$
\begin{aligned}
x_1^{\{0\}} &= 0, & x_1^{\{T\}} &= 0, \\
x_2^{\{0\}} &= 1, & x_2^{\{T\}} &= 0, \\
x_3^{\{0\}} &= -\frac{\pi}{8}, & x_3^{\{T\}} &= 0.
\end{aligned}
\tag{32}
$$

In Fig. 3 the steering inputs and the evolution in time of the states in the transformed coordinates are shown for this particular experiment. As it can be observed in Fig. 3(b) the states in the transformed coordinates evolve from an initial state to the zero state in 10 sec as required.

In Fig. 4 the steering inputs in the original coordinates and the driven angle are shown. It is important to point out that from the evolution of this angle θ we can deduce that the robot maintains its orientation.

5   Conclusions and Outlook

In the present paper we have analyzed the kinematics of the autonomous mobile robot B21 from Real World Interface. In particular we showed that it is a nonlinear nonholonomic control system with the number of inputs less than the number of states. Therefore the position control problem, i.e. global asymptotic stability of the closed loop system, cannot be solved with a time invariant smooth feedback. For this reason we have chosen an open loop time varying solution. A preliminary change of coordinates simplifies the control design. In this case a change of coordinates together with a change of inputs transforms the original system into a system belonging to the class of chained systems. In these new coordinates and with the transformed inputs it is now possible to approach the design of an optimal controller. The input vector is to be chosen to

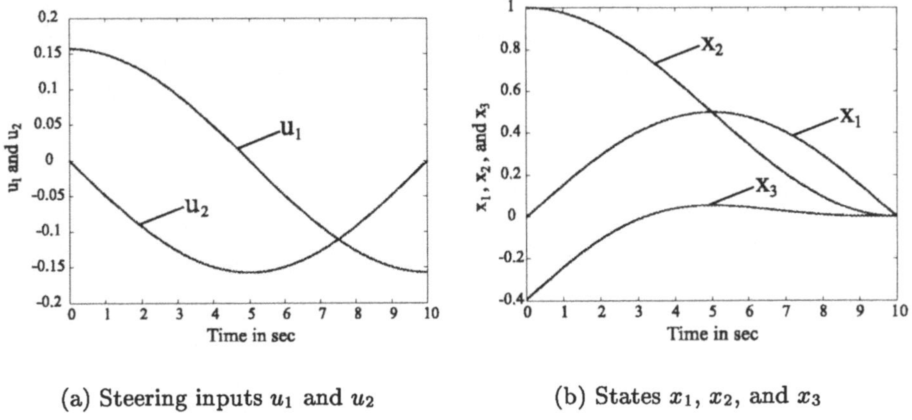

(a) Steering inputs u_1 and u_2 (b) States x_1, x_2, and x_3

Fig. 3. Steering inputs and states in the transformed coordinates.

drive the system from any initial to any final state configuration while minimizing the input energy. A quadratic performance index is defined integrating over the square norm of the transformed inputs. The Hamiltonian associated with this optimal control problem is calculated with the co-state vector. From the *Maximum Principle* the optimal control law can be found by minimizing the Hamiltonian with respect to the transformed inputs together with the equations for the co-states. The obtained system of coupled differential equations for state and co-state must be solved. In our case these equations can be solved analytically and the optimal input vector can be also calculated analytically to obtain the optimal control law for the defined performance index. We are free to select the duration of the process.

For obtaining experimental results the designed control law is implemented on the robot B21. A real time software package has been developed to comfortably implement the designed controller on the robot. Together with the Real Time Workshop provided by MATLAB the designed software composed by several C-programs allows steering the motion and evaluating the position of the robot. The designed software package provides communication between the operation terminal and the microcontroller located in the base of the robot B21 which steers the motors for translation and rotation. We have carried out several experiments and shown the result for one specific task, i.e. driving backwards and sidewards simultaneously. For this experiment we have selected a convenient duration of the process to reduce the analytical complexity of the optimal control law. The experimental results are highly satisfactory because the driven paths are smooth and for the steering inputs smooth functions are used.

In the future we will concentrate on developing an optimal feedback position controller. The designed position controller will be expanded such that the steering inputs become functions of time and of the states. For this the constants that

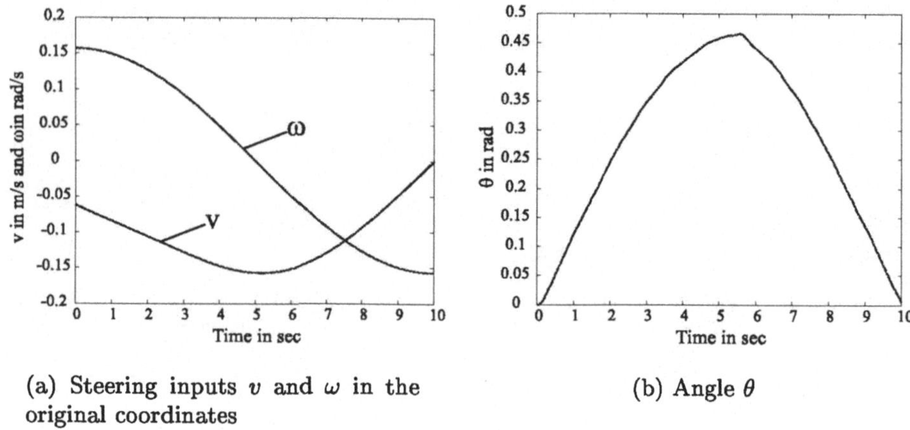

(a) Steering inputs v and ω in the original coordinates

(b) Angle θ

Fig. 4. Steering inputs in the original coordinates and angle θ.

depend on the initial states will be eliminated by expressing these initial states in terms of the states.

References

1. Aicardi, M., Casalino, G., Bicchi, A., and Balestrino, A.: Closed Loop Steering of Unicycle-like Vehicles via Lyapunow Techniques. IEEE Robotics and Automation Magazine (1995) 27–35.
2. Athans, M., Falb , P. L.: Optimal control : An introduction to the theory and its applications. Impressum. New York , McGraw-Hill (1966).
3. Canudas de Wit, C., Khennouf, H., Samson C., and Sørdalen, O. J.: Nonlinear Control Design for Mobile Robots. Recent Trends in Mobile Robots, World Scientific, Singapore (1993) 121–156.
4. Föllinger, O.: Optimierung dynamischer Systeme. Methoden der Regelungstechnik, R. Oldenbourg Verlag München Wien (1988).
5. The Mathworks Inc.: Simulink Real-Time Workshop User's Guide. Version 2.1 (1997).
6. Pontryagin, L. S., Boltyanskii, V. G., Gamkrelidze, R. V., and Mishchenko, E. F.: the Mathematical Theory of Optimal Processes. Interscience Publishers (1962).
7. Tarín, C., Brugger, H., Tibken, B., and Hofer, E.P.: Globally Asymptotically Stable Position Control for an Autonomous Mobile Robot. Proceedings of the European Control Conference, Karlsruhe (1999)
8. Tarín, C., Brugger, H., Tibken, B., and Hofer, E.P.: Adaptive Self-Tuning Path Control System for an Autonomous Mobile Robot. To be published in Proceedings of the Conference on Decision and Control (1999)

Serviceroboter

MARVIN 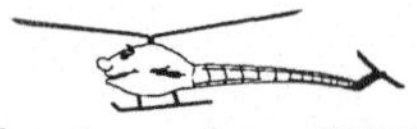
Der autonom fliegende Erkundungsroboter der TU Berlin und sein Erfolg beim Wettbewerb IARC'99

Marek Musial, Uwe Wolfgang Brandenburg, Günter Hommel

http://pdv.cs.tu-berlin.de/leute/{musial,brg,hommel}
TU Berlin, Prozeßdatenverarbeitung und Robotik

Zusammenfassung MARVIN ist ein fliegender Beobachtungs- und Erkundungsroboter auf Basis eines Modellhubschraubers für einen Flugroboter-Wettbewerb, bei dem in einem unbekannten Gelände Objekte und Personen lokalisiert werden sollen. Das Gesamtsystem besteht aus dem Helikopter mit Bordrechner und einer Bodenstation aus mehreren PCs. Die Bordsensorik umfaßt ein GPS, Magnetfeld-, Rotations- und Beschleunigungssensoren, Ultraschall, einen Flammensensor und einen digitalen Fotoapparat. Die Kommunikation stellt allen Rechnern im System den gesamten Systemzustand transparent zur Verfügung. Die Missionssteuerung wird am Boden durchgeführt, während der Bordrechner selbständig einen Kurs abfliegen kann. MARVIN flog als erster Teilnehmer im dreijährigen Wettbewerb autonom.

1   Einführung

MARVIN ist eine Abkürzung für **M**ulti-purpose **A**erial **R**obot **V**ehicle with **I**ntelligent **N**avigation (intelligent navigierender Vielzweck-Luftroboter). Er ist in mehreren Projekt-Lehrveranstaltungen von Studierenden der TU Berlin entworfen und gebaut worden für den internationalen Flugroboter-Hochschul-Wettbewerb IARC (*International Aerial Robotics Competition*) [2] in Richland, Washington. In den Jahren 1998 und 1999 haben Qualififikationswettkämpfe stattgefunden für die Endausscheidung im Jahr 2000, das *Millennial Event* [1].

Die Roboter sollen innerhalb einer Stunde in einem simulierten Katastrophengebiet schwarze Tonnen suchen und lokalisieren, die durch Symbole für gefährliche Inhaltsstoffe gekennzeichnet sind – es gibt solche mit „radioaktivem", mit „giftigem" und mit „biologisch gefährlichem" Inhalt sowie Tonnen ohne Symbole, die für die Wettbewerbsaufgabe nicht relevant sind. Außerdem sollen Personen erkannt und lokalisiert werden, dargestellt durch Puppen. Es gibt sowohl „Überlebende", nämlich Puppen, die sich mechanisch bewegen, und „Opfer", die keine Bewegungen (mehr) machen. Die Katastrophensituation ist weiter gekennzeichnet durch eine unspezifizierte Geländestruktur, z. T. sehr hohe Hindernisse und Gefahrenquellen wie Gasfeuer, Wasserfontänen und Rauchentwicklung. Die Zielobjekte sind teilweise eingegraben oder verdeckt.

Das Fachgebiet Prozeßdatenverarbeitung der TU Berlin hat 1995 bei einem Vorläufer-Wettbewerb mit einem Heliumballon den zweiten Platz belegt [3] und

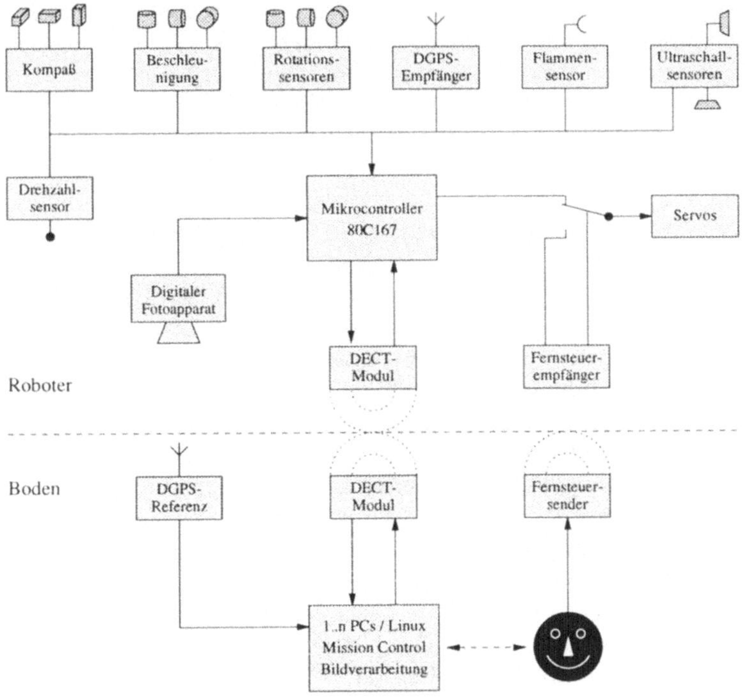

Abbildung1. Struktur des MARVIN-Systems.

1998 in Richland zumindest das technische Konzept von MARVIN präsentiert [5]
– der Roboter selbst war zu diesem Zeitpunkt noch nicht weit genug entwickelt.
1999 reiste das TU-Team mit MARVIN zum Wettbewerb [4].

Im folgenden wird zunächst ein Überblick über die Systemarchitektur gegeben. Die nächsten Abschnitte greifen einige wichtige Aspekte in MARVINs Design heraus, nämlich die Kommunikation, die Flug- und Lageregelung und die
Strategie der Missionssteuerung. Es schließt sich ein Erfahrungsbericht aus der
Entwurfsphase und vom Wettbewerb an. Das Papier endet mit einem Ausblick
auf das *Millennial Event* im nächsten Jahr.

2 Systemarchitektur

Abbildung 1 stellt den Aufbau des MARVIN-Systems dar.

Als Fluggerät dient ein handelsüblicher Modellhelikopter der Firma SSM.
Er hat einen Rotordurchmesser von 1,8 m und verfügt über einen Zweitakt-
Benzinmotor mit ca. 2 kW Leistung aus 22 cm^3 Hubraum. Bei etwa 10 kg Start-
gewicht kann MARVIN rund 15 min in der Luft bleiben.

Die Lagesensorik an Bord des Helikopters umfaßt ein differentielles GPS mit
Auswertung der Trägersignal-Phasenlage (NovAtel RT-2). Dieses System wird
vom Hersteller an alle interessierten IARC-Teams kostenlos verliehen und er-

reicht eine relative Genauigkeit von 2 cm. Dazu gesellt sich eine preiswerte im Projekt entwickelte Orientierungssensorik, bestehend aus drei Magnetfeld-, drei Rotations- und drei Beschleunigungssensoren, mit einem Materialwert von insgesamt unter 400 DM. Um die erhebliche Drift der preiswerten Rotationssensoren („Kreisel") in der Nick- und Rollachse zu kompensieren, wird der gemittelte gemessene Beschleunigungsvektor verwendet, der ja die Richtung der Erdbeschleunigung angibt. Die Mittelung ist erforderlich, damit der Einfluß der kinematischen Beschleunigungen verschwindet. Für die Gierachse dient der Kompaß als Driftkompensation.

Um Hindernisse, Gefahrenquellen und Unebenheiten im Gelände zu detektieren, verfügt MARVIN über zwei Ultraschall-Sonars mit Polaroid-Transducern, eines nach vorne und eines nach unten. Außerdem ist ein Flammensensor montiert, der auf UV-Strahlung zwischen 185 und 260 nm reagiert – dieser Spektralbereich liegt unterhalb des Sonnenlichts und tritt fast nur beim Verbrennen fossiler Brennstoffe wie Gas, Holz und Benzin zutage. Der Flammensensor registriert bereits eine Streichholzflamme in 5 m Entfernung.

Als einziger Bordrechner dient ein SAB80C167-Mikrocontroller von Siemens. Die Rechnerplatine wurde im Projekt entworfen und gefertigt, weil verfügbare Boards den Anforderungen an Platzbedarf und Anschlußmöglichkeiten nicht gerecht wurden. Mit dem Rechner sind alle Sensoren und Aktoren direkt verbunden, und die Lage- und Flugregelung läuft auf ihm. Damit kann MARVIN selbständig einen Kurs abfliegen, ohne daß die Bodenstation in die Regelung eingreift. Die Bodenstation, bestehend aus einem Netz von PCs unter Linux, erledigt die Bildauswertung und die Vorgabe von Zielpunkten im Missionsablauf. Außerdem muß sie die Daten des GPS-Referenzempfängers zum Roboter weiterleiten.

Eine besonders gelungene Entwurfsentscheidung besteht darin, daß MARVIN die Bilder zur Objektlokalisierung mit Hilfe eines digitalen Fotoapparats aufnimmt und nicht, wie bei allen anderen Teams, mit einer Videokamera. Der Fotoapparat wiegt einschließlich Akkus nur 250 g und liefert am Helikopter hervorragende Bilder mit automatischem Weißabgleich und automatischer Belichtung. Diese Bilder mit einer Auflösung von 640 mal 480 Pixeln im JPEG-Format werden durch den Bordrechner über eine serielle Schnittstelle digital ausgelesen und digital über die ohnehin benötigte Datenfunkstrecke zur Bodenstation übertragen. Damit entfällt eine zweite, analoge Sendestrecke für Videobilder, die erfahrungsgemäß sehr störanfällig ist und bei hinreichender Qualität erhebliches Gewicht und zusätzlichen Stromverbrauch mit sich bringt. Auf diese Weise erreicht zwar nur alle 9 s ein Bild die Bodenstation, was aufgrund der ständig erforderlichen Neupositionierung des Roboters beim Suchen aber kaum eine Einschränkung darstellt.

3 Kommunikation

MARVIN ist über zwei Funkverbindungen mit dem Boden verbunden, von denen aber nur eine im autonomen Betrieb verwendet wird:

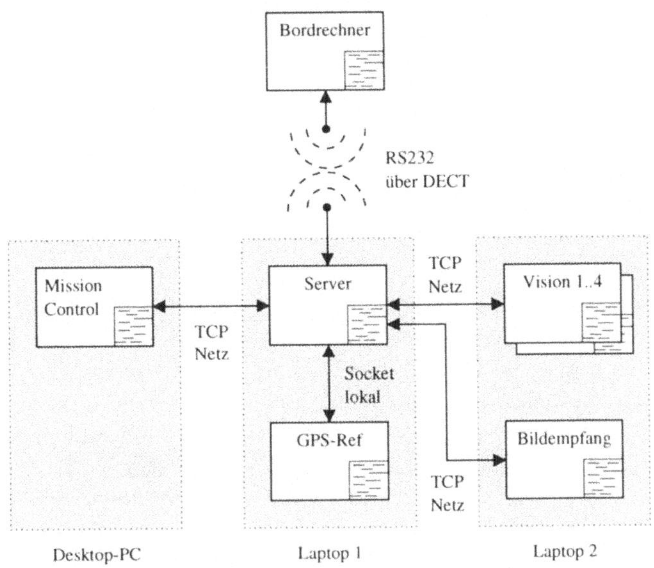

Abbildung2. Verteilung der Knotenprozesse im Wettbewerb 1999.

- Eine handelsübliche Funkfernsteuerung dient zur Steuerung des Helikopters bei manuellen Testflügen und als Notfallsystem zur sicheren manuellen Landung. Mittels eines Schalters auf der Fernsteuerung kann der menschliche Pilot jederzeit die Kontrolle üner MARVIN übernehmen. Beim autonomen Flug wird die Fernsteuerung aber nicht verwendet.
- Ein Paar Datenübertragungsmodule vom Typ Siemens Gigaset M101 Data stellt eine drahtlose bidirektionale Übertragungsstrecke zwischen einer RS232-Schnittstelle eines PCs am Boden und einer RS232-Schnittstelle des Bordrechners zur Verfügung. Die Übertragunsrate in jeder Richtung liegt bei 115 kbit/s. Diese Module arbeiten mit Hilfe der von schnurlosen Telefonen bekannten DECT-Technologie und ersetzen ein Nullmodemkabel. Über diese Funkstrecke wird die gesamte Kommunikation zwischen Boden und Roboter abgewickelt. Die Reichweite liegt im Freien bei mindestens 300 m.

3.1 *Shared-Memory*-Ansatz der Kommunikation

Die Kommunikations-Software präsentiert den einzelnen Modulen eine Datenstruktur, die systemweit bekannt ist und den vollständigen Systemzustand mit allen interessierenden Daten repräsentiert. Diese Datenstruktur steht als *virtueller gemeinsamer Speicher (Shared Memory)* systemweit zur Verfügung.

Jeder sogenannte *Knoten* im System verfügt über eine lokale Kopie des Shared Memory. Als *Knoten* gilt jeweils ein Prozeßkontext, repräsentiert durch

- einen Linux-Prozeß auf einem Rechner der Bodenstation oder

– die Bordrechner-Software, die in einer auf 20 Hz synchronisierten Hauptschleife als ein einziger Prozeßkontext läuft.

Weil jede Shared-Memory-Kopie zu einem einzigen Prozeßkontext gehört, kann dieser Speicher jederzeit ohne Synchronisationsmaßnahmen gelesen und beschrieben werden. Die Kommunikations-Software stellt einen Dienst `shm_sync` zur Verfügung, der in jedem Knoten regelmäßig aufgerufen wird und die globale Konsistenz der Shared-Memory-Datenstruktur transparent mit Hilfe eines Konsistenzprotokolls erhält.

Der Shared Memory ist in zusammenhängende logische Einheiten, sogenannte *Slots*, unterteilt. Ein Slot könnte z. B. die aktuelle Lagebeschreibung des Roboters als homogene 4x4-Matrix enthalten. Mittels der Dienste `shm_put` und `shm_get` wird der Kommunikations-Software mitgeteilt, wann ein Slot lokal verändert wurde, bzw. abgefragt, ob ein Slot in einem entfernten Knoten eine Änderung erfahren hat. Veränderte Slots werden grundsätzlich nur im ganzen aktualisiert, weil sie – wie bei der Lage-Matrix – voneinander abhängige Daten enthalten können.

Die einzelnen Knoten sind durch Punkt-zu-Punkt-Verbindungen miteinander verbunden. Für jede Übertragunsrichtung ist pro Slot eine maximale Kommunikationsbandbreite zugewiesen, so daß die insgesamt verfügbare Bandbreite niemals überschritten wird. Häufige Aktualisierungen einzelner Slots können also nicht zum Aushungern anderer Slots führen, für sämtliche Slots werden Echtzeitbedingungen eingehalten.

Durch dieses Konzept stehen in jedem Knoten immer möglichst aktuelle Zustandsdaten zur Verfügung. Wenn ein Slot häufiger aktualisiert als übertragen wird, werden ältere Daten überschrieben, weil sie mit Vorliegen der neueren Daten für die Zustandsbeschreibung ohnehin bedeutungslos sind. Slot-Daten werden nirgends gepuffert, sondern erst beim Vorliegen einer Bandbreitenzuteilung für den jeweiligen Slot direkt aus dem Shared Memory kopiert. Dies spart Pufferspeicher und verhindert weitgehend, daß Bandbreite für veraltete Daten verschwendet wird.

3.2 Physikalischer Aufbau des Systems

Die Kommunikations-Software ist in C geschrieben und fast vollständig plattformunabhängig. Nur die Treiberfunktionen für die Kommunikationsverbindungen unterscheiden sich zwischen Linux und dem Bordrechner. Unter Linux gibt es Treiberfunktionen für RS232 einerseits und Internet-Stream-Sockets andererseits, während an Bord nur RS232 unterstützt wird.

Durch die Verwendung der Sockets kann die Software der Bodenstation beliebig auf ein Netz von Rechnern verteilt werden. Theoretisch kann sogar *jeder* Rechner im Internet einen Knotenprozeß übernehmen, ohne daß eine einzige Zeile der Software geändert werden muß. Abbildung 2 zeigt die Verteilung der verschiedenen Knotenprozesse, wie sie im 1999er Wettbewerb vorlag. Der Server-Prozeß, der mit dem DECT-Modul am Boden verbunden ist, erfüllt drei wichtige Aufgaben:

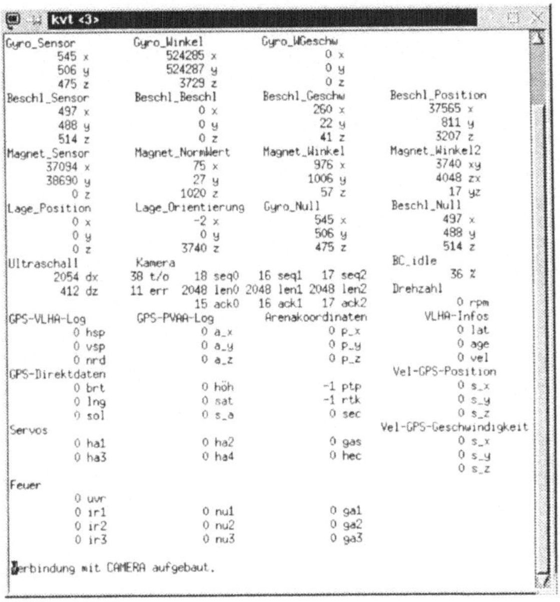

Abbildung 3. Bildschirmanzeige des Server-Prozesses.

1. Er verteilt die Daten innerhalb der Bodenstation, weil alle Kommunikationsstrecken ja Punkt-zu-Punkt-Verbindungen sind.

2. Er zeigt alle wichtigen Zustandsdaten in einem eigenen Fenster an (siehe Abbildung 3) und erlaubt somit die verzögerungsfreie Überwachung aller Systemparameter.

3. Er erzeugt eine Log-Datei aller interessierenden Daten aus dem Shared Memory, mit deren Hilfe z. B. Plots von Flugbahndaten erzeugt werden können, noch bevor der Helikopter wieder gelandet ist.

4 Flugregelung

Die Lage- und Flugregelung erfolgt vollständig auf dem Bordrechner. Nur gelegentlich gibt Mission Control vom Boden aus über den Shared Memory einen neuen Zielpunkt und eine Sollgeschwindigkeit auf dem Weg dorthin vor. MARVIN erreicht diesen Punkt dann selbständig, wobei er allerdings auf die Referenzdaten vom Boden-GPS angewiesen ist, um seine Position mit voller Genauigkeit zu messen.

Die Hierarchie der Flugregelung ist in Abbildung 4 dargestellt. Eine erste Reglerstufe in der Abbildung links berechnet aus dem seitlichen Abstand von der Kurslinie und dem Fehler der Geschwindigkeit längs dem Kurs eine Soll-Schräglage der Rotorebene quer zum Kurs und eine Soll-Schräglage längs zum Kurs, mit deren Hilfe die Steuerkräfte zur Ausregelung der beiden Fehler aufgebracht werden sollen. Gemäß der aktuellen Orientierung des Helikopters in der

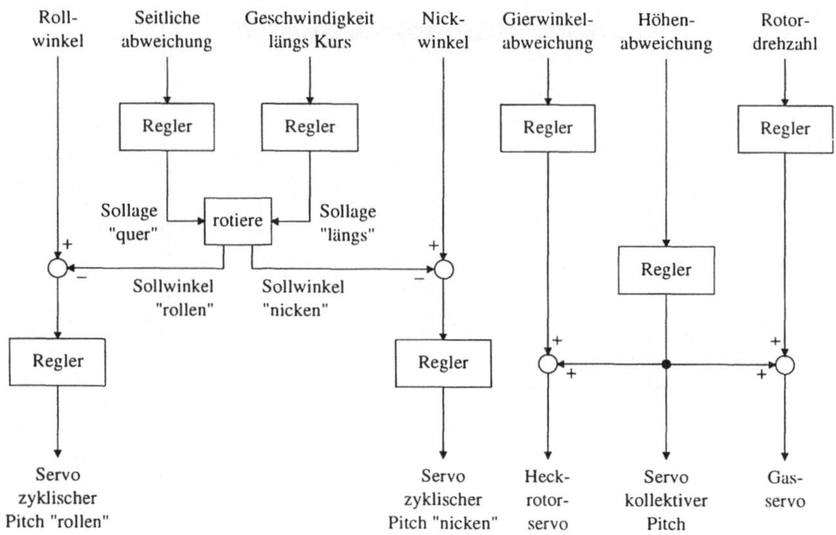

Abbildung4. Hierarchie der Elementarregler für MARVINs Flugregelung.

Gierachse rotiert, ergeben sich ein Soll-Rollwinkel und ein Soll-Nickwinkel, die nun auf Helikopterachsen bezogen sind. Subtraktion dieser Sollwerte von den Ist-Roll- und Nickwinkeln liefert die Roll- und Nickwinkelfehler, die als Eingabe der Regler für die zyklische Rotorblattverstellung für die entsprechenden Achsen dienen. Rechts in der Abbildung sieht man einstufige Regelungen für die Blattanstellung des Heckrotors aus dem Gierwinkelfehler, die kollektive Blattanstellung des Hauptrotors aus der Höhenabweichung und die Stellung des Gas-Servos aus der Rotordrehzahl. Letztere soll während des Fluges möglichst konstant gehalten werden, bei MARVIN auf 1200 Umdrehungen/min. Die Reglerausgabe für die kollektive Hauptrotor-Anstellung wird zusätzlich in die Heckrotor- und Gasstellung eingemischt, weil Gegendrehmoment und nötige Antriebsleistung mit stärkerer Blattanstellung zunehmen und diese Fehler nur mit erheblicher Verzögerung durch die Einzelregler ausgeglichen würden.

Jeder der Elementarregler aus Abbildung 4 erhält einen Fehler x und dessen Ableitung $\dot{x}$ als Eingaben und erzeugt eine Ausgabe y nach der Vorschrift:

$$I(t) := I(t-1) + f_{I,P}(x(t)) + f_{I,D}(\dot{x}(t)) \tag{1}$$

$$y(t) := I(t) \quad + f_{P,P}(x(t)) + f_{P,D}(\dot{x}(t)) \tag{2}$$

$I(t)$ bildet also eine integrierte Regler-*Ausgabe*, was einige Vorteile gegenüber dem klassischen Fehlerintegral bietet: Der Wert von $I(t)$ hat eine offensichtliche Semantik in bezug auf die gesamte Reglerausgabe, so daß eine Begrenzung dieses Wertes auf einen sinnvollen Bereich leichtfällt. Außerdem erlaubt $I(t)$ als Zustandsvariable, die aktuelle Ausgabe des Gesamtreglers auf einen Zielwert zu setzen und so einen vorgegebenen Arbeitspunkt zu übernehmen. Von dieser Möglichkeit macht MARVINs Flugregler intensiv Gebrauch: Wann immer der Flugregler MARVINs Steuerung vom menschlichen Piloten übernimmt oder eine neue Flugphase einleitet, wird die aktuelle Stellung aller Servos rückwärts durch den Flugregler „durchgerechnet". Alle $I(t)$-Werte werden dabei so eingestellt, daß die Reglerausgabe im ersten Regelzyklus *genau* der aktuellen Servostellung entspricht. Dadurch ist sichergestellt, daß es niemals durch falsch eingestellte Arbeitspunkte der Regler plötzlich zu kritischen Fluglagen kommen kann.

Die Transferfunktionen $f_{x,y}$ sind stückweise lineare Kennlinien, definiert durch einige Stützpunkte. Außerhalb der äußeren Stützpunkte sind die Funktionen jeweils konstant. Die Stützpunkte der Reglerfunktionen werden in einer Textdatei festgelegt und mit Hilfe eines kleinen Programms von der Bodenstation aus per Shared Memory zum Roboter übertragen. Damit läßt sich die Reglercharakteristik sogar im Flug – allerdings nicht bei laufendem Regler – ohne Eingriff in die Bordrechner-Software ändern. Mit Hilfe eines sehr einfachen Simulators kann eine geänderte Reglerparameter-Datei vor der Übertragung zum Roboter schnell auf grobe Fehler geprüft werden.

5 Missionsstrategie

Ein mit *Mission Control* bezeichnetes Software-Modul der Bodenstation implementiert die Missionsstrategie und dient als Benutzerschnittstelle zum MARVIN-System.

Beim Start der Mission wird eine initiale Liste von Zielpunkten auf dem Gelände vorgegeben. Diese initialen Zielpunkte befinden sich beispielsweise in 25 m Höhe und sind Orte für Übersichtsaufnahmen. Auf diesen Übersichtsaufnahmen können die Symbole auf den Tonnen nicht erkannt werden, weil sie zu gering aufgelöst sind. Daher ermittelt ein spezielles Bildverarbeitungsmodul auf den Übersichtsbildern Objekte, die aufgrund ihrer Farbe, Größe und Kompaktheit 'Zielobjekte sein *könnten.* Für jedes potentielle Zielobjekt wird ein neuer Zielpunkt in die Zielliste eingetragen, diesmal in 5 m Höhe über dem potentiellen Objekt. Aus dieser geringen Flughöhe macht MARVIN Detailaufnahmen, die zur sicheren Erkennung der Objektart – einschließlich der Tonnenkennzeichnung – dienen.

Mission Control sucht sich als nächstes anzufliegendes Ziel immer dasjenige mit dem geringsten Abstand von der aktuellen Roboterposition aus der Zielliste heraus. Die Mission endet, wenn die Zielliste leer oder eine vorgegebene Flugzeit abgelaufen ist, für die Akkus und Benzin sicher reichen. MARVIN kehrt dann zur Startposition zurück und landet dort autonom.

Zusätzlich zur Zielliste führt Mission Control eine Karte mit Hindernissen, die entweder initial vorgegeben oder während des Fluges mit den Ultraschall- und Flammensensoren detektiert worden sein können. Da der Flammensensor nur Standlinien von Flammen liefert, werden mit diesen Triangulationen ausgeführt und eine Flamme erst für einen hinreichend gut bestimmten Schnittpunkt mindestens zweier Standlinien eingetragen. Flammen auf dem aktuellen Flugkurs werden mit Hilfe von Zwischen-Zielpunkten umflogen, während MARVIN feste Hindernisse durch schrittweise Erhöhung der Sollflughöhe überfliegt.

6 Erfahrungen und Ergebnisse

Mit der Entwicklung von MARVIN wurde am Fachgebiet Prozeßdatenverarbeitung im Wintersemester 1997/98 begonnen. Erst im Frühjahr 1999 waren alle erforderlichen Komponenten beschafft und integriert, um an autonome Flugversuche zu denken.

Bei der Abstimmung und Erprobung der Lage- und Flugregelung wurde von Anfang an ein pragmatisch-mutiger Ansatz gewählt: Der Reglerentwurf erfolgte nicht anhand eines geschlossenen Modells, weil solche Modelle für die Flugdynamik von Helikoptern sehr kompliziert sind, zahlreiche schwer bestimmbare Parameter enthalten und eine Vielzahl von Effekten modellieren, die quantitativ hinter den „wichtigen" Steuerkräften fast nicht zutage treten. Stattdessen wurde der Regler anhand der Steuereingaben beim Helikopter und ihrer grundlegendsten Wirkungen konstruiert und mit Hilfe eines stark vereinfachenden Simulators grob getestet. Nachdem das Verhalten in dieser Simulation zufriedenstellend war, erfolgten Übernahmeversuche im Flug, der erste am 23. Mai. Dabei startet ein Modellhelikopter-Pilot den Roboter, und der Flugregler übernimmt auf Funkbefehl in der Standschwebe nicht etwa nur einzelne, sondern stets *sämtliche* Steuerfunktionen auf einmal. Dank der in Abschnitt 4 beschriebenen Übernahme des Arbeitspunktes sind abrupte Steuerfehler dabei ausgeschlossen, und die maximale Stellgeschwindigkeit von der übernommenen Servostellung weg ist begrenzt. Der Pilot kann MARVIN jederzeit wieder übernehmen, was am Anfang nach jeweils wenigen Sekunden erforderlich wurde. Mit der Zeit wurden noch einige Fehler beseitigt und die Transferfunktionen optimiert, bis die Regelung zufriedenstellend arbeitete. Schäden am Helikopter im Zusammenhang mit dieser Art der Reglerentwicklung sind nicht entstanden.

Kritischer sind der autonome Start und die autonome Landung, weil hier für den Piloten im Fehlerfall kaum Reaktionszeit bleibt, bevor der Rotor den Boden zu berühren droht. Die Startstrategie besteht daher darin, möglichst schnell eine „sichere" Höhe zu erreichen. Zur Überraschung der Autoren erwies sich der Start als unkritisch, weil der Bordrechner den Helikopter sehr gerade nach oben steuern kann, noch bevor die Regelung an sich beginnt. Aber selbst, als das initiale Hochziehen des Helikopters durch einen Programmierfehler unterblieb und MARVIN nur langsam „losschwebte", kam es nicht zu einer kritischen Situation.

Beim Landemanöver muß die Höhe dagegen langsam abgebaut werden. Nach Unterschreiten einer Mindesthöhe reduziert die Flugregelung dann kontinuierlich die Hauptrotor-Blattanstellung auf einen Neutralwert. Spätestens dann ist der Roboter gelandet. Dieses Manöver wurde vorsichtshalber erstmals während der Wettbewerbsvorführung praktisch durchgeführt und erwies sich gleichsam als überraschend unproblematisch.

Im Wettbewerb 1999 konnte MARVIN als einziger Roboter unter 11 angereisten Teams autonom fliegen und fand eine Tonne, deren Radioaktiv-Symbol er auf 8 cm genau lokalisierte. 1998 hatte es keine autonomen Flüge gegeben, und 1999 konnte gerade ein einziges anderes Team, vom Rose-Hulman Institute of Technology, einzelne Regelungskomponenten im Flug demonstrieren, ohne vollständige Übergabe und ohne autonomes Starten und Landen. Daher erhielt das Team der TU Berlin die ersten und einzigen Punkte für die Flugvorführungen seit 1998 und führt dadurch die Punktewertung der Qualifikation für das *Millennial Event* an.

7 Schluß und Ausblick

In diesem Papier wurde das Konzept des autonomen Flugroboters MARVIN beschrieben und die Entwicklung hin zum Erfolg im 1999er Qualifikationswettbewerb. Nach diesem Erfolg ist natürlich geplant, auch an der Endausscheidung um 30.000 US-Dollar Preisgelder im Juni 2000 teilzunehmen. Nötige Verbesserungen am MARVIN-System betreffen vor allem die Bildauswertung und ihr Zusammenspiel mit Mission Control. Das Erkunden des ca. 150 m im Quadrat messenden Wettbewerbsareals muß schneller und zuverlässiger erfolgen. Allerdings ist MARVIN schon jetzt insofern zu einem Endstand entwickelt, daß zahlreiche Detailverbesserungen den Austausch weiterer Komponenten nach sich zögen. Im Vergleich zu den übrigen Teams muß man mit Bedauern feststellen, daß diese fast nur aufholen können.

Wir würdigen die aufopferungsvolle Arbeit zahlreicher Studierender an MARVIN, ohne die der Erfolg des Projekts unmöglich gewesen wäre, besonders – aber nicht nur – das USA-Team mit Eike Berg, Christian Fleischer, Christian Reinicke, Volker Remuß und Andreas Wege. Besonderer Dank gebührt unserem Piloten Matthias Jeserich für seine sichere sichernde Hand und dem NLV Saarmund für die Testmöglichkeiten. Zahlreiche Partner haben wesentliche Beiträge zur Realisierung geleistet, darunter Daimler Benz Aerospace AG (Modellhelikopter), NovAtel Inc. (GPS-Leihgabe), Novedia Media Solutions (finanzielle Unterstützung), Siemens AG (PC, Mikrocontroller, DECT-Module), SSM-Technik Peter Schröppel sowie Rotor-Modellsport-Center Berlin (Ersatzteile für die USA-Reise) und TFH Berlin (Platinenherstellung).

Literatur

1. International Aerial Robotics Competition: The Robotics Competition of the Millennium. http://avdil.gtri.gatech.edu/AUVS/CurrentIARC/IARC2000Intro.html.
2. THE MILLENNIAL EVENT: Rules for the 1999 International Aerial Robotics Competition qualifier. http://avdil.gtri.gatech.edu/AUVS/CurrentIARC/1999CollegiateRules.html.
3. U. W. Brandenburg, M. Finke, M. Musial. Aufbau und Steuerung des fliegenden Roboters TUBROB. In *Tagungsband 11. Fachgespräch Autonome Mobile Systeme*, Seiten 100–109, Karlsruhe, 1995. Springer-Verlag.
4. M. Musial, G. Hommel, U. W. Brandenburg, E. Berg, M. Christmann, C. Fleischer, C. Reinicke V. Remuß, S. Rönnecke, A. Wege. MARVIN – Technische Universität Berlin's flying robot competing at the IARC'99. In *Proc. AUVS Symposium*, Washington D.C., USA, 1999.
5. Marek Musial, Uwe Wolfgang Brandenburg, Günter Hommel. Marvin - Ein autonom fliegender Erkundungsroboter. In *Autonome Mobile Systeme 1998, 14. Fachgespräch*, Seiten 226–233, Karlsruhe, 1998. Springer-Verlag.

Ein Fahrassistent für ältere und behinderte Menschen

Thomas Röfer, Axel Lankenau

Bremer Institut für Sichere Systeme, TZI, FB3,
Universität Bremen, Postfach 330440, D–28334 Bremen
`roefer@tzi.de, alone@tzi.de`

Zusammenfassung Dieser Beitrag beschreibt die Komponenten eines Fahrassistenten für behinderte und ältere Menschen, der auf einen kommerziell erhältlichen Rollstuhl aufsetzt. Dabei wird sowohl auf die schnelle sensorische Erfassung der Umgebung für eine sichere Kollisionsvermeidung als auch auf automatisches Ausweichen eingegangen, wobei die speziellen Aspekte des „Shared-Control" hervorgehoben werden, also der Tatsache, dass sich auf dem Rollstuhl ein Mensch befindet, der nach wie vor die volle Kontrolle über das System zu haben wünscht und bei seinen Aktionen lediglich unterstützt, aber nicht beherrscht werden soll.

1 Einleitung

Im Projekt *Bremer Autonomer Rollstuhl* werden Techniken entwickelt, die ältere und behinderte Personen bei der Benutzung von Rollstühlen unterstützen sollen. Die Bandbreite solcher Hilfen reicht von einfachen Mechanismen zur Kollisionsvermeidung bis zum vollautomatischen Fahren über längere Distanzen (vgl. z.B. Musto *et al.*, 1999). Im Folgenden sollen die Fähigkeiten des sog. Fahrassistenten vorgestellt werden, einer Anwendung, die den Benutzer des Rollstuhls *Rolland* (vgl. Abb. 1a) von den Aufgaben Kollisionsvermeidung, Geschwindigkeitsanpassung und exaktem Ausweichen befreit, ihm aber ansonsten die volle Kontrolle über das Fahrzeug erhält. Rolland basiert auf einem *Meyra Genius 1.522*, d.h. auf einem Rollstuhl mit PKW-artiger Kinematik, wobei sich die Lenkachse allerdings hinten befindet. Der Benutzer steuert das System mit einem Joystick. Der Rollstuhl ist mit einem Standard-PC (Pentium 233, 64 MB RAM) und Sensoren ausgestattet, um seine Umgebung wahrzunehmen.

2 Ultraschallsensoren

Neben Laserscannern sind Ultraschallsensoren die verbreitetste Methode für die Entfernungsmessung in der mobilen Robotik. Sie sind wesentlich preiswerter und kleiner als Laserscanner, weshalb sie in größerer Anzahl auf einem mobilen Roboter eingesetzt werden können, wohingegen Experimentalroboter nur selten mit mehr als einem oder zwei Laserscannern ausgestattet werden, wie man z.B. bei Gutmann *et al.* (1998), Edlinger und Weiß (1995) und Kirchner (1997) sieht.

Da ein Rollstuhl eine längliche Form hat, wären viele Lasersensoren notwendig, damit das Gerät seine gesamte Umgebung wahrnehmen kann. Deshalb wurde Rolland mit 27 Polaroid-Sonarsensoren ausgestattet, die um den Rollstuhl in einer Höhe von 50 cm befestigt sind.

Sonarsensoren messen Entfernungen durch das Aussenden eines Ultraschallimpulses (Borenstein *et al.*, 1996). Dieser Puls wird von den Gegenständen in der Umgebung zurück zum Sensor reflektiert. Daher kann der Sensor die Flugzeit des Sonarimpulses bis zur ersten zurückkehrenden Reflektion messen. Aus diesem Zeitraum kann die Entfernung zum nächsten Objekt bestimmt werden. Ausgehend vom Sensor breitet sich der Impuls entlang eines Kegels aus, der durch den *Öffnungswinkel* des Sensors bestimmt wird. Daher haben Ultraschallsensoren eine hohe Entfernungsauflösung, aber eine geringe Richtungsauflösung, da sie nur eine einzige Distanz innerhalb ihres Öffnungskegels messen können. Dadurch sinkt die Ortsauflösung des Sensors je weiter Hindernisse entfernt sind.

Zusätzlich zu dieser geringen Genauigkeit gibt es mehrere Gründe für mögliche Fehlmessungen:

2.1 Spiegelreflektionen

Es ist möglich, dass ein Gegenstand nicht genug Energie in Richtung des Sensors reflektiert, um von diesem bemerkt zu werden. Dieses ist entweder der Fall, wenn ein Gegenstand sehr klein ist oder wenn der Ultraschallimpuls eine Oberfläche unter einem sehr flachen Winkel trifft. Dadurch sind die Entfernungen, die gemessen werden, zu groß, d.h. Hindernisse werden übersehen. Um das Risiko des Übersehens von Objekten durch das Messen unter ungünstigen Winkeln zu reduzieren, sind die Ultraschallsensoren bei Rolland an der Vorder- und Rückseite kreisförmig angeordnet. Daher ist mindestens immer ein Sensor in einem fast senkrechten Winkel zu potenziellen Hindernissen orientiert.

2.2 Cross-Talks

In den meisten Sonar-Entfernungsmesssystemen kann ein Sensor nicht entscheiden, ob der Impuls, den er auffängt, von ihm selbst oder von einen anderen Sensor ausgesandt wurde. Außerdem ist es sogar möglich, dass ein Impuls einer früheren Messung den Sensor erreicht. In beiden Fällen sind die gemessenen Entfernungen zu klein, weil der störende Impuls früher zum Sensor gelangt als der von ihm ausgesandte. Um solche sog. *Cross-Talks* zu reduzieren, werden nur wenige Sensoren gleichzeitig gefeuert, und deren Messrichtung sollte so unterschiedlich wie möglich sein. Einige Sonar-Messsysteme wurden sogar so entworfen, dass sie nur mit wenigen Sensoren gleichzeitig Messungen vornehmen können, z.B. kann das Nomadic *Sensus 100* System, so wie es bei Rolland verwendet wird, nur zwei Sensoren zur gleichen Zeit feuern, einen links und einen rechts. Deshalb werden die Ultraschallmessungen nacheinander in einer bestimmten Reihenfolge, der sog. *Feuerstrategie* durchgeführt. Um Cross-Talks auch über mehrere Messzyklen hinweg zu minimieren, sollten sich auch die Orientierungen der Sensoren, die

a) b)

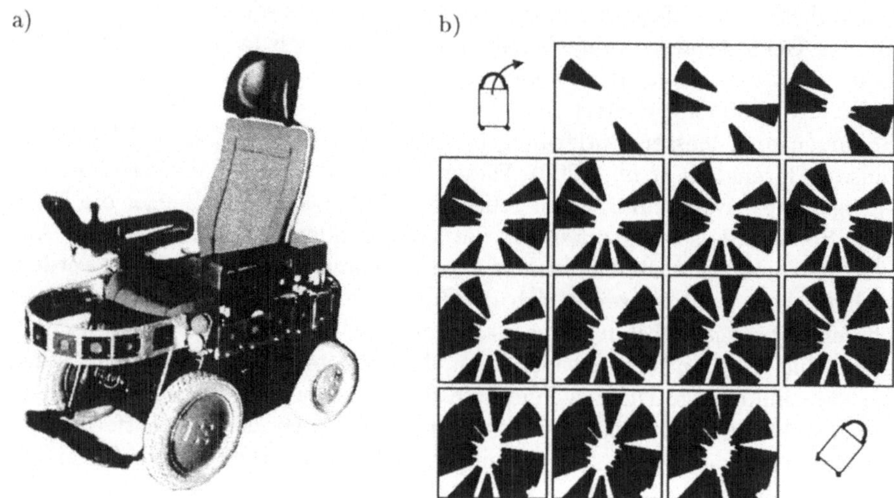

Abb. 1. a) Der Bremer Autonome Rollstuhl *Rolland*. b) Eine statische Ultraschall-Feuerstrategie. Die schwarze Farbe kennzeichnet die Gebiete, die von den Sonarsensoren während eines vollständigen Durchlaufes von 14 Messzyklen erfasst werden, während der Rollstuhl eine enge Rechtskurve fährt.

nacheinander gefeuert werden, möglichst stark voneinander unterscheiden. Daher aktivieren typische Feuerstrategien die Sensoren in einer pseudo-zufälligen, alternierenden Reihenfolge.

Abbildung 1b stellt eine solche Feuerstrategie sowie ein potenzielles Problem dieses Ansatzes dar. Der Rollstuhl ist mit 27 Ultraschallsensoren ausgestattet, von denen er jeweils zwei gleichzeitig feuern kann. Die Sensoren sind so angeordnet, dass sich der Rollstuhl im Stand innerhalb von 14 Messzyklen ein vollständiges Bild seiner Umgebung machen kann. Dies gilt allerdings nicht mehr, sobald er sich bewegt. Falls er z.B. eine enge Rechtskurve fährt, wie dies in Abb. 1b dargestellt ist, kann er seine Umgebung nur unvollständig vermessen, weil sich die Aufnahmepositionen der Messwerte durch die Bewegung des Rollstuhls kontinuierlich verschieben. Daher besteht das Risiko, Hindernisse durch die Verwendung solch statischer Feuerstrategien zu übersehen; nicht nur für den Bremen Autonomen Rollstuhl, sondern auch für andere mobile Roboter mit Sonarsensoren, z.B. dem *Nomad 200*, der von Nomadic hergestellt wird (z.B. benutzt von Owen und Nehmzow, 1997), oder RWI's *B21* (z.B. benutzt von Burgard *et al.*, 1997). In Abschnitt 4 wird eine dynamische Feuerstrategie präsentiert, die dieses Problem löst.

Um die Auswirkungen von Crosstalks auf das Verhalten des Rollstuhls zu reduzieren, werden Hindernisse erst berücksichtigt, wenn sie mindestens zweimal gemessen wurden. Die dynamische Feuerstrategie, die in Abschnitt 4 beschrieben wird, stellt sicher, dass die zweifache Erfassung eines Hindernisses den Erkennungsprozess nicht wesentlich verlangsamt.

2.3 Blindheit im Nahbereich

Da die meisten Ultraschallsensoren nur eine Membrane haben, mit der sie den Sonarimpuls sowohl erzeugen als auch wieder auffangen, benötigen sie einen gewissen Zeitraum nach dem Senden, um wieder in den Ruhezustand zurückzukehren, sodass die Vibration, die durch die Rückkehr des Impulses ausgelöst wird, auch registriert werden kann. Während dieses Zeitraumes werden keine eingehenden Ultraschallsignale erfasst, woraus eine Blindheit für Objekte resultiert, die sich sehr nah an dem Sensor befinden, z.B. können die Sensoren des Bremer Autonomen Rollstuhls keine Entfernungen von weniger als 15 cm messen.

3 Rechtzeitiges Anhalten

Eine der wichtigsten Aufgaben des Bremen Autonomen Rollstuhls besteht darin, Kollisionen zu vermeiden. Auf der untersten Stufe, der Sicherheitsschicht, bedeutet dies, dass er *rechtzeitig* anhält, bevor ein Zusammenstoss geschehen kann. Auf höheren Stufen (vgl. Abschnitt 5) kann dieses Ziel auch durch Umfahren von Hindernissen erreicht werden. Die Entscheidung, ob es notwendig ist, den Rollstuhl abzubremsen, wird auf der Basis der aktuellen Geschwindigkeit, der negativen Beschleunigung des Rollstuhls beim Bremsen (Verzögerung), seiner Reaktionszeit und der *Fahrtstrecke* zum nächsten Hindernis gefällt. Letzteres ist die Entfernung, die der Rollstuhl bei seiner aktuellen Fahrtrichtung und seinem aktuellen Lenkwinkel zurücklegen kann, bevor er mit dem ersten Hindernis kollidiert.

Während es einfach ist, den Anhalteweg für eine bestimmte Geschwindigkeit zu berechnen, kann die Fahrtstrecke zum dichtesten Hindernis nicht unmittelbar ermittelt werden. Die Bewegung des Rollstuhls ist nicht-holonom und sein Körper hat eine relativ komplizierte Form. Außerdem geben die Sensoren kein vollständiges Bild der Umgebung, sondern liefern ihre Messungen nacheinander über einen längeren Zeitraum hinweg (ungefähr 0.5 s für einen kompletten Durchgang), während sich der Rollstuhl bewegt. Deshalb wurde das Problem des Berechnens der Fahrtstrecke zum nächsten Hindernis in zwei Teilprobleme zerlegt: Den Aufbau einer *lokalen Hinderniskarte* und die Bestimmung der Entfernung zum dichtesten Hindernis mit Hilfe von *virtuellen Sensoren* (Röfer und Lankenau, 1998):

3.1 Lokale Hinderniskarte

Die lokale Hinderniskarte (Elfes, 1991) ist eine quadratische Anordnung von Zellen, von denen jede – unter anderem (vgl. Abschnitt 4) - das Vorhandensein eines Hindernisses an der entsprechenden Position in der Umgebung des Rollstuhls repräsentiert (vgl. Abb. 2a). Synchron zu den Bewegungen des Rollstuhls werden die Einträge in der Karte verschoben, jedoch nicht rotiert. Die Karte besteht aus 134×134 Zellen, die jeweils eine Fläche von 3×3 cm^2 repräsentieren, d.h. sie hat eine Größe von etwa 4×4 m^2.

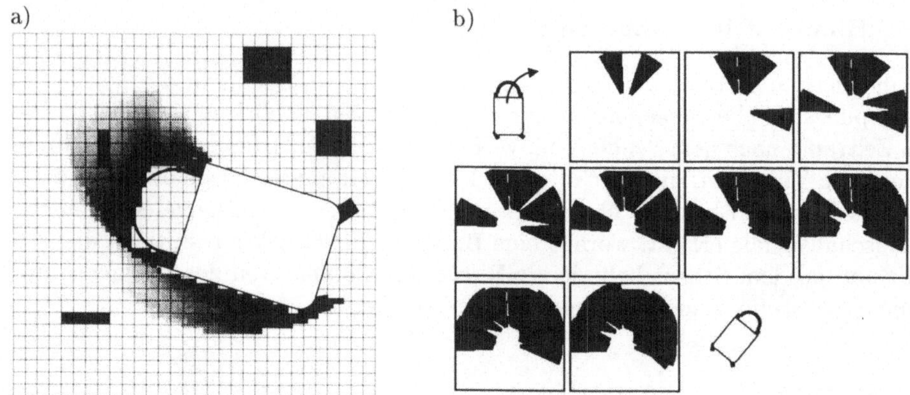

Abb. 2. a) Die lokale Hinderniskarte und ein virtueller Sensor. Je dunkler die Zellen, desto kürzer die Fahrtstrecke bis zur Kollision. b) Die adaptive Ultraschall-Feuerstrategie.

3.2 Virtuelle Sensoren

Die Bestimmung der Entfernung zum dichtesten Hindernis basiert auf der Annahme, dass bereits alle relevanten Objekte in der Karte erfasst wurden. Um zu entscheiden, ob der Rollstuhl mit einem Hindernis kollidieren könnte, muss seine aktuelle Bewegung in die Zukunft projiziert werden, d.h. ermittelt werden, wann der Rollstuhl welche Zelle erreichen wird. Wegen der nicht-holonomen Bewegung ist dies keine triviale Aufgabe. Im Gegensatz zu anderen Ansätzen, die versuchen, den Berechnungsaufwand durch Vereinfachen der Region, die nach Hindernissen durchsucht werden muss, zu reduzieren (vgl. Furtwängler *et al.*, 1998), benutzt der Bremer Autonome Rollstuhl eine genaue Methode: die virtuellen Sensoren (vgl. Abb. 2a). Für jede Kombination aus Fahrtrichtung, Lenkeinschlag und Verdrehung gegenüber der Karte existieren vorausberechnete Regionen, die nach Hindernissen durchsucht werden. Die virtuellen Sensoren sind so organisiert, dass das dichteste Hindernis zuerst gefunden wird und gleichzeitig die Strecke bekannt ist, die der Rollstuhl zurücklegen muss, bis er mit dem Hindernis kollidiert. Diese Distanz kann direkt mit dem aktuell zu erwartenden Anhalteweg verglichen werden, um zu bestimmen, ob gebremst werden muss oder nicht.

4 Adaptive Ultraschall-Feuerstrategie

Wie bereits in Abschnitt 2 beschrieben wurde, existiert bei der Verwendung einer statischen Strategie zum Feuern der Ultraschall-Sensoren das Risiko, dass relevante Hindernisse übersehen werden. Deshalb ist eine solche Strategie ungeeignet, um aus den erhaltenen Messungen eine Karte aufzubauen, die für die Erkennung drohender Kollisionen genutzt wird. Rolland verwendet statt dessen eine dynamische Strategie, bei der die Feuerreihenfolge der Sensoren aus der aktuellen Bewegungsrichtung des Rollstuhls, seinem Lenkwinkel und den in der Karte vermerkten früheren Messungen abhängt.

4.1 Relevanter Bereich

Aus der aktuellen Fahrtrichtung und dem Lenkeinschlag ergibt sich der Bereich
der Umgebung, der überhaupt für die Kollisionsvermeidung relevant ist, nämlich
genau der, der auch vom zugehörigen virtuellen Sensor durchsucht wird (vgl.
Abb. 2a). Falls es Hindernisse in diesem Gebiet gibt, sind nur jene Zellen interessant, die eher erreicht werden können als das dichteste, bereits bekannte
Hindernis, da der Rollstuhl vor diesem sowieso anhalten muss. Je mehr Hindernisse es gibt, desto kleiner wird also der zu erfassende Bereich. Da für jeden
Sensor bekannt ist, welchen Bereich der Karte er vermessen kann, können gezielt
diejenigen Sensoren gefeuert werden, die Teile des relevanten Gebiets wahrnehmen können.

4.2 Alter der Messungen

Um eine gleichmäßige Erfassung dieses Bereichs zu erhalten, wird für jede Zelle
der Karte das Alter der Messung mitgeführt. Es werden in jedem Schritt genau
die beiden Sensoren gefeuert, die auf Zellen ausgerichtet sind, die die ältesten
Messungen enthalten. Gibt es in einem Zyklus mehrere solcher Sensoren, wird
derjenige gefeuert, der zusätzlich selbst am längsten nicht mehr verwendet wurde.

4.3 Eintragen einer Messung

Wenn eine neue Ultraschallmessung eintrifft, wird diese in die Karte eingetragen.
Innerhalb des Öffnungswinkels des Sensors werden alle Zellen gelöscht, die dem
Sensor näher als die gemessene Entfernung sind, jedoch nicht näher als der Blind-
bereich des Sensors, d.h. 15 cm. Die Zellen in der gemessenen Entfernung werden
als belegt gekennzeichnet. Alle anderen Zellen bleiben unverändert. Zusätzlich
wird das Alter der Messung aller modifizierten Zellen angepasst. Das Alter der
Zellen, die zum ersten Mal als belegt gemessen wurden, wird auf „besonders alt"
gesetzt, um eine sofortige Neumessung zu forcieren (vgl. Abschnitt 2). Das Alter
der anderen wird auf 0 zurückgesetzt.

Bereiche der Umgebung, die vom Rand her in die Karte hineinrollen, werden
bis zu ihrer ersten Erfassung aus Sicherheitsgründen als belegt angesehen. Ein
Zyklus des Moduls „Rechtzeitiges Anhalten" – Eintragen neuer Sensormessun-
gen, Verschieben der Karte, Altern der Messungen – dauert weniger als 3 ms.
Da der Rollstuhl Befehle in einem 32 ms Takt entgegen nimmt, wird die Karte
etwa 31 Mal pro Sekunde aktualisiert.

4.4 Ergebnisse

Abbildung 2 zeigt die schnelle Erfassung der relevanten Umgebung durch die adaptive Feuerstrategie. Wie in Abb. 1b fährt der Rollstuhl eine enge Rechtskurve.
Jedoch unterscheidet sich die Reihenfolge, in der mit den Sensoren Messungen
durchgeführt werden. Zum Einen werden nur nach Vorne und zur Außenseite
der Kurve orientierte Sensoren verwendet, d.h. jene, die den Teil der Umgebung

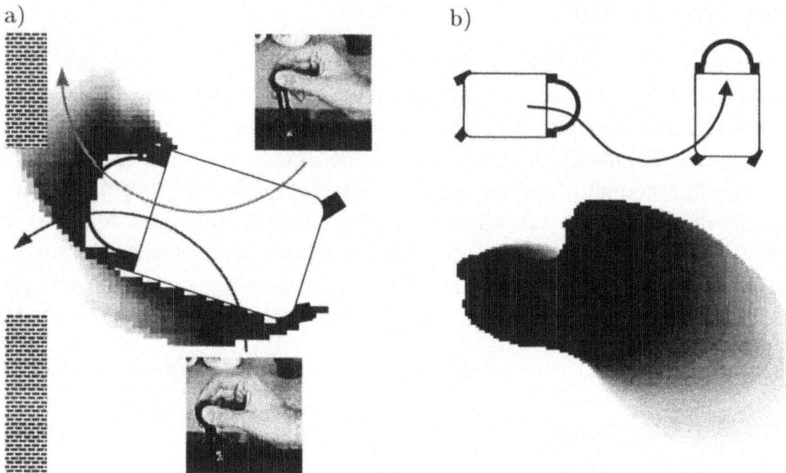

Abb. 3. Automatisches Ausweichen. a) Die vom Benutzer vorgegebene Fahrtrichtung entscheidet, zu welcher Seite der Rollstuhl ausweicht. b) Die Geschwindigkeitskarte für das Ausweichen nach links bei aktuell maximal rechtem Lenkeinschlag. Für jede Zelle ist die größte Geschwindigkeit gespeichert, mit der der Rollstuhl beim Ausweichen gerade nicht mehr diese Zelle überstreicht. Je dunkler eine Zelle dargestellt ist, desto geringer ist die erlaubte Geschwindigkeit.

erfassen, der während des Abfahrens der Kurve erreicht wird. Zum Anderen wird dieser Bereich sehr schnell vermessen. Schon nach sechs Messzyklen ist die Erfassung des Gebiets fast perfekt. Das Loch auf der linken Seite kommt dadurch zustande, dass der Rollstuhl dieses Gebiet nicht mit seiner Vorderseite passieren wird. Erst später, nachdem er sich weiter gedreht hat, kann er diese Region mit seinem Heck erreichen, weshalb sie erst dann erfasst werden muss.

5 Automatisches Ausweichen

Automatisches Ausweichen ist eine der wichtigsten Fähigkeiten, die ein autonomes mobiles System beherrschen sollte. Daher wurden auch schon viele verschiedene Methoden zur Hindernisvermeidung entwickelt. Eine kurze Übersicht wurde von Borenstein und Koren (1991) zusammengestellt, wobei die Autoren zwischen drei Klassen von Algorithmen unterscheiden: Kanten-Detektionsmethoden, die Repräsentation von Hindernissen durch Wahrscheinlichkeitsgitter, sowie Potenzialfeldmethoden. Sie alle sind anwendbar für Roboter mit Ultraschallsensoren, aber keine von ihnen wurde für den Einsatz in sog. „Shared-Control"-Systemen entworfen, d.h. für Systeme, in denen sich die Maschine die Steuerung mit einem Benutzer teilt, wie z.B. bei einem intelligenten Rollstuhl.

Eine typische Ausweichsituation ist in Abb. 3a dargestellt: Der Rollstuhl nähert sich einem Türdurchgang. Er könnte nun entweder direkt auf den Türpfosten zufahren und vor ihm stehen bleiben (reine Kollisionsvermeidung), nach links ausweichen und somit den Türdurchgang passieren oder nach rechts ausweichen und an der Wand entlang fahren. Ein früherer Ansatz, der auf Rolland implementiert wurde, war eher Maschinen-orientiert: für alle möglichen Lenkeinschläge des Rollstuhls wurde ermittelt, wie viel Fahrtstrecke wahrscheinlich auf einer entsprechenden Kurve bis zum dichtesten Hindernis verbleiben würde. Ähnlich wie bei der Vektor-Feld-Histogramm-Methode (Bell *et al.*, 1994) wurde dann der Lenkeinschlag ausgewählt, mit dem der Rollstuhl vermutlich am weitesten hindernisfrei fahren kann (Röfer und Lankenau, 1998). Auch wenn einige Verbesserungen im Vergleich zur VFH Methode erreicht wurden, krankte dieser Ansatz jedoch an der Tatsache, dass die Entscheidung, ob z.B. durch die Tür gefahren oder ihr ausgewichen werden soll, einzig vom Zeitpunkt des Eingreifens abhing und dieser von Situation zu Situation verschieden war.

5.1 Ausweichrichtung

Der neue Ansatz beachtet dagegen die vom Benutzer mit dem Steuerknüppel angedeutete Fahrtrichtung um zu erfahren, welche der drei Alternativen (nach links, nach rechts oder gar nicht ausweichen) er wünscht. Die lokale Karte wird mit dem zu dieser Richtung gehörigen virtuellen Sensor nach den dichtesten Hindernissen durchsucht (vgl. Abb. 3a). In dem virtuellen Sensor ist für jede Zelle der Karte gespeichert, in welche Richtung (links/rechts) ihr am besten auszuweichen ist. Dies ergibt sich aus dem Teil des Rollstuhls, der diese Zelle zuerst erreichen wird. Falls z.B. eine Zelle zuerst mit dem linken Vorderteil erreicht wird, ist es angebracht, nach rechts an dem Hindernis vorbeizufahren; ist der mutmaßliche Kollisionspunkt die hintere linke Seite, sollte jedoch nach links ausgewichen werden, usw. Diese Information wurde für jede Fahrtrichtung, jeden Lenkeinschlag und jede Rotation gegenüber der Karte vorausberechnet, steht also ohne kalkulatorischen Zusatzaufwand zur Laufzeit zur Verfügung.

5.2 Geschwindigkeit

Ausweichen besteht allerdings nicht nur aus dem Ändern des Lenkwinkels, sondern auch aus der Reduktion der Geschwindigkeit. Da das Lenken Zeit benötigt, muss der Rollstuhl beim Ausweichen auch abbremsen, um der Lenkung die nötige Zeit zu verschaffen. Hierzu existieren wiederum im Voraus berechnete Tabellen, die für jede Zelle der lokalen Karte, die aktuelle Fahrtrichtung (vorwärts/rückwärts), jeden aktuellen Lenkeinschlag und jede gewünschte Ausweichrichtung (links/rechts) die maximale Geschwindigkeit enthalten, mit der der Rollstuhl beim Ausweichen gerade nicht mehr mit der jeweiligen Zelle kollidiert (vgl. Abb 3b).

5.3 Ergebnisse

Der Ansatz zur Hindernisvermeidung wurde in verschiedenen Situationen erfolgreich getestet, z.B. in engen Korridoren, beim Türdurchfahren und in Umgebungen mit vielen umherlaufenden Personen (Hannovermesse Industrie 1999). Abbildung 4 zeigt z.B. zwei Fahrten durch eine 92 cm breite Tür, eine vorwärts

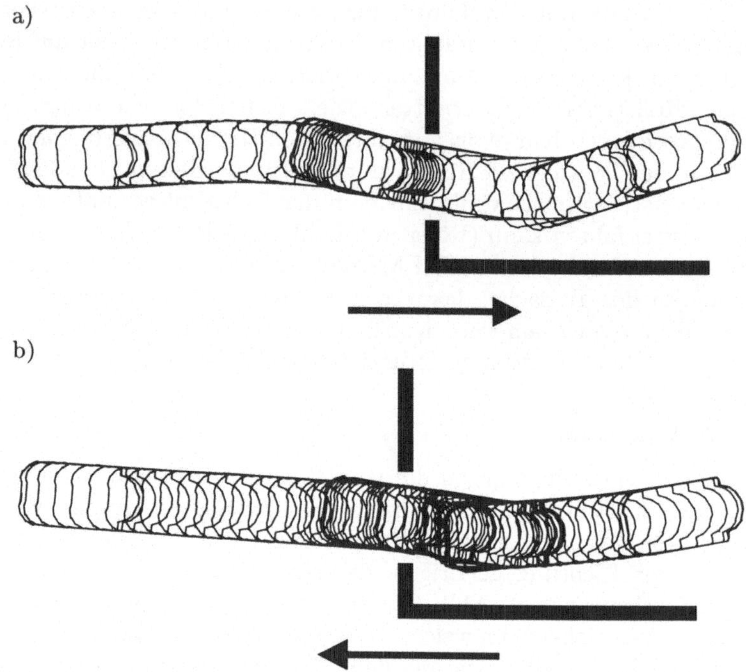

Abb. 4. Passieren eines Türdurchgangs mit Hindernisvermeidung in 0,5 Sekundenschritten. a) Vorwärts. b) Rückwärts.

(Abb. 4a), die andere rückwärts (Abb. 4b). Jeder der dargestellten Umrisse
entspricht der Position des Rollstuhls in 0,5 Sekundenschritten. Während der
Experimente deutete der Benutzer nur grob in die Richtung der Tür, die Fein-
navigation wurde von Rolland übernommen. Der Rollstuhl fährt jeweils recht
schnell (vorwärts z.B. 84 cm/s) auf die Tür zu, bremst dann ab und lenkt ein,
durchfährt den Türrahmen und beschleunigt wieder. In Abb. 4a wird zusätzlich
noch einer Seitenwand im hinter der Tür liegenden Raum ausgewichen.

6 Zusammenfassung

In diesem Beitrag wurden die Module eines Fahrassistenten für behinderte und
ältere Menschen präsentiert, einem Rollstuhl, der mit Ultraschallsensoren und
einem PC ausgestattet wurde. Hierzu wurde zuerst eine genauere Analyse der
typischen Probleme von Ultraschallsensoren durchgeführt und im Anschluss eine
Methode zur Erfassung der Umgebung und der Kollisionsvermeidung vorgestellt,
die zumindest einige dieser Probleme reduziert. Das vorgestellte Verfahren der
Kollisionsvermeidung ist schnell und genau, es ermöglicht z.B. das Fahren in
Menschenmengen. Des Weiteren wurde ein Verfahren zum automatischen Ausweichen präsentiert, bei dem der Benutzer weitgehend die Kontrolle über die
vom Rollstuhl eingeschlagene Fahrtrichtung behält.

In Zukunft – und z.T. auch schon realisiert – wird der Fahrassistent mit einem Satz von automatischen Manövern ausgestattet, wie z.B. dem Wenden auf der Stelle und dem Andocken an Tische.

Danksagung

Die Autoren dieses Beitrags werden von der Deutschen Forschungsgemeinschaft durch das Schwerpunktprogramm „Raumkognition" unterstützt.

Literatur

D. A. Bell, S. P. Levine, Y. Koren, L. A. Jaros und J. Borenstein (1994). Design criteria for obstacle avoidance in a shared control system. In: *Proceedings of the RESNA '94 Conference*, 17–24. Nashville.

J. Borenstein und Y. Koren (1991). The vector field histogram - fast obstacle avoidance for mobile robots. *IEEE Journal of Robotics and Automation*, **7**(3), 278–288.

J. Borenstein, H. R. Everett und L. Feng (1996). *Where am I? Sensors and Methods for Mobile Robot Positioning*. University of Michigan.

W. Burgard, D. Fox und D. Henning (1997). Fast grid-based position tracking for mobile robots. In: G. Brewka, C. Habel und B. Nebel (Hrsg.), *KI-97: Advances in Artificial Intelligence*, Lecture Notes in Artificial Intelligence, 289–300. Springer, Berlin, Heidelberg, New York.

T. Edlinger und G. Weiß (1995). Exploration, navigation and self-localization in an autonomous mobile robot. In: R. Dillmann, U. Rembold und T. Lüth (Hrsg.), *Autonome Mobile Systeme*, Informatik aktuell, 142–151. Springer, Berlin, Heidelberg, New York.

A. Elfes (1991). Occupancy grids: A stochastic spatial representation for active robot perception. In: S. S. Iyengar und A. Elfes (Hrsg.), *Autonomous Mobile Robots*, Band 1, 60–70. IEEE Computer Society Press, Los Alamitos, California.

R. Furtwängler, U. D. Hanebeck und G. Schmidt (1998). Dynamic control of a mobile manipulator. In: *Proceedings of AMC'98, 5th Int. Workshop on Advanced Motion Control*, 440–445. Coimbra, Portugal.

J.-S. Gutmann, W. Burgard, D. Fox und K. Konolige (1998). An experimental comparison of localization methods. In: *International Conference on Intelligent Robots and Systems (IROS'98)*. Victoria, Canada.

A. Kirchner (1997). Mapping with laser rangefinder and a grid based transformation estimation. In: *Proc. Third ECPD International Conference on Advanced Robotics, Intelligent Automation and Active Systems*, 320–325. Bremen.

A. Musto, K. Stein, A. Eisenkolb und T. Röfer (1999). Qualitative and quantitative representations of locomotion and their application in robot navigation. In: *Proc. of the 16th International Joint Conference on Artificial Intelligence (IJCAI-99)*, 1067–1073. Morgan Kaufman Publishers, Inc., San Francisco, CA.

C. Owen und U. Nehmzow (1997). Middle scale navigation – a case study. In: *Spatial Reasoning in Mobile Robots and Animals*, 104–112. AISB-97 Workshop, Manchester University.

T. Röfer und A. Lankenau (1998). Architecture and applications of the Bremen Autonomous Wheelchair. In: P. P. Wang (Hrsg.), *Proc. of the Fourth Joint Conference on Information Systems*, Band 1, 365–368. Association for Intelligent Machinery.

Ein Interaktives Mobiles Service-System für den Baumarkt*

Hans-Joachim Boehme & Horst-Michael Gross

Fachgebiet Neuroinformatik, Technische Universität Ilmenau,
98684 Ilmenau (Thüringen)
email: {hans,homi}@informatik.tu-ilmenau.de

Zusammenfassung In diesem Beitrag wird das Konzept für den Einsatz eines Roboters als intelligenter, interaktiver Shopping-Assistent in einer Baumarkt-Umgebung vorgestellt und diskutiert. Vorrangig behandelt werden die Schwerpunkte *visuell basierte Mensch-Roboter-Interaktion, lokale und globale Roboternavigation* sowie Fragen der *Steuerarchitektur zur Verhaltenskoordination* vor dem Hintergrund dieses realen Einsatzszenarios. Als Forschungsplattformen kommen dabei die beiden Robotersysteme MILVA und PERSES des Fachgebiets zum Einsatz. Betont werden soll an dieser Stelle, daß es sich hier um ein langfristig angelegtes Forschungsvorhaben handelt und lediglich erste methodische Konzepte und vorläufige Ergebnisse aus der realen Baumarkt-Umgebung präsentiert werden können.

1 Einleitung und Anwendungsszenario

Abb. 1. Veranschaulichung der elementaren Verhaltensleistungen eines mobilen interaktiven Shopping-Assistenten

Um möglichst schnell die Einbettung der Forschungsaktivitäten in ein reales Anwendungsfeld zu gewährleisten, streben wir den Einsatz einer mobilen Plattform als intelligenten und interaktiven Shopping-Assistenten in einer Baumarkt-Umgebung an. Ein deutsches Baumarktunternehmen als Kooperationspartner stellt uns zu diesem Zweck eine Filiale für Testuntersuchungen zur Verfügung. Vor diesem Szenario lassen sich verschiedene Teilleistungen eines solchen Systems definieren, die in Abb. 1 veranschaulicht sind und insbesondere das Auffinden und kontinuierliche Verfolgen eines potentiellen Benutzers, die robuste lokale und globale Navigation mittels Kameras und/oder Entfernungssensoren, die Integration aller Verhaltensmodule des Systems in eine geeignete

* gefördert durch die Projekte PERSES (TMWFK, Nr. B 611-98041) und DYGEST (EU TMR, Nr. ERB FMBI CT 97 2613)

Steuerarchitektur, die Artikulation des Systems gegenüber dem Benutzer sowie eine Reihe von baumarktspezifischen Service-Angeboten umfassen. Der aktuelle Realisierungsstand dieser Teilleistungen, die dabei zur Anwendung kommenden Methoden sowie die Funktionalität des Gesamtsystems werden in den folgenden Abschnitten dargestellt.

Abb. 2 zeigt die beiden Robotersysteme MILVA und PERSES, die als Forschungsplattformen des Fachgebiets zum Einsatz kommen und jeweils über mehrere Kameras, Entfernungssensorik und On-Board-Rechentechnik verfügen.

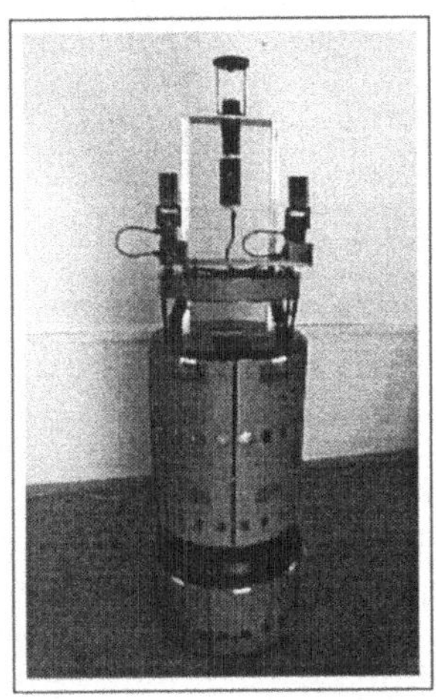

Abb. 2. Links: MILVA, eine Plattform mit Dreiradkinematik, Front(Navigations)kamera, Doppelkamerasystem mit PTU's und schwenkbarem „Hals", Stereomikrofonanordnung, Laserscanner, Bumperleiste
Rechts: PERSES, eine B21-Plattform (RWII, USA) mit Ultraschallsensorik, Stereokamerasystem und Omnikamera

2 Personenlokalisation und Personentracking

Unter weitgehend uneingeschränkten Umgebungsbedingungen ist das Auffinden und Verfolgen von Personen in Bildsequenzen in Echtzeit auch zum aktuellen Zeitpunkt noch eine sehr anspruchsvolle Aufgabenstellung. Während sich zunächst die Mehrzahl der zu diesem Problem publizierten Beiträge auf den Einsatz eines speziellen Merkmals (Hautfarbe, Gesicht, Bewegung etc.) beschränkte und dabei entweder weitgehend definierte, vorab bekannte oder zumindest näherungsweise unveränderliche Randbedingungen voraussetzte, verwendet man heute typischerweise Kombinationen verschiedener visueller Cues, um die notwendige Robustheit unter variablen realen Umgebungsbedingungen zu erzielen ([5]). Vor diesem Hintergrund wurde ein MULTI-CUE-ANSATZ entwickelt und implementiert, der parallel verschiedene visuelle Cues extrahiert und diese zu einem personenspezifischen Auffälligkeitssystem fusioniert (siehe auch [2]).

2.1 Multi-Cue-Ansatz zur Personenlokalisation

Einen Überblick über den implementierten Multi-Cue-Ansatz zur Personenlokalisation gibt Abb. 3. Auflösungspyramiden (Abtastverhältnis $1/\sqrt{2}$) transformieren das Bild in eine Multiskalenrepräsentation mit 5 Ebenen.

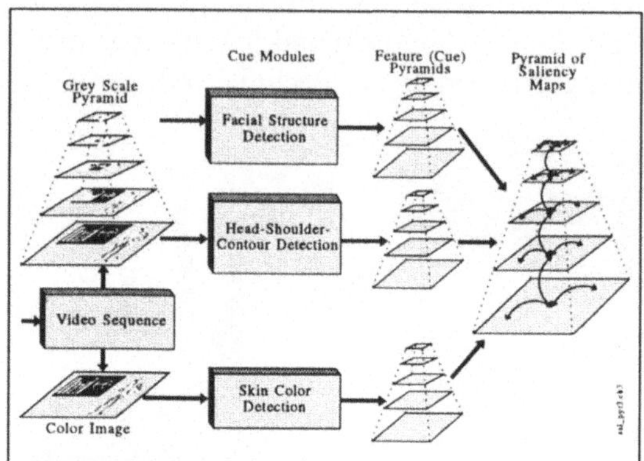

Abb. 3. Schematischer Aufbau des personenspezifischen Auffälligkeitssystems

Die beiden Cue-Module, die strukturbasiert arbeiten und für die Detektion eines *Gesichts* bzw. einer *Kopf-Schulter-Silhouette* verantwortlich sind, operieren auf allen Ebenen der Auflösungspyramide, während die Detektion von *Hautfarbe* im

Originalbild erfolgt. Danach wird das hautfarbsegmentierte Bild ebenfalls in eine Pyramide transformiert, um eine einheitliche Datenstruktur zur Fusion der einzelnen Cues zu erhalten. Die folgenden Abschnitte geben eine Kurzbeschreibung der einzelnen Cue-Module.

Hautfarbsegmentierung Der von uns implementierte Ansatz lehnt sich an [16] und [7] an und verwendet die chromatische r-g-Farbebene des RGB-Farbraumes, um Intensitätsunterschiede zu kompensieren. Ausgehend von einem manuell erstellten Hautfarb-Datensatz (verschiedene Personen unter verschiedenen Beleuchtungsbedingungen) wurde ein Modell dieser kompakten Datenverteilung, bestehend aus Mittelwert und Kovarianzmatrix, berechnet. Die eigentliche Hautfarbsegmentierung erfolgt über die Mahalanobis-Distanz des aktuellen Farbwerts zum Hautfarbmodell. Abb. 4 zeigt ein Beispiel zur Hautfarbklassifikation.

Abb. 4. Beispielergebnis zur Hautfarbklassifikation: links das Originalbild aus der Baumarkt-Umgebung, rechts das Segmentierungsergebnis mit einem groben, universellen Hautfarbmodell

Gesichtsdetektion Der zunächst favorisierte Ansatz zur Gesichtsdetektion verwendete Eigengesichter (siehe [12]) als Faltungsmasken und klassifizierte in dem entstehenden Merkmalsraum, erwies sich jedoch hinsichtlich Berechnungskomplexität und Geschwindigkeit für den Echtzeit-Einsatz auf Standard-Hardware als ungeeignet. Das Verfahren wurde deshalb dahingehend modifiziert, daß ausschließlich ein Mittelwertgesicht als Faltungsmaske benutzt wird, wobei in beiden genannten Varianten eine Normierung des Bildausschnitts und eine Elimination des Mittelwertes erfolgte. Die aktuell implementierte Methode der *normierten mittelwertfreien Skalarprodukte* (NMS) hat neben dem enormen Effektivitätsgewinn den Vorteil, daß das erhaltene Faltungsergebnis direkt als Ähnlichkeitsmaß benutzt werden kann. Abb. 5 stellt anhand eines Beispielbildes die beiden genannten Methoden gegenüber: (v.l.n.r.) Originalbild, Segmentierungsergebnis mittels Eigengesichtern und anschließender Fitwertklassifikation und Segmentierungsergebnis mit dem NMS-Verfahren. Das NMS-Verfahren liefert mehr falsch positive Detektionsergebnisse, die jedoch durch die Fusion der verschiedenen Cues wieder eliminiert werden können und sich somit nicht negativ auf das Gesamtlokalisationsergebnis auswirken.

 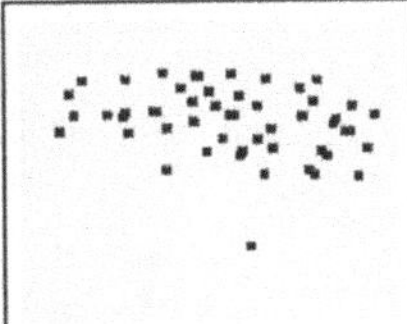 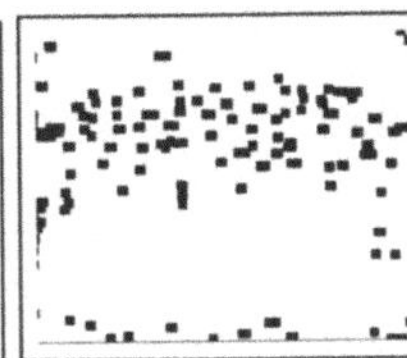

Abb. 5. v.l.n.r. Originalbild, Gesichtsdetektion mittels Eigengesichtern und Ergebnis mittels NMS-Verfahren

Detektion einer Kopf-Schulter-Silhouette Der Konturdetektionsalgorithmus lokalisiert die Kopf-Schulter-Silhouette einer annähernd frontal zur Kamera ausgerichteten Person. Abb. 6 illustriert die wesentlichen Verarbeitungsschritte. Die Grundidee des Verfahrens beruht auf der Approximation eines Kontur-

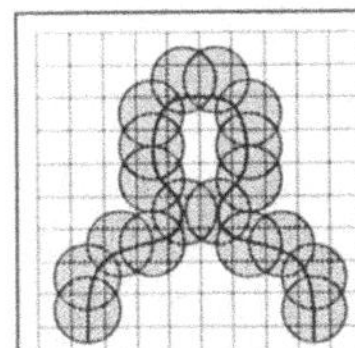   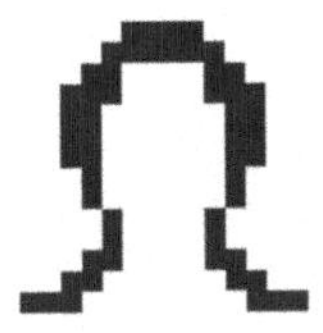 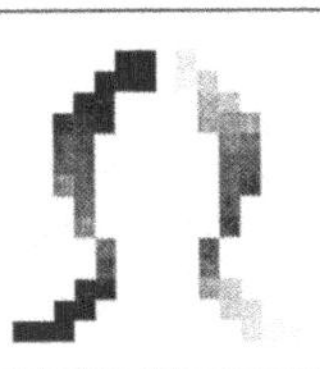

Abb. 6. v.l.n.r.: Arrangement orientierungssensitiver Filter; zwei Beispielbilder (16 × 16) des Trainingsdatensatzes; daraus ermittelter binärer Konturverlauf; eigentliches Konturmodell (Prototyp) als Arrangement der dominanten Orientierungen entlang des binären Konturverlaufs, wobei die Orientierungswinkel als Grauwerte kodiert wurden (0°: schwarz; 90°: mittelgrau; 180°: weiß); das Konturmodell ist symmetrisch, da der Datensatz entlang der y-Achse gespiegelt wurde

verlaufs durch ein Arrangement orientierter Filter, welches auf alle Auflösungsebenen angewendet wird. Um dieses Arrangement möglichst allgemeingültig zu bestimmen, wird zunächst mittels eines Satzes von Beispielbildern ein mittlerer binärer Konturverlauf gelernt, woran sich die Ermittlung der dominanten Orientierung an jedem Konturpunkt nach [8] anschließt. Das so erhaltene Konturmodell wird jetzt mit dem Orientierungsverlauf verglichen, der an der aktuellen Bildposition ermittelt wurde. Eine detaillierte Beschreibung des Verfahrens findet sich in [3].

Fusion der Cues und Lokalisation der Person Die Fusion der Cues und die sich daran anschließende Selektion der Region, die mit größter Wahrscheinlichkeit eine Person enthält, soll durch Abb. 7 illustriert werden. Alle Cues liefern

Abb. 7. Lokalisationsergebnis in einer Szene aus der realen Baumarkt-Umgebung: oben links das Originalbild und rechts die Regionen, für die nach der Cue-Fusion eine starke Hypothese für das Vorhandensein einer Person vorliegt; deutlich sichtbar sind neben den eigentlichen Personenregionen weitere Hypothesen, die sich nahezu zwangsläufig aufgrund der Szenenstruktur ergeben; unten v.l.n.r. exemplarisch die Ausgaben der Cue-Module für Hautfarbe, Silhouette und Gesichtsstruktur für die erste Ebene (höchste Auflösung) der Multiskalenrepräsentation

parallel ihren Beitrag in die Pyramide der Auffälligkeitskarten (siehe Abb. 3), die aus nichtlinearen dynamischen Neuronen aufgebaut ist, welche sowohl innerhalb einer Ebene als auch zwischen unmittelbar benachbarten Ebenen miteinander wechselwirken. Ein WTA-ähnlicher 3D-Selektionsprozeß ([1]) ermittelt jetzt die Regionen, in denen die Cues die stärksten korrespondierenden Beiträge liefern. Vorteilhaft daran ist die implizite Hystereseeigenschaft des Selektionsprozesses infolge der nichtlinearen Dynamik, weshalb damit quasi bereits ein Tracking einer einmal selektierten Region erfolgt. Für eine detaillierte Beschreibung des Verfahrens sei wiederum auf [3] verwiesen.

Die Personenlokalisation ist zweifelsfrei eine wesentliche Verhaltensleistung, die das Gesamtsystem erbringen muß. Durch die parallele Integration verschiedener visueller Cues ist ein robustes dynamisches Auffälligkeitssystem realisiert worden. In einem Entfernungsbereich von 0.5 bis etwa 2.5 Meter, den die 5 Auflösungsebenen bei Verwendung einer CHUGAI BOYEKI CD 08 Videokamera mit maximaler Weitwinkeleinstellung abdecken, ist mit dem vorgestellten System eine sehr sichere Personenlokalisation möglich.

Integration weiterer Cues Zur Beschleunigung der Personenlokalisation wurden zwei weitere Methoden entwickelt. Zum einen wird das Bild der Omnikamera, welches den gesamten Umgebungsbereich der PERSES-Plattform als 360°-Aufnahme erfaßt, hinsichtlich Bewegungsinformation segmentiert. Zu diesem Zweck wurde ein Segmentierungsverfahren entwickelt, das eine kontinuierliche Adaption der Modelle für Szenenhintergrund und Person realisiert und Ähnlichkeiten zu dem von WREN in [15] vorgeschlagenen Ansatz aufweist. Damit ist zwar keine exakte Segmentierung der Person möglich, jedoch läßt sich auf diese Weise sehr effizient und einfach die Richtung bestimmen, in der sich möglicherweise eine Person befindet (siehe Abb. 8). Nachdem das Doppelkamera-Active-Vsion-System in diese Richtung geschwenkt wurde, schließt sich dann die oben beschriebene Personenlokalisation an, da eine Lokalisation direkt im Bild der Omnikamera aufgrund der geringen Detailauflösung unmöglich ist. Durch die Kopplung beider Kamerasysteme kann der gesamte Umgebungsbereich der Plattform kontinuierlich beobachtet werden.

 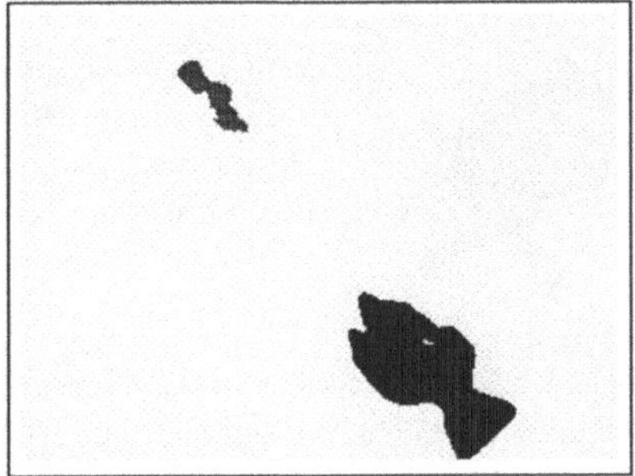

Abb. 8. Beispiel für die Bewegungsdetektion im Bild der Omnikamera; links: Originalbild der Einsatzumgebung; rechts: bewegungsbasiert segmentierte Regionen, in denen sich eine Person befindet bzw. befinden könnte

Das zweite Verfahren verwendet eine Stereo-Mikrofonanordnung zur Geräuschlokalisation [11]). Auch hier besteht das Ziel darin, die Aufmerksamkeit der Plattform in die entsprechende Richtung zu lenken und diesen Bereich der Umgebung nach einer möglicherweise vorhandenen Person, die mit der Plattform in Interaktion treten will, abzusuchen.

2.2 Personentracking

Die Personenlokalisation kann als der Initialisierungsschritt für das anschließende Personentracking verstanden werden. Da der visuelle Kontakt zum Benutzer auch dann gewährleistet sein muß, wenn sich sowohl Kamera/Plattform als auch die Person bewegen, scheiden Tracking-Verfahren, die eine stationäre Kamera voraussetzen, von vornherein aus. Neben der Ausnutzung der impliziten Trackingeigenschaft der nichtlinearen dynamischen Cue-Fusion während der Personenlokalisation zielen unsere aktuellen Arbeiten wiederum auf die Verwendung eines Multi-Cue-Ansatzes ab, der im wesentlichen Bewegungs- und Farbinformationen im Bild der Omnikamera miteinander kombiniert (siehe auch [10]). Über ein adaptives (da ansichtenabhängiges) Farbmodell der zu trackenden Person soll weiterhin garantiert werden, daß eine sichere Detektion des aktuellen Nutzers auch dann gesichert wird, wenn zwischenzeitlich bspw. aufgrund von Verdeckung der visuelle Kontakt unterbrochen war. Da sich die Arbeiten zum Personentracking erst am Anfang befinden, können hier noch keine aussagefähigen Ergebnisse präsentiert werden. Ein aktuell am Fachgebiet laufendes Forschungsprojekt (siehe Fußnote im Titel) widmet sich vorrangig dieser Fragestellung.

3 Lokale und globale Roboternavigation

Neben scan- bzw. ultraschall-basierten Verfahren wurde für die **lokale Hindernisvermeidung** ebenfalls ein monokularer MULTI-CUE-ANSATZ entwickelt und zur AMS'98 ([9]) vorgestellt. Eine aktuell laufende Arbeit untersucht, inwieweit mittels Omnikamera durch Auswertung von Symmetrien in einem spärlichen Flußfeld eine robuste lokale Navigation möglich ist.

Abb. 9. Beispiel für eine in realer Umgebung erlernte Umgebungskarte (MILVA-Plattform mit Laserscanner, schwarz: Hindernis, grau: Freiraum); deutlich erkennbar ist der durch den Odometriefehler verursachte Versatz des Flurbereiches (links oben), nachdem ein geschlossener Kurs durchfahren wurde

Für die **globale Roboternavigation** wird der von THRUN ([14]) und Mitarbeitern entwickelte probabilistische Occupancy-Grid-Ansatz derzeit reimplementiert, der sich während der Tour-Guide-Projekte ([4]), die eine Reihe von Gemeinsamkeiten mit unserem Szenario aufweisen, bereits bewährt hat. Abb. 3 zeigt als erstes vorläufiges Ergebnis eine Umgebungskarte, die von der MILVA-Plattform gelernt wurde. Die Verfahren zur Selbstlokalisation und der damit verbundenen Korrektur des Odometriefehlers werden zum aktuellen Zeitpunkt implementiert und können noch nicht mit aussagefähigen Ergebnissen hinterlegt werden.

4 Steuerarchitektur zur Verhaltensorganisation

Die Notwendigkeit einer effizienten Steuerarchitektur ergibt sich aus der Aufgabe, die verschiedenen „Verhaltensmodule" zu einem sinnvollen Gesamtverhalten des Service-Systems zu verknüpfen. Aus der Vielzahl der bekannten verhaltensbasierten Ansätze erscheint uns der in ([13]) vorgeschlagene „Dynamic Approach" am geeignetsten, dessen Architektur in Abb. 10 links zu sehen ist. Das Kernstück dieser Architektur bildet der Arbitrator, der auf einem nichtlinearen DGL-System basiert, welches die Interaktion der verschiedenen Verhaltensmodule modelliert und dessen Attraktoren gewünschte Teilverhalten darstellen. Anhand der in Abb. 10 rechts dargestellten Zeitverläufe soll die Funktionsweise dieses Systems zumindest grob veranschaulicht werden: Zwei Verhalten, das Tracken einer Person (B1) und das Reagieren auf ein akustisches Ereignis (Geräuschlokalisation, B2), wurden in dem Beispiel realisiert. Im Initialzustand sind beide Verhaltensmodule nicht aktiviert (*Behavioral Activation* $N1 = 0$ und $N2 = 0$).

Beide Module teilen über ihren *Sensor Context* dem Arbitrator mit, inwieweit sie in der aktuellen sensorischen Situation in der Lage sind, ein hinreichend gutes Berechnungsergebnis zu liefern. Nachdem eine Schallquelle lokalisiert wurde, erfolgt ein Schwenken der Kameras in die entsprechende Richtung, und nach erfolgter visueller Personenlokalisation (B3, hier nicht näher betrachtet) beginnt der Trackingprozeß, was eine Inaktivierung der akustischen Aufmerksamkeit nach sich zieht und sich darin äußert, daß $N2$ vom Zustand 1 in den Zustand 0 übergeht, da bei sicherem Tracking keine „Ablenkung" durch ein akustisches Ereignis erfolgen soll. Damit wirkt sich ein in dieser Phase auftretendes Geräusch nicht auf das Gesamtverhalten der Plattform aus, da das entsprechende Verhaltensmodul nicht auf die Aktorik zugreifen darf.

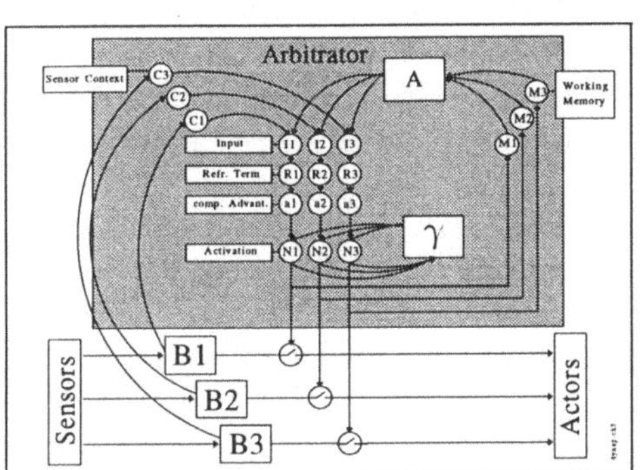
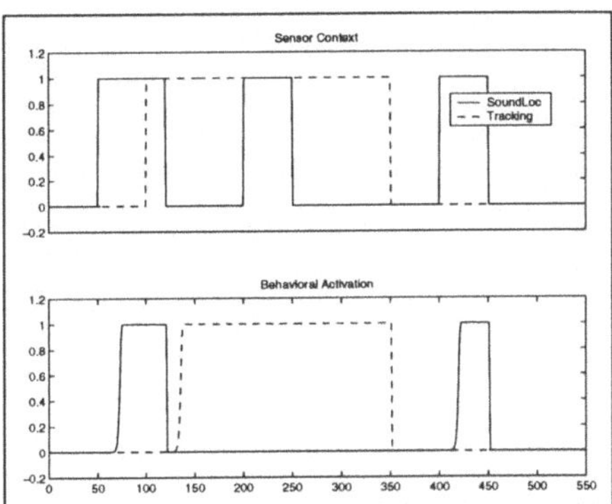

Abb. 10. Links: Schematische Darstellung der Architektur zur Verhaltenskoordination (adaptiert aus [13]); **Rechts:** Zeitverläufe der Variablen Sensor Context und Verhaltensaktivierung für das im Text erläuterte Beispiel zur Koordination von visueller und akustischer Personenlokalisation bzw. -tracking

Schlägt das Tracking hingegen fehl ($N1$ geht aufgrund des fehlenden Sensor Context vom Zustand 1 in den Zustand 0 über), wird die akustische Aufmerksamkeit wieder aktiviert (bzw. nicht mehr vom Trackingmodul inhibiert) und kann zur Unterstützung der Nutzersuche herangezogen werden. Die zur Verhaltenskoordination notwendigen Randbedingungen, die bspw. die gleichzeitige Aktivierung verschiedener Verhaltensmodule verbieten oder definierte zeitliche Randbedingungen (Verhalten X muß vor der Aktivierung von Verhalten Y aktiv sein) festlegen, werden über entsprechende Einträge in die Systemmatrizen A bzw. Γ realisiert. Die vorgestellte Methode gestattet eine sehr elegante Verhaltensbeschreibung und läßt sich problemlos um neue Verhaltensmodule erweitern. Weiterhin können für komplexe Teilverhalten mehrere separate Architekturen mit prinzipiell identischem Aufbau kombiniert werden.

5 Roboterartikulation – Sprach-Ein-Ausgabe

Für eine effiziente Interaktion zwischen Benutzer und System ist es wesentlich, daß das System seinen aktuellen „Zustand" seinem Benutzer mitteilen kann. Zu diesem Zweck sind eine Reihe vordefinierter sprachlicher Äußerungen, wie bspw. „Ich fahre jetzt zu Ihnen" oder „Bitte folgen Sie mir", vorgesehen. Die Ausgabe der dem aktuellen Situations- und Interpretationskontext adäquaten Äußerungen wird von der Steuerarchitektur getriggert, da diese letztendlich entscheidet, welche Teilverhalten in der aktuellen Situation aktiv bzw. inaktiv sind. Ein einfaches, derzeit noch sprecherabhängiges Spracherkennungsmodul zur Erkennung von Kommandoworten wird eingesetzt, um bspw. eine Bestätigung für die vom Roboter beabsichtigte Aktion zu erhalten („Ich würde jetzt zu Ihnen fahren. Bitte bestätigen Sie mit Ja!").

6 Szenariospezifische Service-Angebote

Neben der Kontaktaufnahme und dem kontinuierlichen Kontakthalten zum Benutzer sind eine Reihe szenariospezifischer Teilleistungen auf dem Service-System zu integrieren. Zunächst ist vorgesehen, daß das System lediglich als „Lotse" fungiert und den Kunden in einen von diesem (per Touchscreen) ausgewählten Marktbereich oder Artikelstandort führt. Zu diesem Zweck wird die Karte der Umgebung, die während der Exploration im Rahmen der globalen Navigation erstellt wurde, entsprechend attributiert. Perspektivisch läßt sich das Service-Angebot bspw. um die Funktionen „Anforderung eines Fachberaters", „Präsentation aktueller Sonderangebote" etc. nahezu unendlich erweitern.

7 Zusammenfassung und Ausblick

Das hier vorgestellte Projekt besitzt zum aktuellen Zeitpunkt noch vorrangig Konzeptcharakter und soll im Verlauf der nächsten 3 bis 5 Jahre Stück für Stück umgesetzt werden. Die dargestellten Ergebnisse verdeutlichen den aktuellen Realisierungsstand. Erste umfangreiche Vor-Ort-Untersuchungen in der realen Baumarkt-Umgebung werden ab Oktober diesen Jahres durchgeführt und sicherlich zur Folge haben, daß einige der bereits entwickelten Teilsysteme angepaßt oder vollständig neu konzipiert werden müssen. Als unmittelbare Erweiterungen steht die multimodale und damit robustere Hindernisvermeidung an, die durch eine Integration der Ultraschall-Entfernungsdaten und der visuellen Hindernisdetektion nach [9] erreicht werden und sich an das in [6] vorgestellte Verfahren anlehnen soll. Weiterhin ist vorgesehen, die Steuerarchitektur zur Verhaltenskoordination um solche Methoden zu erweitern, die bspw. die Adaption der Systemmatrizen über Reinforcement-Lernprozesse ermöglichen. Die Frage nach der langfristigen Tragfähigkeit der vorgestellten Steuerarchitektur zur Verhaltenskoordination kann zum gegenwärtigen Zeitpunkt noch nicht abschließend beantwortet werden. Gegebenenfalls sind hier Alternativvarianten notwendig, die sich stärker an regelbasierten Ansätzen orientieren.

Danksagung

Die Autoren danken allen Kollegen und Studenten des Fachgebietes Neuroinformatik für ihre engagierte und konstruktive Mitarbeit.

Literatur

1. Amari, S. Dynamics of pattern formation in lateral-inhibition type neural fields. *Biological Cybernetics*, 27:77–87, 1977.
2. Boehme, H.-J., Braumann, U.-D., Corradini, A., and Gross, H.-M. Person Localization & Posture Recognition for Human-Robot Interaction. In *GW'99 - The 3rd Gesture Workshop, Gif-sur-Yvette, France.* Springer, 1999. in press.
3. Braumann, U.-D., Corradini, A., Böhme, H.-J., and Gross, H.-M. Konturbasierte Personenlokalisation mittels dreidimensionaler neuronaler Felder und steuerbarer Filter. In *Mustererkennung 1998, 20. DAGM-Symposium*, Informatik aktuell, pages 385–392. Springer Verlag, 1998.
4. Burgard, W., Cremers, A., Fox, D., Lakemeyer, G., Hähnel, D., Schulz, D., Steiner, W., and Thrun, S. The interactive museum tour-guide robot. In *Proceedings of the Fifteenth National Conference on Artificial Intelligence (AAAI-98)*, 1998.
5. Darrell, T., Gordon, G., Harville, M., and Woodfill, J. Integrated person tracking using stereo, color, and pattern detection. In *Proceedings of the Conference on Computer Vision and Pattern Recognition*, pages 601–609, 1998.
6. Gaudiano, P., Chang, C., Ecemis, I., Martens, S., Sahin, E., Streilein, W., and Wagner, R. Neurobotics Lab Research: Learning, Vision and Sonar Recognition with Mobile Robots. In *NN'99, 4. International Workshop on „Neural Networks in Applications, Magdeburg*, pages 91–98, 1999.
7. Hunke, M.H. Locating and Tracking of Human Faces with Neural Networks. Technical report, Carnegie Mellon University Pittsburgh, 1994. CMU-CS-94-155.
8. Jähne, B. *Practikal Handbook on Image Processing for Scientific Applications.* CRC Press LLC, 1997.
9. Krabbes, M., Weber, S., Boehme, H.-J., and Gross, H.-M. Monokulare visuelle Hindernisdetektion auf Basis merkmalsbasierter Bildsegmentierung. In *AMS'98 - 14. Fachgespräch Autonome Mobile Systeme*, Informatik aktuell, pages 85–92. Springer-Verlag, 1998.
10. Munkelt, O., Ridder, C., Hansel, D., and Hafner, W. A model driven 3D image interpretation system applied to person detection in video images. In *ICPR'98: International Conference on on Pattern Recognition*, 1998.
11. Paschke, P. and Schauer, C. A spike-based model of binaural sound localization. In *EWNS'99 - 2nd European Workshop on Neuromorphic Systems, Stirling*, 1999. in press.
12. Rowley, H. A., Baluja, S., and Kanade, T. Human Face Detection in Visual Scenes. Technical report, Carnegie Mellon University, 1995. CMU-CS-95-158R.
13. Steinhage, A. and Bergener, T. Dynamical Systems for the Behavioral Organization of an Abthropomorphic Mobile Robot. In *From Animals to Animats 5: Proceedings of the Fifth International Conference on Simulation of Adaptive Behavior (SAB 98)*. M.I.T. Press, 1998.
14. Thrun, S. Learning Maps for Indoor Mobile Robot Navigation. *Artificial Intelligence*, 99(1):21–71, 1999.
15. Wren, C., Azarbayejani, A.and Darrell, T., and Pentland, A. Pfinder: Real-Time Tracking of the Human Body. *IEEE Transactions on Pattern Analysis and Machine Intelligence*, 19(7):780–785, 1997. M.I.T. Media Lab Techreport TR 353.
16. Yang, J., Lu, W., and Waibel, A. Skin-Color Modeling and Adaptation. Technical report, Carnegie Mellon University, 1997. CMU-CS-97-146.

Umgebungsmodellierung / Exploration

Kamerabasierte 3D-Rekonstruktion der Einsatzumgebung eines mobilen Roboters

Michael Schmitt, Jörg Brodersen, Georg Lietz, Frank Lomberg,
Karl-Friedrich Kraiss

Lehrstuhl für Technische Informatik
Rheinisch-Westfälische Technische Hochschule Aachen (RWTH)
Ahornstr. 55, 52074 Aachen
Email: schmitt@techinfo.rwth-aachen.de
http://www.techinfo.rwth-aachen.de

Zusammenfassung Die dreidimensionale Modellierung der Umgebung eines mobilen Roboters bietet gegenüber den üblichen zweidimensionalen Grundrißkarten eine Reihe von Vorteilen sowie zusätzliche Möglichkeiten bei der Gestaltung der Mensch-Maschine Schnittstelle, der Navigation bzw. Positionsbestimmung sowie der Visualisierung von Systemzuständen. Die Generierung eines solchen Modells aus den Sensordaten des Roboters ist wegen der erzielbaren hohen Flexibilität besonders attraktiv. Der hier vorgestellte Ansatz benutzt die Bilder der Bordkamera eines mobilen Roboters zur 3D-Rekonstruktion einer vorab unbekannten Einsatzumgebung und resultiert in einer texturierten virtuellen Umgebung, die in einem Leitstand dargestellt und für die weitere Interaktion mit dem Roboter genutzt werden kann. Aus der monokularen Bildinformation wird mit der Hilfe der epipolaren Geometrie auf die Aufnahmepositionen zurückgeschlossen und eine Triangulation durchgeführt. Daraus entstehen Teilmodelle, die mit den Kameraaufnahmen texturiert werden. Die so gewonnenen Teile des Roboter-Umgebungsmodells werden sukzessiv aneinander ausgerichtet und zusammengeführt.

1 Einleitung

1.1 Interaktion mit mobilen Robotern in einer virtuellen Umgebung

In [11] wurde das Konzept eines Leitstands zur Einsatzplanung und Überwachung mobiler Roboter vorgestellt, das durch die Verwendung einer virtuellen Umgebung eine visuelle Mensch-Maschine Interaktion gestattet und dadurch einen Operateur bei der Aufgabendefinition und Auswertung von Robotermissionen unterstützt. Eine 'Zeitreise' mit Animation der aufgezeichneten Sensordaten läßt darin die Roboterzustände einfach nachvollziehen. Das Zusammenstellen von Fahraufträgen kann durch Bewegung des Beobachterstandpunktes in der Virtuellen Realität und Zuordnung der auszuführenden Aktionen geschehen. Darüberhinaus ist in dem texturierten Umgebungsmodell eine optische Positionsbestimmung ohne Verwendung künstlicher Landmarken möglich [10]. Das Modell, die Sensordaten und alle Systemzustände werden in einer relationalen

Datenbank entsprechend ihrer zeitlichen Abfolge und räumlichen Zuordnung abgelegt.

Inzwischen wurde untersucht, wie das erforderliche Umgebungsmodell aus den Sensordaten des Roboters erstellt werden kann. In diesem Beitrag wird insbesondere auf die Möglichkeiten der optischen Rekonstruktion aus den Bildern einer Bordkamera eingegangen.

1.2 Umgebungsmodellierung aus Aufnahmen der Bordkamera

Die Forschungsarbeiten des Bereichs 'Computer Vision' haben in letzter Zeit eine Reihe von neuen Verfahren hervorgebracht, die eine 3D-Rekonstruktion mit immer weniger erforderlichem Vorwissen über die zu modellierende Szenerie und die Aufnahmeumstände bzw. -parameter gestatten. So kann anstelle einer kalibrierten Stereokamera aus monokular aufgenommenen Bildern die Anordnung der Aufnahmen zueinander extrahiert werden [2] [19]. Die Abbildungseigenschaften der verwendeten Kamera lassen sich ebenfalls aus einer Bildsequenz ableiten, so daß auch eine Kalibrierung vorab nicht mehr zwingend erforderlich ist. Pollefeys, Heyden und Park haben beispielsweise entsprechende Verfahren in [9], [4] und [8] vorgestellt. Einige dieser Vorgehensweisen wurden hier adaptiert.

Entscheidend für die Wahl des hier verwendeten Ansatzes war die Reduktion des Einflusses von Odometriefehlern und der Verzicht auf künstliche Landmarken zur externen Rekalibrierung, was einen Einsatz in unbekannter Umgebung verhindern würde. Position und Orientierung eines Roboters sind zwar während der Fahrt ungefähr bekannt, ein genereller Rückgriff auf diese Daten bringt jedoch in der Regel akkumulierende Fehler mit sich. Daher werden rein aus den Bildinformationen Teilmodelle rekonstruiert und sukzessiv aneinander ausgerichtet und zusammengesetzt.

Die Verwendung nur einer Kamera hält die mechanische Komplexität des Roboteraufbaus sehr gering. Ähnliche Projekte verwenden bin- oder trinokulare Systeme [17] mit aufwendigen Justierungseinrichtungen. In [3] wird ein manuell zu bewegender Rollwagen mit zwölf fest installierten Kameras vorgestellt.

Im folgenden wird zunächst das Prinzip des entwickelten Rekonstruktionsverfahrens erläutert, bevor auf die Ausrichtung und Fusionierung der so erzeugten Teilmodelle eingegangen wird. Zu beiden Methoden folgen jeweils Beispiele und experimentelle Untersuchungen anhand von simulierten Datensätzen und realen Kameraaufnahmen.

2 Monokulare 3D-Rekonstruktion

Zur Rekonstruktion eines dreidimensionalen Teilmodells in Form eines texturierten Polygonnetzes wurde ein mehrstufiges Verfahren entwickelt, das folgendermaßen skizziert werden kann:

- Berechnung der Aufnahme-Geometrie durch Korrelation markanter Bildpunkte (Stereokorrespondenz-Analyse)
- Euklidische Rekonstruktion der 3D-Punkte
- Polygonalisierung und Texturierung

2.1 Stereokorrespondenz-Analyse mit Hilfe der epipolaren Geometrie

Die Stereokorrespondenz-Analyse geschieht in mehreren Iterationen. Im ersten Schritt wird nach markanten Bildpunkten in zwei benachbarten Kameraaufnahmen gesucht. Dazu wird der SUSAN Corner Detector [15] eingesetzt. Zwischen diesen Bildpunkten werden Korrespondenzen über eine normierte Kreuzkorrelation bestimmt. Da noch keinerlei Vorwissen über die Aufnahmegeometrie vorhanden ist, stützt sich die Suche nach Punktkorrespondenzen einzig auf den Vergleich von Grauwerten in einem Korrelationsfenster, wobei noch häufig falsche Korrespondenzen enstehen (Abb. 1 oben links). Die Suche kann jedoch auf einen gewissen Bereich des jeweiligen Bildes eingeschränkt werden, da sich die Positionen homologer Bildpunkte - abhängig von der Distanz zwischen den Aufnahmen - nur um einen relativ kleinen Wert verschieben.

Diese Verschiebung erfolgt bei mehreren Pixeln einer Region in der Regel um ähnliche Vektoren. Eine erste Plausibilitätsüberprüfung der per Korrelation gefundenen Korrespondenzen kann daher durch Vergleich der Verschiebungsvektoren erfolgen. Ein Teil der fehlerhaften Zuordnungen kann so bereits herausgefiltert werden, was sehr wichtig für die nachfolgenden Schritte ist [1] (Abb. 1 oben rechts).

Aus diesen Punktkorrespondenzen wird die epipolare Geometrie abgeleitet. Sie beschreibt die Anordnung der Bildebenen zueinander. Zhang [19] hat diese Berechnungen sehr ausführlich untersucht und beschrieben. Das von ihm veröffentlichte Modul zur Berechnung der (die epipolare Geometrie beschreibenden) Fundamental-Matrix kommt hier zum Einsatz.

Zur Verfeinerung der Fundamentalmatrix-Schätzung wird dieses Vorgehen nochmals wiederholt, allerdings nun unter Berücksichtigung der mit der ersten Fundamentalmatrix bereits ungefähr bekannten Ausrichtung der Bildebenen zueinander. Die Suche nach markanten Bildpunkten wird nun mit variierter Parametrisierung durchgeführt, um eine höhere Anzahl an Punkten zu extrahieren. Für diese Punktmenge werden wiederum Korrespondenzen über eine Korrelation bestimmt. Die epipolare Geometrie der Aufnahmen gestattet dabei die Einschränkung des Suchraumes auf eine Dimension: die epipolaren Linien. Da die erste Schätzung noch recht ungenau ausfallen kann, wird zusätzlich noch ein Randbereich um diese Linien betrachtet. Nach erneuten Konsistenz-Überprüfungen steht eine neue und größere Menge an Bildpunkt-Korrespondenzen zur Verfügung, die zur Berechnung einer genaueren Fundamentalmatrix benutzt wird (Abb. 1 unten links).

Die Berechnung der Fundamentalmatrix reagiert sehr empfindlich auf falsche Korrespondenzen und Rauschen, weshalb sehr viele der Punktkorrespondenzen mit den stringenten Konsistenzprüfungen herausgefiltert werden, um einen möglichst robusten Berechnungsweg zu erhalten. Für eine detaillierte Rekonstruktion einer Umgebung kann diese Punktmenge zu gering ausfallen, weshalb nach der endgültigen Berechnung der Fundamentalmatrix nochmals eine Menge von Bildpunkten gesucht wird, die schließlich mit der nachfolgend beschriebenen Rekonstruktion das Modell ergibt.

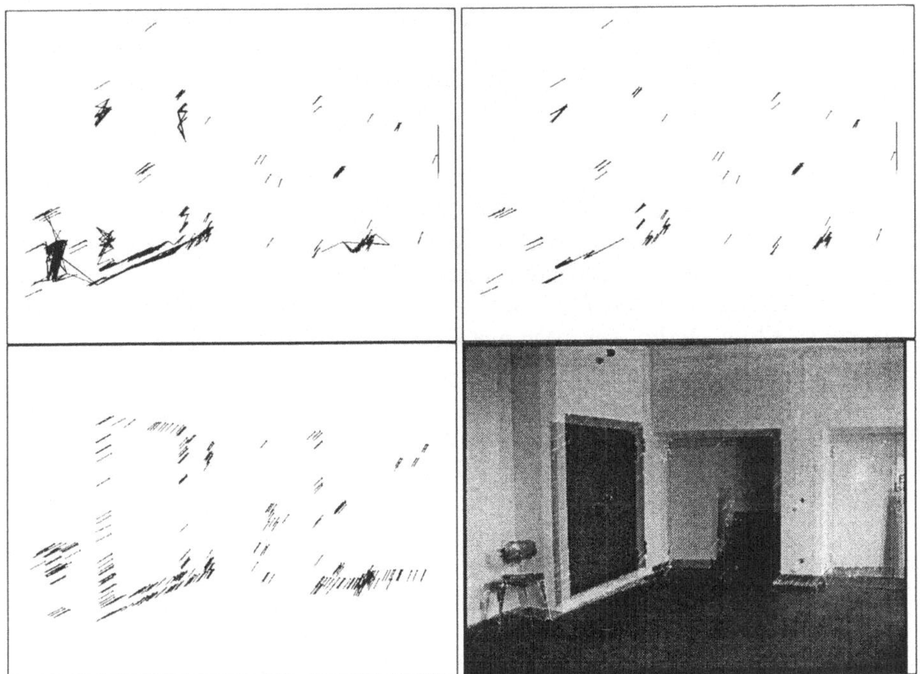

Abbildung1. Phasen der Korrespondenzanalyse: Korrelation (oben links), nach erstem Konsistenzcheck (oben rechts), endgültige Korrespondenzen (unten links), überlagerte Originalbilder (unten rechts)

2.2 Euklidische Rekonstruktion der 3D-Punkte

Aus der Fundamentalmatrix F und der Kamera-Kalibrierungsmatrix K eines Lochkamera-Modells berechnet sich die sogenannte essentielle Matrix E zu

$$E = K^T F K \qquad mit \qquad K = \begin{bmatrix} f_x & s & u_0 \\ 0 & f_y & v_0 \\ 0 & 0 & 1 \end{bmatrix}$$

K beschreibt die Abbildungseigenschaften der Kamera durch die intrinsischen Parameter Brennweite (f_x, f_y), Bildhauptpunkt (u_0, v_0) und die Verzerrung der Bildachsen s. Die Verzerrung wird zu $s = 0$ angenommen; f_x, f_y, u_0, v_0 werden vorab über das Kalibrierungsverfahren von Tsai [16] ermittelt. Dies hat gegenüber Selbstkalibrierungsverfahren, wie etwa denen von Pollefeys und Park [9][8], den Vorteil einer höheren Robustheit, wenngleich die Verwendung des Kamera-Zooms damit ausscheidet. Für die hier durchgeführten Innenaufnahmen mit den damit einhergehenden relativ kurzen Aufnahmeabständen sind jedoch ohnehin nur kleine Brennweiten benutzbar, so daß die einmalige feste Kalibrierung keine wesentliche Einschränkung darstellt.

Um die Berechnung der Fundamentalmatrix robuster und genauer zu machen, werden die gefundenen Bildpunkte mit K^{-1} normiert. Damit entspricht die Fundamentalmatrix der essentiellen Matrix E, die die extrinsischen Kameraparameter Rotation und Translation (R, t) enthält und die in $E = RT, T_x = t \times x$ zerlegt wird [2].

Dazu wird über die SVD-Zerlegung $E = USV^T$ bestimmt und daraus $R = UBV^T$ berechnet, wobei B die Rotationsmatrix um die optische Achse mit $\pm\frac{\pi}{2}$ darstellt [13]. Der Translationsvektor t kann z.B. über $t = e_i \times e_j$ berechnet werden; e_i und e_j sind zwei Zeilen der Matrix E. Die euklidische Projektionsmatrix P_E ist schließlich durch $P_E = K[R \mid -Rt]$ gegeben. Nach der von Heyden in [5] vorgestellten Methode werden aus P_E und den Punktkorrespondenzen die 3D-Weltkoordinaten rekonstruiert.

Eine Skalierung des Modells ist nicht ohne externe Referenzgröße allein aus einer Bildsequenz möglich. Daher wird die Translation des Fahrzeugs zwischen den zwei Aufnahmenpositionen als Maßstab benutzt. Die absolute Position und Orientierung von Fahrzeug und Kamera werden dagegen nicht benötigt; kumulative Fehler fließen somit nicht in die Berechnungen ein. Anhand des Verhältnisses von wahrer Translation und dem Betrag des berechneten Translationsvektors t werden die Modellkoordinaten skaliert. Der translatorische Fehler der Odometrie beträgt ca. 2-3 % und bedeutet in der Praxis bei Aufnahmeabständen von 200 cm eine Skalierungsunsicherheit von unter 6 cm.

2.3 Polygonalisierung und Texturierung

Mit Hilfe des Delaunay-Algorithmus wird aus den 3D-Punkten ein Polygonnetz erstellt. Damit keine falschen 'Querverbindungen' enstehen, wird erst der 2D-Delaunay aus den jeweiligen Kameraperspektiven eingesetzt und anschließend die Punktmenge durch die 3D-Koordinaten ersetzt. Durch eine Texturierung mit den Kamerabildern erhält man einen wesentlich realistischeren Eindruck von der Szenerie. Abb. 2 zeigt das Beispiel eines rekonstruierten und texturierten Modells sowie die in der Draufsicht auf den Wireframe erkennbare räumliche Struktur.

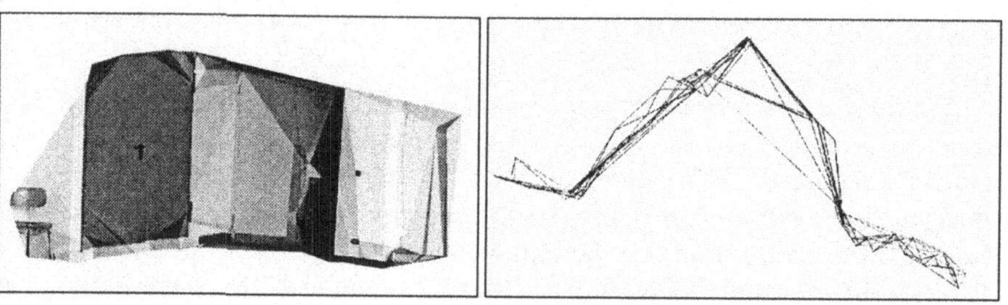

Abbildung2. Beispiel einer 3D-Rekonstruktion mit Textur (links) und in Wireframe-Darstellung (Draufsicht, rechts)

Mit Hilfe eines 'Decimate'-Filters kann das so entstandene Teilmodell der Umgebung noch optimiert werden. In Abhängigkeit von einer einstellbaren Winkeldifferenz benachbarter Flächennormalen faßt der Algorithmus Polygone zusammen. Trotz Erhalt der Modell-Topologie wird dadurch der Speicherbedarf reduziert und das Rendern beschleunigt [14].

2.4 Experimentelle Ergebnisse

Das vorgestellte Verfahren wurde mit simulativen Daten und realen Bildern getestet. Zur Analyse der Genauigkeit und des Einflusses verschiedener Parameter (z.B. Aufnahmepositionen und -winkel, Rauschanteil in den Bildkoordinaten) auf die Rekonstruktion kam der künstliche Datensatz eines dreiseitigen Kalibrierungswürfels zum Einsatz, um die genauen Positionen von Original- und rekonstruierten Koordinaten vergleichen zu können. Abb. 3 zeigt den relativen Fehler sowie die Stabilität abhängig von einem auf die Bildkoordinaten addierten weißen gausschen Rauschen. Die Berechnung der Fundamentalmatrix ist sehr empfindlich bezüglich ungenauen bzw. fehlerbehafteten Bildpunkt-Korrespondenzen. Mit steigendem Rauschen sinken die Erfolgsquote und die Genauigkeit der Rekonstruktionen rapide ab. Bereits einige wenige 'Outlier' können genügen, die Berechnungen scheitern zu lassen. Dies zeigt die Bedeutung der anfänglichen Korrespondenz-Filterungen. Rekonstruktionen oberhalb eines Fehlers von ca. 10% schlugen in der Regel fehl. Besonders wichtig ist die Normierung der Bildpunkte mit K^{-1}. Dadurch wird das Verfahren aufgrund einer besseren Konditionierung wesentlich stabiler und genauer. Abb. 4 zeigt die Rekonstruktion eines real aufgenommenen Kalibrierungswürfels texturiert und in Wireframe-Darstellung. Die Würfelflächen bilden zueinander einen Winkel von 91.9^{o}.

3 Kombination der Teilrekonstruktionen zu einem Umgebungsmodell

Bei dem betrachteten Einsatzszenario in Innenräumen ist im Gegensatz zur äußeren Gebäuderekonstruktion nur ein sehr kleiner Teil der zu rekonstruierenden Umgebung im Sichtbereich der Kamera. Daher ist es erforderlich, mehrere während einer Explorationsfahrt rekonstruierte Teilmodelle paßgenau aneinanderzusetzen. Die Plazierung vieler separater Teilmodelle aufgrund ihrer Aufnahmepositionen, wie sie z.B. in [7] praktiziert wird, ließe wiederum die mit der Odometrie verbundenen Ungenauigkeiten einfließen. Die Aufnahmepositionen dienen daher hier nur als Ausgangswerte für eine iterative Ausrichtung auf Basis einer Abstandsminimierung von 3D-Korrespondenzpunkten mittels Gradientenabstiegsverfahren. Anschließend werden die Polygonnetze der beiden Teilmodelle im Überlappungsbereich verschmolzen.

3.1 Ausrichten benachbarter Teilmodelle

Die Suche nach Korrespondenzpunkten ist hierbei abhängig von der Umgebung: bei unmittelbar benachbarten Teilrekonstruktionen z.B. eines Flurbereiches mit

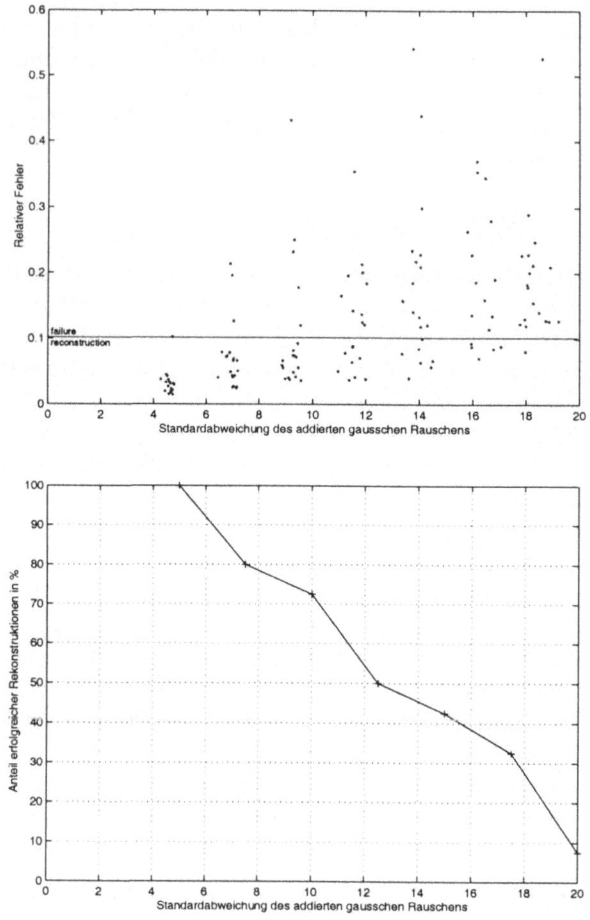

Abbildung3. Relativer Fehler und Stabilität des Rekonstruktionsverfahrens

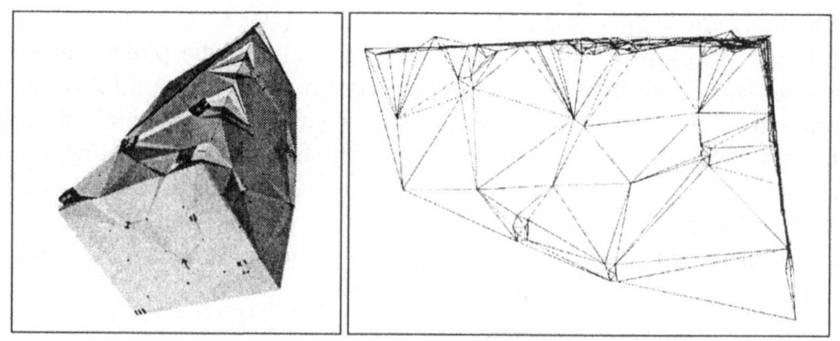

Abbildung4. Rekonstruierter Kalibrierungswürfel

überwiegend ebenen Flächen ist keine ausreichend markante Topologie vorhanden, die eine translatorische Ausrichtung der 'Ebenen' zueinander erlaubt, so daß auf die Bildinformation (über eine Korrelation der Grauwerte wie bei der Stereokorrespondenz-Analyse) zurückgegriffen werden muß. Sind dagegen beispielsweise bei einer Tür oder Raumecke genügend räumliche Strukturmerkmale vorhanden, so können die 3D-Punkte zur Ausrichtung der Teilmodelle in allen Freiheitsgraden herangezogen werden (Abb. 5). Dazu wird für jeden Punkt im Überschneidungsbereich des einen Teilmodells der räumlich nächste Punkt des anderen Teilmodells gesucht. Anschließend kommt zur Abstandsminimierung eine iterative Annäherung mittels Gradientenabstiegsverfahren und ständiger Neuberechnung der Korrespondenzen zum Einsatz [6] [18].

3.2 Fusion der Polygonnetze

Zur Fusionierung zweier Polygonnetze und der erforderlichen Neuberechnung der Texturkoordinaten im Überlappungsbereich wurde ein modifiziertes 'Zippering'-Verfahren in Anlehnung an [12] entwickelt. Dazu werden die Polygone beider Modellteile auf Schnittpunkte überprüft, bei entsprechender Übereinstimmung ein neues Polygon eingefügt, welches beide Teile verbindet und die redundanten Bereiche abgeschnitten. Schließlich erfolgt eine Neuberechnung der Texturkoordinaten im Bereich der Überschneidungen, so daß als Ergebnis ein texturiertes 3D-Mesh ohne Schnittkanten vorliegt.

3.3 Experimentelle Ergebnisse

Die skizzierten Verfahren wurden sowohl mit Simulationen als auch anhand von rekonstruierten Modellen analysiert. Abb. 5 zeigt das Beispiel einer Ausgangssituation zweier ähnlicher und überlappender Modelle zusammen mit den berechneten Korrespondenzpunkten. Da die Modelle nicht identisch sind, kann keine exakte Deckung bei der Abstandsminimierung erreicht werden. Der geringste erreichte durchschnittliche Abstand der Korrespondenzpunkte liegt bei 2,4 cm. In Abb. 6 sind die durchschnittlichen Abstände vor und nach der Ausrichtung aufgetragen. Hierbei wurde über 200 zufällig gewählte Ausgangspositionen im Bereich von $\pm$ 20 cm Translation und $\pm 5^o$ Rotation (um die x- und y-Achse) der Modelle gegeneinander gemittelt. Der mittlere Abstand reduzierte sich von 11,6 cm vor auf 5,2 cm nach der Ausrichtung.

4 Zusammenfassung und Ausblick

Vorgestellt wurden das Konzept und erste experimentelle Ergebnisse zur Rekonstruktion eines dreidimensionalen Modells einer unbekannten Umgebung aus den Kameraaufnahmen eines mobilen Roboters. Dieses Modell kann sowohl der Visualisierung für einen Operateur eines mobilen Serviceroboters als auch zu einer modellbasierten Positionskorrektur des Fahrzeugs dienen.

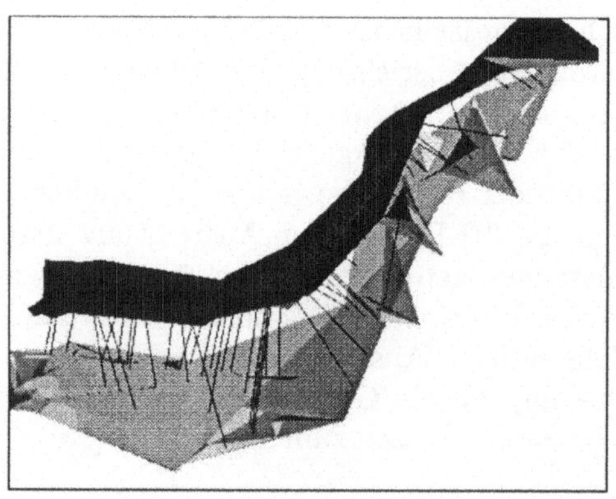

Abbildung5. 3D-Korrespondenzpunkte zur Abstandsminimierung zweier Teilmodelle

Das Verfahren basiert auf monokularen Kameraaufnahmen und ist geeignet, den Einfluß der Odometriefehler bei der Umweltmodellierung zu reduzieren. Die experimentelle Untersuchung möglicher Fehlerfortpflanzungen bei sukzessivem Zusammenfügen einer Serie von rekonstruierten Teilmodellen steht noch aus. Robustheit und Genauigkeit der Methode hängen wesentlich von der Qualität der Bildpunkt-Korrespondenzen ab, die durch die Verwendung von Linien- bzw. Konturschnittpunkten verbessert werden kann. Eine Optimierung der Aufnahmepositionen soll in Zukunft durch eine Vorab-Analyse des Grundrißes geschehen.

Literatur

1. Brodersen, J. (1999). Generierung eines 3D-Umgebungsmodells aus den Sensordaten eines mobilen Roboters, Diplomarbeit am Lehrstuhl für Technische Informatik
2. Faugeras, O. (1993). Three-Dimensional Computer Vision: a Geometric Viewpoint. The MIT Press, Cambridge, London.
3. El-Hakim, S. F., C. Brenner und G. Roth (1998). A multi-sensor approach to creating accurate virtual environments, ISPRS Journal of Photogrammetry & Remote Sensing, Vol. 53, pp. 379–391.
4. Heyden, A. and K. Åström (1996). Euclidean Reconstruction from Constant Intrinsic Parameters, In: Proc. of International Conference on Pattern Recognition.
5. Heyden, A. (1999). PhD Course in Computer Vision, Mathematical Imaging Group, Centre for Mathematical Sciences, Lund University, Sweden, http://www.maths.lth.se/matematiklth/vision/visit/.
6. Lietz, G. (1999). Rekonstruktion eines texturierten 3D-Modells aus den Kameraaufnahmen eines mobilen Roboters, Diplomarbeit am Lehrstuhl für Technische Informatik, RWTH Aachen.
7. Maimone, M., L. Matthies, J. Osborn, E. Rollins, J. Teza and S. Thayer (1998). A Photo-Realistic 3-D Mapping System for Extreme Nuclear Environments: Chornobyl, In: IEEE/RSJ International Conference on Intelligent Robotic Systems (IROS), Victoria B.C., Canada

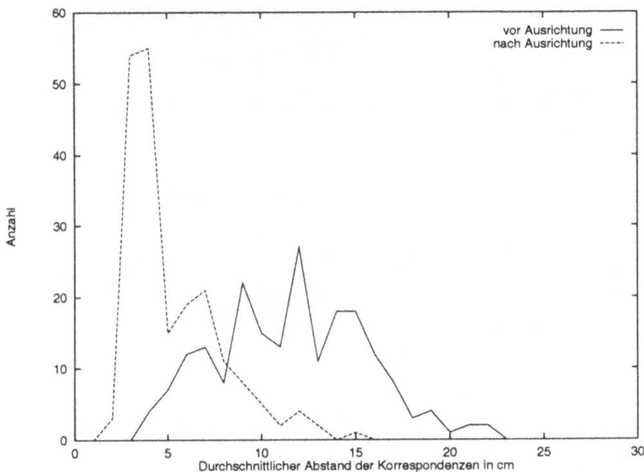

Abbildung6. Abstände der 3D-Korrespondenzpunkte vor und nach der Ausrichtung

8. Park, J. S., Self-Calibration from Point Correspondence and Euclidean Structure Reconstruction, Technical Report, Computer Vision Lab, Departement of Computer Science & Engeneering, POSTECH, Korea
9. Pollefeys, M., R. Koch, M. Vergauwen und L. V. Gool (1998). Flexible 3D Acquisition with a Monocular Camera, In: Proceedings of the IEEE International Conference on Robotics & Automation, pp. 2771 - 2776
10. Schmitt, M., M. Rous, A. Matsikis and K.-F. Kraiss (1999). Vision-based Self-Localization of a Mobile Robot Using a Virtual Environment, In: Proceedings of the IEEE International Conference on Robotics & Automation, pp. 2911–2917
11. Schmitt, M., M. Rous und K.-F. Kraiss (1998). Ein Leitstand zur Einsatzplanung und Überwachung mobiler Roboter. In: Informatik aktuell, 14. Fachgespräch Autonome Mobile Systeme (AMS), Karlsruhe, Springer Verlag, pp. 148–155
12. Turk, G. and M. Levoy (1994). Zippered polygon meshes from range images. In: SIGGRAPH, ACM, July 1994.
13. Tuytelaars, T., L. Van Gool, L. D'haene and R. Koch (1999). Matching of Affinely Invariant Regions for Visual Servoing, In: Proc. of IEEE International Conference on Robotics & Automation, Detroit.
14. Schroeder, W.J. und K. M. Martin (1998). VTK User's Guide, Kitware Inc.
15. Smith, S. M., and J. M. Brady (1995). SUSAN - A new Approach to low Level Image Processing. Defence Research Agency UK, Technical Report TR95SMS1c.
16. Tsai, R.: A versatile camera calibration technique for high-accuracy 3D machine vision metrology using off-the-shelf TV cameras and lenses. In: Journal of Robotics and Automation, Vol RA-3, No. 4, 1987.
17. Weckesser, P. (1997). Aktiver Einsatz eines Multisensorsystems zur Exploration der Umwelt mit einem mobilen Roboter. Dissertation, Universität Karlsruhe.
18. Wheeler, M. D. (1996). Automatic Modeling and Localization for Object Recognition, PhD Thesis, School of Computer Science, Carnegie Mellon University, Pittsburg, PA, USA.
19. Zhang, Z. (1996). Determining the Epipolar Geometry and its Uncertainty: A Review. Research Report No.2927, INRIA Sophia-Antipolis

Dreidimensionale Umgebungsmodellierung durch monokulare Exploration mit einem mobilen Roboter

Stefan Feyrer, Oliver Schimmel, Andreas Zell

Wilhelm-Schickard-Institut für Informatik, Abt. Rechnerarchitektur
Universität Tübingen
Köstlinstraße 6, D-72074 Tübingen
{feyrer, schimmel, zell}@informatik.uni-tuebingen.de

Der vorliegende Beitrag stellt ein System vor, das basierend auf der Analyse von monokularen Bildsequenzen, die im Laufe von Explorationsfahrten mit einem mobilen Roboter aufgenommen werden, eine Rekonstruktion der dreidimensionalen Umgebung vornimmt. Zur Berechnung der Tiefendaten wird die über Odometrie- und Pan-Tilt-Daten gewonnene Bewegungsinformation der Kamera herangezogen. Das Verfahren arbeitet punktorientiert, d.h. es werden mit Hilfe eines Merkmalsdetektors einzelne markante Bildpunkte extrahiert und über die Bildsequenz hinweg getrackt. Flächeninformation wird über eine spezielle Triangulierungsmethode gewonnen, die in den Bildern vorhandene Objektkanten mit einbezieht und somit eine realistische Modellierung ermöglicht. Zur Visualisierung werden wahlweise grauwertcodierte Tiefenkarten oder texturierte 3D-Grafiken im VRML-Format generiert.

1 Einleitung

Eine wichtige Fähigkeit von mobilen Robotern ist die Erfassung der räumlichen Struktur der Umgebung, in der sie sich bewegen. Zwar lassen sich Navigationsaufgaben unter entsprechenden Umgebungsvoraussetzungen sehr gut mittels herkömmlicher Abstandssensorik (Infrarot, Ultraschall, Laser) bewältigen, Basis für das Verrichten komplexerer Aufgaben wie beispielsweise das flexible Greifen, Manipulieren und Plazieren von Objekten ist jedoch die Kenntnis der geometrischen Beschaffenheit der Szene. Daneben eröffnen sich durch die Möglichkeit einer automatischen Generierung einer dreidimensionalen geometrischen Repräsentation der Umgebung eine Reihe von Anwendungen auf dem Gebiet der virtuellen Realität, da auf eine aufwendige manuelle Szenenmodellierung verzichtet werden kann.

In der Literatur wurde eine Reihe von Ansätzen beschrieben, die sich in den Problemkreis der automatisierten Rekonstruktion von 3D-Szenen aus Bildfolgen einordnen lassen. Eines der ersten Systeme in diesem Bereich stammt von Hans Moravec [6]. Er benutzte eine ferngesteuerte mobile Plattform, auf der eine orthogonal zur Blickrichtung translatierbare Kamera montiert war. Tiefeninformationen wurden aus Bildern berechnet, die bei temporär stationärem Roboter an unterschiedlichen Kamerapositionen aufgenommen wurden. Das FINALE-System von Kosaka und Kak [4] versucht, einfache geometrische Merkmale, wie z.B. Ecken von Quadern zu erkennen. Durch vorge-

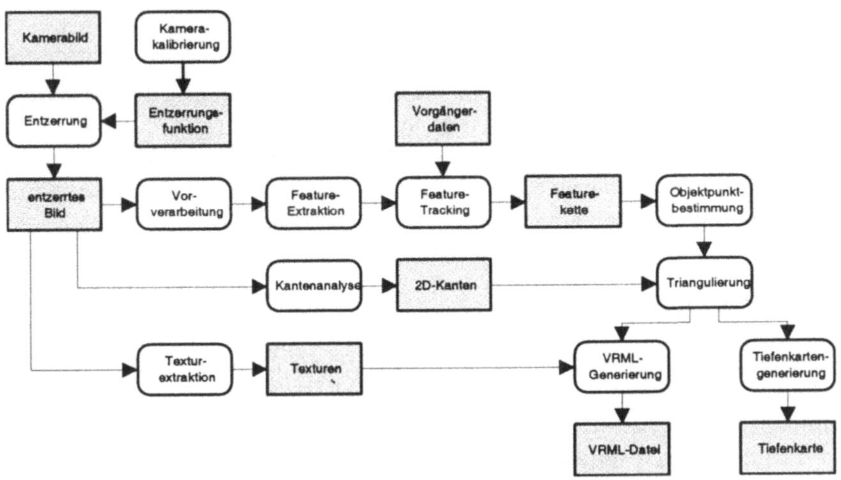

Abbildung 1. Struktureller Aufbau des Gesamtsystems

gebenes modellbasiertes Wissen werden diese Eckpunkte zu geometrischen Objekten verknüpft. Shah und Aggarwal [9] verfolgen einen ähnlichen Ansatz. Hier werden jedoch lediglich Linien entlang der drei Raumrichtungen ausgewertet, vertikale Linien werden dabei als Kanten von Wänden, Türen oder Fenstern interpretiert. Poelman und Kanade [7] sowie Pollefeys et al. [8] erzeugen texturierte dreidimensionale Modelle aus zuvor gefilmten Szenen. Dabei ist kein Wissen über die Kameraposition während der Bildaufnahme notwendig. Vielmehr wird diese aus den Bildern selbst berechnet. Während in [8] ein epipolar-geometrischer Ansatz verwendet wird, kommt in [7] ein algebraischer Ansatz mittels Eigenvektorbestimmung der in Matrizenform verwalteten Merkmalspunkte zum Einsatz. Auch das DROID-System von Harris [3] extrahiert Bewegungsinformation aus den Bilddaten. Featurepunkte werden darin unter Verwendung eines Kalman-Filters getrackt und durch einen Triangulierungsalgorithmus zu einem dreidimensionalen Raummodell zusammengefügt.

Das hier vorgestellte System ist speziell für den Einsatz auf einem mobilen Roboter konzipiert. Es verwendet dessen Odometrie- und Pan-Tilt-Daten, um daraus die für die Tiefenberechnung nötige Bewegungsinformation zu berechnen. Im Gegensatz zu [4] und [9] wird jedoch – abgesehen von der Beschränkung auf den Einsatz im Indoor-Bereich – kein modellbasiertes Wissen über die Umgebung verwendet.

Die Analyse einer Bildsequenz gliedert sich in sechs Hauptkomponenten. Erster Schritt ist die Vorverarbeitung, die eine Bildentzerrung, eine Kontrastverstärkung und eine Rauschminderung beinhaltet. Anschließend wird für jedes Bild eine Detektion von markanten Punkten vorgenommen. Die detektierten Features werden über die Bildsequenz hinweg getrackt und zu sogenannten Featureketten verknüpft. Über die Berechnung von Strahlengängen werden dreidimensionale Raumpositionen ermittelt. Flächeninformation wird über eine Triangulierungsmethode gewonnen, welche einzelne Raumpositionen unter Berücksichtigung von Objektkanten verbindet. Letzter Schritt ist die Generierung von grauwertcodierten Tiefenkarten bzw. texturierten 3D-Grafiken im VRML-Format. Abb. 1 gibt eine Übersicht über den Verarbeitungsablauf.

2 Vorverarbeitung

Um eine präzise 3D-Rekonstruktion einer Szene zu erzielen, müssen hohe Ansprüche an die Genauigkeit der Ausgangsdaten gestellt werden. Dazu gehört zum einen eine gute Bildvorverarbeitung, die Rauschen und Kontrastschwächen weitestgehend eliminiert, zum anderen eine genaue Kamerakalibrierung, um durch Linsensysteme hervorgerufene Abbildungsverzerrungen ausgleichen zu können.

2.1 Kamerakalibrierung

Die Kalibrierung der verwendeten CCD-Farbkamera erfolgt automatisiert mit Hilfe einer planaren Kalibrierungsvorlage mit quadratischem Gitter. Der Kalibrierung liegt ein Kameramodell mit perspektivischer Projektion und radialer Linsenverzerrung zugrunde, bei dem die Verzeichnugskorrektur durch ein nichtlineares Gleichungssystem beschrieben werden kann und wie folgt iterativ zu berechnen ist:

$$
\begin{aligned}
x_{ui} &= \frac{x_v}{1 + \kappa_1 r_{i-1}^2 + \kappa_2 r_{i-1}^4 + \dots + \kappa_n r_{i-1}^{2n}} \\
y_{ui} &= \frac{y_v}{1 + \kappa_1 r_{i-1}^2 + \kappa_2 r_{i-1}^4 + \dots + \kappa_n r_{i-1}^{2n}}
\end{aligned}
\quad \text{mit} \quad
r_i = \begin{cases} \sqrt{x_{ui}^2 + y_{ui}^2} & \text{für } i > 0 \\ \sqrt{x_v^2 + y_v^2} & \text{für } i = 0 \end{cases}
\tag{1}
$$

Dabei sind die verzerrten Bildkoordinaten mit (x_v, y_v), die entzerrten mit (x_u, y_u) bezeichnet. Die Transformation von Bildspeicherkoordinaten in Koordinaten der Kalibrierungsebene (x_b, y_b) ist durch eine Bildhauptpunktverschiebung (c_x, c_y), eine Skalierung s und eine Bildrotation um den Winkel α modelliert:

$$
\begin{bmatrix} x_v \\ y_v \end{bmatrix} = R(\alpha) \cdot \begin{bmatrix} s \cdot x_b + c_x \\ y_b + c_y \end{bmatrix}
\tag{2}
$$

Während die Entzerrungkoeffizienten $\kappa_1, \dots, \kappa_n$ und der Skalierungsfaktor s unter Verwendung eines Gradientenabstiegsverfahrens gemäß dem Kalibrierungsalgorithmus von Tsai [10] bestimmt werden, erfolgt die Berechnung der rotatorischen Korrektur und der Bildhauptpunktverschiebung nach jedem Kalibrierungsschritt durch Mittelwertbildung der entsprechenden Abweichungen über alle Kalibrierungspunkte. Bei der Wahl der Anzahl der Entzerrungskoeffizienten hat sich ein Wert von $n = 6$ als optimal herausgestellt; für $n = 8$ ergaben sich keine weiteren Verbesserungen. Abb. 2 zeigt exemplarisch das Ergebnis eines Kalibrierungsvorgangs.

2.2 Rauschunterdrückung

Mit dem speziell im Hinblick auf die Erfordernisse der sich im nächsten Schritt anschließenden Featureextraktion entwickelten Rauschfilter gelingt es, Rauschen in Farbbildern zu mindern, gleichzeitig aber die Kontrasteigenschaften markanter Punkte nicht zu beeinträchtigen. Dieses Verhalten wird dadurch erzielt, daß der verwendete Faltungskern der Größe $n \times n$ in einen inneren $k \times k$-Kern und einen äußeren Ringbereich

Abbildung 2. Entzerrung eines mit einer 3.8-mm-Linse aufgenommenen Bildes

unterteilt wird. Für jeden Farbkanal i werden innerhalb des Rings der Maximalfarbwert $p_{\max,i}$ und der Minimalfarbwert $p_{\min,i}$ bestimmt, und es wird abhängig davon eine Korrektur des momentan betrachteten Bildpunktes P bezüglich jedes Farbkanals vorgenommen:

$$P'_i = \begin{cases} p_{\max,i} & \text{für } P_i > p_{\max,i} \\ p_{\min,i} & \text{für } P_i < p_{\min,i} \\ P_i & \text{sonst} \end{cases} \tag{3}$$

Diese Vorgehensweise bewirkt, daß lediglich Strukturelemente, die nicht größer als der innere Kern sind, eliminiert werden. Das Filter ist somit linienerhaltend, ohne dabei kontrastschwächend zu wirken.

2.3 Kontrastverstärkung

Zur Kontrastverstärkung kommen häufig Histogammausgleichsverfahren zum Einsatz. Diese wirken jedoch global auf die gesamte Bildfläche und können somit lokale kontrastschwache Bereiche nur bedingt anheben. Ferner bleiben bei derartigen Verfahren Farbkontraste unberücksichtigt. Um diese unerwünschten Eigenschaften zu umgehen, wurde ein Kontrastverstärkungsfilter entworfen, das gleichermaßen für Grauwert- und für Farbbilder anwendbar ist und zudem kontrastarme Bereiche ohne Einfluß auf die restlichen Bildregionen besonders stark anhebt. Für einen Bildpunkt $P(x, y)$ wird dazu zunächst in dem umgebenden $n \times n$-Fenster das Maximum über alle Farbkanäle i der auf das Intervall $[0, 1]$ normierten Farbwerte bestimmt:

$$p_{\max} = \max_{i=1,\ldots,N} \left(\max_{-\frac{n}{2} < r, s < \frac{n}{2}} (P_i(x+r, y+s)) \right) \tag{4}$$

Dieses Maximum wird für die Bestimmung der neuen Farbwerte $P'_i(x, y)$ herangezogen:

$$P'_i(x, y) = P_i(x, y) \cdot \left(\frac{k}{p_{\max}} + (1 - k) \right) \tag{5}$$

Mit dem Parameter $k \in [0, 1]$ kann der Grad der Kontrastanhebung gewählt werden. Das Ergebnis für unterschiedliche Verstärkungsgrade ist in Abb. 3 dargestellt.

Abbildung 3. Kontrastverbesserung mit unterschiedlichen Verstärkungsgrade
Links: Originalbild, Mitte: Ergebnis für $k = 0.5$, rechts: Ergebnis für $k = 1.0$

3 Extraktion und Tracking markanter Punkte

Um die Korrelation von Bildpunkten nicht flächig durchführen zu müssen, beschränken wir uns auf die Betrachtung einzelner markanter Punkte. Diese müssen zunächst detektiert und anschließend über die Bildsequenz hinweg verfolgt werden.

3.1 Extraktion von Features

Ziel dieses Verarbeitungsschritts ist es, Bildpunkte zu detektieren, die in gewisser Weise markant sind, d.h. sich entweder durch Kontrast oder Farbe von ihrer Umgebung besonders absetzen oder Anfangs- und Endpunkte von Linien bzw. Eckpunkte von Flächen darstellen. Von solchen Punkten kann angenommen werden, daß sie auch in Folgebildern von Bildsequenzen mit hoher Wahrscheinlichkeit wieder erkannt werden können, was für ein erfolgreiches Verfolgen der Punktpositionen eine notwendige Voraussetzung darstellt.

Der zur Featureextraktion verwendete Operator basiert auf dem Merkmalsdetektor von Moravec [5], welcher für jeden Bildpunkt zunächst innerhalb des Operatorfensters die Summen von Grauwertdifferenzen direkt nebeneinanderliegender Bildpunkte in den 4 Hauptrichtungen (horizontal, vertikal und zweimal diagonal) berechnet und anschließend darüber das Minimum bildet. Eine Maximumsuche über das so entstehende Ergebnisbild liefert die Positionen markanter Punkte.

In seiner ursprünglichen Form besitzt der Moravec-Operator einige Unzulänglichkeiten. So arbeitet er beispielsweise lediglich auf Grauwertbildern, was die Erkennung kontrastreicher Farbübergänge gleicher Helligkeit ausschließt. Unser erweiterter Operator verwendet deshalb anstelle der Grauwertdifferenzen eine Abstandsnorm bezüglich der Farbwerte der jeweiligen Pixel im verwendeten Farbraum (in unserem Fall im RGB-Raum). Die Wahl der Abstandsnorm ist nicht beliebig, da sich in ungünstigen Fällen eine unterschiedliche quantitative Bewertung verschiedener Farbübergänge ergeben kann. Umgangen wird dieses Problem durch die Verwendung der Maximum-Norm, die nur die stärkste Differenz aller Farbkanäle berücksichtigt und somit keine nominellen Unterschiede zwischen Grund- und Mischfarben sowie schwarz und weiß existieren.

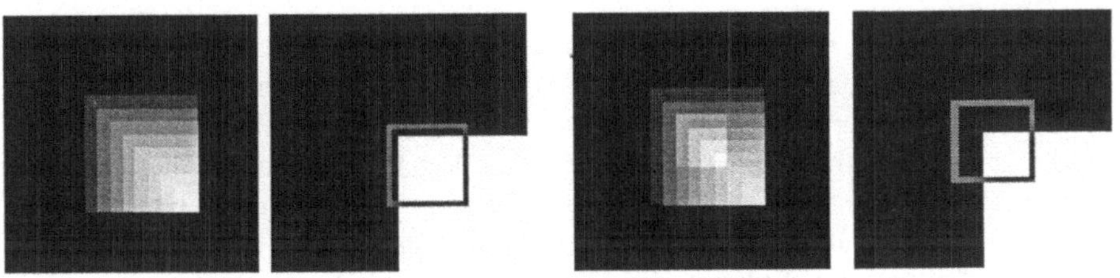

Abbildung 4. Operatorergebnis und resultierende Merkmalsposition,
links ohne, rechts mit gewichtetem Operatorkern

Eine weitere unerwünschte Eigenschaft des Moravec-Operators hängt mit der diskreten Natur digitalisierter Bilder zusammen. Linien, die nicht direkt horizontal oder vertikal verlaufen, bilden treppenartige Artefakte aus, die der Operator, der nur die 4 Hauptrichtungen berücksichtigt, oftmals als Feature erkennt. Da der Operator aus Effizienzgründen nicht um alle theoretisch möglichen Richtungen erweitert werden kann, wurde ein Rotationstest eingeführt, der nur auf die bereits detektierten Featurepositionen angewendet wird. Dazu wird die graphische Umgebung um ein Feature in 15°-Schritten gedreht. In jedem dieser Rotationszustände wird erneut der Moravec-Test mit Farberweiterung durchgeführt. Anhand der sich anschließenden Minimumbildung über die Ergebnisse alle Rotationsschritte kann entschieden werden, ob es sich tatsächlich um einen Merkmalspunkt oder nur um eine treppenartige Kante handelt.

Je größer das verwendete Operatorfenster für den Moravec-Detektor gewählt wird, desto ungenauer wird die Übereinstimmung zwischen detektierten und tatsächlichen Objektpunkten. An Eckpunkten beispielsweise sind die erkannten Features Richtung Objektmitte nach innen versetzt, was eine genaue sichtstrahlbasierte Rekonstruktion erschwert. Durch einen zusätzlichen, stärker gewichteten inneren Kern des Operators kann diesem Phänomen entgegengewirkt werden (siehe Abb. 4). Tests haben ergeben, daß sich gute Ergebnisse erzielen lassen, wenn der innere Kern doppelt gewichtet und als dessen Seitenlänge die Hälfte des äußeren Kerns gewählt wird.

Abb. 5 stellt die Ergebnisse des ursprünglichen und des erweiterten Operators für eine reale Szene gegenüber.

Abbildung 5. Ergebnisse des Moravec-Operators (links) und des erweiterten Operators (rechts)

3.2 Tracking von Features

Bei monokularen Bildaufnahmen ist es nur dann möglich, Tiefeninformation zu gewinnen, wenn die Feature-Information mehrerer aufeinanderfolgender und aus unterschiedlichen Perspektiven aufgenommener Bilder logisch miteinander verknüpft wird und dadurch sogenannte Featureketten erzeugt werden. Ziel der Featuretracking-Komponente ist es, die im aktuellen Bild detektierten Merkmalspunkte den aus der vorangehenden Bearbeitung der Bildsequenz bereits existierenden Featureketten zuzuordnen. Dies erfolgt zum einen über eine Positionskorrelation, zum anderen über die Korrelation der Grauwertstruktur in der lokalen Umgebung des Merkmalspunktes.

Der Positionskorrelation liegt ein Bewegungsmodell zugrunde, das die Geschwindigkeitswerte aller zur Featurekette gehörenden Punkte in negativ-exponentieller Abhängigkeit von deren Alter einbezieht und daraus eine Schätzung für die Position zum nächsten Zeitpunkt errechnet. Die euklidische Distanz zwischen geschätzter und tatsächlicher Position wird einer Bewertungsfunktion zugeführt, die schließlich den Positionskorrelationswert liefert. Über einen Gewichtungsparameter kann das Einflußverhältnis zwischen Positions- und Strukturkorrelation eingestellt werden.

Im Entscheidungsprozeß bezüglich der Zuordnung von Merkmalspunkten zu Featureketten treten einige Spezialfälle auf, die gesondert berücksichtigt werden müssen. Wünschenswert ist der Fall einer Fortsetzung der Featurekette. Diese wird nur dann vorgenommen, wenn eine bidirektionale Korrelationsübereinstimmung festgestellt werden kann. Ist dies nicht der Fall, gibt es mehrere Möglichkeiten. Wird für eine existierende Featurekette nur eine unidirektionale oder gar keine Zuordnung zu einem Featurepunkt gefunden, entsteht ein sogenannter *Ghost*. Ursachen der Entstehung von Ghosts sind häufig Verdeckungen durch im Vordergrund liegende Objekte oder Rauschen. Ghosts werden gemäß dem zuvor erwähnten Bewegungsmodell von Features über eine bestimmte Anzahl von Bildern weitergeführt. Ist diese Anzahl überschritten, wird die als Ghost geführte Featurekette endgültig beendet. Neue Featureketten entstehen, wenn Featurepunkte nur unidirektional einer Featurekette zugeordnet werden können oder gar keine passende Featurekette gefunden wird. Abb. 6 gibt einen Überblick über den Entscheidungsablauf bei der Ketten-Feature-Zuordnung.

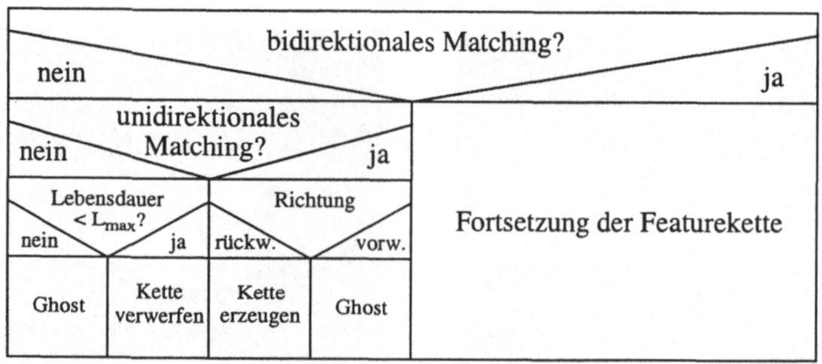

Abbildung 6. Ablauf der Kategorisierung detektierter Featurepunkte

4 Generierung des Szenenmodells

Zur Rekonstruktion von Raumpositionen einzelner Punkte wurde eine Kombination aus geometrischem und stochastischem Ansatz gewählt. Verknüpft werden die so ermittelten Objektpunkte mit Hilfe eines Triangulierungsalgorithmus, der sich an realen Objektkanten orientiert.

4.1 Bestimmung von Objektpunktpositionen

Für jede Featurekette werden anhand der Featureposition, der Kameraposition- und Richtung sowie der Position und Ausrichtung des Roboters die Sichtstrahlen rekonstruiert. In den meisten Fällen liegen die Geraden paarweise windschief, so daß die Schnittpunkte durch die Mittelpunkte der kürzesten Verbindung je zweier Sichtstrahlen angenähert werden müssen. Als Wahrscheinlichkeitsmaß für die Korrektheit einer solchen Annäherung dient eine Funktion, die zum einen vom minimalen Abstand d der beiden Strahlen abhängt und zudem deren Winkel α in Richtung der gemeinsamen Normalen berücksichtigt:

$$\upsilon = \upsilon_d \cdot \upsilon_\alpha \text{, wobei } \upsilon_d = \frac{1}{1 + \beta d} \text{ und } \upsilon_\alpha = \sin^2\alpha \tag{6}$$

β ist dabei ein konstanter Skalierungsfaktor. Die endgültige dreidimensionale Position P eines Objektpunkts wird über eine gewichtete geometrische Mittelwertsbildung über alle errechneten paarweisen Schnittpunktnäherungen S_{ij} bestimmt:

$$P = \frac{\sum_{i,j} \upsilon_{ij} S_{ij}}{\sum_{i,j} \upsilon_{ij}} \tag{7}$$

4.2 Kantenanalyse und Triangulierung

Für eine korrekte Szenendarstellung reicht es nicht aus, die Tiefeninformation einzelner Bildpunkte zu kennen. Erst durch eine Kanten- und Flächenanalyse können räumliche Zusammenhänge zwischen Punkten hergestellt und somit ein dreidimensionales Modell erstellt werden. In diesem System kommt ein Linientest zur Anwendung, der auf der Grundlage des Bresenham-Algorithmus [1] auf einem Binärbild operiert, das durch Schwellwertfilterung eines Gradientenbildes hervorgeht. Das Gradientenbild wird aus den drei Farbkanälen R, G und B des Originalbildes generiert, indem für jeden Kanal der Canny-Kantendetektor [2] angewandt und anschließend eine Maximumbildung durchgeführt wird. Der Linientest dient dazu, die Konnektivität aller Objektpunktkombinationen zu prüfen. Spezialfälle wie beispielsweise dicht beieinanderliegende parallele Kanten oder unterbrochene Kanten werden mit Hilfe von Sonderbehandlungsroutinen berücksichtigt.

Die extrahierten Verbindungen zwischen Featurepunkten bilden die Basis für die Flipping-Option des sich anschließenden Triangulierungsalgorithmus. Ausgehend von einer Delaunay-Triangulierung der ermittelten Merkmalspunkte wird versucht, eine neue Triangulierung zu finden, die mit den extrahierten Kanten zur Deckung kommt und somit ein realistisches Szenenmodell liefert. Dazu wird ein Schnittest zwischen Objektkanten und Dreieckskanten durchgeführt. Wird ein Schnittpunkt gefunden, entfernt der Algorithmus die entsprechende Dreieckskante und ersetzt sie durch die Gegendiagonale des entstehenden Vierecks. Der Flipping-Vorgang wird so lange wiederholt, bis keine weiteren Schnittpunkte gefunden werden.

4.3 Visualisierung

Zur Visualisierung ist zum einen die Darstellung über transparente, grauwertcodierte Tiefenkarten implementiert, zum anderen besteht die Möglichkeit, die 3D-Modelle im standardisierten Grafikformat VRML 2.0 abzulegen. Die für eine realistische Darstellung nötige Texturinformation wird vom Programm aus den Originalbildern extrahiert.

5 Ergebnisse und Ausblick

Das beschriebene System kommt auf mobilen Robotern vom Typ RWI B21 zum Einsatz und wurde zunächst für künstliche, aus farblich markanten geometrischen Objekten zusammengesetzte Szenen getestet. Bei diesen Versuchen konnten qualitativ sehr gute Ergebnisse erzielt werden. In den Bildern sichtbare Eckpunkte von Objekten wurden ausnahmslos korrekt detektiert und stabil getrackt. Lediglich das verfahrensimmanente Problem der perspektivischen Verdeckung von Objekten und Objektkanten führte an den betreffenden Merkmalspunkten zu fehlerhaften Tiefenwerten. Real-World-Szenen beinhalten naturgemäß weniger stark ausgeprägte Merkmalspunkte, die nicht immer eindeutig identifiziert werden können. Versuche in Real-World-Umgebungen haben gezeigt, daß abgesehen von einzelnen Ausreißerpunkten dennoch auch hier gute Resultate erzielt werden können. Die Ergebnisse für eine künstliche Szene sind in Abb. 7, verschiedene generierte Ansichten einer Real-World-Szene in Abb. 8 dargestellt. Die fehlenden Randbereiche in den Bildern der VRML-Modelle sind darauf zurückzuführen, daß nur innerhalb der konvexen Hülle der Featurepunkte eine Modellierung erfolgen kann.

Abbildung 7. Ergebnisse für eine künstliche Szene. Von links nach rechts: Triangulierung, grauwertcodierte Tiefenkarte und VRML-Modell aus anderer Perspektive

Abbildung 8. Drei verschiedene Ansichten einer Real-World-Szene

Bisher arbeitet die 3D-Modellierungskomponente lediglich bezüglich eines einzelnen zugrunde liegenden Bildes. Dadurch entstehen Modelle von Teilszenen, die in einem zusätzlichen Integrationsschritt zu einem Gesamtszenenmodell verschmolzen werden könnten. Eine dahingehende Erweiterung ist ebenso geplant wie die Erhöhung der Verarbeitungsgeschwindigkeit durch eine Parallelisierung des Gesamtablaufs und Geschwindigkeitsoptimierungen innerhalb der einzelnen Systemkomponenten.

Literatur

1. J. E. Bresenham: *Algorithm for Computer Control of a Digital Plotter*, IBM Systems Journal, Bd. 4, Nr. 1, S. 25-30, 1965
2. J. Canny: *A Computational Approach to Edge Detection*, IEEE Transactions on Pattern Analysis and Machine Intelligence, Bd. 8, Nr. 6, S. 679-698, 1986
3. C. Harris: *Geometry from Visual Motion*, in A. Blake, A. Yuille: Active Vision, MIT Press, 1992
4. A. Kosaka, A. C. Kak: *Fast Vision-Guided Mobile Robot Navigation Using Model-Based Reasoning and Prediction of Uncertainties*, Computer Vision, Graphics and Image Processing – Image Understanding, Bd. 56, Nr. 3, S. 271-329, 1992
5. H. P. Moravec: *Towards Automatic Visual Obstacle Avoidance*, Proceedings of the 5th International Joint Conference on Artificial Intelligence, Vision-I, S. 584, 1977
6. H. P. Moravec: *The Stanford Cart and the CMU Rover*, Proceedings of the IEEE, Bd. 71, Nr. 7, S. 872-884, 1983
7. C. J. Poelman, T. Kanade: *A Paraperspective Factorization Method for Shape and Motion Recovery*, IEEE Transactions on Pattern Analysis and Machine Intelligence, Bd. 19, Nr. 3, S. 206-218, 1997
8. M. Pollefeys, R. Koch, M. Vergauwen, L. van Gool: *Flexible 3D Acquisition with a Monocular Camera*, Proceedings of the IEEE International Conference on Robotics and Automation, S. 2771-2776, 1998
9. S. Shah, J. K. Aggarwal: *Mobile Robot Navigation and Scene Modeling Using Stereo Fish-Eye Lens System*, Machine Vision and Applications, Bd. 10, Nr. 4, S. 159-173, 1997
10. R. Y. Tsai: *A Versatile Camera Calibration Technique for High-Accuracy 3D Machine Vision Metrology Using Off-The-Shelf TV Cameras and Lenses*, IEEE Transactions on Robotics and Automation, Bd. 3, Nr. 4, S. 323-344, 1987

Eine konfigurierbare Systemarchitektur zur geometrisch-topologischen Exploration von Innenräumen[*]

S. Blum, T. Einsele, A. Hauck, N. O. Stöffler, G. Färber
Lehrstuhl für Realzeit-Computersysteme

T. Schmitt, C. Zierl, B. Radig
Lehrstuhl für Bildverstehen und Wissensbasierte Systeme

Technische Universität München
`blum@rcs.ei.tum.de`

Kurzfassung. Die robuste, effiziente Exploration von unpräparierten Innenräumen mit mobilen Servicerobotern erfordert eine Systemarchitektur, die die verschiedenen Sensoren, Aktoren und Verarbeitungsmodule flexibel, situations- und missionsabhängig einsetzt. Der Beitrag beschreibt die für das Forschungsprojekt EvI (Exploration von Innenräumen mit optischen Sensoren) entwickelte Architektur, die vorhandene und neue Techniken zur Sensordatenverarbeitung zum Aufbau eines Umgebungsmodells modular integriert. Anhand eines Szenarios wird eine exemplarische Konfiguration der Architektur vorgestellt.

1 Einleitung

Damit ein mobiler Roboter in unpräparierten Innenräumen wie Wohnungen oder Büros Serviceaufgaben durchführen kann, benötigt er ein adäquates Modell seiner Umgebung. Je nach Teilaufgabe und damit verbundenen sensorischen Perzeptionen wurden hierfür bereits eine Vielzahl von unterschiedlichen Modellierungstechniken vorgeschlagen [5, 6, 17, 23]. Zur lokalen Pfadplanung und Hindernisvermeidung werden geometrische Modelle benötigt. Für die Bewegungssteuerung einer mobilen Plattform können 2D- oder $2\frac{1}{2}$D-Karten ausreichend sein; werden Manipulationen wie das Öffnen von Türen oder Schränken notwendig, sind dreidimensionale Beschreibungen von Geometrie und Kinematik erforderlich (CAD-Modelle). Für die globale Planung von Missionen haben sich abstraktere Beschreibungen bewährt, wie z. B. Topologiegraphen zur Darstellung der möglichen Fahrtrouten. Zur Kommandierung des Roboters auf möglichst benutzernahem Abstraktionsniveau („Hole eine Tasse Kaffee aus der Küche") müssen relevante Modellelemente auch mit

---

[*] Die vorliegende Arbeit wurde im Rahmen des Projekts *Exploration von Innenräumen mit optischen Sensoren auf mehreren, aufgabengerechten Abstraktionsebenen* (Förderungsnummer Fa109/14-1) von der Deutschen Forschungsgemeinschaft (DFG) gefördert.

symbolischer Information wie Objektnamen, Raumnummern und funktionellen Attributen verknüpft sein. Da während der eigentlichen Ausführung einer Aufgabe eine autonome Interpretation der aktuellen sensorischen Informationen erforderlich ist, um Störungen und Umgebungsänderungen zu erkennen und zu berücksichtigen, muß die Modellierung auch die Interpretation von Sensordaten unterstützen. Einer der hier möglichen und bewährten Ansätze ist ebenfalls die Verwendung von geometrischen Objekt- und Umgebungsmodellen, die je nach Sensor und Perzeptionsaufgabe um spezielle Merkmale erweitert werden.

Ziel des diesen Arbeiten zugrundeliegenden Projektes EvI („Exploration von Innenräumen mit optischen Sensoren auf mehreren, aufgabengerechten Abstraktionsebenen") ist es, ein Umgebungsmodell, das all diesen Anforderungen Rechnung trägt, autonom von einem mobilen Roboter aufbauen zu lassen. Kapitel 2 beschreibt die zugrundeliegende Modellstruktur. Damit Information auf allen nötigen Abstraktionsebenen exploriert werden kann, liegt dabei einer der Schwerpunkte auf der Verwendung von Videosensorik. Dazu ist das Zusammenspiel einer Vielzahl von Modulen nötig, die Sensordaten vorverarbeiten, abstrahieren und teilweise parallel nach verschiedenen Kriterien und mit unterschiedlichsten Algorithmen interpretieren. Hierbei wird ein effizientes Management der Datenflüsse und Systemressourcen erforderlich, um Synergien zu nutzen und Konflikte aufzulösen. Auch kann je nach Explorationsphase eine dynamische Umkonfiguration erforderlich werden. Um eine uniforme Einbindung aller beteiligten Verarbeitungsmodule zu ermöglichen, wurde eine generische, CORBA-basierte Systemarchitektur entworfen, die in Kapitel 3 vorgestellt wird. Darauf aufbauend beschreibt Kapitel 4 das Zusammenspiel einer Reihe von Verarbeitungsmodulen beim Aufbau eines exemplarischen Szenenmodells.

2 Struktur des zu explorierenden Modells

Basierend auf früheren Arbeiten zur modellgestützten Sensordateninterpretation [10, 20], wurde eine hybride Modellstruktur entwickelt (*GEM - Generalized Environmental Model*), die die folgenden Ebenen enthält:

a) Objektmodelle: Diese Ebene enthält geometrisch-kinematische CAD-Modelle aller missionsrelevanten Objektklassen, d. h. der Objekte, mit denen der Roboter interagieren muß und die ihm namentlich bekannt sind.

b) Geometrische Modellinseln: Beschreibungen missionsrelevanter Bereiche, bei denen eine genaue Kenntnis der Geometrie nötig ist. Hierunter fallen Andockbereiche, Teile funktionaler Räume usw. Diese Teilmodelle enthalten Instanzen bekannter Objektklassen und optional eine polygonale Beschreibung unbenannter bzw. unbekannter Hintergrundelemente, wie z. B. Wände oder sonstige Hindernisse. Jede Insel hat ihr eigenes Bezugskoordinatensystem.

c) Topologiegraph: Knoten markieren missionsrelevante Punkte innerhalb der Inseln, z. B. Abzweigungen in Gängen und Andockpunkte vor Räumen. Die Kanten stellen die Verbindungen dar, die vom Roboter befahren werden können. Neben Knoten innerhalb derselben Insel können Kanten auch Knoten in unabhängigen Inseln verbinden und fügen so die einzelnen Teilmodelle zu einem Gesamtmodell der Umgebung zusammen. Da in diesem Fall kein kartesischer Bezug zwischen den Knoten vorhanden ist, müssen solche Kanten mit Fahrverhalten attribuiert werden, um ihre Traversierung zu ermöglichen.

Während der Inhalt von Modellebene a als a priori gegeben vorausgesetzt wird, sollen b und c autonom erkundet werden. Abb. 1 stellt eine einfache Gangszene und das zugehörige Umgebungsmodell dar.

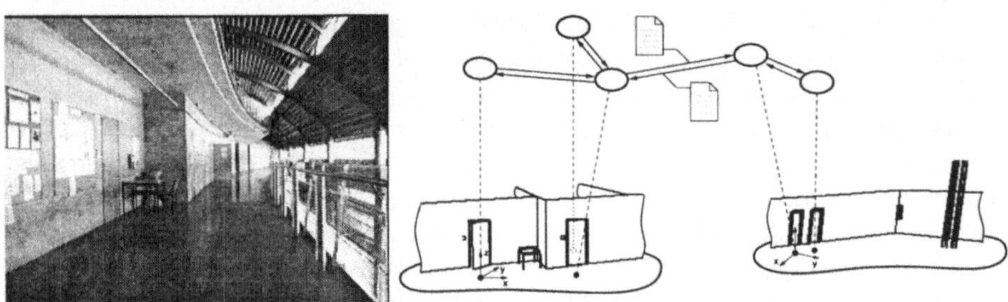

Abb. 1. Exemplarische Einsatzumgebung (links) und Topologiegraph mit Modellinseln (rechts).

3   Die Systemarchitektur OSCAR

Komplexe Aufgabenstellungen wie die Exploration von Innenräumen mit unterschiedlichen Sensoren lassen sich im allgemeinen aufgrund der parallel anfallenden Sensordaten und der damit verbundenden Notwendigkeit von Nebenläufigkeit nicht durch wenige monolithische Verarbeitungsblöcke bewerkstelligen [1, 18]. Vielmehr ist hierbei eine Abbildung der logischen Verarbeitungsschritte in skalierbare Module sinnvoll. Die einfache Austausch- und Wiederverwendbarkeit in verschiedenen Phasen einer Mission macht hierbei die Aufteilung in möglichst schlanke, jedoch in sich abgeschlossene Module notwendig, deren Anzahl entsprechend größer ist. Eine Zielarchitektur muß also die flexible Koordination dieser Module beherrschen, wobei zudem die Möglichkeit zur statischen Erweiterbarkeit sowie zur dynamischen Umkonfiguration der Modulstruktur zur Laufzeit berücksichtigt werden muß. Wünschenswert ist ebenfalls eine Kapselung der Roboterhardware, was eine einfache Portierung auf andere Systeme ermöglicht.

Die für das Projekt EvI entworfene hierarchische Systemarchitektur OSCAR (Operating System for the Control of Autonomous Robots) verwaltet eine Menge von standardisierten Verarbeitungsmodulen. Diese lassen sich gemäß ihrer Teilaufgabe im Gesamtsystem in eine der folgenden drei Schichten einordnen (siehe Abb. 2).

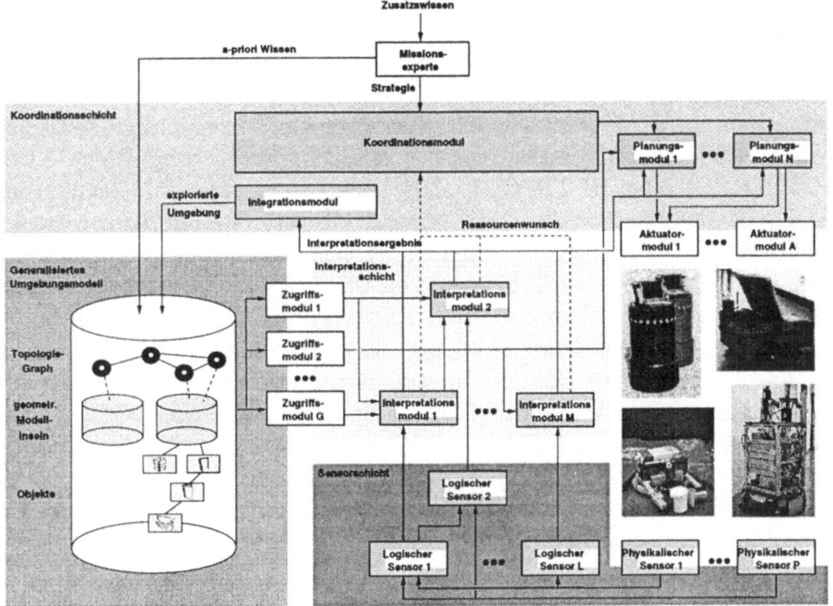

Abb. 2. Hierarchischer Aufbau der OSCAR-Systemarchitektur

– In der *Sensorschicht* befinden sich physikalische und logische Sensoren. Die physikalischen Sensoren haben die Aufgabe, aufgenommene Sensordaten in standardisierte OSCAR-Datentypen (siehe Abschnitt 3.3) zu konvertieren. Der Austausch dieser Komponenten ermöglicht den Einsatz auf verschiedenen Plattformen. Logische Sensoren können somit plattformunabhängig aus anfallenden Sensorrohdaten Merkmale extrahieren und diese weiter abstrahieren.

– Die *Interpretationsschicht* beinhaltet sog. Interpretationsmodule, die die von den logischen Sensoren bereitgestellten Merkmale auf verschiedenen Abstraktionsebenen interpretieren. Im Gegensatz zu den logischen Sensoren wird hierfür Modellwissen benötigt, das durch Zugriffsmodule vom Umgebungsmodell bereitgestellt wird. Als Ergebnis entstehen hierbei Objekt- und Ortshypothesen.

– Die *Koordinationsschicht* beinhaltet verschiedene Integrationsmodule, die die Hypothesen auf Konsistenz prüfen und ggf. einen Eintrag ins Modell vornehmen. Neben dem zentralen Koordinationsmodul (siehe Abschnitt 3.4) beinhaltet diese Schicht auch Planungsmodule, die für die Umsetzung einer gegebenen Strategie zuständig sind. An die Roboterhardware gerichtete Kommandos werden wiederum durch sog. Aktuatormodule gekapselt, um Plattformunabhängigkeit zu gewährleisten.

3.1 Kommunikation

Zentrale Voraussetzung einer modularen Systemarchitektur ist die Möglichkeit des effektiven Datenaustausches der evtl. auch auf unterschiedlichen Rechnern verteilt arbeitenden Module. In den vergangenen Jahren haben sich hierfür unterschiedliche Technologien wie z. B. Socket-Programmierung, Remote Procedure Call (RPC) oder HTTP/CGI, aber auch proprietäre Implementierungen wie ACE [19] herausgebildet. Die Common Object Request Broker Architecture (CORBA) [15] hebt die Problemstellung verteilten Programmierens auf ein höheres Abstraktionsniveau, indem sie einerseits objektorientierte Designparadigmen wie Kapselung, Vererbung und Polymorphismus einsetzt und andererseits plattform- und sprachenunabhängig ist. CORBA ist in dieser Eigenschaft ein als Spezifikation inzwischen etablierter Industriestandard der OMG.

Im Rahmen von OSCAR wird CORBA als Middleware eingesetzt, wobei die konkrete Implementierung ORBacus [16] verwendet wird, die eine Abbildung u. a. auf C++ ermöglicht. Als Spezifikation für Datentypen und Schnittstellen dient OMG IDL, mit der sämtliche in OSCAR übertragenen Datentypen und Komponenten-Schnittstellen definiert sind.

3.2 Das Verarbeitungsmodul

Ein Verarbeitungsmodul (siehe Abb. 3) wird durch zwei Prozesse realisiert: Der Rahmen ist für jedes Modul identisch und stellt einen reaktiven Server dar, der standardisierte Konfigurationsaufrufe und den Datenaustausch der Module untereinander abwickelt. Der Verarbeitungskern hingegen besteht im wesentlichen aus einer mit der Applikation überladbaren C++-Klasse. Kernstück dieser Klasse ist die Methode *step*, die durch einen *get*-Aufruf zunächst Daten anfordert, diese verarbeitet und dann mittels *supply*-Aufruf weitergibt. Die Ablaufsteuerung des Kerns ist durch einen Zustandsautomaten realisiert, der die Methode *step* entweder kontinuierlich (kontinuierlicher Modus) oder durch ein externes

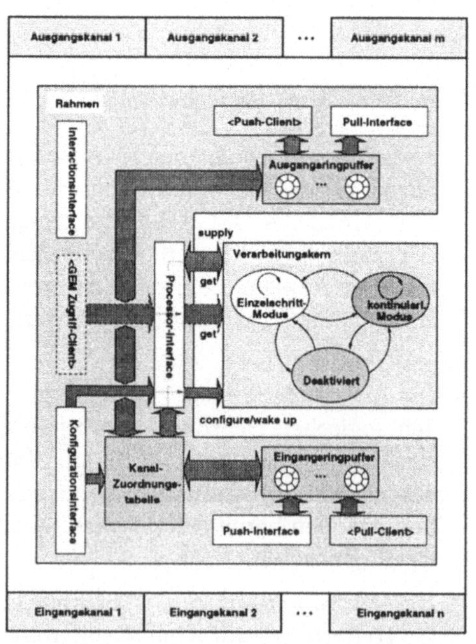

Abb. 3. Verarbeitungsmodul

Ereignis getriggert (Einzelschrittmodus) aufruft. Daneben existiert noch ein dritter Zustand, der das Modul vorübergehend deaktiviert. Der Rahmen nimmt die *get*- und *supply*-Aufrufe des Kerns auf und leitet sie seinerseits

an andere Verarbeitungsmodule weiter. Grundsätzlich werden alle Eingangs-
und Ausgangsdaten in konfigurierbaren Ringpuffern zwischengespeichert. Dies
ermöglicht eine zeitlich begrenzte Bewahrung der Historie, womit auch ein
effizienterer Datenzugriff möglich ist. Die Eingangsringpuffer haben dabei
die Funktion eines lokalen Caches. Dateneingangs- und -ausgangsschnittstelle
können aus mehreren Kanälen bestehen, wobei der Datentyp eines Kanals
festgelegt ist.

3.3 Datentypen und Transportmechanismus

Der Datenfluß zwischen den Verarbeitungsmodulen basiert auf dem generischen
Datentyp *Any* der OMG IDL, der mit beliebigen IDL-Datentypen, die sowohl
Sequenzen als auch Basis-Typen sein können, überladbar ist. Eine Dateneinheit
besteht außerdem aus einer Sequenz von Zeitstempeln, die von den physikalischen Sensoren vorbelegt werden. Bei Modulen, die Daten fusionieren, besteht
somit die Möglichkeit, die Einträge in der Zeitstempelsequenz zu erweitern. Beim
derzeitigen Stand der Implementierung fordert grundsätzlich das hierarchisch
höher angesiedelte Modul Daten aktiv mittels *pull*-Aufruf an. Neben der Übertragung einzelner Datentypen ist auch der effektivere Aufruf von ganzen Blöcken
aus dem Ausgangsringpuffer möglich. Außerdem können durch den Zeitstempel
indizierte Dateneinheiten gezielt angefordert werden.

3.4 Konfiguration und Verbindungsmechanismen

Das Koordinationsmodul bestimmt den Rahmen für die zeitliche Abfolge der
Datenverarbeitung. Es beinhaltet einen Zustandsautomaten, dessen Zustände
genau je einen Datenflußgraphen repräsentieren. Ein Datenflußgraph besitzt als
Knoten die jeweils für den aktuellen Zustand aktiven Module; die Kanten repräsentieren den Datenfluß zwischen den Modulen. Bei einem Zustandswechsel
werden die Datenflußverbindungen zum Teil neu konfiguriert. Dies wird durch
den Austausch der Objektreferenzen der jeweiligen Schnittstellen der Verarbeitungsmodule bewerkstelligt. Ziel hierbei ist, vorhandene Ressourcen effektiv zu
nutzen und nur jene Module in Betrieb zu halten, die auch tatsächlich benötigt
werden. Das Koordinationsmodul überwacht aber auch die Funktion des gesamten Systems und startet ggf. selbständig Module neu.

4 Beispielhaftes Experimentalszenario

Ziel des im folgenden beschriebenen Experiments ist der Aufbau eines Umgebungsmodells (*GEM*) für die in Abb. 1 dargestellte Gangszene. Das Modell soll
durch eine autonom ausgeführte Explorationsfahrt der Multisensorikplattform
MARVIN [2] erstellt werden und die Plattform im Rahmen späterer Missionen befähigen, bei Vorgabe einer Raumnummer die entsprechende Tür gezielt
und auf kürzestem Wege anzufahren. Eine dergestalte Anforderung ergibt sich
typischerweise an einen Servicecroboter, der als Bürobote agieren soll.

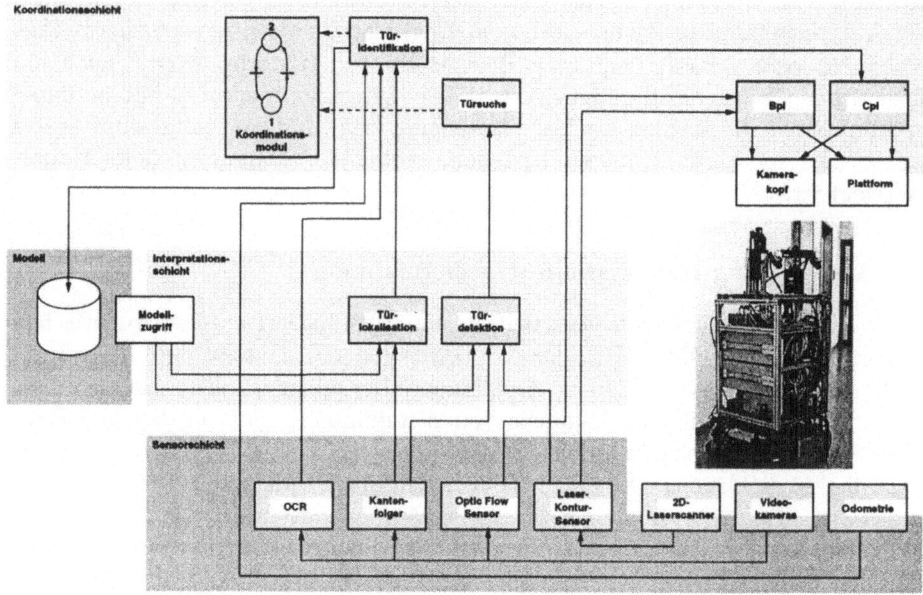

Abb. 4. Gesamtüberblick der im Einsatz befindlichen Module

Diese Aufgabenstellung impliziert, daß die Positionen der Türen entlang des Ganges sowie die Türschilder die für das Modell relevante Information darstellen. Gemäß dem in Kapitel 2 beschriebenen Aufbau von *GEM* wird daher eine geometrische Beschreibung der Objektklasse *Tür* als a priori bekannt vorausgesetzt, da dieser im Sinne der Aufgabenstellung unmittelbare Missionsrelevanz zukommt. Ansonsten enthält das Modell zu Beginn der Explorationsfahrt keinerlei Information über die Einsatzumgebung, so daß *MARVIN* beim Auffinden, Lokalisieren und Identifizieren der Türen sowie beim Aufbau des Modells vollständig auf eigene Sensorik, Aktorik und Informationsverarbeitung angewiesen ist.

4.1 Beteiligte Module

Im folgenden werden die zur Bewältigung der Aufgabenstellung eingesetzten Module vorgestellt.

Sensorik und Aktorik

Die *MARVIN* zur Verfügung stehenden Sensorik- und Aktorikkomponenten sind als OSCAR-Module in Form von physikalischen Sensoren und Aktuatormodulen gekapselt. Auf der Sensorikseite sind dies zwei Standard-*Videokameras* in Stereoanordnung, ein entfernungsgebender, parallel zum Fußboden abtastender *2D-Laserscanner* sowie *Odometrie*. Die Aktorik besteht aus einer *Plattform* mit Panzerkinematik sowie einem Schwenk-Neige-Kopf für die Kameraanordnung (*Kamerakopf*).

Logische Sensoren

Schneller Kantenfolger. Zur Merkmalsextraktion aus Grauwertbildern werden aus Helligkeitssprüngen schritthaltend Konturen und durch anschließende Geradenapproximation Kanten gewonnen [13]. Die hierfür benötigte Rechenzeit im vorliegenden Szenario beträgt bei max. 200 Kanten ca. 0.15 s.

Optic Flow Sensor. Die videogestützte Detektion von Hindernissen in der Fahrtrasse des Roboters basiert auf der Rekonstruktion von Entfernungen aus dem optischen Fluß. Die Berechnung des Flußvektor-Feldes in Realzeit wird durch die Verwendung eines MPEG-Korrelationsprozessors ermöglicht [22]. Je nach Strukturierung der Szene können bis zu 525 3D-Punkte pro Videotakt bestimmt werden. Auch eine Aussage, ob sich bewegte Objekte wie z.B. Personen in der Szene befinden, kann mit Hilfe des optischen Flusses während der Fahrt getroffen werden [21].

Türschilderkennung. Zur Identifikation von Raumnummern auf Türschildern wird ein auf der Bildverarbeitungsbibliothek HALCON [14] basierendes Modul eingesetzt, das nach der Segmentierung des Türschildes aus einem Vollbild mit Hilfe der aus der Optical Character Recognition (OCR) bekannten Technik des Maskenvergleichs robust Raumnummern erkennen kann.

Laser-Kontur-Sensor. Aufgabe dieses Moduls ist es, einen aus einer Vielzahl einzelner Meßpunkte bestehenden Rundum-Scan des 2D-Laserscanners durch eine geordnete Liste möglichst langer Strecken zu approximieren. Die resultierende Beschreibung der Umgebung als eine Sequenz von geradlinigen Konturen, vergleichbar einem Grundriß, kann unmittelbar zur Lokalisation und Navigation herangezogen werden [8].

Interpretationsmodule

Türdetektion. Die aus den Laserkonturen gewonnene und auf den Boden projizierte Wandkante wird im Kamerabild prädiziert, um einen Suchraum für die Wand-Boden-Kante vorzugeben. Durch die Berücksichtigung des Kameramodells lassen sich somit vom *Kantenfolger* gelieferte Merkmale bereits als Kandidaten für senkrecht verlaufende Kanten des Türrahmens klassifizieren. Findet dieser Algorithmus den Türabmessungen entsprechende senkrechte Kantenpaare, so meldet das Modul die Hypothese *„Tür detektiert"*.

Türlokalisation. Mit Hilfe des Objekterkennungssystems *MORAL* [12] wird in einem aus horizontaler Blickrichtung aufgenommenen Bild eine Tür identifiziert und ihre Position und Lage relativ zur Kamera bestimmt [11]. Hierzu werden vom *Kantenfolger* die aktuellen Bildkanten angefordert. Als Ergebnis eines Verarbeitungsschritts werden der Klassenname und die relative Position und Lage der identifizierten Tür zur Verfügung gestellt.

Abb. 5. Lokalisierte Tür (links), segmentiertes Türschild (mitte) und segmentierte Einzelziffern der Raumnummer (rechts).

Planungsmodule

Die für eine Explorationsfahrt notwendigen Kommandos zur Ansteuerung der mobilen Plattform und des Kamerakopfs werden von zwei Planungsmodulen zur Verfügung gestellt, die in unterschiedlichen Phasen der Exploration zum Einsatz kommen (siehe Abschnitt 4.2).

Das Modul *Bpi* (*Behaviour-based pilot*) führt zunächst einen Kameraschwenk nach unten aus, um dem *Optic Flow Sensor* eine Überwachung der Fahrtrasse zu ermöglichen. Ausgestattet mit einer gerasterten, lokalen Hinderniskarte, die mit Hilfe aktueller Sensordaten aufgebaut wird, generiert es dann mit einem Verfahren ähnlich des *Dynamic Window Approach* [9] kreisförmige Fahrwege für die Plattform [3]. Der Radius dieser Trajektorien wird dabei fortwährend so angepaßt, daß ein in der Karte vorgegebener Zielpunkt unter Vermeidung der vermerkten Hindernisse angesteuert wird.

Wird eine Tür detektiert, errechnet das Modul *Cpi* (*Cartesian pilot*) die lokalen Fahrmanöver und Kopfbewegungen, um die Kameras möglichst günstig auf Tür und Türschild auszurichten.

4.2 Exemplarischer Ablauf

Das Zusammenspiel der genannten Module sowie der Aufbau von *GEM* werden von dem in Abschnitt 3.4 beschriebenen Koordinationsmodul kommandiert. Der sich daraus ergebende Ablauf einer beispielhaften Explorationsfahrt wird im folgenden erläutert.

Zunächst befindet sich der dem Koordinationsmodul zugrundeliegende Zustandsautomat im Zustand 1. Das Modul *Türsuche* fragt in die Ebene der Interpretationsmodule beim Modul *Türdetektion* an, ob eine Tür entdeckt wurde. Um diese Entscheidung zu treffen, benötigt die *Türdetektion* einerseits Daten aus der Ebene der Sensoren, in diesem Fall von den logischen Sensoren *Kantenfolger* und *Laser-Kontur-Sensor*; andererseits wird eine Anfrage an *GEM* gerichtet, um das Modell der Objektklasse *Tür* abzurufen. Der *Kantenfolger* seinerseits fordert Grauwertbilder beim physikalischen Sensor *Videokamera* an; der

Laser-Kontur-Sensor triggert im *2D-Laserscanner* die Aufnahme von Rundum-Scans. Vor dem Hintergrund der Exploration ist jedoch die bloße Detektion der Tür nicht ausreichend, sondern muß um eine Lokomotion der Plattform ergänzt werden. Diese wird vom Modul *Bpi* geleistet, das in die Ebene der Sensoren beim *Optic Flow Sensor* und beim *Laser-Kontur-Sensor* anfragt, um seine lokale Hinderniskarte aufzubauen. Durch eine geeignete Wahl des Zielpunktes in der Hinderniskarte ist *Bpi* in der Lage, *MARVIN* autonom eine Wand ansteuern zu lassen und ihn entlang dieser Wand zu führen, wobei Hindernisse wie z. B. Mauervorsprünge oder Personen umfahren werden.

Alle aufgeführten Module werden vom Koordinationsmodul im Zustand 1 aktiviert und in der beschriebenen Weise verschaltet. Die Module *Türsuche*, *Bpi* und *Optic Flow Sensor* werden dabei im *kontinuierlichen Modus* betrieben, alle anderen Module laufen im *Einzelschritt-Modus*, benötigen also nur dann Rechenzeit, wenn sie angefragt werden. Diese Betriebsart wirkt sich insbesondere dann entlastend aus, wenn innerhalb der Module rechenintensive Operationen durchgeführt werden, wie dies häufig bei den logischen und physikalischen Sensoren gegeben ist.

Während dieser Phase der Türsuche in unbekanntem Gebiet wird im Topologiegraph eine neue Kante generiert, wobei es zu diesem Zeitpunkt noch offen ist, ob die Kante innerhalb der aktuellen Modellinsel verläuft oder eine Verbindung zu einer neuen, unabhängigen Insel darstellt. Daher wird die neue Kante attribuiert mit einem Fahrverhalten, in diesem Fall der von *Bpi* ausgewählten, angesteuerten und verfolgten Wand.

Wird eine Tür detektiert, geht das Koordinationsmodul in den Zustand 2, *MARVIN* wird angehalten, und die nicht mehr benötigten Module werden deaktiviert. Das Koordinationsmodul startet dann die für die neue Aufgabe der Türidentifikation zusätzlich noch erforderlichen Module und verschaltet diese entsprechend.

Im Zustand 2 wird *MARVIN* zunächst mit Hilfe des Moduls *Cpi* vor der Tür in Position gefahren und der Kamerakopf in eine horizontale Lage geschwenkt. Im folgenden kontaktiert das Modul *Türidentifikation* das Modul *Türlokalisation*, welches zum einen das Türmodell aus *GEM*, zum anderen aus der Ebene der Sensoren Daten anfordert. Im Anschluß wird zur Erkennung der Raumnummer das Sensormodul *OCR* angefragt, wobei vorher mittels des *Cpi* die Kameras wieder entsprechend ausgerichtet werden. Auf Basis der von der *Türlokalisation* gelieferten Daten und unter Einbeziehung von Odometrieinformation erfolgt nun die Erweiterung des Modells.

Der Topologiegraph wird um einen mit der Raumnummer und der Türposition attribuierten Knoten ergänzt. Ist die Entfernung der Plattform zum Ursprung des aktuellen Koordinatensystems klein genug, daß die Odometriedaten als ausreichend genau angenommen werden können, wird keine neue Modellinsel generiert, d. h. der neue Knoten verweist auf die aktuelle Modellinsel und die Position der gefundenen Tür bezieht sich auf das bisherige Koordinatensystem. Bei zu großer Entfernung vom Ursprung und demzufolge unzuverlässiger Odometrieinformation wird eine neue Modellinsel instanziiert, auf die der neue

Knoten verweist und die die gefundene Tür im Ursprung ihres Koordinatensystems trägt.

Nach Abschluß von Türidentifikation und Modellerweiterung geht das Koordinationsmodul wieder zurück in den Zustand 1 und die Türsuche wird fortgesetzt.

Können auf den von *Bpi* ausgewählten Fahrwegen keine Türen mehr gefunden werden, kehrt *MARVIN* unter Nutzung der während der Explorationsfahrt gewonnenen Umgebungsinformation zu seinem Ausgangspunkt zurück.

5 Ausblick

Der derzeitige Stand der Implementierung von OSCAR erlaubt die Realisierung einfacher Explorationsszenarien. Künftige Aufgaben werden sich auf die zeitliche Optimierung beziehen. Der Einsatz von Threads soll dabei einen effektiveren Datentransport ermöglichen, wobei auch das automatische Liefern von Daten im Sinne eines *push*-Mechanismus [18] angedacht ist. Darüberhinaus sollen in OSCAR Verfahren wie Load Balancing und Scheduling zur optimalen Nutzung vorhandener Ressourcen integriert werden. Ein wichtiger Teilaspekt der Autonomie ist in dieser Hinsicht die selbständige Konfiguration des Systems anhand einer gegebenen Aufgabenstellung.

Ferner soll der Aufbau des Umgebungsmodells sukzessive um weitere Merkmale wie Farbe und qualitative Relationen erweitert werden. Darüberhinaus ist geplant, bestehende Verfahren der 3D-Rekonstruktion [4, 7] zu integrieren. Die Systemarchitektur OSCAR ist für diese Erweiterungen durch die Möglichkeit der flexiblen Konfiguration bereits gerüstet.

Literatur

1. J. S. Albus and A. M. Meystel. A Reference Model Architecture for Design and Implementation of Intelligent Control in Large and Complex Systems. *International Journal of Intelligent Control and Systems*, 1(1):15–30, 1996.
2. S. Blum, D. Burschka, C. Eberst, T. Einsele, A. Hauck, N. O. Stöffler, and G. Färber. Autonome Exploration von Innenräumen mit der Multisensorik-Plattform MARVIN. In *Autonome Mobile Systeme*, Informatik aktuell, pages 138–147. Springer-Verlag, 1998.
3. T. Burkert. Lokale Navigation mit einem Optic Flow Sensor. Master's thesis, TU München, Fakultät für Elektro- und Informationstechnik, Dec. 1998.
4. D. Burschka. *Videobasierte Umgebungsexploration am Beispiel eines binokularen Stereo-Kamerasystems*. PhD thesis, TU München, Fakultät für Elektro- und Informationstechnik, 1998.
5. W. Daxwanger, E. Ettelt, C. Fischer, F. Freyberger, U. Hanebeck, and G. Schmidt. ROMAN: Ein mobiler Serviceroboter als persönlicher Assistent in belebten Innenräumen. In G. Schmidt and F. Freyberger, editors, *Autonome Mobile Systeme*, Informatik aktuell. Springer-Verlag, 1996.
6. G. L. Dudek. Environment Representation Using Multiple Abstraction Levels. *Proc. IEEE*, 84(11):1684–1705, Nov. 1996.

7. C. Eberst. *Incorporation of Recognition Strategies in Sensory Exploration.* PhD thesis, TU München. submitted.

8. T. Einsele. Real-Time Self-Localization in Unknown Indoor Environments using a Panorama Laser Range Finder. In *Proc. IEEE/RSJ Int. Conf. on Intelligent Robots and Systems (IROS'97)*, pages 697–703, Grenoble, France, Sept. 1997.

9. D. Fox, W. Burgard, and S. Thrun. The Dynamic Window Approach to Collision Avoidance. *IEEE Trans. on Robotics and Automation*, 4(1), Mar. 1997.

10. A. Hauck and N. O. Stöffler. A Hierarchical World Model with Sensor- and Task-Specific Features. In *Proc. IEEE/RSJ Int. Conf. on Intelligent Robots and Systems (IROS'96)*, pages 1614–1621, 1996.

11. S. Lanser. *Modellbasierte Lokalisation gestützt auf monokulare Videobilder.* PhD thesis, TU München, Fakultät für Informatik, 1997.

12. S. Lanser, C. Zierl, O. Munkelt, and B. Radig. MORAL – A Vision-based Object Recognition System for Autonomous Mobile Systems. In *Computer Analysis of Images and Patterns (CAIP)*, number 1296 in Lecture Notes in Computer Science, pages 33–41. Springer-Verlag, 1997.

13. G. Magin and C. Robl. A Single Processor Real-Time Edge-Line Extraction System for Feature Tracking. In *IAPR Workshop on Machine Vision Applications (IAPR MVA'96)*, 1996.

14. MVTec Software GmbH. *HALCON – The Software Solution for Machine Vision Applications.* http://www.mvtec.com/halcon/.

15. Object Management Group (OMG). CORBA/IIOP 2.3 specification. http://www.omg.org/corba, 1998.

16. Object Oriented Concepts. *Orbacus.* http://www.ooc.com/ob/.

17. J. Ponce, A. Zisserman, and M. Hebert, editors. *International Workshop on Object Representation in Computer Vision II, Cambridge, U.K.*, volume 1144 of *Lecture Notes in Computer Science*. Springer-Verlag, Apr. 1996.

18. C. Schlegel and R. Wörz. Der Softwarerahmen *SmartSoft* zur Implementierung sensomotorischer Systeme. In *Autonome Mobile Systeme*, Informatik aktuell, pages 208–217. Springer-Verlag, 1998.

19. D. C. Schmidt. An architectural overview of the ACE framework. *USENIX login magazine, Tools special issue*, 1998.

20. N. O. Stöffler, A. Hauck, and G. Färber. Ein geometrisch-symbolisches Umgebungsmodell zur Unterstützung verschiedener Perzeptionsaufgaben autonomer, mobiler Systeme. In G. Schmidt and F. Freyberger, editors, *Autonome Mobile Systeme*, Informatik aktuell, pages 108–117. Springer-Verlag, 1996.

21. N. O. Stöffler and Z. Schnepf. An MPEG-Processor-based Robot Vision System for Real-Time Detection of Moving Objects by a Moving Observer. In *Proc. 14th Int. Conf. on Pattern Recognition*, pages 477–481, Brisbane, Australia, Aug. 1998.

22. N. O. Stöffler and G. Färber. An Image Processing Board with an MPEG Processor and Additional Confidence Calculation for Fast and Robust Optic Flow Generation in Real Environments. In *Proc. Int. Conf. on Advanced Robotics (ICAR'97)*, pages 845–850, Monterey, California, USA, July 1997.

23. S. Thrun and A. Brücken. Integrating Grid-Based and Topological Maps for Mobile Robot Navigation. In *Proc. of the 13th Nat. Conf. on Artificial Intelligence (AAAI'96)*, Portland, Oregon, Aug. 1996.

Autorenverzeichnis

Autorenverzeichnis

Arras, K. 108
Barthel, R. 56
Bäuml, B. 211
Baune, A. 254
Beck, K. 98
Berg, M. 78
Berns, K. 33
Beschnidt, J. 56
Blum, S. 376
Böhme, H.-J. 344
Braatz, A. 66
Brandenburg, W. 324
Briechle, K. 200
Brinkschröder, G. 169
Brodersen, J. 356
Brugger, H. 313
Buchheim, T. 244
Buck, M. 118
Bürkle, A. 88
Buss, M. 22
Buttelmann, M. 303
Cerny-Provaznikova, R. 231
Corsépius, R. 160
Denzler, J. 221
Dillmann, R. 33, 150, 262
Drexler, C. 221
Einsele, T. 376
Estable, S. 241
Färber, G. 140, 376
Feyrer, S. 366
Finke, M. 98
Frank, C. 221
Frese, U. 211
Freyberger, F. 22
Gern, A. 44
Gern, T. 56
Gilles, E. 56
Görzig, S. 44
Graf, R. 150
Gräser, A. 188
Groß, H.-M. 344
Hanebeck, U. D. 200
Hauck, A. 140, 376
Hetzel, G. 244

Hirzinger, G. 211
Hofer, E. 313
Hommel, G. 324
Hörmann, M. 211
Ilg, W. 33
Jörg, K.-W. 78
Kestler, H. 254
Kieren, M. 303
Kindermann, G. 244
Kluge, B. 118
Kluthe, R. 272
Knoll, A. 169
Kraiss, K.-F. 179, 356
Kruse, E. 293
Lang, O. 188
Lankenau, A. 334
Lawitzky, G. 2
Levi, P. 44, 128, 244
Lietz, G. 356
Lohmann, B. 303
Lomberg, F. 356
Lorch. O. 22
Mädiger, B. 241
Mamlouk, A. M. 272
Matsikis, A. 179
Matsumoto, O. 33
Mojaev, A. 284
Musial, M. 324
Niemann, H. 221
Noltemeier, H. 118
Palm, G. 254
Passig, G. 140
Paulick, J.-P. 78
Pauly, M. 98
Peters, L. 98
Radig, B. 376
Ritter, A. 66
Röfer, T. 334
Rous, M. 179
Rupp, T. 128
Rüttinger, J. 140
Schaeffer, C. 66
Schäfer, D. 118
Schimmel, O. 366

Schmidt, E. 241
Schmidt, G. 22
Schmitt, M. 179, 356
Schmitt, T. 376
Schwenker, F. 254
Siebel, N. T. 188
Simon, S. 254
Slatter, R. 10
Sorg, M. 140
Stöffler, O. 376
Tarín, C. 313
Tibken, B. 313

Tomatis, N. 108
Vogel, R. 188
Vogt, S. 262
Von Ehr, M. 262
Wahl, F. M. 293
Walthelm, A. 272
Westkämper, E. 66
Wörn, H. 88
Zell, A. 284, 366
Zhang, J. 169
Zierl, C. 376